玫瑰的盛開與凋謝

冰心與吳文藻
（一九五一～一九九九年）

王炳根　著

▲ 冰心與吳文藻在中央民族學院住宅和平樓前。（1956年）

▲ 冰心與吳文藻在公寓裡的合影。（1978年）

▲ 冰心與吳文藻前往人民大會堂出席會議。（1979年）

▲ 冰心與吳文藻給遠方的朋友寫信。（80年代）

▲ 冰心與吳文藻全家福。（70年代）

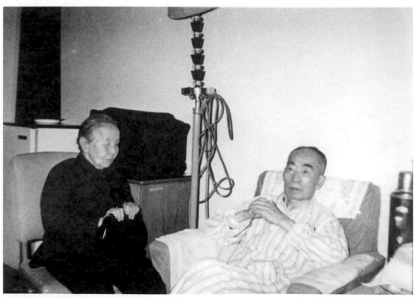

▲ 冰心於北京醫院探視吳文藻。（1985年）

▲ 冰心與巴金。（1978年）

▲ 冰心與蕭乾。（1990年）

▲ 玫瑰送別冰心。（1999年）

▲ 冰心與吳文藻雕塑

▲ 王炳根與冰心談冰心研究會。（1993年）

▲ 本書完成時，作者王炳根與家人的合影。（2014年）

目次

第八章　歸來之後

1，隱居天津與北京

印度輪船並沒有橫渡太平洋前往美國，它從橫濱出發，沿臺灣海峽岸線，駛向了英屬殖民地的香港。冰心在離開日本時，曾放言，需要到香港治裝，這是一個很好的理由，沒有人懷疑。在香港，冰心吳文藻一家上岸了，立即便消失在萬家燈火之中。

有關情況，我在另一本傳記中曾有這樣的記載：

> 　　吳文藻和冰心搭乘的印度輪船在香港停靠後，國內的有關人員已經做出安排，將他們接下了船，當時香港移民局對過往人員控制很嚴，必須有人擔保，方可入境，有關方面請了已經定居香港的原燕京大學國文系主任馬鑒先生出面擔保，馬鑒先生便讓他的兒子馬蒙前去辦理了有關手續，海關才准予入境。為了躲避臺灣方面的監視，保守回國的祕密，吳文藻和冰心沒有住進賓館、旅社，而是在友人家住下。他們在香港退回了美國耶魯大學的聘書與路費，感謝他們聘請的好意。之後，又在國內駐港機構的周密安排下，經深圳、廣州，抵達天津，在紫竹林附近的一座小招待所裡住了下來。[1]

紫竹林是父親謝葆璋求學天津水師學堂的舊址，這兒有家安全機構的招待所，現在成了他們一家四口隱居之所。冰心一家自從下船之後，便都由安全部門負責安排，並「約法三章」：不露面、不見媒體、不寫文章。有關負責人告之：冰心吳文藻回到祖國，對新生的政權是個好消息，人民政府表示熱情歡迎，但由於尚有任務需要執行、

---

[1] 王炳根，《世紀情緣：冰心與吳文藻》，P249，安徽人民出版社，1999年10月。

還有與二位相識的進步人士暫留日本，所以，需要隱名埋姓。以冰心的知名度，香港的媒體一旦嗅出，消息便會滿天飛。從香港到天津，保密措施嚴密，一路悄無聲息，連兩個在自由世界生活慣了的孩子，說話也都壓低了聲音。已是高中生的大女兒吳宗遠，在踏入中華人民共和國國門時，看到第一面五星紅旗迎風招展，激動得像母親一樣幾乎成為詩人了：「這是我朝思暮想的第一面五星紅旗！／從黑暗走向光明／我感到眼花繚亂！」但再激動當時也沒有說出來，默默地記在了心上，在一個早餐的晨光裡，才含淚把它朗誦出來。

吳文藻在日本五年積累與收集的資料與情報，成了給新生政權的見面禮。那時，中日隔絕，處於敵對狀態，對來自日本的大量資料與情報，中央軍委和國家情報安全部門視若珍寶。有專門的房間放置，天天有人過來，吳文藻便向他們介紹，有時他們也看，隨時請教吳文藻。也就在這個過程中，安全部門並未放棄對冰心吳文藻的調查，只是做得隱蔽，有時以瞭解資料背景為藉口，讓他們講述在日本的活動與經歷，都有人現場記錄。吳文藻是社會學專家、冰心有作家的敏銳，哪裡不知道這種詢問的性質？但無論如何，安全部門還是給了他們相當的面子，既進行了調查，又沒有將他們推到被調查的位子，算是兩全。

招待所確實僻靜，但室內的陳設簡陋，所有的家具均為木製，木桌、木椅、木板床，而且一談就是半天，冰心和吳文藻有些不習慣，於是提出，希望能購置一套沙發、一套帶軟席座椅的方桌、一張沙發床。有關人員一聽，面面相覷，說桌椅板凳不是齊全嗎？需要還可以添加，這比戰爭年代強多了，延安時連毛主席還住窯洞。又說，全國都在勒緊褲帶，支援抗美援朝前線，能省的便省了。冰心只得退步說，不方便就不麻煩了，但吳文藻堅持，說，不是請你們買，是我們自購，錢由我們出，不需要用政府的錢的。冰心說，這樣我們談工作也方便一些。但是有關人員回答，依然需要請求上級。因為在他們看來，這些都是資產階級的生活方式，剛剛從日本、從腐敗與奢侈的反動政府來的人，如何過得慣無產階級的簡樸生活？只是他們沒有說出口，因為上級對接待吳謝二人有過特別關照。

果然對冰心吳文藻網開一面，上級同意了他們的請求，很快便在那個小招待所裡，出現了一套很氣派的布藝三件套的長沙發、布藝五

件套的小方桌，以及一張寬大的沙發床。布藝的花色是冰心親自挑選的，暗紅、黛紋、方格，穩重而大方。[2]此後，他們便在這套沙發上交談，在小方桌上記錄，氣氛也似乎融洽了許多。

穿插調查一直在進行，也許並非出於不信任，也許政府希望賦予他們重任。那時沒有吳謝二位的私人檔案，安全部門也只能從公開的報刊中瞭解一二，只能通過這種穿插的調查，取得完整的材料，在他們剛剛歸來之時，不便直接詢問太多，以免引起誤會。安全部門的有關人員，非常客氣地對待他們二人，對待他們一家。

安全部門的人員也住在招待所，依然進展緩慢，主要原因在於文字的隔閡。吳文藻帶回的資料與情報，大多為英文與日文，只有駐日代表團的文件是中文，而剛剛進城的安全部門的人員，能閱讀英語與日語的人鳳毛麟角，甚至具有大學學歷的人也都很少，[3]所以，他們對資料與情報的閱讀，還得依賴吳文藻與冰心，儘管很努力，白天不歇停，晚上開夜車，也還是進展緩慢。吳文藻認為，他們隱居在這裡沒有關係，可是，兩個孩子得上學，得接受教育。所以，只得向有關人員提出，是否可以居住到北京，吳文藻說他依然可以配合工作，孩子讓她們上學，以免耽誤學業。

中央軍委和國家情報安全部門接受了吳文藻的意見，於這一年的11月，將他們一家接到北京，住進了洋溢胡同一座四合院裡。這座典型的北京四合院，現在已安裝了衛生設備和熱水管道，院內鋪上了磚，砌了兩個花壇，還專門配備了沙發、書櫥、寫字臺等家具。這使他們想起了燕南園60號小樓，不知現在誰在居住？吳文藻第一次住進四合院這種房子，在院子裡來回踱步，並不受外界的影響，便對冰心說起住四合院與住小洋房的區別，吳文藻說，四合院是封閉的，自成一局，不與外界接觸，而洋房是開放的，四面對著外界，最多是庭院置一排籬笆，這大概是中國建築與外國建築很重要的區別，是不是因此還可能造成文化與心理的區別？社會學家吳文藻像是在與冰心交

第八章　歸來之後

---

[2] 這套沙發一直使用到1993年，由冰心研究會購置一套新沙發換下，成為後來建成的冰心文學館第一組珍貴的文物與展品。

[3] 筆者曾採訪過延安時期的華僑詩人蔡其矯，他於1947年從報社調入中央社會部，此後又調入中央人民政府情報總署，與筆者多次談到社會部人員的文化結構，因他懂英語，曾打算派他去香港建立海外的報刊轉運站。——詳見王炳根，《詩人蔡其矯》，海峽文藝出版社，2004年3月。

談，又像是在自我設問。

> 我們家住進去的時候，還有人未搬走，一位單身年輕的婦女，她的粉色內衣還晾在院子裡。我們住進的當天，她就搬走了。安排與照顧我們一家、以後一直與我們聯繫的人叫向前，一個年輕人，熱情，周到，我們家的事情都由他出面辦理，是個信得過的人。後來我知道，向前有特殊的身分，為了工作的方便，組織上派他來照顧我們一家。
>
> 那時，家裡進進出出的人很多，都是來工作。父親帶回大量的資料、文件，有關部門派人來看，看過之後便與父親交談，他們有專門的工作房間。資料、文件有的是英文、有的是日文，所以，花費的時間很多。但可以看出，他們對父親帶回的東西非常感興趣，認為對新生的政權有用。[4]

北京之後，交接的速度加快了，這與吳文藻想出的辦法有關。因為國內對戰後的日本不瞭解，甚至可以說一片茫然，有時為了一件事，吳文藻要花大量的時間來解釋，又由於事件的交叉，使得頭緒紊亂而繁雜，於是，吳文藻將資料與情報分類介紹，比如美國對日本的政策，從最初到轉變，中間所涉及到的政策與事件，再單列，比如，和平憲法的制定、土地改革、民主運動等等；東京審判也是一大部分，依據時間的進程，吳文藻的介紹就比較輕鬆一些；對日共與工人運動最感興趣，吳文藻將他與日共的接觸、對工人運動的瞭解，做了詳細的介紹，以文字說明附於文件後；對中華民國代表團內部情況，詢問得最為仔細，包括人員的思想狀況與家庭情況，對吳文藻當記者這一段時間，尤其是吳文藻在代表團時支持日本僑團的「國際新聞社」事，不放過任何的細節，這讓做社會學的吳文藻也感到驚訝。

在完成了間接「詢問調查」後的冰心，便顯得輕鬆多了，雖然還不能到處看看北京的新面貌，不能出去會朋友，但卻可以盡情地感受那熟悉而親切的北京：

---

[4] 吳平與王炳根的談話，2012年8月27日於西湖大酒店1210房間。

我剛從國外回來的一個冬天的清早，外面下著大雪。這雪大概是半夜下起的，窗上雪光照眼，對面屋瓦上已經積上兩三寸厚的、絨絨的雪溝了。

院子裡有簌簌的聲音，那是我的小女兒在用大竹帚掃雪。她離開北京的時候，還不到一周歲，北京的一切，對於她都是新鮮的。她也從來沒有看見過大雪，我猜掃雪的一定是她。

果然，隔著窗簾，聽見炊事員從廚房裡出來，對她笑說：「你起來啦，穿這點衣服，也不怕凍著！好吧，我買菜去了，回頭街道上有來喊掃雪的，你就掃去吧，痛快地過一下癮！」小妹笑著答應了。接著聽見開門的聲音，他走了。

過不一會，就聽見噠──噠──噠，門環響了幾聲，小妹滿含著歡喜的聲音問：「聽見啦！是掃雪吧？」這時外面一個極其清脆，極其親切，極其禮貌的聲音叫：「是呀，勞您駕！」

我本是站在床前的，在這清磬般游漾的聲浪裡，忽然不自主地在床邊坐下了。

久違了！這典型的，清脆，親切，禮貌的北京的聲音！

這聲音給了我以無限的感激與溫暖！

這是我從童年起，在北京街頭巷尾所常常聽到，而在任何別的地方所聽不到的這種清脆的聲音，這般親切的語氣！

如今，就是這熟悉的、清脆親切的聲音，在新中國的首都，逐家逐戶，喚出人人，為人人服務！

就在這一瞬間，這一個聲音裡，我深深地投入祖國的懷抱，北京的懷抱裡了！[5]

謝為杰首先來看望了姐姐。這時他已從南京調回北京，協助侯德榜設計太原化工廠合成氨廠，這在當時屬於尖端技術，對國民經濟的發展極其重要。也因此，這個廠後來改由蘇聯設計，謝為杰便調到永利公司總管理處任生產技術處長。冰心為自己的弟弟能為新中國的建設貢獻力量而高興。為杰還告訴姐姐，去年的10月1日，也就是兩周

---

[5] 《北京的聲音》，《冰心全集》第5卷，P18、19。

年的國慶日，他和為楫、紀華三個人都出席了慶典，在天安門的觀禮臺上與開國的領袖們共度良宵，這讓姐姐和姐夫都感到驕傲，也為自己回到北京的選擇感到欣慰。

為杰告訴姐姐，上海解放前夕，三弟為楫在海關當緝私船船長，曾組織船員罷工，得到海關內部進步人士支持。海關總署曾通知為國民黨募捐「黨費」，為楫也參加抵制、拒絕支付。那時，大部分船員和船長被航商高價雇去運物資到臺灣，他不但沒有去，而且拆下船上的電機主要部件，藏到岸上，以至長江南岸所有船隻都被徵用，惟有三弟的船未被徵用。吳文藻就補充了一句，就是徵用了也開不動呀！上海解放後，為楫被任命為上海海關軍事學校教授。1950年2月6日，國民黨飛機從臺灣起飛轟炸上海，海關學校的燈標廠中彈起火，飛機仍在轟炸，為楫帶來學生衝上水塔，打開龍頭，撲滅了大火。轟炸過後，船舶要疏散，軍管會負責人深夜找為楫當嚮導，他二話沒說，丟下沒有安置好的家，把船領走，完成了疏散任務。冰心為三弟的壯舉感到自豪，但也不無沉痛地告訴二弟，四弟為喜隨國民黨撤退去了臺灣，也就是在這次轟炸中，他駕駛的飛機被解放軍的高射炮擊落喪生。

隱居北京後的第二年，開始有所鬆動。向前告訴他們，晚間可以出去聽聽戲、看看電影，且每次都為他們二人買好票、定好位，交票時，總也不忘交代一句，不要提早進場，最好是開場進去，燈暗下來，沒人能看清你們。冰心吳文藻也總是按照向前交代的時間進場，還會提前退場，然後消失在茫茫的夜色之中。就是這樣，他們感到十分的滿足，又可以聽到梅蘭芳、蓋叫天、程硯秋，又可以看到《一江春水向東流》，重溫抗戰的歲月。吳文藻說，電影中的那些重慶外景，原來是那麼熟悉的。為了外出時與大眾穿著一致，冰心改變了穿旗袍的習慣，到王府井服裝店，訂做了雙排鈕扣的列寧裝，吳文藻也脫下西服，換上了中山裝，當他們在一個晚上，換上各自的服裝時，全家人感到新奇，吳文藻在屋子裡還學著當時領導人會見群眾的場面，邊走邊向家人招手致意，引來滿屋的笑聲，但他們誰也沒有意識到，這將是他們最初失去自我的標誌。

穿上列寧服與中山裝的冰心、吳文藻，時也出現在街頭，出現在商場，出現在新華書店，他們挑了許多的新書，抱回洋溢胡同的四

合院內，如饑似渴地讀了起來。當時，《毛澤東選集》第一卷與第二卷已經由人民出版社出版，吳文藻對這兩本書特別的看重，從毛澤東對中國革命的論述中，瞭解到許多聞所未聞的史料，是不是這才是真正的中國？吳文藻雖然沒有發問，但是感到毛澤東對農村的調查，好像往往只注意了一個方面，即階級與階級鬥爭，而自己以社會學的方法做社區調查時，往往又是忽略了這個方面，也許這就是革命者與學者之間、領袖與教授之間的區別？那時，吳文藻對毛澤東著作中與社會學和哲學有關的《中國社會各階級的分析》《湖南農民運動考察報告》《井岡山的鬥爭》《實踐論》與《矛盾論》等讀得仔細，作為一個教授西洋思想史的學者，讀懂這些文章並不難，它是明快的，簡潔的，也是實用的，吳文藻常常會將其放到學術環境中去考察，思之再三。有時，也讀一些描寫革命的文學作品，比如，周立波的《暴風驟雨》，直接描寫農村土地改革運動，有時和大女兒爭著看，還用紅的藍的鉛筆在上面劃線，女兒覺得納悶，Daddy看小說怎麼還劃線？又不是學術著作！吳文藻也還繼續閱讀他的社會學的一些專著，閱讀一些馬克思、恩格斯，覺得這些革命導師的著作，與社會學家的著作並不矛盾，他們可以在學術空間中並存，並且可能推動社會學研究的發展。

　　大妹與小妹的上學問題，不久便解決了，只是要求不能用原來的名字，吳宗遠改名吳冰、吳宗黎改名吳青，上的是北京女子第十三中學，學校的前身就是母親的貝滿女中。吳宗生先在北京大學工學院讀建築系，1952年院系調整後劃入清華，這也就實現了父親原先的願望，成為清華園中的一員。女兒的學校離家不遠，自然是不用住校，兒子週末與節慶假日也都回到洋溢胡同的四合院，與家人團聚，一家人猶如倒回了燕南園時光，只是孩子業已長大。

　　北京的冰雪消融之後，中央軍委和國家情報安全部門與吳謝的合作暫告一個段落。洋溢胡同的四合院裡，海棠花在暖融融的春光裡盛開，每天都有成群的蜜蜂戀著花枝，嗡嗡之音足可盛滿院落。脫下冬裝的兩個女兒，已是亭亭玉立的少女，父母常常倚立窗口，望著背了書包走出院門的身影，有種說不出的愉悅之情。也就在這時，向前告訴他們，周恩來總理要接見他們，這讓滿庭芳的小院更是增添了歡樂。

　　隔天傍晚，中央軍委聯絡與情報部門的負責人羅青長坐了小車來到洋溢胡同，接走了冰心吳文藻夫婦。在中南海西花廳，周恩來總理在夫人鄧穎超的陪同下，和他們進行了親切的交談。總理見面的第一句話就是：「你們回來了，你們好呵！」這「回來」二字，著實令人感到溫暖，頓生回家的感覺。作為共產黨和人民政府的領導人，說你們回來了，這就沒有見外的意思，將自己看作一家人，還有什麼比這更能溫暖人心？吳文藻坐在周恩來的旁邊，第一次見面，卻沒有陌生感，他向總理談到自己的身世，說，原本就是教書的，抗戰到了重慶，誤入仕途，又去了日本，本想很快就回來，但沒有想到國內的局勢……總理接過他的話，連聲說，沒有關係，革命不分先後，吳先生在日本也為我們黨做了許多有益的工作，並且稱讚他「對革命是有貢獻的」。顯然，這是總理對他們的肯定，令吳文藻感動。他也擇取要者，向總理彙報了戰後日本的有關情況。周恩來又問到冰心的身體，並且以他超人的記憶，說出了大概有十幾年沒有見面了吧？周恩來記住了那次在重慶文協會上的見面，僅就是一面，竟然會清楚地記起，這不是常人所能做到的。

　　晚年的冰心回憶了這一次的會見：

　　　　1951年至1953年之間，我和文藻都在學習，為接受新工作做準備。中間周總理曾召見我們一次，是在我們從日本回來後的1952年的一個初夏夜晚。這一天午後，聽說總理要在今晚接見我們，我們是怎樣地驚喜興奮呵！這一下午，只覺得夏天的太陽就是這樣遲遲地不肯落了下去！好容易時間到了，一輛汽車把我們帶進了夜景如畫的中南海，直到總理辦公室門口停住。總理從門內迎了出來，緊緊地握住我們的手，笑容滿面地說，「你們回來了！你們好呵？」這時，我們就像海上沉舟，遇救歸來的孩子，聽到親人愛撫的話語那樣，悲喜交集得說不出話來。總理極其親切地招呼我們在他旁邊坐下，極其詳盡地問到我們在外面的情況，我們也就漸漸地平靜下來，歡喜而盡情地向總理傾吐述說了我們的一切經歷。時間到了午夜，總理留我們和他共進晚餐。當看到飯桌上只有四菜一湯，而唯一的葷菜還是一盤炒雞蛋時，我感到驚奇而又高興。驚奇的是總理

的膳食竟是這樣的簡單，高興的是總理並沒有把我們當作外人。在我們談話吃飯之間，都有工作人員送進文件，或是在總理耳邊低聲說話，我們雖然十分留戀這寶貴的時刻，但是我們也知道總理日理萬機，不好久坐，吃過了飯不久，我們就依依不捨地告辭了。總理一直熱情地送到車邊，他仰望夏空的滿天星斗，感慨地對我說：「時光過得多快呵，從『五四』到現在已經三十多年了！」我聽了十分慚愧！從「五四」以來的幾十年中，我走了一條多麼曲折的道路呵！[6]

晚年的冰心在寫到周總理時，無不使用文學語言，這裡也不例外。其實，當時總理還詢問了子女的情況以及對工作安排的想法。冰心告訴總理，兒子在清華大學建築系學習，兩個女兒都在讀中學，總理就問，中學之後有什麼打算，吳文藻告訴總理，大女兒想學歷史，小女兒想學醫，總理略作沉思，建議兩個女兒學習外語，說，你們家的條件好，學習外語有好基礎，新中國成立後，與許多國家建立了外交關係，外事活動多，而外語人才奇缺，希望他們不僅為國家培養建設大廈的人才，還要為國家培養與外國人打交道的人才，並叮囑，請你們與孩子們商量一下。此後，吳冰和吳青都按總理的希望，報考大學時選擇了外語，再以後，她們成才了，成為外語大學的教師，為新中國培養了許多的外語人才。

總理在這次會見時，還徵求了冰心和吳文藻對工作安排的意見。吳文藻在回國之前，也曾考慮過這個問題，能為新中國做哪一些工作？那時，中國與印度的關係友好，吳文藻對印度的情況熟悉，曾希望，如果能將自己派到印度，可以發揮作用；如果不去印度，則可回到學校教書，這是他的本意了。冰心則沒有具體的想法，只是希望多為孩子寫一些作品。但是當總理詢問到他們對工作安排的意見時，吳文藻和冰心用了當時剛剛學會的流行詞，予以作答：聽從組織的分配，從而失去了在政府最高領導人面前表達對工作選擇的訴求。

開始有朋友探望。最先來的老舍，他們在橫濱相遇時曾有約——北京相見，現在這個願望實現了。老舍來時，不想冰心生病臥

6　《周恩來總理——我所敬仰的偉大的共產黨員》，《冰心全集》第8卷，P554、
　　555。

床，正欲坐起，老舍說也不是外人，拉過一張椅子，坐在床邊，「眉飛色舞地和我談到解放後北京的新人新事，談著毛主席和周總理對文藝工作者的鼓勵和關懷。」三個孩子聽說屋裡坐的客人是「舒伯伯」，飛快跑過來，卻是站在了門邊，靜靜地聽著他們的談話。感覺有人站在門口，老舍回了頭，從頭到腳掃了兩個孩子一眼，笑問道：「怎麼？不認得『舒伯伯』啦？」這時，三個孩子分別是大學生、高中和初中生了，他們走了進來，不像小時候拉著胳膊抱著腿了，而是用雙手緊緊握住「舒伯伯」的手，帶點羞澀地說，「不是我們不認得您，是您不認得我們了！」老舍哈哈大笑：「可不是，你們都是大小夥子，大小姑娘了，我卻是個小老頭兒了！」頓時屋裡一片歡騰。[7]羅莘田來探望時，氣氛則就不一樣。快十年沒有見面了，覺得他比從前衰老了許多，頭髮都斑白了！說到祖國的變化，說到自己的身體，興奮更是難過：「你看我們祖國整個變了樣了吧？現在大家加緊學習，加緊改造，好在建設祖國上多加一把勁，你們看我身體這樣趕不上，叫人著急不著急？」

帶來信息最多的是吳文藻的同學和學生——潘光旦、費孝通、林耀華等。多年不見了，首先令吳文藻興奮的是，費孝通已是剛剛成立的中央民族學院副院長，潘光旦也在這裡擔任研究院中西南民族室主任，同時，他的學生林耀華、陳永齡等也都聚到這個新成立的民族大學任教。從他們這兒得知，新中國成立後，為了適應國家經濟建設和文化建設的需要，中央人民政府政務院對全國高等學校院系進行了調整，華北區以北京和天津為重點，調整後共設四十一所院校，其中北京大學、南開大學等為綜合性大學，而清華大學等則為多學科的高等工業大學，清華大學和燕京大學的社會學系都併入中央民族學院，潘光旦和費孝通此前均在清華大學社會學系，隨著院校的調整而調入中央民族學院。一時，僅在北京新設立的院校便有北京地質學院、北京鋼鐵學院、北京航空學院、北京林學院、中央財經學院、北京政法學院等，而燕京大學卻撤銷了，理、法各科系併入北京大學，工科各系併入清華大學，同時被撤銷的還有輔仁大學，北京大學從沙灘的紅場搬入燕園，從此，燕京大學美麗的校園便成了北京大學的驕傲。

7　《老舍和孩子們》，《冰心全集》第6卷，P674。

這一切，都令冰心吳文藻興奮！一個國家的興旺往往從教育開始，只有好的教育，才有好的人才，才有科學的昌明和國家的發達，但內心深處，卻又略過一種失落感，一種隱約的傷感，燕京大學沒有了，那兒畢竟曾是他們的家呀！戰時、旅居日本，盼著回北京的諸因素中，燕京大學、燕南園就是一個重要的因子，有時簡直就是一種憧憬，如今憧憬沒有了，新的歸屬又在哪裡呢？曾經對民國教育體制稔熟的吳文藻，在這種「大手筆」的高等院校的調整面前，明顯地感到新的教育體制在極力地告別民國、擺脫歐美並開始全盤接受蘇聯。吳文藻雖然不語，但已預感到自己在新體制面前的某種尷尬。尤其令吳文藻感到不安和不能理解的是，所有的院校一律取消了社會學，原本想通過社會學改良社會的願望，至此，已是一片惘然。洋溢胡同的吳文藻，沒有敞開內心的憂慮，所有的人都被新的生活激動，這種激動自然也是要感染吳文藻的。

鄭振鐸來了，此時的鄭振鐸已是中央文化部文物事業管理局局長，是中國科學院考古研究所所長，算是人民政府的高級官員了，可當他見到劫後重逢的冰心吳文藻，激動得卻像個孩子，滔滔不絕地講起當年在上海「孤島」收藏文物和珍貴的著作版本的情況，講起他與葉聖陶、曹禺、馬寅初等幾十人怎樣化妝從香港祕密歸來的情景，冰心就風趣地說，您那驚險比起她的經歷要浪漫得多，說，您那船上有那麼多人，她的船上只有她與文藻，再就是孩子了。

為了表達新社會對冰心歸來的歡迎，老舍在探望之後，決定設宴接風，邀請了一些過去「文協」和解放區的作家朋友，但被邀請者並不是都來了，有人就說，現在我們勝利了，他們回來了，還設宴招待，還要我們作陪？不去。這話老舍自是沒有告訴冰心，但老舍聽後覺得不是滋味，他自己又算是「我們」還是「他們」呢？文藝界的恩恩怨怨，也又多出了政治的因素。來了的朋友都很高興，真誠地歡迎冰心加入新中國的文藝隊伍。1953年7月，經由丁玲、老舍介紹，冰心加入中華全國文學工作者協會[8]。全國文協為冰心入會，舉行了歡迎茶會。在會上，冰心見到了多年未見的巴金，問及趙清閣的情況，巴金說，她還在上海，有人不希望她來北京。這讓冰心有些

8　簡稱「全國文協」，1953年10月後改名為「中國作家協會」。

難過！

2，吳文藻的特殊任務與任職

　　東京時期的吳文藻出於學術目的收集的資料與文獻、以記者身分收集的情報與材料，都成為新中國瞭解日本的渠道，所以，周恩來總理肯定他們：「你們在日本，為我們國家做了許多有益的工作，你們是有貢獻的。」[9]吳文藻本以為將這些「見面的禮品」交給政府便盡到了自己的職責，但有關部門另有安排。在周恩來總理會見後的一天，羅青長再次來到洋溢胡同與冰心吳文藻進行了密談，說從他們所提供的情報中可以看出，還有繼續為新中國獲取情報的可能，並且提出，可以利用日本的關係，主動引導他們來做這方面的工作。羅青長還給吳文藻一個合理的說法，延安時期，中央軍委的情報部門就叫「中央社會部」，說吳先生是社會學的教授，並不無詼諧地說，「社會部」與「社會學」僅一字之差，許多東西也許是相通的，你們通過「田野調查」取得第一手資料與情報部門獲取情報，沒有太大的區別，只不過一個是公開的田野，一個有時得在暗地的密室。當然，不是要吳先生再回日本親自去做「田野調查」，而是希望你繼續聯絡日本的關係，或者以吳先生的名義出面聯繫他們，獲取所希望得到的東西。雖然之前已經進了這個門坎，但歸國之後繼續搞情報，吳文藻還是猶豫了，他沒有馬上答應，說讓他再細想一下，冰心也是這個態度，羅青長便沒有勉強，但最後還是以國家的名義說出了：「這也是國家的需要！」

　　向前此前並不介入資料、情報的交接工作，只負責生活與一應事項的安排，但這一回參與了羅青長的談話，之後，又與吳謝二位進行了多次的具體分析。原先在代表團走得近的一些人，謝南光、吳半農自不必說，他們也已回國，其他的還有幾人也都準備回國，以身分與安全計，都不太合適，還是記者的可能性大一些。於是，吳文藻提到「國際新聞社」。也就在代表團密謀起義期間，由東京華僑辦的日文報紙「國際新聞社」，因款欠太多，瀕臨破產，謝南光與吳文藻曾提議支持左派力量接管，朱世明同意從「接委會」處理歸還物的存款中

---

[9]　卓如，《冰心年譜》，P128，海峽文藝出版社，1999年9月。

撥了出二萬美元，支援華僑林以文、康啟楷等把該社接收下來，成為左派華僑的日文報刊。吳文藻隱居日本時，也多次利用和通過這家媒體，得到了許多有用的資料與情報。「國際新聞社」在日本仍然是一家合法的新聞機構，通過在新聞社的熟人，從專業上說，也就是在這裡尋找線人，收集資料情報。向前認為這是一條可行的線索與方式，他將具體向青長同志彙報。

　　就在羅青長談話後不久，香港來人在日本找到了國際新聞社一位叫韓飛鳳的人，該社的一名記者，與大公報鄭基相識。來人由鄭基引薦，帶去的是吳文藻簽名的信函。來人問韓飛鳳是否知道吳文藻？韓說，他所知道的是「駐日國民黨代表團政治部主任[其實是政治組組長]。也知道他要起義，他向美軍總司令部申請的符[護]照是經過香港到美國的。實際上不是這樣，而是經過香港回到祖國參加革命。」香港來人說，帶來吳文藻的信，是對你的信任，吳文藻要求他更多為祖國服務。信中說，「祖國解放了，要回來祖國是好的，但在海外也可以為祖國服務。」韓飛鳳接受了吳文藻的指令與經費，開始通過與外文出版社聯繫，介紹一些日本軍國主義復活的情況，以及在抗美援朝中日本生產的動向。

　　　　到了1953年春天，那個人突然訪問我家來了。同樣帶吳文藻的信來，同時也給我400美元當作調查費用。這個時候吳文藻具體地給我三項任務，即是，①調查留日華僑動態；②調查收集美軍動態資料；③調查收集日帝在東北、蒙古、山西所調查的資料。同時也給我指示，我不必要過去，如過去的話敵人就要注意我，那樣的話對工作沒有好處。所以在表面上站在中間立場就好了（但這個指示不是吳[文藻]的指示，而是那個人的指示）。那時我有病，血壓高（已達到180多），病好了以後，我就按那個指示活動。[10]

　　但是到了1954年10月，以中國紅十字總會會長李德全為團長，中國紅十字總會顧問廖承志為副團長的中國紅十字會代表團訪問日本，

---

[10] 「韓飛鳳交待材料」，（吳文藻檔案）。有關吳文藻與韓飛鳳的材料，均出自於此，不另注。

吳文藻卻沒有帶信與經費給韓飛鳳，甚至聯繫也中斷了。1953年夏天，由於中日兩國紅十字會的交涉結果，留日華僑集體回國已實現了，但韓飛鳳「按吳文藻的指示沒有回國，可是國際新聞社的經濟困難日益深化，已達到了工資兩個月沒有發的程度，會計課長洪壇沒有得到社長的允許就便發了一個月的薪水。會計課長由於這個事情被開除了。社長來國際新聞社的目的，是利用從代表團借來的兩萬美元來做買賣，完全不是為了人民服務來的。」吳文藻的聯繫也不來，國際新聞社處於經濟困難。韓飛鳳下決心離開了國際新聞社，「如有歸國的船，不管怎樣一定要歸國。」

韓飛鳳退職時，國際新聞社因為經濟困難，沒有給他的退職金。為了解決生活困難，到了京都，在京都大學附近開了一個茶館，就在這時，日本「讀賣新聞社」大阪支社新聞記者曾源興（國民黨特務）找到他，並將他引見了國民黨的特務頭子蔡英。蔡英告訴他，國際新聞社趕走他，是因為中共和日共都恨他，共產黨人是很無情的，你也不能回到大陸去，邀請其參加他們的工作，主要任務是調查在日本的中國共產黨地下活動和日共的動態。韓飛鳳為了不暴露與吳文藻方面的聯繫，於是接受了蔡英的任務，成了「雙面特務」。但韓飛鳳說，他更多的是繼續吳文藻交代的任務，為中共方面收集情報，雖然已經失去了與吳文藻的聯繫，也沒有中共方面的活動經費，因為一心想回到大陸，還是想著為大陸服務。最後在1955年2月，作為國民黨的特務，被蔡英派往大陸，但韓飛鳳回到天津，便向人民政府投誠，提交其在日本收集到的情報，並希望與吳文藻取得聯繫。

韓飛鳳如何收集情報有很詳細的交代，這裡摘錄其中的一段：

> 1954年11月是我最忙的時候，一方面也要收集吳文藻給我指示的材料，另一方面也要收集蔡英給指示的材料，同時愛人也快生產。我已收集的前者的材料並不多。首先就要調查誰有那些材料。我主要通過京都大學人文科學研究所天野元之助找線索。一方面利用過去我在京都大學工作過的舊勢力調查，通過這一方面的調查過程中，也知道美國留學生在京都大學研究什麼東西，這些材料已經交給政府了，天野元之助所參加的京都人文科學研究所主持的日美學家學術座談會，我以新聞記者

的身分參加旁聽座談會，內容我已向政府報告了，另外也通過天野的介紹，企圖參加日美太平洋地域調查會，但這個企圖遭到了它們拒絕而失敗了，儘管為此失敗了，但由於天野的勢力，我參加一次調查會的報告。那時的報告者是官崎——朝日新聞社（東京本社）調查部長，會員大多數是日本壟斷資本家，比如村田省三（大阪商船的大資本家，曾經做過日本政府大東亞部長？）、大原倉教紡織公司總經理等。他們主要是討論中國大陸的糧食問題。就這個內容我也向政府彙報了。通過收集材料工作，我也知道了美國在日本收起有關中國的材料，比如美國Stanford大學到京都大學教授松岡孝次（日本陸軍士官學校畢業）家裡，把他所研究的有關中國的經濟材料統統買回去了。

韓飛鳳肯定是帶回不少的資料與情報，但最後並未與吳文藻有直接聯繫。吳文藻在對有關人員說明時，最後一點為：「關於天津韓某事，已向韓主任口頭提過，不詳。」[11]幾個簡單的文字，可能隱含了「此事不以文字報告，已經口頭報告過」的意思，這是情報工作的常識。起碼可以確定的是，吳文藻對韓飛鳳的事情，有他的直接回應。

吳文藻為何與韓飛鳳失去聯繫，目前尚未有文獻可以佐證。所能知道的是，1953年10月，吳文藻接受了新工作，到成立不久的中央民族學院工作。雖然他曾希望被派往印度擔任外交官，但到大學工作，吳文藻也樂意接受。不過，這裡有一個對他的認定與接受的問題。以他的資歷而言，應有較高的地位：三十年代便是燕京大學教授、法學院院長，以後是雲南大學社會學系主任、文法學院院長，戰時國防最高委員會參事就不用說了，戰後盟國對日談判顧問的地位是很高的，所收集與帶回的資料與情報，對新中國是有貢獻的，而且現在還在繼續收集情報，為國家服務。但當他來到中央民族學院後，完全沒有參照他曾有過的任職資歷，也沒有考慮到他為新中國所做出的特殊貢獻，僅僅是一個普通的教職，研究部的一名教授，直到第二年研究部下成立了一個「民族情況教研室」，才由他接任教研室的主任。而在

---

[11] 「關於堂侄吳佐東參加『中統』的說明」，1955年6月28日。（吳文藻檔案）

這裡任教的他的學生費孝通、林耀華等，都是副院長、系主任，當年提倡並主持「社會學中國化」的「燕京學派」帶頭人，成了學生的部屬。學生走在前頭，比先生更有成就與出息，吳文藻並非是接受不了，但他從中體會出的是——新政權對他的不信任！嚴重的不信任！

這讓他難以接受。

中斷與日本韓飛鳳的聯繫，是否與此事此心情有關？

再一次情景再現：

清晨，五十三歲卻顯得有些老態的吳文藻教授，提了公文包推開四合院院門，走出洋溢胡同。吳教授在東城區擠上了一輛公共汽車，轉車、再轉車，終於到了位於西郊魏公村的中央民族學院。這裡沒有未名湖、沒有博雅塔，沒有達特默思寬大的學院廣場，沒有哥倫比亞鑲嵌著常青藤的哥特式教學大樓，舉目望去，幾幢新的建築，還算有些特色，紅柱灰牆大蓋頂，但與燕園的貝公樓相去甚遠，幾幢無規則地排列的樓房還在建造，周邊的草地尚未來得及清理，工地的嘈雜與吵鬧，蓋過了朗朗的讀書聲。

這就是他新任教職的學院？開始沒有上課，在研究部閱讀與學習，熟悉有關民族的研究情況，此後教研室成立了，他擔任主任。教研室主任除排課外，自己也得上課，但上什麼課？如何上課呢？已經不是私立燕京大學，也不是國立雲南大學，新中國創辦的民族學院，一切都是陌生的。

之後便是不停地從東城的洋溢胡同到西郊的魏公村，從西郊的魏公村回到東城的洋溢胡同。一個來回，兩三個小時，此時的吳文藻，情緒好得了？還有心情給在日本的韓飛鳳發出指令麼？

吳文藻生病了，渾身奇癢，時不時地發燒，第二天醒來昏天黑地，起不了床，望著窗外藍色的天空，回憶起在東京的日子來。

說是為了照顧吳文藻教授，免得兩地奔跑，中央民族學院在新建的和平樓，分配給他一個單元。於是，一家人便只得搬離洋溢胡同，住了將近四年的四合院，別了！還是向前幫忙，派了車、來了人，立即一乾二淨地搬離了，兒子最後一個離開院子，回頭看看，想起幾年前女士最後收走晾曬的內衣……

民院的和平樓為教職工宿舍公寓，三層，每層有八套房，分配給吳文藻的為二層靠東，編號208。冰心給遠在上海的趙清閣寫信，感

嘆房子很小，「連衛生間、廚房、工人屋子，只有六間」，實際上也就是兩明一暗的三間房吧。吳文藻走進走出，不知道該說什麼，何時住過這麼小的房子？那怕戰時，也有「默廬」與「嘉廬」、「潛廬」啊，更不用說燕南園與東京麻布了。還說因為照顧自己，才賜給了這麼一套房子，站在屋裡望著冰心，愧意頓生卻不敢言。冰心到是豁達，認為房子小、且偏遠，也有好處，「搬出城後，工作效率較高，來訪的人少了，不必要的會也不去了」，最後竟然冒出一句「可是很好玩。除了沒有院子之外，別的沒有什麼不便。」[12]很好玩指的是什麼呢？有些幽默，也有些無奈！

說沒有什麼不便，更是在朋友面前爭面子了。有衛生間不錯，但沒有洗澡間呀更無熱水管道，就為此，吳文藻在他的日記中隔三差五便有一句「到孝通家洗澡」云云。費孝通是民院副院長，按照級別，他的房子要大得多，設備也要齊全一些，老師到學生家洗個澡應該是可以的，可是方便嗎？冰心又到哪裡去洗澡呢？還有兩個從小衛生慣的女兒，這對她們都是不可或缺的「日常功課」啊！

3，冰心浮出水面

冰心浮出水面與吳文藻悄悄地安排教職不一樣，一夜之間出現在公眾視野，並且是在全國性的大會上。

1953年9、10月間，中國文學藝術工作者第二次代表大會在北京召開，全國各地知名作家、藝術家聚集北京，共享盛會。冰心出席會議，第一次接觸、進入到了一個陌生的世界，會議代表幾百號人，沒有幾個相識的，只有為大會做報告的郭沫若、茅盾有過交往，周揚也只是聽說過，但他們在主席臺上，離自己很遠。報告中的用語、詞彙也大都陌生，比如「社會主義現實主義」，比如文學創作是共產黨領導的事業，與黨的關係是機器與螺絲釘，還有描寫英雄人物等等。那些在主報告中受到表揚的作品，她都沒有讀過，作者的名字也沒有聽說過，令她感到欣慰的是，巴金與老舍都被點名表揚。報告中論述文學藝術的成就，一是講「五四」運動的啟蒙，也就是五四新文化吧；二是講毛主席在延安文藝座談會上的講話的指引，這個她鬧不

---

[12] 《致趙清閣》《滄海往事》，P101、102，上海文藝出版社2006年10月。

清楚，悄悄地跑到書店買了一本來讀，這一讀不得了，發現自己以前的創作全不對頭了。什麼「立場問題」、「態度問題」、「工作對象問題」，對照一下自己全錯了，文藝為工農兵服務、學習馬克思主義、改造世界觀，原來寫作還有這麼複雜？還有「歌頌光明」與「暴露黑暗」，「普及」與「提高」，誰曾想過？尤其那段對人性論的批判，就像是對著了自己：「『人性論』。有沒有人性這種東西？當然有的。但是只有具體的人性，沒有抽象的人性。在階級社會裡就是只有帶著階級性的人性，而沒有什麼超階級的人性。我們主張無產階級的人性，人民大眾的人性，而地主階級資產階級則主張地主階級資產階級的人性，不過他們口頭上不這樣說，卻說成為唯一的人性。有些小資產階級知識分子所鼓吹的人性，也是脫離人民大眾或者反對人民大眾的，他們的所謂人性實質上不過是資產階級的個人主義，因此在他們眼中，無產階級的人性就不合於人性。現在延安有些人們所主張的作為所謂文藝理論基礎的『人性論』，就是這樣講，這是完全錯誤的。」、「『文藝的基本出發點是愛，是人類之愛。』愛可以是出發點，但是還有一個基本出發點。愛是觀念的東西，是客觀實踐的產物。我們根本上不是從觀念出發，而是從客觀實踐出發。我們的知識分子出身的文藝工作者愛無產階級，是社會使他們感覺到和無產階級有共同的命運的結果。我們恨日本帝國主義，是日本帝國主義壓迫我們的結果。世上決沒有無緣無故的愛，也沒有無緣無故的恨。至於所謂『人類之愛』，自從人類分化成為階級以後，就沒有過這種統一的愛。過去的一切統治階級喜歡提倡這個東西，許多所謂聖人賢人也喜歡提倡這個東西，但是無論誰都沒有真正實行過，因為它在階級社會裡是不可能實行的。真正的人類之愛是會有的，那是在全世界消滅了階級之後。階級使社會分化為許多對立體，階級消滅後，那時就有了整個的人類之愛，但是現在還沒有。我們不能愛敵人，不能愛社會的醜惡現象，我們的目的是消滅這些東西。這是人們的常識，難道我們的文藝工作者還有不懂得的嗎？」那些話不都是針對自己的嗎？自己不比梁實秋那想那麼多呀，從來都是感情上來了，才有作品。雖然在重慶，有過文藝為抗戰服務之類的提法，但那時她理直氣壯地說，不會寫為抗戰服務的作品，要寫就一點身邊的事情，寫寫身邊的女人。那時也沒有人說自己不為抗戰服務，看來，三十多年的寫作習慣，現

在行不通了。冰心曾一人躲的房間裡連讀三遍，越讀越是汗顏！

十幾天的時間，冰心住會，天天與新的面孔與新的觀念打交道，也覺得戀有意思。不少場合，當有人介紹到冰心時，還是有人說讀過自己的作品，甚至有人說是她的「小讀者」，這讓她意外也感到慌惑。也有不少的人會說，「歡迎加入我們的文藝隊伍」。冰心聽了了弦外之音，這個文藝隊伍原來是他們的！有時她也會詼諧地回答：「俺也是一員啊！」這時她的山東侉子話幫了大忙，氣氛就融洽起來了。感受最深的是，共產黨的領袖們對文學藝術的熱愛與重視，無以倫比。毛澤東講話，周恩來做政治報告，毛主席、劉少奇副主席、朱總司令、周總理、陳毅副總理，那麼一大批的領導人，竟然抽出寶貴時間來接見大會的代表，並且在一起照相。北洋政府自不必說，國民黨也不會這樣，蔣介石連小說都不看，戲也不聽，只讀經，只有宋美齡有些愛好，組織過一次以「蔣夫人」名義設立的文學評獎。歐美的政黨領袖更無接見作家藝術家這一說，最多是競選時拉攏名演員造勢投票。共產黨為何如此重視作家與藝術家？這是她一時鬧不明白的，作為其中的一員，她感受被器重的驕傲與自豪，但也有很大的精神壓力，就是說，以後要按照黨的要求改造自己，按領導的指示講話指導寫文章。不僅是像自己這樣的人要改造，大會號召每一個作家都要接受改造。「思想改造」這個詞對她極其陌生，如何進行「思想改造」就更在雲裡霧裡，但她想，既然大家都要改造，自己也就跟著改造吧。

在小組的討論會上，冰心以「歸來者」的身分發言，第一次說出了自己回到北京的觀感：

> 我回到祖國，回到我最熟識熱愛的首都，我眼花繚亂了！幾年不見，她已不再是「顏色憔悴、形容枯槁」，而是精神抖擻，容光煥發了。這些年來在我夢中湧現過多少次的勝地，尤其是「五四」紀念地的天安門，那黯舊的門樓，荒涼的廣場，曾是萬千年真純潔的愛國青年，橫遭反動統治階級血腥迫害的處所，如今是金碧交輝，明光四射，成了中國和世界人民團結一致爭取和平的象徵，成了春秋節慶佳日，偉大的人民領袖檢閱壯大的人民隊伍的地方了。此外如雕欄玉砌的故宮，莊嚴矗

立的天壇，玲瓏高舉的白塔……這些數百年來，萬千勞動人民血汗的智慧的創造，終於回到了勞動人民的手裡，在人民自己的政府的關懷和愛護之下，也都輪煥一新了！這些格外和諧的色彩，格外鮮明的情調，在北京秋日特有的晴天爽氣之中，也格外顯得光輝而靜穆。成群的乳白的鴿子，在這水波漣漪，樓閣玲瓏的上空，回繞飛翔，曳著嘹亮悠揚的哨聲，不住地傳播著和平的消息！[13]

　　冰心是老北京了，卻是第一次用詩的語言，讚美北京，讚美了今天北京的天安門、故宮、天壇、白塔。應該說，這是冰心真實的感情。自1900年八國聯國入侵之後，北京日漸破敗，戰事倥傯之中，還有誰來維護古都？至1949年中共接管北京，僅天安門就清理出上千噸的垃圾，更別說木建築的腐朽、油漆的剝落了。新舊北京在她的心裡有過比較，感受也就深了。但作為作家藝術家的會議，僅僅談些感受是不夠的，還必須落實到自己的身上。冰心在聆聽了大會的報告與發言之後，在閱讀了毛主席《在延安文藝座談會上的講話》之後，對照著自己檢查起來，「我過去的創作，範圍是狹仄的，眼光是淺短的，也更沒有面向著人民大眾。原因是我的立場錯了，觀點錯了，對象的選擇也因而錯了。」在籠統地認錯之後，立即就回到了「還能寫」的問題上：「我的文字工具還是可用的。我能以參加這次的全國文代大會，得到了學習的機遇，感到十分快樂，十分興奮。我雖然細小，也還是緊緊挨著這塊大磁石的一條鋼針。在總的路線中，我選定了自己的工作，就是：願為創作兒童文學而努力。我素來喜歡小孩子，喜歡描寫快樂光明的事物，喜歡使用明朗清新的字句。在從前那種『四海皆秋氣，一室春難暖』的環境中，我的創作的慾望，一天一天地萎縮淡薄下去，漸漸地至於消滅。如今在這萬象更新的新中國的環境中，舉目四望，有的是健康活潑的兒童，有的是快樂光明的新事物，有的是光輝燦爛的遠景，我的材料和文思，應當是取之不盡，用之不竭的。」冰心沒有一概地否定自己，說她還有優點，語言的清新，喜歡寫光明與快樂，願意為兒童寫作，這些都是她的優勢，希望能在新中

---

[13] 《歸來之後》，《冰心全集》第4卷，P29。

國的文學事業上發揮作用,並且將「齒輪與螺絲釘」的關係,形象地改造為「大磁石與鋼針」。最後回應對大會的主題詞上:「我一定要好好學習社會主義現實主義的文藝理論,好好研讀先進的文學作品,好好聯繫群眾。在我的作品中,我要努力創造正面藝術形象,表現新型人物,讓新中國的兒童看到祖國的新生的,前進的,蓬蓬勃勃的力量,鼓舞他們做一個有教養的,樂觀的,英勇剛毅的社會主義社會的建設者。」

在這次大會上,冰心被選為中國文學藝術界第二屆全國委員會委員,同時參加了全國文協會員代表大會。她的名字、她的發言,出現在大會的簡報上,出現在各大報的名單中。消失了多年的女作家冰心,在北京浮出了水面,並且是以大會亮相的「華麗轉身」出現在公眾的視野裡,也就成了一條新聞,香港《大公報》以北京專訊的方式,首發署名耕野的《女作家謝冰心回到了北京》,立即在臺灣、日本與美國引起反響。梁實秋感嘆道,不知道什麼原因,她還是回到了北京!胡適、顧毓琇、浦薛鳳等都吃驚不小。

冰心在大會上講要為兒童寫作,不是空穴來風。實際在她尚未完全浮出水面時,業已開始構思寫作中篇小說《陶奇的暑期日記》。為瞭解新中國兒童的生活、語言、思想與感情,冰心經常邀請胡同的小朋友到家做客,每回與小朋友交談,從不「高高在上」,自己坐在小凳上,讓小朋友坐沙發,說,這樣可以平等對話。在浮出水面後,又參加了學校的一些活動,接受少年先鋒隊獻上的紅領巾,這讓她想起在重慶參加過的三民主義青年團評議員活動,並在心裡進行著比較,新中國的孩子活潑多了,也「淘氣」多了。這大概就是小說中「陶奇」名字的由來吧!

在由丁玲、老舍介紹加入文協,成為會員後,冰心也就算接受了新中國對她的工作分配,即在文協兒童文學組擔任組長。文代會後,中國作家協會正式掛牌,也就自然成了作協會員、作家了。那時,還沒有從洋溢胡同搬出,離作協所在地東總布胡同不遠,與新交結的年輕朋友葛翠琳有了溫馨的「漫步」:

　　新中國成立伊始,剛開過第一次全國文代會,中國作家協
　會宣告成立,設立了兒童文學組,冰心、張天翼任組長,帶領

十幾位青年作家定期座談，討論創作。為了不影響上班，活動時間多半安排在晚上。有時大家談得高興，散會已是深夜。別人騎自行車飛奔離去，我就陪冰心走回家。

中國作家協會在東總布胡同，冰心家住東單洋溢胡同，我住北京飯店後門北京文聯宿舍。長長的胡同裡，夜深人靜，各家緊閉宅門，冰心和我踏著月光漫步而行，輕聲講說各種事情，彷彿母女間的傾心交談，倍感溫馨。

有一次，冰心談起家中一件趣事：吳老師的書桌上擺放著一個小相框，裡面放著冰心的照片。冰心想開個玩笑，悄悄地把照片換成了阮玲玉的，她想看丈夫是否會注意到這變化。誰知吳文藻當天就發現了這情況，他非常嚴肅地批評妻子說：「你怎麼可以開這樣的玩笑！」

冰心一邊講述一邊笑，說：「我本以為他把照片擺放在書桌上，並不很在意呢！你看他這個人……」我聽了，忍不住大笑。冰心忙阻止我：「小點兒聲，不要吵了別人，我們只是講悄悄話兒。」[14]

踏著月光漫步的美好時光，隨著搬離洋溢胡同也就消失了。

4，新中國的形象大使

冰心在國內剛剛浮出水面，便被派往出國訪問的代表團中，開始活躍在國際舞臺上。這不僅意味著新政權對她的政治信任，也是在執行重要的政治與外交任務。

印度國大黨以和平的方式，從英印政府中取得政權後，奉行和平、中立、不結盟的政策，於1950年4月承認了中華人民共和國，建立了外交關係，成為中國與非社會主義國家建交的典範。「中印兩國政府根據先談判後建交的原則確立了兩個亞洲大國、鄰國的友好關係，客觀上穩定了新中國的西南邊疆安全，打破了美國想借印度遏制新中國的企圖，為新中國與其他非社會主義國家建交提供了範例。建交後，印度政府在朝鮮問題上為新中國向西方國家傳遞信息；兩國在

---

[14] 葛翠琳，《與冰心月下漫談》，《文學報》2009年5月21日。

日內瓦會議和萬隆會議上相互合作，共同提出了和平共處五項原則，維護了亞洲乃至世界的和平，共同迎來了二十世紀五十年代中印關係的『蜜月期』。」[15]

也就是冰心浮出水面不久，應印度印中友好協會的邀請，中印友好協會派出訪問團，對印度進行為期五十九天的訪問。訪問團僅由六人組成，冰心名字赫然在列。團長丁西林是著名的物理學家、同時也是戲劇家，時任中國科普協會的副主席；副團長是夏衍，作家、戲劇與電影劇本創作家、中共早期黨員，時任上海市委宣傳部副部長、文化局長，團員有詩人袁水拍等。那時出訪，團長也不帶夫人，冰心被派入訪問團，顯示了新中國外交柔性的一面。冰心的經歷、影響、人道主義立場、與印度的文化象徵泰戈爾的精神聯繫，尤其翻譯過他的作品，在出國訪問時倒是成了她的優勢。夏衍與袁水拍雖然都是作家與詩人，但他們是共產黨員，而團長留學英國，文理兩科皆通，屬中性，穩固的左、中、右結構。訪問團活動的舞臺在印度，但它展示的形象卻要出現在全世界面前。五十年代初，西方甚至亞洲的一些國家，對社會主義國家懷有恐懼感，甚至視若洪水猛獸，因而，展示共產黨領導下新中國的柔性一面、人情味的一面十分重要。外交活動往往又是集體亮相，這個場合中，在團長不能帶夫人的情況下，女性團員也就顯得非常重要，她代表的是中國婦女，是中國母親，溫柔、美麗、睿智、賢惠，熱愛和崇尚生活。此時的冰心甫一出現在國際舞臺上，便成了新中國女性形象的代言人。

冰心恰恰符合了新中國的這種外交需要。臨行前，前國民政府的外交官吳文藻與冰心分析了這種外交心理，他還從宋美齡外交形象與影響上，闡述了其在抗戰中包括締結條件、出席重要會議、爭取國際援助方面所起到的重大作用。但那是在公開場合下不能再提及的往事了。吳文藻對印度有所研究，1944年曾訪問過這個國家，他又對冰心交代了一些必須注意的事項，包括風俗與民情。冰心告訴他，已進行了多次外事教育，聽了三次有關印度的專題報告，請先生放心，她會為新中國的婦女爭光的。說時，進到衣帽間，穿出那套在王府井專門訂製的米色旗袍，手挎淡黃昆包，還誇張地走了幾個貓步，逗得孩子

---

[15] 高國衛、高廣景，《中印建交的歷史考察》，《黨史研究與教學》，2011年3月號

和先生開懷大笑。小女兒格外驚豔，說媽媽真是漂亮，身材像姐姐那麼苗條，吳文藻就說，你媽這個時候要胖一點才好呢！大女兒便說，哎，爹爹不懂得欣賞女性的線條美！

那時吳文藻的教職剛剛確定，情緒尚好，並不消沉。

印中關係的蜜月期，隨著代表團的到來，便加甜蜜與熱烈，到處是歡迎的笑臉與盛開的鮮花，飛機剛入東印度邊境加爾各答，歡迎人群的花環和花束，便堆滿旅館，「困倦迷糊之中，我們感到如夢遊花國，哪知道這僅僅是『花』的開始！」啊，加爾各答，冰心在心裡默念，多麼熟悉的名字，這是少女時代便與之神交的泰戈爾故鄉啊！但這次沒有停留，第二日黃昏，飛機便在首都新德里的上空盤旋，下望機場，更是旗幟如林，萬頭攢動。「我們一下了飛機，走入候機室庭院欄杆之內，立刻被捲入沸騰的友情的熱海，耳邊是波浪般起伏不斷的歡呼，無數雙熱情的手，把大大小小芬香五色的花環向著我們套來，直套到我們的眼睛都被遮住了，只得摘下幾個來，由旁邊招待的人替我們拿著，但是新的花環又層層地套上了！此外還有一束一束的花朵向我們手中遞來，一把一把的花瓣向著我們撒來。我們頭上是花瓣，頸上是花環，手裡拿著的是花，臂上抱著的也是花，我們簡直被壓在友情的花山底下了！」[16]

代表團到達新德里的第二天，印度總理尼赫魯便在官邸會見並宴請中國客人。會見是正式的，一切按照外交禮節進行，冰心優雅地握手、落座，團長說話，團員隨聽，但到了宴會上，則就隨意多了，在這個場合，冰心的外交與交際的才能開始發揮。尼赫魯女兒英迪拉‧甘地也出席宴會，由於事先吳文藻曾有提示，尼赫魯的妹妹潘提忒夫人，兩個女兒都是威爾斯利女子學院的留學生，當冰心自我介紹到她曾在威爾斯利女子學院留學時，立即便與英迪拉‧甘地拉近了距離，當晚冰心與後來成為印度總理的甘地夫人有過很親切的交談，以至尼赫魯還以為她們之前就相識呢。冰心的回答更風趣，說她之前與泰戈爾是相識的，引起一陣歡快的笑聲。

中國代表團在新德里同時受到總統拉金德拉‧普拉沙德的會見，出席了印中友好協會全國會議開幕式，觀看富有特色的歌舞晚會。丁

---

[16] 《印度之行》，《冰心全集》第4卷，P44。

西林團長在開幕式上用詩一樣語言致辭，當他稱讚中印友情像「清新，純潔，甘美的活水」時，更引起不絕的歡呼；在參觀德里大學時，夏衍做了演講；婦女會的演講，自然便是冰心了。沒有講稿，手裡只有一張小紙片，她本想介紹新中國婦女的情況，但她對新中國的婦女生活確實不熟悉，於是便講起中國的女性作家，講她們在爭取民族解放中所寫下的作品，講她們在新中國的地位，話語親切而生動，引來印度婦女的一片羨慕與讚嘆。

　　首都活動之後，代表團在印中協會安排與陪同下，乘車從瓜洛爾到波保爾、到烏查因，一路出席群眾大會、參觀、看演出，在印度大地上如一陣滾過的熱浪。從巴特那沿恒河南下，再回到加爾各答，回到泰戈爾故鄉。

　　　　在印度，尤其是用孟加拉語文的省份，我們時常感覺到這位印度文藝復興時代的巨人——泰戈爾，是怎樣地受著廣大人民的愛敬。他的大大小小的畫像，在人家和公共場所的牆壁上懸掛著，他的長長短短的詩歌，在男女老幼的口中傳誦著。人民永遠記得他怎樣參加領導了印度的文藝復興運動；怎樣排除了他周圍的紛亂窒塞的、多少含有殖民地奴化的、從英國傳來的西方文化，而深入研究印度自己的悠久、優秀的文化。他進到鄉村，從農夫、村婦、瓦匠、石工那裡，聽取了神話、歌謠和民間故事，然後用孟加拉文字寫出最素樸、最美麗的文章。他創立音樂學院，開始紀錄印度古代的樂譜，這些古印度文化遺產之整理與大眾化，對於印度日益蓬勃的民族運動，曾起了極大的作用。

　　　　在他八十歲生辰的時候，他寫了一篇《文明的危機》，他嚴厲地斥責了西方帝國主義國家，尤其是英國的冒牌的文明，和他們對於東方殖民地人民的殘酷的壓迫和榨取。最後他滿懷信心地說：「也許從太陽升起的東方天邊，黎明將要來到。」[17]

---

[17] 《印度之行》，《冰心全集》第4卷，P60、61。

　　這一次沒有失之交臂，代表團在加爾各答出席一系列活動，再次形成了訪問的高潮。中國朋友參加了文藝界的歡迎會，參觀了印度近代繪畫展覽，出席了加爾各答大學的畢業典禮，更不用說那幾萬人的群眾大會了。一切活動結束後，代表團驅車前往泰戈爾故鄉聖蒂尼克坦，寬闊的馬路上，擠滿各種裝滿貨物的大蓬車、牛車，甚至還有漫步的老牛。陪同告訴冰心，印度視牛為神，如果牛老了，絕不能殺，也不能吃，只能給它們放生，四處遊蕩，信徒也會送東西餵牛。抵達聖蒂尼克坦時，已近傍晚，下榻於泰戈爾創辦的和平國際大學附近的賓館，晚間從校園傳來泰戈爾親自為大學所寫的校歌《聖蒂尼克坦之歌》：「她是我們的，我們心中之所愛，聖蒂尼克坦！在她的手臂中，蕩漾著我們的輕夢……」冰心靜靜地坐在草地上聆聽，全身心感受這片神聖的土地。和平國際大學整個校園，便是在一大片樹林之中，一棟棟色澤鮮豔的房子，散落於林間。當晚，冰心在印度朋友的陪同下，在小商販的攤位上，購買泰戈爾木雕像等紀念品。第二天一早，參觀了泰戈爾故居。穿著沙麗的館長帶領全體館員，列隊歡迎中國客人，參觀之後，舉行茶話會，主人致辭之後，中國客人講話，這時，冰心便成了當然的代表了。她先用英語背誦了兩首泰戈爾的詩，純正、優美的英語口音，悠揚的節奏與韻律，傳遞出泰戈爾詩歌無窮的魅力，令印度聽眾也入迷，朗誦完畢，暴發出熱烈的掌聲。之後回到純正的北京話，介紹了泰戈爾在中國的友誼與影響，包括她自己對泰戈爾的理解與翻譯。冰心這一次的表現，更是出色，聯繫到上一次與英迪拉・甘地優美的談吐，副團長夏衍對冰心的外交能力與魅力，十分折服：「使我這個幹了多年外事工作的人感到佩服。她那種不亢不卑，既有幽默又有節制的風度，我認為在這方面，我們文藝隊伍中，可以說很少有人能和她比擬的。」[18]

　　代表團的訪問繼續向南，在安得拉省參加了甲孟特萊的市民大會，參觀了著名的阿旃陀和埃婁拉的石窟，然後到了西印度的孟買，到甘地村進行訪問，最後又回到了加爾各答，乘船沿東海岸，經緬甸、新加坡回到香港。全部行程八千多公里，訪問的時間前後兩月有餘，回到北京已是來年的開春了。冰心此時已是年過半百的人了，且

---

[18] 夏衍，《讚頌我的「老大姐」》，《花城》，1981年第4期。

體弱，但她每天都以飽滿的精神、優雅的形象，出現在代表團中，活躍在外交舞臺上。

回到北京，代表團進行了小結，從團長到團員、從副總理到外長，對冰心的外交能力給以了高度的評價，認為她為新中國的婦女爭光，也為新中國的形象添彩。

冰心首次在外交舞臺上出色的表現，用當時的話說叫「讓祖國滿意」。她自己則是這麼認為的：「國際活動，我是喜歡的。我是政治覺悟不高的人，對於政治覺悟比我還低的環境和我從前差不多的人，距離較近，他們的心理意識，我也比較摸得著，我可以同他們直接談話，又少一層隔膜，我覺得在這一方面，我雖然仍是會犯錯誤，但是，還比較有把握。」[19]此後，冰心作為新中國外交舞臺上的形象大使，不斷地出現在各類代表團中，向世界傳遞著柔美的聲音、表現優雅的身姿。1955年4月，冰心再次被派往印度，參加以郭沫若為團長的中國代表團，出席在新德里召開的亞洲團結會議，會後對印度進行了友好訪問，時間為二十天。回到北京，行李還未打開，又接受了新任務，參加李德全為團長的中國婦女代表團，前往洛桑出席世界母親大會，並對瑞士、法國和順道的蘇聯、捷克進行訪問。

印度的亞洲團結會議固然重要，雖然制度與意識形態不同，但那畢竟是處於蜜月期的友好鄰邦，而到歐洲出席會議，並且是世界各國都出席的母親大會，更是受到中央政府的重視，從人員的選定、到出國前的教育，嚴格而慎重。僅是外事教育便緊鑼密鼓地進行了為期兩周的時間。其中有周總理關於出席世界母親大會的指示，陳毅副總理關於國際形勢的報告，外交部關於法國政治、經濟與黨派等等方面的情況介紹，鄧穎超以婦女身分、政界領導，談出國工作的體會，鄧穎超說，聽了介紹，代表團有出國經驗，團員有人大代表、政協代表、政府官員，在人民群眾中有聯繫、有威望，領導核心很堅強，如李德全，陣容優越。同時由何成湘主講宗教問題，闡述宗教問題與國際活動密切相關，並就宗教的有關事項進行了介紹。對瑞士有彭峰的專題報告，曹孟召介紹世界母親大會的發展情況，吳全衡講國際婦女運動，張淑義講國際兒童問題，羅瓊講中國婦女運動情況，孫文淑報告

---

[19] 冰心自書簡歷，1956年8月10日。

中國文教情況，余志英談出國的有關問題與注意事項，最後由戚雲講出國的聯絡與有關紀律等。

世界婦女大會完全是自由型的會議，沒有嚴密的程序與周到的安排，除了大會外，其他的時間都是自由組合，聯歡會、茶話會、專題會，各國代表團各顯神通。代表團的每位成員都可以發揮自己的積極性與創造性，展開國家與國家、個人與個人聯絡與交流。會議期間，冰心除代表國家在文藝組發言外，僅是參加聯歡與茶話會就達十餘場，哪一場的聯歡會、茶話會都少不了她。那時在代表團裡，能懂略英語的也就幾個人，冰心不僅可以用純正的美式英語進行對話，而且她在康奈爾大學補修的法國、在旅居日本的日語，雖不熟練，但與英語交替使用，很是管用。在這樣的國際會議上，語言是第一位的，不能獨立地與他國的代表對話，基本也就是局限的自己國家的代表團裡了，冰心無疑具有語言優勢，而她優雅、得體的談吐，別說中國代表團需要她，別國的代表團成員也希望與她多說上幾句話，因而，她的休息時間往往都被占用。

在與印度代表團聯歡時，冰心已經兩次訪問印度，團長肯德夫人不認識團長李德全，卻與冰心熟悉。在交際廳，中印兩國代表團進行聯歡，印度代表跳統一舞，讀泰戈爾詩。冰心則先用中文、再用英語朗誦李清照的詞《聲聲慢》，令印度朋友陶醉。中國代表也跳了團結拉手舞，並且邊跳邊引入印度的朋友，氣氛熱烈。聯歡會後李德全表揚了她這位貝滿女中的「小婉兒」同學，說有了她中國代表團就不孤立了。還有與印尼、與亞細亞國家、與德國、與奧地利、與日本、與蘇聯、與羅馬尼亞等國家的聯歡與交換禮品，都離不開她，翻譯當然也有作用，但翻譯往往只使用一種語言，有時還呆板，無法傳遞對方即興的說話，尤其是話語中的風趣與幽默。文藝組的專題會上發言，冰心事先準備了文稿，但當她站在演講台時，在徵得大會主席的同意後，直接用英語進行了演講，她以自己的語言，生動地介紹中國作家在新中國之後所取得的創作成就，尤其是作家的地位，她以自己為例，說稿費很高，還有月薪做生活的保障。演講之後，回答現場提問，冰心也都大方得體、不卑不亢，用李德全團長的話說，「小婉兒」很有外交家風度。冰心則謙虛地說，她的那點本事，都是貝滿女中的演講會逼出來的。那時，李德會是她的學長，遊行時舉了旗子走

在前頭,冰心說李團長中學時就是「指引的榜樣」。會議期間,冰心還接受了德國記者的訪問,談她在1936年訪問德國的印象,祈望世界永久和平。

世界婦女大會的正式會期,7月7日開幕,7月10日閉幕,4天時間,但小型會議、非正式活動、參觀與訪問,卻大大地延長了會期。

閉幕這一天,冰心日記:

> 7月10日,星期日,瑞士
>
> 　晨起,赴會。早聽發言。午飯與日本代表聯歡,下午見羅馬尼亞代表約談,吃水果。晚飯與蘇聯聯歡。九時又開會,通過致四大國外長書,致聯合國書及大會宣言。資格審查委員會報告,鼓掌如雷,大家拉手歌唱,繞場數周,絲巾揮動,情形熱烈。夜二時始回家,鑰匙不見。[20]

瑞士之後,有些代表團或代表團成員,前往巴黎參觀訪問。中國那時外匯奇缺,但還是保證了中國婦女代表團較充裕的經費,全體成員赴巴黎參觀訪問了10天,不僅遊覽了羅浮宮、艾芙爾鐵塔、賽納河這樣一些經典的景點,而且真正深入街道,瞭解兒童教育、消防隊員等情況,用現在的話說是做了「深度遊」,當時的用意則是要考察資本主義制度下的另一面。在這裡,冰心沒有多少可以表現的,再說她對巴黎也太熟悉了,1936年曾在這裡閒居100天,縱是如此,冰心參觀時還是非常認真,日記也不少,最後卻是沒有寫成文章。

巴黎之後,回到瑞士。7月22日,早餐之後,「有斯麗曼夫人來送我們至機場。法國朋友如阿蒙等均來相送,依依不捨。」[21]從洛桑飛日內瓦,乘火車到伯爾尼,又經布拉格到莫斯科。剛到中國大使館,冰心便接到電話通知,8月6日日本有會。7月29日回到北京,隔兩天,即是8月1日,冰心又出現在中國代表團中間。這次的任務是到日本出席禁止原子彈和氫彈世界大會,團長劉寧一。

三四年前悄然告別日本,沒有想到竟然是以新中國代表團團員的身分,再次踏上東瀛的土地。飛機在羽田機場降落,乘車前往東京,

---

[20] 冰心訪歐日記。
[21] 冰心訪歐日記。

冰心坐在車後的一角，回憶起戰後第一次乘車走過這條路的情景，建築斷垣殘壁、行人衣衫襤褸，戰後多少年了？也就十年，如今一片繁榮，新栽種的樹都長高了，樓也蓋起來了，路很寬很平整，汽車也多了，幾乎是看不到幾個行人。麻布區已經遠去，那是一個時代的終結。新中國在和平十年之後，也該有如此的成就吧。

旅居日本五年，在日本也走過不少地方，但冰心沒有去過長崎、沒有去過廣島，那是被美國原子彈摧毀過的城市，盟國對日委員會明令不得進入。僅僅是出於對盟國人員的保護？還是出於對戰爭罪惡、原子彈罪惡的掩飾？這一次她將要訪問這兩個城市，要與這裡的土地與人民見面，要聽一聽全世界愛好和平者的聲音。

首先是到了長崎，在出席大會開幕式後，便到復興的市區巡禮。各國代表陸續登上國際文化會館（即「原爆資料館」）的高樓，四周眺望被炸的中心街道，參觀資料館裡陳列的原子彈毀壞殺傷的種種相片和表格。在原子武器爆炸之下，長崎市民死者七萬五千多人，傷者也有七萬四千多，其中大部分是老幼婦孺。代表們慰問了原子彈受害者，傷殘、遺孤、老人等，控訴了原子彈的罪惡。

廣島的景象更加慘烈，「幾條寬闊的大街，兩行高大的樓房，伸展在蒼黃無際的土地上。乾燥的熱風，吹著矮樹的小葉，路旁長著稀疏的青草⋯⋯這一切，都好像是到了一座沙漠上新建的城市，然而沙漠上新建的城市沒有這些斑斑的創痕！」「在離爆炸中心二百五十米的地方，立著一座小石台，上面有一個馬鞍形的『慰靈碑』，這『慰靈碑』下『安息』著二十四萬以上的，在第一顆萬惡的原子彈爆炸下犧牲者的靈魂！」「十年前的一個清晨，晴空萬里，海上河邊吹起微微的涼風，孩子們在街上院中追逐著嬉戲；母親們背著嬰兒在準備著早餐；一切無辜的平民，正在做著他們每天早起的工作，突然間⋯⋯一聲霹靂，一陣狂風，把這座城市四十萬人的幸福⋯⋯四十萬老弱婦孺的一切，震碎，吹飛！」面對這一切，如果是十年前的冰心，愛的旗幟會舉得更高、和平的聲音會喊更響，對日本人民的同情會加倍，對戰爭的罪惡思考會更強烈，但現在，新中國的幾年生活，已讓她感到那樣的發言，可能不合時宜，將會與大眾的聲音不相協調，她現在要說的只有二個字——「控訴」：

我看了廣島，才感受到「怒髮衝冠」的真正感覺！幾千幾百年來，世界上聰明勤奮的科學家們，廢寢忘食地研究發明瞭為人類增進幸福的原子能，而帝國主義侵略者們，卻攫奪了這寶貴的成果，用它來製成大規模屠殺的武器。在屠殺了日本的幾十萬老弱婦孺之後，直到今天，這些侵略者們，還以他們血淋淋的雙手，高舉著這萬惡的原子武器，來向全世界威脅恫嚇。叫這二十四萬餘圍繞飄泊在斷垣頹壁之旁的冤憤的靈魂，如何得到「安息」?!

　　然而，正義是至終會抬頭的，人心是不死的，人民的力量是無敵的！10年後的8月6日，五千多個代表從日本和全世界的每一角落，來到廣島，這個「控訴的城市」。他們代表著不同的國籍、不同的信仰、不同的社會階層……來和廣島的人民緊緊地拉起手來，向著與和平為敵的好戰分子們，伸出如林的巨臂，發出憤激的、宏亮的「不准再投原子彈」的呼聲！[22]

　　由於冰心在日本的影響，也由於她有許多的日本朋友，所以，儘管這一次出席大會，均為集體行動，但日本朋友還是找機會見到了她，比如奧野信太郎對下榻在王子飯店的冰心進行的訪問，便是逸出這次大會的一個對話。這個對話涉及面非常廣泛，其中被問到對新中國、對日本與美國的看法時，冰心的話還是很有意思的。

　　比如對日本，她說：

　　　　離開日本時，我感覺日本青年是消沉的、失望的。我覺得他們很迷茫。但是，這次我來這兒感到日本青年自己找到了自我奮鬥的目標。我感到他們找到了和平這個目標。我認為只有有了和平，才能給日本帶來繁榮，才能在日本的前途中找到光明。想必先生也參加了禁止原子彈氫彈東京大會，參加這次會議的日本青年的臉不都是非常朝氣蓬勃、一片充滿希望的樣子嗎?!我覺得他們擁有信念。這不但在大阪，在長崎也感覺到了。從中國的經驗來看，如果日本走和平發展的道路的話，會

---

22 《日本紀行》，《冰心全集》第4卷，P233。

有非常光明的前途。這是我發現的日本的一個很大的變化。這種變化對於我來說是非常高興的。

對美國自有她的看法：

> 我非常喜歡美國人民。我愛他們。美國有我非常親近的朋友。我覺得美國公民是非常正直的公民。對於美國政府如何，這是美國自身的問題，所以我不能多說。但是，我不能贊同的是美國政府對中國的態度。對於這一點我無法贊同。

而對新中國，應該說也吐了真言：

> 我覺得從感動來說，新中國給予我的感動在我一生中是最大的。我在五十幾年間經歷了許多政府的執政。我所經歷的這些政府中，沒有一個政府像現在的政府這樣為人民盡心盡力。我不是黨員，也不屬於任何一個政黨，是無黨派。但我從心底裡擁護這個政府，也就是為人民的政府。直到現在我一直都是中國人，但我從未像今天這樣為自己是中國人而感到驕傲過。因為我是中國人，所以無論去哪個國家都能高高地抬起頭。這是因為中國人熱愛和平，對任何一個國家都沒有任何侵略的念頭，也沒想過要侵犯其他國家，而且從沒想過要在哪個國家投下原子彈，從沒想過要和其他國家簽訂不平等條約。我們國家需要的是五項原則，平等互惠和和平共處的原則。正因為如此，作為中國公民無論到哪個國家都受到歡迎。我覺得成為這樣一個國家的公民是非常光榮的，現在是我一生中最愉悅的時期。[23]

在日本轉了一圈之後，從香港回到廣州，已近秋聲。這一年，作為新中國形象大使，冰心三度出訪，從印度到瑞士、法國、捷克、蘇

---

[23] 《新中國の作家生活》（謝冰心、奧野信太郎〈對談〉）刊日本《世界》118期，1955年8月。收入冰心佚文集《我自己走過的路》，人民文學出版社2007年6月。

聯，又從西方轉到東方的日本，真是馬不停蹄，五十五歲的冰心回到廣州，確實感覺到累了，組織上也考慮到她的身體狀態，同意順道到從化溫泉休養一些時日，再回北京。

5，拋別昨日走進今天

外交舞臺上風光無限的冰心，受到新中國一些作家的嫉妒，尤其是從延安、從解放區來的作家和藝術家，他們認為，當我們在為這個新中國浴血奮鬥的時候，她在哪兒？當我們在建立新中國而奮筆書寫的時候，她寫了一些什麼東西？這對冰心是個壓力。同時，國際舞臺上的冰心，她的知識結構、思想、才華與影響，有她的優勢，而在國內的舞臺上，面對工農大眾，面對有著傳奇革命經歷卻是知識結構單一、甚至談不上有多少文化與修養的作家卻是顯得大大地「劣勢」了，她必須降低自己的身段，穿上列寧裝，著裝與他們一樣，更要亮出、檢查和批判自己的思想。她在日本接受奧野信太郎訪問時，就說出了自我批判的舉動與用途：「自我批判在我過去的經歷中是沒有的。現在我覺得這是一種非常好的舉動。」目的是要與「文學家和大家真的打成了一片。」[24]

最初的「自我批判」出現在第二次文代會上，在她浮出水面的那次亮相中，但顯然，這個自我批判是初步的、抽象的，僅是講到觀點與立場錯了，到了新中國為她出版第一個作品選本《冰心小說散文選集》的時候，寫了一篇自序，在這裡，自我批判便更具體了，直接指向了「人類之愛」：

> 我開始寫作，是在五四運動時期，那正是中國反帝反封建的資產階級民主革命一個新的階段，當時的中國社會，是無比的黑暗的。因此我所寫的頭幾篇小說，描寫了也暴露了當時社會的黑暗方面，但是我只暴露黑暗，並沒有找到光明，原因是我沒有去找光明的勇氣！結果我就退縮逃避到狹仄的家庭圈子裡，去描寫歌頌那些在階級社會裡不可能實行的「人類之

[24] 《新中國の作家生活》（謝冰心、奧野信太郎〈對談〉）刊日本《世界》118期，1955年8月。

愛」。同時我的對象和我的興趣，主要是放在少數小資產階級知識分子上面，我沒有「到工農兵群眾中去，到火熱的鬥爭中去，到唯一的最廣大最豐富的源泉中去」。脫離群眾，生活空虛，因此我寫出來的東西，就越來越貧乏，越空洞，越勉強；終至於寫不下去！[25]

　　對「人類之愛」的自我批判，實際與當年的左翼理論家對她的批判差不多，只不過那時她不接受，堅持自己的「哲學」與「信仰」。在拋棄資產階級的「人類之愛」時，冰心引用了一段毛澤東「講話」中的一段話，便顯得有些趨時了，五四運動時毛澤東在哪兒？只不過是北大圖書館的一名圖書管理員吧！但在那次文代會上，三個主題報告與大會發言，均以「延安講話」為最高標準，冰心也就順勢引用。

　　這是指公開發表的言論。在自書簡歷中，則直言了她的難處：

　　　　至於寫作，當然是我最喜歡的工作，但是這裡的問題就很大很多，比方說，我從前的作品，今天再看一遍，人生觀、立場、觀點處處都有很大的問題，資產階級的文藝思想去掉以後，我文章裡只剩下稍有可取的就是煉字造句了，而這是文學中次要的部分，我自己覺得我還是對生活不熟悉、不深入，而且對於兒童文學的理論沒有研究，對於馬列主義的文學理論也不熟悉，因此寫起來不流暢，甚至於不易下筆，反不如從前蒙在鼓裡的時候，膽子大一點，一篇很不成熟很膚淺的東西，改來改去，改到自己都厭煩的時候，自信心和抒情就都減少了，現在所寫，就是每次出國的和平運動的紀事和遊記，應各報紙雜誌之約的，自己都覺得不「精彩」，寫完了自己都不記得，只覺得同別人寫的大同小異。[26]

　　在對自己的創作道路與思想進行自我批判之後，冰心借題進入到所受教育的批判上，箭頭直指燕京大學，並且隱名指向司徒雷登：

---

[25] 《冰心小說散文選集‧自序》，《冰心全集》第4卷，P72。
[26] 冰心自書簡歷，1956年8月10日。

燕京大學成立，正在北洋軍閥統治時期，所有帝國主義國家都在中國出頭露面，支持著這些軍閥連年混戰。在兵荒馬亂之中，帝國主義者從容地伸入魔爪，渾水摸魚，巧取豪奪。他們中間，有的人就披上宗教的外衣，在中國進行著最惡毒陰險的文化侵略。他們在饑饉窮困的中國大地上，圈出幾個地方，用他們從中國人民剝削榨取的金錢的絕小部分，來辦了幾個大學，燕京大學就是這時期成立的美帝國主義文化侵略堡壘中最「出色」的一個。它有幾座中國式美輪美奐的建築，點綴以湖光塔影，造成了一個避亂的「世外桃源」。這「世外桃源」二十餘年來不知迷惑了多少中國的教授與學生，使他們加深了超政治、超階級的絕對錯誤的思想，使他們安於驕奢逸樂的美國式的生活，有的還作了美帝國主義侵略的工具！

　　提起這些事來，真使人痛心，愧汗！美帝國主義者的手腕是陰險惡毒的，但看燕京大學和其他美帝國主義辦的一些大學的畢業生，還有許多流落在海外，忍氣吞聲地為帝國主義者服務而還沒有鼓起勇氣回到祖國懷抱的事實，就可想而知了。[27]

　　這實際上是冰心出席全國人大第 屆第一次會議上的發言，整理成文，發表在《北京日報》上。從對燕大的讚美到對燕大的批判，文化侵略、教育魔爪、陰險惡毒的手段等等，用了粗糙而嚴厲的語言，對昔日美輪美奐的燕大，舉起了批判的武器。「痛心」與「愧汗」自然指的就是自己了，因為她的教育、修養、氣質、精神、思想、學識，那一點不是燕大給予的？就是今日外交舞臺上的生輝、新中國形象大使所具備的涵養，追溯起來，哪一項不是從燕大而來？

　　搬入民院和平樓後，吳文藻與冰心有過一次長談，吳文藻不贊成冰心這種自我批判，他認為，文學上的事情，可以爭論，可以批判，但對教育要慎重，世界文明由教育來傳承，教育具有超階級的性質，孔子也說「有教無類」。燕京大學的教育不是沒有缺陷，但它基本是歐美的辦學理念，這個理念經過歷史的考驗，培養了無數的人才，為人類文明做出了貢獻。因為美國的政治與體制原因而否定一切美式教

---

[27] 《偉大的保證，偉大的關懷》，《冰心全集》第4卷，P81。

育，那是危險的。冰心聽任書呆子的丈夫訴說，他的一套教育理念，冰心也能接受的，但是，卻撇嘴一笑，說你還是沒有匯入工農大眾。

按照新體制要求，冰心的工作單位落在中國作協，但實際上，對她的領導（或曰控制）與使用（或曰利用），權力均在中共中央統戰部。「統戰」是共產黨戰勝國民黨、取得政權的「三大法寶」之一。冰心回到新中國，立即成了中央統戰部的高級統戰對象。當冰心做了一番自我批判之後，時任中央統戰部長的李維漢很高興，體現了他們的工作成績。1954年冰心被選為全國人民代表，出席首次代表大會，這個人民代表的名額不在北京而是分配到福建省，顯然就是統戰部的安排。別說福建的普通選民，那些老革命、省領導，張鼎承、鄧子恢、葉飛等等，有幾個人瞭解冰心？但統戰部的安排，福建省是「不能不選」的。成了全國人大代表之後，冰心的政治地位就很高了，甚至超出了她在國民政府擔任的參政員。老舍、巴金也都是人大代表，一開會便可見面，她很樂意。

冰心接近工農大眾的願望，在她成為全國人大代表之後很快便得到的實現。有一次，全國人大副委員長彭真做報告，說：「毛主席提議全國代表委員作一個月視察，這是很重要的工作。1，瞭解情況，2，聯繫群眾，3，對工作有促進作用。上邊的人好處經歷多，對下邊情況卻差，官僚主義是大缺點，主觀主義不調查，沒有發言權。毛主席找幾十人談話，自己也下去，這作風不是自今天起。」之後，彭真講到下去調查合作化的具體內容。中宣部副部長胡喬木則將這種視察與文學創作聯繫到了一起，冰心聆聽了他的《農村合作化與文藝創作問題》報告，滿滿地記錄了七頁紙，既談合作化又談文藝創作與合作化的關係，闡述得很清楚。因而，冰心第一次走進大眾，既是以人大代表的身分「進行視察」，也是作為作家「深入工農兵生活」。

一切對她來說都是陌生的、新鮮的、好奇的，闊別四十二載，前後兩個朝代的故鄉！

冰心抵達福建省會福州，是在1954年11月20日上午，省人民政府的陳副省長、宣傳部長林一心前往西郊的洪山橋頭迎候。下榻的地點在省府交際處，房子是木質結構，上下樓時可聞樓板的聲響，無熱水管道，服務員從井中汲取溫泉，供客人洗漱之用。交際處由龔家花園改建而來，冰心在這裡住了三十一天，曾有日記寫道：「晨在園中散

步，直到亭上，周圍有小梨樹，早餐後至龔家花園，看環翠池館等，本是北門後街，有名之龔家傳，做過廣東布政、財政方面官員，花園布置甚雅，正院有梅，雕刻窗花，無一相同，全樓無一根釘子，圖書館庭中有石多塊，上有刻字，中亭有池，已填。」[28]

在福州，冰心廣泛地接觸了農村，調查合作社的情況。福建省全國人大代表鄭依姆，以他的名字命名的合作社在全國有名，冰心的重點本為調查這個合作社，但她最後卻沒有將精力放在一個點上，而是四處訪問，包括鼓山湧泉寺，僧眾養田情況；省文聯的作家，兒童文學作家郭風的名字，就是這一次出現在冰心面前；在螺洲閩侯專區聽彙報，到城門施江鄉視察，聽社長劉希瑞報告基本情形，參觀抽水機站，灰窯、織布廠、糧倉、碾米廠、小學校、榨油廠；前往龍江鄉石步村，與文教方面人員談話，參觀摘柑廠；至航管局職工子弟小學參觀少年造船廠；與鄉中村村民舉行農業合作化座談；到臚夏鄉，聽鄉長鄭福壽報告，訪勞模、柑橘種植者楊北棟；到幫洲福建扎鋼廠參觀，看到「各國來的機器都有，捷克、德國的最好，上海出的可達國際標準，初中畢業者學習幾個月就可運用機器」；參觀福建造紙廠，感覺各車間情況甚好，「工人亦是高興熱烈，午飯後至上杭街工商聯禮堂開會，會場甚為堂皇，並有糖果招待」；到小橋手工業局聽報告，瞭解農具、角梳、脫胎的做法；至鱔樟鄉，在後溪村開會，聽報告，溪橋難走，「陳敏秀攜手不釋，問毛主席健康，說毛主席關心他們，使人感動。在霞光山影覆蓋之下下山，鄭依姆說，合作社想擴充到鼓嶺一帶，又怕自己看不見，但接班人已排好了。」與福州市委會開文教座談會，到古樓區人民委員會東街辦事處聽報告，在統戰部參加知識分子座談，出席了福建省軍區的授銜典禮，以人民代表的身分講話，最後一日，在雨中參觀省立醫院，等等等等，很深入、很廣泛接觸民眾與基層。這是冰心平生第一次對故鄉、也是第一次對中國底層深入全面的考察。當然，這裡還有她的五弟、六姐等堂兄堂妹，冰心也都一一拜訪，並送上禮物。作為著名作家，冰心在福州做了兩場報告，一場是對小學語文老師講國外的觀感，一場是在勞動人民文化宮講文學創作，聽眾都在一千五百人以上，反響熱烈。

---

[28] 冰心還鄉日記，1955年11月22日。

福州之後，冰心曾想去廈門參觀。廈門當然可以去，但那時的廈門不是以鼓浪嶼著稱，而以「前線」出名。因而，重要的人物去廈門前線，需要批准，而像冰心這樣的人物到廈門前線參觀，連葉飛司令員也沒有權力放行。在一次觀看演出的休息室裡，葉飛得知冰心的想法後，當面交代有關人員，請示總參批准。

冰心來到廈門，除參觀廈門大學之外，重點便是前線的軍營，訪問戰鬥英雄，與解放軍戰士交談。前線戰士也因冰心的到來而感榮幸，他們在記錄本上寫道：「敬愛的代表同志，今天我能和您見面，使我感到光榮和幸福，使我更增強保衛祖國的決心。我向您保證：我今後一定能夠把自己的青春和力量獻給偉大的祖國！請您放心吧！您的國防戰士曾文質。」

　　排長帶領我們進入一個班的臥室：整齊排列的仄仄的板床上，鋪著白白的床單；洗過的軍衣，疊得平平地放在床頭；長方形的蚊帳，也都拉得平平地搭在橫繫著的繩上。牆上掛著戰備訓練的流動獎旗，和戰士們自己寫的問答小紙。在放武器的小屋裡，還有戰士們自己做的槍架；旁邊放著很平正的背包。排長告訴我們，這背包裡包著四十斤重的石塊，每天背著它練習行軍，這重量和全副武裝是一樣的。

　　我們在參觀和休息的時候，都和戰士們交談。他們來自祖國的各個地方，操著略帶著本地口音的普通話，在親切熱情之中，還有些拘謹，但是一提起國民黨軍炮轟沿海村落的時候，他們的眼光就嚴肅了起來，緊緊地握著放在膝上的拳頭，沉著地說：「我們一定要解放臺灣！我們時時刻刻地在等候著進軍的命令！我們一定要完成這個神聖的任務！」這些話像鐵鑄的字一樣，堅硬，有力，字字打上我們的心坎！我們知道這是前沿戰士們心裡充溢著的願望與情感，錘鍊出來的鋼鐵一般的誓詞！

　　我們又由軍官帶領著，走到野地上，遠遠地看見一隊戰士們正在練習圍攻一千公尺外小山上的敵人山寨。零零星星的幾個小黃點，在鐵絲網下面靜伏著，忽然濃煙起處，鐵絲網突破了，那幾個小黃點像飛一般，跳上了兩丈多高的陡壁，占領

了山寨，戰士們行動的迅速，贏得了大家的驚嘆。軍官又帶我們到一處小叢林下面，那裡進攻碉堡的演習，正在開始。這回離得近些，看得清楚：另一個小山頭上，立著圓圓的白色的碉堡，山腳四周有一丈多寬的濠溝，濠溝四周還有鐵絲網。全副武裝的戰士們，三三兩兩沉著地爬伏在樹後和斜坡上，一聲令下，戰士們像猛虎逐鹿一般地躍起，跑在前面的用長竿頭的炸藥把鐵絲網爆破了，掮著長梯的把梯子往溝底一倚，自己伏在梯上，撐竿跳似地，連人帶梯子都撲了過去，後面的戰士們緊跟著也都攀梯而上，他們一面扔著手榴彈，一面往上跑，縱身爬上很高的陡壁，準確地向著敵人的地堡眼射擊……從進攻到占領，一共才有兩分鐘的工夫！

　　下了高地，我們沿著海邊，到了沙灘上的一處廣播站，有幾個很年輕的人員，在這裡工作。廣播員是兩個雙辮姑娘，都是江南人，沒有到過北京，普通話說得極好。廣播開始了，我們輕輕地從屋裡走出，站在沙灘上聽著。在前沿鐵絲網的後面，很大的喇叭口，正向著南方。廣播了嘹亮的《解放軍進行曲》之後，就讀了一封住在杭州的一位小朋友，給她的在國民黨軍做海軍軍官的哥哥的一封信。信裡提到解放前分別時候的痛苦，和現在家庭中快樂的環境，只是大家都日夜掛念著陷落在蔣軍中的哥哥，切盼他趕緊回來等等……信裡充滿了情感。背後聳立的石壁，發出了清亮的迴響，北風掠過平靜的海面，向著金門島吹去。[29]

　　這些都是當年廈門前線的戰鬥生活，非臨現場寫不出。第二天，會見了兩個最可愛的人：一個是戰鬥英雄全能炮手王文進，就是他這一個排，在9月4日到12日，九晝夜之間，擊落擊傷了十二架敵機，創造了輝煌的戰績：一個是剛滿二十歲，入伍兩年的青年戰士曾文質，一個衝鋒射擊手，以十三秒時速創造了十彈九中的最高紀錄。

　　於是可以看出，冰心在福州接觸面是工人與農民，廈門的重心在士兵，她希望利用這個機會，彌補自己的生活缺陷，走進工農兵的

[29] 《還鄉雜記》，《冰心全集》第4卷，P345-348。

生活,用他們的行為與事蹟,改造自己,同時也書寫他們,為他們服務。再回福州,她還抽了一天的時間,參觀了兩個少年工廠,她希望在為孩子們的寫作中,這些生活素材可以派上用場。

由閩返京,從工農兵生活中,冰心又邁進了接受新思想的門檻。自1956年2月始,中共中央直屬機關委員會組織了為期半年的《辯證唯物主義與歷史唯物主義》和《中國近代史》兩大系列講座,對象為不脫產的司局級幹部,冰心被派參加,開始系統地接受共產主義的歷史觀、世界觀與方法論。授課人都是頂級的紅色專家與學者:楊獻珍講歷史唯物主義與唯心主義總論,做關於反映論的專題報告;人大教授、哲學博士講唯物論與唯心論;陳奉同講米丘林學說;科學院王淦昌所長報告物質的構造問題;艾思奇講矛盾的特殊性與普遍性、量變與質變、辯證法的三個最基本規律,再講歷史唯物主義;胡繩分別就唯物主義部分與辯證法解答問題,強調鬥爭是絕對的、統一是相對的哲學觀點。歷史部分由范文瀾講近代史的分期,榮孟源講鴉片戰爭和太平天國,邵循正講中日戰爭和戊戌變法,榮孟源講義和團運動等。這些課題對冰心而言,都是全新的,甚至是聞所未聞的,回到家與吳文藻說起,連吳博士也有弄不清楚的問題,冰心更是覺得興奮。講座設在中南海中央直屬機關的小禮堂,冰心從西郊的魏公村進城,路上要花一個多小時,但她總是提前到來,坐在最前面那排的位置,像個認真聽講的小學生,一邊聽一邊記,每次講座下來,她的筆記本便會密密麻麻記上十好幾頁,來不及的就用英文字母代表,比如「社會主義」以「S」代替,「資本主義」則用「Z」表示,總之是儘量多地記下,不僅記在本子上,更要記在腦袋中。

冰心開始作為高級統戰對象,尚屬無黨派人士,但無黨派人士難做,時有不同黨派的人來動員、來勸說。統戰部的有關人員也來做工作,如果不加入中國共產黨,則可以選擇一個民主黨派,比如中國民主聯盟、中國民主促進會、九三學社等等,他們與共產黨長期共存、互相監督、肝膽相照。並且言明,加入民主黨派之後,更加便於聯繫、在組織中開展各種活動。在這種情況下,冰心與吳文藻商量,要加入就一起吧,這樣外出參觀學習,還可以在一起,相互有個照應。

對於黨派,吳文藻自有想法,當年加入國民黨,是在不得已的情況下,現在是不是到了這個不得已的地步?他認為現在的所謂民主黨

派，實際上是個擺設，沒有真正發揮黨派的作用，沒有制衡、競爭與競選，成立一個什麼黨有什麼意義？但冰心不這麼認為，那是歐美的黨派理論，中國共產黨與各民主黨派是一榮共榮的關係，也都是為了人民的利益，沒有自身的利益。為此，冰心還讓已加入中國民主促進會的雷潔瓊與她的丈夫嚴景耀來家交談[30]。後來，費孝通也來做老師的工作，希望他加入中國民主同盟，並說，你們在美國大江會的頭頭羅隆基就是民盟的副主席。在這種情況下，吳文藻也同意了冰心的意見，經過選擇比較，一起加入了民進，這不僅是因為雷潔瓊、嚴景耀的說服，還因為葉聖陶、趙樸初等也都在民進。於是，由嚴景耀和雷潔瓊兩人介紹吳文藻，雷潔瓊與陳蕙[慧]介紹冰心，於1956年7月，一起加入了中國民主促進會。

冰心向她所在的中國作協做了如下的說明：

> 加入民進，有朋友介紹和勸導，而且是同我的愛人一起加入。我們可以互相鼓勵，在組織生活中，我也希望得到同志們的鞭策和幫助，在領導黨的領導之下，一同為實現社會主義社會，盡我最大的努力。[31]

吳文藻住院期間，從報紙上得知自己加入民進的消息，放下剛剛讀完的巴扎耶夫小說，心裡有話，無人訴說。

6，工作著並渴望振作

浮出水面的吳文藻，與妻子冰心的精神狀態完全不能比，在他自認為沒有得到信任、重用的情況下，情緒消沉、低落，終日言行謹小慎微，尤其怕成了無產階級「專的對象」，幾乎沒有舒心的日子。

同在一個屋檐下，同住一間單元房，冰心自然不希望愛人這樣消沉下去，吳文藻也不希望，因而到了1956年，他想用記日記的方式，反思與敦促自己，多做工作，以便前行。

吳文藻端莊地在日記本上題寫道：

---

[30] 雷潔瓊是吳文藻在燕大任社會學系主任時的講師，嚴景耀則是燕大社會學系的學生，中國民主促進會的創建者之一。

[31] 冰心自書簡歷，1956年8月10日。

注意：把工作做多些、快些、好些。

　　從這個警示性的題記上看，似乎是工作效率問題，其實，吳文藻是想用工作振作精神。無論是在研究部的民族問題教研室，還是轉入歷史系的民族學教研室，作為教研室主任，自然有一些行政工作要做，但這裡指的更多的民族問題、民族學研究。這一點在他看來，是回到新中國最有意義的事情。

　　誠如第五章所述，吳文藻在講授社會學的課程時，有關民族的史料均來自國外，儘管中國是一個多民族國家，但民族問題無人研究，在他的組織與領導下，他的學生費孝通等才開始了這方面的跋涉。學界最初的求索艱難無比，但作為國民政府的主流觀念，在民族問題上只持「一族」，孫中山先生曾有「五族共和」之說，對五族問題雖未盡詳述，還是正視了民族的存在，但自從日本侵入東北成了事實，其中藉口便有「民族自決」，因而，從中央研究院到一些大學，從委員長到普通學者，不再正視不同民族的存在，僅以文化版塊標示宗族現象，認同和堅持「中華民族是一個」。吳文藻和他的學生對民族學的孜孜以求，剛開頭便停止了。新中國不僅正視了不同民族的存在，而且專門建立了民族學院，為培養不同民族的人才、為開展民族學研究，建立了體制，給予了保障，這是令吳文藻欣慰的，也只有這一點，可使他的精神振作起來。他曾自設問，臺灣的研究機構與大學，有可能開展民族學研究嗎？

　　吳文藻記得，1954年6月與冰心一道，曾經參加過新中國第一部憲法的座談討論，冰心的發言後來變成了文章發表出來。冰心在發言中談了四點感想，最後是落實到她的文學創作上，說：「作為一個兒童文學工作者，我們的憲法給我以無限的歡欣和鼓舞。我深深為新中國千百萬的兒童慶幸。我們的下一代是多麼幸福！但是他們決不甘願坐臥在樹陰底下，悠閑的等候社會主義和共產主義社會的到來。他們是我們國家將來的主人，是建設社會主義和共產主義社會的後備軍，他們要勞動，要更辛勤更頑強的勞動。為著這艱巨而崇高的事業，他們需要健壯的身體，精湛的知識和技術，高尚的品質，他們需要把他們培養得更壯大更結實的精神食糧。」「我願意追隨在我們的文學家和藝術家之後，作為這一支建設後備大軍的精神食品的炊事員，作

好自己的工作，以此來表示我對於我們自己的第一個憲法的熱誠擁護。」[32]吳文藻也有發言，但未能以文章的形式固定下來，他首先注意到的是總綱所規定的中華人民共和國是統一的多民族的國家。他認為這就表明新中國不是單一民族國家，而是多民族國家，同時也表明多民族所構成的國家不是分裂的而是統一的，這就與國民黨的「中華民族是一個」有著本質的區別。憲法中取消了國民黨的大民族主義，主張多民族國家是建立在自由平等的民族關係之上的，因此這個國家可以說是一個自由平等的民族大家庭。吳文藻注意到，這個憲法草案明顯受到蘇聯的憲法影響，僅就民族一律平等的問題上，史達林曾就蘇聯的憲法說過：「認為一切民族和種族，不管它們過去和現在狀況如何，不管它們強弱怎樣，都應在社會所有一切經濟生活、社會生活、國家生活及文化生活方面，享有同等的權利。」在引用史達林的話的時候，他還補充了一句，說，史達林的話並非都對，但這個觀點是正確的。1952年8月中央人民政府曾頒布的《中華人民共和國民族區域自治實施綱要》，吳文藻研究與分析過這個綱要，在憲法的座談會上，他也講到了關於民族自治的問題，其中引用了他在《邊政學發凡》中一些觀點，只不過，他沒有點明這是他在1942年發表的論文，在他看來，一些觀點還是可行的。

新中國在建國根本大法的憲法上，保證了民族學研究的合法性。實際上在憲法之前，也就是從新中國成立後的第二年開始，國家民族事務委員會便組織了一次長達四年的「少數民族社會歷史大調查」。為了摸清民族情況、開展識別工作，大批民族學家、尤其是青年學者，分別前往內蒙古、新疆、青海、雲南、福建、四川等地進行了大量的專題調查，留下了寶貴的第一手資料。吳文藻無論是在民族問題教研室還是在歷史系民族學教研室，接觸到了不少這方面的資料，並且在教材中開始使用。

同樣，從研究部的民族問題教研室到歷史系的民族學教研室，也顯示了由問題研究到學科建設的變化，雖然這個變化中的前後均由吳文藻主持，但當民族學作為學科建設時，《人民日報》曾發一篇長文《中國民族學當前的任務》[33]，卻未出現他名字，由他的學生費孝

---

[32] 《學習憲法草案的體會和感想》，《冰心全集》第4卷，P70。
[33] 初載1956年《人民日報》，後由民族出版社於1957年3月出版單行本。

通、林耀華二人聯合署名。這是一篇具有新中國民族學誕生宣言性質的文章，由「引言」與四個部分組成：一、關於少數民族族別問題的研究；二、關於少數民族的社會性質的研究；三、關於少數民族文化和生活的研究；四、關於少數民族宗教信仰的研究。最後三點說明，即四項任務均屬於少數民族，但不應誤會成民族學是研究少數民族的學科，「把少數民族和漢族分開作為兩門學科的研究對象是沒有根據的。」同時說明，「民族學的研究範圍也並不限於我們在書中所提出的四個問題。」還有其他的問題都可以研究，四項任務只是擇重點而論並非全部，「比如族源問題就是一個例子。」最後一點說明可說是有針對性的：「民族學在中國還可以說是一門比較新的學科，因此還有許多人對於這門學科的名稱、內容和方法有不同的意見。我們在這裡不想從定義、學科分類上進行討論。為了避免各種討論成為學究式的辯論，我們認為最好從這門科學所進行的研究工作的本身來說明它的內容，而且多學科的性質和範圍才能逐步明確起來。一門學科的發展，我們認為，並不依靠開始時把範圍劃清，界碑樹好，而是依靠密切結合實際生活所提出具體的問題來進行自己的研究工作。實際生活是豐富的、變化的，一門學科能從這個豐富和變化的泉源出發，它的工作也會是活潑的、常新的。我們是從這種認識出發來為中國民族學提出它的任務的。」這裡所說的「從定義、學科分類上進行討論」，恰恰就是他們的老師吳文藻的特點，他在對任何一個問題討論的時候，更別說一門學問與學科，一定要將定義搞得清清楚楚，來龍去脈，引經據典，在這個概念定義確定後，才開始進行討論，吳文藻在燕京大學提出「社會學中國化」、對「社區」和「邊政學」研究無不如此，包括介紹國外的學派，都是要將定義搞清楚後才展開論述，也就是典型的「劃範圍」「樹界碑」的做法。這個「宣言」則是從實際出發，少數民族問題的實際與教學研究的實際，這是兩位門生與先生不同的治學方法，因而，宣言中沒有署上吳文藻的名字，完全可以理解。但文章顯然徵求過吳文藻的意見，那一段時間，吳文藻與兩位學生來往頻繁，不可能不就如此重大的問題而不徵求自己的老師、教研室主任的意見。大概不僅僅是治學方法與理念的問題，署名還有一個可能，即不是他們的意見，而由學校黨委所決定。吳文藻不好的心情，與此也是不無關係的。

新中國民族學任務的提出，「宣言」的發表，表明這門學科屬於起步階段，教學中尚無「民族學通論」這一類課程，講稿以單一民族誌為主，從資料的使用、整理與講授結合在一起，也就是教學與研究一體展開。民族學的理論，在吳文藻的知識結構中不是不存在的，但在新中國無把握開課，並且課程的設定，並非由教研室主任決定，開什麼課，更不是教授自己決定。這是新中國的教學與舊中國教學的區別。

在這種情況下，吳文藻所能做的工作，大概從以下四個方面展開：

一是組織民族問題與民族學的教學，作為教研室主任，在課程設置與安排上，包括接受國外的留學生等，下與教師、上與系主任、校領導進行溝通與敲定。於是，隔三差五找「耀華談」、「與孝通談」，與教研室的老師商量，日記中時不時有「金在冶來訪」、「楊家駒來」，「與聞在宥談，會見林惠祥、岑家梧、馮漢驥、梁釗韜等」，有[陳]永齡、[李]有義、[黃]叔聘來訪談等等，自然還有各種會議，處理教研室的事務等。這些瑣碎的事務性工作，並不讓「書呆子」性格的吳文藻煩惱，甚至還有些樂此不疲，不光他們來訪，自己也常常去找他們談，日記中均有記載，只是不記所談內容。

二是幫助青年教師修改講稿、為充實豐富民族誌的教學內容，提出建設性的意見。無論是民族問題教研室還是民族學教研室，青年教師是一線教學的主體，他們基本對自己研究的某一民族有較豐富的專業知識的積累，但在綜合能力及視野方面，有的則可能較為欠缺，吳文藻必須站在理論的高度與學術的視野上，在資料的綜合與使用上，指導年輕的教師們。這裡有施聯琳的傣族講稿、朱寧的彝族講稿、汪明鈺的臺灣高山族講稿、朱宣的瑤族簡介、胡先晉的內蒙牧區生產和生活情況講稿，以及回族、滿族、黎族、佤族、羌族及南方各民族講稿等，吳文藻都得一一經手，提出具體意見與建議。尤其對金在冶哈薩克族的講稿，經過了無數次的反覆，前後時間長達年餘，這可能與吳文藻新疆情況比較熟悉也有關係。四十年代，他在新疆曾以考察團的身分進行過調查，但由於與國民黨主導的民族觀點不一而未提供調查成果，所以，在哈族的講稿中，既可以提供資料，又可進行理論的闡述，但金在冶並不一定理解、接受，所以，講稿來回的次數

最多。

　　吳文藻自己講授的藏族，分山區、壩區、綜述、交通運輸等，甚至還有解放後經濟面貌改變一節內容，因他並未去過西藏，重慶時曾介紹李有義等前往西藏，現在李有義則成了他的助手，資料的提供便成了撰寫講稿的初稿了。吳文藻再進行修訂、提高，為本科生授課。顯然，這位老教授上課與青年教師不同，他的語速慢，且重資料少分析，很少使用個性語言，因而，學生並不滿意，派代表到家來反映情況，希望吳教授大膽講課。

　　對於所授課程，吳文藻的設想是集中起來，出版一本書，體現教學與研究的成果，書名《中國民族誌》。這是他的一個小小的目標，並且和一些專家進行過交談。同時屬於簡介性質的《中國少數民族》（英文稿）業已完成，其中附有少數民族表，「截至目前五十二到五十三個民族名稱」了。[34]

　　對於建立中國民族學，吳文藻在失去了「學科宣言」資格的情況下，仍然積極工作，民族誌的教學與研究只是最基礎性的一項，他考慮的更多的是理論的確定。鑒於費孝通、林耀華重實際而輕理論，因而，他的理論思考與尋找就不可能像在燕京大學創建「燕京學派」那樣大張旗鼓，只得悄悄地進行，但他的苦惱接踵而至，看不到最新出版的理論著作，尤其是二次大戰之後，社會學、民族學、人類學的研究取得新的成果，推進了理論建樹，但除了從日本帶回的《菊與刀》之外，幾乎是茫然不知。通過美國的同學購書，本是一條渠道，但中美之間已成鴻溝，連費孝通的譯者在翻譯了他的書後連一紙通知、一本樣書也得不到。處於學科建設中的教授、教研室主任，「深覺孤立，缺乏學習業務機會之可怕」！[35]

　　為了捕捉民族學有關的點滴信息，吳文藻訂閱了大量的報刊雜誌，《新時代》《世界知識》《國際生活》《哲學研究》《新華半月刊》《學習》《參考消息》《歷史研究》《東方世界》《民族譯叢》等，像沙裡掏金般的從中尋找有價值的東西，一經發現，如獲至寶，一一剪貼起來，並不惜時間進行分類存檔，隨時查找。

　　這時，吳文藻進行了一項重要的閱讀與研究，重回馬凌諾斯基。

---

[34] 吳文藻日記，1956年11月12日。
[35] 吳文藻日記，1956年3月13日。

但與先前已不一樣了，搞不清楚到底要從中尋找什麼，是理論的支持、還是批判的對象？是香花還是毒草？是可以為無產階級服務的思想還是資產階級反動工具？吳文藻在重新拾回馬凌諾斯基時，一直在兩者之間搖擺，但他又不放棄，或者說放棄了他又能尋找到哪裡去呢？重閱馬著文化論文、重閱馬氏文化新論文、又檢出馬氏一些文章、開始摘記馬氏反動言詞、馬氏戰爭論作摘記、閱馬氏國家論章、帶回譯文（功能學派）即閱，重閱有關馬氏筆記並補充，重譯馬氏一節文章、正閱馬《論印度》、重新摘譯馬著關於班圖民族主義節、重新進行業務、閱馬著《泛非洲文化接觸問題》、商討進行功能學派批評事、摘譯馬著兩節、弄清馬著中關於「生的權利，公民權憲章」、續閱評功能學派文一節、重閱馬氏文化論若干節、續閱馬氏巫術宗教一章並摘記、又理出一部分關於功能派的材料、擬寫鮑亞士與馬凌諾斯基兩人關係以及關於語言學對民族學工具作用的意見，閱孝通功能文化論書評等等，這幾乎是按照吳文藻重拾馬凌諾斯基的順序排列表，可見他的思想之混亂，一會兒是批判，一會兒是學習，一會兒從中找出反動言論，一會兒又是重新進行業務學習云云。

　　吳文藻也進行其他方面的閱讀，或者說只要能找到的與社會學、民族學與哲學有關的著作，都不放過，這裡有納賽爾《革命哲學》《權力論》，貝爾納《科學與社會》《自由和文明》，巴斯金《為擴張主義服務的美國資產階級社會學》，尼赫魯《印度的發現》、湯因培《文明在提煉中》《非洲》《非洲種族》等。吳文藻三十年代與蘇聯的史祿國有較多的接觸，新中國對蘇聯所採取的政策，使他對蘇聯民族學有關資料與著作，保持了某種警惕，比如對蘇聯民族學任務有關資料，《蘇聯民族學的任務》解決民族史方面幾個問題，包括蘇聯民族學譯文，他警惕的是將民族學與政治意識混為一體的做法。由此可見，吳文藻還是想在民族學上保持自己的學術品格與底線。因而，閒來無事，回頭看章炳麟的民族思想和蔡元培的民族學，覺得也有意思。

　　這一時期，吳文藻同時參加兩個系列講座，一個是馬列講座，以集體聽錄音為主，或許對聽錄音有些不習慣，或許因身體不好常常缺課：「晚又未聽錄音，請假一次」，「馬列錄音再缺課一次」，「晚馬列錄音，請假，因倦，」「晚未聽馬列錄音」等等，而到了十幾講

之後的《蘇聯衛國戰爭》《戰後時期國際環境》，赫魯雪夫祕密報告則有興趣，可見，他對「馬列講座」，有著自己的選擇性。

另一個講座是《民族學基礎》，從美洲到非洲，從民族學與歷史學及語言學的關係到古代埃及的文化等，是為專家講座，吳文藻對這個講座卻是每講必到，並且與專家展開討論。

這一段時間還有一種出於「心病」的閱讀，就是對中共八大之後，對《論無產階級專政的歷史經驗》《再論無產階級專政的歷史經驗》的文章閱讀與研究，希望從中尋找解除思想包袱與心病的理論依據。

僅從工作量與閱讀量來說，效率不謂不高，數量不謂不大，但吳文藻並未因此讓自己振作起來，日記中「情緒波動」、「精神不好」隨處可見。這裡的原因應該說是複雜的，病痛又加重了精神負擔，開始是發燒、渾身發癢，也沒能確診病因，後來在紅十字醫院，由蘇聯專家確診為患的是蕁麻診，住院治療一個月，病情有了好轉，但還是時常發作，令其痛苦不堪。情緒消沉主要還是「心理癥結重」，常常與冰心交談，耍牌；有時夜半，夢回東京，與朱世明、謝南光相會同行！「自認為又必須做最大的克服心理障礙，才能自救。首先養氣，恢復健康，身體健康，才能心理健康。」[36]1956年7月，鑒於全國社會主義改造事業基本完成，各民族的面貌發生著變化，毛澤東對全國人大副委員長彭真提出，要動員力量組織一次全國性的少數民族社會歷史的調查，以期在4年到7年的時間內，基本弄清楚各主要少數民族的社會經濟結構，調查各民族的社會生產力、社會所有制和階級情況，盡可能收集歷史發展資料和特殊的風俗習慣，進而對各民族歷史做系統的研究。當時全國人大民委制定了《關於在少數民族地區進行各民族社會歷史情況的調查工作的初步規劃》。這個決定與規劃，對從事民族學研究的人來說，無疑是一件興奮的事情，費孝通搶先報了名，還專門寫了文章。[37]但作為民族學教研室的主任，吳文藻卻沒有任何的反應，依然在他自設而痛苦的圈子裡徘徊。

吳文藻精神的轉折點出現在1957年2月。早春的季節，北京依然

---

[36] 吳文藻日記，1956年1月12日。

[37] 《開展少數民族地區調查研究工作》，《費孝通全集》第7卷，P320，內蒙古人民出版社2009年10月。

寒冷，但吳文藻的心情似有春意。就在一次與專家會談後回到學校，
接到正式通知，他被通過為全國政協委員。這個通知對吳文藻十分重
要，當上政協委員，說明共產黨與人民政府對他有了信任與尊重，在
政治上與冰心的全國人大代表一樣，有了同等的地位，於家中、於校
內、於社會上，贏得了自信。這個「通知」比治病的任何良方都管
用，吳文藻走路回家、上樓，步子輕盈而年輕，以至冰心以為是不是
時光倒回「燕園時代」？

　　成為全國政協委員後，社會活動自然就多了，就在同月的27日，
午後3時，吳文藻乘車來到中南海，事先的通知是最高國務會議（擴
大到千人），聽李富春作報告，但會議開始後，毛澤東主席主持並講
話，內容是「人民內部的矛盾如何處理」，一口氣講了近四個小時，
吳文藻說他「聽得非常興奮」，回家的路上，春風拂面，不覺得寒冷
了，晚飯後已是9時，仍至費孝通家洗澡，浴室裡竟然傳出嘹亮的歌
聲來。

　　這兩件事，讓吳文藻在精神上像換了一個人。其實，一年前
（1956年1月），中共中央召開了關於知識分子問題的會議，周恩來
總理在會上對知識分子重新作了估計，他說，我們現在所進行的各項
建設，正在愈來愈多地需要知識分子的參加。知識分子已經成為我們
國家的各方面生活中的重要因素。他們中間的絕大部分已經是工人階
級的一部分。應該改善對於他們的使用和安排，使他們能夠發揮他們
對於國家有益的專長。應該給他們應得的信任和支持等等。5月，中
共中央宣傳部部長陸定一，在懷仁堂向自然科學家、社會科學家、醫
學家、文學家和藝術家共兩千人發表講話，說：「中國共產黨對文藝
工作主張百花齊放，對科學工作主張百家爭鳴，這已經由毛主席在最
高國務會議上宣布過了。」「要使文學藝術和科學工作得到繁榮的發
展，必須採取『百花齊放，百家爭鳴』的政策。文藝工作，如果『一
花獨放』，無論那朵花怎麼好，也是不會繁榮的。」「我們的歷史證
明，如果沒有對獨立思考的鼓勵，沒有自由討論，那末，學術的發展
就會停滯。反過來說，有了對獨立思考的鼓勵，有了自由討論，學術
就不能迅速發展。」這就是後來費孝通在他的《知識分子的早春天
氣》所說的：「去年一月，周總理關於知識分子的報告，像春雷般起
了驚蟄作用，接著百家爭鳴的和風一吹，知識分子的積極因素應時而

動了起來。」但「春雷」與「和風」，對他的老師吳文藻都沒有起多少的作用，他要的不是口頭的許諾，他摸不準共產黨將他放在什麼位置上，是專政的對象還是團結的對象？他需要的是實際行動，當這個實際行動到來之後，並且由毛主席親口說出，大規模的階級鬥爭已經結束，現在主要是如何解決人民內部矛盾的問題了，他的心病心結才解開，不再在「專政對象」與「團結對象」，「敵人」與「人民」之間搖擺，而是將自己穩穩地放到了人民的一邊，並且有政協委員作為政治保障。只有在這時，吳文藻的精神才算是振作起來了，心情才高興起來了！

但吳文藻並沒有將他心情的轉變，精神的振作，表現在言行上，實際中的吳文藻，依然是謹言慎行。

成為政協委員的第二天，吳文藻在日記中寫道：

> 今後我力戒主觀急躁思想，多側重新事物，肯定的一面，凡事須三思而後行，共產黨人精神修養有素，必須具備同樣耐心，才能有效合作共事，切戒切戒。[38]

7，反右運動：號召鳴放

毛澤東在最高國務會議上講話之後的第二天，全國政協雷厲風行組織學習座談，因為這個講話太重要了，深得民主人士的歡迎，吳文藻應邀出席，分在第二十五小組中參加討論。那幾天，知識分子比較敢講話，除表示擁護之後，提出了一堆的問題，甚至是反問與質問，吳文藻本來也有一肚子的話要說，但他記住日記中對自己的警告，坐在一個角落中「靜聽」，不發言，但他的內心卻是翻江倒海，感慨萬千。

3月1日上午依然是小組討論，吳文藻也依然不說話，甚至會議的主持人點了名，請他發言，他以沒有準備好婉辭。下午4時，舉行第十一次最高國務會，由各黨派各界代表發言，表示擁護毛主席講話，陳叔通、馬寅初、黃琪翔等人發言，吳文藻認為「較好」，最後由毛澤東繼續演講，這次只有半個多小時，主要是解答一些問題。會議進

---

[38] 吳文藻日記，1957年2月20日。

行了4個小時，散會已近9時，到家10時，「睡時十一時矣。」

自3月5日始，全國政協第二屆第三次會議在北京舉行，這是吳文藻成為政協委員之後第一次出席大會。會議第二天午後4時，周恩來總理專門會見新進政協的委員，說了一些歡迎之類的話，周恩來的記憶力超強，在與吳文藻握手時，還特地詢問了冰心的健康情況，稱讚她的「外交丰采，令人欽佩。」吳文藻自覺這次會議，一定要發言的，不僅因為是新增委員，更因為毛主席的講話。政協會議的主題就是百花齊放、百家爭鳴，正確處理人民內容矛盾的問題，自己得有個態度吧。但他還是謹慎，到大會秘書組去找了去年新增委員的發言，以作參考。

大會期間，幾個民主黨派的領導人都有大會發言，民進中央主席馬敘倫，談到長期共存、互相監督時說：「在社會主義改造完成後，民主黨派最基本的一項工作就是要幫助它的成員和所聯繫群眾逐步地改造自己，消除資產階級思想殘餘。」這個「改造」與「消除」讓吳文藻聽起來有些不怎麼舒服。民盟中央常務委員鄧初民，從馬克思主義思想史的高度來評價處理人民內部矛盾的思想，發言中為此說還補充了文獻根據，引用了馬克思《哲學的貧困》中的話，引用了列寧的兩段話，指出「我國的黨和毛主席在新的條件下豐富和發展了馬克思列寧主義關於內部矛盾的理論」。吳文藻沒有研究，但他贊成理論的確立需要依據來支撐，這與他的治學方法接近。農工民主黨主席、也是民盟副主席章伯鈞發言，講雙百方針，基本重複了毛澤東講話的觀點，沒有發表自己的意見，但他肯定與讚揚了近幾年來肅反成績，以為這「對於人民對於國家建設是一件極有益的不可少的事情」。

他的清華同學、曾經的「大江會」同仁，現在是民盟中央副主席的羅隆基發言，吳文藻覺得「深得我心」。羅隆基說，周恩來總理「舊年1月先後發表了關於知識分子問題的報告後，由於黨和政府的努力，在貫徹對知識子問題的政策上，在全國範圍內有了很大的成績。知識分子的工資普遍地提高了，知識分子的待遇問題解決了。高級知識分子的工作條件，如時間、助手、圖書資料、儀器設備等問題，到今天儘管不能處處盡滿人意，但在可能範圍內，都得到了改善。高級知識分子的安排和使用，有了廣泛的和適當的調整。最重要的一點是，一般高級知識分子都感覺得到了黨和政府的信任和支持，

因此，高級知識分子就增強了自己的信心，看到了自己的前途。」這個描述，真是契合了吳文藻的實際，「高級知識分子不再像一年前的消沉，現在興奮起來了；不再像一年前的消極，現在積極起來了。」接著他指出了知識分子使用上存在的所學非所用的問題，「甚至散居社會上的高級知識分子中，還有英國留學生拉板車，美國留學生擺菸攤的情形」，吳文藻有些吃驚，他不瞭解這方面的情況，在講到「百花齊放、百家爭鳴」時，他的理解獨特，但比鄧初民的更實際，他說，「我以為在一個六億人口的家，我們的思想意識，只能在『求同存異』的基礎上先求團結，其『存異』的方面，可以百花齊放，百家爭鳴，各就所見，暢所欲言，這不僅可以減少鬱積，消除隔膜，並且是非愈辯愈明，真理愈爭愈顯，百川異流，將來總是同歸於海。」吳文藻認為這個想法比較實際，「同」就是團結，「異」可以爭鳴，羅隆基接著指出另外的事實，「一年來在學術思想方面，『百花齊放』，放者不多，『百家爭鳴』，鳴者太少。兩個號召提出來的時間太短，但根據反映的材料，基本原因還在一般高級知識分子顧慮太多，猜疑太重，以致花不敢放，家不敢鳴。這種現象的發生，在我看來，主要是某些黨員幹部和黨外少數進步人士，對『百花齊放』、『百家爭鳴』這兩個號召，缺乏正確的認識和體會。他們認為兩個號召提出以後，今天社會已經是淫辭放恣，異端猖獗，他們就熱心於尊統衛道的工作，以今之韓愈自任，過急過早地倡導『不塞不流，不止不行』的議論，對思想學術的『放』者『鳴』者，不惜口誅筆伐，『包抄』『圍剿』，以求正人心，息邪說，傳道統。這就使一般舊知識分子更加思想混亂，無所適從，更加退縮不前，逡巡不進，更加瞻前顧後，栗栗危懼，而對領導幹部和一些進步人士就更加『畏而遠之』了！」這段話，吳文藻幾乎為他的同學叫絕！

羅隆基還談到如何消除黨和非黨的「隔膜」問題，他主張，「舊知識分子在學習馬列主義理論外，還要好好地學習中共黨史和中國革命史。這樣，我們才能明白革命老幹部經過怎樣困苦的革命鬥爭，受過了怎樣艱難的政治鍛鍊。革命老幹部語言比較坦率，行為比較憨直，批評比較嚴厲，鬥爭比較猛烈。這是長期革命生活中養成的習慣。這是革命幹部的特性。這正是革命幹部的優點。這是黨外知識分子必須瞭解認識的。」而領導幹部在從軍事革命工作轉到文教領導

工作的崗位上來，固然應該研究新的業務，以便加強具體領導，在團結、教育和改造舊知識分子的時候，除掌握了馬列主義以外，也還應該讀讀《資治通鑒》這類中國的史籍。「這樣就能熟悉中國社會的歷史背景和文化傳統，明瞭從中國士大夫階層中成長起來的高級知識分子的特性。名利觀念，個人打算，以及所謂的『獨善其身』，『明哲保身』這一大套構成士大夫立身處世的特點，也正是舊知識分子不幸而有的弱點。它們是幾千年封建社會的遺產，而一百餘年的半殖民地教育，也使它們變本加厲了。徹底掃除這類思想上唯心主義的影響，不是一朝一夕之功。這就是求領導幹部的同情幫助和耐心教育。」對此，吳文藻不是完全贊成的。羅隆基在這裡同樣也使用了「領導黨」的概念，冰心也使用過這個概念，吳文藻認為，「長期共存，互相監督」與以「領導黨」處理與其他民主黨派關係，可能是不太合適的。「我們今後應真正成為領導黨的助手，我們應該誠懇地接受黨的領導，坦率地對黨提出批評。」[39]這就不是平等的黨派關係了，吳文藻在心裡說。

　　各種聲音都有，因而，吳文藻的發言顯得更謹慎了。他寫了發言稿，讓冰心看，請她幫助修改，又請謝南光看，請費孝通看，四處徵求意見。費孝通也帶了他的文章給老師看、給師母看，這就是那篇著名的《知識分子的早春天氣》。

　　費孝通一進門，便說我在民盟會上有個發言，他們認為不錯，昨夜根據講話改成了文章，自覺有些意思，毛主席都號召鳴放，卻是鳴放不起來，這篇文章也算是響應號召，重在講鳴放的心理，吳老師考慮問題周全，請老師看看。聲調裡，可透愉悅之情。吳文藻接過文稿，打坐沙發，便看了起來，冰心從臥室出來，費孝通便笑嘻嘻問師母，說，那個「乍暖還寒時候，最難將息」，是不是的早春的天氣？冰心立時糾正，「不是早春天氣，那下句是什麼？『三杯兩盞淡酒，怎敵他晚來風急，雁過也，正傷心，卻是舊時。』雁過也，不是秋天？」飽讀詩書的費孝通「噢」了一聲，說，一直將「乍暖還寒」理解成為早春，冰心笑笑：「望文生義吧，你看後面還有『滿地黃花堆積』、『梧桐更兼細雨』，黃花就是菊花，梧桐落葉，都是秋天的景

[39] 羅隆基，《加強黨對非黨知識分子的團結》，《人民日報》1957年3月23日。

色。」在李清照面前，費孝通當然敵不過師母了。冰心善解人意，便問，文章引用了？費孝通回答，沒有直接引用，只是用了乍暖還寒是早春天氣的意思，冰心說，那沒有關係的。兩人正說著，吳文藻文稿還沒有看完，站起來指了一段，這裡說的是不是我呀？他讓冰心看，冰心快快描過，並念出了聲：

> 去年一月，周總理關於知識分子問題的報告，像春雷般起了驚蟄作用，接著百家爭鳴的和風一吹，知識分子的積極因素應時而動了起來。但是對一般老知識分子來說，現在好像還是早春天氣。他們的生氣正在冒著，但還有一點靦覥，自信力不那麼強，顧慮似乎不少。早春天氣，未免乍暖還寒，這原是最難將息的時節。逼近一看，問題還是不少的。[40]

冰心念過，說，可不說的就是您——吳老文藻先生，一時滿屋生笑。

費孝通這篇文章《知識分子的早春天氣》，在政協會閉幕後沒幾天，便在《人民日報》顯著的位置上發表，而吳文藻的政協發言，沒有見到文章，最多是在小組上有個發言，因為在他的日記中，只有定稿、徵求意見的記錄而無發言的記錄，儘管有最高領袖鳴放的號召，但是他還是要小心、謹慎，除自己的專業之外，在公開場合盡可能少講話或不講話。

8，圖書館與社會學

其實，費孝通到老師家來，並非完全為文章，他要告訴老師由他提議並已基本確定的、由吳文藻擔任民院圖書館館長。費孝通認為，這對老師是最適合的崗位，老師愛書，閱讀視野與學術視野廣闊，圖書館建設是學科建設、學術研究的基礎工作；同時老師還可站在社會學、民族學建設的高度，引進不同學術流派與理論的著作，就是要有高明的眼光與廣博的學識才行。費孝通援引燕大圖書館因為有學貫中

---

[40] 費孝通，《知識分子的早春天氣》，《人民日報》1957年3月24日。

西的洪業先生，[41]才在那麼短的時間內，在藏書、珍本、善本方面，達到了全國大學圖書館第四位的程度，以鼓動老師的興趣，這倒是吳文藻沒有想到，一番話便讓他心動了。洪業是他和冰心都十分敬重的人，只是現在已不在國內，費孝通還告訴老師，圖書館館長與系主任是同級別的，甚至還要高出一些，新中國各大學都沒有設學院一級，如果有學院，應與學院院長持平。這讓吳文藻更加高興，不是因為工資，他的二級教授工資在民院已是最高了，仍然是信任問題，使用問題，吳文藻在學科建設上重視理論，但在對他的信任與使用上，重視實際。

　　費孝通通報後沒幾天，3月28日，院領導賀致平正式找吳文藻談話，請他出山擔任圖書館館長，並由楊家駒協助他的工作。3月30日，在賀致平的陪同下，與圖書館工作人員見面，宣布院黨委的決定。4月1日，吳文藻走馬上任，視察書庫，聽取採購組彙報。此後每日有半天的時間到圖書館上班，熟悉工作環節與流程，與館員談話，瞭解情況。4月4日便提出設立「圖書館委員會」的構想，由各部、系選派人員參加，這樣就使得圖書館的建設，尤其是採購圖書，可以廣納各方意見，顧及各學科教學與研究的需要，並且與林耀華等人商定了研究部與歷史系選派人員。吳文藻要求參加委員會人員，要站在學科前沿，要有眼光，同時要有氣量，不同流派與觀點的書都要容納。待各部、系的人員名單出來後，吳文藻以「圖書館委員會人選名單與構想」，正式向院領導彙報。4月15日，確定圖書館年度經費預算，「初定六萬元，包括大藏經一萬八千元在內。」5月31日，吳文藻作為圖書館館長，搬入民院新建成的行政大樓辦公。但是，在新樓館長辦公室，屁股還沒有坐熱，便被反右風暴掀翻了！

　　新中國在大學合併、院系調整、學科重新設置時，直接取消了「社會學」這一門學科，其中原因筆者未做研究，吳文藻也只是心存疑問與遺憾，雖然民族學、人類學甚至歷史學、哲學、文學都與社會

---

[41] 洪業，號煨蓮（1893-1980），福建閩侯人，1923年留美回國後，在燕京大學任教，先後任歷史系教授、大學文理所所長（相當於教務長）、圖書館館長、哈佛燕學社北平辦事處執行幹事、《引得》編纂處主任、燕大研究院歷史學部主任和研究生導師等，為燕京大學成為與當時北京大學、清華大學齊名的國際性最高學府，做出了貢獻。

學有關，但它畢竟是一門專門的學科，是在現代社會發展起來後而建立的學科，在歐美許多大學都是重點，新中國同樣會面臨種種社會問題，社會學應該大有可為，現在卻是一筆勾消，這就違背常識了。正如吳文藻對冰心批判燕京大學時所言，大學的教育需要傳承與發展，不管是封建時代中的書院，還是歐美的大學，作為教學與研究的機構，有益的東西都是可以吸取的、可以繼承的，以階級屬性確定學科建設，不是科學的態度。這一切，吳文藻想得多，說得少，甚至不說，埋在心底。

社會學系取消之後，原先學社會學、講社會學、研究社會學的人去了哪裡呢？尤其是留學歐美的學者，他們當年懷著改造社會的滿腔熱忱去學社會學，現在社會安定了，卻沒有他們的位子了。於是只得改行，這種改行費孝通將其分為三類：「第一類是很得其所哉的，在新崗位上搞得蠻起勁，要他們回老行是做不到的。我就屬於這一類。第二類是那些有了新的崗位工作的，也能勝任，但是心裡還不忘舊好，有機會再繼續搞老行是樂意的。第三類是一直沒有安定的，我就知道有一位老教授，院系調整後，一連改了三次課程，改得他三日京兆，無所適從。我知道有些沒有開課，學了俄文在搞翻譯工作的。我也知道還有在政府參事室裡，除學習之外，沒有什麼事做的。」[42]費孝通講的第三類中的那位老教授，便是當年大名鼎鼎的清華大學社會學系主任、教授，國民政府中央研究院第一屆院士陳達先生。

陳達1923年從哥倫比亞大學獲得社會學博士後，回清華任教，出任正式改名為「清華大學」的社會學系主任、教授，一直從事社會學方面的教學與研究，就是抗戰時期也沒有停止，但到了新中國高校院系調整後，沒有了社會學系，清華大學沒有了他的位置，年屆六十歲，只得到新成立的中央財經學院做了勞動經濟專修教授，以後又去人民大學經濟專修科，為了「提拔」他一下，便派去勞動部下屬的勞動幹部學校當了一個副校長，如此的變動，又在他的專業之外變來變去，還不「改得他三日京兆，無所適從」？因而到了1957年共產黨號召百花齊放、百家爭鳴之時，他們便提出了恢復社會學系的問題。與陳達教授有同樣經歷、在同一新崗位上任教的吳景超，大概因為年輕

---

[42] 《為社會學說幾句話》，《費孝通全集》第8卷，P21。

幾歲，不僅提出恢復社會學，而且在《新建設》上發表文章[43]，還講到蘇聯出席了第一屆世界社會學會議的事情。

恢復社會學的呼聲還在青萍之末時，便引起中共中央宣傳部的注意。1957年1月15日，民院接到中宣部社會處的電話，中宣部將要召開關於社會學問題的座談會，請做好準備。吳文藻得知後，即趕往教研室進行準備，開具了關於社會學典籍的書目，並做準備，以便發言。18日下午，吳文藻、林耀華前往府佑街，出席在這裡舉行的社會學問題的座談會，吳文藻做了「社會學在新中國有地位嗎？」的發言[44]。

遺憾的是，我沒有查閱到這個發言，因而也就不知具體講了些什麼，從發言的題目來看，與吳景超的文章如出一轍。可以肯定，吳文藻在有機會為社會學爭取地位時，是會說話的，而且可能聲音還比較大，在他看來，這是一個科學的問題而非政治問題，再謹慎，在自己立身之本的學科領域，有了機會還是要說話的。

《新建設》將社會學地位問題提出來後，《文匯報》立即跟進，有位劉姓記者分別走訪了吳文藻、費孝通。2月1日記者找到吳文藻，請他談社會學地位的問題，吳文藻認為，基本是沒有地位，舊中國的大學將民族學、文化人類學都掛在社會學的名下，新中國將這個名取消了，留下一個民族學。民族學當然重要，中國那麼多的少數民族需要研究，需要建立這個學科，但社會學並不是民族學可包容得了的，它只是社會學少數民族社區研究的一支，還有農村社區與城市社區。尤其是城市社區，城市建設發展起來，問題也就跟著來了，比如，城市的管理問題、新的建設與傳統建築保留問題、城市人口問題、就業問題、犯罪問題，都是社會學研究的範圍，現在將這一切都取消了，都給市長、區長、街道、居委會，他們只是實際操作者，不會有功夫來研究課題，也沒有可能研究，這本來都應是社會學的課題。吳文藻告訴記者，這些話他在中宣部的座談會上已經說過了。

費孝通則為《文匯報》寫了文章，說社會學取消後，對他的關係不大，他在清華大學取消社會學系之前就調到中央民族學院，繼續他的學術工作，沒有改行的感覺，所以也不曾想社會學有沒有地位的問

---

[43] 吳景超，《社會學在新中國還有地位嗎？》，《新建設》，1957年第1期。
[44] 吳文藻日記，1957年1月18日。

題，但他認為，現在討論這個問題也是有意義的，因為「社會主義改造和社會主義建設的過程中出現了許多新的人和人的關係。其中主要的是新的生產關係。生產關係的改變又要求其他方面改變。這些變化都存在著客觀的規律，我們如果能掌握著這些客觀規律，那麼改造起來就順利些；如果摸不清這些規律，我們就會吃虧。」他列舉了諸如「黨和非黨的共事合作關係」，人才的使用和安排，人事的管理等問題，還有人和人關係的研究，比如兩性關係、戀愛問題、婚姻問題、夫婦問題、養老問題、兒童問題等，這大堆問題，「大家總是覺得最頭痛，甚至不知道怎樣處理才妥當的。」「不採取科學的態度，實事求是的進行調查研究，這些問題得不到妥當的解決，使得許多人生活不安定，思想波動，甚至違法亂紀，對社會主義建設是很不利的。」這些問題，誰來研究？「由黨派和政府的幹部拿出一部分力量來研究好呢，還是搞一批人出來專門做這些工作好呢？我想是專業來搞應當好些。搞得出一套學問來麼？我認為是可以的。這些都是客觀存在的社會事物，它的變化是有一定道理的，分析得出一些道理來，不就是學問麼？至於這些科學稱什麼名稱，那倒無關宏旨。如果大家覺得社會學三個字不討厭，用這三個字也要得。如果很多人看了不舒服，想出個順眼些的名字來，當然也好。」他甚至主張，要不叫「社會學研究所」，或者「不妨稱社會調查所」也好。[45]

在恢復社會學問題提出後的這一段時間，吳文藻顯得很活躍，頻頻與社會學家聯絡，交談，這時雷潔瓊、費孝通、潘光旦、陳達時常出現在他的日記中，甚至還有「一時半，車與潘[光旦]、費[孝通]等到通夫家[46]開會，會議大體成功，六時散，晚飯時馬學良來談，旋訪陳達家」[47]這樣的記載。這顯然是在為社會學的事聯絡、開會，並且說會議大體成功。3月25日「社會學聚餐」，由雷潔瓊邀請做東，地點是國家領導人、社會名流、高級知識分子聚餐的「鴻賓樓」。冰心參加，還有一位中山大學原先社會學系的老師。聚會上說到社會學，

[45] 費孝通，《關於社會學，說幾句話》，《文匯報》1957年2月20日。
[46] 通夫應為李景漢（1895-1986），中國著名社會學家、社會調查專家。生於北京通州。留學哥倫比亞大學、加利福尼亞大學。1949-1952年，任輔仁大學社會學系主任，並在北京大學兼課。1953年任中央財經學院、中國人民大學和北京經濟學院教授。1956年任中國人民大學調查研究室主任。
[47] 吳文藻日記，1957年2月15日。

中山大學可以成為南方重點的教學與研究基地。4月10日，吳文藻、費孝通在《新建設》雜誌主持召開社會學座談會，邀請了年輕的學者參加，請他們談對社會學的認識與構想。同時，中宣部也似乎有一個設想，邀請吳文藻介紹國外社會學的學派情況，這在日記中有體現：「中宣部戴迎春來談社會學學派介紹事」。[48]吳文藻列出了社會學學派介紹題目，只不過此時已是四月中旬，其後的反右運動將要轉入組織鳴放的階段了。

對於社會學流派的介紹，費孝通則認為，建立在歷史唯物主義基礎上的新社會學，必須對資產階級社會學進行批判。「要有效的進行批判工作，我想首先要把資產階級社會學的若干主要流派，系統的加以介紹。介紹時要力求符合原意，然後，嚴肅地，實事求是地，從立場、觀點、方法各方面進行分析，明確它們錯誤在什麼地方。同時，我們在進行研究工作中，也會由於我們自己受著資產階級社會學很多的影響，出現錯誤和缺點，因此，也必須不斷的對我們自己的工作進行批評。我們這些舊社會學裡成長的人，對自己還需要一個改造的過程，我們必須在不斷自我改造中去建立新的社會學。」[49]

6月9日是吳文藻參加的最後一次、也是社會學胎死腹中的會議。會議在陳達家召開。在這次會議上，決定成立「社會學工作委員會」，推選陳達為主任委員。根據陳達開具社會學的名單，打算成立「中國社會學會」，「團結與聯繫原來社會學界同人」，並要大規模地「訓練培養年輕的接班人」。會議還商定了在北京、上海、廣州、成都等地的高等院校成立社會學系，在北京大學設立社會學系，由吳文藻出任系主任，以民族學院、人民大學和勞動幹校作為社會學的活動基地，計劃由費孝通在民族學院搞民族學研究，添聘「社會學家」編寫世界民族誌；李景漢、吳景超在人民大學搞城市社區調查研究；陳達在勞動幹校搞人口與勞動調查研究。同時有可能在科學院成立社會調查研究所，在北京附近選擇三十萬左右人口的一個縣作為人口調查研究的實驗室。

---

[48] 吳文藻日記，1957年4月13日。
[49] 費孝通，《社會學的對象和內容決定於它的任務》，《費孝通全集》第8卷，P47。

9，反右運動：組織鳴放

　　為便於敘述，我為反右運動做了階段性的劃分，號召鳴放以2月27日毛澤東「關於正確處理人民內部矛盾問題」報告始，到4月27日中共中央發出《關於整風運動的指示》。之所以說是號召，因為毛澤東要在黨內開展整風，內容是「整頓三風：一整主觀主義，二整宗派主義，三整官僚主義。」方法是「和風細雨」。黨內整風，「黨外人士可以自由參加，不願意的就不參加」，未做硬性規定。因而，在號召鳴放的階段，吳文藻無論是何種場合，基本保持沉默，不說話或謹慎地少說話，當他的研究教授、圖書館長，參加一些恢復社會學的活動。

　　《關於整風運動的指示》之後的幾天，即5月4日，中共中央又發出了毛澤東起草的《關於請黨外人士幫助整風的指示》，告知省部一級的黨組織，說：「現在整風開始，中央已同各民主黨派及無黨派領導人士商量好，他們暫時（至少幾個月內）不要表示態度，不要在各民主黨派內和社會上號召整風，而要繼續展開對我黨缺點錯誤的批判，以利於我黨整風，否則對於我黨整風是不利的（沒有社會壓力，整風不易收效）。」《指示》明確地說，「黨外人士參加我黨整風座談會和整風小組，是請他們向我們提意見，作批評，而不是要他們批評他們自己」。

　　為了貫徹執行這兩個指示，全國各地各系統舉行了許多座談會，組織鳴放，發言，幫助黨內整風。我稱這一段時間為「組織鳴放」。5月8日上海《解放日報》邀請了二十二位中、小學教師座談，報紙以一整版刊出了他們的發言摘要。更重要的是中共中央統戰部邀請各民主黨派負責人和無黨派民主人士連續舉行座談會，組織他們鳴放，幫助共產黨整風。自5月8日起，《人民日報》逐日作了報導。一旦進入了這個組織階段，被邀請者已經不可能不參加、也不可能不說話了。據章伯鈞的女兒章詒和回憶，「中央統戰部長李維漢親自電話催促父親，一定要出席座談會，給中共提批評意見。父親再三推托，聲明自己的觀點意見平時都講過了。『平時講的不算數，一定要在會上講。』──看來，非去不可了。1957年5月21日下午，腹瀉不止的父親坐在『吉姆』車內，心裡還不知一會兒該說些啥？想來想去，想

出個『設計院』，還有些即興內容」。[50]這便是第二天登在《人民日報》上的《關於成立「政治設計院」的發言》。

> 這樣的座談會開了七次，每次開會的翌日，《人民日報》都作了詳細報導。正如李維漢在散會前說的，「對全國整風運動起了推動作用」。中共中央整風指示公布之後，全國各地各機關團體學校等等，都開始整風。一些人以這些民主人士的發言為範本，一些人得到這些發言的啟發，在自己所在單位的整風會上慷慨陳辭……[51]

　　吳文藻沒有出現在七次會議的名單之中，也許就在下一次？但是，當鳴放進入組織階段時，要不說話已經不可能了，統戰部的座談會沒有參加，可是民進呢？民院呢？吳文藻都要被「組織進去」的，開會、座談、發言，一個也少不了。這是對中央的態度問題，一定要說話、要提意見的。
　　也就是中共中央發出整風運動指示的當天，國家民委舉行座談，派了車將吳文藻接走，主題是談人民內部矛盾問題，請君發言。吳文藻事先無準備，在車上想了一下，也還是覺得不講為好，反正還有其他的人嘛，但會議的主持者，三次點名吳文藻，最終「被迫害發言」。吳文藻在日記中用了這個詞，可見他的情緒。心情不好，夜裡發熱，民委的座談會繼續，汽車在樓下等，吳文藻堅辭，手上抱了講稿，說昨晚回來很累，發燒，生病，十點鐘還要上課，這才把車打發走。
　　5月3日，民進派的車又來了，馬敘倫傳達中共中央關於整風運動的批示，指示不長，馬主席的報告卻是不短，並且對整風提意見有了時間表。5月7日，民院的整風動員了，劉春書記作報告，中共中央的兩個「指示」也都傳達，必須行動起來。吳文藻聽到一半先走了，以為多是一些官樣之詞，沒有多少內容，他悄悄告訴坐在一旁的林耀

---

[50] 章詒和，《越是崎嶇越坦平——回憶我的父親章伯鈞》，牛漢　鄧九平主編，《六月雪——記憶中的反右派運動》，經濟日報出版社1998年9月。
[51] 朱正，《1957年的夏季——從百家爭鳴到兩家爭鳴》，P80，河南人民出版社1998年5月。

華，說「心胸不適，先走一步」。以至晚間閏在宥來家探望，老師竟在列具社會學學派的題目。

8日，中宣部所需的社會學學派介紹題目送出，下午學校整風學習，吳文藻只得去參加，內容是校風的整頓。校風整頓，談的都是學生如何，老師如何，整風不是幫助共產黨整風嗎？不是口口聲聲除「三害」嗎？怎麼拿了校風來說事，可見民院的整風還沒有涉及本質。14日，冰心南行歸來，談到民院的整風，吳文藻說，沒有多少動靜，看看他們要整些什麼？冰心說到一路的南行，說到「江南天氣」，吳文藻補充說，你是住在城市，小時候這個季節，夏港的鄉下，屋子裡都是濕的，那個才叫難受呢。說到上海的鳴放，為楫成了積極分子，說是為了黨好，為了國家好，他自己是工程師，體會深的是技術不受重視，領導發號施令，總不到點子上，革命家，不懂技術，又不尊重技術人員。吳文藻說，這是共產黨的通病，民院領導有誰懂民族學、懂教育？費孝通是個副院長，他又有什麼權力？還不是黨委說了算，共產黨黨委治校就是大問題。

5月16日，天氣陰沉，民院整風座談，吳文藻坐在並不顯眼的位置，但主持會議的賀致平還是注意到了他，三人發言之後，賀點名請吳文藻教授發言。吳與賀平日關係還好，所以不便駁他的面子，於是，說話了。不知哪來的勇氣，吳文藻直奔民院領導體制，黨委辦校，教授沒有權力，連開課的內容都要黨委決定，管得太具體、太細，而民院的領導，有幾個懂教育？不是將你放在那個位置上，你就是什麼都懂，就可以指揮教授，希望院領導在教學上多聽教授的意見，過去是「教授治校」，現在是「黨委治校」，黨委治校當然可以，但要尊重和信任教授，不尊重不信任，他們講課都不敢說話，也沒有積極性，更別說發明、創造了。如果一個民族的教育與研究，缺乏發明與創造，那麼這個民族就會落後，國家就不能興旺。沒有想到，吳文藻一說半小時，自己停下來都吃了一驚，座談會上一片騷動，吳文藻收回話題，忙說，說多了說多了，今天賀院長點名發言，沒有很好準備。

吳文藻發言之後，覺得奇怪，好像胸中那口悶氣一下子吐出來了，心情變得舒暢起來。看來，話不能一直壓在心頭，對健康不利。因而，過了幾日，歷史系晚間在閏在宥家座談，吳文藻又談了一通

「本院黨群關係」問題，說「隔膜」，有一層東西隔在中間，相互不能交心，領導總是高高在上，開會坐主席臺，說話聲音都要高八倍，又不是上大課。5月23日下午二時半，學校整風，繼續座談，吳文藻沒有發言，聽了一半，好像沒有多少實質內容，便拍拍屁股，先行離開會議室。

真正令吳文藻激動起來，是兩件事情的觸動。

一是北京大學自5月19日，中文系的學生在大飯廳張貼出馬雅可夫斯基式的激情詩《是時候了》和西語系學生除「三害」的控訴會。在北大西語系讀書的大女兒吳冰傳遞給他的，還抄寫了《是時候了》之一與之二兩首詩，[52]而西語系的控訴會，女兒就在現場，行政樓二樓的禮堂裡。兩位同學顧文選與周鐸，以自己入學前，因為一篇小說、因為不願在公安機關工作而被下獄、被肅反驚心動魄的事實，控訴了「三害」已不再是一個詞彙，而是眼前一個真實的存在。冰心還問到系主任馮至聽了這個控訴沒有？女兒說，馮至先生就在主席臺上，聽過控訴後，他走到舞臺的中央，手裡還捏著那兩份控訴稿，流著眼淚說：「同學們，我向你們保證，我是全國人大代表，我一定把這兩份控訴書親手交到毛主席的手上！」[53]吳冰在校是一位文靜而內儉的同學，但當她在家裡向父母、向哥哥妹妹轉述現場情景時，顯得有些激動。而父親卻是從年輕人身上，感受到回國後從未有過的激情。兒子說要到北大參觀、學習，要在二機部點起把火！

另一件事情是5月27日晚，「聽到揭發本院近似貪污分贓情況，甚為激動，執政不到幾年，已經這樣糟糕。」[54]

吳文藻這裡聽說的是總務處一位姓薛的處長、以福利的名義行貪污之實的問題，吳文藻在後來的發言中，對此提出了尖銳的批評，憤怒地指出「應該繩之以法」。29日，在歷史系的整風座談會上，吳文藻不僅自己發言，而且鼓勵年輕的老師、年輕的共產黨員和共青團員，大膽站起來，揭發系裡的、學院的問題，不是為了別的，主要

---

[52] 《是時候了》（一），作者沈澤宜，《是時候了》（二），作者張元勳，他們原都是西語系54級同學，與吳冰同級，沈、張後轉入中文系。
[53] 沈澤宜，《北大，五・一九──學生右派們是「怎樣煉成的」》，P123，天行健出版社2010年6月。
[54] 吳文藻日記，1957年5月27日。

是便於改進工作，辦好民院。當晚，吳文藻自己貼出大字報，內容是「『支持』別人對浩中帆同志的揭發」，並打電話給費孝通，說你們年輕一輩要向儲安平學習，要敢於說話，大膽說話。這令電話那頭的費孝通摸不著頭腦，一個月前還是那樣謹小慎微，這麼一下子高調鳴放起來？但實際上吳文藻還是有猶豫，走兩步退一步，再看一看，所以在30日，中央統戰部副部長、中央民委的黨組書記（同時也兼任中央民族學院院長）劉格平來民院召開整風座談會時，吳文藻則又在日記中寫下了：「在運動中穩步慎行，定要慎言慎行，謹辯是非。」但是到了第二天，民院在行政樓三樓會議室，舉行民主黨派聯席會議時，吳文藻便又激動起來。以下是座談會紀要中吳文藻的發言部分：

本校民主黨派聯席座談會紀要
1957年5月31日下午二時半

地點：行政樓三樓

主席人：聞在宥、王鍾翰

現將有關吳文藻的發言抄錄如下：

　　吳文藻：對高校[教]部意見很多，以後請部長來談，今天不談。共產黨領導階級鬥爭，經驗很多，對處理人民內部矛盾卻很沒有經驗。而我們向來就能處理人民內部矛盾，我們有能力，有經驗，能處理人民內部矛盾問題。所以，民主黨派應該起來做工作。

　　本院黨的領導同志同樣輕視民主黨派，所以才會「有職無權」。

　　本院比較能做教學工作的幹部，未居主要地位。

　　現在要問本院鳴夠了沒有？放夠了沒有？如果不夠，願意[原因]何在？如何補救？黨團員何以鳴不起來？

　　我看有三點原因：

　　黨團員沒有經驗，所以有搖擺。毛主席說，有百分之九十的幹部不懂得鳴放道理。好在共產黨有一好處，聽毛主席的話。雖不懂，也在搞。

　　在三反、五反、肅反中，有些人受了傷，有顧慮。

個別黨員在阻止鳴和放。[55]

因為是會議紀要，擇其要者記之。吳文藻這些話已是非常尖銳了，與他在日記中所記的「稍有激動」相差甚大，僅從這些話語中可以看出，不是稍有激動，而是異常激動了。可能當時講話不是如此簡要，紀要將前言後語、過渡與過程的句子都省去了，只留下幾根生硬的「骨頭」。

6月1日，中央民委整風座談會，派車來接吳文藻，但他不去，說是有稿子要改寫，也是整風的內容。晚間，于勝椿來家談民院整風的反映，說年輕老師、學生，都支持吳教授，說他的話深得年輕人的心。吳文藻告訴于，這是民心，你反映的情況很重要，讓他明白了還要說些什麼話。他們的談話一直到夜深十一點，于勝椿走後，吳文藻在日記中又記道：「過興奮，須自制。」歸來之後，冰心很少看到他如此興奮，半夜服了安定，擔心失眠。

6月3日，吳文藻在本校民主黨派會議上發言，興奮終未克制，這回手上有個發言提綱，題目就有些火藥味：「民主黨派起什麼作用呢？」

> 檢查三反以至肅反，遭受打擊的人，應予以照顧。
>
> 研究部逮捕四名反革命分子，現在都放出來了，說明沒有多大嚴重問題。這是說明沒有「法治」精神，逮捕沒有經過法律手續，侵犯人權，侵犯人格。
>
> 當初，這種鬥法是鬥錯了的。這種鬥法是不道德的鬥法。我要替這般人抱不平。要求在公開場合，給那些人解除罪名。
>
> 我們要明辨是非，沉著堅定，不輕易下判斷。民主黨派慣於「和風細雨」的辦法。
>
> 民主黨派要叫人重視，就要看我們能否搞「和風細雨」，我們能搞，黨就會尊重我們。如果我們能搞，而黨仍不尊重我們，則其錯不在我們，而在黨，黨就應加考慮。
>
> 建國才八年，毛病已如此重，實在令人痛心！因此，我

---

55 吳文藻檔案。

們要沉著堅定，不怕一切去搞。是的，硬要跟，是的去做，非的，硬要反對。

我們的整風，如果能除「三害」，則其力量是比美國在臺灣的導彈還要大。

這時，王鍾翰發言，支持吳文藻的觀點，尤其講到各民主黨派的負責人要起到帶頭作用，監督不是說說的，要有具體的行動，光說要監督而實際如何監督，就沒有人做了。

吳文藻接著說，同意王先生意見。建議由各民主黨派主要負責人作檢查小組工作。

張守忠發言，講到校內一些黨員幹部濫用職權，慷公家之慨，發錢發物，在群眾中造成很不好的影響。

吳文藻直呼其名，「薛處長的問題，與福利金不同，所以除了扣還外，還要受法律處分。因為薛已犯法了，應該繩之以法。」同時講到「浩中帆壓制整風，容易把處理內部矛盾變為敵我鬥爭。張同志（守忠）可以向預科同志去講，說我支持你們，不要怕，不要有顧慮，要堅持下去。」口氣很硬，似乎很有力量與底氣！（于勝椿　整理）[56]

會後，吳文藻言猶未盡，更加放言：

1，今天政府是「權能不平衡」，權力之大，自古所無；能力之低，亦自古所無。
2，人大職權，一要控制預算；二要制定政策。政策要事先各方面商量好再做，現在周總理先做後報告，不對，這是沒有法制。
3，我們學校根本沒有民主，所以鳴不起來。
4，我堅決反對教條主義，官僚主義，共產黨如要壓我，我不怕殺頭。今後我要給學生講些反史達林的東西。
5，我回國後，根本沒有進步。根本看不見新材料，怎能在十二年內趕上國際水平。

---

[56] 吳文藻檔案。

6，文教工作，黨能辦則辦，不能辦，應由民主黨派來辦，大家比賽。

7，蘇聯革命，列寧死了，史達林通過殺人上臺，史達林死了，馬林科夫通過手腕上臺，後來，赫魯雪夫也通過「政變」方式上了台。那麼中國將來會不會發生「政變」，值得懷疑。

8，有人說，如果第三國際不解散，中國革命不可能成功，有道理。[57]

此時離幫助黨內整風、實行鳴放轉入反擊資產階級右派的進攻，只有五天的時間了。

10，煙花三月下揚州

冰心是幸運的，還在中共中央發出《關於整風運動的指示》之前，便被全國人大組織到江南視察了。據她的日記記載，這次江南之行，主要是參觀訪問工藝美術行業，接待部門多為手工業管理局等機構。

四月江南，鶯飛草長，真正是「煙花三月下揚州」。冰心的心情不壞，身體還行，終日在外參觀、聽彙報、開座談會，回到客棧還得補記當天的日記。在南京，首先到雲錦絲織合作社參觀，又至手工藝品出口所，「見各種土特產顏色相互配合大概嘈雜紛亂，不甚雅觀。」費孝通恰也在江南視察，後來罪證中的所謂「收集反黨炮彈」，冰心與費孝通等一行至南京博物館，館長曾昭通親自陪同，「看出土文物及各期出品品質、顏色，約有許多可為現代美工品所借鑒。」下午參觀藝美絨花生產合作社，看絨花製造過程，「真得教育」。還到雨花臺看烈士碑，買兩小塊雨花石，握於掌心。晚飯後到人民會場聽江蘇省文化局主辦「上海音樂學院春季旅寧演出」。再一日便是參觀美術陳列館，「選品精湛，似乎與市品脫節，不懂為什麼生產與銷售部門不通聲氣。」赴太平天國紀念館，看太平天國失敗原

---

[57] 吳文藻檔案。吳文藻知道會議有記錄，不知道會後的交談也被記錄下來，並成了他的罪證。

因，「殊覺『三反』『五反』與整風的重要。」又至中山陵，人大代表作為貴賓，「進入鐵門內看見石像」，下來後至靈谷寺正殿，「已改成茶亭，後面蓋一新塔，無甚意趣。」還到了玄武湖公園，「坐船至動物園，有養鴿和平亭，甚好。仿天壇，而是草頂，竹柱，素淨可愛，至茶桌吃茶。」這時二弟為杰已在北京工作了，但弟媳李文玲仍在南京，和文智約姐姐吃飯，冰心說這裡有飯吃，不必破費，她還專程到了李家拜訪，與「姥姥稍談」。老朋友吳貽芳也在南京，便抽空登門拜訪，回憶在重慶的生活，說要不是你同意李滿桂來接我那「組長」，還真找不到別人頂替呢。談到北京、南京的整風，冰心說，作協主要是解決丁玲、陳企霞的問題，全面的整風在離京時，尚未展開。[58]

　　視察團從南京乘火車到鎮江，遠遠看見金山寺而不入，民建秘書在宴春酒樓以羊肉招待，然後從鎮江坐小船東下長江水，前往揚州。「一路上看見北固山上有甘露寺，以下又有象山、舍山、焦山，所謂之獨立中游，喧日夜萬山無語，看焦山者也。」鎮江北岸塌方，南岸淤積，小火輪只得繞行，也就多看了春江流水的景色。揚州入住後，直奔瘦西湖，「在大虹橋下車，橋是石製，據說唐朝本是木橋，至長堤，春柳胖亭，折入葉秀峰花園，有松樹百餘種及法國梧桐，與南京城及中山陵相似，並有桃花，有全紅全白及紅白相間者。」「從葉園繞出，至蓮性寺，過五亭橋，建築甚特別。□□□□□□□□□對面有鳧莊，茅舍三五，古雅可愛。南岸有釣魚臺，乾隆曾在此釣魚（乾隆曾四到揚州）」。視察團自南下，幾無一日晴天，陰雨綿綿，手不離傘。揚州手工藝管理科長王玨、文化處秘書吳嶺梅介紹情況，抱歉「江南天氣」。先後由他們陪同到漆玉合作社看工序過程，「老山石屏風，此雕製精美，價亦貴，三千元者」。在居永壽剪紙，民間藝人當場剪紙一幅相贈，講到「省文聯排擠之事，甚為憤恨。」到了絨衣合作社，看到花樣，冰心又發感嘆「花著太嘈雜，庸俗」。至平山堂印法淨寺，有詳細描寫：「平山堂後有歐公祠，對面有石濤塔，房門下去看天下第五泉，一井一源（在湖中之無水），均不能飲，寺門口有『淮東第一硯』（秦少游），『天下第五泉』大字，出來至觀音山

---

[58] 引號中的文字，出自冰心南行日記（南京），1957年4月17日-22日。□表示為無法辨論之字，下同。

寺，拾級而上，穿至待客處，有紫竹林院落，不大，紫竹亦小殿，內梅蘭芳等題字，又見溫樓，即陽帝正樓舊址，天好時，據說可直望到南京紫金山。」

4月26日晨離揚州，重返鎮江，仍在宴春午餐。「飯後到金山寺門，天禪寺因大殿與藏經樓均在解放前被焚，倒覺得樓前空曠，看了文物陳列室，存物尚佳，但標題有錯誤，如大理石燈之女像誤為馬列畫像等，後沿層上山，至江天一覽寺，慈壽塔是為慈禧六十壽建，此寺源於東晉，每代必毀於兵火，寺有法海洞，又有白龍洞，有白石刻青白一蛇像。到食堂吃點心後，至天下第一泉，王仁堪做鎮江太守時所發現第一泉。看金山寺，柳堤一帶甚為美觀。」[59]

無錫下榻郎中巷招待所，這裡本為紗廠王姓老闆的家宅，抗戰前建，自己並未住過，日本曾在此駐過憲兵隊，莊副市長接待、交談。次日，無錫手工業管理局唐華及工藝科陳進同志來介紹情況，並贈錫繡，「甚為雅緻，小塊極好，如紅蜻蜓。」在惠山寺泥人生產合作社，看傳統材料，冰心又有微詞「造型並不甚佳，粗糙庸俗」。至寄暢園，「本是秦邦憲同志故居，地方不太大，□□墼甚美，據說《家》之背景就是在此與梅園拍的。乾隆亦是在雨中遊園寄暢園，有碑有畫，穿假山時，有流水淙淙，後至惠山寺泉，是天下第二泉（第一鎮江，第五揚州），水倒滿杯不溢」，這天的晚飯後，江市長登門探望、交談。4月28日，南下之後第一個難得的晴天，早間乘車至漁莊，「外望五里湖，煙波一色。穿過長廊，至蠡園腹水一小樓，絕勝」。至黿頭渚，「真是久聞大名了，岸有康有為寫『橫雲』二字。」吳文藻多次描述太湖勝景，黿頭渚常在嘴邊，今日始得一見，多少次的機緣都曾擦身而過？在無錫座談甚多，冰心還親自處理了人民來信，「涉及手工業藝術領導問題，希望文化部門多加注意。」冰心作為中國作協兒童文學組組長，到文聯參加了兒童文學組成立大會，講話數語，卻也風雅風趣，大受歡迎。回到客棧，留心居住房屋，似乎與揚州客棧相仿，「有火牆甚高，上開花椒眼，到處杜鵑盛開，山茶亦好，庭中種植龍爪槐並有法國梧桐、紅楓等，藤蘿不少，但都苦瘦，龍爪槐亦然。」「庭院有假山小橋，與北京之『天棚魚缸

---

[59] 引號中的文字，出自冰心南行日記（鎮江、揚州），1957年4月13日-26日。

石榴樹』不同，又壁間多嵌石刻也！」

　　視察團從無錫前往宜興，「沿太湖行，真是湖光萬頃，很像日本海濱。九時半至宜興縣，有周科長上車同至善卷洞，有儲煙水（儲南強縣長之女）引導，先至中洞，為獅象大場，形象極肖，上去看有上洞，亦又暖洞，有雲霧大場，回來補雲洞，有媧皇盤大池，水最清，蝙蝠群飛，洞是儲先生所布置，二年始成。轉至下洞，亦稱水洞，有九層池，並有松，為（上洞有梅花均係石鐘乳）上水洞所生，小舟轉三灣出來，水最深處，有八・五尺，洞口有『豁然開朗』四字，上去蝶亭，並有碧鮮庵，傳係祝英台讀書處。善卷寺傾頹已甚，石圓寺房有英台閣，門內一聯，曰，傳人芳廣留客住，整條大路與人行。此寺玉林祖師曾召順治來。出門，受戒殿後有兩石輪（萬行門），記之甚詳。去英台故宅，改建，看畢，上車至宜興縣吃飯，之後有于才生科長帶至□□□看陶窯龍[龍窯]，窯大者六十三對孔，孔孔可起火。」六時許回無錫，「往返四百餘里」。[60]

　　5月1日，在煙雨之中到了蘇州。「上有天堂，下有蘇杭」，杭州曾多次體驗，蘇州天堂卻還是頭一回。離開無錫客舍時，「雨中杜鵑盛開，明豔已極，」午前抵達蘇州，下榻西關巷人民委員會招待所。「蘇州市容街道比無錫寬闊，寓所係從前蘇綸紗廠招待所，亦頗精緻。」蘇州園林頗多，入住飯後少憩，便至怡園，「小道曲折，假山□□□均好，雨中甚有幽致。再至玄妙觀，大殿係石柱堅固美觀，又到獅子林，園中假山甚多，狀如獅子，亦有如蛙如蟹者，水景亦好，但水中放一石舫太擠了，又至拙政園，最好，大方樸素，我最愛。36鴛鴦館，鴛鴦成雙作對，相偎相傍，內中陳列花、石、鳥等展覽，各園均遊□□□，在忠王樓上下巡視後，在嘉實亭吃茶，出至滄浪亭，園外是水園，內是山境，連成一片，最有風致，雨中別有意思。總之南方園林以曲折幽深勝，花多水多便覺豔異」。蘇州園林多為小巧精緻，半日功夫，竟觀賞半壁了。

　　5月江南，已趨熱，半天遊玩下來，回到寓所，卻無熱水，又因無電而無水，連涼水浴也洗不成，冰心說「頗為彆扭」！晚上水來，洗浴後又細細觀賞客棧來：「此間花園每在廊上開扁窗，上不用紙而

---

[60] 引號中的文字，出自冰心南行日記（無錫），1957年4月27日到30日。

用明丸（螺絲片），甚為美觀，還利用遊廊轉折處，建扇形亭子，其中扁額等均藝□，形精雅，可喜。」彆扭過後，心情也就好了。

例行的公務，手工藝局秘書王文豪來彙報一般情況，民進幹部謝展來訪，統戰部馬部長及謝壽恩二人介紹情況。主要還是參觀，「至玄妙觀，美術工藝陳列廳看手工藝品，又至留園，最好是滴碧山房，四面有水，到虎丘，極有幽趣，見試劍中斷兩半……上至劍池，上在危橋上。至吳軒吃茶，為憨憨泉（第三泉已不能飲），出至石觀音堂，轉至冷香閣，四望空曠，遠景姑蘇城在望。虎丘塔正修葺，竹竿為架，八歌鳥群飛，漸逼漸聚於塔頂，將來不知何往，□□□至西園，為□幢律寺大殿內，正作釋迦牟尼兩千五百周年和平佛事，西至羅漢堂參觀，後至放生池……」「此處亭園，處處是圖畫，一廊一軒一對一聯一額，莫不雅致，可喜，若不好好細看，會混亂起來的。」勞累半日，晚飯後施副市長卻又來談工作，十時半才睡。

麗日晴空遊天目山，從尚義園入，有對聯曰：「老樹蔭濃新雨後，空山籟靜夜禪初」，樓上有聯曰，「萬竻皆從平地起，一峰常插白雪中」。在鉢盂泉吃茶時，冰心一一記下。再抬頭外望，卻是山野如畫，一線天便罷了，「絕頂即下，在山門前吃豆腐花，看御碑亭，又經天平山墓地，至靈巖寺，山頗高，路尚平，坦徑迎日關落紅二亭至，寺裡訪妙真法師」。出時，冰心便覺有小僧跟隨，忙問其名，曰「圓澈」，曰，讀過冰心的書，說出了書名，《超人》《繁星》《寄小讀者》，冰心問其何故出家，曰，緣也。冰心便不再細問。跟隨的記者叫單于，驚嘆冰心之影響，連廟中小僧都識得！回城裡，松鶴樓午飯。「回寓未及休息，匆匆梳洗後，又同王秘書先至獅子林文管會，看虎丘塔所說經卷及古書。」參觀宋錦合作社，飯後到民進會所，與會員座談、聊天，講到北京民主黨派幫助共產黨整風事，都有許多的話要說，可冰心不太接話，只是聽，回時寓所又過九點，天氣熱，睡不好，「二時半起來擦身。」

在蘇州，遇華君武等自揚州來，介紹了美協賴少其、陳秋草來談美術情形，讓冰心增長了見識。他們一同參觀了美術工藝委員會，看了通草堆花；在紅木小件生產合作社，看了菸盒、馬、熊；在宮扇生產合作社，看宮扇。冰心發現宮扇是兩面，一邊好一邊壞，但畫好的反比壞的工資少，因為好畫畫得慢，感嘆道「問題甚多，出口公司

掌握大權，對於遺產之存亡，有舉足重輕之勢。」離開之前，還有園林未細觀，於是抓緊時間，「周瘦鵑花園，其所愛蓮，空廊外額，養魚種竹之處，書房為寒香閣，有盆景大小不下一千餘種，一切陳列都是古香古色，盆景橫斜有致，院中有石像，有屋有亭等，也有魚池，各種花草都長野了，院中真是春秋皆宜，月夜恐怕尤好。只是北方人來了覺得太濕，這裡還要好好整理才合居住。午飯少憩，後重往拙政園及留園，覺得橫看側視到處都是圖畫，窗格陳列扁額等，都有意致」，只是因為雨太大便無心情了。最後一天到網師園，「園內即網師小築，池亭假山亦頗楚楚，有小石橋一座，拱起有花，頗為別緻。旁摘秀樓……後至環秀山莊，假山是特別，混然一塊，似真山上有樹有洞，洞深見水，似水從洞流出，隔壁一家新式小樓院裡，亦有竹松小亭，此莊分成數家，使人恍然若失，有荒涼之感。」[61]

冰心在滬下榻上海大廈十五樓，樓雖高，因在路邊，車水馬龍，夜睡不穩。上海的朋友與親戚甚多，入住即給劉紀華、靳以等通電話，為楫夫婦急於見到姐姐，當晚便到三弟家用餐。為楫談到港務局整風的情況，說他這次說了不少的話，冰心說，你好好當你的修船師得了，整風與你有多大的關係？紀華就說，是呀，可積極呢。為楫卻是不贊成她們的意見，說都是為黨好，為咱們的國家好。

在上海，遇上了作協黨組書記邵荃麟，還有作家張天翼，美協華君武、故宮的沈從文都湊到一起了，便結伴去上海美術協會與賴少其、陳秋草會面，並參觀美術工藝部及永安公司瓷器等部。與趙清閣見面，是冰心上海的重點，這是自日本歸來之後她們第一次相見，與上次會面相隔快十年。她們在和平飯店吃飯，趙清閣希望將冰心新出版的《陶奇的暑期日記》改編成電影，並且有一些具體的設想。飯後兩個人在小雨中慢步，彼此尋問、彼此訴說，關於重慶、關於東京，關於梁實秋、老舍……希望時間就停留在煙雨霞飛路上。

繼續履行公務，手工業管理局美工聯社陳施君來介紹情況，視察地點為美術工藝研究室，「中有竹刻、石刻、象牙、面人、刻硯、磁刻，剪紙，燈彩、絨線編織及娃娃，下午看服裝及玩具商店。」「竹刻、磁刻等，均甚精緻」，但對玩具及絨花等顏色，冰心再次感

---

[61] 引號中的文字，出自冰心南行日記（蘇州），1957年5月1日到7日。

嘆「太糟」！服裝社是替蘇聯加工，「顏色都不好又平。」玩具小組由許寶介紹，冰心說，「看她大有創作才能，顏色配得最好，神氣亦生動，但似有委曲，眼淚盈眸。」冰心便與陪同人員商量，「看是否再深入，讓她出來走走，給她以藝術地位，培養她。」張天翼對玉雕感興趣，便隨冰心一同到石象牙生產合作社看玉石雕刻，「工人言至玉器不能定貨，因為材料紋理不同，因材雕刻，每件不同，這與設計人員胸中學問大有關係」，冰心加以引申，「於此也可覺悟到寫文章的道理。」還有玉石磨光，用料不同，芙蓉玉（淡紅）用樟木，翡翠用牛皮，佛石用火漆等。又至搪瓷加工廠，冰心直言花色不好；看繡品，也是「枕套等花樣太壞」！她主張，應該有人設計。在上海，民進黨部安排了冰心的講座，「對中小學教師作報告並座談，有周熙良等在座」。

在靳以的陪同下，冰心和張天翼前往大眾戲院看川劇，有《張飛闖轅》《三瓶醋》《剁命認安》《活捉張三》等，「前兩齣尚好，後兩齣可怕得很，等於雜技和舞蹈見長。」午飯在新雅，個人掏錢，仍是「羅漢請觀音」。靳以還陪同冰心到魯迅公園參觀魯迅紀念館，至城隍廟老飯店吃鰣魚，「飯後出來參觀城隍，是紅臉的紀念什麼將軍，廟內很像市場，但多一點賣鳥蟲草之類東西的，也有大池□□□，回來時買些梨膏糖」。這天夜裡，在國際飯店十五樓，上海作協宴請，巴金做東，客人還有邵荃麟夫婦、張天翼等，席間談到作協的整風，邵荃麟說，主管運動的周揚出訪匈牙利，所以才可以抽空出來走走，他一回來，就要全面展開了。冰心說，這是你們黨內的事情，張天翼認真告訴冰心，這次就是要專門請黨外人士給黨內整風提意見呀，謝代表到時可要說話啊！在上海，冰心還見到了老同學王國秀、許瓚真，得知雷潔瓊、嚴景耀夫婦也在上海，便邀他們一起到王國秀家吃飯，聊天，真是難得的聚會，直至深夜才回到住處。[62]

上海，需要會見的人太多，尋回的感情也太多。有時夜半驚醒，夢見母親就站在床前，醒來卻是不見身影，便抱枕痛哭，回想二十七年前與母親的訣別，再也睡不著了，覺得欣慰的是，夢中的母親，沒有痛苦，來去都是身輕如燕。離別上海最後一天的清晨，冰心坐車至

0
8
5

第八章 歸來之後

---

[62] 引號中的文字，出自冰心南行日記（上海），1957年5月8日-13日。

紀華處，與弟弟、弟媳，帶了孩子，來到萬國公墓的母親墓地，剪草，獻花，全家人圍坐墓地，與母親話別留念。

冰心是個細心周到之人，回上海大廈，給孩子們到俱樂部買球買玩具，並且到了宗生未婚妻袁毓麟家，見了她的母親、太姑、哥哥和弟弟等，告訴他們兒子將即舉行婚禮的事兒。

離開上海，也在雨中。當冰心回到北京之時，北方的天氣似乎比南方還熱。

尤其是那如火如荼的整風運動，冰心趕上了組織鳴謝的尾巴，中國文聯召開文藝家整風座談會，聽說冰心已回到北京，請她出席並要發言。冰心在會上講了兩方面的內容，一是文藝評級，附議吳祖光的發言，「文藝評級是荒唐的事。評一次，人心大亂一次。評一次就創造一次矛盾。這不是由誰評的問題，而是文藝工作根本不能評級。」[63]另一方面的內容是講她到南方視察時看到了問題：

1，南京雲錦，由於原絲出口，現在只能用人造絲來織雲錦。
2，無錫泥人，全部做三叉口，這是土產公司訂貨，只要三叉口，不要別的。
3，面具，不能做花臉，因為沒有鬃子，政府不給絲。
4，繡有湘繡、蘇繡、錫繡之分，現在只有蘇繡，因為土產公司只要蘇繡，只許一花獨放。繡花的稿子全是北京拿下去的。宮扇也如此，畫師都難過得要哭，「計件工資」畫細畫一天兩件，畫粗畫一天八件，越畫得好，工資越少。
　　對工藝美術，民間藝術，如不再挽救，國際聲譽也會失去的。[64]

以上意見，分別由中國文聯以情況通報的方式，報告了文化部、外貿部、商業部和財政部。

[63] 中國文聯給文化部的報告。
[64] 中國文聯給外貿部、商業部、財政部的報告。

11，反右運動：「逼宮」鳴放

中國作家協會在整風的號召階段，周揚、劉白羽、林默涵、邵荃麟、郭小川等及其黨組，基本處在為丁玲、陳企霞的反黨集團的甄別問題上。這是一件很棘手的事，「丁陳反黨集團」是兩前年被他們定下的，丁、陳不服，提出上訴，中宣部要他們重新甄別，不僅對材料要一一核實，並且要提出新的定論。為此，中宣部成立了調查組，主持這件事情的是常務副部長張際春，此公比周揚的資格還老。作協領導層不敢怠慢，材料不知道改了多少遍，會議不知道開了多少次。所以，一般的幹部與黨外人員，在號召整風的那一段時間，頗有些逍遙。到了中央的兩個指示下達時，主管運動的周揚出國訪問，5月3日回到北京，立時聽到一片鳴放之聲。果然周揚主張作協馬上開展整風，組織鳴放，而且黨內黨外一起放。於是，作協機關和所屬的單位，轟轟烈烈的鳴放起來，會議一個接一個，聲調一個比一個高，文學講習所肅反中被定了「壞分子」的李又然，在會上歷數周揚、劉白羽的「罪狀」，羅烽、白朗為丁陳重新甄別四處活動，艾青則在丁、陳之間通風報信，傳遞信息，《文藝報》的蕭乾在《人民日報》發表《放心、容忍、人事工作》，批評黨的領導對被領導者「不放心」的現象，而這時，冰心卻在江南煙雨之中，視察、參觀、遊覽，感受新生活，會見親朋好友。

因而，一個重要的民主人士、著名的作家謝冰心，卻在鳴放中「禁聲」，沒有她的聲音也是不行的呀！人民日報敏銳地發現這個問題，並派了記者林崗，上門聽其鳴放。

5月19日，冰心從江南回京的第五天，和平樓208室的門被林崗敲開了。通報、落座，剛沏的從南方帶來的明前茶未呷上一口，記者便發問：「對最近的中共整風有什麼看法？」

針對毛澤東提出中共整風是採取和風細雨的方式，冰心說：「和風細雨這個方針是英明的，可惜晚了。『三反五反』時為什麼不提？『肅反』時為什麼不提？現在共產黨整自己的黨員了，強調和風細雨了。」林崗一驚，素日聽說冰心是一個平和之人，卻語出驚人。他請謝代表慢慢講，他要做些記錄，冰心就按照自己的思路往下說：

「肅反」的時候，我不在國內，也許我來說這些話較為公允。我聽朋友們介紹了情況，那是近乎殘酷的，多少老教授受到傷害。我有些朋友，在敵偽時期，蔣介石統治時期，坐過牢，受過苦刑。從敵人的獄門出來，他們的腰板更硬了。「肅反」運動中，他們無辜地挨了整。這一回卻像是被抽掉了脊樑骨似的，成了軟體動物，再也直不起來了。學生們鬥爭他，朋友們見了不理他。最殘酷的是，又要他活著，要他教課。不應該那麼做，這太過火了。許多做法是違反憲法的！有些人自殺了，這不是平常的損失。這是我們隊伍、向科學進軍的隊伍中少了幾個人。沒有人可以替代他們的工作。這種做法不合中國傳統。國家傷了元氣，學術方面倒退了好幾年。再不整風，那真不堪設想。好的教授沒有了，好的科學家沒有了，好的醫生、護士沒有了。「肅反」時候，高等學校裡提出了百分之五的控制數字。如果這是個一百人的單位，只有兩個反革分子，那就要找上三個補上；若有二十個反革命分子，他也只挑五個，這怎麼會不亂？「士可殺，不可辱」。知識分子受了傷害，是終身不忘的。這個問題應當作個交代。現在是，共產黨員把他們打了一巴掌，揚長而去。他們心上的傷不愈合，整風要他們說真話是不可能的。最近聽有一個人說：「我不覺得黨內黨外有什麼牆」。這並非由衷之言。我知道這人就有一肚子冤。他是「一朝被蛇咬，十年怕井繩。」他怕整風過去了，自己再要遭不幸。我知道共產黨中也有被鬥錯了的。他們也有意見，為什麼不說？應該說出來！不然，又要出個史達林來！

我在國外的時候，從報紙、傳記、秘聞錄、電臺廣播，知道了許多史達林的事。回國來卻見把他奉為聖人。直到他死了，赫魯雪夫一揭發，才知道了比我原先知道的更為嚴重得多的事實。黨的領導難道不知道史達林的這些事嗎？我們中國也吃過他的虧。為什麼他死了，有的同學聽到死訊還昏厥過去。那個時候，我一句話也沒有說。許多人沒見過史達林，也不瞭解史達林，寫了多少紀念文章，真是可笑！我的女兒把魏巍的（紀念）文章抄在了日記本上，現在翻開一看，每一句、每一字都成了諷刺。

毛主席是真正的中國人。可是，現在似乎什麼事兒都是要
毛主席出來講話。這怎麼行？這回整風以後，一定要訂出個制
度來，現在的制度不合理……[65]

　　記者完全沒有想到，冰心一放竟然放出了這麼大個「炸彈」來，
真是不鳴則已，一鳴驚人。原來以為冰心講些文藝界的事情，提些具
體的意見，可以寫篇文章見見報，也算完成了任務，這一下，連記者
也把握不住了。問題太大，話太尖銳，記者只得將冰心的談話，發在
《人民日報》的「內部參考」上，供領導參閱。

　　上門「逼宮」鳴放的還不止這一回。吳文藻自從6月3日放言後，
便集中精力改寫他的文稿去了，「拒絕參加會議。」這令民院的領導
摸不清他的底細，還有什麼話沒有說？為什麼不再參加會議？於是，
派了辦公室霍流主任，登門造訪吳文藻，恰冰心在家，也就一起談
話。依然有明前茶，依然以提問方式開始。

霍：你（指吳文藻）對整風還有什麼意見？
吳：現在忙於整理一些資料，完了以後再集中精力提些建設性
　　的意見。
霍：我院整風是否「暢所欲言」「大鳴大放」不夠？
吳：回國前我認為共產黨像梁山好漢一樣，仗義疏財，打抱不
　　平，因此回國。在美國時看到很多蘇聯材料，史達林深居
　　克里姆林宮與人民生活距離多麼大，把自己親密戰友殺了
　　那麼多。關於中國革命法制問題，共產黨隨便逮捕人，對
　　人身侮辱，許多人被逮捕了，現在又放，人身自由沒有保
　　障，共產黨的革命朝氣消退了。共產黨用對付敵人辦法對
　　付自己，結果擴大了矛盾，「是可忍，孰不可忍」，「秀
　　才不會造反，秀才可以影響人造反」，共產黨搞什麼東西
　　控制的都很嚴。
謝：略。
吳：人大有葛佩琦講師說：「共產黨亡了，中國不會亡」，這

[65] 林崗，《與冰心的談話》，《內部參觀》，人民日報社1957年5月24日。

是由於感情的衝動，共產黨搞的差不多了，我要「打抱不平」。從政協會議上知道了很多東西，問題很大。我們希望共產黨內要民主，並且把黨內民主情況讓我們知道，因為這不是你們一黨事情，而是全國人民生命財產的問題，讓我們知道你們內部事情，我們好支持你們的正確意見。我們說要擁護共產黨的領導，我們要具體分析，擁護正確的人，不能籠統地擁護共產黨。關於教學問題什麼都向蘇聯學習，舊的中國教育固然是資產階級的，但是我們是以中國的本體逐漸吸收的，也不是一下子硬搬過來的。我們現在什麼都向蘇聯學習，結果把中國教育打亂了，現在什麼也不想[像]了。（6月5日霍流主任訪吳文藻、謝冰心，三人的談話，霍流口述，哈達記和整理）[66]

也就是說，不像《人民日報》記者林崗，霍流當時沒有記錄，談話之後，回到辦公室靠記憶口述出來，記錄者哈達。可能本意是徵求一下吳文藻的意見，回去向領導彙報一下也就完事了。沒想到吳文藻的話，如此尖銳。霍流感覺到談話的嚴重性，所以才出此之舉，將談話內容，口述並記錄整理出來。至於做什麼用，也許當時他自己也不清楚，只是感到重要罷了！

這個談話記錄中，有一段冰心的話被略去了，我在冰心檔案中找到了，她是這樣說的：

去年下去觀察，被肅反家屬哭哭啼啼喊冤枉。由於共產黨的控制，言論不能說開，如兒童刊物，在宗派主義控制下很多東西不能出版。拉少先隊，接待外賓，獻花等都由少先隊來做，這是些有特殊階級的子弟。

我們還有民主黨派，但小孩子除了少先隊以外，就不能有些民主黨派。那些不是少先隊的小孩子很受壓抑。

與這個檔案材料放在一起的，還有這樣一些話，都是語錄式的，

---

[66] 吳文藻檔案。

不知出自「何典」。

> 謝曾在背地閒談時說：
> 「我很悲觀，毛主席死了，怎麼辦？」
> 「黨團員的光榮是多少人的血染成的，黨員是奴才，團員是奴才的奴才。」
> 「共產黨滅亡，將來從內部分裂開始，舊派亡，新派產生，從清朝到國民黨，到共產黨，這樣看來，共產黨是可能亡的。」
> 「我過去以為個別現象，現在看來，普遍都有點問題，危險的很。有人又說：像錢俊瑞之類應該『自剔以謝天下』」。
> 「現在看來，一般黨員都是『理屈氣壯』」。
> 「現在大家對人都虛偽，不說心裡話，總是捧場，黨也愛人捧場。而敢直言者，總是吃虧。民主黨派的錢，乞由國家給，現在不平等，有國人說，中國只有一個黨是重要的，其餘不然。」[67]

這些話，可能遠超出右派言論，甚至超出所謂右派頭面人物的尖銳程度，但冰心卻沒有被打成右派，不知是什麼原因？

12，反右運動：政治戰略家的心理分析

歷史是一團迷霧，現實也是歷史，研究者在研究歷史時，可以一個又一個的文獻，來證明一個結論，但在證明過程中，發現這些文獻往往又自相矛盾，況且還有大量當局密封了的文獻。在研究反右運動時，就出現了這樣的情況，而實際上，當時反右運動的現實，就是一團迷霧，沒有人弄得清楚上一步的意義和下一步應該做些什麼。從表面上看，北大傅鷹的言論不可謂不尖銳，但毛澤東說，這種批評是「善良的」，「基本是善良的」，批評的目的是「希望改善關係」。如果說傅鷹的批評基本局限於對本校的批評，比如黨員、人事處呀，那麼冰心可就講到了共產黨必然要亡的道理了，講到對毛主席死後

---

[67] 冰心檔案。

的憂慮。但冰心沒有被打成右派,甚至中右都沒有。所以,有人不理解,不服,魯迅的遺孀許廣平女士也是民進領導,她給中宣部長陸定一寫了一封密告信,稱:

> 她(指冰心)對過去的歷史交待不夠清楚。
>
> 反右鬥爭中,吳文藻、兒子吳平都是右派,「我和他們思想都差不多,沒有什麼區別。」
>
> 與蕭乾有長期的親密關係。
>
> 現在作協理事會理事,人民文學編委、最近更兼書記處書記、婦聯執委,及民進聯絡部主任,多次參加出國代表團成員、副團長,活躍於國際社會中,時常陪同外賓到內地參觀,參加中央首長招待會,出席最高國務會議,又在全國各地大小報刊上發表許多著譯文章,一般群眾、甚至若干負責黨員同志,已對她有「高山仰止」之意,我個人為此感到憂慮。

冰心依然無恙。

中央的文件(文獻)、毛澤東的講話、報紙的社論、人大政協的報告等等一切支撐一個目標的東西,可能很多都是假像,如果我們不能像福爾摩斯那樣窮追作案動機,進入心理分析,那麼,迷霧永遠也別想解開。

從1956年毛澤東在最高國務會議上提出「百花齊放、百家爭鳴」,到陸定一根據毛澤東這個精神並經過毛澤東修改過的在懷仁堂向自然科學家、社會科學家、醫學家、文學家和藝術,面對二千多人所做的《百花齊放百家爭鳴》的報告,到1957年2月27日毛澤東「如何處理人民內部矛盾問題」的演講,3月中央宣傳工作的會議精神,到4月27和5月3日的兩個指示,以及毛澤東親自到江南巡視,當「游說先生」,都是一脈相承的,他的目標原不是指向號召鳴放的人,而是通過鳴放方式,指向他不喜歡、要打倒的人。

目標在哪裡?

匈牙利事件尤其是蘇共二十大,赫魯雪夫的祕密報告,對史達林的批判,掘墓暴屍,那才是恐懼之所在,毛澤東的心病就此結下,非常警惕也非常害怕自己身邊的納吉、赫魯雪夫式的人物。

必須清除他們，中國的納吉、赫魯雪夫式的人物！

在研究這些文獻的時候，認為毛澤東反右是個陰謀、毛澤東則說是陽謀，其實都不然，需要尋找背後的動機。以除「三害」（教條主義、官僚主義和宗派主義，而這些主義確實也會影響到共產黨的執政能力與威信）為名，以鳴放之方式，達到清除身邊的納吉、赫魯雪夫式的人物，消除最高權力者的恐懼心理，鞏固最高權力者的地位與影響，這才是反右的動機。

同時賦有雙重意義：既是對權力與權威的保護，也是對知識分子忠誠與否、可用與否的考驗。

所以，對凡是影響這個方略的人與事，一概批評甚至鏟除，因為他們太膚淺！你陳其通、馬寒冷搞什麼衛道呢，話還沒有開始說，你就列數罪狀，誰還敢鳴放？你鄧拓也不理解毛澤東，《人民日報》發不出一篇像樣的文章，還不是死人辦報？只得讓《光明日報》去做了。王蒙的小說有什麼不好呢，好得很，對官僚主義進行批判是必須的，沒有讀懂就亂打一通，嚴重干擾大方向。傅鷹在人看來，如臨大敵，毛澤東看來，良藥一劑，好呀！上海那些個中學的教員，倒是不錯，敢鳴敢放，打倒「三害」，行「三害」的是些什麼人呀？毛澤東批給劉少奇、周恩來、鄧小平、彭真你們去看，去猜測。可他們的也一個個做指示、做批示，是在警告你們呢！全不以為然？

鳴放，堅持鳴放，從號召到組織，毛澤東親自下江南，一個省、一個市的去當游說先生，要讓人家說話，要經得起批評，要頂得住、抗得住。他每天都在密切關注鳴放的動向，接收鳴放的信息，從報紙、內參、簡報、會議、彙報等一切渠道。這時的統戰部長李維漢成了紅人，每天密報座談會上那些個大知識分子的鳴放言論。但是，聽著聽著，邊聽邊辨，感覺鳴放的方向似乎被他們弄偏了，甚至弄到自己的頭上來了。

有個叫張奚若的民主黨派的著名人士，給共產黨「漫畫像」，四句話，十六個字：「好大喜功；急功近利；鄙視既往；迷信將來。」給整個共產黨漫畫不就是漫畫了毛澤東嗎？那前三句立即會使人聯想起毛澤東。到了陳銘樞則是直接上書毛澤東，信中就用四句類似的話批評毛澤東：「好大喜功，喜怒無常，偏聽偏信，鄙夷舊的」。就是這個陳銘樞，後來被吳茂蓀揭發出，「把毛主席說成是『個人修養上

的熱而不淡，疾而不舒，躁而難寧，察而難周之失，也難免影響到察人聽言，決策定計的睿斷，以及在政策措施上的畸輕畸重，失緩失急』」。還揭發出：「陳銘樞污蔑毛主席『好大喜功』，並要毛主席『更加深入體察，以求究竟』。他說毛主席有時『為喜怒所乘，在一個浪潮之下，輕於挫傷高級幹部的自尊心和他們的固有地位。』他說毛主席『輕信幹部的虛假彙報與教條主義的分析方法，未經鄭重細緻的研究，即作過激的決定』」[68]云云。加上羅隆基的什麼「馬列主義的小知識分子領導小資產階級的大知識分子」的謬論，毛澤東大喝一聲：原來你們這些所謂大知識分子，完全沒有讀懂我這個小知識分子！

原來是想利用你們來肅整黨內的納吉、赫魯雪夫，現在你們對著整個共產黨了，對著毛澤東了，豈有此理？於是，順勢將槍口對準了所謂的大知識分子了，向右派分子展開堅決的反擊。身邊的納吉、赫魯雪夫暫時又成了盟友，解決他們的問題，留待時日，到時，用自己培養的知識分子當主力，發動一場大革命。現在得準備收拾這幫資產階級的知識分子了。

毛澤東歷來晚間工作，白天睡覺，春天早間的鳥們在樹上將他吵醒，毛澤東穿了睡衣，在菊香書屋的院子來回走動。抬頭有三棵古柏，蒼然挺立，鳥們仍然在樹上飛來飛去，叫個不停，揮手、呵斥，也無法制止他們的聒噪。

毛澤東回到書房，有些怒不可遏！

這一次批評運動和整風運動是共產黨發動的。毒草共香花同生，牛鬼蛇神與麟鳳龜龍並長，這是我們所料到的，也是我們所希望的。畢竟好的是多數，壞的是少數。人們說釣大魚，我們說鋤毒草，事情一樣，說法不同。有反共情緒的右派分子為了達到他們的企圖，他們不顧一切，想要在中國這塊土地上刮起一陣害禾稼、毀房屋的七級以上的颱風。他們越做得不合理，就會越快地把他們拋到過去假裝合作、假裝接受共產黨領導的反面，讓人民認識他們不過是一小撮反共反人民的牛鬼蛇

---

[68] 陳為人，《唐達成：文壇風雨五十年》，P46，溪流出版社2005年。

神而已。那時他們就會把自己埋葬起來。這有什麼不好呢？

右派有兩條出路。一條，夾緊尾巴，改邪歸正。一條，繼續胡鬧，自取滅亡。右派先生們，何去何從，主動權（一個短期內）在你們手裡。

在我們的國家裡，鑒別資產階級及資產階級知識分子在政治上的真假善惡，有幾個標準。主要是看人們是否真正要社會主義和真正接受共產黨的領導。這兩條，他們早就承認了，現在有些人想翻案，那不行。只要他們翻這兩條案，中華人民共和國就沒有他們的位置。那是西方世界（一名自由國家）的理想，還是請你們到那裡去吧！[69]

以黨內的絕密文件發下去。「事情正在發生變化」，這個變化可是一個根本的轉變，就是由利用鳴放鏟除身邊的納吉、赫魯雪夫式的人物，轉變為聯合併通過身邊的納吉、赫魯雪夫們，回擊資產階級右派分子的進攻。

現在右派的進攻還沒有達到頂點，他們正在興高采烈。黨內黨外的右派都不懂辯證法：物極必反。我們還要讓他們猖狂一個時期，讓他們走到頂點。他們越猖狂，對於我們越有利益。人們說：怕釣魚，或者說：誘敵深入，聚而殲之。現在大批的魚自己浮到水面上來了，並不要釣。[70]

毛澤東命令這篇文章「不登報紙，不讓新聞記者知道，不給黨內不可靠的人。」李維漢的會繼續開，全國各地的鳴放繼續進行，讓他們走到頂點。

後來的鳴放，毛澤東認為證實他的推斷。果然不僅是高校要權，有人主張成立「政治設計院」，經濟設計院還說得過去？政治還需要你來設計，你設計的政治機構是什麼？理論是什麼？目的是什麼？尤其還要發展兩百萬盟員，支部要建立在縣上，這不是要和共產黨叫

---

[69] 毛澤東，《情事正在起變化》，《毛澤東選集》第5卷，P427、428，人民出版社1977年4月。

[70] 同上書，P425。

板嗎？要和共產黨分庭抗禮嗎？有了政治目標的設計，又有人馬去實施，這可是一個戰略性的思路。可你們和毛澤東玩這一套，殊不知，那是從我這兒販賣去的。打日本人的那十幾年，共產黨利用了抗戰的口號，發展壯大自己的力量，這才有力量與蔣介石作最後的決戰，現在你們也要利用這個鳴放，去發展壯大自己的勢力，支部要建到縣上，還不乾脆建立到連上？毛澤東創造了這一切，是為了對付國民黨，現在你從毛澤東這兒販賣過去，來對付共產黨？冒天下之大不韙，要成立申訴委員會，成為獨立的司法機構？有冤到你那兒去申訴？共產黨定的案，三反、五反、肅反，歷史運動中的冤案你都可以為他們翻案，毛澤東成了千古罪人，你們成了包青天？黨天下，莫非王土，說對了，就是共產黨的天下，打天下者坐天下，天經地義，那時你們在哪裡，殺了幾個人？清一色，紅一色，中國就是共產黨紅一色的天下！建國前許諾你們、建國時給了你們幾把交椅，那是做給美國人看的，是擺設，你們不知足，外國人也沒有因此而改變對共產黨的看法，那麼，乾脆撤了好了。叫你們除三害，現在倒是打上門來了，你們矛頭直接指向了我毛澤東，向我叫板，要我讓地盤？讓我下臺？

一些混進黨內的人也跟著他們一起起鬨，甚至出新招？共產黨豈容自毀的人還掛著黨員的招牌，既然你們聯手，也就讓你們滾一起吧！

毛澤東不是華盛頓，我也不做華盛頓，要憲法做什麼，那不是捆住自己的手腳？可你沒有看清，全國各民族是在共產黨領導下組成的國家，最高的權力還是在共產黨，在這個黨的領袖毛澤東。所以，我不想也不要當什麼國家主席之類的官，只要一個黨主席，共產黨領導一切，毛澤東領導共產黨，就這麼簡單，黨天下，言輕了，毛天下，才是真！你們這些所謂的大知識分子，讀過四書五經、三皇五帝、馬恩列斯，讀不懂一個毛澤東。

更不做孫中山，將臨時大總統拱手讓給了一個袁世凱，辛亥革命的成果就這麼一拱手白白讓出去了。你再去搞實業、建鐵路，你建得起來嗎？你有建鐵路的權力嗎？多麼地幼稚、天真，革命者多麼不懂革命。是的，我在延安時說過，孫中山做得的事，我毛澤東為何做不得，那是因為江青，你將那個年輕漂亮的宋慶齡擁在懷中那一筆，那

是很生動的。不過，有人可要青出於藍而勝於藍啊！

結論：豈有一個號召、組織鳴放的人，而讓鳴放的人打倒自己之理？那不成了天下奇事，奇中之奇之事！

公元1957年6月8日，人們一早醒來，驚奇地看到《人民日報》《這是為什麼？》大氣磅礴的社論，論調跟昨天完全不同了：「在『幫助共產黨整風』的名義之下，少數的右派分子正在向共產黨和工人階級的領導權挑戰，甚至公然叫囂要共產黨『下臺』。他們企圖乘此時機把共產黨和工人階級打翻，把社會主義的偉大事業打翻……這一切豈不是做得太過分了嗎？物極必反，他們難道不懂這個真理嗎？」這是一篇聲討右派分子的檄文，宣告了聲勢浩大的反右派鬥爭的開始。

同一天，毛澤東通過黨內文件進行戰鬥的部署：

> 省市機關和高等學校大鳴大放的時間，大約十五天左右即足。反動分子猖狂進攻。黨團員中的動搖分子或者叛變出去，或者動搖思叛。廣大黨團員中的積極分子及中間群眾起而對抗。以大字報為戰鬥武器，雙方在鬥爭中取得經驗，鍛鍊人才。反動分子人數不過百分之幾，最積極瘋狂分子不過百分之一，故不足怕。不要為一時好似天昏地暗而被嚇倒。反動分子將到本機關、本學校以外的工廠，學校去活動，要預作布置，實行擋駕。要召集工廠主要幹部及老工人開會，說明有一些不好的資本家，不好的知識分子及社會上的反動分子正在向工人階級及共產黨猖狂進攻，要推倒工人階級領導的政權，切記不要上他們的當。有人煽動，實行擋駕。街上貼反動標語，動員群眾撕毀。工人要看清大局，不要鬧事情。在此期間，不要提出福利工資等問題，一致對付反動派。

> 請你們注意各民主黨派中反動分子的猖狂進攻。要組織每個黨派自己開座談會，左中右的人都參加，正反兩面意見都讓其暴露，派記者予以報導。我們巧妙地推動左、中分子發言，反擊右派。此事很有效。每個黨報均要準備幾十篇文章，從當地高潮開始跌落時起，即陸續發表。注意組織中、左派寫文章。但在高潮未落前，黨報正面文章少登（可以登些中間派文

章）。大字報必須要讓群眾反駁。高等學校組織教授座談，向黨提意見，儘量使右派吐出一切毒素來，登在報上。可以讓他們向學生講演，讓學生自由表示態度。最好讓反動的教授、講師、助教及學生大吐毒素，暢所欲言。他們是最好的教員。到了適當時機，則立即要組織黨團員分組開會，分別那些是建設性的批評，加以接受，並改正自己的錯誤缺點；那些是破壞性批評，予以反駁。同時組織一些黨外人士講演，講正面話。然後，由較有威信的黨的負責人作一個有分析有說服力的總結性演說，將空氣完全轉變過來。[71]

指示最後號召：這是一個偉大的政治鬥爭和思想鬥爭，這是一場大戰（戰場既在黨內，又在黨外），不打勝這一仗，社會主義是建不成的！讀一讀毛澤東指揮解放戰爭的電報吧，此文與之如出一轍，戰略思想與具體部署一目了然，將手無寸鐵的知識分子，推到敵對的陣營加以圍剿。

為了迅速造成聲勢，指導和推動反右派鬥爭，《人民日報》《這是為什麼？》之後，幾乎每天發表一篇反右派的社論，10日的社論叫《工人說話了》！

13，反右運動：反擊開始

吳文藻在5月31日、6月3日與5日的連續激烈的發言與談話，均是在毛澤東《事情正在起變化》（5月15日）、決定反擊右派分子的告示之後，當時有些高級幹部已知事情就要起變化，但都沒有透任何的風聲，甚至當有人請示、詢問時，也以沉默或忘顧左右而言它來應付。其實，此時的大網已經拉開，網羅「三害」變成收納「鳴放之聲」了，各種大大小小的魚依然拼命往網裡鑽去。

由於周揚與毛澤東的關係、由於他的職務與地位，應該較早讀到了《事情正在起變化》，最先聽到了毛澤東吹起的反擊右派的戰鬥號聲。但他不動聲色，繼續讓作協自由鳴放、為丁陳翻案，5月25

---

[71] 毛澤東，《組織力量反擊右派分子的猖狂進攻》，《毛澤東選集》第5卷，P431-432。

日，仍然對參加文藝工作者座談會的代表們說：「希望大家的意見提得尖銳一點，你們太客氣了，你們的批評只是一分，可是，我體會到我們的缺點在十分。」其態度之誠懇，言語之動人，怎麼也不會想到是在誘騙。中央以6月8日《這是為什麼？》社論，正式展開反擊資產階級右派分子的瘋狂進攻，周揚握有上方寶劍，提前到6月6日，以黨組擴大會的形式開展鬥爭，從第一次到第二十四次，隔三差五，變換著主題、內容、人員，輪番上場表演，揭發、批判、自我批判、相互嘶咬，演出了一幕幕驚心動魄的人間悲喜劇。劇本是毛澤東設計好的，導演是周揚，劇務是郭小川，演員有邵荃麟、劉白羽、林默涵、丁玲、陳企霞、馮雪峰、夏衍、張光年、劉紹棠、黎辛、侯金鏡、陳笑雨、黃秋耘、韋君宜、李清泉，張鳳珠、徐遲、張僖、陳荒煤、沙汀、周立波、鄭振鐸、何其芳、竹可羽、陳笑雨、鄒荻帆、臧克家、汪靜之、艾青、羅烽、秦兆陽、陳白塵、鍾惦棐、許廣平、唐達成、唐因等等。

　　作協黨組擴大會這出大戲，一開場便是跌宕起伏，峰迴路轉。

　　6月6日召開的第一次黨組擴大會，專題討論丁、陳「反黨小集團」問題。自然周揚先講話，心情有些沉痛，說：「1955年對丁玲的批判，只有鬥爭沒有團結，對待像丁玲這樣的老同志，這樣作是很不應該的……」邵荃麟、劉白羽等同志也先後發言表態，有的說「丁、陳反黨小集團的結論是站不住的，不能成立」；有的說「批判有偏差，鬥爭過火」，「對揭發材料沒有核實就向中央寫報告，不慎重」。有的表示承擔責任等等。周揚沒有估計到，象徵性的表態成了引火燒身，不少人的矛頭集中於周揚，紛紛提出質問，問題越提越尖銳，言語越說起激烈。丁玲、陳企霞也站起來追問：「是誰叫他這麼搞的？」

　　黨組擴大會開了三次，宣布休會。

　　7月25日重新復會，編號第四次黨組擴大會。這一次的擴大會範圍進一步擴大，參加會議的有黨和非黨作家、藝術家，中共中央宣傳部、中央人民政府文化部、文聯和各個協會的有關同志共二百多人。如此規模的會議，還是對準周揚？非也，舞臺出現戲劇性變化，劇情出現根本性轉折，丁玲跟蹌未穩，立時成了炮轟火燒的目標，周揚穩坐中軍帳。親歷者記述：

　　作協黨組擴大會在休會多天後，於7月25日復會。主要批判丁玲等「向黨進攻」，指責「反黨小集團」要翻案等等。會議主持者的調門同6月上旬會議開始時的認錯、向丁玲表示道歉的態度完全相反，恢復並大大發展了1955年批判時的作法。在會上積極鼓動揭發丁玲等的「反黨」的根據。從天津動員一位女作家交代她同「反黨小集團」的另一成員有不正當的關係[72]，並且聽他講過一些對個別文藝方面的領導人不滿言論。這些材料當時如獲至寶，並以此為「重炮」，作為反擊小集團的突破口。這位同志被迫承認了一些事，也揭發了丁玲一些類似的那位領導人的議論。這些都被認為是復會後的重大收穫。

　　7月25日，作協黨組擴大會復會是在文聯禮堂召開的。先安排陳企霞作「坦白交代」並揭發丁玲。會議進行中有一些人憤怒指責，一些人高呼「打倒反黨分子丁玲」的口號。氣氛緊張，聲勢凶猛。在此情況下，把丁玲推到台前作交代。丁玲站在講臺前，面對人們的提問、追究、指責和口號，無以答對。她低著頭，欲哭無淚，要講難言，後來索性將頭伏在講桌上，嗚咽起來……會場上一陣混亂。有些人仍斥責丁玲，有些人高聲叫喊，有些人在竊竊議論，有人沉默不語。會議主持人看到這種僵持局面，讓丁玲退下。[73]

　　以後便是一路高歌猛進，高潮迭起，反派以丁玲、陳企霞、馮雪峰為主，還有何直（秦兆陽）、鍾惦斐等等，正面人物無疑就是周揚、邵荃麟、劉白羽、林默涵、郭小川，還有一個黨外的許廣平女士等。

　　看看其中的一些片段吧：

　　8月4日，批判鬥爭人民文學出版社社長馮雪峰時，周揚、夏衍等人指控他「反魯迅」，馮雪峰不接受他們的指控，這時，許廣平忽然站起來，指著馮雪峰，大聲責斥：「馮雪峰，看你把魯迅搞成什麼樣子了?!騙子！你是一個大騙子！」這一悶棍劈頭蓋腦，打得馮雪峰天昏地暗。

[72] 指女作家柳溪。
[73] 李之璉，《不該發生的故事》，《新文學史料》1989年第3期。

在陳笑雨和鄒荻帆的發言，郭小川在他們起草稿子時，便開始介入，當他們的發言稿送到他面前的時候，認為有些話的分量不夠，於是親自捉刀上陣。於是，在以批判為主的黨組擴大會上，便有了這樣的讚美詩：「……黨委托周揚同志來領導文藝工作，因此反黨，首先就是反對周揚同志等。據說，周揚同志、荃麟同志、白羽同志、默涵同志等是一條線，確是一條線。但是這是通過周揚同志等體現出來的黨的政治路線和組織路線，也有一條線，那是黑線。要紅線？還是要黑線呢？據我們看，還是要紅線吧！」

作協黨組擴大會雖然變換布景與燈光，但基本的目標對準的是丁玲、陳企霞與馮雪峰，不必具體描述作協反右鬥爭中驚心動魄的一幕又一幕，那時《人民日報》記者葉遙、新華社記者李蘊輝坐鎮作協，他們的連續報導，足以編成一部不輸於巴爾扎克的新《人間喜劇》。

那麼，這時的冰心在哪裡？她沒有被選為演員、也沒有主動要求成為演員，一個舞臺下、劇場中的觀眾，並且是在不固定觀眾席上。她回國晚，參加作協晚，沒有多少恩恩怨怨。她對丁玲沒有仇恨，她們早是熟人，還在日本的時候，丁玲對她有過並不壞的評論，[74]並且是自己參加作協的介紹人，可她是如何反黨的，她不清楚，只感覺到她與周揚不合，宗派主義？還是領導權問題？她對周揚也並無多少好感，無話可說。關於這一次又一次的黨組擴大會，作協均有記錄可查，但我知道記錄可能隨著政局的變幻，隨著一個又一個政治運動大量記錄的堆積，不僅塵封已久，文革中有的已從作協檔案中流走，甚至當廢紙進入廢品市場。我曾經請接觸過部分記錄的朋友，查一查冰心出席了哪幾次擴大會，說過一些什麼話？但是，朋友查遍她可以查閱到的記錄，均未給出回覆，也許還未來得及告知吧。

---

[74] 冰心在「五四」時代，本來不過是一個在狹小而較優越的生活圈子裡的女學生，但她因為文筆的流麗，情致的幽婉，所以很突出。她的散文和詩都寫得好，她雖然是那樣一種出身，不能對社會有所批判，但是她在「五四」時代，也感受了影響，她提筆為文之時，也仍然是因為有些受了新思想的感召……冰心本是受了「五四」運動的影響而開始了她的文學生涯，但她只沾染了一點點氣氛，正如她自己所說是早春的淡弱的花朵，不能真有「五四」的精神，所以她只得也如她自己所說「歇擔在中途」。她的愛的哲學，是不能做多少文章的，但冰心的文章的確是流麗的，而她的生活趣味也很符合小資產階級所謂優雅的幻想。她實在擁有過一些紳士式的讀者，和不少小資產階級出身的少男少女。——丁玲，《五四雜談》，《文藝報》1950年5月10日第2卷第3期。

　　吳文藻的情況不同，他在三次講話與談話之後，便拒絕再參加座談會，心又沉到民族學、圖書館的研究與事務中去了。一向認真閱報的吳文藻竟然沒有注意到6月8日《人民日報》的社論，沒有聽到「這是為什麼？」的喝問，但當他在14日受邀出席民主黨派的會議時，因為遲到一刻，開場白沒有聽到，但他一進門，立即感覺到氣氛與風向不對，會議的主題不是鳴放，不是除「三害」，而是反擊鳴放，吳文藻則成了反擊的目標，批評他的不是一人兩人，多人在發言中都列舉了他的言論。他當時很想站起來問一聲大會主席，是不是偏題了？前幾天還在極力動員吳文藻鳴放，今日將吳文藻的鳴放當靶子？並且批評中多有不實之詞，這是怎麼回事？但會議的主席不等他提問，便將話挑明瞭，說吳文藻在鳴放中，借助黨內整風之際，瘋狂向黨進攻，其言論惡毒、用心歹毒，是民院典型的資產階級右派分子，根據中央的精神，必須組織反擊！

　　吳文藻不知事情起了如此的變化，一通批判下來，險些暈倒！第二天，6月15日，結婚紀念日，兒子也選擇了這一天舉行婚禮，吳文藻完全沒有了心情，冰心感覺到丈夫的神色不對，婚禮一結束，便匆匆趕回，路上，吳文藻向冰心訴說了原委，認為，現在最重要的是得寫一份更正函，會上的批評多有出入，違背原意。回到家，立即著手，就會上對他的批評，進行了陳述與更正，希望實事求是，不要嘩眾取寵。此時的冰心已在作協列席過幾次黨組擴大會了，其中一次是批判蕭乾，一次是批評艾青，感受了反右鬥爭的氣氛與鋒芒，因而提醒丈夫，態度要平和、誠懇，不要讓人感到是在反駁。

　　吳文藻在擬寫更正稿時，民院的大字報一批批貼出，似有鋪天蓋地之勢，同樣，由鳴放反三害，一下子轉入反擊資產階級右派的進攻，費孝通、閻肅宥、吳文藻、林耀華，只要在鳴放中說過話的人，都是大字報反擊的對象。學校之外，民主黨派反擊右派進攻的號角也吹響了，17日晚，吳文藻與冰心同時進城，參加民進中央擴大會，主持民進鳴放的馬敘倫主席，現在又在主持民進反擊右派的進攻。這一次，冰心吳文藻聽到了馬敘倫對毛澤東《事情正在變化》的傳達，民進中央根據中共中央反擊右派的指示，進行了具體的布置，馬敘倫初步點了一些觀點與人名，聽得吳文藻心驚膽戰，渾身冒汗。回到民院，已是午夜，完全沒有心情到費孝通家洗澡了，弄了一點點心，與

冰心各自胡亂地擦了擦身子便上床休息，卻是，望著天花板，久久不能入睡，稍朦朧了一下，立刻又被一個念頭驚醒。就這樣捱到天明，起來繼續寫更正稿，上班時找到賀致平副院長，申說被誤解的委屈，交出更正的函。賀只是瞄了一眼他的更正函，便說，這樣不行，首先得表明你的態度，是不是願意接受批評？並說，費孝通已經開始知罪認錯了，他說的「早春天氣」，你不也有那種情緒？就從你自己變消極為積極說起，為什麼積極，甚至張狂，積極時鳴放了些什麼，說了哪些張狂的話。吳文藻又找了何鍾翰、楊家駒，回到家裡，開始準備發言稿。6月22日，研究院、圖書館、歷史系三個單位聯合舉行會議，吳文藻日記記載「我作初步檢討，並聽批評，蘇、熊院長都到，六時半完，晚洗澡」。

　　蘇冰副院長在會上代表民院黨委，要求吳文藻在表明接受批評的態度之後，必須對自己的問題進行分析，一個問題一個問題檢討過去，方知錯在哪裡，罪在哪裡！吳文藻還來不及清理「問題」，不僅是大字報、一天之內便有幾批人上門質問，要他說清楚組織民主黨派聯合會爭奪領導權的問題，指責他向黨要權要官，復辟舊的教育制度，反黨反社會主義。吳文藻哪能接受如此的指責，極力爭辯，但哪一批上門的人都不會聽他的辯解，首先必須要他低頭認罪。吳文忍氣吞聲，依然堅持「那不是我的意思，我在更正書中說得很清楚」。這時，他想請林耀華幫助說明，幾次關於民主黨派的發言，他都在場，可以作證，但林耀華非但沒有為老師開脫，反倒勸說老師認錯。同一天，吳文藻又找到雷潔瓊，希望他幫助解釋在民主黨派會議上的發言，但雷潔瓊也面有難色，勸他冷靜回憶一下當時所言，雷說，會議是有記錄的。晚間，吳文藻又到賀致平家，再次希望解釋，賀致平也顯得無能為力，並交代，聯合會事最嚴重，要作為首先檢討的問題。

　　回到家又是深夜，冰心進城出席人大會議去了，躺在床上反覆回憶自己說過的話，只是講到民主黨有能力辦教育，只是在王鍾翰講到如何起到監督作用時，是他提議各民主黨派的負責人要起到帶頭作用，監督不是說說的，要有具體的行動，光說要監督而實際如何監督，就沒有人做了，他只是接了王鍾翰的話，建議由各民主黨派主要負責人作檢查小組工作，如何成了「由吳文藻來組織民主黨派聯合會事？」簡單就是污陷、栽贓嘛！6月27日，在研究部與歷史系聯合召

開的會議上，吳文藻「與同事同學談兩點：愛國返國經過，權能平衡論。」這是他首次在大範圍內，談到他的回國經過，表明他的愛國之心，並非出於反黨反社會主義之意。同時對他的另一個觀點「權能平衡論」做了解釋，即是執政黨的權力與能力不平衡，這是一個資產階級議會中經常使用的一個名詞，檢討自己不加分析套用到了共產黨的執政問題上來，犯了嚴重的錯誤。下午系、部聯席會接著開，兩個重點發言，吳文藻的學生林耀華首先向老師開炮，重點竟然是「聯合會事」，另一個發言是夏康農，批評的對象直指費孝通。28日、29日，聯席會繼續，吳文藻上升為接受批判，有人指責他「盜用民進」名義，這也與聯合會事有關，林耀華則改變批鬥的方向，大講他的同學費孝通的歷史問題，從燕大、清華到英國留學，馬凌諾斯基得意門生，抗戰時躲進什麼「魁閣」，一門心思做研究，不顧民族的危機等等，吳文藻用吃驚的眼光看著他的「得意門生」，似乎有些不認識他了。

此時的費孝通與冰心一樣，正在第一屆全國人民代表大會第四次會議上。自6月27日至7月15日，將近二十天的會議，大會的主題只有一個，從周恩來的報告到代表的發言，集中精力批判右派分子。人大會議不知道用了什麼火力，下了什麼猛藥，一夜之間，大大小小的右派竟然幡然悔過、低頭認罪：

章伯鈞說，「向人民低頭認罪」：

　　我今天是一個在政治上犯有嚴重錯誤的罪人，能夠獲得全體代表們的寬大，站在你們面前，尤許利用幾分鐘的時間，來表示我承認錯誤，低頭認罪……[75]

羅隆基在「我的初步交代」中說：

　　我是中華人民共和國一個有罪的人，我最近有些言論和行為犯了反黨、反社會主義的罪過。今天，我站在這個莊嚴的講臺上是來向諸位代表低頭認罪，是來向全國人民低頭認罪。

---

[75]　《向人民低頭認罪》，章伯鈞7月15日在人大會議上的發言。載《新華半月刊》1957年第18號。

經過這次反右派鬥爭後，感覺到了羞愧無以自容的地步，我今日幡然悔悟，願意以今天之我來同昨日之我作鬥爭，來檢舉我自己的罪過。[76]

儲安平則乾脆說「向人民投降」：

我六月一日在統戰部座談會上的發言以及我在光明日報的工作都犯了反黨反社會主義的嚴重錯誤。經過全國人民對我的批判，我現在認識到自己的錯誤，真心誠意地向全國人民低頭認罪。[77]

章乃器用的是「我的檢討」，說：「我是一個犯錯誤的人。我的錯誤的性質，是資產階級的個人主義的思想和作風。」[78]與章、羅、儲的認罪不同，這個定位還算比較實際。

費孝通呢，看看他怎麼認罪：「我向人民伏罪，繼續揭露自己的罪行，也就是為揭露章羅聯盟的陰謀作見證。」然後列舉了十四條罪狀，從民盟到民院，從「知識分子的早春天氣」到為恢復社會學反動的政治目的等等，一條也沒有放過，比林耀華揭發的還多，挖得更深，最後上綱上限：

我這兩年來究竟搞些什麼？究竟為了誰？現在我已明白，我是為章羅這兩個野心家服務，我是為資產階級，那個已經死亡的階級的陰魂服務。我危害了黨，危害了人民。我是在章羅聯盟的指使和影響下，利用民盟的組織，站在資產階級立場上，走上了反黨反社會主義的政治路線，做下了一系列危害黨，危害人民的罪行。

---

[76] 《我的初步交代》，羅隆基7月15日在人大會議上的發言。載《新華半月刊》1957年第18號。

[77] 《向人民投降》，儲安平7月13日在人大會議上的發言。載《新華半月刊》1957年第18號。

[78] 《我的檢討》，章乃器7月15日在人大會議上的發言。載《新華半月刊》1957年第18號

為什麼我會犯下這樣大罪？我現在還在深刻反省，主要是我自己沒有放棄資產階級的反動立場，抗拒黨的教育，沒有進行應有的改造，以致跌入資產階級右派的泥坑，參加了章羅聯盟的陰謀活動。

我痛恨自己的過去，我必須轉變立場；我痛恨章羅聯盟，我一定要和他們劃清界限，一刀兩斷。我感激黨為我們犯了錯誤的人，跌在右派泥坑裡的人，敞開著翻改的大門，而且仁至義盡地教育我們。讓我勇敢地投入這個門，走上生路，徹底改造自己，創造向人民贖罪的機會。[79]

二十天的會議，天天圍繞一個目標——右派分子，展開了靈魂的格鬥，懷仁堂成了格鬥的戰場，每天都有格鬥士上場，向對方出拳、揮刀、開槍，也向著自己開火，左派對右派，右派對右派，小右派對大右派，大右派對大右派，也有左派對左派，右派對中間派，作家與作家之間，藝術家與藝術家之間，科學家與科學家之間，一個個你方喝罷我登場，你撕我咬，你拳我腿，格鬥場上終日鮮血淋漓，個個遍體麟傷。而在格鬥場外，還要背對背揭發、檢舉、告密，出賣他人、出賣靈魂。以致後人在研究到這一現象時，使用了這樣的語言：「知識精英的醜陋與恥辱」！

那麼，冰心在人大會議上表現如何？是否也加入了廝殺的行列？《冰心全集》的編者為尊者諱未收入她在人大會議上的發言，為後人留下一個存疑的空間。為此，我查閱了當年的《新華半月刊》，在代表發言的欄目中看到了謝冰心7月12日的發言《一面堅決地鬥爭，一面徹底地改造》。

冰心在發言中，沒有泛泛地批判章羅反黨同盟，首先將批判的矛頭指向了費孝通，這既是咬蔑，也是自我開脫，甚至在政治上有種自我保護意味。因為她和吳文藻與費孝通的關係，無人不知，而她與吳文藻還看過那篇反黨文章，說什麼也是無法繞開的。所以，冰心一上來就說：「從費孝通的『知識分子的早春天氣』和『早春前後』兩篇文章中，我們感到了徹骨春寒的陰鬱寂寥的空氣！他說是在談知識

---

[79] 《向人民伏罪》，費孝通7月13日在人大會議上的發言。載《新華半月刊》1957年第18號。

分子，他『所熟悉的一些在高等學校裡的老朋友的心情』。他戴上了濃黑的眼鏡，把『一時之感，一隅之見』概括擴大到解放後的八年光陰，到新中國的四極！這樣就模糊是非，混淆視聽，使得立場不穩、觀點模糊的人，不假思索地起了共鳴，推波助瀾地作了右派野心家的應聲蟲，結果走上了反黨反人民的錯誤的路子！」緊接著，冰心分析了費孝通文章裡所說到的那些極少數的知識分子，都是什麼樣的人：

> 這些人，是些大學教授，在抗戰以前過的脫離群眾、紙上談兵的校園一角養尊處優的生活，抗戰以後到解放以前過的顛沛流離欠薪賣書的生活，在貧病相煎饑寒交迫的環境中，他們願意跟著共產黨走向民主革命的道路，因為他們切身的利益和黨和人民的利益是一致的。中國解放以後，黨和人民對他們是尊重愛惜的，在千頭萬緒的忙碌建設之中，還念念不忘於他們的生活、學習和改造，因為黨肯定能接受思想改造的知識分子對於社會主義建設是可以有很大貢獻的。在這些知識分子一方面，喘息甫定，也有一時期的欣悅寧靜的心情，但是他們是在資產階級的思想意識的雪地上滾大了的：資產階級個人主義、資產階級民主觀念和資產階級生活方式……這一切都根深蒂固地盤踞充塞於腦海之中。因此，在我國社會主義革命的大轉變中，個人利益和集體利益起了一定的矛盾的時候，他就改變了。他們雖然置身於人民的隊伍之中，而他們的思想意識卻始終戀戀不捨地停留在資本主義的路上。他們戴上了深厚的資產階級的大黑眼鏡，來看周圍活躍前進的一切，儘管眼前是一片豔陽天氣，鳥語花香，他們是視而不見聽而不聞地自囿於「一隅」牢騷、怨望、消極的心情裡面。[80]

顯然，這既是批判，也是自我批判。結論是，不咎既往，痛改前非，「向人民赤裸地承認自己的嚴重錯誤，『敗家子回頭金不換』，天清氣朗，花木蔥蘢的社會主義改造的大門，還是向著他們敞開的！」

---

[80] 《我自己走過的路》（冰心佚文集），p108-110，人民文學出版社2007年6月。

14，反右運動：認罪之路

　　當人大會上大小右派紛紛認罪的時候，吳文藻還在認罪的道路上艱難跋涉，起步慢的人，止步也慢，慣性思維總是追不上大起大落變局。自7月3日開始，閉門在家「竟日寫檢討」，從歷史根源出發，然後一個問題一個問題的檢查。他的檢查與那些大右派都不一樣，不是先給自己戴上「反黨反社會主義」帽子，然後一二三羅列罪行，不！吳文藻每講一個問題，首先是弄清事實，在什麼時候、那種場合講過什麼話，做過什麼事，然後談自己的認識。從歷史根源出發，首先談到的是在民院「推費搞所」，即費孝通說的「社會學研究所」，或者「不妨稱社會調查所」的事情，這本來是費孝通在文章中提到的，但初步的批判卻認為是吳文藻的極力主張與推薦。他曾在更正中做了說明，但責任還是落到自己身上。「聯合會事」反覆多次，就是檢查不下去，何鍾翰在承認聯合會事上存在陰謀後，立即遭到了撤職，持有相同觀點的郭毅生也受停職處分，吳文藻無論如何不能承認這是向黨要權、是反黨之舉。在得知他們二人的情況後，吳文藻抱著腦袋在書桌上苦苦思索，「回憶童年時代，感到難受」。思索不下去，便讀王西彥小說《艱苦的日子》，讀阿托爾斯泰的《苦難的歷程》。

　　恰恰在這個時候，兒子吳平也回到家寫檢查，二機部也將他作為右派分子來打。不僅自己要寫檢查，還要幫助兒子檢查。鳴放階段，吳平曾經以「言者」的筆名，在大院貼出《無罪集》的大字報，從之一到之十二，主要的觀點，一是知識分子的政策，對知識分子的信任，這種信任不是空口說的，必須有職有權，只有有職有權，知識分子才可以充分發揮他們的作用，二機部知識分子是主體，可是，有幾個知識分子在領導班子中呢？第二，國民黨失敗，很重要的是敗在它的貪污和腐敗，貪腐，失去了人民的信任，失人心者失天下，得人心者得天下，共產黨得人心。這次整風，也就是要整治某些共產黨員的腐敗，共產黨如果不整治腐敗，總有一天會像國民黨一樣，失去人民的信任，總有一天是要垮臺的。觀點很尖銳，很刺眼，加之平時也愛出些風頭，反右一來，吳平立時被鎖定。加上平時不慎，言語中多流露出冰心、吳文藻、羅隆基這些名字，因而，批判者便將這些背景都一一抖落出來，罪就重了。冰心吳文藻與兒子一條條分析、檢查。這

樣，一個小小的單元房裡，竟然有兩個右派的悲鳴，情緒起伏，且多不能言。

一天晚上，向前探望冰心吳文藻，瞭解他們在反右中的情況，向他們解釋黨還是信任他們的。這信任不說尚可，一說吳文藻氣不打一處來，說就是因為覺得黨信任，鼓勵鳴放，我才說話，可我的話音未落，便就對我開刀、實行專政，這是信任嗎？向前的探望自然有目的，但畢竟與他們在一起工作與生活了幾年，已有感情，便一再勸說，冰心也一再勸說，這才讓吳文藻的心情稍趨平和。這天的日記，吳文藻寫道：「晚向前來談解釋信任一點，我還是任性說話，怎麼得了，切忌切忌。」[81]

吳文藻的心情可說是壞到極點，寫不下去，就看書，書又看不進去，嘴裡一直念叨著，我真的沒有反黨反社會主義，我是愛國愛黨才回來的，我要反，可必回國來反呢？可能是向前探望的結果，第二天，以鄧穎超名義，將冰心請到了中南海。晚年的冰心是這樣回憶的：

> 文藻被錯劃為右派。這件意外的災難，對他和我都是一個晴天霹靂！因為在他的罪名中，有「反黨反社會主義」一條，在讓他寫檢查材料時，他十分認真地苦苦地挖他的這種思想，寫了許多張紙！他一面痛苦地挖著，一面用迷茫和疑惑的眼光看著我說：「我若是反黨反社會主義，就到國外去反好了，何必千辛萬苦地借赴美的名義回到祖國來反呢？」我當時也和他一樣「感到委屈和沉悶」，但我沒有說出我的想法，我只鼓勵他好好地「挖」，因為他這個絕頂認真的人，你要是在他心裡引起疑雲，他心裡就更亂了。
>
> 正在這時，周總理夫婦派了一輛小車，把我召到中南海西花廳，那所簡樸的房子裡。他們當然不能說什麼，也只十分誠懇地讓我幫他好好地改造，說「這時最能幫助他的人，只能是他最親近的人了……」我一見到鄧大姐就像見了親人一樣，我的一腔冤憤就都傾吐了出來！我說：「如果他是右派，我也

---

[81] 吳文藻日記，1957年7月18日。

就是漏網右派，我們的思想都差不多，但決沒有『反黨反社會主義』的思想！」我回來後向文藻說了總理夫婦極其委婉地讓他好好改造。他在《自傳》裡說「當時心裡還是感到委屈和沉悶，但我堅信事情終有一天會弄清楚的」。[82]

　　吳文藻處於外在與內心高壓的情況下，冰心成了唯一的傾訴，如果沒有這個感情的出口，吳文藻精神的崩潰甚至自絕，完全可能。冰心並不多加勸導，因為她知道這種勸導是無力的，就內心而言，她完全明白吳文藻沒有反黨反社會主義的思想，但如果不向這上面邊靠，他的檢查如何通過得了？冰心又不能告訴丈夫，就認了吧，寫上了吧，吳文藻堅持無罪，這個帽子如何能輕易扣上？為此，冰心與其同居一室，小心翼翼，晚上盡可能外出散步，在家玩一兩副撲克牌，分散一下他的注意力，放鬆一下緊繃的神經。

　　吳文藻的情緒稍微平穩了一些。可以仔細地考慮恢復社會學的事情，他翻閱了4至6月的全部日記，將有關社會學的事情羅列出來。但在核對事實時，無論如何查不出6月24日的集會、講話的事情，而據林耀華等對自己的批判，這是作為一個重要內容，但自己全無記錄也無記憶，連續幾天，坐立不安，最後只得將五六月的活動全部列出。與此同時，對費孝通的批判不斷展開，連續三次檢查都沒有通過，每次都讓吳文藻發言，但發言後又被點名批評，說，不深刻，沒有觸及到問題的實質，害怕和自己聯繫等等，令他十分尷尬與難堪！

　　分專題檢查時，最後還得正視「聯合會事」，心情又轉惡化，依然得往下寫，「思想碰壁寫不下去，午後腦力竟致不靈」，痛苦不堪。冰心算是重話了，說，整風、除三害，其中一害是教條主義，我看你寫檢查也有些教條主義，不可以靈活一些？大女兒贊成母親的意見，但吳文藻就是聽不進去，並且引起思想上的波動與混亂。添亂的還有兒子，這時被批鬥得發蒙，回家一言不發，怕年輕人想不開，還得忍辱安慰。最後當「聯合會事」一節修改完後，吳文藻連重抄一遍的勇氣都沒有，小女兒主動幫忙。

　　從8月底，吳文藻參加幾個大規模的批判會，在會場凌厲的攻勢

---

[82] 《我的老伴——吳文藻》，《冰心自述》，P256。

中，一次次地衝擊他的靈魂、底線，他還地拼命抵抗、痛苦地死守著卻已感到乏力了。

8月底，中國科學院哲學社會科學部舉行座談會，吳文藻應邀出席，會議的主題為批判右派分子圖謀資產階級社會學復辟、進行反黨反社會主義的言行。吳文藻被點名交代，卻不徹底，也不深刻。休會時，吳文藻在自己的總檢查中，加進一個內容，即與羅隆基小集團中的人際關係，包括費孝通、吳景超等。同時，在聯合會問題上，主要是突出黨對文教的領導，因為此時領導明確交待：「不必過於拘泥事實，犯客觀主義」，「不要修飾文字，這些都是假面具」，要將反黨反社會主義的真面目揭開。冰心看到丈夫實在痛苦，便找來人大會上一些人的發言供其參考，吳文藻閱後，感覺其中「楊鑒清發言稿，親切動人，自愧不如。」「周建人、湯用彤關於思想改造文章，對我有益。」如此，總檢查才得以繼續下去。

9月18日，科學院繼續開會，費孝通、吳景超、陳達交代，郭沫若院長做報告，根據揭發的材料，吳文藻對照自己的檢查，進行修改，「加強罪行語氣並補述兩節」，又重抄一份。「第三天批判會，轉到以景超為主，今天發言以范文瀾為最重要，提出右派中還有走火、失火、放火之別，鄭昕評陶孟和三點：1，態度不嚴肅，2，袒護社會學，3，同意成立社會學系。午後孫本文發言，反對恢復舊社會學，有專評陳達者一人。」23日，「最後一天大會，有金岳霖、胡繩等發言，人大一學生評李景漢，不用發言稿，背數字及引語極熟，給人深刻印象，午後有王學文、黃子通、吳恒等發言，末了，由郭老作總結，語多精彩並朗誦詩一首《長江大橋》。」

9月底，民院組織對資產階級民族學聲勢浩大的批判會，費孝通、潘光旦首先檢討，蘇冰作報告，評功能派點了吳文藻的名，陳永齡、宋蜀華揭發時，吳文藻與費、潘並列。第二天繼續，重點批判潘光旦的土家族調查，吳澤霖、岑家梧在揭發時，也做自我檢討，9月26日，胡廣鈞做檢查，西南和中南民院專門派人參加，揭發岑家梧、吳澤霖的資產階級的民族學觀點。午後林耀華、楊家駒重炮攻擊「功能文化論」，吳文藻自然在炮火之中。第四天會議的規模進一步擴大，李有義重點發言，牽涉到吳文藻在昆明與重慶的民族學研究的事情，「午後夏、賀二人發言，以潘、費為主要對象，牽涉到我者是6

月14日，我說『整風轉入第二段』，意即收了，又提到我要向青年講些有用的東西，將近七時，始散（會完）」。

連續的大會，一記一記的棍棒直擊腦門，四天下來，腦袋不能用，經常出現斷路、失憶。本來就緊繃的神經，變得更加脆弱，身體也受到重傷，蕁麻疹又發著，發燒，奇癢。這幾天的日記，吳文藻經常使用這樣的字眼：「想寫腦不能用，午睡起後仍感不快，」「傍晚發病，重又吃中藥，」「遲起，頭腦仍感不適，只能看報看雜誌，痛苦之極。」「午後理報閱報，閱過即忘，記憶不了，心甚焦灼。」「晚飯時家駒、永齡來訪談，我心裡很難過」。「記憶不了，心甚焦灼。」10月1日，國慶大典，冰心前往天安門觀禮，吳文藻一人獨坐家中，向壁反思，蘇冰來談話，吳文藻下定決心，先轉立場，必須站在自己的對立面來批判自己，「以往過高估計自己過低估計人民力量，這是病根。今後緊密依靠組織才有救」，晚間閱讀，在出版不久的《關於正確處理人民內部矛盾的問題》單行本中，再添無數劃線、批注，「心血來潮，似有所獲，」但放下書，又覺得自己的體會沒有多少道理，心如掏空，「空虛之極。」第二天找出自己的檢討，突然發現「內有許多錯誤思想，十分混亂」，卻也改不下去，「午睡恍惚心神不安，赴室取列寧《論民主與專政》等小冊子，晚閱看，吸取關於無產階級專政、階級鬥爭學說。」這時的冰心又常不在家，似乎全然不管吳文藻的事情了，進城觀看晚會，接待外賓，風光無限，吳文藻終於不能忍受，與冰心發生口角，事後又覺「心緒不寧，發脾氣，實不好。」

國慶之後，右派們開始在校內接受勞動改造，「四時體力勞動。耙土，挑土，返後洗澡。」那時，右派分子的標準尚未頒布，但只要有右派言論的人，一概作為右派分子對待，取消上課與研究的資格，接受批判、勞動改造。

集中批判吳文藻的日程最後敲定。同時提供了參考文本，除馬哲民之外，尚有：「許崇清（行政、組織上）、王亞南（政治思想教育、改造自己）、楊石先（學術方面教學和研究等）幾篇發言，以楊文最有益，使我對黨能領導教育及科學並應加強黨的領導有了進一步的認識，多看便於深思，還是要緊。晚重看李維漢對民主黨派人士的講話，看過一遍不中用，須經常看才能成為自己思想的一部分。」但

臨到會期，吳文藻還是如驚弓之鳥，無枝可立。「心焦急又像發病，躺時和瑩說，請代記提綱」，吳文藻恐懼到要在總檢查前，再列一個提綱順序。

10月18日下午吳文藻向反右十四人小組試作檢查，「檢討中情感失常，哭不成聲，」晚間冰心鼓勵他「向前看，好好過關，我同意，心情好轉。」總檢查中再加上「對黨不滿及黨的前途兩節」，關於「幹部作風」問題，批評張處長貪污之事，兩次找他道歉，並在檢查中加進對老幹部尊敬的內容，因為他們代表革命、代表黨。反對他們便是反對黨，否定革命。24日，八時半，繼續開會，蘇冰談了他與吳文藻私人談話的經過，然後由吳文藻總檢討。「講到末，卻感情壓抑不住，還是哭了。」夏康農副院長也出席批判會，這一次他肯定吳文藻態度有進步，但指出「社會問題仍然突出」。這天批判吳文藻先後發言的有朱寧、陳永齡、林耀華、李有義，吳文藻日記寫道「後兩人尤為猛烈，刺激特深，必須承受鍛鍊」。25日，批判鬥爭大會繼續，「八時半有義續談，繼有劉堯漢、酈平彰、王輔仁、張錫彤等十餘人。從各個角度教育我，最後楊賀兩位副院長談黨是寬大為懷，使我更覺痛恨自己。午後休息時，楊親問我，有抵觸否？表示關切，很受感動。夏亦囑我，注意身體。我既下決心跟黨走，現在必須經得住考驗，過去就是因為沒有改變立場，所以大摔一跤。現在必須把我溶化於集體中，否則活不下去。」這天的日記還追記與梁明的談話：「她告瑩說，我固然不願去臺灣，留東京，但我對黨不滿就會跟著章羅聯盟走，我說我對黨不滿，不會殺人，只會自殺。因為反對用暴力（吃藥）。」

連續幾天的批判鬥爭，吳文藻終於承認了自己反黨、反社會主義的罪行，北京日報刊登消息《吳文藻初步低頭認罪》。鬥爭會後，不出門，不願見人，一人獨處，「自覺是從東京歸來適應新社會大敗的一個例子。」冰心怕丈夫出事，讓二弟為杰來開導姐夫，「為杰談他和黨員負責同志合作共事情形，及經常靠攏黨的親密關係，又說，侯德榜已入黨，都是成功經驗。侯為我素所敬佩，他能下此決心，無非為了國家利益，難道我真的只為私人利益嗎？言之痛心，決心摒棄自己成見，為國出力。」緊接著記下了這麼一段話：

毛主席將親率代表團赴蘇慶賀十月革命四十周年。「八
大」政治報告中有云「儘管我國的革命有自己的許多特點，可
是中國共產黨人把自己所幹的事業看成是偉大的十月革命的繼
續。」毛主席此行是有重大意義。[83]

1957年10月15日，中共中央發出了《關於劃分右派分子的標準》
的通知，對於反右鬥爭來說，是一個十分重要的文件。這個文件的第
一部分規定，凡言論、行動屬於下列性質者，應劃為右派分子：

1，反對社會主義制度。反對城市或農村中的社會主義革命，
反對共產黨和人民政府關於社會經濟的基本政策（如工業
化、統購統銷等）；否定社會主義革命和社會主義建設的
成就；堅持資本主義立場，宣揚資本主義制度和資產階級
剝削。

2，反對無產階級專政、反對民主集中制。攻擊反帝國主義的
鬥爭和人民政府的外交政策；攻擊肅清反革命分子的鬥
爭；否定「五大運動」的成就；反對對資產階級分子和資
產階級知識分子的改造；攻擊共產黨和人民政府的人事制
度和幹部政策；要求用資產階級的政治法律和文化教育代
替社會主義的政治法律和文化教育。

3，反對共產黨在國家政治生活中的領導地位。反對共產黨對
於經濟事業和文化事業的領導；以反對社會主義和共產黨
為目的而惡意地攻擊共產黨和人民政府的領導機關和領導
人員、污蔑工農幹部和革命積極分子，污蔑共產黨的革命
活動和組織原則。

4，反對社會主義和反對共產黨為目的而分裂人民的團結。煽
動群眾反對共產黨和人民政府；煽動工人和農民分裂；煽
動各民族之間的分裂；污蔑社會主義陣營。煽動社會主義
陣營各國人民之間的分裂。

---

[83] 吳文藻日記，1957年10月27日。

5，組織和積極參加反對社會主義、反對共產黨的小集團；蓄謀推翻某一部門或者某一基層單位的共產黨的領導；煽動反對共產黨、反對人民政府的騷亂。

6，為犯有上述罪行的右派分子出主意，拉關係，通情報，向他們報告革命組織的機密。

這個文件的第二部分規定，有下列情形之一者應劃為極右分子：

1，右派活動中的野心家、為首分子、主謀分子和骨幹分子。

2，提出反黨反社會主義的綱領性意見，並積極鼓吹這種意見的分子。

3，進行反黨反社會主義活動特別惡劣、特別堅決的分子。

4，在歷史上一貫反共反人民，在這次右派進攻中又積極進行反動活動的分子。[84]

5

這個標準成了各級在反右運動中，確定右派分子的法理依據。在第一部分的六條規定，每一條都有並列的三至五條細則，也就是說觸犯到任何一條細則就可以定為右派分子，比如反對統購統銷、否定肅反、反對單位的黨組織甚至某一個黨員等，均可以定為右派分子，反右運動從組織上與定性上擴大化，由此而來。根據這個標準，在統戰部長李維漢的回憶中，被打成右派的數字是五十五萬餘人，實際上遠不止這個數字，有人估計可能達到兩百多萬，包括青年學生和中共黨員。

根據這個標準，吳文藻打成右派分子是鐵定的，任何一條都可以套在他的脖子上，死死將其卡住。而吳文藻還在長達四個月的時間裡，為真誠、事實與權益，進行了悲壯的靈魂拼搏、痛苦的思想掙扎。所謂「反黨反社會主義」，實際上，你承認也罷，不承認也罷，都是在劫難逃！

10月30日，民院的反右運動進入整改階段，蘇冰副院長大會作報告，報告反右運動的成績，運動並沒有結束，在進入以整改為主的階

---

[84] 文出《中共黨史參考資料》，此處轉引自朱正，《1957年的夏季──從百家爭鳴到兩家爭鳴》，P500-502。

段，依然要進行批判，並將下放幹部。對右派分子的處理，要分批進行，吳文藻寫道：「談及對右派分子處理，我既犯了大錯誤，且當聽候處分，認真對待。」吳文藻提示自己「先作思想準備，」並「簽名表示從勞動中改造自己的決心。」

12月19日，蘇冰再作報告，「四點：1，整改，2，幹部下放，3，學生待遇，4，處理右派。」會後，陳永齡來家詢問對蘇院長處理右派分子的意見有何感想？吳文藻已經分不清是學生的關心還是組織的試探，因而沒有正面回答，陳永齡對吳文藻「贈言有二，1，進一步挖掘階級根源，2，必須充分認識過去罪惡深重，一無是處。」吳文藻吶吶地記在心上。

歷史系為落實蘇院長的報告，連續召開座談會，大談幹部下放，大有可為。「二時到系座談會討論幹部下放，大家提到勞動鍛鍊對於改造自己有利。今天報載周總理語，『培養起群眾觀點和勞動觀點，使體力勞動和腦力勞動相結合，集體智慧和個人才能相結合』。目前我最關心的是如何使自己的思想感情同勞動人民漸趨一致。」[85]

1957年的最後一天，吳文藻在系裡參加大掃除，昨日擦過的窗戶，玻璃上又有些許灰塵，吳文藻再次仔細的一一擦過。天黑了，回到和平樓，邁著沉重的腳步，上了樓梯，208室的門是敞開的，孩子們回家過年，卻是沒有一絲的節日氣氛。吳文藻默默地吃過年夜飯，枯坐燈下，慢慢地打開日記本，以顫抖的筆跡，做了年度總結：

> 1958年[實為1957年，心神不定時的筆誤]是一生中受教訓最深的一年，過去自以為注意思想，這次整風和反右中才知道自由主義思想是何等的膚淺，自己從來就沒有認真地深思過，否則何致於摔這一大跤？

摔跤的何止他一人？

這一年，冰心一家出了三個右派分子：吳文藻、吳平、謝為楫。

15，反右運動：立此存照——檢討、批判、揭發告密文本

我在敘述吳文藻的認罪之路時，多次寫到他的檢查，為了不中斷敘述，未插入他的檢查文本，但一個文本也不出現，讀者可能懷疑敘述者的真實，並且影響到對人物描寫的深度。因而，我選擇了一份比較完整的檢查文本，公諸於世。

這是從吳文藻的檔案中打撈出來的。

吳文藻同志在1957年12月14日的自我檢查（摘抄）

整風初期。我與校內右派分子聞[在]宥、王鍾翰聯名貼出大字報，藉口老幹部領受福利金是特權思想作風，誣衊學校黨委領導同志。5月31日我在民主黨派第一次聯合會議上發表了徹頭徹尾極端反動的言論，合謀籌設民主黨派聯合會，「保障大放大鳴」，並想要求[民主]黨設檢查組來「平反」，企圖奪取黨對整風的領導權。

……我在5月底那次的發言。一開始就強調不談成績，只談缺點，當我涉及黨對知識分子的肅反和思想改造的工作時，我就肆意攻擊鬥爭方法，特別強調了它的副作用；又在我聽到校內的一些三害情況時，我竟閉著眼睛說瞎話：「建國才八年，毛病已如此嚴重！」最荒唐的是我竟顛倒是非，說現在的官僚主義比國民黨反動統治時代還嚴重。

6月1日我看到了《人民日報》上儲安平發表的「黨天下」的謬論後，即刻激動地拿起電話來告訴大右派分子費孝通說，你們年輕人應該積極向黨提意見。五日霍流同志來訪談時，我甚至同意葛佩琦「黨亡國不亡」的謬論。說黨的朝氣在消退，秀才不能造反，可以影響人們造反。更加惡毒的是：「共產黨之亡。將來要從內部分裂開始。『新派』戰勝『舊派』，然後『舊派』滅亡」。

我在私下或在座談會上，總是誣衊黨不能領導文教事業。4月27日在民委會召開的第一次整風座談會上，我就開始大談（政治）落後與（業務）外行之間的矛盾。說黨是「外行」，「不務正業」，「沒有辦學經驗」。五月間我對林耀華同志表

示同意「教授治校」的論調。六月初費孝通（民盟中央取消高等學校黨委制小組負責人）來訪談這個問題時，我告訴他說，贊成黨退出學校，讓民主黨派來辦。我還對于勝椿談過：「今後黨對文化教育事業能辦則辦，不能辦就由我們民主黨來辦，大家『比賽』一下」。

　　略。[86]

　　我還認為黨員老幹部對毛主席《關於正確處理人民內部矛盾的問題》的講話，重視的程度不如黨外知識分子（在民委座談會上的發言）。五月底在校內民主黨派聯合會上，又大言不慚地說：「過去黨領導階級鬥爭是行的，但對處理人民內部矛盾卻沒有經驗。而我們知識分子一向習慣和風細雨地處理人民內部的矛盾。」

　　我的反動立場使我不願意正視在知識界中肅反的專政作用。我對專政有抵觸，我不理解在改造中的「人民」是一個辯證的概念。我在五月底那次向黨猖狂進攻的發言中最激動的一部分，就是要為在肅反中被鬥錯的知識分子抱不平，認為逮捕的法律手續可能不完善，可能侵犯了人身自由，對待自己人用對待敵人的鬥爭方法是不道德的，並要求黨成立檢查組處理懸案等。後來，又誣稱參加尖銳鬥爭的積極分子是受「報功思想」支配。甚至在史達林肅反擴大化的問題上也做文章……

　　反右鬥爭開始以後，在6月26日那一次會上，我還大放厥詞，極力宣揚資產階級「三權分立」和國民黨「五權分立」的反動國家學說。我提出誣衊人民政府存在著「權能不平衡」的矛盾。說什麼今天政府權力之大，「能力之低」從古未有。我又進而誣衊人民代表大會民主集中制。說人大權力不足，法制不完善。

　　略。

　　我過去深受帝國主義反史達林（反帝最力之人）宣傳的毒害，自從看了赫魯雪夫關於批評史達林鼓勵個人崇拜破壞了集體領導的原則性錯誤的祕密報告以後，重新暴露了我對史達

---

[86] 原抄件如此，下同。

林的舊恨。私下議論了當年列寧本不贊成他做繼承人。本年正月，系內座談《再論》時，我口頭上同意史達林功大於過，同意向蘇聯一邊倒，走十月革命的道路、社會主義的道路，但我仍誣衊史達林是「暴君」，他的統治是「暴政」，特別假借他擴大肅反的「罪名」，來攻擊無產階級專政制度。我也一度自以為是地不滿意他對鐵托的態度（現在叫大國沙文主義），認為理確在鐵托一邊。[87]

這是自我批判的文本，同樣，批判的文本也因為敘述的原因未能加入，這裡也公開一個批判的文本。10月24日，在吳文藻的批判大會上，先後發言的有朱寧、陳永齡、林耀華、李有義。這幾位都是吳文藻的得意門生，但在反右運動中，何來尊師？平日吳文藻和他的學生無話不談，他們跟隨吳師也有二十多年，因而，批判起來問題就多，從現實到歷史，從國內到國外，全部聯繫起來，縱橫交錯，火力凶猛，心身俱疲的老師，更是體無完膚，鮮血淋漓！

這個文本是民進在中山公園市政府禮堂召開的批判大會上，林耀華批判吳文藻的發言。因為是民進的會議，冰心在場，並做了記錄，意氣與憤怒中的批判，語速極快，加上林耀華為福建人，閩語閩腔也影響了聽力效果，但冰心還是快速地記下了整個批判發言大綱。

11月25日[吳文藻日記中為24日]

林耀華批判吳文藻：

民進基層，美國有承認的，可能看整風努力分級，

1，一貫反黨反社會主義，籍身體不好整風時突然積極，大字報、點火，聞[在]宥之言，民主黨派推翻黨

2，私自召集座談會，私自布置，保障大鳴大放，希望……三十八人簽名，聯合會

3，檢查組，與羅「平反委員會」、肅反搞糟了，黨團員內部搞垮黨，他跟他們走

與校外右派野心家聲氣相通

---

[87] 吳文藻檔案。

1，共產黨亡，從內部消亡，改朝換代，從剝削左手到右手，從仇恨黨到希望黨的死亡

　　與費打電話，費是他的恩徒，羅、潘、吳景超，與費無所不談，因有費為後臺，自高自大，以領導者自居，有歷史系青年支持他，在床上畫兩個圈，一是黨一是他自己，費在六四所說，費的走卒，吳平都承認，章羅的爪牙。

2，不承認社會主義的偉大成就，仇視——反對人民專政，分割、曲解，思想警察，拋出權能平衡謬論，權力大，能力低，建國八年，毛病如此之重，令人痛心。

　　攻擊肅反，有問題是人民政府，小題大作，逮捕四人，他認為鬥爭是不道德的，報功思想鬥爭（于勝椿），八百一千名反革命，人民日報

3，誣衊黨對文教是外行，想篡奪黨的領導權。

　　外行、落後——第一人發言

　　費孝通文章，請教過謝冰心

　　知識分子懂得和風細雨，會處理人民內容矛盾，立場不同，毛：知識有兩種，目的為有知識，資產階級復辟的鬥爭，企圖落空了

　　歷史[系]座談會，領導輕視民主黨派，領導者應撤職，6月3日與費協商校內事，多吳

　　反對政治性人物當所長，早知民委會委劉春，推薦費孝通

　　不歡欣鼓舞，而消極怠工，領頭級薪，坐汽車UC

　　未寫講稿，圖書館時間不到，百般刁難

4，反對學習蘇聯先進經驗，希望資產階級社會學復辟，痛恨史達林——正因為史達林是打擊帝國主義最堅決的緣故

　　把教育搞亂了，不能學習

　　民族誌教研室同志揭發，專家UC

十二年規劃時，吳為S.E.爭一席地，六九會上
在北京、上海、漢口、廣東

搞政治不搞學習

對黨忘恩負義，留戀權利、名位

回[恢]復社會學，要有元老地位

5，歷史根源

清華、功能學派反動理論，司徒法學院長，教
育代表，1941-1951美蔣爪牙

王寵惠介紹入黨，點名召見，陳布雷

1948年張群借軍火事，目前墮落到反黨反社會
主義

在座談會上大怒，企圖過關，10月24日到25
日，態度稍有轉變，要根本改變立場[88]

反右運動中的告密也是一大奇觀，朋友之間、親人之間、上下之間、夫妻之間，為了博取信任，保全自己，不惜出賣朋友、親人、上級或下級、妻子或丈夫。底下告密與公開批判不是同一樣概念，吳文藻對後者只是感觸特深，而對前者是深惡痛絕。吳文藻在領導、同事與之談話，做思想工作時，時常感到他的言行有人在向上彙報，他對彙報制度非常警惕、十分反感，認為那是「思想警察制度」，一聽到「彙報」二字，便心生恐懼、膽戰心驚，厭惡頓生，不知道別人在後面又要下何種語言與手段，在他看來，背後彙報他人的言行，都是不準確的，要想完整地彙報一個人的思想，是完全不可能的，而共產黨則利用彙報制度，竊取他人的思想，這種反感情緒，只有他的親人才會知道，甚至電話，除了家裡的人還有人監聽嗎？吳文藻的小心謹慎與此也有關係，開始他不知道打彙報的人是誰，冰心？兒子？女兒？保姆？後來，感到可能來自大女兒吳冰，因而，曾經幾次下狠話重語，表明自己與女兒是「思想上的敵人」，「儘量少來往，或不來往」。吳文藻雖有懷疑，但他畢竟沒有看到女兒彙報的具體證據。我在查閱吳文藻檔案時，吳冰的兩封彙報信，赫然在目，連母親也一同

---

[88] 冰心筆記。

告發，令我黯然神傷，不能相信：

吳文藻的「主要反動言論」。

1，肅反那年夏天，我們吃早飯時，我妹妹吳青曾提到民族學院捉到一個帶槍的人，而吳文藻卻說這個人所以這樣，是因為被「逼多了」。總之，吳文藻直把自己看作專政的對象。

2，新聞自由問題：一向認為我們指導東西太少，不如資本主義國家，因為「競爭」關係，「兩黨內幕」，可以出來，而我們許多東西是「宣傳」。並且說「要別人獨立思考，但又不供給材料研究。」

3，認為共產黨總是搞運動，一個接一個不讓人休息。

4，認為黨內是不民主的。

5，黨更相信黨團員，不信群眾。

6，認為工農所以「好領導」，是因為他們西方東西懂得太少，而知識分子見得多，許多東西不容易滿意，知識分子能看出缺點。

7，認為黨內許多缺點，因為怕影響威信所以不顯露出來。而黨內只有毛主席等少數是「開明」的，其他一些幹部水平，西方東西懂得太少。

8，對史達林是反感的，認為他「暴君」，現「我們都不多學毛主席的好處而學了史達林的壞處。」

認為黨吸收一些高級知識分子入黨是為了「拔格」一人，因為這些人是有「代表性」的。

最反對彙報制度，認為這是一種「思想警察制度」。

認為共產黨做事是「目的神聖不擇手段」。

參加政協作委員後，他很高興，說以後說話有保障了。

認為他剛回來時組織上不相信他，而對謝冰心卻不同，覺得自己很委屈，說所以「精神上不痛快，就鬧出病來了。」

告密信後有此說明語與公章：

吳係我系學生，團員，所寫材料供參考。

西語系，9月21日（蓋印：中國共產黨北京大學第十四總支部委員會）

另一封告密信更具體：

> 在整風期間，他是贊成儲安平的言論的，並且很高興打電話給費孝通，說他們年輕一輩應向儲安平學習。（吳文藻是費的老師。）

> 他在民族學院出了一張大字報，「支持」別人對浩中帆同志的揭發，後來在院刊上登出了他[吳文藻]的反動言論並且有反駁的文章，他聽到王遠孿來告訴他說，浩[中]帆就是院刊的負責人後就說，「你供給我這些材料好極了，以後有什麼再告訴我」。「他打擊我，我也要打擊他。」認為黨員這樣做是報私仇。在第一次開會批判他時，他很生氣，說別人都是早準備好了要發言，臨時通知他去。同時別人都準備了好幾天要批判他，他都不知道，等開會叫他時，又恰好已有幾個發言了，認為這不「公平」。

> 6月15日又開會，他認為自己發言很有「煽動性」，有不少人是同情他的，並且在床邊還畫了兩個圈子，認為黨是一頭，他是一頭，我們指出他不對時，他說，「我不是要和黨對立，我要靠近黨，但一些人不讓我靠近，最恨這些人。」當院刊登出他的言論時，他說根本把他的意思弄錯，是「斷章起[取]義」，並且說以前發表別人的東西都是經過本人看過的，這次不但沒歸還看，而且記者名字都沒有寫，他認為裡面就有問題。

> 他對大會形式很反感，認為這樣不能達到在新的基礎上團結，他認為有些時候說是大辯論，實際上不可能。並且表示了「這個意見」他「要保留」。但是學校給他開的小型會，大都是六七人的小組，他是較滿意的。認為黨還是儘量照顧他，說「這是我是要感謝毛主席。」

> 對大字報不合乎事實的報導及揭發的不合的事非常反感，

認為這樣批鬥他心不服，（如于勝椿說，吳文藻得出解放戰爭勝利後期主要靠電報，以及大字報說吳文藻通過王運[毓]孿和莊晶等轉條，他說他根本不知道莊晶是夜班。在揭發王運[毓]孿的大字報出來後，談到他的那部分他認為大部分多不是事實，而且錯得可笑。並認為這種方法非常不好，但有時要他按照沒有說的事檢討時，那就檢討不下去。

在開過費孝通的會後，他認為有些事（揭發出來的），他現在才知道，說是費「野心太大」。

別人對他的批判，他認為是誇大他的反動言論，說「黨說右派分子是抓住一點誇大，黨現在對右派分子也是一樣。」

在批判社會學的一次會上，他回來說，因為事先問過院長說他那天不用發言，所以沒有準備，因此上說「很窘」。並且說現在寫東西要特別注意字眼，因為上次正是為字眼吃了虧。但是對一位「中宣部來的年輕人」的發言，他認為「不錯，有點水平」，對他有啟發和幫助。因為那同志全用的是費孝通用的字句來反駁他，所以吳文藻認為那人說完話，自己也覺得找不出話來回答。

經過批鬥後，他的情緒是一陣陣的，有時好，有時壞。在一次知道我向民族學院組織彙報情況後他很生氣，認為我不可對報導忠實。說他在美國時看到一種試驗，幾十個心理學教授聽一個人講話作記錄，但到最後記錄都不準確，彼此也有出入，與錄音很不相同。當他要我說出我彙報了什麼時，我拒絕後，他提出彙報是思想警察制度，說我這樣作就是「組織上給的任務」。並且認為我和他是「思想上的敵人」，最好少見面。

他認為黨把他一切否定是不對的，認為共產黨也不能說自己全是對的，說全是真理，而別人就一點也不對。

最近他在檢查中有些進步，認為這次出的問題正是他長久沒有解決的問題，說自己總把思想與政治分開，認為政治上跟黨走，在思想上黨不能壓迫他怎樣想，現在認為這樣看法不對，思想與政治有關。並且提出，以前認為言論自由為何不能像資本主義國家那樣允許反面的言論，即使為了給別人看看（給資本主義國家），也可表現我國自由，現在覺得自己立場

也不對頭了。但他認為以後也不會改好到那裡去，而只是「跟共產黨走，不說話，只管做自己的工作。」

冰心對這次批鬥，尤其是對她兒子吳平的批判，還是感到很好的。因為以前她就覺得吳平不要求上進，生活上資產階級味很足，認為這次「對他太好了，因為他還年輕，同時剛結婚，開始獨立生活」。認為吳平這種人光是家裡教育沒有群眾批評是不行的。但上次看到《人民日報》登吳平是章羅聯盟的爪牙等等，心裡很不痛快，認為不合事實，但吳平回來自己談了認識（第一，主要由於父親這方面關係沒有搞清，第二自己起的作用是如此），她還比較好些。

對吳文藻是有爭論，但吳文藻常說她是「一帆風順」，這樣她感到「不便發言」。一般來說，對吳文藻能批判，但遇到別人揭發事實有出入後就不滿意，認為這樣對吳文藻沒有幫助。反而使他不接受，更不能改造好。但她平日（整風前）有時接觸到一些現在看出是有錯誤的黨員，她就把他們的談話，跟家裡人說，更加深吳文藻父子對黨不正確看法。如艾青說「黨內問題很多，如果把丁玲放出來不知有多少話說。」某某黨員（我不記得名字）說，「冰心同志，入黨還不如不入黨自由等等」，尤其在整風期間，她參加的一些會，有吳祖光提的許多「意見」，她都回來說了，有關於蘇聯專家意見不和，工作主觀等事，使吳文藻更認為一些說好專家的事是為了宣傳。之外她還說到吳祖光提到戲劇界一團糟等等，也影響吳文藻和吳平，認為外面各自缺點非常多，以前不知道。一般來說，她還能認識別人對他們的批判是有幫助，並且在家裡還能規勸吳文藻，要他端正態度，並對他說，黨對他的批鬥還是很注意方式，黨內批判丁陳等非常激烈等等。

吳文藻與其他人員來往關係，我不知道，平常他很少與外人來往。

從這個彙報信中可以得知，吳冰受到了指使與引誘，甚至有提綱之類的具體要求，她在談了吳文藻、冰心的情況後，對吳文藻與其他人的來往不說了，可見她不想將這種彙報引到家庭之外。這在當

時就是她的道德底線罷。吳冰當年在北大，要求進步，平時是一位文靜、用功、聽話的好學生，共產黨利用了她的進取之心，要求她對黨忠誠，從而背叛了親情。但就是這樣「追求進步」，吳冰依然被打入「嚴重右傾」的另冊，受留團察看一年的處分，離右派分子僅一步之遙，並將她的家庭成分，由知識分子改為反動官僚，令其蒙羞，背上沉重的精神包袱。

吳文藻定罪書中的第一條，便是來自女兒吳冰的彙報信。

吳文藻

五十七歲，江蘇人，民進會員。所任主要職務：全國政協委員、中央民族學院教授、中央民族學院圖書館館長、歷史系民族誌教研室主任、民進中央聯絡委員會委員。級別：教授二級。

一、主要反黨言行：

1，他欽佩儲安平「黨天下」的謬論，高興地給費孝通打電話說你們年輕一輩應向儲安平學習。

2，污蔑「肅反是不道德的，是侵犯人權、人身自由沒有保障」，「政府存在著權能不平衡的矛盾，權力之大和能力之低都是古所未有的，人民代表大會職權不足，沒有法制。」「官僚主義是制度造成的」。他說「不能籠統的擁護共產黨，共產黨對知識分子沒有經驗領導，我們有經驗，黨不能領導文教事業，應該讓賢，讓民主黨派來辦，大家競爭一下。」主張成立「民主黨派聯合會」和「檢查組」，由民主黨派帶頭監督，推動整風。

3，污蔑史達林是通過「殺頭」上臺的，赫魯雪夫是通過「政變」上臺的。他把史達林與希特勒相比，認為史達林是獨裁者。又說：史達林和沙皇時代的暴君一樣。

二、鬥爭中的態度：

已低頭，但交待尚不徹底。

處理：

按五類處理：撤銷中央民族學院圖書館館長、歷史系民族誌教研室主任。保留全國政協委員、教授，由教授二

級降至三級。

同時，中共中央民族學院委員會還給吳文藻一個綜合的鑑定：

> 平時消沉，整風開始就積極起來。提出「肅反是不道德的，侵犯了人權、人格，我要替被鬥的人抱不平」。說：「人民代表大會職權不足，沒有法制。」宣揚資產階級的「三權分立」和國民黨的「五權分立」反動國家學說。誣衊人民政府存在著「權能不平衡」的矛盾。說什麼人民政府權利之大，從古所沒有；而它的能力之低也是從古所沒有。說：「建國才八年，毛病如此嚴重，實在令人痛心。」並和右派分子聞在宥、王鍾翰張貼大字報進行煽動、籌辦民主黨派聯合檢查組，要檢查從「三反、五反」到「肅反」以來的工作。公開提出，黨不能領導文教事業，應該讓賢，由民主黨派來辦，大家競賽一下，他反對政治性的人物（黨員）任民族研究所的所長，提出讓費孝通來幹。積極圖謀恢復資產階級的社會學，並由他們（右派）內定任北大社會學系主任。誣衊誹謗蘇聯說：「到列寧死了，史達林通過殺人上臺……赫魯雪夫通過政變上臺。」他認定共產黨之亡將來要從內部開始，新派戰勝舊派，然後舊派滅亡。吳是極端的反共反動分子，檢討態度不老實，已劃為極右分子。

這個鑑定比處理決定更具感情色彩，並且使用了「極端的反共反動分子」一詞，如果這個詞在決定中出現，那麼，吳文藻將被定為「極右分子」。

16，反右運動：「洗腦」──右派分子精神分析及後果

無論從哪些一個意義上說，1957年都是大起大落、驚濤駭浪的一年，人們在波峰浪谷中跌宕起伏，人際矛盾、靈魂衝突，簡直就是驚天地、泣鬼神。如今掩卷而思，除了毛澤東從「鳴放」、「除三害」到反擊右派分子「瘋狂進攻」的劇變之外，對於右派分子，何以言？

他們都是知識分子、大知識分子、碩士博士、知識精英，不少

人留學歐美，學貫中西；他們也經歷過大風大浪，民國時期從政，治學，搞民主運動，也有與國民黨、對蔣介石交往、周旋或鬥爭的經驗，有社會經歷、見過世面，怎麼會在一夜之間承認莫須有的「反黨反社會主義」的罪行呢？在一夜之間低頭認罪，舉手投降呢？他們的代表人物在民國時期並沒有如此的軟骨現象，那時鐵骨錚錚，面對槍口也無所畏懼。羅隆基的好朋友聞一多先生便是典型，而羅隆基在一夜之間就被打趴在地，直不起腰，抬不起頭？吳文藻與羅隆基、聞一多都是留美時「大江會」成員，儘管為了真誠與尊嚴，吳文藻獨自血淋淋的堅守了三個多月，但最後還是伸直了脖子，套上別人給他設下的「反黨反社會主義」圈套。

包括羅隆基在內，鳴放時的一些言論，確實刺激、激怒了毛澤東，從而讓他掉轉槍口，對付鳴放之人，但從鳴放之人而言，確無大罪，只不過是一些自由知識分子（或說是資產階級知識分子）思想與觀念的表達，甚至可說，他們出於對國家、對民族、對共產黨的敬重與信任，才有諍言斯語；縱然是言論有過，出於他們頭腦中西方言論自由觀念、古訓中「知無不言，言無不盡」、「言者無罪」，以及中華人民共和國憲法中的公民有言論自由的權力，加上剛剛提出的「百花齊放、百家爭鳴」，也應該是可以堅持、堅守的，那麼，為什麼沒有堅守，為何不堅持自己的觀點，大不了就是倒在槍口之下！吳文藻曾想到過自殺，因為反對暴力，試圖自殺的方式都想好了——藥物，但最終未能「殺身成仁」。我這裡完全沒有責怪他們未以殺身動天下的意思，我只是想以此為切入點，分析一下右派分子當年的心理，或者說是什麼力量、方法讓他們一夜之間改變了自己的思想、信念？

我在思考右派分子「無罪認罪」的現象時，在網絡上看到一篇署名沈達明的文章：《洗腦，怎樣被洗腦？》，[89] 這實際上是一篇《陽光時務》雜誌專訪牛津大學研究員、《洗腦：思想控制的科學》（ *Brainwashing: the science of thought control* ）一書的作者凱瑟琳・泰勒博士的文章。文章說，「二十世紀後，中國對世界文明的貢獻少得可憐。但是有一個橫越心理學、生理學、社會學、政治學的名詞，被全世界廣泛使用。它起源於中國，發揚於西方，而又『出口轉內

---

[89] 原載《陽光時務》雜誌2010年第2期。

銷』，應用於中國。這個詞就是我們常說的『洗腦』。」「在五十年代初的朝鮮戰爭（韓戰）中，聯合國部隊驚異的發現，有些被共產黨俘虜的士兵，突然信仰了共產主義和毛澤東思想，竟紛紛詆毀自己的祖國。一個中國人私下說，這是因為共產黨的『思想改造』給戰俘洗腦了。美國記者愛德華·亨特（Edward Hunter）聽到後，將這兩個中國字翻譯成了英文。」「經他翻譯和解釋之後，美國社會喜歡上了洗腦（brainwash）這個非常形象的詞語。在美國人眼中，不僅共產主義的政治宣傳是洗腦，資本主義的商業廣告也是一種洗腦。《紐約客》雜誌還刊登過丈夫被妻子洗腦、孩子被父母洗腦的漫畫。」

也許之前接觸過「洗腦」二字，但是，我在此時，當我把右派分子「無罪認罪」的現象聯繫起來後，對「洗腦」二字產生了非常大的興趣。泰勒博士在書中詳解了洗腦的科學原理。她認為，人類大腦推理和認知的神經科學（neutroscience），證明瞭思想是變動不居的。而生理學可以解釋，某些存有通順的神經軌道的大腦，對於新的信息和創造性刺激易受到影響。她在接受專訪時說，「今天許多國家的政治洗腦都屬於欺騙型洗腦，不再是暴力型洗腦。欺騙型洗腦的特點就是限制人民自由獲取知識，在一言堂裡只許存在絕對正確的某一學說。」她在回答專訪時的所使用的一些名詞、判斷、觀點，讓我恍有所悟，比如「集體自我批評」、「心理折磨」、「溫和的談話」、「極端高壓」、「交易陷阱」以及「擁有健全的個人信仰的人更抗拒洗腦」等等。

我想找到泰勒的這本書，結果，另一本關於洗腦的書出現在我面前：《洗腦術：思想控制的荒唐史》，作者是[英]多米尼克·斯垂特菲爾德，由張考鐸翻譯。[90]書中描寫了冷戰時期美蘇之間展開的堅持與改變人的思維的「大腦戰」。1953年4月，美國中央情報局局長艾倫·杜勒斯在普林斯頓大學發表演說，詳細介紹了蘇聯在思維控制領域取得的進展。杜勒斯說：「（蘇聯人）挑選特定的人，摧毀他們，把他們變成卑微的懺悔者，迫使他們承認從未犯下的罪行，或者把他們變成蘇聯政治宣傳的傳聲筒。蘇聯人用新技術清除犯人的思想和以往的精神過程，並且有可能通過『謊言血清』讓受害者產生全新

---

[90] 中國青年出版社2011年12月，書的版權頁上，作者的國籍被標注為[美]。

的腦部活動和思想，並機械地重複它們。」[91]1955年，《洗腦：共產黨心理政治教科書彙編》在世界範圍內的傳播，「據傳，這本小冊子由克格勃首腦拉夫連季·貝利亞在莫斯科的祕密演說翻譯而來，詳細闡述了蘇聯部署這種新式武器的計劃。它鼓吹使用包括藥物、拷打、疼痛藥催眠在內的嚴酷手段，可造成從招供到性別錯位的各種效果。貝利亞稱，只要心理手段使用得當，每個人都難逃家破人亡的命運，受審者皆會神經錯亂，其政治前途也將毀於一旦。敵人的忠誠會遭到腐蝕，思想崩潰，最終像無足輕重的蠱子一樣被碾得粉碎。他預言：『就是核戰爭也不能這樣徹底地讓俄國所有的敵人都臣服於腳下。』」[92]這本長達四百多頁的書，同時還分章節描寫了「吐實藥」「神仙肉」「催眠術」等等洗腦術。

從洗腦術研究的情況來看，與右派分子「無罪認罪」有許多的相似之處，但又有重大的區別，這個區別在於洗腦術研究的個案，多在實驗室、審訊室、監獄、單獨關押處進行的，而對右派分子的批判、右派分子的認罪是在大庭廣眾下進行的，在撤去環境的壓迫與影響因素之外，仍然可以達到在特定的場景下達到的效果，並且不是一個人、幾個人，而是成千上萬的右派分子都在痛陳自己的罪行，這就是實驗室的洗腦術所不能涵蓋的了，甚至可能要複雜得多。

當年的右派分子、作家舒蕪談到自己在反右運動中認罪的過程時，涉及到這個問題：「二十一年後重新審查當時各單位的『反右』運動，幾乎都是百分之百地『擴大化』了。我被『擴大』，開始是想不通的，但經過大會壓、小會追，終於想通了我為什麼是『資產階級右派』的道理；我們那裡別的『右派』中，完全自覺冤枉的不知有沒有，至於清醒堅定地始終相信真理在手的，我看不出有誰。國外有人說這是一種『政治催眠術』，倒是一個很有趣的比喻。」作家胡平先生為在美國洛杉磯召開的紀念「反右鬥爭」五十周年學術研討會上提供的論文《為什麼很多右派會低頭認罪？》中引用了舒蕪的這段話，研究後得出：「大多數右派之所以低頭認罪，首先是由於巨大的外界壓力而導致巨大的恐懼，其次是極度的孤立與四面楚歌的困境，由於大多數右派缺少獨立的精神資源無力從事單槍匹馬的抵抗，故而很容

---

[91] 《洗腦術：思想控制的荒唐史》，P24。
[92] 《洗腦術：思想控制的荒唐史》，P26。

易陷入迷亂、惶惑並失去自信，以為自己真的錯了，再加上急於『回到人民懷抱』的焦慮，所以紛紛表示悔過。這一過程兼有自覺與不自覺、被動與主動的二重性。這就是中共宣揚的『思想改造』。在不同的程度上，生活在共產黨統治下（尤其是毛時代）的絕大多數中國人，特別是知識分子，都經歷過類似的『思想改造』，右派分子不過更典型而已。」[93]

胡平不僅是一位重要的作家，同時他對反右運動的研究系統而深入。這篇文章對認罪原因的分析，較全面也較傳統。以洗腦術的理論觀照，從社會學、心理學、生物學等科學領域進行觀察，將會有新的研究成果，對國家精神、民族心理建設不無警示意義。我無意也無力做此研究，只能從吳文藻個案中進行一些分析與闡述。

吳文藻在《這是為什麼？》來勢洶洶的情況下，突然出席了反右轉向的大會，在這個會上，多人對他進行批評、批判，接著便是大字報中出現揭露他的反黨言論。面對這一切，吳文藻很氣憤，他認為，你們的批評與批判，連我的話都記錯了，我並不是那樣說的，這是歪曲事實、斷章取義。因而，他認為必須做的第一件事情不是認錯、認罪，而是「更正」，還本來的語言與真實。但是，哪有你更正的資格？哪裡需要更正？只有接受批評與批判的份額，並且這個批評與批判不是要與你說理，而是以大規模群眾運動的形式，動員包括學生、老師、同仁，工人、農民甚至邊遠的少數民族，對你進行反擊與圍剿。這種戰法，便是共產黨從戰爭年代沿用而來的「人民戰爭」——在反擊資產階級右派分子進攻時，以「人海戰術」的群眾運動發揚光大。反右鬥爭中經典的一張照片，章伯鈞站在中間，前後左右都是身穿白衣的人舉起森林般的拳頭，章以手括面，如圍剿中待捕的獵物。這樣精彩的照片，就是攝影藝術家的設計也難達到如此效果，但在當時的中國比比皆是，是一個常見的場景。劉賓雁講過，他自己後來之所以低頭認罪，「全國工農憤怒聲討右派震耳欲聾的吼聲就起了不小的作用」。胡平闡述：「這種情況大概是很普遍的。可以說，大多數右派後來低頭認罪，一個主要原因就是他們遭受到廣大群眾一致的強烈批判，因此對自己原先的觀點或主張產生了動搖、懷疑，直至最後

[93] 《為什麼很多右派會低頭認罪？》，丁抒主編，《五十年後重評「反右」：中國當代知識分子的命運》，田園書屋2007年12月。

1
3
1

第八章 歸來之後

的自我否定。因為一般來說，政治觀點的是非對錯是根據它是否能夠贏得別人的贊同為標準的，當你發現你的觀點遭到眾人的一致反對，你就很容易陷入自我懷疑和自我否定。」[94]七月全國人大會上，章伯鈞、羅隆基、儲安平、費孝通便是在各族人民代表震耳欲聾的吼聲中，很快低下頭認罪、舉起手投降的。

吳文藻開始沒有認罪，他的更正稿被駁回，領導敬告，不是更正，而是要認錯、認罪，並且指示他要一個問題一個問題的弄清，錯在哪裡，罪在何方。於是，吳文藻被打回家裡，獨自反思。於是，吳文藻便一個問題一個問題的反思、回顧、苦思冥想：推費搞所、權能不平衡、聯合會、恢復社會學等等。根據吳文藻的治學方法，當要闡述一個理論命題時，必須追溯這個理論命題的源頭，當要從事實中引申出結論時，必須將事實弄清楚，這個從清華、從達特默思、從哥倫比亞系統訓練出的嚴格治學方法與精神，被他用到了對自己「罪行」的認識與概括上，結果，他得不出別人要他說出的結果，他自己得出的結論與被指定的結論大相徑庭。因而，開始的檢查多在陳述過程與事實的層面上，堅持愛黨愛國的情懷，「如果我反黨反社會主義，那麼，我為什麼要回國呢，要反，我到美國去反不是更好嗎？」自然，他的檢查寫不下去，痛苦萬分。後來領導者乾脆明言，不要陳述過程與事實，只要寫出結論，這個結論當然不是他自己從言論與事實中推斷出來的，而是別人要強加給他的。

領導指示不聽，溫情勸說介入。在洗腦術中，溫情勸說是常用的一種方式，在反右運動中則是「大聲怒吼」的另一面，它的指向與大聲怒吼的群眾運動相一致，相似的語言，說不要「太注重事實，」「著重批判思想」，「不必過於拘泥事實，犯客觀主義」，「又勸我不要修飾文字，這些都是假面具」等等，只不過，這裡的聲音溫和，勸說者與被勸說者有一定的關係，親人、師生、同仁、上司、下屬等等。吳文藻自6月8日開始反擊右派分子到他自己的認罪，前後四個多月，陸續與之交談的多達上百人次，其中有蘇冰、賀致平、何鍾翰、楊家駒、劉舉竣、林耀華、于勝椿、張錫彤、承信、雷潔瓊、王亞南、夏康農、傅若昭、施聯珠、向前、王靜如、羅莘田、郭毅生、傅

[94]《為什麼很多右派會低頭認罪？》，丁抒主編，《五十年後重評「反右」：中國當代知識分子的命運》，田園書屋2007年12月。

樂煥、汪明禹、劉春、宗群、潘光旦、汝嫻、陳永齡、吳半農、謝南光、李汝祺、江先群、宋蜀華、吳澤霖、岑家梧、朱寧、李有義、劉堯漢、鄺平彰、王輔仁、梁明、謝為杰等，當然更有冰心、女兒吳宗遠等，還有間接的周恩來、鄧穎超。這些勸說以不同的語言、不同的方式、不同的表情，不斷加深了吳文藻的困惑感，並最終懷疑自己，動搖信念，改變自我。

　　吳文藻在檢查寫不下去的時候，他會停頓下來閱讀，尋求解脫、尋求對自己支撐的理性。他反覆地閱讀1957年6月版的《關於正確處理人民內部矛盾的問題》，幾乎是每一頁都密密麻麻的寫滿眉批、邊批，還有插頁與帖件等，他閱讀列寧《論民主與專政》、毛澤東《反對自由主義》、陸定一《整風十五周年》、李維漢的多次講話以及《論現代反動資產階級社會學的一些特點》《哲學研究》《思想改造文選》，希望將其中的思想變成自己思想的一部分。這種閱讀加速了他走向認罪的道路，因為在他可以接觸到的閱讀中，報紙、雜誌、書本，以不同的名字、不同的筆調與聲音，以權威的姿態，都在重複同一個「真理」。輿論一律且聲勢浩大，令吳文藻真正感覺到自己已是「四面楚歌」。也就是說，在最艱難的時候，吳文藻沒有其他的精神資源支撐他，終日面對的報刊、電臺、書本，卻在不斷重複著一個論調，你是錯的，是有罪的。這種納粹德國宣傳部長戈培爾式的「謊話說一千遍就是真理」，正是洗腦術中的一個重要方式。以不存在的罪名，開動所有的宣傳機器，義正詞嚴地、反反覆覆地狂轟濫炸，將並不存在的罪名造成事實，干擾、動搖、摧毀右派分子的信念的意志，從而進入認罪的程序。尤其是，這種宣傳帶有很大的欺騙性、最起碼是經過嚴格的挑選與組織，又如，《人民日報》曾以整版的篇幅，刊登題為《右派分子的猖狂進攻激起了千萬讀者的憤怒》，其中透露了各地報紙都刊登葛佩琦、儲安平、章乃器和楊玉清等反對共產黨、反對社會主義的言論，然後描述「全國各地工人、農民、學生、教員、市民紛紛給本報來信，痛斥這些言論。10日到14日五天內，本報收到了三幹五百六十六件來信，其中有個人寫的，也有幾個人或集體簽名的。」且不說這些數字是否準確，接下來更用編造而誇張的語言，描述了寫信者的身分、寫信的場地與動機，「這些來信有的是在國境邊上寫的，有的是在熾熱煉鋼爐邊，有的是在醫院的病床上寫的，有

的是在綠色的田野寫的，有的是在科學實驗室中寫的，有的是在學校課室中寫的，有的是在飛馳的列車上寫的，也有的是一邊照料孩子一邊執筆寫的。」顯然，這是記者根據工農兵的習慣思維而概括與編造的，並非真實的情景，舉出的例子也是編織與編造的，說「寫這些信的人並不都是知識分子，其中有很大一部分是目不識丁或識字不多的工人、農民和其他勞動人民。他們不會寫信或者寫不成一封信，但是在看到和聽到反對共產黨、反對社會主義制度的言論後，心情激動得不能不請人代筆發表自己的意見。正在北京西郊第二療養院療養的肺結核病患者、手工業工人侯家山，請侯俊霞代筆。河北復員軍人陳德皋因為識字很少，寫了五次才寫成一封三百多字的信。他在信上說：『我有多少要說的話呀，就是說不出來，寫不出來。』因此，他只得在信上重複地說：『我有一雙雪亮的眼睛，有一顆保衛黨、保衛祖國的決心。』」[95]因而，吳文藻們不僅是四面楚歌，這個歌還是多聲部的。

於是，以下的問題就無法回避了：你自己說愛黨，但黨說，你反對它，你說你愛國，可是國家的主人——工農商學兵都說，你反對社會主義。何以堅守自己的立場？吳文藻在日記中，多次提醒自己要改變立場，也就是開始懷疑自己的真誠，以為是立場有問題，站到黨與人民的對立面去了。在無可辯駁的對立面前，捏造、編造、虛假的輿論占上風，理性不可能不動搖了，只是內在的感情仍在掙扎，這就是吳文藻的痛苦之所在。到最後，他已意識到「病根甚深，必須痛拔否則是活不下去的。」冰心則鼓勵他要「向前看，好好過關」！此後「對黨不滿」的文字才從他的檢查中源源流出，從而完成了他的「無罪認罪」艱難的「救贖」。

相互撕咬對各自的心靈都是傷害，而組織與安排相互撕咬則是洗腦必經的程序，當同盟成為撕咬對象時，這個同盟便不存在了，當同盟的一方已經道出了你的罪狀並想以此邀功請賞時，另一方要堅持也已幾無立足之地了。鳴放時期，本無同盟，所謂羅章同盟也是被捆綁的，但在揭發過程中，相互撕咬，章伯鈞認為他被羅隆基利用，並對自己親自點名擔任《光明日報》總編輯的儲安平加以討伐，羅隆基雖

[95] 《右派分子的猖狂進攻激起了千萬讀者的憤怒》，《人民日報》1957年6月15日。

然不承認章羅同盟，但他對章伯鈞的批判也不手軟。民盟中央還通過了《中國民主同盟中央常務委員會為號召全盟展開反右派鬥爭並開始盟內整風的決定》，號召全體盟員，與章伯鈞、羅隆基、儲安平等民盟的副主席、盟員展開無情的鬥爭，因為「他們的方向是一致的，那就是不要共產黨領導，不要人民民主專政，不要走社會主義道路。他們要引導本盟向右轉，走向資本主義的道路。這是斷不能容忍的。」民盟的每一個盟員，要「積極參加展開在我們眼前的一場政治思想鬥爭，讓我們全盟團結起來，為反對右派分子的反社會主義言論而戰鬥到底！」[96]吳文藻在接受批判的同時，也參加了揭發批判其他的右派分子，對費孝通、聞在宥、吳景超甚至羅隆基都有當面與背後的揭發與批判，在傷害學生、同事、同學的時候，也傷害著自己，吳宗生甚至也揭發批判了父親的反動言論。

交易陷阱是洗腦術中常用的方法。很簡單，即你說了什麼、承認了什麼，便可以得到什麼，這種交易有時是極不對等的，比如給你飯吃、讓你上廁所、允許你睡覺等等，雖然不對等，但交易屢獲成功。反右運動中的交易陷阱隨時出現，並且有的價碼很高，吸引交易對象出動。章詒和在回憶父親章伯鈞被李維漢邀請參加民主黨派座談會，就是在這次會議上提出了「政治設計院」，而這個問題卻是坐在吉姆的小汽車中想出來的；她在《往事如煙》中，多次描寫到他們家居住的四合院，其中有個細節，史良從衛生間出來，告訴她的母親，說毛巾都已發硬了，該換新的，毛巾要在失去軟性之前便要換掉。這與當時提倡的「艱苦樸素」顯得多少的奢侈，但作者以認同、讚賞的口吻來描寫。這兩個細節，顯示了作為部長的章伯鈞一家，在新中國處於優裕的貴族式的生活狀態，而這一切並非由章伯鈞跟隨共產黨打天下得到，而是作為民主黨派領袖認同共產黨而由共產黨賜予的，如果你反對共產黨、站到共產黨的對立面去了，這一切都將失去。這個交易的法碼與規則，在章伯鈞的顯意識中不一定出現，但在潛意識中卻是清楚的。吳文藻也如此，他的待遇沒有章伯鈞高，他最重要的法碼是，只有認錯、認罪了，共產黨寬大為懷，可以保留你的政協委員、可以繼續當教授，可以像冰心那樣「自由」，還可能有出國的機會，

---

[96] 《民盟中央常委會擴大會議決定立即開始在盟內進行整風》，《人民日報》1957年6月19日。

在國內則可以在政協組織下，像人大代表的冰心那樣，到各地參觀視察等等，所以，吳文藻在檢查中，有一節專門寫到「瑩的影響」。冰心的存在對吳文藻就是一種召喚、一個榜樣，這個召喚不僅是親情的，也是政治的，這個榜樣的一切，不僅是作為作家所得到的尊榮，同時也是政治上與共產黨合作所得到的待遇。當然，無論是章伯鈞還是吳文藻，亦或其他的右派，交易的另一方並未兌現交易時的承諾，或者說沒有按承諾兌現，但在雙方對弈的過程中，這種交易陷阱起到了很微妙也很重要的作用，從而加速其認罪與定罪的進程。

吳文藻在總檢查時，面對大眾，痛哭流涕，不能自制，這種感情的大噴發，換來的是「初步低頭認罪」，從而「最終定罪」。之所以說是初步認罪，這是一個策略，定罪之後依然要認罪，那麼，這不僅是一個漫長的過程，而且可以隨時對你進行批判，也就是保持了定罪之後的批判權。只要你一有反覆，便可行使批判權，這是一條徹底摧毀資產階級知識分子思想的道路，徹底摧毀社會與黨內知識精英的道路！

吳文藻在低下他高貴的頭顱之時，連同他的頭腦中的一切：清華、留美的教育，社會學的追求，民族學的觀念，以及思維的方式、治學的方法、處世的價值觀等等，一一被清洗。與此同時，需要重新裝進新東西：對共產黨的認識、對毛澤東思想的學習、對人民民主專政的理解，以及新社會的處世哲學、人民的觀念與立場等等，這就是洗腦術中所說的培植新的「血清」，「讓受害者產生全新的腦部活動和思想，並機械地重複它們。」

顯然，這個過程對吳文藻來說，依然是漫長的，共產黨保留批判權的做法非常之英明。

17，反右運動：冰心為何沒有打成右派分子

根據中共中央《關於劃分右派分子的標準》，以其中的任何一條，冰心均可定為右派分子，「攻擊肅清反革命分子的鬥爭」、「污蔑共產黨的革命活動和組織原則」，只有將她和林崗的談話與這個標準一對照，冰心都是在劫難逃。這個談話所能閱讀到的人可能有限，但《人民日報》的「內部參考」是高級領導幹部必讀之文件，陸定一、周揚，甚至作協黨組副部級的領導都能看到，但是，沒有人提出

以此為據，將冰心打成右派，甚至在許廣平直接向陸定一告發時，冰心也沒有被打成漏網右派分子。

鳴放階段冰心大部分時間不在北京而在南方視察，這可能使得她沒有鳴放的言論出現在媒體上，而在進入反右後，作協反右的主戰場在黨內，是丁玲、陳企霞，是馮雪峰等，且以黨組擴大會的形式展開，冰心為民主人士，成了觀眾與聽眾，大庭廣眾之下，少有冰心的發聲。再加上冰心平時人緣好，也不參與政治上、職位上的角逐，與人沒有太大的利益與利害衝突，加上居於郊外、經常出國，在作協機關的時間有限，這些都可能成為原因。

但當我們對右派分子掃描一下便會發現，這一切並不足以令冰心逃之夭夭。

右派分子的名額可能也起到了作用。毛澤東曾經對右派比例做過估計，1%到1.5%，但實際擴大化之後，遠遠超出這個數字。冰心有可能就是被這個比例做了有限的保護。在進行組織處理階段，作協黨組開會定右派，有人則認為作協的右派劃太多了，因而，主張能不劃的就儘量不劃。郭小川那時是作協秘書長、黨組成員，在他的檢查中談到：

> 在反右派鬥爭中，我總希望鬥爭對象越少越好，只要別人不揭發，我就不提出來作為鬥爭對象。如謝冰心、臧克家、韋君宜、黃秋耘，我都不鬥爭或不主張劃為右派分子。[97]

但這一切實際上都擋不住一個右派分子的產生。遠的不說，謝為楫被打成右派，最終的定案是因為他批評了一個科長，說他不尊重知識分子。謝冰心可不僅僅是批評了科長，她批評了毛主席。她擔心毛主席死了怎麼辦？她在文聯整風的座談會上，批評工藝美術存在的問題時，也涉及到了黨的方針政策，這也是犯忌的，對一般知識分子而言，完全可能因此而獲罪。

大多數人認為是受到周總理的保護，也許有一定的道理，周總理有可能保護冰心。但是，在進入被打的程序之後，要將一個人打成右

---

[97] 郭小川，《檢討書——詩人郭小川在政治運動中的另類文字》，P240，中國工人出版社2001年1月。

派，那怕是大人物，也不需要總理的批准，共產黨的各級黨組織大權在握，無需請示，就是請示，也應該有文字材料，但這一切在冰心的檔案中均未出現。也就是說，如果屬總理保護，周恩來在運動一開始就要給作協打招呼，從而令冰心不進入反右程序之中，成為逍遙運動之外的「另類」，這種可能性大嗎？

不能確定毛澤東是否看到過冰心的言論，以常理，內參主要是提供給決策者的，毛澤東也多從內參中瞭解情況。從內參誕生的那一天起，就具有情報性質，或者乾脆就是情報，因而，毛澤東從《人民日報》的內參上看到冰心的言論可能性很大。也許正是這一點，真正救了冰心。

根據郭羅基的回憶，1979年1月，胡耀邦主持的理論務虛會，這是中國思想解放運動的高峰會。「會議參加者一百六十五人，大多是胡耀邦稱之為理論戰線上的『闖將』的人物，歷時兩個多月。在中國共產黨的歷史上、也可以說在國際共產主義運動的歷史上，如此大規模、長時間地集會，就重大的思想理論問題進行自由討論，從來沒有過。」這次討論分五個小組進行，周揚是郭羅基所在的第三小組的召集人。理論務虛會期間，周揚透露了1957年文藝界反右派的一些重要細節。

當時他已年逾古稀，而且因患肺癌動過大手術，但主持會議，帶頭發言，未嘗懈怠。有一天，他沒有來。次日，問以故。他說參加（馮）雪峰的追悼會去了。（他弄錯了，不是追悼會。後來瞭解，是中組部舉行的一個儀式，宣布為馮雪峰的右派問題改正，恢復黨籍。追悼會是在這之後舉行的。）他一見雪峰的照片，深感「愧對故人」，痛哭流涕。

1975年，周揚剛從牢裡放出來，獨自一人，坐公交車從西到東、橫跨北京城去看望癌症晚期的馮雪峰。看到雪峰窮困潦倒，周揚返回家中，向夫人蘇靈揚要了三百元錢，再次送去。雪峰十分感動，寫了一篇寓言《兩隻錦雞》，說：兩隻錦雞各自拔出一根最美麗的羽毛，送給對方。雪峰行將就木，唯念黨籍尚未恢復。周揚回家後連夜給毛主席寫信，代訴衷情。而這時他本人的黨籍也尚未恢復。

我們小組有人直率地問:「當年你怎麼下得了手呢?」

周揚這才說出:「抓右派之前,主席給我一個名單,名單上的人都要一一戴上帽子,而且要我每天彙報『戰果』。我說,有的人鳴放期間不講話,沒有材料,怎麼辦?主席說,翻延安的老帳!我當時常常說『在劫難逃』,許多人聽不懂。」不知內情,誰能聽得懂?

馮雪峰被戴上右派分子帽子就是「在劫難逃」。1957年8月27日,《人民日報》在頭版以大字標題宣布:馮雪峰是文藝界的反黨反社會主義分子。第二天,馮雪峰所在的人民文學出版社收到上級文化部的通知:「你處報來的馮雪峰的材料,經文化部整風領導小組審核後,決定:列為右派骨幹分子。」此前,人民文學出版社根本沒有上報馮雪峰的材料,而是四個月以後補報的。

名單上的人,有的周揚也想保護,例如漫畫家華君武。他說:華君武出身貧苦,到過延安,言論有錯,還不是右派。遭毛嚴厲斥責:「華君武不是右派,你周揚就是右派!」

周揚是有自我批評精神的,他倒並沒有把責任都推給這個名單,說:「在中宣部,陸定一和我都『左』的不得了。即使沒有主席的這個名單,恐怕也好不了多少。」陸定一曾自責:「中宣部的任務無非就是整人,今天整了這個,明天整那個。」

以前只知道湊「指標」、按「百分比」抓右派,居然還有按實實在在的預定的「名單」抓右派!而且,沒有材料就翻老帳。[98]

當時曾有人問周揚,「這個名單是哪裡來的?」周揚說不知道。有人認為是江青提供了,但周揚說:「不一定。江青不過是看家狗一條!」名單是毛澤東提供的,但這個名單如何來的,周揚也不知道。可以肯定的是,這個名單中沒有「謝冰心」三個字!只有追尋到了這裡,我才解開了冰心之所以沒有打成右派分子的疑案。是的,冰心與

---

[98] 郭羅基,《浴火重生的周揚》,《新史記》2011年第4期。

林崗的談話周揚看過，他一定認為毛澤東看過，而毛澤東在看過之後依然沒有將冰心列入右派分子的名單中，那麼，作協還敢將她打成右派分子嗎？哪怕是看過檔案中冰心的其他私下的更尖銳的講話，哪怕有許廣平的密告，他們也不敢將冰心打成右派，甚至也沒有這個權力，包括茅盾、老舍、巴金、曹禺這些有著重要影響的作家，不在名單內，誰也不敢將他們打成右派，縱然有過激言論，也不能，而只要在毛澤東的名單中，沒有說過什麼話，也可以打成右派，因為可以**翻舊帳**呀！丁玲、陳企霞、馮雪峰不正是在**翻舊帳**的戰利品嗎？

18，歸來之後的寫作

兒童文學

　　冰心選擇回到北京，重要原因之一是她的讀者群，在寂寞的時候，她會在心中悄悄地與小讀者對話，每至此，心便覺得欣慰。

　　回到北京之後，尤其是參加了中國作家協會，擔任了兒童文學組組長，首先將自己定位在為兒童的寫作上。她說她沒有多少優點，但為孩子們寫作是她的長處，她的文體、語言與風格，都適合兒童文學的寫作。她曾說：「願為創作兒童文學而努力。我素來喜歡小孩子，喜歡描寫快樂光明的事物，喜歡使用明朗清新的字句。」[99]《陶奇的暑期日記》便是在這種理念下，回到北京之後寫作的第一部兒童文學作品。

　　此時的冰心已年過半百了，寫作的歷史也有三十餘年，無論人生的經驗、寫作的積累、文字的功力到技巧的嫻熟，對一個小中篇小說的寫作，應該是駕輕就熟，但當冰心下筆之後，便覺得筆觸生澀，沒有感覺，完全不像她之前的寫作那般流暢。小說描寫的是新中國的兒童在一個暑期的生活故事，以小說中第一人稱的「我」即「陶奇」的視角，表現孩子們在暑期的生活與友誼，曾雪姣、孫家英、李春生、林宜、范祖謀，還有日本歸僑小朋友小秋，志願軍戰士周少元，姐姐陶真等，在暑期中的補課、看月亮、迎接志願軍回國，尤其是在故宮、北海、天壇、頤和園等名勝古蹟的遊玩中，展開故事情節，表現

---

[99] 《歸來之後》，《冰心全集》第5卷，P30。

新中國兒童的愛憎、情操、理想。以日記、書信結構作品本是冰心的拿手好戲，但由於她對新中國的少年兒童陌生，孩子的語言、心理活動、行為方式，全都不聽筆的召喚。她過去為孩子們寫作，面對大自然生出的傷感，與新中國的兒童就不相適宜了，他們積極向上，有理想，也有缺點，但描寫起來卻顯得概念。只憑理念——要寫一部給新中國兒童閱讀的小說，要表現新中國孩子的生活與理想，卻無生活，缺少靈感，更無神來之筆。於是，只得寫寫停停，實在寫不下去，便請鄰居小朋友來家做客，搬了一個小板凳，面對面和他們聊天。尤其是對主要人物陶奇的描寫，總進入不到她的內心世界，甚至把握不了孩子的天性，容易變成一個小大人。有時將寫好的文字念給孩子聽，有孩子說，你寫的小孩的話沒有孩子氣，冰心根據他們的意見盡量修改。原作中有一個細節：小學生們5月1日在天安門前遊行，「當我念到這兒的時候，聽我念的小學生們立即提出了這樣的意見：『謝老師，您搞錯了。中學生參加了五一，我們小學生沒有參加。』」反覆的修改，最後連自己都不想看。一個五萬多字的小說，前後寫了三年。「她曾經作過不止一次的修改。細讀這本書的時候，還可以辨別出作家幾次勞動所留下的痕跡。」論者說。

　　作為回到北京之後，冰心為新中國少年兒童獻上的第一份禮物，還是引起很大的反響，1956年5月少年兒童出版社出版，很短的時間內便多次印刷。《光明日報》在「圖書評論」的欄目中，發表了一篇很長的書評，分析了這部作品與以前舊作的區別：「讀這部書的時候，會想起冰心一些舊作，尤其是那篇當時曾經吸引了無數少年的《寄小讀者》。這些作品筆調非常纖細，但是因受歷史條件的局限，作品常常引起人們的傷感，使人惆悵和壓抑。而《陶奇的暑期日記》就截然不同，作家呈現了一幅色彩明朗的孩子們生活的圖景，揭示了孩子們的精神世界，和他們的天真愛憎。打動人心的，不是他們對一草一木所起幻想，也不是對一隻小動物身世所引起的感觸。而是他們生活中的呼吸，他們明確的理想。」評論認為，作品寫得成功的是一個叫李春生的孩子，活潑、調皮、直爽，稱讚有一個細節用得非常好，「他要求入隊，陶奇問他：『你做了隊員，帶了紅領巾，就不能總和人打架！』他笑說：『那可不一定！誰要把我惹急了，我還是要打。我把紅領巾摘下來，打完架再帶上！』」這一段的描寫，正顯示

了李春生的那種好動的性格。」文章同時對作品的「說教」提出了批評，認為「這部作品有的地方，給人一種感覺，有些話不像是出自孩子的嘴裡，而是作家通過作品的人物，在向讀者說教。」論者舉了一個例子，陶奇與小秋在北海公園划船，陶奇的姐姐陶真指著白塔，說是三百年前蓋的「西藏式」的塔，陶奇就說到藏族人民能歌善舞，說到「歌唱二郎山」中的二郎山，小秋則說長大後去西藏，陶奇問，去西藏做什麼，小秋說去為西藏人民服務！陶奇還誇獎小秋進步真快等等。[100]這顯然是概念化的說教，而這種彆扭的說教，在書中還不少。

冰心本人對作品不滿意，甚至不願送人，包括趙清閣這樣的老朋友，直到追上門來要書，才想起來，道歉之餘便說：「我因為沒有寫好，而且改得太多，厭煩了，我自己都不滿意，也沒送給朋友。前些日子夏衍和我談過，要編成電影。因去冬我病了，沒有細談，以後也沒有機會再談。茲附上一本（唯一的一本），你看看可用否？若能趕上今年兒童節，也不錯。不過裡面實在沒有什麼動人的情節。」[101]最終，無論是夏衍還是趙清閣，都沒有完成對小說的改編。

《陶奇的暑期日記》中確實沒有了冰心舊作中的傷感情懷、惆悵情調，顯然，傷感與惆悵不僅是冰心舊作的特點，也屬美學特長，當新的作品中失去了傷感與惆悵，藝術魅力便大大地減弱了，儘管這裡有歡樂與豪情，但這種藝術的魅力不屬於冰心，她在轉移描寫視野的同時，也在轉換著藝術的特長，顯然，兩者都不成功。讓冰心重新贏得新中國孩子們的喜愛、贏得她在文學園地中特色的作品，是隨後發表的《小橘燈》。

《小橘燈》故事很簡單，情景也單純。「我」──去看一個朋友，朋友住在鄉公署的樓上，樓下有一部公共電話，朋友不在家，「我」拿一本書邊看邊等。這時，一個八九歲的小女孩來打電話，她的個兒不高，夠不著話機，「我」便過去幫助，小女孩說要給醫院打電話，但不知道醫院的電話號碼，要問電話局，並說你只要說是到王春林家來的就知道了。「我」替她做了這些事，小女孩回家了。之後，「我」一直惦記著這個孩子，醫生來了嗎？這時朋友還沒有回來，就想不等了，到小女孩的家中去看看。小女孩開門看到她，先

<hr/>

[100] 吳林，《讀〈陶奇的暑期日記〉》，《光明日報》1956年9月20日。
[101] 《冰心書信全集》，P250。

是驚奇，後是高興，說媽媽已經打過針了，現在好多了。小女孩問
「我」吃過飯了嗎？說這是家裡的年夜飯，紅薯。她說我媽媽很快
就會好的，大家都會好的。「我」去的時候帶了幾個橘子，給了小
女孩，小女孩把橘子掰開，橘瓣給了母親，橘皮做了一盞小橘燈送
「我」下山。小女孩在這種艱難的環境中，也沒有忘記給他人溫暖。
當「我」提著小橘燈，走在山道上的時候，心裡有一種溫暖而憂傷的
感覺。小孩子的父親是因為同情革命者被抓進走的，冰心沒有正面描
寫，將其處理成背景，而將可愛的、令人同情的小女孩，推到描寫的
層面上，革命的故事以憂傷與溫情的敘述來表達，從而產生了「冰心
體」的藝術魅力。

於是，我們可以看到，冰心在這篇不長的作品中，回到了舊時
的敘述方式，貫穿了她的愛與同情的思想，並且啟用了舊時的生活積
累，所以寫得得心應手，行雲流水。親情＋憂傷＋樂觀精神，達到了
藝術的和諧。冰心在新中國後創作的《小橘燈》，恰如巴金在抗美援
朝時的《團圓》，親情＋人性＋革命英雄主義，同樣成為老作家們在
新中國、既保留了創作特點又能溶入了新的生活元素的典範。《小橘
燈》很快成為冰心結集出版新作品的書名，北京出版的兒童文學作
品集也以此為名，同時出現在各種選本中，出現在新中國語文課教材
中，新中國的許多小讀者，正是在《小橘燈》中認識了冰心，走進了
冰心的文學世界。

多次有人問到，《小橘燈》是小說還是散文？有的把它編入小
說，有的把它編入散文。我非常明確的告訴說，是小說，為什麼是小
說？因為小說的本質是虛構，這個故事是虛構的，有冰心視野，冰心
的感受，或者說她曾經接觸過這麼一個孩子，但故事是虛構的，虛構
同時還體現在這篇小說的象徵意義上，「小橘燈」便是一個象徵，關
愛、溫暖、鎮定與樂觀的象徵，而非真實的存在。

散文寫作

《莫斯科的丁香和北京的菊花》是歸來之後，冰心寫作的第一篇
散文，在這篇描寫花卉的散文中，開始出現了意識形態語言，「莫斯
科的今天，就是北京的明天」等，這在民國時期的散文中從未見過。
之前，情緒最強烈的時候，比如紀念「三‧一八」周年、日軍飛機轟

炸、「八‧一五」勝利日等，冰心的散文與詩歌，均未出現過政治話語，最多賦以象徵意義。散文中的政治話語、意識形態語言，當然不是冰心僅有的，她只是開始從眾，但這個從眾一開頭便如影身隨，再也脫不開了。

域外散文是這一段時間寫作的主要體裁與題材，與其在國際舞臺上的外交身影一致。她以和平使者出訪印度，在瑞士、日本、埃及等國家參加國際會議後，描寫域外生活的散文，便頻頻地出現有國內的報刊上。此時的冰心，無論外交身分還是散文寫作，代表的是國家，是「我們」而不是「我」，這是與之前域外散文的根本區別。無論從哪一個意義上說，冰心的這種立場──國家的立場，無可指責。一個剛剛建立起來的政權、一個獨立自主的民族，當它出現在地球上、自立於民族之林時，這個組織的每一個成員，都有責任維護和愛護它的形象。冰心在外交舞臺上做到了，在通過媒體報告出訪的信息時，也做到了。因而，作品中大量地出現了國家與國家、民族與民族、人民與人民之間友誼的描寫，為自己的國家、政府、民族受到尊敬而深感自豪。「我們」的敘述與感情，代替了「我」的敘述與感情，讓人感覺到冰心的寫作，也是在執行政治任務。激情與豪情是這一時期域外散文的藝術特徵，這與新中國之初意識形態語言合拍、協調。

翻譯之作

這一時期冰心的翻譯之作值得研究。1954年出版了《印度童話集》（穆‧拉‧安納德著），1955年出版了《吉檀迦利》（泰戈爾著），1956年出版了《喀布爾人》《棄絕》《素芭》（泰戈爾著），《許願的夜晚》《我寫歌》《一封信》（安利塔‧波利坦著），1958年出版了《泰戈爾詩選》《薩‧奈都詩選》，全部是印度作家、詩人的作品，期間有兩次較長時間出訪印度，感覺冰心幾乎浸泡在印度的文化之中。不過，這裡的翻譯之作，並非都是近年完成，《吉檀迦利》應該是抗戰勝利後在重慶的譯作，[102]但冰心在「譯者前記」中對

---

[102] 戰後冰心曾有過心情茫然，重慶等待復員，在朋友的催促下開始了泰戈爾的翻譯，1946年上半年分三次在《婦女文化》中連載。冰心在南京寫作的《一篇祈禱》中，文前曾引用了自己翻譯的《吉檀迦利》第35首，我與收入《冰心譯文集》中的同一首詩做了比較，沒有一個字的改動。

此事未作交代，給人感覺到是在歸來之後的譯作。

　　冰心早年受泰戈爾影響，在心靈中經常與這位印度哲人對話，《繁星》《春水》便是在泰戈爾《飛鳥集》影響下產生的。但在實際生活中，冰心與泰戈爾失之交臂，當這位詩聖來北京訪問時，冰心遠在美國留學，歸來之後，當她有兩次較長時間訪問印度時，參觀了泰戈爾的故鄉，更是深刻感受了泰戈爾對印度對世界的影響。於是，她答應了人民文學出版社的邀請，著手翻譯泰戈爾及印度作家的作品。五四時期，冰心曾有《譯書之我見》[103]，提出翻譯三原則——「順」、「真」、「美」。那時還沒有翻譯實踐，在進入對泰戈爾作品翻譯時，基本遵從了自己的主張，將「順」放在首位，之所以這樣說，是因為冰心翻譯泰戈爾是以英文為藍本的，而泰戈爾的作品大多以孟加拉語寫作，英文雖然也是他自己的翻譯，但轉譯的風格與原文風格還是有區別，因而，冰心在整體上把握泰戈爾的風格，譯時注意到它的通順。作為靈性極高的冰心，在心靈中與之對話的中國詩人，完全可以按照自己的文學天才進行自由的翻譯，譯作所到達的境界，是一般非天才譯者難以企及的。冰心之後，縱然有人再譯《吉檀迦利》，但使用得最多的依然是冰心的譯作。

　　之所以屏蔽了《吉檀迦利》的翻譯過程，這裡可能還有難言之隱。「《吉檀迦利》是泰戈爾中期詩歌創作的高峰，也是最能代表他思想觀念和藝術風格的作品。因為這部作品，他於1913年獲得了諾貝爾文學獎。『吉檀迦利』是孟加拉文『歌之獻』即『獻歌』的意思，是以渴求與神結合為主題的頌歌。獻歌在印度自古以來就有，只是泰戈爾的《吉檀迦利》不是一般的宗教頌神詩，他向神敬獻的歌是『生命之歌』。他以輕快、歡暢的筆調歌唱生命的枯榮，現實生活的歡樂和悲哀。實際上它是一部抒情哲理詩，表達了泰戈爾對祖國前途的關懷，對人生理想的探索和追求。它著重宣揚了愛，也頌揚了無暇的童真。泰戈爾的《吉檀迦利》引起了全世界的轟動，以至於愛爾蘭著名詩人葉芝看到泰戈爾《吉檀迦利》的英譯文後就著迷了，他說：『這些抒情詩——以其思想展示了一個我生平夢想已久的世界。一個高度文化的藝術作品，然而又是顯得極像是普通土壤中生長出

---

[103] 《冰心全集》第1卷，P122。

來的植物。』美國現代主義詩人龐德甚至說：『我們發現了自己的新希臘。』」[104]這些冰心自然是清楚的，但歸來之後，在共產黨領導的下，愛與童真都被視為資產階級的人性論，時任文化部長的茅盾先生，在二十年代泰戈爾訪華時便提出過尖銳的批評，而冰心本人也對「愛的哲學」進行過反思，因而，譯作能出版就是一件好事，能隱去的則隱去，她在譯前記中只講泰戈爾影響的表層，不談內在的精神世界：

> 從這一百零三首詩中，我們可以深深的體會出這位偉大的印度詩人是怎樣的熱愛自己的有著悠久優秀文化的國家，熱愛這國家裡愛和平愛民主的勞動人民，熱愛這國家的雄偉美麗的山川。從這些首詩的字裡行間，我們看見了提燈頂罐，巾帔飄揚的印度婦女；田間路上流汗辛苦的印度工人和農民；園中渡口彈琴吹笛的印度音樂家；海邊岸上和波濤一同跳躍喧笑的印度孩子，以及熱帶地方的鬱雷急雨，叢樹繁花……我們似乎聽得到那繁密的雨點，聞得到那濃郁的花香。
>
> 在我到過印度之後，我更深深地覺得泰戈爾是屬於印度人民的，印度人民的生活是他創作的源泉。他如魚得水地生活在熱愛韻律和詩歌的人民中間，他用人民自己生動素樸的語言，精煉成最清新最流麗的詩歌，來唱出印度廣大人民的悲哀與快樂，失意與希望，懷疑與信仰。因此他的詩在印度是「家弦戶誦」，他永遠生活在廣大人民的口中。[105]

在《泰戈爾詩選》的譯後記中，冰心更是突出了「祖國」、「人民」、「愛國主義」這樣概念，使泰戈爾精神與新中國意識形態語言接近起來，使作品的出版發行暢通。

---

[104] 林佩璇，《冰心在翻譯方面的成就》，《冰心論集》（下），P378。林佩璇教授有多篇論文，論述冰心在翻譯上的成就，本文對《吉檀迦利》譯作的比較分析，在漢英雙語之中進行，極有見地。筆者未展開論述，固而不曾引用，興趣者可參閱。

[105] 《吉檀迦利·譯者前記》，《冰心全集》第4卷，P141-142。

這本詩集最突出的一點，是編入了許多泰戈爾的國際主義和愛國主義的詩，這些詩顯示了泰戈爾的最偉大最受人民喜愛的一面。孟加拉是印度民主運動和文藝復興運動的中心，在廣大人民渴求解放熱望自由的火海狂潮之中，泰戈爾感激奮發，拿起他的「力透紙背」的神筆，寫出了熱情澎湃的歌頌祖國鼓舞人民的詩篇。……都是詩人對於殖民主義和法西斯主義的最嚴厲尖銳的譴責。詩人的祖國曾長期地被踐踏於英帝國殖民主義者的鐵蹄之下，因此他對於被壓迫剝削的亞非人民，有著最深厚的同情，對於西方帝國主義集團，有著最切齒的痛恨；在這類的詩篇的字裡行間，充滿了他的目光如炬，須眉戟張的義怒，真使讀者「如聞其聲，如見其人」。[106]

冰心後來談到她的翻譯經歷時說過這樣的話：「一般說來，我翻譯的很少，因為我只喜歡翻譯我喜愛的作品。」[107]這是一個很重要的觀點，譯有所好，顯然泰戈爾是她的最愛，這個愛的內容，也許並非是在譯前譯後語中所云，而是另有心靈的溝通與靈魂的喜愛。於是，我們就可以看到冰心歸來之後，創作與翻譯相背的現象，她很想寫作，但只能寫與自己語言風格、審美追求不一致的作品，此時的寫作不是自我表現，而是為了工作、為了「完成任務」；另一方面，她在悄悄地進行翻譯，向著泰戈爾走走，向著愛走去，保持心靈中的一點濕潤，並在公共語言的掩護下，向社會輸送著愛與童真。

我曾經在一次演講中，講到這種現象：

歸來之後，她的翻譯與寫作便呈矛盾的狀態。一方面在自我否定，一方面又十分熱心翻譯泰戈爾，夜深人靜時與泰戈爾對話；一方面是在接受馬克思主義，一方面又在翻譯博愛的作品；一方面在批判知識分子，一方面又通過翻譯表達知識分子的良知。這是一種相背的現象。因此，我曾想道：也許只有翻譯，完整地體現了冰心本真的內心世界，我們應該從翻譯、

---

[106] 冰心，《泰戈爾詩選·譯後記》，P189-190，人民文學出版社1958年5月。
[107]《我也談翻譯》，《冰心全集》第7卷，P407。

包括她對翻譯對象的選擇、作品的選擇、現代優美漢語的使用上，來解讀冰心。[108]

[108] 《王炳根說冰心》，P132，海峽文藝出版社2011年12月。

第九章　向左轉，開步走

1，大躍進中的《再寄小讀者》

　　反右運動即將落下帷幕時，冰心接受了中國文聯馮宜英的訪問。那時，吳文藻打成右派已成定局，作協與文聯的右派分子陣營也已分明，雖然訪問的引子是作家的寫作與生活，但冰心不可能不談及反右運動，這與自己的關係實在太密切了。

　　　　歷次運動，如鎮反運動的名單，幾乎沒有一個自己所認識的人，三反時有兩三個，五反時又幾乎沒有，可是這次報紙上所揭發的右派分子，尤其是大右派分子幾乎都是自己所認識的人。如文匯報的浦熙修，新觀察的戈揚等等。這次的反右鬥爭就是針對著知識分子，越是知識分子成堆的地方，右派分子越多，如果不反，真不知道要成什麼樣子，所以有必要反擊右派。不反擊右派就不能將消極力量變為積極力量。右傾思想不被揭發出來，自己就永遠也認識不到自己的反動，早暴露一天就早丟下一天包袱，早澄清一些問題。

　　反右運動在冰心看來，是將消極力量變為積極力量，早一天暴露早一天放下包袱輕裝上陣，從國家建設與文化建設的角度理解反右運動，尚未從階級鬥爭的高度說事。具體講到她所認識的右派，「蕭乾是她弟弟的同學，從小她就認識他，蕭乾人很聰明，就是品行太壞，尤其在男女關係方面。」艾青也是「亂搞男女關係」，吳祖光則是「二流堂的胡鬧」，丁玲是1927年就認識的，「真沒有想到丁玲也是個右派分子」。所謂真沒有想到，因為丁玲在她看來，老早追求進步，作品獲得過史達林獎，建國後更是文藝界的領導，能想到她竟然是右派？至於什麼原因被打成右派，她沒有講，吳祖光是不屑一顧的「胡鬧」，蕭乾、艾青等都是作風問題，感嘆與擔心的是：「文藝界

有很多朋友是右派分子，社會科學界也有很多朋友是右派分子。但不知有沒有被錯鬥的？」自問之後，立即便是自答「也許不會有誤！」反右還沒有結束，便提出有無「錯鬥」的問題，這是很危險的，她立即意識到，以「不會有誤」掩蓋過去。

自然回避不了吳文藻，這也是吳文藻打成右派之後，現存文字中首次表示的態度。她認為，吳文藻與上面所說的右派都不同，「他是在學術方面犯了錯誤。」學術問題自然屬於可爭鳴的範疇，但吳文藻又確實被打成了右派，冰心的理解是，吳文藻的學術問題也就是社會學，與自然科學不一樣，「搞自然科學的人是用同一技術為誰服務的問題，可是資產階級的社會科學有它的一套體系，它模糊階級鬥爭，總想實現它的體系，結果政治觀點不對頭，永遠行不通，與無產階級的社會科學格格不入。」在冰心看來，資產階級社會學的學術體系，是吳文藻被打成右派的根本原因，而吳文藻「沒有認識到自己錯誤的嚴重性時，總是想不通，總是背著一個從日本起義回國的進步包袱，他總是說：『我怎麼會是反黨反社會主義的呢？我如果反黨反社會主義，我就不會回國。』」冰心在接受訪問時說「他剛剛檢查完自己的思想，挖掘的還很深刻，進步包袱已經放下了。這種消極力量就可以化為積極力量了。」

反右運動中群眾鬥爭右派的場面，冰心的感受很深，但她仍然沒有道出鬥爭的實質，多從人際關係的角度解讀：

> 群眾鬥爭右派也是出於各種各樣的動機。有的很公正，他也不認識你，對你也沒成見，只是針對著事實辨明大是大非的來批評你。也有的和你很熟是好朋友，如果不批評你一下，唯恐人家說他不和右派分子劃清政治界線。還有一種是怕引火燒身，如果不批評你，怕燒到自己身上來。再還有一種拼命地批評人家，以顯示自己沒問題。[1]

中國文聯在五、六十年代之間，曾經有個宏大的計劃，對作協、美協、劇協等專業協會的300多位作家、藝術家進行訪問，包括民間

---

[1] 以上訪問內容的引用，均出自賈俊學輯《文聯舊檔案：冰心、許廣平、白薇訪問紀要》，《新文學史料》2013年第2期。

藝術家,「聽取他們對文聯所組織的參觀訪問、生活學習」的意見和建議,對於像韓啟祥這樣的民間藝人,還為其記錄整理口頭說唱《搖錢記》等劇本。[2]冰心作為中國文聯全國委員會委員六次接受訪問,[3]這是第一次接受的訪問,由於訪問者與冰心是熟人,且不是在公開的場合,所以談話輕鬆而隨意。

但是,聲勢浩大的反右運動,冰心雖然沒有被打成右派,也並不是像她在談話中那樣輕鬆,一家出了三個右派,多次的批判與檢查,實在令其驚魂。她不僅是認識他們(右派分子),也回過頭重新審視自己,對身分再行確認。因為曾經無數次地出國訪問、出席國家最高會議、以人大代表到各地視察、報刊上大量發表文章,一度感到自豪,以為已經融入了這個國家的肌體之中了,已經成為人民的一分子了。況且,周恩來也曾代表中共中央作報告,認為「知識分子已經成為我們國家的各方面生活中的重要因素,他們中間的絕大部分已經是工人階級的一部分。」[4]但是反右運動一來,她對自己的身分產生了疑惑:雖然沒有打成右派分子,但從思想、感情以及生活方式,與右派分子吳文藻有什麼區別?不都一樣嗎?現在還能說自己是人民的一分子麼?是工人階級的一部分麼?想想東京真是單純,讀了毛澤東的《論人民民主專政》後而一廂情願地將自己列入「人民」之中,反右運動的驚魂,讓她清醒地意識到,自己原來根本就不是「人民」,而是資產階級的知識分子!自己與吳文藻原本就是一個陣營中的人,資產階級陣營中的知識分子,只不過他是右派,自己僥幸沒有被打成右派而已!

在一次民進中央的學習會上,有人說,許多會員不願意承認民進是一個資產階級性質的政黨;也有人想在「資產階級」上面加個

第九章 向左轉,開步走

---

2 接受訪問者的談話,均被記錄整理,有的是手本,有的則打印成文字。這批珍貴的材料,全部流失坊間,賈俊學收藏,2013年在天津舉行的「5‧18國際博物館日主題活動——博物館(記憶+創造力)=社會變革」活動中,展出了賈俊學收集的部分訪問原始記錄。

3 分別是1957年12月12日(訪問者馮宜英)、1958年3月4日(訪問者馮宜英)、1959年1月21日(訪問者馮宜英)、1960年2月3日(訪問者陳慧)、1960年5月(訪問者陳慧)、1964年1月24日(訪問者陳慧)。

4 1956年1月,中共中央召開關於知識分子問題的會議,討論加強黨對知識分子和整個科學文化工作的領導,會上,周恩來代表中共中央作了《關於知識分子問題的報告》。

「小」字，或是把「民進還是一個資產階級性質的政黨」改為「民進基本上還是資產階級的政黨」等等。冰心則坦率地提出了自己的觀點，這種願望是好的，但是民進的資產階級性質是改變不了的，因為「民進的絕大多數成員是資產階級知識分子，他們在政治中有左、中、右三派，而搖擺於左右之間的中間派是大多數。我覺得，我們應當反躬自問：『我究竟是不是資產階級知識分子？假如是，我是其中的哪一派？』」

為了回答這個提問，冰心自設了七個問題，像七道測試題來檢測自己：

1，我在為社會主義工作中，是否從個人主義出發？是否有嚴重的名利思想和雇傭觀點？

2，我在實際工作中，是否脫離政治、脫離實際、脫離勞動、脫離群眾？曾否一定程度上傳播著資產階級的錯誤思想觀點？

3，我在「三反」時期對於知識分子思想改造時所用的群眾鬥爭的方式，我是否有不平或抵觸的情緒？

4，我在蘇共二十次黨代表大會，揭露了對於史達林後期錯誤，批判了個人崇拜的時候，我是不是又重新相信了以前西方帝國主義者對於史達林的歪曲污蔑？

5，在匈牙利事件後，國際反動派掀起了一股反蘇反共逆流的時候，是否也起了一陣的迷惘與震動？

6，當右派分子向中國共產黨猖狂進攻時，對於他們的種種謬論，是否也有過同情和共鳴？

7，我在反右派鬥爭中，是否還在懷疑、彷徨、恐懼，並有抵觸情緒？

測試的結果都是肯定的，不敢再問下去了。在這樣的一些事實面前，冰心反問自己：「我還能說不是一個資產階級知識分子麼？」

冰心在作協的學習座談會上，主動檢查了自己資產階級知識分子的身分，左、中、右卻是未定，在確定身分之後，便大談起改造來，這個改造的檢查，充滿了詼諧、調侃、幽默，令人忍俊不禁。她說，

周總理有次對文藝界講話，談到帽子的問題，他說《西遊記》中，當唐僧師徒四眾上了靈山，真成佛以後，孫行者要求摘下約束他的紫金冠，如來佛叫孫行者自己摸摸頭上，孫行者往頭上摸時，帽子已經沒有了。冰心說，這個講話「在我心中不但留了個極其生動深刻的印象，而且這整個故事，給了我極大的教訓和鼓舞。我相信，將來必有一天，我們也像道行完滿的齊天大聖一樣，以達靈山，摸摸頭上那頂常常使他頭痛欲裂的紫金冠，不知何時已經化為烏有了！」於是，她在自我批判中將這個故事重新演繹了一番：

現在姑且把《西遊記》裡孫行者取經一段，當作知識分子自我改造過程來做個很「隨便」、很「大概」的比方。

我們如果細細考察一下孫行者的身世，和他所受的教育影響，他的思想體系和他的生活習慣等等，他倒真像一個資產階級知識分子的化身呢。

說到身世，他是石頭縫裡迸出來，不是人生父母養的，不用說是「高人一等」；他的神通，有七十二般變化，一筋斗十萬八千里，他不僅可以說他很像資產階級知識分子，還應該說他是大資產階級知識分子。

談到他受的教育影響，他的住在「靈台方寸山，斜月三星洞」的老師，根本就是「唯心主義」的化身，因此，他所能傳授給孫行者的思想體系，必然都是主觀主義、個人主義、自由主義、無政府主義。至於他的生活習慣，是在花果山上，水簾洞裡，養尊處優，稱王作霸，無拘無束，無法無天，自在遨遊。這一切都使他發展成為無大不大的一個個人野心家，主觀地憑著他的學識才能、七十二般變化、十萬八千里的筋斗雲，仗著一根可大可小的如意金箍棒，便上靈霄殿上，動起了刀兵。

結局是大家知道的，他畢竟沒有跳出如來佛的掌心，他壓在五行山下，幸得有救苦救難的觀世音指點他皈依正果，保護唐僧，走上悠長而艱苦的取經的路程，也就是自我改造的化妖為佛的路程。

讀過《西遊記》的同志們，都知道，孫行者保著唐僧取經，這一路上，經過多少折磨苦難，最艱苦的是他自己心裡的

思想鬥爭。像他那麼一個自高自大、目空一切的人，叫他低聲下氣，作小伏地拜一個肉眼凡胎的唐僧為師；他雲來雲往，脫離實際，兩個筋斗，便可以在靈山路上打個來回，卻叫他辛辛苦苦、腳踏實地、幾萬里的路程、十餘年的時間，一路上與妖魔鬼怪，不斷地一面戰鬥，一面向前，這是多麼不容易的一件事。但他畢竟咬緊牙關，經過了九九八十一難的考驗，經過了不斷的鞏固與提高，終於過了脫胎換骨的獨木橋，成了正果。其原因是：一方面，他明辨大是大非，從沉痛的經驗教訓裡，他深刻地認識了斜路是走不通的；另一方面，他的神聖的取經事業，不但目標明確，而且前途樂觀，一切條件與環境，都有利於他的自我改造。因為他一立下決心，端正了前進方向，除了鬼怪妖魔與他萬般為難外，天地神祇都是幫助他的，觀音菩薩親口應許他「叫天天應，叫地地靈」，就是到了山窮水盡的時候，也還有三根救命的毫毛。因此，他終於滿懷著信心與勇氣，踏上悠長而艱苦的路途，協助唐僧取回真經，自己頭上的緊箍咒也自行摘去，功成正果。

　　風趣地演繹了一通之後，冰心這才言歸正傳：「帽子事小，改造事大，靈山這地方，說遠也遠，說近就近，早到晚到，全在於我們自己的改造。功德完滿，帽子自然不翼而飛。要緊的是，我們國家社會主義建設的光明的遠景，正如靈山一樣的霞光萬道，瑞氣千條，在這建設的光榮中，我們一定要趕上去，盡到我們光榮的一份，我們一定不要辜負『三界』與『十方』對我們的保護、幫助與鼓勵。讓我們在黨的整風的號召下，勇敢愉快地背上『批評與自我批評』這件銳利的武器，排好隊伍，注視著站在檢閱臺上的我們的司令員——偉大正確的中國共產黨，跟著走在我們前面的進步的同志們，步伐整齊地遵照嚴肅而嘹亮的口令：『向左轉，開步走！』」[5]

　　當冰心喊出了「向左轉，開步走」口令之時，恰與中國共產黨提出鼓足幹勁、力爭上游、多快好省地建設社會主義的總路線精神合拍，東風驟起，無論是全黨、全國各族人民還是冰心，萬馬奔騰，立

---

[5] 在冰心檔案中，此文為《我的檢討書》；《光明日報》（1958年2月16日）發表時，題為《向左轉，開步走》，以上內容引自該文。

即開始了大躍進的賽跑。

> 千萬把鋤頭，千萬盞燈，
> 　千萬座煙囪冒起濃煙，
> 　千萬個山丘河流變了樣，
> 　來迎接這空前未有的春天。
>
> 朋友，這「空前」僅僅是個開始，
> 　東風還要徹底地壓倒西風，
> 　一年，五年，十五年，五十年，
> 我們面前還有無數個奮鬥的春天！[6]

　　詩歌中的冰心，熱血沸騰，激情澎湃，散文中的冰心更是一掃舊日的柔美與傷感，陽剛得豪氣萬丈：

　　　　尤其是去年——1957年，就彷彿沒有冬天。雖然在氣候上，也刮過風，下過雪，凍過河，但是在人們口中，就沒有聽見過「冬天」兩個字，什麼「消寒」，「冬閒」，「冬眠」，都成了過了時的詞彙。就在我執筆之頃，人們身上的棉衣還沒有脫，北海的冰也沒有化，草也沒有青，柳也沒有綠，而春意早已瀰漫在北京的城郊了！

　　　　其實，又何止是北京城郊？在我們遼闊廣大的國土上，六萬萬人民的心裡，冬天就沒有來過！

　　　　也不是冬天沒有來過，在如火如潮的革命幹勁裡，「五年看三年，三年看頭年，頭年看前冬」，我們同心協力地在田野上，在河灘上，在工地上，在……把春天往前拉了三個月，人民心裡光明溫暖的春天，把嚴冬給吞沒了。

　　　　這是幾千年來的一個大變化！從此冬天失去了它傳統的意義，它變成了春天的前奏！

　　　　我們不必像英國的詩人雪萊那樣，吟一句軟軟的慰藉和企

---

[6] 《春風得意馬蹄疾》，《冰心全集》第5卷，P3。

望的：「冬天來了，春天還會遙遠麼？」我們乾脆說一句大白
話：「我們這裡沒有冬天！」[7]

　　在這個激情的春天裡，冰心參加十三陵水庫工地的勞動，也寫
作十三陵工地上的好人好事，其如大東流鄉的四員女健將和女尖兵，
昌平區衛星社的小民工——號稱小五虎，更有那無數不知名的英雄，
每日每夜都在改變著工地的面貌。冰心一次次被英雄事蹟所感動，為
日新月異的變化而讚美，「千萬塊石頭往上壘，／把它壘成個草帽
山，／十萬頂草帽圍著它轉，／小孤山一點不孤單！／／明年我們
再來看，／山又青來水又藍，／二十萬隻鋼鐵手，／開出一片好湖
山。」[8]大作家的《小孤山該叫草帽山》，登在了工地蠟筆刻寫的快
報《十三陵水庫報》上。

　　自從工業、農業等行業大躍進以來，中國作家協會也緊緊跟上，
向廣大的作家發出了《文學工作大躍進三十二條》，《人民日報》為
此發表《中國作家協會發出響亮號召，作家們，躍進，大躍進！》的
報導。冰心參加了這個條例的討論，雖然她贊成大躍進，但寫作上的
大躍進還是讓她感到膽怯。有人提出寫作也可大躍進，一天可以寫出
一百首詩，冰心立即感到自己跟不上這個步伐。全民生產大躍進，工
業、農業她不是很清楚，寫作可是有經驗，創作大躍進還是想量力而
行。因而，在訂創作計劃時，人家都標高，她卻躲在後面，不願發表
創作計劃，說是自己「膽子小、臉皮薄，」「萬一說出了而寫不出，
對讀者失了信，豈不難受，豈不丟臉？」但那是「人有多大膽，地有
多高產」的時代，聯繫到自己的想法，「骨子裡是縮手縮腳，畏首畏
尾，替自己預先留下退卻的餘地，沒有破釜沉舟的決心。這也就是暮
氣、驕氣、懶氣的變相，是大躍進的絆腳石。」於是，繼續自我批判
並激勵自己：「去冬以來，全國瀰漫著生產大躍進的氣氛，耳聞目
擊，莫不是一片萬馬奔騰的景象，作為人民靈魂工程師的作家們，難
道就心不跳，眼不熱？難道就不會私自地立下誓願，定下計劃？就在
這『萬事俱備』的時機，一陣呼喇喇的東風吹起，金鼓齊鳴，全軍進
擊，把『暮氣』、『驕氣』、『懶氣』這幾個老賊，殺得棄袍割鬚，

---

[7]　《我們這裡沒有冬天》，《冰心全集》第5卷，P4-5。
[8]　《小孤山該叫草帽山》，《冰心全集》第5卷，P45。

落荒而逃！」但就是這樣，在作協躍進大會上，當作家們把個人寫作計劃一吐為快的時候，冰心還是猶豫：「大膽躍進是好的，但也必須實事求是，不能『漫天說價』。」

這時有人認為，作家計劃中大部頭的東西多，短小的文章少，嚴文井便趁機提出，冰心同志可以繼續寫你的「寄小讀者」呀。這個點播還真是動了冰心的心，「這和我的能力程度，寫作習慣，都還相合。因此我首先要拾起這根斷線，再寫『寄小讀者』；把我隨時隨地所想到，聽到，看到的，小孩子會感到興趣，而且對他們有益的事情，不斷地向他們報告。這種體裁本來是最自由的，內容也最廣泛，可以無所不包，無所不談，還可以無盡無休地寫下去。」

於是，《再寄小讀者》出現了，在通訊一中，冰心仍然以「似曾相識的小朋友」相稱，接著寫道：

> 二十幾年來，中斷了和你們的通訊，真不知給我自己帶來了多少的慚愧和煩惱。我有許多話，許多事情，不知從何說起，因為那些話，那些事情，雖然很有趣，很動人，但卻也很零亂，很片斷，寫不出一篇大文章，就是寫了，也不一定就是一篇好文章，因此這些年來，從我心上眼前掠過的那些感受，我也就忍心地讓它滑出我的記憶之外，淡化入模糊的煙霧之中。
>
> 小朋友，從我第一次開始給你們寫通訊算起，不止十年，乃是三十多年了。這三十多年之中，我們親愛的祖國，經過了多大的變遷！這變遷是翻天覆地的，從地獄翻上了天堂，而且一步一步地更要光明燦爛。我們都是幸福的！我總算趕上了這個時代，而最幸福的還是你們，有多少美好的日子等著你們來過，更有多少偉大的事業等著你們去作呵！[9]

冰心寫作《再寄小讀者》，成了新中國文壇中的一件不小的事，中共中央機關報《人民日報》為此發表「編者小語」：

---

[9] 《再寄小讀者‧通訊一》，《冰心全集》第5卷，P13、14。

冰心同志的散文通訊「寄小讀者」今天起在副刊上不定期地連載。

所以用「再寄」，是從三十多年前的那本「寄小讀者」而來。1923年，「寄小讀者」在「晨報」副刊開始連載，1926年出版。作者以充滿詩情畫意的散文，向小讀者們描繪自然景物、旅行見聞，回憶童年的歡樂和母親的摯愛，抒寫自己的胸懷。「寄小讀者」成為當時少年兒童喜愛的讀物之一。

三十多年過去了。這三十多年中，小讀者和作者都經歷了難以描述的劇變。如今，正當祖國跨進一個新的歷史時期的時候，冰心同志又拿起筆來，向新的小讀者敘述新時代的故事了。冰心同志即將遠行訪問西歐，我們祝她旅途健康，並且不斷地為小讀者多寄回一些通訊。

提倡散文，是副刊創刊以來的志願之一。現在，正是一個萬馬奔騰的大躍進的年代，有人說：這是詩的年代。我們也相信：這樣移山倒海激動人心的年代，一定也會產生更多充實的、優美的散文來！[10]

其實，四十年代冰心在重慶曾寫過四篇《再寄小讀者》，不知是她記憶有誤還是有意為之，這一次的《再寄小讀者》與二十年代的《寄小讀者》確實有許多相聯繫的東西，比如為了孩子，也是即將遠行。《寄小讀者》報告的是作者前往美國留學的情景，而這次則是作為出國訪問的代表團成員，要到歐洲去旅行了。「歐洲本是我舊遊之地，沒有什麼特別新鮮的感覺，現在只挑出途中最突出的奇麗的景物，來對小朋友們說一說。」這次冰心參加的是以許滌新為團長的中國文化訪問團訪問西歐，說到的話題大多與文化有關，像意大利羅馬、那坡里城、龐貝城、西西里島等城市的文化古蹟以及與詩人、藝術家的交往。在威尼斯，冰心將「黑色的、兩端翹起、輕巧可愛的小遊船」：Gondola，諧音會意譯成了「共渡樂」。[11]意大利之後，訪問

---

[10] 《歡迎〈再寄小讀者〉》，《人民日報》1958年3月18日。

[11] 小遊船的譯法，一般直譯為「剛雜拉」，冰心的會意之譯恰如她在《寄小讀者》中諧音會意Lake Weban（慰冰湖）一樣，便有了中文的寓意了，直到現在威尼斯的中國導遊，還在使用這個「共渡樂」的中譯，認為它比英語更能體現

團到了瑞士、英國的倫敦和蘇格蘭的格拉斯哥、愛丁堡等城市，可寫的東西很豐富。但，西歐可是典型的資本主義國家呀，哪些東西可以介紹給中國的小朋友呢？冰心頗費斟酌，就怕西方資本主義的反動內容與資產階級腐朽的生活方式，影響了正在健康成長的新中國的少年兒童。所以，《再寄小讀者》完全沒有《寄小讀者》描寫的放鬆、細膩與感傷，沒有對生命意義的拷問，缺少對生活真切的感受，甚至缺少描寫的激情，總是行色匆匆，景點加觀感，倉促成篇，沒有經過藝術的沉澱，與一般遊記並無二致。有的時候，作者還要找出一些東西來說，比如，意大利的西西里島，作者將描寫的重點放在這裡：「西西里島，四面被地中海所圍抱，也被希臘人、腓尼斯人、撒拉遜人聚居過，被德國人、法國人、西班牙人占領過……西西里島上，曾是羅馬帝國的軍隊骨幹的農民，失去了他們的自由，在重利盤剝之下，他們失了土地，又被招募成為一支無地產的農奴隊伍。地主住在城市裡，只在夏天，才到他的田莊上來避暑，朝代更迭，土地易主，而直到今天，在意大利土地上辛苦勞動的，都不是土地的主人！這是多麼悲慘的境遇！這個意大利靴尖上的足球，在外來的統治者腳上，踢來踢去，雖然在文化藝術上遺留了些精美的宮殿教堂的建築，裡面都有最精緻的寶石嵌鑲的圖案，和顏色鮮豔、神態如生的壁畫，而當地的農民生活，卻永遠停留在半封建半開化的狀態之中。『四海無閒田，農夫猶餓死』的慘狀，在這裡是還存在的！」[12]比如寫到人民，常常體現為對中國人民的空泛的讚美，「意大利人民把中國人民當作最好的朋友。他們關心我們、熱愛我們，他們認為我們的成就，就是他們的成就；我們的勝利就是他們的勝利；中國人民一寸一尺的進步，都給他們以莫大的鼓舞。」[13]當然還有苦難的訴說：「我在意大利的米蘭城，訪問了一個電車工人的家，他住在十年前第二次世界大戰時炸壞了的半座房子裡，一家五口人住著兩間又潮濕又陰暗的小屋。這時天氣還很冷，他的年老的母親，正坐在門邊，藉著戶外的微光，在縫補著小孩的衣服。看見我們來了，他們一家人——母親、妻子和兒女立刻親熱地把我們圍住，這時門外又湧進許多老人和婦女，也有小

小游船的特色。
[12] 《再寄小讀者・通訊五》，《冰心全集》第5卷，P29-30。
[13] 《再寄小讀者・通訊七》，《冰心全集》第5卷，P34。

孩，都是住在這方場上破屋子裡的鄰居。他們爭著問訊我們國家裡工人的情況，也爭著對我們訴說他們的困苦的境遇。他們說：『一個工人的家庭，一家四口人，至少也得七萬個里拉一個月，才夠開銷，可是我們的工資，每月只有四萬五千個里拉呵。』我們對於意大利錢幣的價值，是沒有概念的，後來一位婦女對我們舉例說：『比方說吧，小孩的鞋子一雙兩千到四千個里拉……你就知道這點工資夠不夠開銷了；當然，疾病和意外的花費還不算在內。我們做家庭預算的時候，根本就不敢想到這些……』她又對我嘆了口氣說：『什麼時候，我們工人能熬到像你們那樣的好日子呢！』」[14]對於老牌資本主義的英國，作者以這樣的語言，描寫著他們的現代生活：「在英國土地上，到處可以看見外面被煙霧熏得灰暗而裡面富麗堂皇的宮室、教堂、銀行……等石頭建築；碧綠遼闊的，貴族地主的花園；近代化的華麗舒適的旅館、俱樂部……『大英帝國』的統治者，在這裡過著不勞而獲，窮奢極欲的生活！」[15]甚至用這樣的詞「社會主義無限好，資本主義一團糟」，做了通訊十六的篇名。這種帶民族情緒、階級觀念、制度立場的文字，不光是在《再寄小讀者》中，在冰心所有的描寫域外生活的作品中，都非常明顯，她有一篇散文就叫《朝陽和夕陽》，將歐洲的資本主義國家如英國、意大利、瑞士與蘇聯對照起來描寫，一邊的「夕陽殘照，暮色沉沉；一邊是旭日初升，光芒萬丈！」

1958年10月，冰心在茅盾的率領下，到蘇聯的烏茲別克共和國首都塔什幹出席亞非國家作家會議。副團長周揚與巴金，團員中有蕭三、許廣平、趙樹理、張庚、季羨林、祖農·哈迪爾、楊朔、戈寶權、楊沫、葉君健、納·賽音朝克圖、袁水拍、劉白羽、郭小川、曲波、庫爾班·阿里、瑪拉沁夫等人，陣容浩大。「這一次會議包括將近四十個亞非國家和地區的一百八十多個代表，還有許多從世界各國來的觀察員。亞非作家們的願望是一致的，他們都代表著人民譴責了戰爭根源的殖民主義者，呼籲著亞非人民要更深的互相瞭解與團結，大家都表示要在自己創作崗位上，為這一個崇高的目的而努力。」[16]

14　《再寄小讀者·通訊十六》，《冰心全集》第5卷，P322。

15　《再寄小讀者·通訊八》，《冰心全集》第5卷，P36。

16　《再寄小讀者·通訊九》，《冰心全集》第5卷，P88。

在塔什幹開過亞非國家作家會議以後，我們曾到烏茲別克共和國各地去參觀。我們參觀了三個集體農莊，一處油田，幾個工廠——紡織廠，茶葉包裝廠等；還有幾個學校，從幼兒園直到大學。無論走到什麼地方，我們心中總是十分驚喜，十分激動！這裡本是有名的「飢餓的草原」，在社會主義革命以前，這裡還是一眼看不見邊的茫茫的黃沙，沒有青草，也沒有樹林。春天，山頂的積雪，融化成渾濁的山洪，沿著禿山危崖，翻滾而下，潛沒在流沙地裡，一會兒就看不見了，一陣風起，烈日下的黃沙，又在天空飛揚。在這裡，從前住著幾乎全部是文盲的人民，過著牛馬不如的奴隸式的生活。這些悲慘的景象和故事，幾乎不會使人相信了。我們現在所看到的，是多麼幸福美好的一幅圖畫呵！[17]

代表團在烏茲別克境內的參觀旅行都是飛機來往，這就給了冰心一個高空讚美社會主義的視野：「這裡的天空，永遠是晴朗的，從飛機上下望，看見的是：在丘陵和黃沙之間，不時有一簇一簇的綠樹，和一大片一大片的棉田，閃閃發光的河流，在棉田裡蜿蜒穿行。村莊和城市都是半現在蔥郁的樹林之中，街市像尺劃的一樣，極其齊整。」降落地上，代表團「坐著最新式的小臥車」，進入撒瑪爾汗、安集延、費爾加納等城市，冰心認為這些城市「不亞於我所看過的歐洲的城市，整個城建築在綠洲之中，濃密的樹蔭，伏蓋著寬廣的柏油路，伏蓋著高大的層樓，其中有公共機關，有書店，有劇場，有旅館，還有陳列著精美貨物的百貨商店。馬路中間種著各樣的繁花，最普通的是浮動著清香的各色的玫瑰。馬路上走著服裝整潔的男女老幼，上班的，上學的，個個臉上露出幸福的微笑，向著遠方來客，投射著親切的眼光！這便是從前的『飢餓的草原』和它的落後困苦的人民，十月革命的一聲炮響，給他們帶來了社會主義的優越制度，他們整個地翻了身了！」冰心讚美這一切，羨慕這一切，同時也聯想到制度優越將給中國帶來的未來：「我們不但為烏茲別克人民眼前的幸福生活，感到高興，更為我們自己將來的幸福生活，感到無限的歡欣

---

[17] 《再寄小讀者‧通訊十》，《冰心全集》第5卷，P89。

和鼓舞。烏茲別克的今天，就是我們西北地區的明天，而且是不遠的明天！只有在社會主義的優越制度下，才顯出勞動人民力量的偉大。」[18]

自從十月革命後，「制度優越」，尤其經過二次大戰，不僅成了社會主義陣容的共識，在資本主義國家也有此呼聲，由此造成全世界「向左轉」的一種趨勢。雖然史達林的獨裁、對異己殘酷的大清洗曾經引起西方國家的批評，但大多數在制度掩蓋下的問題並沒有暴露出來，所以，對這個制度的排頭兵、國際共產主義的基地蘇聯的崇拜與嚮往，成為一種心態，這大概是冰心對蘇聯讚美的思想、道德與美學的基礎吧。

也就是這次作家會議之後，冰心留在蘇聯，等待另一個代表團的到來，那是以劉瀾濤為團長的中國勞動人民代表團，前來莫斯科參加十月社會主義革命四十一周年慶典。等待期間，住在旅社，做些身心調整與歇息，她沒有利用這個空隙寫作《寄小讀者》，而是一頭扎進了泰戈爾的世界，翻譯劇本《齊德拉》，也許她是想用這個方式，滋潤一下疲憊、粗礪的心靈？

冰心在莫斯科紅場觀禮台，觀看了閱兵和群眾遊行，隨後訪問烏克蘭、白俄羅斯，在明斯克，觀賞了廢墟上建立起來的城市，參觀了工廠和集體農莊。在列寧格勒，參觀了冬宮、基洛夫工廠等。在涅瓦河畔，觀看原子破冰船。尤其是在一個黃昏，到了拉茲列夫湖，瞻仰了列寧「寫出天才的著作」——《國家與革命》的現場。「這把鐵壺，我再也忘不了，因為它和北京常用的鐵壺一模一樣，是在戶戶人家的爐上都能看到的、黑色的、最平凡最樸素的水壺。就在這鐵壺的下面，列寧架起枯枝，點上火，然後再回到辦公桌上去，執筆凝思，一面靜待著壺水的沸聲。樹林的後面，一個用厚厚的草搭成的、僅容一人躺臥的尖頂草棚，就是這位割草工人——伊凡洛夫（列寧的化名）夜裡容身之地。他日中寫作，清晨和黃昏，就在湖邊散步。他不但在這最寂靜、最平凡、最樸素的湖邊，會見了他最親密的戰友，計劃著怎樣掀起這個石破天驚的十月紅色風暴，他也在這個長滿了蘆葦，人跡罕到的湖邊，獨自欣賞著晚霞和新月。」冰心稱這個湖為

---

[18] 《再寄小讀者·通訊十》，《冰心全集》第5卷，P89、90。

「幸福的湖，和偉大的列寧多麼相稱的一個最樸素的湖！」[19]這是冰心近距離走近與描寫革命導師的文字，心情竟然與湖水一樣的平靜。我估計冰心並未閱讀過這部主張階級鬥爭必須導致暴力革命學說的著作，這是一部產生於她的「愛的哲學」之前的劃時代的社會革命著作，是與冰心早年的主張格格不入的學說。我猜測，如果閱讀過，冰心的心情一定不會那麼地寧靜。

國內的參觀訪問，也成了《再寄小讀者》的書寫內容，比如河南的紅旗渠、花園口灌溉中心、湖北丹江口水利樞紐工程大壩、北京郊區黃土岡人民公社等，參觀北京動物園、在天安門廣場散步、到人民大會堂開會、甚至七一建黨節等等，先後出現在《再寄小讀者》不同的篇章裡。這裡的描寫，更是無不貫穿新舊社會的強烈對比，共產黨好毛主席親等等，「共產黨和毛主席真是比父母還親，比太陽還熱，我們到死也要跟著共產黨走！」甚至感嘆自己「恨不得自己晚生幾十年」，「自己的大半輩子，過的是反動統治的日子，在那些苦難的日子裡，不知有多少人經歷過流離失所的淒慘生活，更得不到學習文化的機會。而你們就大不相同了，你們幾乎是一生下來，就過著人民當家作主的日子，人人都有求學的機會，人人都有鑽研科學技術的機會，自然界將像一方未經雕鑿的白玉一般，會在你們萬能的手中變成玲瓏精緻的作品，這只要你們好好聽黨的話，從小立下雄心大志，刻苦學習，敢想，敢說、敢做，那二十一世紀的祖國和世界，將是更燦爛輝煌的新天地。」[20]

《再寄小讀者》計二十篇，從1958年3月11日開筆，到1960年3月27日結束，前後整整兩年的時間。以字數計算，完全可以單獨出版，但這一回沒有像《寄小讀者》那樣，而是將前十六篇收錄在小說、散文、詩歌的合集《小橘燈》之中。以後，也未以單行本面世，其中可以看出，作者對這部《再寄小讀者》是不怎麼滿意的。學者在研究冰心的兒童文學、或者散文時，也多未進入到這部作品的世界中來，更不用說獨立的評論了。

---

[19] 《像真理一樣樸素的湖》，《冰心全集》第5卷，P124。
[20] 《再寄小讀者・通訊十九》，《冰心全集》第5卷，P403。

2，社會主義學院：除舊布新

1958年4月2日，當冰心在意大利巴利城撰寫《再寄小讀者·通訊四》，陳述代表團乘坐歐洲快車沿著阿爾卑斯山腳蜿蜒前行，她在車上望著高山上的皚皚白雪，山頂上的一鉤淡黃新月，並有零亂的星星點點的橘紅色的燈光時，內心感到「一片清涼」，又有「無限的溫暖」，幸福的感覺油然而生。此時的吳文藻卻在冰冷的右派分子的裁定書上無奈地簽上「吳文藻」之名，並「希望對第三點實事求是地核對一下，使我能夠真正心服。」

所謂第三點的定罪是什麼呢？

> 污蔑史達林是通過「殺頭」上臺的，赫魯雪夫是通過「政變」上臺的。他把史達林與希特勒相比，認為史達林是獨裁者。又說：史達林和沙皇時代的暴君一樣。

吳文藻只是希望核對這個事實，表達了無望的申訴，那麼，也就是說第一條與第二條的罪狀都已坐實並承認了！第一條是：「他欽佩儲安平『黨天下』的謬論，高興地給費孝通打電話說你們年輕一輩應向儲安平學習。」第二條為：「污蔑『肅反是不道德的，是侵犯人權、人身自由沒有保障』『政府存在著權能不平衡的矛盾，權力之大和能力之低都是古所未有的，人民代表大會職權不足，沒有法制。』『官僚主義是制度造成的』，他說『不能籠統的擁護共產黨，共產黨對知識分子沒有經驗領導，我們有經驗，黨不能領導文教事業，應該讓賢讓民主黨派來辦，大家競爭一下。』主張成立『民主黨派聯合會』和『檢查組』由民主黨派帶頭監督，推動整風。」[21]

兩條中的任何一條、或者第二條中的任何一句話，都足以將其打成右派分子，既然頭兩條都承認了，再核實第三條還有意義嗎？就是核實出事實與結論有不相符之處，右派分子依然鐵定，但吳文藻還是沒有放棄最後的申訴。

---

[21] 以上裁定書出自吳文藻檔案，沒有文件編號，沒有蓋上紅色大印，僅是一張草紙上的打印件。

所幸的是，吳文藻在簽過字之後，沒有像兒子吳平那樣送到天津漢沽鹽化廠勞動改造、也沒有像謝為楫那樣發配到西域甘肅，而是留在北京，進入社會主義學院學習改造。

這個決定與他保留了全國政協委員有關，因為社會主義學院[22]是李維漢建議建立的，是民主黨派和無黨派人士的聯合黨校，相當於中共的中央黨校，用來培養全國政協委員及民主黨派的領導人，這不僅是共產黨開展統一戰線的需要，也是進行馬列主義、毛澤東思想理論學習，改造資產階級知識分子的重要場所。吳文藻被派往社會主義學院，自然屬於思想改造的對象。

社會主義學院開始以學習班為辦學形式，吳文藻參加的是第二期學習班，學員人數一百六十三名，分在第5組。4月入學到來年2月，10個月的時間，因為沒有找到期間的任何的文字記錄，不知道吳文藻在這10個月期間，學了一些什麼課程，接受了哪些教育，如何進行洗腦與改造，只能從他的學習小結中，看到結果，這個結果就是徹底舉手繳械投降，向黨靠攏交心，不僅承認自己「站在三大敵人的立場來反黨反社會主義」，而且清醒地認識到「黨是反不得的，無產階級專政是反不得的，社會主義是反不得的」！

以下是他在經過10個月的社會主義學院學習改造後的思想彙報：

> 經過了10個月的政治學習，我的反動立場究竟轉換了多少？我在這裡深入檢查，作出總結，為下一步自我改造打下基礎；同時也是我向黨的彙報，在黨繼續幫助我改造時，有所參考。
>
> 通過學習，從社會發展方向和人類進步前進來看，從我國社會主義建設時期的主要矛盾來看，它就是提高到兩條道路的鬥爭來看，最後，從右派實質上是三大敵人的代理人的角度來看，我越來越看得清楚：在1957年春，我是站在三大敵人的立場來反黨反社會主義的。那年12月中旬，我所寫的總檢討書中有雲：「我痛恨自己偏偏做了不利於人民而有利於敵人的事情……我決痛改前非，不為親者所痛，仇者所快！」這番話仍

---

[22] 1960年7月18日，鑒於地方社會主義學院普遍成立的情況，經周恩來和全國政協批准，社會主義學院改稱中央社會主義學院。

然是我今天的心理。

通過學習，我也越來越瞭解：黨是反不得的，無產階級專政是反不得的，社會主義是反不得的，實現社會主義就是要消滅階級，消滅一切剝削制度，而要消滅階級就是要經過階級鬥爭，要保證這樣的鬥爭的勝利，沒有黨的領導和無產階級專政是毅然不行的。

通過學習，我也開始明白：生產關係適合生產力，上層建築適合經濟基礎這個顛撲不破的規律；共產黨是無產階級全部上層建築的領導，無產階級專政是社會主義全部上層建築的主幹。我的自我改造的中心問題是上層建築的改造問題。我是搞社會科學工作的。在反右以前，我還認為「改造」後的資本主義上層建築可以為社會主義經濟基礎服務的，而沒有認識到這兩者之間存在著你死我活的對抗性的矛盾。因此，我的根本改造是：破資產階級反動立場，立社會主義立場；拋棄資本主義的全部上層建築，接受社會主義的全部上層建築。我若不徹底轉變過來，就不可能為社會主義的經濟基礎服務。

（一）批判我在無產階級專政問題上的反動立場

總括來說，在1957年，我在無產階級專政問題上所暴露出來的反動立場，集中表現在這兩點上：第一，特別強調和誇大了史達林在肅反擴大化問題上所犯的錯誤；第二，強烈反對我國對知識分子的思改[思想改造]和肅反運動中所用的群眾鬥爭方法。目前，我對這兩點的再認識簡述如下：

第一，我深切地認識到，史達林在帝國主義包圍中的另一個社會主義國家裡，在複雜艱巨的環境之下，捍衛了無產階級專政，他的功勞是巨大的。他晚年個人專斷，破壞了集體領導的原則，違反了民主集中制的原則，是他的錯誤；但是這個錯誤和他的功勞比起來，就像一個指頭與九個指頭之比，並且他的個人的錯誤，不能拿來作為攻擊社會主義制度的藉口。過去我從反動立場出發，把無產階級專政認作「獨裁」，把無產階級的階級專政認作「個人獨裁」，是完全錯誤的。

又今年在第五組座談八屆六中全會同意毛主席不作下屆國家主席候選人的決議的問題時，我曾提到一個題外問題，大

意是：史達林在世時，對於「繼承人」沒有作好安排，以致在他死後，發生了爭執。我說這幾句話的背景，還是在我返回以後，受到帝國主義的惡毒宣傳的影響，認為史達林早已內定馬林科夫做他的「繼承人」，我當時把我所已知道的蘇聯領導機構成員的更換時有制度可循的這一事實忘得乾乾淨淨。這就說明舊根（指反動立場）未拔新的無從生根。我更深深地體會到思想改造是反覆的長期的。

第二，在1957年鳴放中，我從反動階級的本能，發出「肅反是不道德的」的謬論；總檢討以後，我還認為肅反中所用的鬥爭方法只起「消極」作用。在這以後，我就把它當作我的思想上的癥結問題來痛下功夫。我閱讀許多有關文件，如同羅瑞卿部長的幾篇總結性文章，經常注意報刊上對專制機關（公安、司法、監察等部門）的消息報導，我終於體會到肅反問題，包括群眾鬥爭方法在內，只有從階級觀點來看，才是正確的。所以從人民的立場來看，肅反不但是積極的，而且是道德的。「對敵人的仁慈，就是對人民的殘忍。」由肅反問題進而全面瞭解無產階級專政的作用，使我又體會到鎮肅乃是保衛經濟生產和文教事業發展的必需手段。

（二）我怎樣認識到社會主義制度的優越性？

通過天津、徐水、安國的參觀，使我親眼看到了國內全面大躍進和人民公社運動的實況，看到了農業勞動生產力的大大解放與發展。國際形勢的特點是東風進一步壓倒西風了，特別是社會主義國家的經濟突飛猛進，而資本主義國家的經濟正在衰退和陷入危機。使我對社會主義制度的優越性，開始有了比較明確的認識。

去年我國糧食空前大豐收，解決了我國六億人民的吃飯問題，這是我國史無前例舉世人人注目的一件大事！1949年8月美國國務院對華白皮書中曾有：中國沒有一個政府能夠解決人民的吃飯問題。當時毛主席就非凡英明地駁斥了這個荒謬絕倫的論點！解放後不到十年，中國的廣大農民在黨和毛主席的領導下，逐步擴大組織、提高生產，以沖天的幹勁，終於到了「吃飯不要錢」的地步！

這個偉大的事實，使我真切地認識到：（1）社會主義制度的優越性主要表現在高度的勞動生產率；（2）高度勞動生產率乃是解放了的勞動人民，在剝削制度消滅以後，有了國家主人翁的覺悟，發揮了勞動積極性，致使生產力得到了空前發展的結果。也引導我終於覺察到：（3）生產關係適合生產力的發展，上層建築適合於經濟基礎這個馬列主義原則是完全正確的，是不能違背的。在社會主義社會裡，生產關係與生產力之間、上層建築與經濟基礎之間，是沒有對抗性的矛盾。這就是社會主義大大地優越於資本主義的地方。

（三）我對於黨的領導的正確與偉大的切身體會

通過多次參觀（農具、工業交通、教育與生產勞動相結合、農業等全國性展覽會），看到了工農業和文教科技各個戰線上活生生的躍進成就，都是在資本主義制度之下所萬萬做不到的。我認識到黨是一切社會主義事業勝利的根本保證。我五體投地地承認到以馬列主義為行動指南的黨的領導的正確與偉大！

由於我曾認為：黨能領導政治、軍事、經濟，但不能領導文教事業，所以在教育與生產勞動相結合展覽會上，我的感觸最深：我發覺我的反動立場尖銳地對照出來了。在我的資產階級社會科學訓練的頭腦裡，教育與勞動生產是風馬牛不相及的兩件事：舊知識分子是要騎在勞動人民的頭上的，那有知識分子勞動化、勞動人民知識化這回事！尤其是尖端科學方面的驚人成就，證明瞭黨在文教事業上，決不是外行的；而且也只有馬列主義的黨才能領導社會主義的文教事業。

我的反動立場是很頑固的。過去我很容易強調種種外因（例如：幾十年的奴化教育，在國外居住多年，為反動政府服務多年……），使得我的成為右派是屬於偶然性的。其實，這些都不能作為我成為右派的理由，因為跟我有同一遭遇的人，他們並沒有成為右派。我真正成為右派，還是由於我的堅持反動立場，抗拒思想改造的內因。

黨對於像我這樣一個頑固的右派，還表示了無限的寬大，這寬大表現在：對我的處理上，例如保留的政治地位，給我到

社會主義學院學習的機會；對我的愛人仍舊信任，也給了我很大的啟發；對我的兒女的勞動和工作的安排上，都看出黨是針對著他們的錯誤，對症下藥、因材施教；同時，對我的兒女的教育，也間接地教育了我。

反右以來，在反右和學習的過程中，我的心情是常常起起落落的。自從我犯了錯誤以後，我對自己失了信心。在學習黨的教育方針這一時期，最感到自己的立場完全不對頭，最感到自己被時代遠遠地拋在後面，最感到自己毫無用處。但是，當我回憶到1958年初，閱讀柯慶施同志的報告（「乘風破浪，加速建設社會主義的新上海！」）中有：「既然是幹社會主義革命，幹社會主義建設，幹這種前無古人的事業，幹這種同帝國主義爭時間、比速度的事業，那就必須有一股革命的幹勁。」成敗關鍵在於主觀能動作用。這種同帝國主義比幹勁的豪邁氣概，給我極大的鼓舞，使我下決心儘快改造自己，早日回到人民的隊伍，來加入對帝國主義的鬥爭。

畢竟我的樂觀主義還是占了上風。我還是要重新做人，從頭學起。

二、對今後改造的意見我將以工作崗位為基地，按照下述奮鬥目標和改造途徑，切切實實地來做：

1，盡速轉變我的反動立場，爭取早日回到人民的隊伍；在黨的領導下，徹底批判資產階級社會學，拔除我的反動立場和思想的根子；有可能時，參加實地調查，在業務中受階級教育。

2，更加主動地靠攏黨的基層組織，經常向黨交心，爭取更大更多的幫助和教育；靠攏所屬的組織（民進），更多接近群眾、接受監督；勇於暴露自己，學會運動批判與自我批評的武器。

3，參加體力勞動，努力體現黨的教育方針，樹立勞動觀點、階級觀點、群眾觀點；在適當時間，下去受鍛鍊，逐步培養工農的思想感情。

4，認真學習馬列主義理論，特別是毛主席的哲學著作；學習黨的方針政策、國內外形勢以及民主黨派的性質和任務；

現階段特別著重學會從本質上看問題、從階級觀點來看問題；不斷鞏固和提高自己的政治認識，加速立場改造。

5，樹立不斷革命思想，參加各項政治運動，在階級鬥爭的實踐中鍛鍊自己；隨時隨地以六項政治標準考驗自己。

6，積極準備條件迎接人民公社：堅持改變資產階級生活方式，決心破除資產階級法權思想；逐步培養集體主義的組織紀律性；和大家一道，接受黨的共產主義思想教育。

社會主義學院第五組吳文藻

1959・2・4[23]

這個檢討有些紊亂，遠不及他的論文那般條理與嚴謹，但我們從這些關鍵詞中，還是可以看出吳文藻的思想脈絡：「五體投地地承認到以馬列主義為行動指南的黨的領導的正確與偉大！」承認其正確與偉大之後，便是一切聽黨的話──「破資產階級反動立場，立社會主義立場；拋棄資本主義的全部上層建築，接受社會主義的全部上層建築」，徹底轉變立場，拋棄與告別昨日，接受與投入今天──「肅反不但是積極的，而且是道德的」，樹立階級鬥爭的觀點，以階級鬥爭觀念看問題，一切運動與鬥爭都是符合道德的──「在黨的領導下，徹底批判資產階級社會學，拔除我的反動立場和思想的根子」，在業務上根除資產階級社會學。同時──對黨感恩：「保留的政治地位，給我到社會主義學院學習的機會；對我的愛人仍舊信任，也給了我很大的啟發；對我的兒女的勞動和工作的安排上，都看出黨是針對著他們的錯誤，對症下藥、因材施教；同時，對我的兒女的教育，也間接地教育了我。」

由此可以看出，社會主義學院十個月的學習改造相當成功，抵得上清華七年、美國五年，將一個哥倫比亞的社會學博士、「燕京學派」創始人的世界觀、學術觀、道德觀、方法論統統變了一個樣，將其從資產階級的陣營，拉到了社會主義的營壘，雖然在往後的歲月中，還會有反覆，但在當時，一個除舊布新欲向左轉的形象，已經基本塑造成形。

---

[23] 吳文藻檔案。

但是，且慢，共產黨對吳文藻的看法並非如他自己的知錯認罪。三個月後，中共中央民族學院委員會為吳文藻「在社會主義學院一年來的表現」做出鑑定，在複述吳文藻的犯罪事實時，仍然使用了「吳是極端的反共反動分子，檢討態度不老實，」是個「極右分子」的定語。

小組發言，初期很少，後來較多一些，發言不大能聯繫自己的錯誤，對錯誤沒有什麼認識。說回國遲，政治活動參加較少。沒有具體反對過什麼，只是思想感情上和新社會各種制度、做法不大合得來。又說，反動言論在會上說得少，多數是在私人談話中冒出來的，有些揭發的材料和事實是有出入的，但從思想上檢查起來，確是有這種思想，因此也承認了。又說他是三大敵人的代理人，因他曾代表過反動政府在盟國駐日本機關內做過事。

對自己改造認識很差，反右後，曾一度想改造自己，但不知從何改造起；來院是想學習唯物辯證法的，表示在一到兩年內把自己躍進成為左派。政治思想上的一些錯誤問題通過學習，從處理上有了些認識，知道以前是錯了；但思想感情上沒真正解決問題。曾認為無產階級專政思想會導致個人獨裁，說史達林是個人獨裁者，通過學習懂得了這種看法是錯誤的，但是思想上總擺脫不掉這種錯誤看法的影響。在小組座談毛主席為做十屆主席候選人時，他又說，史達林生前沒有安排好他的繼承人。學習前期情緒消沉，後期較開朗了些，在組內，說話也多了。

吳的反動的政治思想是根深蒂固的，除反右鬥爭外，沒受到過歷次運動的教育。一年來，進步很小，顧慮多，對自己的錯誤認識是很不夠的。但通過學習，有了一些變化，對自己的反動政治思想初步能從道理上進行批判；顧慮雖多，還能通過反覆過程暴露一些思想，表現出多少有一些改造自己的要求，對抗情緒也不太顯著了。由此看來，吳比較有改造的希望。

吳在寒假時，主動找熊院長談話，他說，在社會主義學院學習快要結束了，可能留下繼續學習，也可能出來工作。表

示，要留下來就好好學習，能出來工作就積極工作。表示願意
接受黨的領導，努力改造自己。並寫了改造自己努力方向的書
面材料。他說，他們在徐水參觀時，我們黨內不許叫他們的名
字。吳對這一作法表示很感激。

中共中央民族學院委員會
1959.5.29

對照吳文藻的檢查，這個鑒定冷峻而嚴厲，「進步很小」四個
字，足以說明變化的程度，但也未將其打入冥頑不化的另冊，「有改
造的希望」，寬大為懷地為他留下一線曙光。

吳文藻回到民院，是經過「兩院黨委」通氣後作出的決定，民院
黨委對其保持警惕，嚴格管制，沒有讓他回到歷史系，沒有恢復其上
課的資格，只讓他參加正在進行的「三套叢書」的資料與編纂工作。

反右之前小心謹慎的吳文藻，在政治學習會議中盡可能不發言，
從社會主義學院出來後的吳文藻，雖然戴了右派分子的帽子，卻在大
會小會上發聲，表明思想改造的成果與決心，爭取著進步。此時，他
尚有三個身分：全國政協委員、民進會員、民院教授，三個身分分列
三個系統，而每個系統都在自行運作，尤其政治學習，不甘落後。吳
文藻本來將這種學習看成負擔，怕影響業務，現在完全不一樣，樂意
參加各種學習，並且總要爭取發言，以示自己的進步。他已意識到，
參加政治學習，本身就是一種待遇，如果連政治學習也不讓參加、也
沒有資格參加，那麼，你在這個國家的政治前途、經濟與人身保障等
一切都沒有保障。從對政治學習冷淡、躲避到熱心、積極，成為了吳
文藻「向左轉」的具體表現。

第一次參加民族研究所的政治學習，內容為布置學習「六中全會
文件」，「限四月底學完，抓緊三月這一個月，每周規定兩天半學習
時間，每星期三、五下午半天，另每星期二、五兩個晚上。」學習主
持人為江浩帆，首先談「幹勁問題」：

資本主義社會有沒有幹勁？幹勁先從群眾中來，然後作為
政策到群眾中下去。右派自己鬧情緒沒有幹勁。對去年一年文
教大躍進怎樣看法？去年不僅中國，而是整個社會主義世界沖

天幹勁。相反地，在資本主義世界經濟衰退，那裡科學技術比我們強一些，為什麼沒有幹勁？要提到原則高度來看，解決一些大問題，連帶解決個人的一些具體問題。[24]

吳文藻發言，批判自己整風反右以前一直沒有幹勁，「要解決個人與集體的關係，發揮個人，就是資產階級思想，用名利觀念來刺激，不給、少給、照顧一不周到，就會鬧情緒，過去搞科學研究，亦不是兩條腿，而是專家路線，忽冷忽熱，雇傭觀點。」最後表示「願意走社會主義道路，一定聽黨的話，並且要出於自然，才會有幹勁。」[25]

民院有一班老教授，吳文藻、費孝通、潘光旦等等，都是重點改造的對象，院黨委組織他們集中學習，一段時間布置一個改造的話題，進行學習與座談，地點不固定，有時在行政樓，有時在某某某的家裡，發言是輪流制，人人過關，即是教育者也是被教育者，主持者不固定，吳文藻在日記中稱這種會為「神仙會」。

政協系統的學習，多以小組會形式出現，1959年4月18日，討論政協二屆會議常委工作報告，主持人廖沫沙話音剛落，吳文藻主動發言。兩點感受：

> 1，上屆五次會議我也是特邀委員，親自聽到毛主席「正確處理人民內部矛盾」的講話，我在政協中發表了一些反黨言論，黨給了我政協委員，要我做團結工作，而我卻做了破壞工作，我願意向非右派委員們道歉，希望大家監督我，努力學習，加速改造自己。犯的錯誤事實因時間關係就不說了。我犯了錯誤，仍保留我的政協委員，使我深深地感到黨的寬大，當初我是把錯誤包下來，怕鬥，經過社會主義學院的學習，有了初步的認識、提高。大躍進的出現，共產主義理想已不是很遠的了，整個人民政治面貌的改變，我對我的錯誤很痛心，因此我要向人民認罪。

---

[24] 吳文藻學習筆記，1959年3月3日。
[25] 同上。

2，完全擁護李維漢的報告，過去我是根據主觀願望把「百花齊放」歪曲了，今後我要系統地批評資產階級思想殘餘，改變自己的立場，集中精力，每走一步都要聽黨的話。

　　這次會是團結的大會，躍進的大會，右派分子要在大躍進的形勢下努把力，加快自己立場的改變，參加這次會議就是加速改造自己的良好機會，早日回到人民的隊伍，盡我一生為黨、為人民。[26]

　　政協會議上的懺悔、認罪，表示以後「每走一步都要聽黨的話」，可以理解為吳文藻重回政協的表態，同時也希望能得到委員會的諒解與認同。

　　在民進中央的思想彙報與政治表態，則要更具體一些。

　　　首先要向民進中央彙報自己的思想情況。

　　　我曾犯嚴重錯誤，此次仍出席政協會議並列席人大會議，真很意外，覺得非常感動。在會議期間也曾考慮過要否做全面檢查問題，覺得自己在這一年來雖也略有提高，但還是遠遠落在時代後面，所以不作大會發言，但在小組上彙報了自己的思想情況，表示了態度，表示了自己願意跟黨走社會主義道路。

　　　去年，曾在社會主義學院學習了十個月，對自己極有幫助，這是組織對我的關懷，使我非常感激。本來打算爭取繼續在社會主義學院學習，以進一步在理論方面求得提高並打破自己的資產階級世界觀。我認為如果不是這樣，那麼立場的轉變不會快，也不會徹底。後來學校方面考慮到，在工作崗位上改造也是一種方法。因而就回到學校來。幾個月來，我體會到這樣的安排還是有效的；感覺到應在工作中努力趕上，盡可能地來彌補過去在時間上的損失。

　　　此次開會，給我的教育意義極大，而且對我有著相當大的觸動，特別是由於西藏問題牽涉到印度，牽涉到尼赫魯本質的

---

[26] 政協簡報，此處引用1959年9月16日的簡報抄件。吳文藻檔案。

暴露這件事。這次政協委員列席人大會議，也是社會主義民主新形式的發展。——過去有人想把政協當成「上院」，這是錯誤的。當時我雖認為這不可能，但思想上還是贊成的，以後的問題也就是從這方面冒出來的。這次政協委員列席人大會議的新形式，使我感到興奮。另外，在共產黨和民主黨派的「長期共存、互相監督」方面，從這次的西藏問題上，更可明確地看出民主黨派作為黨的助手的作用；在中印兩國邦交上繼續保持友好關係對我們有好處，因此，我們政府在對待印度、尼赫魯的態度上應慎重。同時，以民主黨派出來說話，反擊印度擴張主義分子。這個辦法很好，處置很妥當。

我參加民進時間短，與民進的朋友接觸少，對民進組織的瞭解也少。通過這次參加會議，對民主黨派的地位作用的認識，也有所提高。

這是一次大團結、大躍進的會，集中表現在大會對西藏問題的決議上。

所謂「西藏問題」，即是1959年3月10日，西藏達賴上層集團，公然撕毀「十七條協議」，在拉薩發動武裝叛亂。人民解放軍奉命迅速平息叛亂，並在全藏範圍內清剿叛匪。這個問題本來與他個人關係並不大，但為了表示自己的進步，主動檢查起所犯的錯誤來。

由於西藏問題，引起了我們與印度之間關係的波折。這次尼赫魯在此問題上所犯的錯誤，我認為是與過去我所犯的錯誤是屬於同一性質的。我們對尼赫魯，一方面是團結，一方面要指出其錯誤。西藏是中國領土不可分割的一部分，西藏領導人在協議上簽了字，西藏問題是中國的內政，這對中國人歷來很清楚，亞洲國家明白此事的，也清楚；至於說把宗教自由、政治獨立為幌子的，那是另一問題了。這裡有其國際意義的一面，但是，這是我國的內政，尼赫魯此次所表現的，總的說來，是路線問題——是站在西藏人民一邊，還是站在反動的一邊。就尼赫魯的言論來看，他還是同情西藏人民，同情達賴喇嘛的，但言行不一致，在行動上，他還是同情叛亂分子的。猶

如右派向黨進攻時，自以為是幫助黨整風，是好的；後來才認識到是錯誤的，是反黨的，並且是有意的。尼赫魯還可能真以為自己是這麼想的。他不能瞭解我們對西藏問題的看法，不能瞭解我們的進行反擊是階級鬥爭。尼赫魯如看了我們的展覽，他就會慚愧，他實在是站在反動的一邊了。這是一場國際階級鬥爭，是進步與反動的鬥爭。我受到的階級教育，是很深的階級教育。

西藏問題一開頭，我們就預料到尼赫魯會講什麼「政治避難」，尼赫魯這套把戲完全是出於資本主義思想體系，承繼了帝國主義的思想傳統。這正跟我自己過去犯錯誤一樣，由於自己的一整套沒有脫離資本主義思想範疇、思想體系，想法不對頭，儘管說反帝，還是沒用。尼赫魯是個有相當遠見的政治家，也還超不過這個範圍。為此尼赫魯與甘地、泰戈爾來比，甘、泰有人民性，尼赫魯卻完全是西方派。由於其有資產階級的局限性，使他不能認識真理，不能認識自己的錯誤。

過去我對尼赫魯曾有過幻想。1951年回來時，有機會去美國，沒去，因為美國很顯明是反動的；曾打算去印度，因為印度有著進步的假象，這樣，回來的可能性也大些。當時國內剛解放，我們要走俄國人的路，也是肯定的了，但我卻還是動搖，對印度有愛好，想去印度做些什麼工作，認為尼赫魯走的還是進步的路。事實上，這裡就反映了我的思想，我所以對尼赫魯會有幻想，還是由於自己思想上有錯誤。在這次西藏問題上，周總理對印度的措施非常正確。通過這次在西藏問題上所受的教育，準備乘此機會整理，澄清自己的思想，今天先暴露一下。這是這次參加會議的主要收穫。

如不與資產階級世界觀徹底決裂，要轉變立場是困難的；要真正轉化自己的立場，就要澄清這些思想上的錯誤。今天暴露出來，要求大家幫助，使我能早日回到人民隊伍裡來，彌補在時間上所造成的損失。

這一年來朝前走的勁兒覺得不夠，自己也不想安於中游，但事實上，卻是安於中游，這也就是落後的。努力朝前走一

步，卻往後拉兩步，自己也不滿意。要求解決思想問題。[27]

　　吳文藻與尼赫魯的關係，尤其是他們思想上的聯繫，反右鬥爭中也無人提及，在西藏問題出現後，他主動以予暴露，也表明瞭改造的決心。中印關係在西藏問題之後逐漸疏遠、以至惡化，吳文藻將自己放在這樣一個大背景下進行思想檢查，承認隱藏在內心的錯誤，這確實需要一定的勇氣、甚至冒了風險。

3，十年大慶的禮物

　　1959年10月1日，中華人民共和國成立十周年。十年大慶，中央政府雖未大赦天下，但對在押犯政治犯將進行特赦。同時，對於改造好的右派分子進行摘帽處理。9月16日，中共中央、國務院發布的《關於確實表現改好了的右派分子的處理問題的決定》宣布：「在慶祝偉大的中華人民共和國成立十周年的時候，為了使確實是改好的右派及其他右派分子更好地進行改造，更有利於化消極因素為積極因素，現在決定：凡是已經改惡從善，並且在言論和行動上表現出確實是改造好的了右派分子，對於這些人，今後不再當作資產階級右派分子看待，即摘掉他們的右派帽子。」[28]第二天，吳文藻便得知了這一消息，民進副主席楊東蓴在學習中共八屆八中全會公報時，專門談到了給右派分子摘帽的問題。吳文藻當時的心情忐忑，對「摘帽」二字與「戴帽」二字一樣，都覺得不可思議。

　　回到家裡，立即和冰心仔細分析了這個決定，不僅感覺突然，而且覺得與八屆八中全會精神有些不一致，不是要反右傾嗎？不是要將階級鬥爭的旗子舉得更高嗎？突然之間又要給右派摘帽子了！摘帽當然是好事，吳文藻是不是屬於摘帽對象？是不是屬於確實改造了的右派？不是自我認定改造好的問題，而是要確實表現改造好，也就是重在表現而非自我感覺。這一下又將吳文藻打入冰窖。不過冰心鼓勵他要有信心，並且認為從社會主義學院出來之後，政協、民進與民院

---

[27] 在民進中央學習會上的發言，吳文藻檔案。
[28] 根據這一決定，1959年第一批、1960年第二批，共摘帽九萬多人；1961年第三批摘帽二十萬九千人；1962年進行了第四批摘帽，1964年又有第五批摘帽。五批共摘帽三十餘萬人。

的幾次發言十分重要，「決定」中不是有「言論」表現嗎？發言即言論，不就是表現了改造成果嗎！吳文藻這才恍然大悟，覺得自己還是有表現的，並且十分慶幸，要是幾次發言機會都一一錯過，保持沉默，改造好了的成果就無從表現了。果然，「中共中央民族學院黨委會關於考慮摘掉吳文藻右派分子帽子的意見」中，便有如許的文字：「今年四月在政協小組會上發言較好，對黨的寬大表示感激，說：『上屆政協會議，黨給了我政協委員，要我做團結工作，而我去做了破壞工作，我願向非右派委員們道歉，希望大家監督我，努力學習，加速改造自己。』在學習八屆八中全會文件中對大躍進人民公社有一定的認識，說：『這次公報發表核實數字，加強了我對黨的信心，黨有勇氣核實是好的，一定可以兩年完成，肯定是繼續躍進。相信人民公社是一個正確的方向，最好的組織形式。過去認為共產主義很遠，人民公社成立，看得更近了。』尚能主動向黨和行政領導人員彙報思想情況。今年三月間回校後臨時分配到民族研究所和民族宮工作時表現積極，勞動也較好。」結論是：「我們認為吳的資產階級思想是根深蒂固的，但根據吳在學習和工作期間，對其錯誤有所認識能低頭認罪，悔改較好，又鑒於吳在國內外有一定的影響，我們意見可考慮摘掉右派帽子。」[29]

　　這個意見做出的第二天，中央統戰部長李維漢約談吳文藻。在這位被民主人士視為共產黨化身的老革命面前，吳文藻顯得有些緊張，事先將彙報提綱寫在筆記本上。李維漢高屋建瓴地談了四個方面的關係：「思想與立場」、「服務與改造」、「參觀訪問（接觸新事物）與改造思想」、「思想改選與感情改造」，最後強調：「改造立場、改造世界觀和為社會主義服務的一致性，通過學習，明確了要為社會主義服務，首先必須改造立場、改造世界觀。對右派來說，首先是改造立場，在改造立場的同時，也必須改造世界觀，因為立場和世界觀是相互影響的一個問題的兩方面。逐步樹立無產階級世界觀，才能保證立場轉化的順利完成。」[30]這個談話頗有些哲學意味，宏觀得很，但對吳文藻卻有具體的指導意義。

---

[29] 「中共中央民族學院黨委會關於考慮摘掉吳文藻右派分子帽子的意見」（1959年11月11日），吳文藻檔案。

[30] 吳文藻筆記，1959年11月13日。

11月15日，吳文藻摘帽消息公布，次日，民院針對吳文藻、費孝通、潘光旦三人摘帽之事組織學習、討論。吳文藻等三人摘掉右派分子的帽子，本來是一件好事，應該值得慶賀，但在學習討論會上，沒有一個人對他們摘去右派帽子表示祝賀，甚至沒有一句好話，繼續冷若冰霜、義正詞嚴地對其進行批判與教育。

吳文藻在會上首先發言，談他自己在圖書館廣場聽到右派摘帽子消息的驚喜與感想，之後表示兩點：一是今後繼續加緊努力改造，做到「聽黨的話，經常彙報交心」；「向堅定不移的左派看齊，努力體現路線精神」。二是「真正服罪」，要「開門看人」、「解決疙瘩」，尤其要「下決心改造立場」，不能「看不起工農幹部和事務性工作」。

吳文藻表態之後，于勝椿第一個發言，指出「右派分子有罪，應該再認識一下」，說，摘掉帽子是因為黨偉大，不是右派分子已經變成左派了。在念了一段毛主席語錄後，加重語氣道，有黨的領導，有工農的聰明，才有條件改造，如翹尾巴就變為敵我矛盾，「摘掉帽子是改造的開始。」說三個右派，吳文藻是軍師，「感情有階級性，立場觀點方法分不開，『鐵心皮球』，三人聯盟，吳服不服？」並出語：「不服不能馴」，通過私人關係進行改造是不可的，黨是大公無私、無法垮臺的。再次批判費孝通「從頭到尾，個人主義出發，標榜進步，假檢討，學術資本應該拆穿，進一步加強繼續改造」。

翁獨健接著發言，態度算是溫和的一位，說，摘掉帽子體現了黨治病救人的方針，三位老熟人都有進步，但「摘帽是改造的開始，如學乖，難保不再犯錯誤，要改造世界觀」，「人生觀不改不行，立身處世之道以為行，現在不行了，世界觀不好改，個人主義扭轉過來是關鍵。」

夏康農認為，三個人的帽子摘掉了，「三人改造到何程度？」他非常關心在根本問題上有變化，摘帽，是黨的方針、具體改造措施的貢獻，「希望不是換種手法把疙瘩拿出來。」沈家駒則認為，三人的認識都不夠，「費右傾思想（公社、家庭、煉鋼），潘右派感情（土家族問題），吳黨能不能領導文教事業，對於他們工農出身黨員，不能領導學校」，這些方面認識都不夠、不深刻。劉榮峻警告說，不要把摘帽作為資本。鄺平章的話比較實際：「第一批摘帽子的高級知識

分子應該在繼續改造時起帶頭作用，到群眾面前改造自己。」最後是蘇冰院長講話，「1，對摘帽要有正確的認識，2，三人在改造過程中有了一定的變化——摘帽條件，3，各人思想情況一方面有所悔改，另一方面認識很不夠很不徹底。」[31]

繼續警告、繼續改造、繼續加深認識，但走出會場的吳文藻還是一身輕鬆，畢竟帽子摘下來了，兩年的時間，這頂無形的帽子，沉重地壓迫著自己，抬不起頭，見不得人，雖現在仍不能昂首做人，但與黨與人民已不是敵我矛盾這是肯定的，有問題也是人民內部矛盾，無產階級專政的鐵拳應該不會對準自己腦袋。一路想著，回到家裡，冰心送上的是一個信任的眼光、一個親切的擁抱，吳文藻立時淚如雨下。

民院的民進支部要為吳文藻摘帽「慶賀」。這回沒有三個人，費孝通、潘光旦是民盟的，「慶賀」便對準了吳文藻一個人。會議的主持人是鄭平章，叫大家「敞開來談」。陳永齡第一個發言，說黨給你吳文藻的比你拿出來的多得多，告誡自己的老師「盡餘生之年，多做事情。」首先是要「認真更深入地看待自己錯誤」，現在有種說法，叫「馴而不服」，你吳文藻是心服口服還是馴而不服？要解決這個問題，「凡是黨和人民所不要的要完全除掉」！富[？]告誡吳文藻：「感恩圖報的心情是不夠的，應該把與人民不相容的東西丟掉，站在六億人民的立場。」說吳文藻幾次談到自己「無知」，不是無知，資產階級右派方面「知」得太多。「馴而不服，就是對『知』之很多方面有所留意，另一方面對黨的方針政策不是毫無保留地接受。」

林耀華再一次擺出批鬥右派的架式，諷刺吳文藻的檢討，「好像解放前課堂上講話似的，改造很艱巨，本質上無大改變，還是資產階級個人主義出發」。說，以摘帽作為改造的起點是好的，對社會、對黨、對人民認識都不夠。「民主改革也沒有見過，社會主義革命必然劃為右派，自己思想、動作、語言、意識形態都反映資產階級世界觀，對黨的看法是不是有認識，有的只是詞句，中國革命在世界地位必須以行動貫徹，對黨沒有瞭解，僅從個人立場表示感激。」說是對黨沒有認識，提個別黨員是什麼意思？親戚關係，師生關係，都是舊

---

[31] 以上引文出自吳文藻筆記，1959年11月16日。

腦筋看新事物，根本不懂大公無私，右派對家庭是不光彩的，提家庭子女亦是資產階級的。從階級立場來看，不僅僅是小家庭，這關係到基本原則、世界觀的問題。摘帽之後怎麼做？林耀華為自己的老師設想：不應恐懼困難，要抓緊，否則還要掉隊。「無知」刺耳、反感，反動東西知之太多，曾經是國民黨的高官，只有痛恨才能改造，「如不痛恨，不能改造。」「要下決心逐步走，學說、行動、意識形態、思想不是說而是要做，馴而不服，兩條道路的鬥爭，對自己還不太明確，『劃了右派並不後悔』，應該痛恨，不是後悔，摘帽後，仍然是資產階級知識分子！」[32]

面對林耀華，吳文藻又是一陣冷一陣熱，室內的暖氣溫度並不高，但後背卻滲出了汗。汗過之後，也就痛快了，資產階級知識分子這個帽子肯定是要繼續戴的，但右派的帽子摘掉了，還是輕鬆多了。「地富反壞右」，五者並列，曾令吳文藻如芒在背，不得安生，現在從這個行列中劃出來了，再怎麼批判也能接受。建國十周年這個禮物，對吳文藻來說太珍貴了，幾乎就是一種重生！

恰恰是中央統戰部對摘帽人員表示了祝賀。

12月13日，中央統戰部約摘帽子的人談話，統戰部徐冰副部長首先就說：「慶賀諸位的政治新生，重新參加人民內部政治生活。」一句祝賀的話，令吳文藻等在場的「摘帽右派」深為感動。林漢達表示：此後無條件聽黨的話，下決心改造，做黨的馴服工具。劉瑤章則說自己是「喜懼交加。」「對黨表示感激，但僅僅是感激不夠，無產階級不解放全人類就不能解放自己，如果立場和世界觀不改變，不容易真正做到聽黨的話，不是和黨真正一條心。」但仍然怕別人說自己是摘帽右派，「就是摘帽子，也不舒服，不舒適，四類右派，反右鬥爭是不是重了些？」陳銘德則表示要「爭取群眾幫助，多學習理論，多認識自己」。黃琪翔說得最為誠懇，說自己像「小孩重回母親懷抱，死裡回生」。費孝通主動表示自己的「立場問題還沒有根本解決，接觸新事物，容易反覆，希望到群眾中去，教書、當會計都可以，願意做試驗品。」孿愚提出今後的改造途徑：體力勞動，系統學習。聽黨的話，貫徹黨的方針政策，做了再搞懂。袁翰青表示，摘掉

---

[32] 以上引文出自吳文藻筆記，1959年12月9日。

帽子後怎麼辦，記日記，每月寫一份錯誤思想彙報。

吳文藻最後發言，談了跟黨走的新體會：

> 隨著國家整個發展逐步提高要求，運動中工作中鼓了幹勁沒有？學社會科學捨得爭先，中游思想不斷冒出，怕犯政治性錯誤，所以束手束腳，在工作中，不斷肯暴露、不斷進行鬥爭。

以後談了跟黨走，主要解決「馴而不服」的問題。

徐冰最後總結：

> 兩年學習、鬥爭，自我改造之後，心情開朗，朋友們在1957年以前做了很多工作（反蔣），對朋友們那段工作，沒有忘記，並且重視，黨決不忘記（文藻、龍雲），長期便成知心朋友。有功績有貢獻自己感到飄飄然，有功臣包袱，太過重視自己成就而進一步看不起黨，看不起人民，犯了錯誤應該糾正錯誤，糾正有些過水火災，燒個人主義之火，燒掉以後還要做朋友，經過鬥爭，彼此認識，以後共事更好一些。
>
> 同意大家所說，改造沒有完全，符合公報中所說三條表現，改造了真正改好了那三條，那已經是左派了。
>
> 還是作為人民內容矛盾來處理，這種矛盾一定解決，以後應以新情況來看待。1957年並沒有預備，反右亦不是要來搞哪一個，沒有要求。反黨反人民反社會主義，發展到共產黨不行了，要黨下臺。請民主學派來幫助整風，漢陽已發生命案，葛佩奇謬論，因此不得不停止黨內整風，全力反右，這並不是陰謀，當時不反右，黨不成黨，國家不成國家，人不成人。6月8日社論，如果遲兩個月，局勢會更嚴重，人頭落地，像匈牙利事件。回擊，把壞的思想反掉，並不是反人，反掉後大家再在一起做事，同時，反右在全國也掀起了一個思想高潮……
>
> 一面性、兩面性（1957年有兩面性），對中國知識分子改造有好處。改造成為符合人民的要求，變成新知識分子，自己把自己知識看很高，如果不和人民結合起來不行，實際上誰是

內行，其中有一行是政治，非領導不可，知識只有和人民結合起來才成寶貝，離開政治，亂爭亂鳴不行。政治立場不改造，任何知識都是無用的。聽黨的話都加一個注解？應該從政治、從思想認識，體現全國人民最高利益、最高要求，改變一窮二白，這樣才能同黨的利益、人民利益結合在一起，亦希望從民主革命到社會主義革命，大家合作得很好，黨內黨外許多朋友跟得上……[33]

　　冰心不是在一冷一熱中度過國慶，面對這個建設了十年的新中國，終日熱血沸騰，放聲歌唱。為了顯示新中國的偉大成就，北京在建國十周年之際，一批新建築落成，包括人民大會堂、中國人民革命軍事博物館、北京工人體育場、民族文化宮、農業展覽館、中國革命博物館、中國歷史博物館、北京火車站、華僑大廈、電報大樓等十大建築。面對它們，冰心感到無限的驕傲與自豪，按捺不住，總想引吭高歌。她在《走進人民大會堂》中，以緊湊、鏗鏘的短句，描寫了這個夢幻般的會堂。「你走遍天下，你看見過這麼偉大，這麼崇高，這麼瑰麗，這麼充滿了莊嚴的詩意的人民大會堂沒有？」[34] 天安門本不是新中國的象徵，但由於是新中國升起第一面五星紅旗的地方，是革命領袖檢閱人民軍隊的地方，冰心以仰望的角度、激情的語言，盡情讚美著古老而莊嚴的天安門，「閃閃發光的琉璃黃瓦，鮮紅的高牆，鮮紅的紗燈，鮮紅的飄飄的旗幟」；讚美著新建成的人民大會堂、革命博物館和人民英雄紀念碑；讚美著十年前「中國人民站起來了」開天闢地的聲音。[35]

　　十年大慶，新舊對比是個重要主題，冰心最有資格書寫這個主題。三十年代冰心曾有《到青龍橋去》，《再到青龍橋去》便言明再到青龍橋，決不是「尋夢」，「因為從惡夢中掙扎醒來的人，決不要去『尋』那把人壓得喘不過氣來的惡夢；同時也不是『訪舊』，因為你去訪的對象，是新的而不是舊的，是更年輕的而不是更老邁的。」作者說，她是「滿懷著熱烈的希望，去迎接那撲面的盈盈的

---

[33] 有關中央統戰部約談人員與引文，均出自吳文藻筆記。
[34] 《走進人民大會堂》，《冰心全集》第5卷，P303。
[35] 《仰望天安門》，《冰心全集》第5卷，P310。

喜氣」。[36]描寫著人民公社中的青龍橋的嶄新氣象。《獻給北京——我的母親》《最痛快的一件事》，以歷史的見證人，控訴了國外的強盜、國內的竊賊，對舊中國的侵略、掠奪、霸占、竊取，是偉大的中國共產黨將他們趕走了，「十年來中國人民最痛快的一件事，應該是從中國廣大的土地上徹底地、完全地消滅了帝國主義的痕跡。」[37]

　　十年大慶，給冰心最好的禮物則是天安門觀禮台的貴賓券。上午十時，國防部長林彪在北京軍區司令員、閱兵總指揮楊勇的陪同下，乘坐國產的閱兵車，檢閱天安門廣場、東長安街列隊的人民解放軍陸海空三軍，並宣讀《中華人民共和國國防部命令》。當受閱部隊以威武雄壯的陣容通過天安門廣場、通過觀禮台時，冰心激動得熱淚盈眶，多少天安門的回憶，一下子聚到了眼前，感慨萬端。最近的一次是去年的今天，站了身邊的是鄭振鐸先生，沒有想到竟然從機上飄落在他國他鄉。由鄭振鐸又跳到羅常培，多年的老友、多麼優秀的語言學家，竟然一病不起。有時就是這樣，人在最熱鬧、最興奮的時刻，卻會產生失落與傷感，冰心此刻便是如此：「人一過了中年，能在一起話舊的朋友，總是一天一天地少下去，這原也是個『必然性』，但是事到臨頭，卻又忍不住有很深的傷感。……我應該化悲痛為力量，以朋友的遺憾來鞭策自己，認真地努力工作，使自己回憶到這些朋友時，不至於感到有無窮的慚愧！」[38]

4，「緊箍咒」下的「特權」

　　自從1958年大躍進、人民公社化，大刮浮誇風、共產風，經濟出現了嚴重的問題，本應反冒進、反左傾，以扭轉出現的困境，但毛澤東因為怕影響他的地位、權威與威望，竟又以反右傾的面目，進一步將左傾推向全國。彭德懷元帥等因為說了真話而被打倒，知識分子經過反右運動，更噤若寒蟬，無人敢出聲。自然科學家、社會科學家、新聞媒體、作家與藝術家等，也都加入了以浮誇風為主的意識形態的大合唱。到了國慶十周年之際，已是佯裝繁華，連續三年的困難時期來臨，經濟狀況一片蕭條，民不聊生，餓殍遍野。當時的國務院副總

---

[36] 《再到青龍橋去》，《冰心全集》第5卷，P297。
[37] 《最痛快的一件事》，《冰心全集》第5卷，P294。
[38] 《懷念羅常培先生》，《冰心全集》第5卷，P92。

理、長期負責經濟工作的薄一波說：「據中央有關部門匯總，到1959年4月初，僅山東、安徽、江蘇、河南、湖南、甘肅、貴州、河北等十五個省區，無飯吃的人口達2517萬」。「我國人民所經歷的1959-1961年『三年困難時期』，主要是『大躍進』人民公社化運動和『反右傾』鬥爭所造成的。在三年困難時期，全國廣大人民因食物缺乏、營養不良，相當普遍地發生浮腫病。不少農村因飢餓死亡增加，據統計，1960年全國人口減少1000萬，在和平建設時期發生這種事情，我作為共產黨人是愧對百姓，應該永誌不忘這沉痛的教訓。」[39]萬里委員長更是明確地說：「人民公社化後發生的三年困難時期，到處浮腫病、餓死人。據瞭解，光安徽省所謂非正常死亡人口就有三四百萬。冰凍三尺，非一日之寒，過去『左』了那麼多年，幾乎把農民的積極性打擊完了。」[40]這個死亡數字，在楊繼繩的《墓碑》一書中，估計至少是3600萬。而據國家檔案解密證實，三年困難時期，全國餓死的人數為3755萬。[41]

到目前為止，尚不可能得到一個準確與真實的數字，但從這些不確定的數據中，可以看出當時全國險惡的經濟環境，看出人民基本生活與嚴峻的生存狀況。

那麼，文藝界的情況如何？作家、藝術家的生活狀況如何？

二十世紀五六十年代，也就是在這個三年困難時期，中國文聯對所屬各協會三百位作家、藝術家進行了不同時段的訪問，其中記錄了一些當時的生活狀況。1959年4月4日，老舍接受《工人日報》記者嚴志平訪問，大發牢騷，說：「我最近的身體很壞，高血壓，經常頭昏。現在，副食品供應緊張，雞蛋、牛奶都沒有，我經常處於半飢餓狀態！」[42]老舍對飲食的要求還不高，但要抽好菸、喝好茶，這就更難了，不是錢而是根本買不到。張恨水的作品在新中國出版不了，之前的作品也不能再版，因為「沒有教育意義」，雖然政府照顧他，給他當了中央文史館館員，但生活非常困難。1961年1月14日，在接受

第九章 向左轉，開步走

---

[39] 薄一波，《若干重大決策與事件的回顧》（下卷），P714、873。

[40] 《中國經濟時報》1998年4月30日。

[41] 《五九年至六二年全國非正常死亡人數》（國家檔案的原始資料）。

[42] 賈學俊整理，《文聯舊檔案：老舍、張恨水、沈從文訪問紀要》，《新文學史料》2012年第4期。

中國文聯沈慧的訪問時說：「糧食不夠吃，找不到保姆，沒辦法躺下來休息，還要每天勞動。現在什麼吃的都買不到，街道上分的一點白菜早已吃完，吃稀飯找點鹹菜都不容易，現在親戚朋友來往很少，到誰家都餓著肚子回去。這年頭，日子不好過。我幾十年來是習慣喝茶不吃早點的，現在連一兩茶葉也買不到。每月中央文史館分給幾盒一角左右一盒的菸，還沒抽都碎了。……北京有個天橋市場，一隻雞要賣幾十元，這真是駭人聽聞，我看沒人吃得起，至少我是吃不起。我現在仍要負擔八個人的生活費，每天吃窩窩頭都感到緊張。」[43]白薇是中國作協的專業作家，開始住在沒有廚房、不帶衛生間甚至連自來水也沒有的宿舍裡，一身的慢性病，心臟病、關節炎、皮膚病、腸打結、浮腫等，六十多歲孑然一身，不僅精神缺少慰藉，生活也無人照料，保姆請不到，自己樓上樓下跑。一次在接受沈慧的訪問時，見面便說：「我在北京這種單幹戶的生活適應不了。一天吃鹹菜、黃豆，買不到青菜。有人說我的生活是兩個極端，不是下去到農場作農民，就是上來到北京作保姆。」「每月照顧我的二斤雞蛋二斤肉使我感到痛苦，人不僅僅只是為了『吃』而是要被『信任』和真正的工作，我不是搞政治的也不懂做官之道，現在充當一名政協委員實在受之有愧」。[44]二、三十年代，孫伏園做魯迅、冰心的編輯，自己也是作家，文學研究會發起人之一，中國現代文學史上大大的功勳，到了六十年代三年困難時期，貧病交加，無任何的副食品補助。他對來訪者說：「我已經臥床五年不能工作，離開現實鬥爭生活太久，一切情況都只能從報紙和廣播中得到。很想為黨作點事，也很想改造自己的思想，但都不能如願。」「我和我的老婆現在相依為命，我們今年都已六十八歲，她也患有高血壓和腸胃等慢性病，吃什麼東西都很難吸收。本來我們訂有一磅牛奶，對我們這兩個病人來講，不無小補，但在去年十一月也給取消了，我們的牙齒都不好，硬的食物都不能吃。現在除了每月分到一些帶魚之外，很少能吃到別的營養。」[45]

---

[43] 賈學俊整理，《文聯舊檔案：老舍、張恨水、沈從文訪問紀要》，《新文學史料》2012年第4期。

[44] 1961年1月19日，白薇接受中國文聯沈慧訪問記錄。天津口述史展覽手本。

[45] 1961年1月19日，孫伏園接受中國文聯沈慧訪問記錄。天津口述史展覽手本。

特供

　　相對而言，在冰心吳文藻這一時期的文字中，包括接受中國文聯的訪問，均未出現這一類生活困難的記錄，就是稿費降低，並未影響他們的生活。相反有大量的此類記錄出現，「雇車進城」，到政協供應點「購物」、「採購年貨」，到文化俱樂部「午餐」、「洗澡」、「理髮」、「修指甲」、「打牌」，到屋頂花園「聽音樂會」，到全聚德、鴻賓樓或莫斯科餐廳「聚會」「用餐」，到北京飯店「吃譚家菜」等字眼。有時吳文藻一人、有時是夫婦二人、有時會帶上孩子或朋友去享受一下。也就是說，當時的物質供應緊張、食品奇缺，但對冰心吳文藻的生活影響並不大。這與他們作為人大代表與政協委員有關，因為這個身分，享受著特殊供應的票證，政協南河沿的特供點、食堂、俱樂部等便是專門為他們而設的；同時，也與他們二人屬高薪有關，冰心文藝一級、吳文藻教授三級，合起來有五、六百元的月薪，加上冰心的稿費收入，千字四、五元，雖然不高，冰心的文章也不長，但數量多，加上她的名氣大，報刊與出版社給的稿費相對高。從地理位置上說，他們住在西郊，相對偏遠，但吳謝進城，多有專車接送，如辦私事，則就雇車，從魏公村到南河沿，也就三、四元錢，這對他們來說，不算大的開支。

　　可以做這樣的一個情景再現：

　　晨八時半，冰心吳文藻從和平樓208室下樓，電話中約好的雇車停在樓下，上車，直接到南河沿政協文化俱樂部，理髮、洗澡，遇上熟人便一同用餐，食堂的供應有蔬菜、豆腐、魚與肉等，算是豐盛了，飯後有時間，可以打一兩圈橋牌，回家之前，在特供店憑票證採購米麵等食品與日用品，再雇車回到民院的和平樓。

　　對於特供，老舍說他「每月有副食品補貼：肉兩斤，雞子兩斤，糖兩斤，菸捲、細菜等物。去年春節，政協供應了雞、鴨，以數斤。」但他對擠兌購物不贊成，「我看不慣那些擠購東西的情況，看了令人生氣。有時，大家讓一讓，不一定要買的就不買，這就鬆了，不致造成人為緊張局面」。他也不想去政協俱樂部吃飯，說「我可以到政協三樓俱樂部吃飯，但我就從來沒有去吃。有時在政協開會亦回家吃飯，因為想著人人都不肯放棄權利，凡有這樣一點供應，人人不

肯放棄，就搞得很緊張了。在南河沿文化俱樂部亦是如此，有時看見常常是那一班人在吃飯，就是不肯放棄這一點權利。自己就不願去吃。」[46]當然，放棄與使用都是一種權利，只是從中可以見到作為政協委員與人大代表，在物質緊張的年代，確實有過這種特殊供應的情況。[47]

度假

白薇患有多種慢性病，多次提出到南方休養的要求，均未獲准。當時的休養與療養，也是一種特權，並非是需要休養、療養的人可以享受的。冰心吳文藻的休養與療養，不包括冰心出國訪問歸來在從化溫泉的臨時安排，有記錄可查的有：

1961年8月1日至21日，全家至大連度假。當天下午，全家人進城，在文化俱樂部晚餐，之後至北京新車站，七點三十分上車，軟席包廂，兩女兒上鋪，吳謝下鋪，前往大連度假。入住大連嶺前連接巷三號樓下四號房間，帶一小間，四張單床，環境幽靜。他們在這裡游泳、看電影，與朱光潛、邵鐘等人打橋牌，喝酒（一次吳文藻與董竹君、趙亞新等對飲，險些喝醉），看小說《紅旗譜》，看《王若飛在獄中》，「1934年，我等訪歸綏時，他正在獄中，1937年他出獄

---

[46] 1961年老舍接受中國文聯陳慧訪問記錄。天津口述史展覽手本。

[47] 1960年年初開始，北京城內副食、糧食供應出現極大的困難，因營養不良造成的浮腫、消瘦、頭暈等毛病在各行業中普遍出現，到了1961年春季達到了最惡劣的程度。北京市委緊急出臺幾個應急方案，其中開出甲、乙級供應的兩個名單，一個是大範圍的32000人，包括工程、衛生、科研、出版、高校等領域高級技術人員，再加上十三級以上的幹部7100人；另一個是小範圍的一萬人左右，是在資源有限的情況下必須確保的高級幹部、高級技術人員。

據中央教育部人事司調查人員瞭解，馮友蘭的生活水平過去是每天早上有牛奶、雞蛋、點心，中午晚上都有葷菜。但是現在生活條件有不小的改變，迫使他放棄了保持多年的半西式飲食方式。他利用全國政協委員的身分，每月固定到政協禮堂餐廳吃飯8次，時而還去高級飯店改善生活，愛人有時還到自由市場買些雞蛋等東西來補充。

前幾年校外會議多，馮友蘭忙於應付，心中頗感煩惱。但此時他一反常態，卻經常參加各類會議和政協視察工作，借會議伙食來添些油水。他樂於參加的會議有：民盟中央、市委會議、學校民盟支部小組會、科學院召開的學部會議、有關學術討論會，這些會議的伙食相對比較充足，能時常到會也是恢復、保護自己身體機能的一個有利條件。──陳徒手，《馮友蘭：哲學鬥爭的個人掙扎史》，《故國人民有所思》，三聯書店2013年5月。

時，我們在歐洲，真慚愧！」對照革命烈士，吳文藻在日記中記下了慚愧的心情。歸來後，冰心給遠在上海的趙清閣寫信：「這次是全家去（我同文藻帶兩個女兒）。在大連住得還好，只沒有汎水（臨行匆促，來不及帶游泳衣）。文藻和孩子們倒是去了。回來後發了一場燒，現在已完全好了。」[48]

1962年8月6日至11日，全家上香山避暑，入住香山飯店318房間，兩個女兒另住一間，鄰居是趙樸初、徐伯昕。飯店一日三餐包飯，在清靜的樹叢中練氣功、遊山，午睡後教趙樸初打橋牌，晚餐後到雙清別墅散步，夜間看電影《劉三姐》等，只是「房間潮濕，很不舒適。」11日早飯後，趙樸初則陪冰心吳文藻「遊『見心齋』，環境優美，過去到香山不知多少次，從未遊過此處。」[49]

1963年8月6日，吳冰與外交官李志昌舉行婚禮。頭一天的晚飯後，吳文藻與雷潔瓊、嚴景耀結伴乘夜車赴承德度假，下榻煙雨樓招待所。「樓建在青蓮島上，位居避暑山莊之中央，周圍風景甚佳」。訪文津閣，尋熱河源頭，遊水心榭。兩天之後，冰心帶了兩個女兒、新婚的女婿來到承德避暑，「將朝南正中一間雙人床房子給遠與志昌作新房用，瑩與黎與我同占朝北面湖一面房子。」於是，一家人快快樂樂地在承德參觀、遊覽、打橋牌，還在詩意的微雨中，「以茶會為遠與志昌舉行『儀式』祝婚」。後梁思成到，吳文藻去車站接，繼續遊覽。一家人一周時間，最後結算，「全家共約費兩百五十元」。

1964年8月2日至27日，吳文藻還有一次以政協委員的身分，在大連學習在與避暑，前後長達二十五天。這些度假享受尤其是全家同行的度假，在中國的作家中是不多見的，機會也是不多的，吳謝一家享受的這種待遇，尤其是三年困難時期，其特權的意味就顯示出來了。

視察

以人大代表、政協委員的身分，到國內進行視察，這本是工作之需要。作為人民的代表、社會的精英，需要瞭解社情、民情，因而，這種視察就談不上是一種特權了。但是在經濟困難時期，這種視察便

[48] 趙清閣，《滄海往事——中國現代著名作家書信集錦》，P109，上海文藝出版社2006年10月，該信落款時間誤為1960年
[49] 吳文藻日記，1962年8月11日。

有了某種特權的意味。不僅可以瞭解接觸社情與民情、受到民眾與社會的尊敬與敬重，同時由於有各級政府和機構出面接待，飛機、軟席火車、汽車接送，食宿方面也是平日家居所不可比擬的，住在政府辦的招待所、賓館，吃得最簡單也有四菜一湯。而作為城市限量供應的糧票、肉魚蛋等副食品券也可節省下來。這些在食品充足之時均可忽略不計，但在當時卻是一項不小的節支。那時尚無旅行、旅遊一說，這種視察實際上便是那個時代非一般人可以享受的外出旅行與旅遊了。

冰心吳文藻，一為全國人大代表、一為全國政協委員，卻是屬於同一民主黨派，因而有時可能同時出行，有的則是分到各自的系統。從記錄中顯示，吳謝結伴同行的有兩次，一次是1959年年12月14日至22日，民進中央組織冰心、吳文藻、顧頡剛、張紀元、徐楚波等前往安陽參觀，前後八天，住在安陽招待所，吳文藻住五號大房間，冰心與張曼蘇一屋。那個時代，夫妻同時外出的並不多，住宿一般按性別分配。一次是1964年5月21日至6月7日，政協組織，赴山東泰安學習，冰心、吳文藻、潘光旦、王芸生、梁純夫、魏建功、陳麟瑞等參加，體驗社會主義教育運動。仍然是按性別居住，冰心下榻農業技術學校，與杜老師、王嘉璇、張靜（大夫）、郁華、張英俠同屋，「九點四十分上床，月亮很好。」政協委員們遊岱廟，登泰山，住山上招待所，在玉皇頂觀看日出，步行下山時，吳文藻在日記中寫道：「對六十三歲的我，確是一個考驗，相信自己還可以為人民做一點事情。」

冰心既是人大代表，又是民進會員，而民進屬於政協口，因為她的知名度，政協的視察與參觀，冰心的名字也常常在列。人大視察的名單中出現冰心是正常的了，同時還有作家「深入生活」一說。所以，冰心國內的視察與參觀遠多於吳文藻。1959年3月18日至4月8日，全國政協組織政協委員前往河南視察、參觀。從北京乘火車啟程，冰心、許廣平與謝為杰同住一間包廂。同行的還有劉瑤章、艾思奇、李伯球等十餘人。當天下榻省交際處，條件「甚好！」晚看常香玉的豫劇三團演出《劉海砍樵》。這次視察、參觀前後二十天，其中鄭州六天，登封四天，洛陽四天，三門峽兩天。冰心與謝為杰一起視察，這還是頭一回，想起三弟為楫被打成右派，心裡難過，冰心在給

劉紀華寫信時，表達了姐姐的關心，二哥還為其寄去了十斤全國糧票。一路上，冰心稱許廣平為「許大姐」，許廣平也以大姐的身分，對冰心多加關心，告誡她「向家中右派應堅持鬥爭、幫忙。」河南的災荒嚴重，但二十天的視察中，沒有留下任何的有關災荒、餓死人的記載。1960年3月1日至20日，也是二十天的時間，冰心參加全國人大代表、政協全國委員視察團，前往湖北省參觀視察。同行的有沈從文、吳半農、彭鏡秋等人，乘火車離開北京，一路玩牌，「打百分」。在武漢參觀了武鋼，「廠址真大，汽車走半天」，「只就煙囪而言，第一個煙囪用了六個月，最近一個只用十一天半，看後看煉鐵爐口圓圓的像幾個紅太陽並列（？）」第二天早晨，「過江到珞珈山，遠望洪山塔在兩巒之間，轉過便到武大，先到一亭閣聽報告，又上五層看環境，東湖在望，武鋼隔水煙囪林立……」[50]冰心在筆記中如此記載。五六十年代，「煙囪」是工業化、現代化的象徵符號，所以，冰心的筆下的煙囪與東湖水、洪山塔協調排列，並無環境之憂。

最愉快的一次旅行，是1961年12月15日至31日，應王震部長之約，冰心、趙樸初、周立波、張僖、鄭效洵等到湛江農墾場參觀訪問。乘飛機到廣州，當時的航線為北京－鄭州－武漢－廣州。廣東作協陳殘雲與農墾所劉因等來機場迎接。下榻羊城賓館718房，冰心覺得「甚舒暢」。次日與周立波下樓早餐，遇韋君宜、周揚、蕭殷、歐陽山等，下午與茅公[盾]夫婦參觀陳家祠堂等。李副省長宴請，晚秦牧送來散文集《花城》。在廣州，冰心等在陳殘雲陪同下遊覽，與趙樸初至周揚夫婦屋裡「談佛學」，此後又是省統戰部宴請，看紅線女演出的《思凡》，冰心讚其「聲容並茂，甚為可喜」。再乘飛機抵達湛江，下榻霞山海濱招待所，冰心一人住一樓套間，晚看木偶戲《哪吒》，冰心記下一奇事：「夜睡前洗腳，滅燈開廉[簾]，驟見自己鏡中影子，嚇了一跳，夜中屢醒，錶又停了，十分狼狽。」在湛江海員俱樂部，聽說梁思成住在華僑飯店，冰心拜訪未遇，留下紙條，梁思成見後回訪冰心也未遇，同樣留下一張紙條。冰心一行在這裡心身放鬆，至海濱公園看花，與趙樸初、徐楚散步，望海，晚間則與周立波

[50] 冰心日記，1960年3月6、7日。

等在客廳玩牌，吃著農場自產的花生、喝著也是農場自產的咖啡。廣東人什麼都吃，農墾局還請他們吃了一次狗肉，冰心提倡愛一切生靈，別說屬於寵物的狗了，而趙樸初還是居士，但廣東人將這一切拋在了腦後，只管招待，飯後又看秦腔《三滴血》。本來還要去海南島，沒有想到北京追來一封電報，通知冰心回京，準備參加亞非作家會議。「海南島去不成了，頗為惆悵。」[51]這次參觀訪問，冰心留下了一長篇散文《湛江十日》，發表在《人民文學》上。

吳文藻有兩次政協委員的視察，時間都很長，一次是到了冰心的故鄉福建，一次是回到自己的家鄉江蘇。福建的時間為1962年1月5日至2月2日，同行有潘光旦、費孝通、林仲易等人，乘火車，無事便打橋牌。到福州，有陳紹寬、張兆漢迎接，下榻新落成的華僑大廈529房，與潘光旦同屋，晚宴請，吳文藻坐主桌，有副省長賀敏學、政協副主席陳希仲等，吳文藻見酒貪杯，只得在日記中警告自己：「我喝酒稍多，不夠鎮靜，好在只此一次，下不為例。切戒。到廈門想必還有招待宜特別警惕。」吳文藻一行訪問鼓山人民公社前嶼大隊，遊覽了鼓山湧泉寺，馬尾造船廠等，參觀脫胎漆廠、機器廠、石刻廠，並赴古田縣視察。之後乘汽車前往莆田、泉州，「遊覽泉州唐開元寺，觀刺桐樹。」「訪問華僑新村，至南臺山看老君岩。」在廈門，上雲頂岩遠眺大小金門、大膽二膽。「因有微霧，看得不清楚。」遊覽廈門大學，觀看魯迅當年在廈大教書時的居室，遊南普陀，乘汽艇繞鼓浪嶼行，約一小時，然後登岸，在街上漫步，參觀鄭成功紀念館。漳州洗溫泉，參觀閩南革命文物館、水仙花苗圃、百花村、遊南山寺等。將近一個月的時間，遊遍福建閩南一線，這也是外地人到福建常走的線路。福建地方戲品種多，表演精彩，雖然聽不太懂，但作為藝術還是可以欣賞的。每到一地，都有本地的戲曲，幾乎夜夜笙歌，其中看了閩劇《珍珠塔》《血濺王宮》，莆仙戲《靖邊記》《陳三五娘》，梨園戲《王魁桂英》《陳三五娘》，薌劇《火燒樓》，木偶戲《許仙謝醫》《昭君出塞》，佘族歌劇《三月三》等。2月2日晚七時回到北京。「將一路所購東西交出家人看，漳州蘆柑、福州橘子，僅有個別腐爛。」2月4日便是農曆除夕，吳文藻在日記中寫道：「晚飯

---

[51] 引文出自冰心湛江日記。

除夕,開葡萄酒,給孩子喝,可以補血。我仍然喝白酒。今年春節供應勝於往年,六億人口在除夕人人有肉吃,實在不容易。」[52]江蘇視察的時間為1963年10月18日至11月11日,也是二十多天,同行有潘光旦、費孝通,都是江蘇人。除南京外,先後視察、訪問了蘇北的揚州、淮陰、南通、徐州、鹽城,蘇南的蘇州、鎮江,也是跑遍江蘇全境。

訪問

出國訪問歷來就屬特權的象徵,出國人員有嚴格選擇。「外事無小事」指的就是將出國訪問、接待外賓都當成大事來對待。由於出國人員代表著國家的形象,直到二十一世紀之初,出國仍有治裝費、公務外匯補貼等。改革開放前有資格使用外匯的人,那是真正享有特權。冰心出國治裝,享受黨和國家領導人的待遇,多次到指定的王府井服裝店訂製旗袍等服裝,而回國時,可以用節省下的「零花錢」,帶回一些外國貨,那怕是小小的一把刮鬍刀、一瓶香水,都會成為非常誘人、大受歡迎的禮物。冰心頻頻出國,相當受人羨慕與嫉妒,連許廣平也向陸定一部長告狀,為什麼總是派她出國訪問?冰心有自知之明,多次向文聯、作協領導提建議,不要總是派她出國,這樣的好事大家輪著來。

正如我在「新中國外交舞臺的形象大使」一節中所言,冰心在出國訪問代表團中的位置,又是別人無可替代的。六十年代初,冰心連續三次出國訪問。一次是1961年3月24日至4月22日,參加中國作家代表團,出席在日本召開的亞非作家會議常設委員會緊急會議並訪問日本,同行有巴金(團長)、劉白羽(副團長)、楊朔、沙汀、林林、葉君健、李季、韓北屏等。一次是1962年2月4日至24日,參加夏衍率領的中國作家代表赴埃及開羅,出席亞非作家會議。回到廣州後,恰遇周恩來出訪歸來,冰心便搭了總理的專機返回北京。[53]再一次是

---

[52] 引文出自吳文藻福建日記。
[53] 有一張冰心與周恩來總理在飛機上的照片,圖片說明稱「與總理在出國訪問途中的交談」,但在筆者的研究中,並沒有發現冰心與總理一同出國訪問的經歷。吳文藻的日記解開迷團:「午飯後1時許,正擬午睡,瑩從廣州搭總理專機返京。午睡作罷。」(1962年3月3日)

1963年11月5日至12月3日，參加以巴金為團長的中國作家代表團赴日本訪問，在東京、大阪、奈良、京都等地參觀訪問，與作家舉行座談會。正是這一次，冰心與巴金到鎌倉，拜訪日本作家川端康成，冰心請川端康成抽中華牌香菸，深得酷愛吸菸的川端的喜愛。同時，冰心在國內多次接待外賓，出席各國大使館的招待會，陪同外賓在國內參觀旅行，比如日本的井上靖、白土吾夫、三宅豔子、松岡洋子等。

籠統地稱冰心吳文藻享受特權，將會不被多數人接受。「他們哪有特權？」追問者定有。但是，如果將他們的生活與三年困難時期餓殍遍野的情景、與文藝家其他作家藝術家「訴苦」放在一起，所謂的特權便突顯出來了。這些特權，作為「打江山、坐江山」的老革命而言，因為功勳、因為功勞，成了應得的享受、待遇，那麼，冰心吳文藻有何資格？一個是自稱為資產階級知識分子的作家、一個是剛剛摘帽的右派分子！

無功受祿？免費的午餐？

顯然，這裡又隱藏了交易。沒有享受的資格卻是享受了特權，那麼，冰心吳文藻該付出什麼？不是以功勳、不是以功勞換取，他們以什麼獲取？交易成本如何？

功勳與功勞，生命為成本，冰心吳文藻，則以思想改造與寫作來換取！

以「說」訴諸

1964年8月2日至27日，吳文藻以政協委員的身分在大連度假，行前，張紀元帶來楊東蓴對吳文藻的口信，這次大連學習要「大膽暴露」，吳文藻則表示「我這次來，自己亦有此主觀願望。」民進副主委聶真便將話說明白了，這次大連，任務有二，學習、避暑雙豐收。所謂學習，就是如何過好社會主義這一關，就是自覺地聽黨的話，跟黨走。吳文藻簡稱為「聽、跟、走」。將近一個月的時間，在美麗的大連海濱，一邊度假，一邊敞開思想，提出問題，展開爭辯，展開自我批評，過社會主義的關，進一步確立跟共產黨走的決心與意志。吳文藻和政協委員們開動腦筋，提問題，亮思想，最後由聶真歸結到三個問題上：社會主義社會有沒有階級和階級鬥爭？二，反帝反修，劃清馬列主義與修正主義的界線；三，紅與專落實到思想改造上。吳

文藻在「雙百」方針的討論中，「我就此方針與資產階級自由化的對立，暴露自己對馬寅初事件及反赫光頭[54]集團的一些錯誤看法以及錯誤的思想根源。」繼續討論時，還暴露了自己對階級鬥爭主要是怕的問題，而這個怕實際是「階級鬥爭的一個方面的表現」。吳文藻講過之後，仍有些不踏實，晚間戰戰驚驚地敲開了費孝通的門，聽他對自己發言的反應。之後又「請孝通、項沖、光旦與紀元等人幫我進行檢查、幫助，認為思想方法不對頭，存在著『沒有問題』的問題，這是我在學習改造上的根本問題，如得不到解決便阻礙進步。」吳文藻最後在總結時寫道：「大家對我提了寶貴意見，須認真吸取有益的東西，作為行動座右銘。我在學習上最大的敵人是本本主義，要學會活學活用，就我來說，是深思二字。」[55]這裡所謂的「深思」，完全不是指要有自己的觀念與思想的深思，而是指在「活學活用」「聽、跟、走」上的深思。

這是吳文藻享受特權（海濱度假）與以思想改造為交易的縮影，一個標本。實際上這種以思想改造為代價的交易，從反右鬥爭中便一直貫穿下來，開始是承認自己的「無罪之罪」，在社會主義學院的除舊布新之後，表明要清除自己頭腦中全部舊的意識形態，全盤接受社會主義的新意識形態，立下了一個「換思想」的宣言。而這個換思想與其他的物質交換顯然不一樣，不可能在一朝一夕之間完成，反覆的、痛苦的替換與交換，可能是長期的、無休無止的，甚至終其一生而不盡。

在吳文藻的日記與筆記的記錄中，顯示了這一段時間思想改造的過程。

右派摘帽時，吳文藻曾表示感謝黨，表示今後再不反黨[其實之前就未反過黨，因治罪，必須讓其認其罪]，黨是反不得的，要跟黨走，但立即便被發現，你的情緒有不對頭的地方，「馴而不服」的詞出來了，說你內心並不服氣，「不服不能改造」，吳文藻於是便跟在後面大挖自己「馴而不服」的表現與根源。

當政協組織討論國內出現的經濟困難的情況時，吳文藻則表態

---

[54] 指赫魯雪夫。
[55] 以上引用，均出自吳文藻大連學習筆記。

「緊張是暫時的，是前進中的困難」。[56]

在「反右傾」的學習中，吳文藻則表示，要站在黨的立場上，「聽黨的話（跟黨走），瞭解政策措施以後，自己積極地幹起來，自覺為無產階級政治服務，走紅專道路」；「以毛澤東思想為指導思想（世界觀），把總路線貫徹到自己的行動中去，為了提高理論水平，改進工作質量（效率）」；要以「無產階級立場、世界觀和方法論，改造自己的思想，改進所從事的工作。」[57]座談1月23日《人民日報》社論，吳文藻結合1959年經濟發展的情況和八中全會新聞公報，堅決改變自己的立場與世界觀，與黨站在一起，認為「工農業生產，空前未有的連續的全面大躍進（高速度），證明瞭社會主義制度無比優越性」。對於「更高發展速度」，認為「有需要，並且是可能的，因為有總路線光輝照耀，發揮了主觀能動性」。認為「人民公社具有無比旺盛的生命力，它是在大躍進中產生的，反過來又促進了農業，促進了整個國民經濟的大躍進。」他說，由於「堅持三個法寶，連續兩年大躍進，使社會主義建設進入新階段——國民經濟以比第一個五年期間更高的速度持續躍進的階段，爭得了三年時間，有了更多更好的主動，能辦更多的事情。」「實現三個遠大目標的其餘兩個：用比十年更短的時間，在主要工業品產量方面趕上和超過英國，並且爭取大大提前實現。」表示「認真鑽研毛澤東著作，加速自我改造，提高工作效率，改進工作質量。剛剛摘帽，就得1959年躍進獎金，國內外形勢大有利於改造，把總路線的精神，貫徹到行動中去。」[58]這些觀念與當時主流意識形態全無二致，從知識分子的立場轉變到了黨的立場上，配合和呼應黨的號召、決定和決議，沒有任何的質疑與不同的聲音。

民院定期或不定期的將老教授們集中在一起學習座談，成為舊知識分子改造的一種形式，吳文藻稱其為「神仙會」。一次神仙會座談階級鬥爭，林耀華發言，談到資產階級知識分子改造的艱巨性，尤其是「如何在實踐中貫徹」，一是與黨心一絲不苟，二是真正做一個

---

[56] 吳文藻出席政協討論經濟緊張情況的筆記，1959年7月3日。

[57] 民院民進支部學習中共八屆八中全會公報和決議，吳文藻筆記，1960年2月1日。

[58] 吳文藻的座談發言，吳文藻筆記，1960年2月5日。

勞動者，要「周圍群眾相信你是一個普通勞動者，沒有教授的架子等等，單單自己主觀願望是一個普通勞動者還是不算數。」吳文藻則以自己為例，檢查「首先沒有和勞動人民接觸，也沒有機會受考驗，要改造成為一個工人階級知識分子，尚有一段艱苦過程，必須奮發前進。」[59]

對於燕京大學的教育，吳文藻在反右前有他的看法，反右中尚未接觸，一次，民進副主席楊東蓴在政協約會陸志韋、冰心、吳文藻等十餘人，集中談論燕大，與會人員均表達了「燕大是US（美國）對（中國）文化侵略的堡壘，STUASK的作用等」。[60]

當蘇聯的衛星升空，作為社會主義陣容的中國，當成大喜事慶賀，一次民進座談蘇聯載人衛星與飛船上天並安全返回地面預定地點的重大意義，吳文藻爭著發言，說：「這是人類歷史展開新的一頁；人上天堂，喜上加喜。」[61]

為了表示思想改造的積極與成果，吳文藻與反右之前以躲避和沉默的方式面對會議，判若兩人，每一次會議都爭著發言，但並不是每次發言都感到滿意，因而，又在日記中不斷地警告與提醒自己，「熱心不忘穩重，凡事不能過於心急，今天最後發言時，有些急躁，必須萬分警惕。」[62]

在中國共產黨建黨四十周年座談會上，冰心講二點：「沒有共產黨便沒有新中國；沒有中國共產黨就沒有亞洲、非洲和拉美的革命氣勢。」吳文藻則大談反右以來對黨的認識，在心目中確立共產黨是「一個有紀律的、以馬克思列寧主義理論武裝起來的、採取自我批評方法的、密切連絡人民群眾的黨」。[63]

蘇共二十二大之後，吳文藻認真閱讀「赫老[赫魯雪夫]的總結發言，在若干重大問題上，與我方領導人有意見分歧」，認為需要「抽出時間細加研究。」並提醒自己，「在對待史達林問題上，我尤須慎重，因我所持意見較接近赫老。」「現蘇共二十二大決議，把史達林

---

[59] 吳文藻日記，1961年1月3日。
[60] 吳文藻日記，1961年1月13日。
[61] 吳文藻日記，1961年4月14日。
[62] 吳文藻日記，1961年6月9日。
[63] 冰心與吳文藻的筆記，1961年6月14日。

的靈柩從紅場陵墓中遷出，此舉與我方所持態度顯有不同」。對於蘇共二十二大決議中斥責史達林「嚴重地違背了列寧的遺訓，濫用權力，大規模鎮壓真正的蘇維埃人，以及在個人迷信時期的其他行為」的觀點，說不知黨中央對此作何判斷，意在提醒自己與黨中央一致。因為這個問題，吳文藻在反右運動之前，持有相同觀點，所以格外小心。果然，第二天民進學習，談蘇共二十二大會議情況。吳文藻認為自己「對問題關鍵認識有所提高」，首先肯定「史達林在反帝和鞏固無產階級專政兩項都有貢獻。如果國內社會主義建設沒有成就，反法西斯戰爭勝利是不可能的，如果不戰勝法西斯也就沒有今天的蘇聯，所以說他功過於罪」，贊成黨中央的「判斷是正確的。」第三次在民進學習座談蘇阿關係及對史達林的認識問題，吳文藻「明確表示反對赫魯雪夫在反阿和反史達林問題上的修正主義論點，因為只對敵人有利，而對社會主義陣容的團結以及國際共產主義運動的團結，都屬不利。」[64]

雷潔瓊不僅是吳文藻燕大的同事，也是他加入民進的介紹人，但當雷潔瓊受到批判時，吳文藻也有「大義滅親」之舉。在「大反覆」時期，雷潔瓊曾發表「對黨進攻的言論」，材料印出來，吳文藻「讀一遍聽後覺得都是與黨針鋒相對，問題之嚴重性，超過我所預期」。第二次學習，吳文藻即提出「與潔瓊劃清界線，否則學不好。」同時，民進領導楊東蓴也暗示，「對潔瓊有溫情主義，實際上是和她在政治思想等方面劃不清界限」。並以此得到啟發：「我是怎樣認識無產階級專政的？」在會上，吳文藻批雷潔瓊：「一，不承認立場問題是有階級性的，即從根本上否定階級的存在；二，從來沒有聽她回憶過反右整風時所犯錯誤、受到批判，怎樣正確對待的事情，因為不願回憶這段痛苦歷史，而強調不會聯繫實際，實際上是拒絕用回憶來做對比。」在政協會上談反帝反修，改造自己，吳文藻情緒有些亢奮，說「潔瓊把知識分子和資產階級分開，彷彿知識分子沒有階級屬性，極不妥當。」[65]

當劉少奇的《論共產黨員的修養》出版後，民進立即組織學習，吳文藻被提為召集人之一，覺得責任重大，「必須更加認真學習，以

[64] 吳文藻日記，1961年10月30日、11月1日、11月8日。
[65] 吳文藻日記，1964年11月14日、12月21日。

期不負民進中央領導人的好意。同時,我有志於儘早掌握社會發展和革命鬥爭的客觀規律,所以有努力學習的必要。」[66]

1962年9月,中共八屆十中全會在北京舉行。毛澤東在會上作了關於階級、形勢、矛盾和黨內團結問題的講話,把社會主義社會中仍在一定範圍內存在的階級鬥爭作了擴大化、絕對化的論述,斷言在整個社會主義歷史階段中資產階級都將存在和企圖復辟,並成為黨內產生修正主義的根源,要求今後階級鬥爭要年年講、月月講、天天講,還批判了所謂「單幹風」,「翻案風」,指責了所謂「黑暗風」。吳文藻也緊跟,保持一致,認為「關於『二百方針』,絕不是採取資產階級『自由主義』的政策,而是實行無產階級的極端堅定的階級政策。實行這個方針,是為著發展馬克思主義及指導下的社會主義的理論。在社會上還存在著資產階級思想影響的時候,實行這個方針原則為著便利無產階級在政治上和思想上戰勝資產階級,肅清它的影響,而不是容許資產階級思想自由泛濫。」「誰要是僅僅承認階級鬥爭,那他還不是馬克思主義者,可能還沒有走出資產階級思想和資產階級政策的圈子……只有承認階級鬥爭同時也承認無產階級專政的人,才是馬克思主義者。」[67]

進入秋天,天氣涼爽之後,民進中央往往有秋季學習安排,吳文藻的改造日見成效,到了1963年,開始擔任學習小組長,在談到反修學習的個人體會時,吳文藻首先發言,「涉及史達林在具體工作中的某些偏向,如『技術高於一切』、『幹部高於一切』這兩個口號,帶有片面性」,但其他的同志給了「更恰當的解釋,聽之有理,對此問題尚須作深入些的探究。」就是在同志間不同的意見,也不堅持,更別說與毛澤東、黨中央的意見了。[68]

對於他人的發言,吳文藻也能以階級鬥爭的觀念來看待了。一次政協會上,梁漱溟發言,吳文藻認為「最為明朗,感情亦對頭,為他歷年來發言最好的一次。」但他的發言,「從不觸及階級鬥爭和黨的領導,這正是為什麼最窮苦的地方是工作成果最顯著的地方的根本原

---

[66] 吳文藻日記,1962年9月2日。
[67] 吳文藻學習筆記,1962年9月21日。
[68] 吳文藻日記,1963年9月18日。

因。生產關係改變了，所以生產力大踏步發展」。[69]

1964年初，出現了所謂的「大反覆」，表現為：1959年大有進步，以後摘帽加冕，反覆開始出現，表現在「三自一包」、「三和一少」、「外行不能領導內行」、「成績與缺點」等問題上。吳文藻自覺自己又成大反覆的對象，思想有準備：「一，全面系統清算我頭腦裡的買辦文化思想殘餘，二，投入反修鬥爭，結合自己所從事的業務，把反修推進到學術領域中去。」雖有準備，但仍是憂心忡忡，一次看了胡愈之彙報中有關階級鬥爭部分做了摘記。「自己覺得有些ABC知識都未搞清楚，怪不得談不出關鍵問題來，即使問題擺出來了，因為思慮不清，談不清楚，放出了矢，射不中的。今早黎明即醒，又為自己進步不前捏了一把汗。」有時會為自己的進步不前而夢中驚醒！[70]在一次民進學習會上，吳文藻對「大反覆」的含義提了些疑問後，得出兩點體會：「一，除了記住自己的朋友以外，還應當牢牢地記住自己的敵人和敵人的朋友……凡是勸說人民憐惜敵人、保存反動勢力的人們，就不是人民的朋友，而是敵人的朋友了。足見敵友並不簡單。二，中農對貧下中農『心服』和貧下中農對地富進行攻心教育，如何使之『心死』，作何理解，值得考慮。這對我是極寶貴的意見，應當牢記著，這是今天得到的大收穫。」[71]

這年的十月，有兩顆原子彈爆炸：赫魯雪夫下臺、我國第一顆原子彈爆炸成功。吳文藻興奮之極，「真是毛澤東思想的勝利，真理在那一邊，勝利屬於那一邊。」[72]

李維漢作為毛澤東的老戰友、久經沙場的老革命、中央統戰部部長，自從冰心與吳文藻回國之後，便在他的領導下學習、工作，作為民主人士，幾乎將其視為黨的化身。在他們的心目中，李維漢便是代表了黨、代表黨中央，他的講話便是黨的號召，聽黨的話、中央的話，就是聽李維漢的話，跟黨走與中央保持一致，也是跟統戰部保持一致。統戰部、統戰部長便是天，便是地，忽然有一天，李維漢出事了，在民族問題上犯了嚴重錯誤，許多民主人士似乎感覺到天塌下

玫瑰的盛開與凋謝——冰心與吳文藻（一九五一～一九九九）

---

[69] 吳文藻政協會議筆記，1963年11月19日。

[70] 吳文藻1964年6月學習筆記。

[71] 吳文藻1964年7月11日學習筆記。

[72] 吳文藻日記，1964年10月16、17日。

來了，地陷下去了。黨的化身、統戰部部長李維漢怎麼會犯錯誤？一天，烏蘭夫在人大會上發言，「批判李維漢在民族工作方面的修正主義路線」，吳文藻大吃一驚，寒意頓生。鎮靜下來後，立即告誡自己：「應以為戒，必須牢牢記住毛主席的教導『民族鬥爭說到底是階級鬥爭』」。當政協小組會就李維漢的錯誤談感想時，多數沉默不語，不知如何下嘴，吳文藻卻主動先談：「一，犯過原則性錯誤的人可能重犯錯誤，應當從中汲取教訓；二，有鑒於此，對無產階級專政的認識，應重新作檢查。」[73]

民進的學習會，與國際國內形勢同步，保持密切的聯繫，隨時表態。在越南戰爭問題上，民進組織學習，表明觀點。一次與冰心同時出席會議，吳文藻有些激昂，表示要樹立「反帝必先反修」，「反帝反修是一個東西」，要幫助阿爾及利亞、非洲，「幫助的國家越來越多。我們無產階級的想法，是由親及疏，由近而遠，無產階級對美國全球戰略是針鋒相對的，從前不能設想，現在是在戰鬥中壯大自己的力量。」[74]吳文藻之所以反修積極主動，自有他的思想顧慮，「『反帝容易反修難』，原因是怕革自己的命。修是從馬列主義蛻化到社會民主主義，而我本來就接受了社會民主主義，不過，我把它叫做民主社會主義而已。」[75]

反右之後，吳文藻恪守思想改造的承諾，每一步都不敢越雷池，跟上黨的步伐。反右之前，他對總理的報告與人大的通過方式很不以為然，認為那樣做不符合程序，預算先做，再報告，報告之後就是鼓掌通過，一片稱讚，沒有起到人大會議的作用。反右之後，吳文藻以政協委員，列席每年的人大會議，包括審議總理的政府工作報告，至此，吳文藻已沒有一句批評，沒有一條不同的意見，都是擁護，並且對任何領導：主席副主席、總理副總理、委員長副委員長，統戰部長、中宣部長甚至各部部長、司長的講話，一概贊成，統統正確，討論發言便是論證其正確在哪裡，偉大在何方。反右之前，對於「辯證唯物主義、歷史唯物主義」的座談，似乎不屑於聽，總以各種理由請假、曠課，反右之後，積極報名參加社會主義學院政治課的旁聽，對

[73] 吳文藻日記，1965年1月2日、10日。
[74] 冰心會議筆記，1965年4月7日。
[75] 吳文藻日記，1965年4月28日。

於任何的社會主義意識形態的專題講座、形勢報告，從不放過，聽時認真做筆記，回到家還找冰心或同事對筆記，生怕落下了重要內容。所以，他的學習筆記中，總有大量邊插、眉插與貼件，其認真與忠誠，不下於一個虔誠的清教徒。

以「寫」表達

如果說吳文藻以「說」訴諸思想改造的成果，那麼，冰心則主要以「寫」來體現。自從向左轉、開步走之後，冰心的寫作基本與意識形態捆綁在一起了。

由於農村的社會變遷，從土改互助組到合作社到人民公社不斷地向前推進，冰心接觸與描寫農村，是從合作社開始的。到了人民公社，從它誕生那一天起，冰心便歌唱它、讚美它。十年大慶時，邀請了許多國際友人，冰心參與接待，由於她和日本朋友熟悉，於是，借了日本友人的訪華觀感，聚集到了人民公社：「人民公社給我的印象最深，人民公社真好！我參觀了四川紅光人民公社的托兒所和敬老院，這真正做到了中國古聖先賢的偉大理想——老者安之，少者懷之。」並且感嘆，「這是馬列主義和中國實際相結合的結果……我現在也在看書，看馬列主義的書，研究馬列主義怎樣能和日本的實際相結合……」[76]《「花洞」的生活方式》將京郊人民公社的食堂描寫得花團錦簇，《從「公社果」談起》將一種甜美的葡萄和桃、梨、蘋果、柿子乾脆命名為「公社果」。「這些葡萄，來處不遠，就在北京的四郊，它也和別的水果一樣，都被稱做『公社果』，是農村人民公社化以後的偉大的產物！1958年以來，我們參觀過不少近郊的人民公社，聽到了他們的生產計劃。也知道他們開闢了多少果園，引植了多少優良品種，我們甚至於看到了廣大土地上一行行的細小的樹苗。但是我們的眼光畢竟是淺短的，似乎能吃到果子還是許多年以後的事，直等到一串串的紫晶綠玉，羅列在我們的眼前，我們才大吃一驚。」[77]那時描寫農村總是離不開人民公社，「人民公社」這個詞便是新中國農村的代名詞，它不是經濟的結構形式，也不是社區的分布

---

[76] 《「老者安之，少者懷之」》（1959年），《冰心全集》第5卷，P342。
[77] 《從「社會果」談起》（1962年），《冰心全集》第5卷，P129。

區域，甚至不是農民生活的變化，而是政治問題、意識形態話語，因而，在人民公社面前，冰心唯有舉起讚美的大旗，而浮誇、貧困、飢餓、死亡、荒蕪、凋敝等等的一切，在強大的政治光環、意識形態話語的遮蔽下，一概視而不見，到處一片光輝燦爛、鶯歌燕舞。

> 毛澤東時代的人民，就是有造化的！我們扶著黨的手臂，翻了一個身，把命運抓在自己的手裡，苦幹，實幹，巧幹，光景一年好過一年，心境一年好過一年，人既未老，心更不老。特別是最近的兩年，無論是到祖國的哪一個角落，人們總是熱情地殷勤地說：「明年你再來看看，這裡就更像個樣子了！」當你想起你看過一條條正在加高的攔洪大壩，一座座濃煙噴發的煙囪，一片片田園化的大地，和一簇簇高大的腳手架……的時候，你怎麼不盼著時間趕快飛跑，好快快看到它們的果實？[78]

每逢新年到來時，冰心都有邀稿，請她作新年祝福，或講話或文章，如果將她全部的新年祝福之類的文字集到一起，可成一本小書。1960年她有三篇新年祝福，包括「試筆」「雜感」與「感謝」，都是大地陽光燦爛、一片欣欣向榮，而那一年帶給國人的印象與記憶多是飢餓與浮腫。對於這些真實的情況，縱未親歷，也應聽過，尤其是經常出國可以接觸到西方的報導，但冰心認為，那是國外敵對勢力「惡毒的宣傳」，「等到入中國國境之後，他們沒有看見飢餓的面孔，也沒有看到垂頭喪氣的人們，他們看見的是中國整齊蔥綠的田野，熱鬧繁榮的市場，幹勁衝天的人民，堆積如山的菜蔬……」[79]

農村豐衣足食，大地一片光明，那麼，城市呢？在冰心的筆下，「北京的居民都欣喜地感覺到，這一年來瓜果菜蔬的供應，特別美好，特別豐盛。1962年入秋以來，各種各樣的瓜果，像不斷的泉流，從四郊湧進北京城裡。西瓜、香瓜、桃、梨、蘋果、葡萄、柿子……在各處商店的貨架上，發出誘人的豔色和濃香。」「至於菜蔬，1962年冬天，更是綠葉紛披，白菜、菠菜、芹菜、油菜……以及許多我寫

---

[78] 《元旦試筆》（1960年），《冰心全集》第5卷，P384。
[79] 《談最新最美的圖畫》（1962年），《冰心全集》第6卷，P141。

不出名字的菜蔬，到處都是！在郊區的大道上飛馳的，很多就是人民公社往城裡送菜的大卡車；城裡的供銷店中，以及街頭巷尾，盡是堆積如山的菜蔬。」[80]想想老舍、白薇、孫伏園的訴說吧，可能更接近城市供應的狀況。

對於共產黨與毛主席的歌頌，也是冰心作品中不可或缺的。「花兒離不開土壤，／魚兒離不開海洋；／少先隊離不開黨，／黨是我們的親娘」。冰心借了這首兒歌，抒發了對共產黨和政府的感情：「有了我們的黨和政府，我們的孩子上學有了保證；他們在食物營養上，得到比成人還多的照顧；他們在文娛生活上有好的兒童書籍和好的兒童電影，來教育感染他們的心靈；除了托兒所、幼兒園、小學校等以外，還給他們設立了文化宮、圖書館等等課外活動的場所；使我們的孩子，無論走到那裡，永遠在一種高尚優美的生活環境之中，使他們像在光天化日之下的花朵一般，天天在茁壯地發育。」[81]

冰心沒有直接歌頌毛主席的作品，但她借助「他者」而行歌頌的效果。一次是在雪天的馳想裡，出現了毛澤東大氣磅礴的詞《沁園春》。「這首咏雪的千古絕唱從『……千里冰封，萬里雪飄』，到『數風流人物，還看今朝』一氣呵成，上半闋是祖國縱橫數十萬里的土地，下半闋是歷史上，上下數千年的英雄，最後是今日此地掌握了馬列主義、自己解放自己的一代風流人物。在短短的幾十字中，看出我們偉大的領袖，胸襟之寬，氣魄之大，而我們偉大的領袖，又何等地為這一代的風流人物而感到歡喜而自豪！」[82]還有兩次借助兩張繪畫作品來歌頌，一張是李琦的《主席走遍全國》。冰心認為：「的確是一幅好畫！他把偉大的毛主席，畫成正面對著我們，穿著一件白襯衫，一條灰褲子，拿著一頂黃草帽，頭髮和帽帶在和風中飄拂。這位偉大的普通勞動者的容顏和姿態，是那樣地端嚴而灑脫，沉靜而和悅，使我回憶起多少次的難忘的印象──在中南海的草地上，毛主席從遠遠的葡萄架下，微笑著，容光煥發地向著我們一步一步地走來。這時候，誰能抑制住心中的歡喜沸騰的熱血？誰能忍住眼邊感激湧流的熱淚？在這一天的夜裡，誰能不帶著一雙拍得發紅的手，和一顆興

---

[80] 《新年寄語》（1963年），《冰心全集》第6卷，P153。
[81] 《「黨就是我們的親娘」》，《冰心全集》第5卷，P472。
[82] 《雪窗馳想》，《冰心全集》第5卷，P406。

奮赤熱的心，爬上床去久久不能入眠，對著窗外的滿天星斗，發下至誠的誓願，誓以被這偉大光輝的形象所鼓舞感動的心和手，更加奮發勤勞地為祖國的社會主義建設服務呢？」[83] 還有一幅哈瓊文的宣傳畫《毛主席萬歲》，冰心以文字描寫道：「她的嬌嫩的聲音在雷動的歡呼中淹沒了，但是在媽媽的歡樂的心裡，毛主席看見了她的小寶寶，也聽到小寶寶的聲音了。而且幸福的小寶寶，今天到底看到了她日夜念叨的偉大的毛主席了。這個快樂的『會見』成了她和小寶寶這一天、這一年、甚至於這一生的快樂的談話的資料。」最後，冰心建議，「這幅畫可以印成美術明信片，逢年過節，當我們在這上面給國外的朋友們寫上三言兩語的賀詞的時候，也讓人家歡喜感染到我們生活裡和平幸福的氣氛。」[84] 冰心的這篇推介的文章與建議，確實讓這幅畫走紅，為這一類頌歌主題，開闢新穎的藝術構思。多少年後，我因為一個活動[85]，聯繫到了恰瓊文，談及此畫，老人依然感動。

　　1949年之後，或者說自延安時期，中國共產黨形成了一個基本的思維定式，所有取得的成績，都歸功為毛澤東思想的偉大勝利。冰心對這個思維接觸得較晚，但她仍然被這個思維所栓住。1965年，中國乒乓球奪得世界冠軍，冰心激動地寫道：「二十日一早，從廣播裡聽到了我國男女乒乓球隊雙雙獲得第二十八屆世界乒乓球錦標賽團體冠軍的消息！這個巨大的勝利，似乎是我們意料之中的，我卻依然從心坎深處湧起了無邊的自豪與喜悅，這是中國男女乒乓球運動員技術過硬的勝利，也就是毛澤東思想的勝利！」[86]

　　五六十年代，由於封閉與禁錮，中國與外部世界基本隔絕，意識形態宣傳的也都是剝削、犯罪、凶殺、嫖賭，人民生活在水深火熱之中，臺灣人民則以吃香蕉皮度日等等。中國人從小孩到成人，都為生活在毛澤東時代感到光榮與自豪。冰心作為走遍世界各地的作家，有著比較的可能性，但她亦如井底之蛙的小學生一樣，時時湧出生活在這個偉大時代的幸福感與自豪感。她給海外同胞喊話：

---

[83] 《主席走遍全國》（1960年）《冰心全集》第5卷，P513。
[84] 《用畫來歌頌》（1960年），《冰心全集》第5卷，P402。
[85] 冰心研究會主辦的「冰心作品書法與繪畫大展」活動。
[86] 《毛澤東思想的勝利》（1965年）《冰心全集》第6卷，P515。

　　海外僑胞們！中國人被凌辱壓迫的黑暗時代，已經一去不復返了。帝國殖民主義者煽動起來的某些亞洲國家的反華排華活動，是困不了中國僑民的。願意回歸祖國的同胞們，重整過的繁盛家園在等待你，朝氣勃勃的手足骨肉在歡迎你。我們歡迎勤勞勇敢，光明磊落的同胞，回到我們祖國遼闊廣大的土地上，抬起頭，挺起胸，來一個深深的「自由呼吸」，然後運用起堅強的雙手，在躍進的親人行列中，為建設我們自己的社會主義大廈，使出歡騰洋溢的力量。[87]

　　共產主義在冰心的作品中，不僅是一種美好的遠景，似乎就是即將到達的彼岸。「共產主義」這個的名詞經常出現冰心的作品中，僅是以這個名詞作為文章題目的便有《撒播共產主義的種子》《共產主義的花朵與園丁》《共產主義的母愛》《為了共產主義的幼苗》等等。同時支持日本、剛果布、古巴革命人民的正義鬥爭，也成了實現共產主義一個部分。至於與共產主義相關的反帝反修這個主題，在冰心的作品中，有了更具體的描寫。

　　一次美國總統艾森豪威爾出訪亞洲，冰心著文：

　　艾森豪威爾最近這一周的遠東的旅行，已經悲慘地結束了。這旅行在東方是人人喊打，在西方是騰笑列邦。真是世界上自有總統以來最臭最醜的一次訪問旅行。

　　這個恐懼緊張的「友好訪問」，有軍艦飛機護送，有幾十個彪形大漢，緊緊跟隨，隨時可以舞動刀槍。隨行特務人員到處檢查「友好國家」的道旁、房頂……甚至於給總統做飯的廚師。最使人駭笑的是一切隨行人員，無論是秘書、記者以至於衛士都在行前保了生命險！這也顯示了帝國主義者的本質，一方面怕死，一方面死了也還要錢！

　　至於他們所嚴密保衛的總統，坐的自己帶去的塑料防彈汽車和直升飛機，總在人家後門，慌慌張張地溜進溜出。當這個臉上顯出像咬著酸檸檬一樣的表情的總統，出現在南朝鮮的公

---

[87]《祖國母親的心》（1960年），《冰心全集》第5卷，P410。

開行列中的時候，頭上一直有一架美國直升飛機，掛著二百英尺長的吊梯，和一個特別裝置，以便在發生麻煩時，把總統從群眾中救出來……總之，這出醜劇的效果，算是做到了極頂了！[88]

　　國家與國家之間的國事訪問，一切都被冰心漫畫化、小醜化，顯得無聊而滑稽。這要在正常的國際環境下，不僅有失禮儀，而且可能引起外交抗議與糾紛。

　　冰心此類時文，遠超吳文藻此類發言，曾做過一個初步統計，大概有200篇左右。其中，1958年28篇，1959年52篇，1960年53篇，1961年28篇，1962年26篇，1963年23篇，1964年11篇，1965年6篇，基本占據《冰心全集》的五、六兩卷。

　　於是，我們可以看到吳文藻與冰心，一個以「說」將自己改造的成果，訴諸於人，一個以「寫」，將改造了的思想，表達於世。效果都是配合政治、加入意識形態宣傳的大合唱，為共產黨服務，這就是他們享受特權時所需要付出的代價，亦或稱為成本。雖然如此，但道德底線卻是沒有突破，這裡沒有對他人落井下石，背後的告發，沒有為特權趨炎附勢，而是以他們的自我的言行，向左轉，開步走，在「緊箍咒」下，享受掌控緊箍咒人所賜予的某些「特權」。

　　同時，可以設問：冰心吳文藻可以不這樣嗎？回答的是：不可以。如果保持沉默，吳文藻的右派帽子首先就摘不了；如果保持沉默，吳文藻與冰心都將視為異己而非自己人，冰心也不可能成為全國人大代表，不可能邁出國門；如果說其他的話呢？情況將更糟糕，吳文藻所享受的一切都可能被剝奪，沒有參加意識形態大合唱的文章，冰心的名氣再高，也無處可發表；如果再說一些自己思考與觀察得來的話，寫一些與意識形態不一致的文章呢？冰心吳文藻都將成為勞動改造的對象，或發配到西域、邊疆勞動改造，那就是另一個世界了。結論是，要說話只能說這些話，要寫文章只能寫此類文章，別無選擇！

　　生存的壓力與特權的誘惑，同時逼著冰心吳文藻一步一步在向前

---

[88] 《游街示眾的旅行》（1960年），《冰心全集》第5卷，P481。

走去。

歷史是不能設想的，但現實仍在繼續，這就太嚴峻了！也太殘酷了！

相對於吳文藻，冰心要清醒一些，她似乎沒有那麼虔誠，似乎明白自己做了一些什麼。有次與趙清閣通信，自嘲盡寫一些「雞毛蒜皮，不登大雅之堂」的文章。1961年11月，巴金的夫人蕭珊向冰心邀稿，被逼急了，依然不給，她認為「那都是些千把字的雞零狗碎的應急的文章，我不會把它給你的！（不但不給你，也不給人民文學！）我總想聚精會神，寫一些我力所能及的好一點的」。[89]她自嘲自己的文章為「時文」，且是「雞毛蒜皮」，「雞零狗碎的應景之作」，我們還能說什麼呢？那幾年，像樣一些的散文，諸如《一隻木屐》《海戀》《櫻花讚》等，才敢發表在《上海文學》《收穫》《人民文學》等文學刊物上。

此時，只有翻譯之作，只有泰戈爾、紀伯倫，才是她心靈的滋潤與安慰！

　　　　放下你的工作吧，我的新娘。聽，客人來了。
　　　　聽見沒有，他在輕輕地搖動那拴門的鏈子？
　　　　小心不要讓你的腳鐲響出聲音，在迎接他的時候你的腳步不要太急。
　　　　放下你的工作吧，新娘，客人在晚上來了。

　　　　不，這不是一陣陰風，新娘，不要驚惶。
　　　　這是四月夜中的滿月，院裡的影子是暗淡的，頭上的天空是明亮的。
　　　　把輕紗遮上臉，若是你覺得需要；提著燈到門前去，若是你害怕。
　　　　不，這不是一陣陰風，新娘，不要驚惶。

　　　　若是你害羞就不必和他說話，你迎接他的時候只須站在

---

[89] 《致蕭珊》，《冰心書信全集》，P328。

門邊。

　　他若問你話，若是你願意這樣做，你就沉默地低眸。

　　不要讓你的手鐲作響，當你提著燈，帶他進來的時候。

　　不必同他說話，如果你害羞。

　　你的工作還沒有做完麼，新娘？聽，客人來了。

　　你還沒有把牛棚裡的燈點起來麼？

　　你還沒有把晚禱的供筐準備好麼？

　　你還沒有在髮縫中塗上鮮紅的吉祥點，你還沒有理過晚妝麼？

　　呵，新娘，你沒有聽見，客人來了麼？

　　放下你的工作吧！[90]

　　這是泰戈爾的翻譯文字，還有紀伯倫，也是那麼的柔美與優雅，將愛囚禁在太陽、月亮與自由之下，那樣的忠貞而不渝。

　　你在白天的太陽前面是自由的，在黑夜的星辰前面也是自由的；

　　在沒有太陽，沒有月亮，沒有星辰的時候，你也是自由的。

　　但是你是你所愛的人的奴隸，因為你愛了他。

　　你也是愛你的人的奴隸，因為他愛了你。[91]

5，西方閱讀與東方懺悔

　　吳文藻在行將摘帽之際，曾向黨誓言，要破除資產階級反動立場，「拋棄資本主義的全部上層建築，接受社會主義的全部上層建築。」「在黨的領導下，徹底批判資產階級社會學，拔除我的反動立場和思想的根子」。告別昔日的意志、接受今日的決心，溢於言表。當年對全盤西化表示了他的警惕與自信，現在發誓要全盤社會主義化，拔掉資產階級、資本主義的一切。

---

[90] 泰戈爾《園丁集》，《冰心全集》第5卷，P553、554。
[91] 紀伯倫《沙與沫》，《冰心全集》第6卷，P171。

在接受思想改造的過程中，我們確實看到了他是如何接受與拋棄的，理論上的強制與理智上的強扭，讓自己的思想陣地日益社會主義化、日益馬列主義化、日益階級鬥爭化，具體到每走一步都小心翼翼地跟在黨的後面，不敢越雷池半步。但是人類所創造的文明與知識，是不能完全以階級與主義來劃線、劃分、歸類的，吳文藻完全沒有意識到，恰恰在於他自認為的「資本主義上層建築」的東西，比如對英語世界知識的掌握，對民族學、社會學的研究，對西方思想家的熟知等等，共產黨一方面要他進行思想改造，一方面又要利用他的知識，吳文藻只意識到前一項，沒有注意到後一項，改造與利用是共產黨對待舊知識分子的基本手段。在這一點上，冰心是清醒的，她知道她的優勢是可以在世界範圍內進行交流，發揮她的作用，同時，她認為她的文字有清新而明麗的一面，可以用來描寫新中國生活。冰心在寫作中、在外交活動中，將她的優勢發揮得游刃有餘，走到極致。而吳文藻是在不清醒中，在被利用中，繼續他的西方閱讀，在潛意識裡接近與滿足學術幻想。

打成右派後雖然降了一級，吳文藻仍是三級教授，三級教授卻沒有資格上講臺。讓一個右派分子或讓一個摘帽的右派上課，會講一些什麼呢？學生聽嗎？暫時放到民族研究所，也即是他剛來民院時的那個機構，任務是給正在做的「三套叢書」[92]審查及提意見。這本是民院黨委的權宜之計，吳文藻一聽，卻滿心歡喜，雖不能上課，雖不能再管理圖書館，但編一套像樣的民族誌，卻是在他反右之前就有過的理想，並且在教學與科研相結合的道路上，開始了前行。時隔三年，竟然又回到了這一片熟悉的天地，讓吳文藻產生了又搞業務的感覺。

面對那幾大摞文稿，吳文藻的感覺卻是不一樣了，當初是自己的主張，現在是領導交給的任務，領導就是黨，黨叫幹啥就幹啥，觀念改變了感覺就不一樣。「三套叢書」可是民族學、民族管理方面的「百科全書」，要審查、要提意見，資格與能力在哪裡？不用說，吳文藻實際動用了他的知識倉庫，而這個倉庫裡的東西，哪些屬於「資本主義意識形態」、哪些屬於「社會主義意識形態」？那裡分得清

---

[92] 在吳文藻的自述、筆記與日記中，始終使用「三套叢書」，具體是哪「三套叢書」不詳，筆者請教了王慶仁教授，回覆：中國少數民族歷史、中國少數民族語言簡誌、中國少數民族自治地方概況。

楚！於是，又都拋一邊了，終日沉潛在民族學、民族誌的汪洋大海之中。領導還時不時地來過問，沒有批評甚至還帶表揚，鼓勵吳文藻做出一些成績來。吳文藻的投入，果然出了成績，到1961年初夏，審訂工作基本結束。民院黨委書記劉春在西藏辦事處做報告[93]，主題是關於「三套叢書」工作情況與取得的科研成績。直到這時，吳文藻才明白，「三套叢書」是國家民委交給民院的重大科研項目，它的完成，體現了民院黨委的重視，領導與組織得力，受到了國家民委的表揚。在座聽報告的吳文藻也和劉春一樣喜氣洋洋，為自己能參加這麼一個國家的重大科研項目而高興。

「三套叢書」還在進行時，吳文藻又先後接受了兩項任務。一項是《辭海》的條目撰寫，一項是為中印邊境問題搜集資料及翻譯等，並且延續到中巴、中阿邊境問題的資料與翻譯等。

《辭海》的編纂始於1915年的秋天，是為中華書局創辦人陸費逵先生發起。民國初年，政局動蕩不安，學術卻是自由繁榮，陸費逵先生的構想宏大，氣勢磅礴，決心編纂一部集中國單字、語詞兼百科於一體的綜合性大辭典。「辭海」二字便是體現了這樣一種「海納百川」之意。首任《辭海》主編是舒新城先生，1936年正式出版了《辭海》兩巨冊，成為中國出版史上永恆的豐碑，吳文藻在燕大任教時，這是一部經常查閱的重要工具書。但在使用的過程中，也明顯地感到了它的缺陷，比如條目的欠缺、資料與數據的落後與準確等，往往還得求助於《大不列顛辭典》。吳文藻從日本歸來之後，民院圖書館、研究所的資料室，使用的仍是1936年版《辭海》。1949年之後，《辭海》就顯得更不適應了，許多的新詞彙、知識都未能進入，修訂成了勢在必行之事。1957年9月，反右運動緊鑼密鼓，毛澤東視察上海，卻是做出了一個重要的決定，正式修訂《辭海》，依然由中華書局組成辭海編輯所，之後成立《辭海》編輯委員會，仍由舒新城擔任主編，另設副主編四人，負責組織上海學術界力量，分科進行具體修訂工作。舒新城逝世後，由陳望道繼任主編，副主編增至九人。上海當然可視為中華學術重鎮，但僅靠上海來完成《辭海》的修訂，還是有局限的，於是擴大到北京、華東各省以及全國各地的學者，吳文藻

---

[93] 吳文藻的筆記中，是為「達賴辦事處」。

便是在這種情況下，加入《辭海》的修訂工作，歸入民族問題類，為世界民族條目分擔編寫工作，包括全部亞洲民族詞目一百三十多條，均由其執筆，並且被校領導指定為民院參加《辭海》「三人小組（林耀華、金天明和吳文藻）負責成員之一。」一段時間，為了趕進度，曾將工作室搬到友誼賓館，既便於集中討論，也便於資料的堆放與查找。吳文藻則另有一層意義，有地方洗澡。1962年初，編纂工作結束，《辭海》（試行本）以十六分冊的方式印行，徵求社會各界的意見，之後進一步修訂，於1965年4月出版了《辭海》（未定稿）。不久，文化大革命開始，《辭海》的修訂出版工作停頓，直到1972年又進行修訂，吳文藻仍然參與。1979年10月，專門成立的上海辭書出版社出版文革前的《辭海》（三卷本），以此向建國三十周年獻禮。我查閱了這個版本的《辭海》，在密密麻麻的「參加本書修訂工作的主要編寫人」（五百零二人）名單中，找到了「吳文藻」三個字。吳文藻與一百三十個條目，匯入了皇皇三巨卷的大海之中。雖然沒有署名，但我還是查找到了吳文藻執筆撰寫的條目：

> 大和民族日本人祖傳的族名。其後裔是今日本的基本居民。約一億一千萬人（1975年）。說日本語（有人認為屬阿爾泰語系）。主要從事工業，也有農業和漁業。多信神道教和佛教，少數信基督教。公元三世紀建立大和國，因而有「大和民族」之稱。與中國文化交流很早，以七八世紀為最盛，吸收了盛唐時代的農業技術、建築、文字、佛教等，發展了自己的文化。明治維新後，資本主義迅速發展。另有少數日本移民定居美洲及太平洋諸島嶼。[94]

這裡沒有行文的風格，只有客觀事實的敘述，但也恰如冰心對泰戈爾、紀伯倫的翻譯一樣，可以看到吳文藻另一種冷靜的心情。

五十年代初，中國與印度曾有過一段蜜月期，但自從「西藏問題」出現，不僅結束了蜜月期，而且從意識形態轉移到邊界、主權等國家利益上來。中國與印度的邊界，極其複雜，還在民國初年英國

---

[94] 《辭海》（縮印本，1979年版），P683，上海辭書出版社1980年8月。

外交大臣麥克馬洪背著北京政府，私自劃了一條中印的邊界線，並一直在延用，這就是所謂的麥克馬洪線。中華人民共和國建國之初，由於關係密切，邊界問題並不迫切，但當西藏問題之後，不僅是所謂的麥克馬洪線了，印軍在藏南地區時有挑釁。中國除了軍事的強大與威懾，外交談判最為重要，而新中國對印中之間的歷史爭端，卻是缺少資料的。外交部此時通過民院找到了吳文藻，希望提供中印邊界爭端的歷史、地理資料。吳文藻對印度素有研究，所以，很快便找出詳細的資料供外交部參考，並由此又延伸到了中國與巴基斯坦、中國與阿富汗，吳文藻在做《辭海》條目的同時，交替著進行對中印、中巴與中阿邊界資料的搜集與提交。歷年積累下來的資料副本，對民院也是一份財富，曾計劃進行整理和編匯，已成若干冊，雖未有任何的署名，但看到自己工作成果，吳文藻也是高興的。[95]

　　恰如以思想改造作為享受特權的代價一樣，做這些不出名的資料工作，吳文藻也從中得到好處，那就是以國家、領導交給的任務為理由，可以閱讀新近海外出版的西方學術著作，瞭解社會學、民族學的研究與發展的情況，並且吳文藻不光是完全以批判的態度對待之，而是以國家與黨的需要而吸收之，客觀上充實與滋養了吳文藻的思想庫，在氣候允許、環境成熟的情況下，將會再度出山，重新生長。遺憾的是，吳文藻較早逝世，剛剛出山便轟然倒下，他的學生費孝通幾乎與他的經歷相同，卻是在晚年做出了傑出貢獻。從吳文藻的筆記中可以看到，這一段時間，他先後閱讀了拉鐵摩爾、斯泰因、伯希和、湯因比、盧卡奇等著名學者的著作，閱讀了薩特的《思想和平共處》、弗羅姆的《關於人的概念》、格蘭特《社會主義與中間階級》、金斯堡論文集等，1961年11月17日，當他得知有關新疆的一批外文書已經採購到時，簡直有些欣喜若狂，「這是1956年前，我經手想辦的一件事，現在實現，安慰。」[96]這時，吳文藻不僅在外交部，而且是中宣部，「外文功力好」、「博學」是出了名的，遇上重大的理論問題，便來請吳文藻開書目，以便供領導參閱，吳文藻則借助這種機會，盡可能多地接觸西方、閱讀西方。1963年4月，中宣部需要瞭解英、美、法資產階級政治家人物名單及有關重要著作，研究他們

---

[95] 這批成果於文革中丟失，最終未能出版。
[96] 吳文藻日記。

對人權、自由、平等、博愛所發表的言詞，也是找到吳文藻、費孝通等人，世界知識出版社內部發行的《外國資產階級政治家有關人權、自由、平等、博愛言論選錄》初稿，也來徵求他們的意見，吳文藻「建議將三個歷史文件：英國『人權法案』（1689年12月16日）、美國『獨立宣言』（1776年7月4日）、法國『人權宣言』（1789年8月26日）收入，以資比較。」[97]

　　也就在這個過程中，吳文藻幾乎接近了社會學的前沿了。1962年夏天，他與費孝通設想撰寫燕京社會學系發展史摘錄燕京、雲南工作同事在美英發表過的專業著作目錄。1963年，吳文藻就功能派理論的應用在兩個方面及發展的新趨勢進行研究、摘記，向「侯主任彙報工作，查閱功能學派目前在英國的發展。」並開始擬寫「民族學各學派大綱」與世界各國社會學學派的新發展。為此，他重新閱讀了Guwitcr和Moost合編的《二十世紀社會學》，以及《知識社會學》《文化社會學論文集》等書，對美英兩大學（英國倫敦經濟學院、美國康乃爾大學）合作調查研究東南亞華僑問題進行研究。有人以為，要不是文革中再次中斷，吳文藻則可能再次進入社會學的研究領域。實則不然，吳文藻一切的努力，只不過是借助了黨與國家的需要，進入這個領域觀望與思考一二罷了，也是滿足了一下自己潛意識中的精神需求罷。這種對西方的閱讀，吳文藻與費孝通以共同翻譯美國科學家鮑林的《不要再有戰爭》[98]（No Mosewas）而劃上了休止符號。

　　吳文藻在充實資產階級的學說與觀念時，無產階級對資產階級的鬥爭、社會主義思想改造、學習「毛著」也進入了一個新階段，這個階段是從解放軍的陣營中發起並迅速席捲全國。活學活用、急用先學、立竿見影、鬥私批修、狠鬥私字一閃念等名詞，在報紙、刊物、電臺、文件上鋪天蓋地，紅色大地再次飄紅，從兵營到城市、從鄉村至廠房，從普通百姓到知識分子、從三歲幼童到百歲老人，都在同一水平線上，唱著同一首歌，說著同一個詞，紅太陽只有一個，人人都是信徒，也人人都是「教父」，無論是在公眾場合還是在家庭密室，無不如此。

---

[97] 吳文藻日記，1963年6月9日。
[98] 《不要再有戰爭》由內部印刷，未公開出版發行。在《費孝通全集》與年譜中也無記載。

1964年3月，吳文藻在新筆記本的扉頁，抄錄如下的話作為自己的座右銘：

把毛澤東思想真正學到手！

「帶著問題學，活學活用，學用結合，急用先學，立竿見影！」——學了就用毛主席的話對照自己的思想和行動，看毛主席怎麼講的，自己怎麼想的，過去是怎樣做的，今後應該怎樣做，並且立即見諸行動，扎扎實實按毛主席的指示去辦事，真正做到「看在眼裡，講在口裡，印在心裡，做在頭裡。」
——錄自3月24日《人民日報》第一版宋體字中語作座右銘
3月28日夜志。

吳文藻總是認真做人，不僅寫在紙上，並且真正落實在行動中，每做一件事之前，要從毛主席的教導中去尋找根據，可不可以做，如何去做，弄清楚之後，才會動手。在批判了人情、親情等資產階級的人性論之後，家庭也成了思想陣地，「親不親，階級分」，不以血緣論親疏，成了一個普遍的現象。夫婦是同志，父母與子女是同志，兄弟姐妹是同志，冰心與吳文藻也是同志，那時《毛主席語錄》出版，廣為流行，人手一冊，坐不離手，行不離身，真正成為了紅色聖經。一日睡前，冰心吳文藻二人，不知什麼原因，回憶起重慶潛廬的生活，但他們立即敏感地意識到這種思想感情不對頭，隨之手持紅寶書，展開了鬥私批修式的「懺悔」，冰心認為那時寫《關於女人》，雖然用的不是真名，但仍然是追求個人的名譽、更不是為工農兵服務，還為了稿酬與出版社鬧矛盾。吳文藻說，他的思想覺悟更不高，本來是抗戰，一次前方也沒有去，還計較工資多少等等，在得出了「那時都是個人主義，為自己，做人有什麼的意義」結論後，並根據「紅寶書」進行了批判、「懺悔」之後，兩人才放心地睡去。

午睡起後，就資本主義復辟危險性，結合自己原有想法作進一步考慮。晚飯時與瑩交談思想，如何抓活思想。[99]

---

[99] 吳文藻日記，1964年7月10日。

鬥私批修、抓活思想、狠鬥私字一閃念，互為「信徒」，也互為「教父」，瀰漫著全國，成了一種風行中國的「懺悔方式」。一日，吳文藻與費孝通兩位大知識分子，相向而坐，面前端放著精緻的紅寶書，開始了抓活思想、狠鬥私字一閃念。話題是圍繞著費孝通的《留英記》進行的，吳文藻說覺得奇怪，怎麼會突然寫起留學英國的事情，費孝通立即承認，還是資產階級的個人主義作怪，總也念念不忘那一段歷史，雖然有批判，但總覺得是資本。吳文藻批評說，整個留英過程就是資產階級世界觀、方法論的潛移默化的過程，這與他的留美過程是一樣的，現在時時警惕自己回憶哥大，一想哥倫比亞，便將他作為活思想來抓，絕不讓資產階級思想冒頭。費孝通則認為，所謂清河試驗站、濟定實驗縣、江村蠶絲改良情況，反映的是半殖民地的變化，適應帝國主義的需要，所以馬凌諾斯基支持。主觀願望是通過這些，表達自己對帝國主義本性的認識，實際上還是有些沉醉在留學的生活之中。於是，兩位大知識分子又翻閱了毛主席語錄，從中找出依據，皈依偉大領袖和導師，對自己的帝國主義奴才嘴臉進行揭露與批判。

> 上午在所與孝通談互相幫助促進思想改造的具體辦法，下
> 午去辛寺胡同學習，大家對第一階段學習做思想小結，我談到
> 抓活思想、抓第一念，兩者未加區別，不適當地強調了抓第一
> 念的難處。[100]

吳文藻認為抓活思想的第一念最為重要，但如何抓這第一念，還是沒有經驗，信心，因而，在會上提出來，遭到的卻是同志們的批評。「相互提意見，大家對我提了寶貴意見，須認真吸取有益的東西，作為行動座右銘。我在學習上最大的敵人是本本主義，要學會活學活用」。[101]

---

[100] 吳文藻日記，1964年7月18日。
[101] 吳文藻日記，1964年7月24日。

6，廣西的「四清工作隊」

舊知識分子的思想改造，到了1965年，可以說基本完成。個性、人格、學術自由、思想獨立等等一一被壓制被扼殺被消滅，奴性、聽話、集體主義、階級鬥爭、為黨服務等等也都樹立起來了，但黨依然不放心，認為知識分子大都「坐而論道」，書齋裡、會議上說說還不算完成了改造，要徹底脫胎換骨，就必須到工農大眾中去，投入火熱的階級鬥爭第一線，在鬥爭實踐中接受鍛鍊與考驗。

「學習馬克思主義，不但要從書本上學，主要地還要通過階級鬥爭、工作實踐和接近工農群眾，才能真正學到。」吳文藻在寫下了這些文字後，已經乘上了從北京開往廣西的列車了，在學院與統戰部的安排下，以改造之身到農村第一線參加四清運動[102]，在階級鬥爭中接受教育，改造自己。8月15日，即抵達廣西柳州的第二天，在遊覽了七星岩後，四清工作隊召開大會，路達同志提出總要求：

第一部分

1，工作上，在黨委領導下，發揚徹底革命精神，解放思想，充分發揮每人革命積極性，執行黨的政策，完成社教任務。在完成社教任務過程中，努力改造自己。絕大多數是好的，少數人怕這怕那（蛇咬、吃糯米飯困難、犯錯誤等），把種種關係（同黨的關係）好好考慮，擺好位置，從革命群眾觀點，考慮革命群眾。說到底怕死，為革命死光榮。徹底革命精神。

2，打破框框。學校是學校，現在是四清工作隊，不管師生，都是同志關係，一律稱同志，老張、老李。

3，一定要處理好同當地黨委、地方幹部的關係，群眾關係，社教運動是農民群眾運動，要處理好主客觀關係，改造客觀世界，同時改造主觀世界。實地清查，知識分子主觀世界特多，往往主觀代替客觀，盡可能符合實際情況。

---

[102] 自1963年從農村開始的社會主義教育運動，「四清」即「清政治、清經濟、清組織、清思想。」1965年毛澤東主持制定了《農村社會主義教育運動中提出的一些問題》，即二十三條。

具體要求，服從領導好，思想、行動都服從；執行政策好；與群眾結合好（首先貧下中農）；完成任務好；自我改造好。

第二部分

要注意解決幾個認識問題：

1，下來到底幹什麼？「四清」「社教」運動，有些人還未完全解決。兩個關係：完成社教運動，我們自己改造關係擺好；完成社教任務同業務關係擺好。社教團成員，全心全意貢獻力量完成社教運動任務。只有在完成任務過程中並對自己改造，改造客觀世界中改造自己主觀世界。

2，現在搞運動為業務（各行各業的人）都是幹革命，基本課是社會主義與資本主義的對敵鬥爭，兩條道路的鬥爭。幹革命的基本功。

3，如何看待群眾（貧下中農）？以普通者姿態出現，虛心學習，把貧下中農真正當做老師。雖然他們本自有毛病，但他們要革命，本質好，有革命作風。不怕髒，不要談戀愛。

　　學習問題是「毛選」《實踐論》，黨的政策，二十三條，老十條，廣西省委關於社教的具體決定。做每一件事，都要想想黨的政策怎樣規定，對照自己思想，找差距，克服之，得以提高。用毛澤東思想做調查研究，避免主觀、片面、繁瑣哲學。

　　路達不知何許人也，肯定是一個領導，吳文藻對他的講話盡可能記錄。從中可見他們的雙重身分，既是教育者也是受教育者。利用他們四清、社教，也讓他們在四清、社教中接受教育，真可謂一箭雙雕。

　　第二天凌晨四點半起身，趕了一百零四公里的山路，午間抵達龍勝縣，吳文藻的社教地──鬥江區還要坐船，傍晚時分抵達區第一中學。第二日上午休整，下午開會，路達同志又講話，規定十條紀律：愛護公共財物，節約水電，不准牆上釘釘子；節約糧食，東西要吃光；不游泳；不上街；不買零食吃；遵守作息時間（AM 7:30-11:00, PM 2:00-5:30）；做好保密、保衛工作、值班；校內人事不談；防火，打掃室內衛生；有意見按組織系統提。

吳文藻分在第六小隊，他在會上說：「下來為了革命化，要改變稱呼，改變關係，為了搞好社教。來之前，思想準備不夠，認為年老者改造主觀，年輕人改造客觀，對社教的目的不明確，來了之後，才知道是主觀、客觀同時改造。」

　　引起吳文藻興趣的是，鬥江區屬於少數民族地區，完全沒有想到，社教竟讓他走進了民族社區，並且是可以進行很具體的「田野作業」的。不過，這個念頭一冒出，便被當作私字一念給壓下去了。但縣統戰部莫副部長在介紹民族情況時，對他頗具吸引力。莫副部長說，由於少數民族，這裡實行的是和平土改，沒有鬥爭，群眾覺悟不高，把地主當好人，地主沒有打垮，有威風，民族宗族掩蓋階級鬥爭的實質，同時，「生產技術比較落後，產量不高，特別妨礙生產，舊風俗沒有改革。有人認為，現在是『地主無地，富農不富，大家靠勞動吃飯』，其實，地富還沒有打倒，不甘心失敗，希望蔣匪幫反攻大陸。表現在對兒女教育、續家譜這樣的事情上，全部肥料放自由地，搞家庭副業，這就是地富的生活方式。在文化上占優勢，經濟上亦占優勢，地主有金銀，穿好、住好房子，不但有自由地，還搞輕工業，還有林牧漁獵。」莫副部長以具體的事實，表明瞭階級鬥爭的形勢嚴峻。這令吳文藻聽所未聽、聞所未聞，大受教育。

　　以後便是一次次的情況介紹。對於鬥江區，吳文藻有如下記錄：

　　　公社12個，自然村165，生產隊267，戶3,912。大部分農業，總人口17,669人，男9,002人，女8,788人，勞動力8,119人。
　　　民族：漢5,732人，侗2,997人，僮7,599人，瑤1,700人，回3人，其他13人。
　　　耕地面積22,431畝，保水田12,500畝，旱田4,578畝；公社集體土地18,222畝，保水田12,200畝，旱田2,122畝。
　　　1962年總產量9,020,272斤，其中集體部分8,126,014斤，杉樹12,455畝，茶山10,888畝，1964年茶油產量2,334,598斤。
　　　耕牛4,692頭（黃牛4,215頭，水牛411頭），能勞動的牛2,845頭，牲畜5,297頭。
　　　歷年收購：果類、竹、桐油、漆、中藥材甚多。
　　　民族習慣是：愛吃酸菜，好客、好唱歌；不要走三角架，

灶不能踩，為烤鞋；不許進掛柚子葉的屋子，不挑空筒；在老
人面前不能翹腿，吃飯大家完才洗碗。

　　好了，這便是吳文藻所面對的人與土地，將在這片土地上怎樣開
展四清、社教呢？整個鬥江區的社教工作隊，十二個公社加區直，組
成十三個中隊，混合編隊，新老強弱，吳文藻分在鬥江區直屬機關中
隊，計二十人，由武裝部、民院與地方人員組成。

　　吳文藻與王鍾翰、穆廣文住在供銷社樓上一間房裡，每天按當地
習慣吃兩餐飯，至八月底，主要還是學習，毛選、二十三條，討論，
聽介紹，弄清「四清」「四不清」[103]之類的問題，瞭解農村階級鬥爭
的情況，並未有什麼實質性的工作。剛來山區，吳文藻水土不服，雖
然只吃兩餐，到9月1日便拉起了肚子，一次拉在褲襠裡，一次拉在臉
盆中，吳文藻自嘲「肚子鬧革命」。雖然不提倡尊師，但王鍾翰將這
一切都主動代做代清理了，令吳文藻感動。就是在這種環境下，吳文
藻還是沒有忘記冰心的生日已近，不能在一起慶生，便寫了信祝賀。

　　9月上旬，開始發動群眾、揭發問題，社會混亂、階級隊伍不
純、民間封建勢力嚴重、地主賣田每屯五元，買賣婚姻三百元，中秋
月餅、男女團圓、對唱通宵，徵兵任務未完成，敵人威風未殺，強
奸集團。沒有政治空氣，三十六個黨員，區委處於癱瘓狀態，封建主
義、資本主義勢力壓倒社會主義勢力，誰領導誰，存在著兩面政權，
變得差不多了，小學還有青天白日旗等等。區直工作隊提醒，目前階
級鬥爭的情況相當複雜、尖銳，敵人狡猾，四類分子採用合法和我們
鬥爭，容易被敵人弄模糊。如何對待假自殺？敵人兩面手法，明的打
共產黨招牌，暗幹資本主義的事情。嫖娼多種花樣，區委會變成強奸
委員會了，領導都爛了等等。

　　對四不清幹部的揭發與批判、反對黨內走資本主義道路的當權
派是四清的重點，幹部排隊，分四類，一、二類可先解放，十月份重
點轉向三、四類幹部。吳文藻在揭發過程中得知，「基層幹部嚴重不
純，鑽進來，拉出去的都有，沒貫徹黨在農村的階級路線，地主擺酒
請客，幹部為地富服務，剝削貧下中農。」一些幹部的檢討與揭發，

---

[103]指工分、財務、政治、經濟四項內容。

比如街道居委會的張天良，經濟上的四不清便達八百多元，還有茶油、雜貨來源不知。醫藥、稅務的趙才春、楊宗昭、陳明德的情況嚴重，多次檢討，一次比一次觸目驚心，有的幹部甚至當過土匪，混進革命隊伍中來，令吳文藻真正接受了活生生的階級鬥爭教育。區直揭發出的問題，讓吳文藻認識到縣級領導的重要，並以此印證《人民日報》開闢「實現縣委領導革命化建設社會主義新農村」專欄的正確：「縣委領導革命化問題是我們整個農村工作革命化的關鍵，是建設社會主義新農村的關鍵」，「有了一個革命化的縣委會，才能充分地動員、組織和依靠廣大農民，有步驟地建設社會主義新農村。」

社教工作隊的革命化，很重要的是體現在「三同」上，同吃、同住、同勞動，但由於吳文藻水土不服，肚子鬧革命不止，無法住到農民的家裡去，但勞動還是要的，他就參加供銷社集體勞動——修公路。吳文藻用的是鐵鍬，將沙石一鍬鍬地鏟進筐內，待人挑走後，便伸直了腰稍作休息。鐵鍬的活是輕活，但吳文藻幹起來卻是不輕鬆，六十四歲在侗族等少數民族地區可是高齡了，兒孫滿堂，用不著親自勞動，但吳文藻是四清的工作隊員，要在勞動中鍛鍊、改造自己。

11月下旬，四清進入退賠階段，也開始總結先進經驗，用以指導面上的工作。

12月14日，四清工作隊進入廣西整整四個月，吳文藻進行了思想小結。這天，吳文藻、鄺平章、王鍾翰、穆廣文四人，向李志超書記彙報四個月來的表現，「依次談各人在生活上、勞動中、思想上等的收穫和體會。末由李書記講對我們年老的人能夠堅持下來，肯定了成績。」吳文藻當即表示，「願意延長貫徹始終，希望對四清運動有一個完整過程及其產品能看到全貌，特別落實到生產建設，願見開花結果。」李書記給了他們一個期限，明年春節前返京過春節。吳文藻雖有留下的決心，但當李書記答應他們春節前返京，在他的筆記中便出現了兩種日期，公曆與農曆均標出，這在他之前的日記、筆記中是不曾有過的，可見內心還是盼著返京。

大山中的鬥江，寒冷來得早，十二月初便飄起了雪花，居住在供銷社樓上的工作隊員們，開始生爐取暖。無論北方還是南方，都有冬閒的習慣，雪天更是不便外出，吳文藻、王鍾翰等，常常圍坐火爐閒談，更多的時間則是學習，沒有什麼書，便將所能看到的《人民日

報》《解放軍報》《紅旗》雜誌翻了個遍，吳文藻仍然不改做筆記的習慣，小筆記本中寫得密密麻麻。

這是吳文藻摘錄的一篇文章中的觀點：

> 林彪指示：不懂得什麼是階級，不懂得什麼是剝削，就不懂得革命。他懂得了：沒有階級觀點，就不能看清形勢，就不懂得政策，就不能真正理解人民軍隊的階級本質和革命傳統，也就不能真正自覺地全心全意為人民服務。[104]

吳文藻並注：控訴美蔣罪行，在社教中加深自己的階級感情。不僅有注，還在階級、剝削、革命等詞上劃上紅線，以示重點。

在思想改造中，有個「比」內容，如何比，吳文藻從王杰的先進事蹟中找到了答案：

> 王杰做到了「天天洗臉」，天天打掃思想上的灰塵，大小缺點統統不肯放過，都是認真對待，堅決克服……他用自己的短處去比別人的長處，把自己的成績和進步，去和革命英雄比、革命前輩比、廣大群眾比。越比越感到自己的不足，越比革命的精神越旺盛。一個人的思想也是一分為二的，只有看著看到自己不足的方面，嚴格要求，徹底改造，不斷革命，才能適應革命的需要。才使自己逐步樹立起無產階級世界觀，做為一個毛主席的好戰士。[105]

臨近新年，四清中的農村，也有歡樂的氣氛，三江文工團對四清工作隊的慰問演出，民院也參加節目，吳文藻認為「思想性藝術性都是顯出有特色，下來鍛鍊大有好處。」還有擁軍優屬的敲鑼打鼓，墟也開始熱鬧，採購「年貨」。平日吳文藻不怎麼趕墟，因為想到要返京了，便在一個墟日的早間，踏著路霜，來到墟上，看來看去，也沒有什麼東西，便買了「兩本毛選乙種本，一送糧所炊事員小周、一送區所通訊員吳正修，作為新年禮品。」

---

[104] 吳文藻筆記，12月19日（農曆11月27，陰雨）
[105] 吳文藻筆記，12月20日晚，（農曆11月28，微雪）

吳文藻在四清工作背地裡做了一件事情，對鬥江區少數民族的「田野作業」。1940年離開雲南時，曾遺憾地說，身在少數民族地區而未能對小數民族進行調查，這一次他決定不放棄這個機會。廣西瑤族是費孝通最初考察的少數民族，王同惠就犧牲在瑤山之中，每當面對眼前的崇山峻嶺，一對年輕夫妻的形象便會浮現，他不敢繼續多想，對舊時生活的留戀，也是一種倒退，對革命鬥志會起到腐蝕的作用。但是，對身處少數民族地區而熟視無睹，卻又讓他難以超過這道關坎。打出旗號進行田野作業，那是萬不可能的，吳文藻便改變方式，在考察階級鬥爭時，悄悄地插入自己要調查的內容，令對方與同行也不知曉。用這種方法，吳文藻對侗族做了比較全面的瞭解，對僮族等其他的少數民族也行考察，並將瞭解與考察的情況作了記錄，按照學術規範，整理出了「田野調查」之類的報告，以掛號信的方式悄悄寄回北京。[106]

　　之所以說是悄悄的，連王鍾翰、鄺平章、穆廣文等人都不知曉。反右之後，吳文藻對任何人都保持警惕。本來，他對告密者就深惡痛絕，但在反右中還是中了告密者的暗箭，學生、同事甚至是女兒的告密，成為自己的罪狀，這在內心深處受傷極深。自然他不曾言明，甚至沒有在冰心的面前提及。在他看來，一生中只有兩個人最值得信賴的人、是沒有在背後密告過他的人，那就是冰心與費孝通。雖然王鍾翰、鄺平章都是多年的師友，也雖然調查少數民族並非反黨之舉，但在四清階級鬥爭的前線，而去做什麼民族考察，起碼是淡化了階級矛盾與階級鬥爭，也可能招至禍殃，甚至成為四清工作隊中反面的教員。這一次，吳文藻的保密做得很好，甚至在筆記中有關民族考察的記錄，使用過後，也被小心謹慎地剪裁掉了。

　　1966年1月10日，吳文藻完成自我鑒定，回到柳州。地委舉行招待座談會，放映了彩色影片《東方紅》。1月14日清晨，回到北京。民院領導到北京車站迎接。吳文藻乘了學校的大客車回到和平樓，落座後便吃晚飯。吳青抱著鋼鋼來到姥爺面前，吳文藻見到了家中第一個第三代的孩子，便試探著伸了指頭，三個月大嬰兒的小手，便緊緊地抓住了姥爺伸過來的手指，還有了咯咯的笑。早餐之後，冰心雇車

---

[106] 我在翻閱吳文藻的遺墨時，始終沒有見到這份文稿。有一個可能，文革結束之後，在恢復社會學的呼聲中，已提供給民族學教室作為教學的補充。

第九章　向左轉，開步走

2
2
3

陪遠歸的老伴上政協俱樂部洗澡、修腳、刮臉、買水果，晚間才得空說些別後的話。

7，江西的紅色之旅

其實，冰心也剛剛從江西的紅色土地上，接受脫胎換骨的改造歸來。

11月1日，冰心參加了全國人大、全國政協組成的參觀隊，前往江西與湖北進行參觀考察。這是一支龐大的隊伍，隊長曾一帆，副隊長郭則沉、辛志超、胡子昂；隊委劉清揚、胡子嬰、易禮容、孫曉村、榮毅仁、屈武，並且組成了中共臨時黨支書，支書為李文宜、葉寶珊。參觀隊分為六個小組，線路為：江西－南昌－余江縣－井岡山－豐城－武漢。

行前曾一帆作動員報告，言明這次參觀隊與以前的視察團不一樣，以前的視察有些高高在上，這次不僅是參觀，還要沉下去，到農村與農民實行「三同」，在同吃同住同勞動中，改造思想。並規定，每一段參觀，都要進行自我對照，寫出心得體會。江西是紅色土地，新中國從這裡起步，參觀隊要有虔誠之心，緬懷與學習革命前輩，體會打江山的艱辛，從而明確今天的幸福生活之不易。曾一帆的動員報告並不長，自然還念了許多條毛主席語錄，冰心一一記得筆記本上。此後，這個隊長非常盡職，每到一次，都要進行指點，引導隊員進行對照，進行思想檢查與改造。這讓冰心想起早先教會的教父，隨時指點迷津，以免信徒迷失方向。

冰心在離開北京時，與滿月不久的小鋼鋼合影留念，依然是軟席座位，與劉清揚、李文宜、雷潔瓊同一包廂。人往南國行，心卻還是北京，夢見大雪飄揚，冰封大地，自己一人在雪地孤單獨行。江西參觀的第一站是鷹潭，沒有想到，雖然是帶有改造性質的參觀隊伍，地方的「黨政軍領導十分熱情招待我們」。安排了逛鷹潭公園，白天座談，晚上看戲：《工人階級骨頭硬》《大海航行靠舵手》《小保管員上任》，都是流行的劇目。

鷹潭重點是參觀余江，聽了副縣長鄭根才的報告，到了鄧家埠實地參觀白塔渠。余江因為血吸蟲而出名，1958年，毛澤東曾為此地消滅了血吸蟲而夜不能寐，奮筆寫下了二首大氣磅礡的七律：

綠水青山枉自多，華佗無奈小蟲何，
千村薜荔人遺矢，萬戶蕭疏鬼唱歌。
坐地日行八萬里，巡天遙看一千河。
牛郎欲問瘟神事，一樣悲歡逐逝波。

春風楊柳萬千條，六億神州盡舜堯。
紅雨隨心翻作浪，青山著意化為橋。
天連五嶺銀鋤落，地動三河鐵臂搖。
借問瘟君欲何往，紙船明燭照天燒。

前有款題：「讀6月30日《人民日報》，余江縣消滅了血吸蟲。浮想聯翩，夜不能寐。微風拂煦，旭日臨窗。遙望南天，欣然命筆。」此時的毛澤東風華絕代，激情澎湃，信手拈來，感天憾地。冰心自然是背得出的，不過，她在這裡卻是做了一個考證：「血吸蟲據說還是日本醫生發現，是寄生在丁螺身上的。」冰心認為「血吸蟲」三字是日本的倒裝語法，「據說」而有據。參觀後，還安排了治癒的三男一女講治病經過，他們都是「從小被壓迫，國民黨抽壯丁，病了沒有勞動力，身體瘦弱等」，是共產黨治好了他們的病，才有了今天的幸福生活。講時激動，「女的不住拭淚。」

對於這一段的參觀學習，根據曾一帆的指示，冰心及時總結了如下的心得體會：

> 開門學習，初步認識到毛澤東思想偉大正確之威力——白塔渠治水與根治血吸蟲相結合，具體情況具體解決，落實到發展生產造福人民之上。同時，體會到黨的方針政策是從群眾中來，調查研究民生疾苦，然後到群眾中去，依靠群眾自力更生。
>
> 找到的差距：
> 1，為何貧下中農是依靠的對象，而我們資產階級知識分子不是，因為沒有翻身感，沒有無產階級群眾他們那樣的壓迫，就不革命，不是革命的知識分子。

2，收、土、肥、種，互相促進，新陳代謝。我們在其他條件
　改進後，就沒有改善改造自己的幹勁。

3，主席詩句句有根據，「綠水青山枉自多」，從貴溪錢塘左
　右山水，可得到事實背景，人民領袖的詩無一句無根據。

4，我看了地方戲，也是受教育，他們本地藝術形式，本地演
　員，當地農民的問題，來編唱，是文藝工作深入人民後如
　魚得水，同呼吸共命運的結果，值得我們學習，否則是無
　根之草，終必枯萎。[107]

　　1951年11月，冰心吳文藻歸來時，我剛剛出生在江西這片紅色土地上。進賢是我的出生地，求學地。當冰心的專列，進入進賢的縣境時，我正在一處鄉間中學──高橋中學，遠遠地眺望呼嘯而過的專列，心生無限的羨慕。完全不知道，這支車隊中有一位老人，將成為我的研究對象，並且為她建造一座很大的作家博物館。多少年後，冰心贈書，在寫下了「炳根」二字時，駐筆問道：「不是福建人吧？」我點頭，「對，江西人！」冰心想了一下，說：「福建人到海外去了，江西人來了福建，還是鄉親。」於是在「炳根」二字後面寫下了「鄉親留念」。這次，我們談到了江西，她說她去過江西，我說那是當然的，我說，您去過進賢嗎？老太太又想了一下，「不過，你那進賢，只是路過，沒有多少印象。」

　　我後來在她的筆記中看到了她的印象：

　　　　十二時到達進賢鎮，此地屬宜春專區，有副縣長、蔡書記
　　及本地統戰方面領導來招待，於進賢飯店，十分隆重，四菜一
　　湯，並有餃子，飯後還有鋪位休息。又看了古巴牛蛙，有斤許
　　重，已是第三代，據說最大的有兩斤多。[108]

　　冰心在短短的對進賢的描述中，提到古巴牛蛙，這確實是進賢農業科學的得意之作。記得我鄉間中學的池塘中，便養殖了兩隻古巴牛蛙，那如牛吼般的蛙鳴威鎮四方。記得我還以古巴牛蛙為題寫過作

---

[107] 冰心筆記，1965年11月7日。
[108] 冰心筆記，1965年11月9日。

文，得到老師的讚賞，並且用獎賞的格子紙重抄，張貼在牆報上。

進賢之後是南昌，冰心對南昌的印象很好。「四時許到南昌，沿八一大道到江西賓館，九層樓，規模之大較北京有過無不及。街道廣闊，樹木青蔥，我與雷同屋住310號房。」從五十年代直到八十年代初，南昌八一大道的寬暢與江西賓館高樓，都令江西人感到自豪。小時候，聽大人描述江西賓館誇張的口氣與神態依在眼前：「好高，抬頭看屋頂，帽子都落掉了！」那時全國沒有幾座高樓，九層樓的江西賓館足以傲視天下，高到抬頭都會落帽的程度。參觀隊住在江西賓館，參觀八一起義紀念館、參觀江西拖拉機廠，冰心感慨很多，對照自己，心得兩點：

1，八一起義紀念館，創業不易，革命的艱難，革命領導人與我們是同齡人，他們革命時，我們在做什麼？

2，拖拉機廠趙廠長的講話，胸襟豪放、寬闊，使我們覺得十分渺小，與他相比，我們還停留在第二三階段，……「三個為什麼，為個人打算越問越糊塗。」「躲避困難，在革命道路上就沒有立足之處！」[109]

「他們在革命時，我們在做什麼？」這個提問，如同驚雷在參觀團中的民主人士中間滾過，這種對照的方式實在屬害，一對照便知自己在新中國處於何等位置。1927年夏日，冰心在做什麼？在燕京大學美麗的新校園，與司徒雷登沿著未名湖行走，看著博雅塔流出的水注入湖中，看著水位一線一線的上漲，俏皮地說：「This is what we have achieved today」。司徒雷登在毛澤東雄文聲討中離別了中國，自己卻是匯入了毛澤東領導的事業中來，還能不聽黨和毛主席的話？在參觀八一起義紀念館時，冰心站在朱德、周恩來、陳毅、郭沫若的雕像前，深思良久。

南昌可供參觀的地方很多，這片紅色土地，不僅有昔日的革命聖地，還有新中國建設的新成就，社會主義的新事物，比如江西革命烈士紀念館、江東機械廠、八一大橋、江西綜合墾殖場和全國獨有的江

---

[109] 冰心筆記，1965年11月12日。

西共產主義勞動大學。一連幾天，馬不停蹄，「紅色教父」曾一帆時不時地指點，讓冰心在南昌這個點上，有了兩次心得：

> 企業中的階級鬥爭有兩種，一種是異己分子或四類分子，混入企業內，另有一種是兩條道路的鬥爭，在技術革新的表現，我們看工廠（我們看的是江西機械廠），在四清後都有很大的改進，這可以看出以階級鬥爭為綱，什麼工作都要不忘記階級鬥爭，在我們思想意識中的階級鬥爭，時時刻刻都有，要知道階級鬥爭不但是生產的動力，而是思想改造的動力。

> 關於備戰問題，出來後未談過，昨天曾一帆同志提到這點。這點在我思想中突出了。開墾種植，地綠人紅，開了荒地，糧食過關，鍛鍊了人，把青年分布在全國各地，這對於人民戰爭有極大的意義，一個墾殖場包括農林牧副魚，工農商學兵，自給自足，打起仗來，可以獨立作戰，這對於備戰很是好處。全國如能推廣，像墾殖場、勞動大學，不但是執行了毛主席的教育思想，走的消滅體力腦力勞動的差別的道路，同時為備戰和人民戰爭，打下了鞏固的基礎。

關於戰備的戰略視野，顯然不是冰心的，但她在這個心得中卻描述得很到位，足見曾一帆的指點是多麼具體，由此還以推斷出江一帆隊長曾經是軍人，參加過革命戰爭。[110]

離開南昌，參觀車隊浩蕩前往井岡山，先在吉安住下，雨中傳達、討論曾一帆講話，參觀了禾埠公社養豬場。座談時，引出了一個與時代、氣氛都不協調的話題：「八點三十分繼續座談，吳世昌提到牛津畢業考試分四等，一二等就業不成問題，三等差些，四等倒無所謂，因為是富家子弟。一等頭腦最好，稱為通才，不一定做本行事，其餘的人是專才，與我國紅專相仿，引起辯論。」[111]這是哪跟哪，怎麼會扯到了英國、牛津？那是多麼遙遠的地方呀，這大概就像冰心在八一起義紀念館，聯想到燕京大學一樣的道理吧，開闊的思維空間，總是會碰出多彩的火花。

---

[110] 找不到江一帆的資料，只得作此推斷。
[111] 冰心筆記，1965年11月19日。

井岡山已不是昔日模樣了，冰心與雷潔瓊住茨坪井岡山招待所205，「在附近散步，此處與北京旅館差不多，亦有冷熱水等，想當初，毛主席領導上山時的苦處，我們真是踏著烈士的血跡走上康莊大道」。又是一番感慨，心存內疚，不配享受。聽井岡山管理局長孫景玉的報告，到井岡山烈士陵園敬獻花圈，參觀黃洋界、小井、寧岡、大井紅軍醫院，最後在墾殖隊舉行座談會。江西省委書記劉俊秀來了，陪同的有管理局書記袁林、吉安地委張書記。作為主人，為參觀隊餞行。曾一帆代表參觀隊講話，不是向江西省委表示感謝，而是對他的隊員繼續教導：1，向前看不要向後看；2，重在表現；3，向著正確的政治方向走，聽黨和毛主席的話，一切困難都可克服。每一句話都鏗鏘有力，落在民主人士的心上。

再回吉安，有個小小的休整，對前一階段參觀學習，進行了相對集中的回顧，並做概括性的心得體會。

冰心有言：

1，參觀了起義紀念館與烈士紀念館，想到這些革命領袖與烈士和我們大都是世紀同齡人，而他們那時作什麼，我們作什麼？他們為革命，為受苦受難的人民服務，而我們正為封建主義服務，為帝國主義服務，在我們思想改造的工作中，要如何地痛恨自己的過去，脫胎換骨，以有限之生，為無限的前途事業服務。

2，吳大可烈士的詩，革命者站得高看得遠，和今天所提的「心懷祖國，放眼世界」口號，全世界的奴隸們擁看我們去完成人類解放的使命。

3，參觀蠶桑場，看到自力更生力量之威[偉]大（「勞動創造世界」的實現），這場建成像一根紅線貫穿了自力更生，他們也是高級幹部，不全是工農，生活也可能是比較好的，而能平地起樓臺，從無到有，一切自給，還給國家創造了財富。更重要的是指明方向，在「六山二水一分田，一分道路和花園」的土地上，開闢了建設社會主義的正確道路。這個樣板田，可為全國並為世界人民針對本地區特別情況，想出自力更生、奮發圖強的道路。他們有一句

話，也是很好的，是：沒有艱苦奮鬥就沒有自力更生。我們思想改造，也有土壤問題，水、種、肥的問題，也得從自力更生方面想辦法。發揮主觀能動性來配合黨的教育和關懷。

4，第五分場王汝英，二十二歲青年，十六歲上山……就注意她工作中強調了俱樂部的作用，針對性很大，青年人活潑，好強，亦很容易動搖，這俱樂部給他們的政治領導，鼓勵，生產到哪裡，政治工作做到哪裡，他們學毛著，帶青年問題學，帶生產問題學都值得我們學習。

5，江西共產主義勞動大學，他們辦學的形式，半工半農半讀，符合毛澤東思想、總路線精神與階級鬥爭的需要，認清方向，艱苦奮鬥，大膽發展，終於成了在教育道路上前進的一面大旗，也是可以為全國和世界人民做榜樣的，他們在教學方法上也是針對地區實際需要，大膽革新，教學革命是半工半教，邊教邊學，也為全國各種大中小學校指出了培養師資的方向，這一點教育專家們體會的更透徹，不用我來多說了。

冰心在這裡肯定與盛讚了紅色土地上開出的任何一支花朵，他們是那樣的美，那樣的燦爛，而自己是那樣的渺小，那樣的醜陋。「脫胎換骨」四個字也就脫口而出，在她看來，像她這樣的人，只有脫胎換骨，才能為無限美好的前途與事業服務。

從參觀隊的行程來看，「脫胎換骨」似乎不是一句空話，吉安之後是豐城，這裡與進賢相鄰，但豐城不是飛馳而過，曾一帆安排了一周時間，與貧下中農同吃同住同勞動，來一次「脫胎換骨」的實際操練。潘光旦在吉安病到，冰心前往探望，勸他留在吉安，但潘光旦不想放過這個機會。在豐城縣城分組，冰心在第二小組，入住的是小港公社路口大隊，與胡子嬰、劉清揚同屋。

江西的農活，最辛苦的是夏秋之交的「雙搶」，還有年初的春插，到了十一月，基本沒有多少農活，轉入農閒。參觀隊選擇了這個時候進村，還是明智的。路口大隊屬贛撫平原，晚稻收割之後，田壟撒上了紅花草子，到了春天，成片的紅花草將大地染成紫色，一望無

際，成為鄉間的美麗景色。參觀隊沒有趕上美景出現，他們與貧下中農的勞作，為紅花草培土，可以不赤腳，可以穿鞋子，也可以邊勞動邊聊天。

冰心從中得到體會：

> 貧下中農對於黨的方針政策，所以堅定不移地跟走。1，因為黨和政府是解放他們，為他們造福的；2，因為他們聯繫實際，瞭解得深透，學毛選也是帶問題學，活學活用。[112]

在路口，冰心被分配到農民家吃「派飯」，真正的同吃。所謂同吃，實際上只是形式，純樸的農民因為有資格招待北京客人，是種光榮，家裡最好的東西端上來，炒雞蛋肯定會有的，新鮮蔬菜不用說，還可能有臘肉，甚至為專門殺上一隻雞。晚飯後，許多人在門口打穀場上集會、閒談。冰心坐在稻草垛上找北斗七星，鄉間沒有電燈，更談不上光污染，夜黑如漆，繁星滿天，卻是找不到北斗，老表就告訴她，「北斗要子夜以後才出現」，並問，你們城裡看不到吧？冰心說，可以看得到的，只是有月亮的夜晚就看不清楚。老表說，農村人喜歡月夜，走夜路不用打手電。星星不發光，繁星也一樣。他們哪裡曉得，眼前的這個小老太，就是從小喜歡繁星、以《繁星》出名的冰心。

參觀隊與農民座談，大談社會主義以後的大變化；觀看了民兵表演、打靶；還看了農村劇團演出《逛新城》《養豬姑娘》等。並且有一次「出差」，到鄰近的洛市公社劉家大隊旁聽對敵鬥爭大會。路口一週，曾一帆本是讓他們接觸農民，實行「三同」，來一次脫胎換骨，實際走下來，幾乎就是一次「農家樂」，完全沒有遇到脫胎換骨的痛苦。但冰心還是按照曾一帆的指示，得出體會：

> 1，開門學習是為了向群眾學習，向工人貧下中農學習，離北京以前，曾再三囑咐我們，要放下架子，面子，我們自己也討論如何放下架子面子，彷彿這東西還不是壞的，和他

---

[112] 冰心筆記，1965年11月30日。

們接觸以後，不論在擁護黨和毛主席方面，在學毛著，在一切為了革命方面，都把我們比得一無是處！毛主席說農民有知識、知識分子和他們比起來，是無知的，是千真萬確，因此，打破面子架子是這次大破大立中之頭一個，認識到自己的面子架子是臭的。

2，對照四類分子的三種思想，變天、怕搞社會主義，堅決要走資本主義道路和不勞動，我自己要大破念舊、個人主義和不愛勞動，也就是逃避困難的觀點，總起來說，要學他們樹立革命的人生觀，一切為了革命，不但是寫作是為了革命，在民進工作、作協工作都是為了革命。

12月8日，參觀隊乘坐專用列車離開豐城，過湖南株洲，前往武漢。江西的紅色之旅，給冰心留下了十分深刻的印象，「車行後看一路楓葉正紅，田畝地塘均覺有情，江西真是一塊好地方。」[113]

10日抵達漢口，入住江漢飯店。「此飯店是法國人開的，本名德明飯店」。之後是逛街，參觀武鋼、遊覽東湖，都是冰心的舊遊之地。「其間湖光遠山，並有野鴨，比西湖璀璨有雄渾之致。」新內容是瞭解解放路街道四清情況，聽了大中小三種學校的關於四清的四個報告。其中實驗中學的報告，對冰心震動很大：

> 對我最有震動的是，武漢實驗中學語文老師廖習蜀，他深受了宣傳母愛之毒，模糊階級觀點，在評改學生作文上，亦持此態度。他的檢討使我知道文藝香花毒草大有相反的影響，會後我去和他握手，說你的手成了我的替身，以後我們一同戴罪立功。[114]

在參觀了參觀武昌震寰紗廠、武漢重型機床廠、武漢肉類聯合加工廠、中蘇友好館技術革新展覽會，觀看了楚劇《打銅鑼》《補鍋》《雙教子》之後，湖北省委為參觀隊餞行，省委第一書記許滌新、武漢市長陳耀華等出席。第二日乘上專列，回到北京。稍作休整，便是

---

[113] 冰心筆記，1965年12月9日。
[114] 冰心筆記，1965年12月14日。

參觀學習總結會。曾一帆隊長主持講話，周同宇、巫寶山、董守義、吳廷迎、雷潔瓊、吳世昌、章廷謙、余之介、易禮容、于樹德等發言。幾天之後，各隊交談座談，徐楚波談劉文采莊園、邵鶴亭講科技戰線、賈祖璋講西南鐵路、林漢達講重慶渣滓洞集中營、柴德庚講工廠、梁純夫講石景山學毛著，王力耕講工人的百寶箱，冰心講在紅色土地上思想的「脫胎換骨」：

　　　　這一段思想小結，應當從上半年甚至半年以前回溯起，以上半年甚至以前的學習為基礎，總之，這次學習，應當說是集中，比較深入，有的是見所未見，前所未聞，比如到井岡山的一段參觀學習，的確是畢生難忘的一課。

　　　　開門學習，主要是接觸實際，接觸工農大眾，找自己與勞動人民之間的差距，向他們學習，來改造自己的資產階級世界觀，找出我們同他們之間的差別在哪裡，從差別處下手，來促進自己的思想改革化，工作革命化。

　　　　現在先說自從開門學習、接觸了一些工農業戰線上、教育戰線上的種種發展的實際，自己的體會是：

1，什麼地方以階級鬥爭為綱，來解決生產力與生產關係的矛盾，這一定能取得勝利。如余江縣的防血吸蟲、白塔渠的興建、水稻原種場的發展，以余江以後一系列的工廠、農場、墾殖場、共產主義勞動大學等等，所謂「階級鬥爭，一抓就靈」，是千真萬確、顛撲不破的真理。這個道理，在去年參觀霸縣四清的過程中，只有體會的開端，這次參觀更是深入地證實了這一些。

2，階級鬥爭的確是存在一切社會階層之中，如農村、工廠、學校、街道，而且形式總是「和平演變」，方法亦大致相同，使人看了觸目驚心，而且相信我們如不進行社教，毛主席所提醒的數年或數十年地圖變色的話，真有實現的可能。因此，想到以前，有問題，說民族矛盾加深（如自動社會革命），階級矛盾可以降為次要矛盾的說法是危險的，我認為四清運動必須搞深搞透，把四清搞深搞透就是最好的備戰。

3，因為看到了處處四清後的變化，證明瞭總理報告中所說的形勢大好，是千真萬確的。我們這幾年來也看到各地區的建設，從報刊上和廣播中也聽到讀到我們國家的大好形勢，不過這次集中看到農村、城市、工廠、街道的新氣象，的確是振奮人心，覺得自己是遠遠落在形勢之後，不改造就被歷史甩掉，甚至於碾碎。我們看一場轟轟烈烈的社會主義革命運動的成績，都是落實在生產蓬勃發展上，所以，我們心中有了強烈的思想鬥爭，應當落實於大破大立之上，就是興無產階級思想，滅資產階級思想。我的體會是，要樹立無產階級的人生觀，把自己個人的利益置於集體之下，我上次在路口座談中說過，改造要學有榜樣，改有內容，現在針對個人主義與集體主義之間的思想鬥爭來把門。前面的榜樣提出來，這也就是我們要向工農學習什麼？向地方幹部學習什麼的問題。

　　首先要向他們學習學毛著的方法與態度。我們看到革命與社會主義以後，工農群眾掀起大學毛著的熱潮。他們覺得毛主席的話解決切一他們所要解決的問題，我們以前學毛著，為求知不是求改，更不是求用。所以我們為了求改求用，一定要學他們。1，帶著問題學：像路口大隊社員們，碰到困難學《愚公移山》；碰到思想不通學《為人民服務》；碰到本位主義就《紀念白求恩》，碰到不團結學《反對自由主義》。他們說學的不多，但有的放矢。像江西國營蠶桑場綜合墾殖場的王汝英，生產到哪裡，政治工作就做到哪裡，她抓青年思想，抓俱樂部。像武昌解放路的居民，為求當家作主做街道的主人，而感到非學毛著不行。像漢口震寰紗廠學毛著，越學眼光越遠胸懷越寬，個人主義越少等等。我自己要學當然不止於他們所學的那幾篇，因為我與他們有本質之不同，因此應該多看毛主席關於知識分子問題的語錄，在使自己從資產階級知識分子的思想意識上，逐步改造為勞動人民知識分子，乃至革命的知識分子。這過程是艱巨而長期的，努力的途徑以下再談。2，要學他們帶著階級感情學。我不是工農階級的出身，如何試著帶階級感情是十分困難的，但是，余江縣白塔新渠的水利局長邵

華芳給我的很大的啟發。他談到愚公移山，說愚公只一家一戶，我們卻有千家萬戶，這是我從來沒有想到的。如果我從現在起，胸中時有六億五千萬人民和全世界人民，可能我對事物的看法，就有所不同。我要盡一切可能爭取同工農接近的機會，從和他們共同生活工作中來培養自己的階級感情。我想起那天晚上去豐城縣送走從公社來那些朋友的時候，依戀之情是和我以前的熟朋友不一樣，也許是階級感情的起點吧。

第二要學他們把集體利益放在個人利益之上的精神，比如趙長生說，每天要問自己三個為什麼？他又說，如果先為個人打算，每天問三個為什麼，越問越糊塗，這話聽了真使人慚愧。另外趙長生在困難時期，一面瘦下去，一面卻更是發憤技術革新的工作，這是什麼樣的主人翁的態度，我們在困難時期想些什麼，做些什麼，大可體驗一下，又如，那次周老講的鄒則輝說的「提高大家生活水平」，還有井岡山青年孫照英關於毛主席慰問井岡山的人，她因送牛奶沒有見到偉大領袖毛主席，她卻坦然地自己安慰說，「毛主席是來慰問井岡山人，也有我的一份。」這樣自己和集體已經融化在一起，這種意境是何等的高尚，何等的純粹，這真是胸懷廖廓，無往而不快樂。還有井岡山共產主義勞動大學分校學生吳福良說，在上海時有抱負，每個抱負下面，都有一個我字——考慮個人，一切都做不好。

最後也是最深刻最重要的，就是要以我們偉大領袖堅[艱]苦卓絕、為中國人民和天下人民而敢於鬥爭敢於勝利的精神來影響自己。我不敢說找差距，但我們在井岡山的那些日子，可以說是一生中最難忘的幾天。井岡山是世界革命的搖籃，是毫無疑義的，在越南、在危在馬拉、在那米尼加、在印度尼西亞，可以說是星星之火，已漫延成一片大海，而這種革命的精神，就是從毛主席和他的戰友們包括無數革命人民艱苦奮鬥，過盡辛苦艱難的日子，終於把人民戰爭、武裝奪取政權是唯一正確的解放道路的真理告訴瞭解全世界。我們在黃洋界到風車口之前，看到「全世界無產者同被壓迫民族、被壓迫人民聯合起來」的標語，立刻想到從毛主席只穿三件單衣、肩糧上山、

打草鞋以及以後許多年的艱苦奮鬥的日子，到在井岡山上樹起這標語給一切來訪的各國革命人民看，這其間有多少鬥爭和勝利的過程，我們一定要學習毛主席和革命前輩的艱苦樸素的作風，和人民戰爭必勝的信念。

我們還要向地方幹部學習，他們中間大多數是工農出身的，如余江、豐城縣長，公社書記等等，但我也想到江西蠶桑綜合墾殖場的地方領導幹部們，他們是能上能下、能官能民，從皮鞋到草鞋，頭頂青天，腳踏荒地，把革命思想實現到革命的行動上，我們一定要逐步把資產階級的生活習慣的框框，逐步破掉，使自己和勞動人民接受的時候，不至於太格格不入。

現在談改有內容。路口大隊李秋根副大隊長總結時說過，四類分子的思想，1，變天，2，想把社會主義搞掉，搞單幹，3，要剝削，不慣勞動。我們細想起來，資產階級知識分子和他們大有相似之處，變天的思想同憶舊也差不多，我們留戀封建主義、資本主義的道德觀，乃至文藝思潮，是更潛伏的，根深蒂固的，至於搞單幹，就是個人主義，舊文藝工作者，個人主義特別突出，只為單幹的時候多，總是爭個人第一，至於不慣勞動，或以為體力勞動不如腦力勞動那麼可貴，在我們的下意識中長期存在，總起來說這一切都是個人主義在作怪。個人的愛好、個人的享受、個人的利益高於一切之上，在努力去掉個人考慮方面，如何在言行一致、在用字上下工夫，最大的促進力量還在於運用批評與自我批評的武器，因此，我對我的朋友同學有個要求，要對我改之不力行之不力的時候，要對我痛加指責鞭策，使我從抵觸而勉強接受，而樂於接受。這是習慣的問題，希望朋友同學養成這個習慣。我想說要說的話還多得很，一時還不知從那裡說起，先是想到我們一同受到黨和國家十幾年來以至這次參觀學習，一切有關方面的無微不至的關懷、鞭策教導和希望。我希望這次的參觀學習雖然不一定是我思想改造過程中唯一的轉折點，至少是個空前的轉折點上，和大家共同努力，共同前進。[115]

---

[115] 冰心筆記，1965年12月30日。

1965年的新年除夕，參觀隊召開最後一次大會，曾一帆作長篇講話，盛讚參觀學習的成績，繼續指明前進的方向。冰心虔誠地在本子上，記錄了滿滿十七頁，成為與吳文藻別後所要交談的重要內容。

第十章　十年「文革」

1，穿不透的煙幕

　　三十年代燕南園60號小樓的常客，在他從燕園到陝北，冒了生命危險，寫出了《紅星照耀中國》的艾德加・斯諾，名字便傳遍地球的東方與西方，並且成了美國總統羅斯福、中國共產黨領袖毛澤東的座上賓。就在原60號小樓的兩位主人正在孜孜以求改造思想之時，已與海倫・斯諾離異的斯諾再次來到北京，與毛澤東進行了一次面對面的長談。毛澤東認為中國確實需要有「個人崇拜」，需要有更多的個人崇拜，也就是更多的對毛澤東本人的崇拜。那時，斯諾並不完全理解毛澤東這番話的全部含義。1970年斯諾再次與毛澤東交談時，毛澤東說，1965年談話的時候，許多權力、包括宣傳工作的權力，他都管不了了。那時已經決定，除掉劉少奇（即「劉少奇必須下臺。」）[1]

　　1965年決定除掉劉少奇，指的是一個人？正如我在第八章中「政治戰略家的心理分析」所做出的分析，1957年開初的鳴放、除黨內「三害」，劍指黨內的納吉、赫魯雪夫式的人物，但由於借助的力量，來自知識分子、民主黨派與民主人士，而這個陣容的主力軍，原來有著各自的思想，不僅沒有理解他的真實意圖，甚至將鳴放對準了共產黨與他本人，震怒之下轉爾反擊右派，定罪之後，將其投入思想與勞動改造的大熔爐，不擇一切手段，迫其重新做人。於是可以看到，毛澤東認為睡在身旁的納吉、赫魯雪夫式的人物依然未動，並且因為「大躍進」等治國上的失誤而壯大起來，到了1965年已是再也不能容忍了，劉少奇必須下臺，與劉少奇一條線的人也必須下臺。

　　將一個國家主席拉下臺，將權力奪回來，當然震天動地！為了達到目的，毛澤東準備用三五年的時間完成他的戰略，最初的突破口，

---

[1] 高皋　嚴家其，《「文化大革命」十年史》，P1，天津人民出版社1986年9月。

套用了他的「農村包圍城市」的理論，從農村、基層的四清與社教入手，自下而上，將矛頭指向「黨內走資本主義道路的當權派」，但在突破口上，竟然受到了強勁的抵抗，劉少奇派出的工作組，引導運動偏離目的地。於是，毛澤東重新布局，改變策略，接受教訓，重新製造輿論。恰如他自己所說：「凡是要推翻一個階級，總是要先造成輿論」。

這一回，輿論的突破口改選為文化戰線。

毛澤東借助與使用的主力軍，依然是知識分子，但已不是十年前的知識分子了。那時五百萬的知識分子，基本都是舊制度造成的，新中國十五年後，教育政治化，已經培養和造就了一代新知識分子，這代知識分子從小學便種下了仇恨（階級鬥爭）與崇拜（共產黨與毛澤東）的種子，就是舊式知識分子也被反右運動修理得聽話與乖戾了。他相信，只要指定鬥爭的戰場在哪兒，誰是敵人，絕不會重現1957年的情景，他們會在戰場上浴血奮戰。

輿論的首戰，從上海打響，打頭陣的是被毛澤東在反胡風、反右運動中就欣賞的姚文元。[2]在毛澤東的授意下，經過張春橋精心組織，姚文元的《評新編歷史劇〈海瑞罷官〉》[3]在上海隆重登場，繼而北上，十九天之後，《人民日報》《解放軍報》《北京日報》等相繼轉載刊登，在全國吹響了戰鬥的號角。

---

[2] 1955年批判胡風文章《分清是非，劃清界限》（《文藝報》1955年1、2期合刊）引起張春橋注意。在反右運動，姚文元大打出手，批判過的作家就有王若望、徐懋庸、施蟄存、許杰、徐中玉、魯莽、流沙河等人。姚文元的文風與毛澤東接近，筆下似有雷霆萬鈞、且又生動活潑，寫作與閱讀的人都會覺得非常過癮。比如，他在一篇文章中便有這樣橫掃一切的文字：「自從右派分子向黨發動進攻以來，他們就把最大的仇恨傾注在共產黨頭上。不論是儲安平的『黨天下』，葛佩琦的『殺共產黨』，徐仲年的烏鴉啼，施蟄存的『才與德』……不管有多少花言巧語，其劍鋒都是對準了黨的領導。」（《對黨領導的態度是辨別右派分子的試金石》）另一篇批判的文章更是潑辣：「如果說，施蟄存是用陰險的冷箭射向共產黨，徐仲年是用仇恨得發抖的手握尖刀砍向共產黨，那魯莽就是在地上大爬大滾披頭散髮用流氓手段撲向共產黨和靠近共產黨的民主人士──這是一種向黨進攻的新的戰術。」（《魯莽耍的是什麼把戲》）曾有人回憶姚文元小時候寫作文，被他的國文老師笑評為：為了追求文章效果（感人或驚人），寫一篇作文，就要寫死一個人。

[3] 《評新編歷史劇〈海瑞罷官〉》，上海《文匯報》1965年11月10日發表。

　　姚文元長達萬言的文章突然一下子在很多報刊上登載，並附有近乎相同調子的編者按語，敏感的讀者隱隱約約覺得，或許又是什麼的先兆。有些人回憶起二十世紀六十年代開展過的對「現實主義道路廣闊論」、「中間人物論」、「時代精神匯合論」等的批判，把秦兆陽、邵荃麟、周谷城、趙樹理等著名文壇宿將擠到台下的情景；有些人回憶起哲學界對楊獻珍「合二而一論」的批判，經濟學界對孫冶方「利潤掛帥論」的批判，史學界對羅爾綱，翦伯贊等人的批判……，然而，人們充其量也不過把姚文元文章可能掀起的風波局限在學術問題上。更多的人則根本沒有思量過在學術界可能引起爭論。誰也沒有想到，姚文元文章從出籠到各地報刊界的多少曲折鬥爭，使最早或許就是針對吳晗和《海瑞罷官》的批判，擴展成為對彭真的鬥爭和與劉少奇交鋒的起點。[4]

　　此時的吳文藻正在廣西十萬大山之中，在一個寒冷無會的早晨，在他的臨時寓所，梳理起《海瑞罷官》的各種意見，認真研究「清官」與「貪官」的區別：「『清官』力圖使封建統治階級的剝削限制在當時法定的範圍之內；而貪官則只顧滿足自己無窮的貪欲，肆意突破法定的剝削限度。清官『養雞生蛋』，貪官『殺雞取卵』，本質上都是一樣的。所謂『青天』，實質上是封建統治階級用來麻痹、愚弄勞動人民的幻象。統治階級經常施展這套伎倆，來瓦解人民革命的鬥志。」還運用階級分析法，分析了海瑞的階級立場，只是封建統治階級的一員，絕對不會「站在農民一邊」「為民做主，」而是始終站在統治階級一邊，為統治階級做主。吳文藻認為「這齣戲的思想基礎是吳晗的『道德繼承論』，硬要人們相信封建統治階級的道德是和人民利益一致的，是可以繼承的。這種美化地主階級問題的討論，使人聯想起從前對美國羅斯福新政下Fenmesll流域管理局成就的幻想。」[5]吳文藻的筆記密密麻麻地做了五頁紙，計有兩千餘字，多從學術問題進行探討，最多是運用了階級分析的方法，他哪裡會想到劍指人大副委員長、國家主席的頭上？冰心則在江西的紅色土地上進行自我反省、

---

[4] 高皋　嚴家其，《「文化大革命」十年史》，P4。
[5] 吳文藻社教筆記，1965年12月24日。

進行脫胎換骨的思想改造，她在將自己與革命前輩對比時，哪裡會想到這些革命前輩中的許多人將要遭到厄運、遇到大難！

1966年的新年鐘聲已經敲過，冰心沒有發表新年致辭，吳文藻1月14日從廣西回到北京，16日為兒子吳平舉辦的婚禮，算是在新舊年之間添上了一道喜氣。

吳平打成右派之後，一直在天津的漢沽鹽場勞動改造，直到摘帽也未回到北京。期間與袁毓麟的婚姻出現了裂痕，袁是上海人，長相秀氣、漂亮，追求生活的情趣與情調，吳宗生正是看上了她的這些優點，沒有想到，當自己成為右派負罪之身時，優點便成了缺點，不能滿足她的生活要求，更談不上情調，總是匆匆而來匆匆而歸，滿身的海腥味，就是這樣，兩月還相會不到一回。分手成了必然，袁毓麟首先提出，吳平哪裡捨得，但也接受不了心已他人的現實。冰心吳文藻與雙方多次做工作，但終未挽回。1961年春節，袁作為家庭成員，最後一次在人民大會堂過年，之後，兩人平和甚至含淚分手。婚姻的破裂，不僅讓兒子再次受到創傷，父母尤其是父親吳文藻的負罪心理也加重，兒子因為自己而受連累，打成右派、婚姻解體，望著兒子一人出門，再次遁入返回漢沽的夜幕裡，理智的吳文藻心痛落淚。

兒子婚姻解體時，時年三十。本來孩子的婚姻，吳謝這種文化背景的人是不會去管的，但現在到了這種境地，有著負罪感的父母，只得托人為兒子介紹對象。有人介紹了北京阜外醫院的一名普通護士，吳謝接受袁的教訓，首先在身分上認同，兒子見過面，也有好感，在確定戀愛關係後，就等父親從廣西回來舉行婚禮。

> 晚飯後五點四十五分，雇車，四人到陳凌霞家，七點四十五分為宗生、凌霞舉行婚禮，由阜外醫院人事科負責同志李司儀，簡單，僅在毛主席像前由新郎新娘行一鞠躬禮，然後自由活動，我等八點二十先返，宗生、凌霞於十時許始返，續住有義家一夜。

因為小妹帶了鋼鋼住在家中，宗生的新婚只能借住到李有義家。然而這對經過搓合而成的婚姻，一開始就顯得不怎麼協調。陳凌霞與袁毓麟不一樣，普通人家出身，普通職業，但吳平的「小資產階級的

情調」並沒有因為當了右派、經過勞動改造而改掉。婚後的第三天，陳凌霞帶了兄妹來家午餐，飯量與吃相都讓吳平不能忍受，待他們走後，大談起陳凌霞家史、家庭狀況與教養，讓父親覺得「宗生對資產階級生活氣息還是相當濃，我這次辦年貨容易助長其歪風，值得大加警惕，千萬不要忘記兩種生活方式的階級鬥爭。」接受與接近工農，是冰心吳文藻回國之後都在努力的，所以兒子的態度讓父親很不放心，並且上升到階級鬥爭的高度來認識。他想用家庭會議的方式，對兒子的錯誤思想進行批評，但他沒有想到遭至兒子的強烈反彈，第一天晚上聽說家庭會，不參加，說要休息，第二天家庭會是開了，卻是讓矛盾尖銳化、公開化，也令吳文藻深思：

> 晚飯後過八時半，始與宗生開家庭會議，人人都發言，十一時許始散。宗生對我發言態度表示出強烈不滿，認為我不以平等同志態度對待他，其次他過去所以犯錯誤，歸罪於我。因而，幾年來我以他改造比對其他孩子都關心，學習資料只寄他一人，專心致志對他幫助，在他看來是完全應該的。他用強烈的感情表達了他的想法，我覺得我應該接受教訓，徒有好心不講求對人做思想工作的好方法，以效果言適得其反。[6]

吳文藻在對兒子的反思時，對自己也提出警惕出修正主義，防止「和平演變」要求：「我要下決心同資產階級生活方式（即文化生活）亦即美國生活方式割斷聯繫，認識到自己屬於高薪階層，平時養尊處優，超乎一般幹部生活水平之上，這樣特殊化是不合理的，是對周圍的人起不良影響的。」[7]這個周圍人自然包括兒女們。

兒子的婚事與教育，成了1966年的插曲，因為接下的事情，不是要讓他們改造思想、防修反修的問題，而是由激烈的聲浪形成的煙霧，讓吳謝二人完全墜入其中，他們在煙霧之中奮力地左衝右突，終於不得要領。

似乎有些宿命，3月21日吳文藻對反右之後的工作，進行了一次反思性的回顧，之後，中國大地上煙霧騰空，簇擁著《海瑞罷官》的

---

[6] 吳文藻日記，1966年1月24日。
[7] 吳文藻日記，1966年1月28日。

批判、也簇擁著對《謝瑤環》的批判。民進學習會上，要冰心做中心發言，平時對《謝瑤環》還是蠻欣賞的，現在一下子來批判，只能在「鬼」字上做文章了。回到家裡，吳文藻對冰心的發言不滿意，說你今天的發言太感性了，甚至讓人不知所云。冰心就說，應該讓你發言才是，吳文藻說，他又不是藝術家更講不到要害上去。同樣，吳文藻對吳晗的「道德繼承」觀點的批判，也只能落到自己的頭上，「須趁機聯繫自己思想作初步的檢查。我和他有所不同，我對於封建道德與之一刀兩斷比較容易，對於資產階級道德中的人本（文）主義觀點中毒較深，清除較難。至於與資本主義聯結一起的基督教道德觀念，我本來未受到影響或者說影響不深，擺脫較易。」[8]但大會的主持者認為沒有批到《海瑞罷官》的要害。有人提醒，偉大領導毛主席最近說過：「要害的問題是『罷官』，嘉慶皇帝罷了海瑞的官，1958年我們罷了彭德懷的官，彭德懷也是『海瑞』。」吳文藻聽後更是一頭霧水。

三月底，民進組織對翦伯贊歷史觀的批判，歷史系座談戚本禹等批判翦伯贊的歷史觀點的文章，作為歷史系教授，吳文藻自當發言，但由於與翦有點私交，顯得謹慎，會議的主持者便點名，他就不能再沉默了，吳文藻說，「為革命而研究歷史」這個觀點是正確的，也就是說一切歷史都是今天的歷史，不過翦伯贊的歷史學問博大精深，需要潛沉下去做了研究才能達到批判的目的。結果，吳文藻說得有氣無力，聽的人也並不贊成。四月，又掀起了對「三家村」的《燕山夜話》的批判，不僅吳晗、廖沫沙，還有鄧拓也在裡面。鄧拓曾是《人民日報》的總編，不僅水平高，更是老革命，黨的高級幹部，怎麼也會犯反黨反社會主義的錯誤呢？吳文藻之前並未讀過《燕山夜話》，現在作為批判的材料發下來，「看完後，覺得社會主義文化大革命正在步步深入。我在抓業務的同時，首先必須突出無產階級政治，並且要時時突出無產階級政治，這樣在搞資產階級社會學資料時，才不致於重又陷入泥坑，才能在業務上為思想領域的興無滅資的階級立場服務。」[9]吳文藻又將矛頭對準了自己，根本看不清這些批判背後的指向。《舞臺姐妹》被批判為一部壞電影，吳文藻被組織進城觀看，但

8　吳文藻筆記，1966年3月18日。
9　吳文藻筆記，1966年4月17日。

直到電影結束，仍然沒有看出壞在何處？只得自我批判道：「看不出問題來，足見小資產階級人情味很配胃口，資產階級個人主義奮鬥的道路，是相投的，值得大喝一聲——要不得。」[10]

在毛澤東為政治目的而施放的文化大革命的煙幕中，不僅是冰心吳文藻，許多人都看不清方向，包括劉少奇、鄧小平等。所以，這才有面對聶元梓的大字後，面對學校出現的炮打黨委的亂象而派出工作組的舉措。其實，毛澤東要的正是需要這種亂象，他要借助的力量，正是這些經過無產階級教育而培養起來的學生、知識分子，以階級的仇恨、鬥爭的激情掀起一場革命的大風暴，不達目的，誓不罷休。所以，當北大、清華等大學亂象環生之際，毛澤東避出杭州，靜坐隔岸觀火，讓各種人物盡情表演，尤其是劉少奇們如何表演，等待時機，殺回北京。

直到五月初，吳謝對眼前的一波高過一波的鬥爭聲浪，仍然按照自反右以來的思想改造的思維去理解。

> 上午自學劉述周報告並思考關於「思想鬥爭沒有中間道路」這句話的涵義。我理解為反帝反修鬥爭不容適可而止，必須把鬥爭到底。尤其是反修鬥爭，因為修本身就是想在資產階級改良主義思想和馬列主義思想之間折中調和起來，這是不利於世界革命人民的事業的。今天閱看鄧小平在上海的講話中有這樣一段話，覺得是對我說的：「真正的馬列主義者……絕不能採取折中主義即機會主義的態度。在馬列主義同修正主義的鬥爭中，絕不可能有什麼中間路線。」一針見血引作座右銘。[11]

實際上，五月之後的政治形勢、批判浪潮的指向，已經開始顯露。那個著名的《五一六通知》明確指出：「混進黨裡、政府裡、軍隊裡和各種文化界的資產階級代表人物，是一批反革命修正主義分子，一旦時機成熟，他們就會要奪取政權，由無產階級專政變為資產階級專政。這些人物，有些已被我們識破了，有些則還沒有被識破，

---

[10] 吳文藻筆記，1966年4月19日。
[11] 吳文藻筆記，1966年5月7日。

有些正在受到我們的信用,被培養為我們的接班人,例如,赫魯雪夫那樣的人物,他們正睡在我們的身旁,各級黨委必須充分注意這一點。」只不過,這個文件吳謝等民主人士尚不知曉,同時由於這個文件將諸多領域的對象,作為打倒睡在身邊赫魯雪夫的陪伴,因而,打倒一大片的便成了這次政治決戰的代價,這個代價又多從文化、教育領域透支。

2,紅色風暴來臨

　　相對於北大、清華,民院不是文化大革命的中心,但是,運動中的每一陣颶風,都會襲擊紫竹院旁的校園。5月17日上午,歷史系全體師生召開「聲討鄧拓黑幫反黨反社會主義大會」,全部是學生發言,因為將鄧拓定為「反黨反社會主義」,學生一上來便與他有了不共戴天之仇,講到毛主席和共產黨的恩情、講到社會主義的幸福,幾乎是泣不成聲。令在場的教授們都感動,但也讓在場的教授都害怕甚至恐懼。一周之後,與吳晗有聯繫的歷史系教授傅彩煥,自盡於陶然亭公園。這是民院文革中第一個自殺者,吳文藻不甚理解,他對冰心說,「跟吳晗有聯繫,儘管交代清楚,同他劃清界限,投入敵對鬥爭,認真改造自己,這是唯一的正確道路。而他偏要走胡適、傅斯年反共反人民的老路,這就不足惋惜了。」胡適與傅斯年早已不在大陸,吳文藻之所以將他們聯繫在一起,是因為解放前他們曾經有過學術聯繫與交流。冰心對傅彩煥是熟悉的,她也不贊成這種行為,但此時他們都還沒有感受到這次運動的衝擊力。6月11日,與吳文藻過從甚密的沈家駒服毒自殺,在批判會上,雖然從階級立場出發,認為「他所採取的行動,替自己是鑽進黨內的資產階級代理人作一見證,是自外於黨、自外於人民」,但在靈魂深處卻是產生了波動,覺得一個月內同系出了兩件事,兩條人命,總是十分不幸的,並且將這個想法告訴了張錫彤,他也表示同意。然而這僅僅是風暴剛剛來臨,自己尚未濕身。

　　六、七兩月,北大、清華激烈動蕩,聶元梓、蒯大富、王光美、工作組成了毛澤東與劉少奇兩個司令部博弈重鎮的符號,民院大字報雖然也是鋪天蓋地,但矛頭指向卻是分散。林耀華歷次運動都是革命派,這次被革命了,歷史系首先將矛頭指向他,起來揭發的人便是總

被他批判的費孝通等人，歷史系的另一位領導江浩帆罪行比林耀華更嚴重，林耀華還僅限於民族學問題，江浩帆一開始罪行便達四項：民族主義、宗派主義、個人野心家、階級調和論。6月14日不是在歷史系會議室而是在學生食堂，舉行了一整天的揭發江浩帆罪行的大會。因為前面有了兩條人命，冰心聽了吳文藻的轉述，擔心江是否能夠承受。「平時都是領導者，這次一下子拉下馬，批鬥得那麼厲害，別走了自絕之路。」

> 上午赴教室樓又圖書館三樓看大字報，本院多部門已被揪出的人數之多驚人。歷史系列在單上的竟多達三十五人。那有這麼多反黨反社會主義的牛鬼蛇神？群眾運動不免過火。[12]

從傅、沈自絕，到林耀華、江浩帆被鬥，到三十五人的名單在列，吳文藻在內心提出了質疑，隨之，「燕京派」「摘帽右派」便捲入其中。這兩個類別，吳文藻都在劫難逃，還在沒有將他作為鬥爭對象之時，便借學習七一社論，主動爭取發言，回憶五四運動以來，「從不革命到反革命的一生。」批判翁獨健早在民主革命時期就是艾奇遜所說的民主個人主義者時，要他深思與哈佛燕京社的關係，而一提到燕京，吳文藻便生出了罪惡感，「我們燕京出身的人，都是為美帝國主義服務，對不起人民……」說到這裡，吳文藻久噎不語，痛恨自己。恰在此時，黃迪從哈佛歸來，住在王府井華僑大廈，林耀華家的保姆帶口信，希望吳文藻前去會晤。作為多年的朋友，當然想去一晤，但一想到正在運動頭上，便不敢貿然行動，冰心告訴他還是先請示領導。那時民院的運動由工作組領導，吳文藻到行政樓請示工作組。接見人反問吳文藻「可願意去」？吳文藻這回狡猾了一下，說「不願意去，除非組織上要我去」。工作組說，這很好，讓他回家等電話，如果沒有電話通知，就是不讓去。吳文藻回到家，坐在電話機旁「靜候佳音」，可電話鈴聲就是不響，直至午後。吳文藻知道不能去了，卻又覺得不給黃迪一個回覆，實在失理，自己打電話又怕犯忌，冰心替他想了一個辦法，叫陳凌霞電話通知黃迪，就說學校開

---

[12] 吳文藻日記，1966年6月15日。

會，不能去會面，吳文藻這才安心下來。

　　實際上，此時的吳文藻已沒有多少自由，除了民進偶有活動，他與冰心一同出席，主要是批判楊東蓴，也讓他們寫了揭發材料。吳文藻將楊東蓴勸說他加入中國共產黨的事情也寫進去了，造反派要他挖出楊東蓴背後的動機，要讓你這樣的人入黨，共產黨不變成了國民黨了？吳文藻知道此人瞭解他的歷史，知道他曾是國民黨員，便不和他多說，正式的檢查裡面，便將這一段內容刪去了。其他的時間都在民院，大字報可以看，每天固定參加勞動，掃地、拔草、沖洗廁所等。

　　冰心除了揭發楊東蓴，還得揭發文藝界的問題，揭發「四條漢子」中的夏衍，也反思自己的創作。一次，民進無產階級文化大革命辦公室找她談話，指出《廣州花市》《雪窗馳想》存在問題。可冰心並不明白問題出在哪裡？回家後與吳文藻分析，吳認為，若寫檢查，要以今天的標準提高去看，深入分析當時心理。冰心雖然居住在民院，但並非是民院的人，民院的運動與之關係不大，因而，吳文藻提醒她要回作協積極參加運動。因為平時在作協上班便不多，在沒有得到通知的情況下出現在機關，會給人感覺突然，因而，冰心便給作協領導寫了信，請求回作協參加文化大革命。幾天後接到電話，告知兩項決定：「1，對黨組有什麼揭發的，2，或是你自己有什麼要說的，都可寫了去。」也就是說可以寫大字報送去。正當冰心開始自查之時，署名鄭季翹的長文《徹底清算周揚反黨反社會主義的罪行》在《光明日報》赫然刊出。自從日本歸來之後，周揚一直是文藝界的最高也是直接領導，是解釋毛主席文藝思想的理論權威，他不僅懂文藝理論，而且翻譯過《安娜‧卡列尼娜》，現在也成了反黨分子？

　　就在這時，毛澤東在中南海大院貼出了《炮打司令部──我的一張大字報》。大字報寫道：「全國第一張馬列主義大字報和人民日報評論員的評論，寫得何等好啊！請同志們重讀一遍這張大字報和這個評論。可是五十多天裡，從中央到地方的某些領導同志，卻反其道而行之，站在反動的資產階級立場上，實行資產階級專政，將無產階級轟轟烈烈的文化大革命打下去，顛倒是非，混淆黑白，圍剿革命派，壓制不同意見，實行白色恐怖，自以為得意，長資產階級的威風，滅無產階級的志氣，又何其毒也！」三天之後，八屆十一中全會通過了《中國共產黨中央委員會關於無產階級文化大革命的決定》（即《十

六條》），吹響了無產階級文化大革命的進軍號，林彪在講話中透露出，「這次文化大革命最高司令是毛主席」。8月12日中共中央八屆十一中全會，以《公報》名譽將最高司令神聖化：「毛澤東同志是當代最偉大的馬克思列寧主義者。毛澤東同志天才地、創造性地、全面地繼承、捍衛和發展了馬克思列寧主義，把馬克思列寧主義提高到一個嶄新的階段。毛澤東思想是在帝國主義走向全面崩潰，社會主義走向全世界勝利時代的馬克思列寧主義。毛澤東思想是全黨全國一切工作的指導方針。」

　　至此，戰場選定了，最高司令明確了，「敵人」在不斷地從明處與暗處暴露出來。以聶元梓為首的七人大字報張貼之後，敏感的青年學生最先領悟到中國最高領導人毛澤東與事件有關，清華大學附屬中學的幾個學生聚集在一起對形勢進行分析，提出要「大樹特樹毛澤東思想的絕對權威」，隨之祕密成立了「紅衛兵」組織。在其影響下，北京地質學院附屬中學、北京石油學院附屬中學，北京大學附屬中學，北京礦業學院附屬中學以及北京市第二十五中學的學生相繼成立了「紅衛兵」祕密組織，他們的誓言是：「我們是保衛紅色政權的衛兵，黨中央毛主席是我們的靠山，解放全人類是我們義不容辭的責任，毛澤東思想是我們一切行動的最高指示。我們宣誓：為保衛黨中央，為保衛偉大的領袖毛主席，我們堅決灑盡最後一滴血！」自從劉少奇派出的工作組進駐學校之後，「紅衛兵」這類祕密組織影響了正常的工作秩序，因而受到工作組的壓制。隨著毛澤東指出派工作組是錯誤的行為之後，「紅衛兵」受到鼓舞，同時毛澤東給清華附中紅衛兵寫信，說：你們的行動「說明對一切剝削壓迫工人、農民、革命知識分子和革命黨派的地主階級、資產階級、帝國主義、修正主義和他們的走狗，表示憤怒和聲討。說明對反動派造反有理。我向你們表示熱烈的支持。」並且在隨後的8月17日，在天安門城樓上接見來自全國各地的紅衛兵代表。毛澤東此時非常明確，紅衛兵便是這次文化大革命的主力軍，這是新中國培養出來的知識分子，是在無產階級政治、階級鬥爭的課堂上培養出的新一代知識分子，單純、好奇、狂熱、衝動，對偉大領導不僅忠誠，而且崇拜，只要你指向哪裡，他們就會打到哪裡，絕非十年前鳴放時使用的那支隊伍，兩者有著本質的區別，這個區別首先就在於有思想與無思想，通過這支無思想、可一

呼百應的主力軍，達到一切想要達到的目，並且不為其所知！

　　接見那天，毛澤東表現得優雅而從容，富有象徵意義，無數的文章描寫過這個場面：

　　　　清晨五時，太陽剛剛從東方升起。毛澤東著一身帶有帽徽、領章的人民解放軍軍服，由一位年輕的女兵陪伴，繼林彪，周恩來之後，從天安門城樓下走過金水橋，微笑著向人群招手，和群眾握手，在群眾面前轉了一圈。然後，回到金水橋上，手拿軍帽一再向大家揮手，又戴上帽子向天安門城樓走去。一剎那間，整個天安門廣場在一片紅旗掩映下，匯成了歡呼「毛主席萬歲」的海洋。

　　這天，一千五百餘名紅衛兵代表，享受共和國的最高禮遇，登上了天安門城樓，和偉大領袖毛主席一起檢閱遊行隊伍。代表親手為毛主席戴上「紅衛兵」的袖標。毛澤東完全把握了此時紅衛兵的心理，每個紅衛兵無不為偉大領袖成為他們中的一員、無不為能和毛主席站在天安門城樓上檢閱遊行隊伍而欣喜若狂、幸福又驕傲。聶元梓為首的北京大學四十名師生代表，還受到毛澤東的單獨接見，一一親切握手，以示支持，傳遞力量。這次接見，劉少奇的排名已經從第二位下降到了第七位，從而在全世界公開了劉少奇「新的地位」與「政治前途」。

　　此時，即將接替劉少奇位置的人也浮出水面，毛澤東接見紅衛兵後的第二天，「慶祝文化大革命大會」上，林彪元帥借用清華大學附屬中學紅衛兵的話，號召紅衛兵「大破一切剝削階級的舊思想、舊文化，舊風俗、舊習慣」，號召全國人民支持紅衛兵「敢闖、敢幹、敢造反的無產階級革命造反精神。」於是，從8月19日開始，紅衛兵在北京首先發起了一場規模空前的「非常無產階級化、非常革命化」的「破四舊」行動，並神速傳遍全國，瀰漫神州大地。一段時間，整個中國被「弄得天翻地覆、轟轟烈烈、大風大浪、大攪大鬧，這樣就使得資產階級睡不著覺，無產階級也睡不著覺。」

　　處在紅色風暴中的冰心吳文藻，完全沒有先前的沉穩，雖然經歷過反右運動，雖然不斷在思想改選，雖然也在風暴來臨之時「有所知

有所為」，但這一系列的大動作，一陣陣的狂風巨浪，還是讓這兩位歷經滄桑的老人慌了神、亂了陣腳。

> 晨宗生小妹都回家，大家談文化大革命，必須徹底，尤其是我這種家庭，必須徹底破舊立新。我們又買了紅紙，重新寫了林彪語錄，我們將毛主席像掛在客廳當中，兩旁也貼上語錄。

> 宗生等返，早飯不久，黎等亦返，幫家裡破四舊，將相片等撕毀……宗生車票未購到，今夜在家住一宵，向紅衛兵登記。

> 晨，發作協黨總支一信，請求：停發工資，我的定期存款（全部）以及出國衣裝並收的禮物以及自己衣飾還給國家。[13]

三則日記，記載簡要，但從中流露出驚嚇、驚慌、恐懼的精神狀態，甚至要求工資停發、存款上繳，她竟然沒有想到，工資、存款沒有了，接下來用什麼、吃什麼呢？不計後果地以求保全安全、平衡心態。此時的紅衛兵已經打上門來了，首先是盯住了吳文藻從日本帶回的資料、雜誌與書籍。[14]紅衛兵命令吳文藻打開存書間，三個人同時衝了進去，瘋狂地查找、翻閱，幾本《時代》（TIME）雜誌赫然在目，吳文藻立即感到問題嚴重，記得其中有一期以蔣介石半身像作為封面，紅衛兵果然如獲至寶，質問吳文藻為何保存這些反動刊物？為何留戀蔣介石？吳文藻無言以對，還好，其中有一期的封面是毛澤東的，紅衛兵看不懂英文版的內容，但仍然氣勢洶洶地對吳文藻說，交出存書房間的鑰匙，他們要進行全面檢查。家裡的書也被抄查，「拿走了幾本不合符毛澤東思想的書，有《警世通言》等，《關帝廟靈籤》，蘇聯修正主義作家作品等，除外有韓素英[因]、歐陽山、周而復等作品，他們電話是443，隨時有書，還可交去。」[15]尤其是《金瓶梅》，紅衛兵一進來，便問冰心《金瓶梅》藏在哪裡？冰心說她沒有《金瓶梅》，紅衛兵不相信，說你不是著名作家嗎，那有不看《金

---

[13] 冰心日記，1966年8月28、30日。
[14] 由於居住擁擠，沒有存書間，吳文藻借了藝術系的一個房間存放這批書。
[15] 冰心日記，1966年8月27日。

瓶梅》的。冰心只好說，看是看過，但自己沒有這書。紅衛兵還是不信，東翻西找了一通，只得留下話來。

不僅是民院的紅衛兵，與之一牆之隔的北京外語學院的紅衛兵也來了。冰心日記中寫道：「有北京外語學院毛澤東思想赤衛隊第四分隊隊員十人左右，來家檢查書籍中之不合符毛澤東思想者（那有封建主義、資本主義、修正主義毒素的），還有其他違禁物品。最後帶走了些文藻日記本，上有蔣介石照片者等等，並留下問題八條，貼了大字報等。」這時的冰心還試圖說服自己，紅衛兵是在「橫掃我們思想上的牛鬼蛇神，一定好好接受，」並且表示「和他們一起對自己鬧革命！」[16]

戴上一個紅袖標的「紅衛兵」，因為有偉大領導毛主席的支持、撐腰，走到那裡都有至高無上的權力。大破四舊，也絕不止於查抄書籍。書之後便是物，書櫥、衣櫥、書桌、抽屜、木箱等等全部打開，任毛主席的紅衛兵翻取，不要的棄之於地，要的不用允許、不用登記，全部收入囊中。包括銀元、現金、手錶、皮大衣、旗袍、玻璃絲襪、紋胸、電動刮鬍刀、打火機、派克鋼筆等等，僅存摺上的存款就達十幾萬元，真是大開眼界，見所未見，聞所未聞，這些腐朽的資產階級生活用品，造反派一一取走。吳謝二位老人呆立一旁，任其翻箱倒櫃。燕大法學院的院長此時竟然有了血性，前幾天抄走他的日記也沒有抗爭，這次完全不能接受，認為這是嚴重地侵犯公民的權力，尤其是太太的隱私，實在不能容忍，拳頭捏得格格響，還好造反派注意力都在「四舊」上，沒有覺察到，且又被冰心壓住，不然必有皮肉之苦，甚至鬧出命案。

紅衛兵走後，滿屋一片狼藉，兩位老人癱坐沙發。保姆沈阿姨緊緊地抱著不滿四個月的丹丹，一家人茫然不知所措。冰心此時的情緒變得十分糟糕，面對現狀，再也興不起一起鬧革命的念頭，心生深深的困惑。就是在抗戰逃難的路上，她也要將東西收拾得清清爽爽，從來都是清爽生活的謝婉瑩，現在被紅衛兵糟蹋得一塌糊塗，她想起了五四運動，自己年輕的時候也有過激情，一生經歷也應該不少了，除了日本人的燒殺搶劫，除了土匪的打家劫舍之外，怎麼能理解原本天

---

[16] 冰心日記，1966年8月31日。

真無邪的孩子們，鬧出如此野蠻無禮、無法無天的荒唐事？

這一晚，兩個老人就著窗前的月光，躺在零亂的床鋪上，沒有吃飯，也沒有洗漱，月亮照在臉上，兩隻蒼白無力的手拉在一起，雖然服下了安眠藥，但誰也無法入睡！還好有沈阿姨，安頓了丹丹又來勸導他們，煮了麵條端到臥室……

然而，野蠻僅僅是開始。

造反派們沒有機構的認同與概念，批鬥冰心是不是需要所屬單位中國作家協會同意？反正凡是反動的東西，都必須打倒，普天之下，同仇敵愾。此時民院的批鬥會也是此起彼伏，游鬥反動學術權威花樣翻新。紅衛兵面對從冰心家抄家得來的實物，激情澎湃，有紅衛兵說，全國都找不出第二個資產階級生活糜爛到如此程度的典型人物，旗袍的叉開得那麼高，再穿上透明的絲襪，這不是跟西方的資產階級太太小姐一樣了嗎？還有那麼多的手錶，瑞士的，日本的，上海錶都不戴，還愛國，完全是崇洋媚外。有人說，謝冰心從日本回來就帶了許多的洋玩藝，以後多次出國，英國、法國都跑遍了，好的東西沒有帶回來，都是資產階級的奢侈品，還寫《再寄小讀者》，教育新中國的兒童，完全是兩面派，我們還用得著她來教育嗎？七嘴八舌中，紅衛兵想出了新花樣，辦一個謝冰心資產階級生活方式的展覽，全面展示她的資產階級生活用品，讓全院、讓全北京、讓全中國的人都來看看她的醜惡嘴臉。

三天之後，「謝冰心資產階級生活用品展覽」，在民院圖書館前的廣場舉行。冰心被押至現場，站在大幅橫標下面，脖子上用鐵絲掛上一個大牌子，上書「資產階級作家、司徒雷登的乾女兒謝冰心」，司徒雷登與謝冰心的名字錯亂書寫，並用紅筆打上了大大的「×」。先是繞場一周，陪同紅衛兵參觀，冰心邊看邊指正，說那些銀元只有幾塊是自己的，沒有那麼一大臉盆，手錶也只有兩塊，多餘的不是她的，還有……紅衛兵不讓她說，正言厲色道，不得抵賴，都是一類貨色。批鬥會從上午十時一直開到中午十二時，發言一個比一個激烈、一個比一個亢奮，冰心低頭站立，烈日下大滴的汗珠落在地上，任紅衛兵用尖刻、粗俗的語言糟蹋。有時也抬頭看看造反派和紅衛兵們，都不認識，他們也是自己之前「似曾相識的小朋友」、「親愛的小讀者」嗎？

收起你那假惺惺的「寄小讀者」，我們不需要你的所謂教育。我們有偉大領袖毛主席的諄諄教導，就是千萬不要忘記階級鬥爭，不要忘記謝冰心這樣的打著糖衣炮彈的資產階級作家。

「打倒謝冰心！」「毛主席萬歲！」「無產階級文化大革命萬歲！」的口號聲此起彼伏。由於冰心的知名度與對展覽的好奇，觀者越來越多，組織者更是來勁，直到批鬥會結束，仍然不讓其回家。冰心只得在心裡提醒自己，不能以他們為敵，他們年輕，不懂事，而且她在現場，還是從參觀的人群中，看到了幾雙同情的眼光，還有一個紅衛兵，給她遞過兩次水，甚至讓她退站到陰處。

此時的吳文藻更是被紅衛兵嚴厲管制，接受勞動改造，罪名是現成的：「資產階級反動學術權威」、「冥頑不改的右派分子」等等，與費孝通、潘光旦等由紅衛兵監視，在校園勞動，在烈日下拔草。也就是這天，吳文藻拔草歸來，路過圖書館，見到冰心還在接受批鬥。他停住了，站到冰心的身邊，冰心低聲讓他先回家，但吳文藻站著不動。此時，他是心如刀絞，也如萬箭穿心，他自己可受辱，可吃苦，但是他容不得妻子受累，更不能容忍別人如此對待她。自從寫下了那篇洋洋灑灑的求婚書後，發誓一輩子要保護病弱的婉瑩，現在不僅是病弱，而且年邁，卻要遭此大難，自己連攙扶一把都不能，簡直是奇恥大辱！無論如何，他都不能走開，而他的到來，又引起一陣騷動，紅衛兵嘲笑他，「難道還要夫妻雙雙把家還？真不知羞恥，什麼時候也脫不開資產階級的干係！」不管他們怎麼說，怎麼批，吳文藻就是不動，像釘子一樣釘在冰心的旁邊，直到批判會的組織者允許他們回家，吳文藻才給冰心取下那塊沉重的大牌子，脖子現出一道道紅痕，「都快勒出血來了！」吳文藻在心裡呼喊。牌子卸下後，兩個人都不能走，癱坐在地上，造反派又來催促，說自由了，怎麼不走了，要不要再開一場批鬥會？兩個老人只得相互攙扶著站起來，一步一顫地向宿舍區的和平樓走去。

展覽加批鬥，成了民院的一道風景。民院雖不是運動的中心，但這一新穎的批鬥方式，卻引來校外大量好奇的紅衛兵，有一次還被紅衛兵命令穿上旗袍接受批鬥，並嘲笑說，這才「相得益彰」，令冰心

再次受辱。吳文藻出於保護的動機，曾向造反派提出，生活是兩個人共同的，他也應該與冰心一道，接受革命群眾的批判，但造反派回答說，你的罪行比謝冰心嚴重，要開就開專場批鬥會！

這一段時間，兩個老人常常是一前一後地回家。沈阿姨總是抱著小丹丹在門口守候，看到老人平安回家，便將丹丹塞到他們的手上，讓天真的孩子帶給他們些許的安慰。在這一段最艱難的時期，小丹丹成了倆老人生活的勇氣與希望，面對丹丹，他們曾相互勉勵、保證，要像潘光旦那樣堅守「三S」[17]，絕不走老舍那樣的自絕之路[18]，老倆口堅信，風暴終將過去，太陽還能升起，小丹丹一定能長大！

3，謝進作協「黑窩」

似乎直到當下才有了資源之說，自然資源、人才資源、科技資源等等，其實，資源早就存在，只是說法不一。比如，階級鬥爭年代，階級敵人便是資源，沒有階級敵人，無產階級專政如何實行？文化大革命中，走資派、牛鬼蛇神都是資源，沒有這個資源，文化大革命革誰的命？所以，沒有階級敵人、沒有走資派、沒有牛鬼蛇神的單位，造反派那是很頭痛的，甚至覺得不光彩，得想方設法挖掘資源，取得生存、發展與壯大的空間。因而，爭奪資源並非始於今日，並非僅是強權、國家的行為，並非是利潤與財富的專利，文革中對資源的爭奪，激烈而殘酷，誰要是能抓到大人物（走資派）來鬥一鬥，那真是無限風光，對「大人物」的批鬥，也是造反派的本事。

從文化大革命的意義上說，冰心自然是一個重要的資源，她不僅是著名作家，個人經歷豐富，社會關係複雜，與司徒雷登有關係，與國民黨有聯繫，並且有著國際影響，是一個有著多重意義的資源富礦。當民院展覽、批鬥謝冰心資產階級生活方式之時，作協便認為冰心隸屬作協，雖然作協黑作家多，但謝冰心還是不可多得的反面教員（即是稀缺資源）。因而，在1966年10月之後，作協便以「集中培訓」為名，將冰心關進了文聯大樓，成為了作協的專屬。

---

[17] 第一個S是SUBMIT（服從），第二個是SUSTAIN（堅持），第三個是SURVIVE（生存）。

[18] 1966年8月24日，老舍在遭到不可忍辱的批鬥，在太平湖枯坐一整天後，投河自盡。

不僅是冰心，文革前被發配到南京的陳白塵、廣州的黃秋耘也已揪回作協，實行關押、隨時接受批鬥。陳白塵是9月12日由兩名造反派押回北京的，住在頂銀胡同的一座四合院裡。這個院子原本就是陳白塵在北京的居所，現在成了「黑窩」——因為關押在這裡的人都是「黑幫」「黑作家」等。當時關押的情況如下：劉白羽住東間，與邵荃麟相對，陳白塵住西房南頭的客房，其他有嚴文井、張僖、侯金鏡、張天翼、韓北屏、張光年、馮牧等。「黑窩」是陳白塵給起的名字，實際就是後來廣泛使用的「牛棚」之意，即關押「牛鬼蛇神」的地方。10月23日，黃秋耘從廣州押來，自然也進「黑窩」，那時冰心的名字尚未出現。「黑窩」的人員相對固定，但也有變，進進出出，也可能昨天你是造反派押人進「黑窩」，隔天自己也被人押進「黑窩」了。

1966年10月之後，冰心吳文藻便失去了文字記錄，直到1970年初，冰心進入湖北咸寧五七幹校。期間只有幾頁吳文藻被毀的筆記、1968年後的家庭帳本，其他基本就靠他人的觀察與回憶了。不過，回憶與現場記錄相去甚遠，不僅是時間、地點與事件的準確性，更有主觀因素的介入。幸好有陳白塵的《牛棚日記》[19]，通過日記中的有關記錄，可以瞭解冰心的生活，甚至她的心態。

冰心的名字第一次出現在《牛棚日記》中是11月25日，時已冬令，陳白塵為冰心生爐子。

> 今日主席又接見，提前出發到文聯大樓。洗刷四樓全部，累極。坐下寫材料，疲乏無力，眼力亦不佳，似將失明矣。
>
> 晚回宿舍，為冰心換煤爐升火，成功。她年近七旬，離家獨居於此，頗狼狽。其夫吳文藻當年在日本祕密起義，她成為團結對象。歸國後寫了不少散文，出國多次也做了不少工作，不無微功吧。但她在民族學院（吳在該院任教授）被鬥甚慘，衣服都被沒收，手錶等貴重物品更不用說，而且公開展覽，標其出國皮大衣為六千元云。如今她到作協後已很滿意了，不再每天揪鬥也。

---

[19] 陳白塵，《牛棚日記》，北京：三聯書店1996年5月出版。

　　三個概念十分重要：獨居於此、頗狼狽、不再每天揪鬥。「獨居於此」自然指的是「黑窩」，也就是說起碼是在這天之前，冰心被揪回作協，關押在頂銀胡同的「黑窩」裡；狼狽指得是生活上吧，在民院，吳文藻尚能生爐子，冰心生不起來，每臨冬季，家裡生爐子的活都是吳文藻，頂銀胡同沒有吳文藻，陳白塵試著換煤升火，成功。不再每天揪鬥，也就是說在民院的批鬥頻繁，多至每天，冰心實在難以忍受，到了作協，不再每天批鬥，比較而言，便有「滿意」之說，但也有不滿意處，就是看不到丹丹。冰心感到，與丹丹不僅是隔代親，還有隔代哺養，承擔起了母親的責任，每次遭鬥，想到「下班」就可以見到丹丹，滿耳的尖聲屬語都聽不進去，就想著小丹丹的小胖手、嘟嘟嘴、圓圓臉，還有那些呀呀學舌。老伴也是，一回到家，先就抱過小外孫，逗他玩逗他樂，冰心笑言，文藻重新當一回Daddy了。疲憊的吳文藻便說，當Daddy有這多空閒？面對開心的老伴，冰心在心裡感激女兒，在他們最艱難的時刻，留下了一個孩子，感謝上帝的安排。頂銀胡同裡，批鬥是少了些，可是不能見到小丹丹，讓她想念。

　　冰心在黑窩的生活，大概有這麼幾方面的內容：

接受批鬥

　　黑窩的主要生活是隨時等候批鬥，故也可理解為「候鬥室」，任何時候都不能自由離開，隨時處於聽候命令的狀態，這種等候挨批受鬥的心情，真叫「惶惶不可終日」。雷達是剛剛分配到作協的年輕人，他形容位於王府井的文聯禮堂，「完全變成了一個大鬥技場了。」「那時小禮堂內外，每天人山人海，摩肩接踵，大字報鋪天蓋地，很像現今的廟會、博覽會、商品交易會，敞開大門迎接四海串連客。大中小型批鬥會不斷，就像廟會裡同時上演著好幾台節目一樣。這兒在鬥冰心，因她的母校是貝滿女中，就是附近的燈市口某中學，『小將』們鬥起來格外起勁，抓住她回答問題時用了『報館』這個舊詞，大罵其反動。」之所以出現如此壯觀的批鬥場面，就是因為這兒批鬥對象多、資源豐富，「出沒在這裡的『牛鬼蛇神』的名單確實太壯觀了：除了周揚、林默涵、劉白羽等，人在外單位，不時可提來批鬥外，像田漢、陽翰笙、光未然、邵荃麟、郭小川、賀敬之、李季、冰心、臧克家、陳白塵、張天翼、嚴文井、侯金鏡、吳曉邦、呂驥、

李煥之、馮牧、葛洛、韓北屏、戴不凡、屠岸、陶鈍、張雷等等,都是本樓的人,那無異身在囹圄,插翅難飛。每個喧囂的白天結束後,他們才會有片刻喘息,洗去滿臉污垢,但關在地下室的他們,又有幾人能夠安眠?」[20]到了文革的第二年,造反派與紅衛兵派性紛起,各自成立了戰鬥隊、兵團之類的組織,不同派別的造反派都有權提審、批鬥關押在黑窩的牛鬼蛇神們。甚至外地來京串聯的紅衛兵,也可以直接去黑窩提人批鬥。過去如雷貫耳的大作家,現在可以任意糟蹋,打倒在地,再踩上一隻腳,讓一些未見過世面的紅衛兵小將們十分開心、過癮。冰心在批鬥時不僅因為回答「報館」時遭到呵斥,在造反派將她定為「司徒雷登的乾女兒」時,作了辯解,說國外沒有乾女兒這一說,同樣遭到「反正就是崇洋媚外、反正就是願意跟著美國主子」的批判。造反派根本不和你講理,按照他們的思路,將批判的語言暴力進行到底。

　　一天晚上,造反派單獨批鬥冰心。「開始冰心談了一些思想認識,造反派便進行批判,並且要她交待如下的問題:1,你在日本時,與哪些日本人來往?回國後,繼續有哪些往來,幹過什麼勾當?在出國訪問時,與他們交談過些什麼?2,吳文藻離開『駐日代表團』後,你們又在日本住了一年,這一年多時間裡,你們又有什麼活動?幹過哪些壞事?3,你在日本時就與地下黨有聯繫,是哪個地下黨?與誰有聯繫?時間,地點。4,你回國怎麼拿到美國耶魯大學的旅費,拿了多少,誰交給你的,有沒有交待什麼任務?5,交待去美國留學的經費來源,怎麼得到的?6,1938年你去雲南大學,1946年回南京,這期間與司徒雷登有何政治勾搭?7,你出國訪問時,都放過哪些毒……」[21]這是一次全面的批鬥,並且局限在不大的範圍內,似為抄底動作,為大規模批鬥,尋找、提供炮彈,將冰心的資源「做大做強」。但是冰心在回答問題時十分慎重,尤其涉及到日本,只挑一些大家都知道的說一說,具體內容,絕口不提。她和吳文藻都謹記周恩來總理的叮囑,「日本的情況,打死也不說。」還好那天造反派並沒有打,只是將她逼到深夜,感覺實在挖不出新東西,才算罷休。

[20] 雷達,《王府大街64號》,《中華散文》1998年11期。
[21] 王炳根,《冰心在文革中》,《冰心:非文本解讀》(續),中國文聯出版社2006年12月。

以冰心為主的批鬥場面不多，陪鬥卻是經常的。文革初期，作協有所謂的保皇黨，劉白羽鬥得不狠，造反派奪權之後，組成了作協造反兵團核心小組，邵荃麟、劉白羽便被推到風口浪尖了。冰心本不是中共黨員，更不是黨組成員，但一涉及到創作、出國訪問、深入生活、下鄉視察等等，都有陪鬥的份。每回批鬥舊黨組大會，冰心都得出席陪鬥。重頭的批鬥人物，往往要戴高帽，或下跪、雙手被捆綁，次要人物，也就是陪鬥者也得要有所表示，掛大紙牌是起碼的，以示陣容。冰心說她的牌子有時自己帶回黑窩，下次可以再用，免得浪費紙墨。

主鬥、陪鬥之外，還有一種「紀念鬥」。比如五一勞動節、「五‧二三講話」、最新指示發表、七一建黨日等等，都以舉行盛大的批鬥會來慶祝、來紀念。1967年5月23日，毛澤東《在延安文藝座談會上的講話》發表25周年，以往，每年逢「五‧二三」，文藝界都要舉行紀念活動，今年逢五，作協造反派如過盛大節日，開了一整天的批鬥會，以示隆重紀念。與當下的活動以有哪一級領導、有多少位領導出席而顯隆重、而顯意義重大一樣，批鬥會以有多少重量級的牛鬼蛇神站台而顯陣容。這天，劉白羽、邵荃麟、張光年、嚴文井、陳白塵、謝冰心等九大黑幫出席批鬥大會，陣容強大，規格齊整。預計中還有周揚，但周揚屬中央專案組管制，另有批鬥任務。批鬥紀念會從上午九時至十一時四十分，午餐之後，接著幹，直至下午五時。因為是紀念《講話》，還算文明，年輕的造反派端坐主席臺，被鬥者只是肅立一旁，甚至連高帽未戴、黑牌未掛，「僅是站立」。但是，這些都是年過半百之人，連續站立五個小時，便是超重體罰了，衣服濕透，腿軟顫抖，且無水補充，冰心曾多次要求跪立，但被造反派斥之「就你多事」。

牛鬼蛇神之間開展「批評與自我批評」，進行相互鬥爭也是一種批鬥方式。因為都是牛鬼蛇神，所以可以圍桌坐立，鬥爭的形式也較平和，不像接受造反派、紅衛兵的批鬥，要掛上牌子，要低頭彎腰，甚至要雙手捆綁，雙膝跪地，甚至要坐「噴氣式」，黑窩中沒有這些，但語言暴力也是滿天飛舞，比如用語錄作刀槍，攻擊他人也殺傷自己。有時從「學習室」出來，內心也是傷痕累累，他傷與自傷，只是沒有皮肉之苦罷了。

一日上午，造反派頭頭來黑窩宣布三件事：

> 1，有關主席的講話，不管是聽傳達的，還是別處聽來的，除已公開發表的外，一律上交。2，最近揭發的中心是劉、鄧、陶，以及胡喬木、林默涵、周揚。而以前三人為先，在半個月內寫完材料。3，我等「黑幫」也可以寫大字報，但地點限於貼在五樓過道。最近階段應集中揭發有關黑黨組，特別是劉白羽和邵荃麟的罪行。大字報底稿務必上交。如果有牽涉到國家機密的，要先打招呼。

> H還說，運動已進入新階段，只有老老實實地交代自己的問題並揭發別人的問題，才有出路。過去的罪惡是客觀存在的，如今的結論將取決於自己的態度，是屢教不改呢？還是痛改前非呢？道路由自己選擇。[22]

> 下午Y又來說明集中學習的目的，則是要我們展開面對面的鬥爭。自己放的毒，自己要批判；對主席有關文藝的指示是如何執行的，自己檢查；對《紀要》的內容持什麼態度，自己交代；舊作協的組織路線是什麼路線，也需要思考。總之，是先要各人自己交代，然後相互揭發，而不是等候群眾的鬥爭了。[23]

黑窩中人，接受和等候批判成了他們主要的生活方式，時間久了，真有了罪孽感，加上批鬥的語言暴力，牛鬼蛇神也可能對自己產生誤判，有時也將問題看得嚴重。《十六條》中將「幹部問題」分為四種：「一，好的；二，比較好的；三，有嚴重錯誤，但還不是反黨反社會主義的右派分子；四，少量的反黨反社會主義的右派分子。」批鬥肯定往重裡說，但真要鑒定那一個人為哪一類，造反派也會搞點調查，運用一點心理戰術，「讓各人自認並相互定類。」結果，「對白羽、荃麟、光年、天翼，大家都認為是四類，他們自己也自認四類。」對陳白塵大多數認為是四類，也有不認可的人，陳白塵在離開南京時與妻子有個對話，認為自己是三類，關進黑窩後，對自己的

---

[22] 陳白塵，《牛棚日記》，1967年11月10日。
[23] 陳白塵，《牛棚日記》，1967年11月14日。

錯誤有較深的認識，但認為自己推行周揚的反動路線不是自覺的，所以還不應是四類，而在定類會上，害怕的心理、環境的壓力，促使他「不得不自承是四類」。而大家都相信張天翼、張光年應該是三類，而他們自己卻承認是四類。所以陳白塵說，我自認為三類如何說得出口？嚴文井、侯金鏡、黃秋耘、李季等，有的定四類，有的不表態。冰心和臧克家覺得這四類都不適合他們，便將自己定為「反動權威」，另生一類。於是就可以看出，自定類與批鬥會所得結論相似，在一定的程度上也就讓造反派確認了他們的革命行動。其實，誰敢將自己的類別定輕呢？互為印證實際是在一個既定的題目下展開的，如何能不過頭！

勞動改造

「黑窩」有些啥勞動？掃地、掃樓梯、燒開水、刷廁所、拔草等等，反正過去勤雜工幹的活，都由牛鬼蛇神來承擔，而原先的勤雜工大都參加革命了，當了造反派，成了他們的領導。一段時間，文聯大樓被外地造反派占領，還有到北京來串聯的紅衛兵小將，所有的地方都成了戰場，也成了睡房，「整個大樓污穢不堪，廁所積水數寸，坑道不通，糞便遍地。通道上都是稻草鋪，房間內更是狼藉滿地。一一掃清，運往後院，上下五層樓梯共二十六次，腿軟如棉。」[24]沖刷女廁所的任務更重，因為黑窩中女性只有冰心、丁寧、鳳子等二三位，五層大樓的女廁所都得由她們沖洗，而紅衛兵小將用起廁所來，只要有下腳的地方便不放過，真是臭氣薰天，衛生紙更是塞住便池，掏都掏不出來。丁寧比冰心小幾歲，見這個小老太低著身子掏糞坑，實在看不下去，便每天提前「上班」，將最髒的廁所清洗乾淨，讓冰心感動。

「搬」在勞動中是經常使用的一個概念。位於王府井大街與美術館之間位置的文聯大樓[25]，今天當然有很高的商業價值，當年就有人看中其政治價值，都想在此爭得一席之地，「你方唱罷我登場」，一刻也沒有停止折騰。搬辦公室、搬桌椅、搬圖書、搬雜物，搬能搬的

---

[24] 陳白塵，《牛棚日記》。
[25] 現商務印書館大樓。

一切是常有的事情，誰來搬？自然是黑窩裡的牛鬼蛇神！據《牛棚日記》記載，文革前三年，大的搬動就有三次，小的搬動就不用說了，只要有活，牛鬼蛇神全出動，並且總是限時限點，革命就是這樣雷厲風行，不能有半點的拖拉。一次搬草，前院搬至後院，「朔風野大，逆行至苦。」鳳子面有難色，冰心的頭都扎進稻草裡了，劉芝明、陽翰笙等走在前頭，休息時到地下室十三號飲水，張雷、趙尋、劉厚生站在一起，「陽態度自如，趙默不一語。」

自1968年11月1日開始，勞動制度有了改變，不僅在本單位，每月要拿出三天時間，到太陽宮勞動。11月的三天時間是這樣安排的：第一天是1日，地頭翻土，7日依然翻土，使用的是長方形鐵鍬，揮動起來極吃力，陳白塵覺得「腰痛劇，但咬緊牙關，未提要求。」到了下午痛處轉而減輕，自認勞動可以治病的。這是陳白塵的自嘲，不知冰心如何度過？11月8日，「天氣奇冷，內著皮背心，仍四肢如冰。七時集合，北風怒吼，達六級。連呼『下定決心』者三，精神一振。連續挖土至十時，始休息。倚小屋前避風處與冰心同午餐，都是自帶者。四時半提前收工，極疲勞。」陳白塵這回沒有自嘲，自帶的飯菜在冷風地裡如何「午餐」，再也作樂不起來。後來還有一天，冰心等女性去「倒白菜」，也就是給儲藏過冬的白菜翻個，算是輕活。男性則去修房，以鐵鍬鏟土送上屋頂，幾個老弱病殘的黑幫頗為難，但也不能不幹，於是五個人用三把鍬，輪流休息，才算堅持下來。

這個太陽宮對作協的黑幫甚至造反派實在也太當苦力使了，作協的造反派都看不下去，到了12月，改到鼓樓北一家鋼廠勞動，在師傅指導下篩篩沙子，好多了。那天「應到黑幫三十六人，實到三十五人。」冰心在列，陳白塵負責日志。

接受外調，自列名單

寫檢查、接受外調並不比體力勞動來得輕鬆。陳白塵檢查交代他的歷史問題，曾經一天寫過五千字，不僅是回憶時的痛苦，而且有書寫的勞累，僅從體力上說，也是很可觀的。造反派要冰心寫她七十年的經歷，並且給了她一個勒令交代的目錄：「1，反右前後寫過多少毒草？毒在哪裡？多少篇？政治目的是什麼？潛臺詞、影射什麼？

2，對歷次運動、無產階級專政、社會主義制度、黨的領導、社會生活，有哪些看法？有哪些言論？向哪些人散布過？3，對總路線、大躍進、人民公社三面紅旗的看法和態度，有哪些反動言論？4，在外事活動方面，有哪些反動言論？5，與蔣介石、宋美齡、司徒雷登的關係，有什麼接觸？」如果按照這個提問回答，冰心便罪惡滔天了，因而，她的交代多為經歷與事實，寫完便交上去，造反派退回來再寫，不像陳白塵那樣複雜，一定要追查出叛變革命的細節。想到丁玲也是這樣，在革命與叛變之間，無休無止的交代辯白，這時，冰心反倒慶幸自己沒有加入共產黨，要不，也是說不清楚。這些交代，一次次的遞到造反派手上，造反派興趣時看看，多是扔在一旁，最後進入廢品收購站。2002年春天，我曾與冰心的女婿陳恕先生專程到天津找一位廢品收購人，尋找冰心的手跡，看到的就是冰心在牛棚中的交代材料，其中有一份交代材料，開列了在日本報刊上發表的描寫宋美齡文章的目錄，我如獲至寶。但是，持有者不肯相讓，我只能草草翻過，記下關鍵詞，請日本荻野先生代為查找，果真查得。可見，當年的造反派並未認真閱讀與查找，勒令交代問題，只不過是折磨和摧殘人的手段。

接受外調也是一項任務，外單位的造反派找上門來瞭解情況，隔三差五便有，往往是坐等，容不得你多想，更不會多給你時間，這讓冰心有些招架不住。黑窩中的造反派看她認識的人多，居然有一天下達命令，要她將所認識人的名單列出來，陳白塵也曾一口氣列了八百名，冰心要列的名單可能要超出這個數字，但冰心留有餘地，感覺到造反派不知道的一概不列，朱世明列嗎？梁實秋列嗎？顧毓琇列嗎？浦薛鳳列嗎？那不是找死！應該說，就是在文革中，冰心對與國民政府方面人員的關係，隱蔽得還算比較好，直到晚年也未解除，以至一些研究者都不曉得她與上述人物交往的情況。

學習「毛著」

黑窩設有專門的學習室，即是學習毛主席著作的場所。每天都有固定的程序，比如早請示、晚彙報、天天讀。這些程序造反派都不能干擾，雷打不動。所謂早請示，也有固定的儀式，首先手捧紅寶書（毛主席語錄），姿勢端正，立正站立，向著東方，三呼「萬壽無

疆」[26]，三聲「身體健康」[27]，之後齊聲高唱《東方紅》。當時同在牛棚的閻綱有個很有意思的場景記錄：

> 「東方紅，太陽升……」的歌聲在心中蕩漾，不知誰說了聲「今日立春！」全棚頓時活躍起來。冰心說：「春的信息是能夠感覺到的。我是世紀同齡人，有此經驗。」大家異口同聲：「春來了，春來了，我感覺到了，我聞到了，我聽到了！」牛棚裡的幾十條「牛」，不乏著作等身的名家，想像力豐富而瑰麗，可以想見春的消息在他們的藝術世界裡被編織成何等詩意的憧憬，但他們依然蜷縮在刺骨的嚴冬。[28]

學習時，一般情況下，要讀一篇指定的文章，比如《南京政府向那裡去》《別了，司徒雷登》，所讀往往根據當時的形勢與情況而定，沒有指定時則以自選閱讀完成。鬥私批修是接下的項目，談自己在接受批鬥與勞動改造時的活思想等等。

學習室並不都如此四平八穩，還要練真功！什麼真功？以通讀毛選四卷練基本功，以背誦重要文章、語錄、老三篇[29]、老五篇[30]、詩詞、文藝指示、批示等重點，包括最新指示。按說，以負罪之身，潛入書中，可聞朗朗背書聲，也是一種短暫的解脫，但是黑窩中人，都已上了歲數，過了背書的年齡，要把一篇文章一字不落一字不差的背出來，那還真叫真功。背不出、背錯了，造反派便會指責你對毛主席不忠，缺少無產階級感情，被封資修的東西塞滿了腦袋，裝不進偉大領袖的教導，上綱上線很是嚇人。冰心雖然年近七十，但記憶力算是好的，有一次在學習室背誦《紀念白求恩》，僅僅是落下了一個「德國的」三字，便被責命停下，被斥之對毛主席沒有感情云云。

更有甚者是在公開場合比賽背誦。一次，作協系統組織背誦毛主席關於文藝的指示，人人過關，陳白塵第一個，冰心第五個，劉白羽

---

[26] 即「敬祝我們偉大領袖、偉大統帥、偉大舵手、偉大導師毛主席萬壽無疆！萬壽無疆！！萬壽無疆！！！」

[27] 即「祝毛主席的親密戰友林副主席身體健康！永遠健康！！永遠健康！！！」

[28] 《中國作家協會「文革」記趣》，《文匯讀書周報》2014年5月30日。

[29] 即《為人民服務》，《紀念白求恩》，《愚公移山》。

[30] 即在前三篇基礎上，加《關於糾正黨內的錯誤思想》，《反對自由主義》。

因為官大，習慣了走路靠汽車，做事靠秘書，儘管毛的批示不知道向部下傳達過多過遍，但就是不能完整地背出來，「平日號召大家貫徹指示是第一號人物，背誦卻成了倒數第一號人物」，造反派嘲笑他。說他「根本沒有把主席的指示記在腦裡，印在心裡，溶化在血液中，這就不可能落實在行動上。」結論是作協成了修正主義的大本營不足為奇。

背誦這活也曾讓牛鬼蛇神得意過，儘管也會有錯，但當與造反派「打雷台」時，卻變得風光無限。一次在農村夏收，田間舉行表忠心活動，具體是背誦《為人民服務》，並且有貧下中農在場。背誦的主體是牛鬼蛇神，也有造反派與貧下中農的代表。冰心、陳白塵等全部背出，造反派與貧下中農代表中，一字不差者無一人，有的還出了洋相：「平常以此責人的某公，背得結結巴巴，三次要人提醒，始得終篇。××也掉了『所以』二字。這兩位都小出洋相，面紅耳赤。」[31]

黑窩中學習毛著對冰心觸動最深。不是內容，而是形式。從早請示到晚彙報，從背語錄背篇章，到學習室的鬥私批修，都讓她聯想到宗教儀式、場所與氛圍，想到貝滿女中，想到威爾斯利的教堂做禮拜的情景。毛澤東思想是徹底的唯物主義，而宗教是徹底的唯心主義，怎麼會如此的相像，殊途同歸？一次竟然不經意地脫口而出，說「讀『語錄』就像讀『聖經』」，[32]還說學習室有些像懺悔室。這話傳到造反派的耳裡，不得了，當即召開批鬥大會，冰心低頭認罪，只得申辯，說，主席的語錄是「人民的聖經」，這才算過了關。其實，冰心後來想了想，兩句話其實沒有多少區別，只不過加了一個人民而已，聖經當然也是信徒的聖經，如此狂熱的人民比信徒還要虔誠，只不過……，她不能再聯想下去，更不能說出來。《神聖》有選擇的自由，「毛著」必須堅信，並以此作為思想與行動的指南。

走向農村與接受批鬥

黑窩中人到農村絕不是觀光，也不是吳謝之前參加過的義務勞動，那時雖有思想改造的義務，但勞動多為象徵，並非苦力。從牛棚

---

[31] 《牛棚日記》1968年11月1日。

[32] 臧克家，《冰心同志，祝您健康》，《解放日報》1982年1月13日。

來到農村，可是真正的勞動，並且是超強勞動。選擇的時節就令人驚魂：夏收夏種、秋收秋種，黑窩全端，牛棚移師，一去便是十天半月，令牛鬼蛇神們脫去一層皮，真正脫胎換骨。

這種超強勞動，牛棚中人多者經歷四回，冰心計有三次。

一次是1968年6月14日至25日，在北京南苑紅星公社參加麥收。作協和文聯機關全體人員均參加，計有幾十號人，全都住一個古廟裡，男女分住不同的殿堂，一律地鋪。早餐後七時半下地割麥，十一時收工，下午三時至七時繼續，麥收的勞動強度大，勞動的時間長，烈日下，一天彎腰七八個小時割麥子、抱麥桿，那些關押牛棚的人怎麼受得了？且不能有半點的偷閒，一經發現，便會遭到訓斥。牛鬼蛇神一個個咬牙堅持了十天，希望以發憤的勞動洗漱自己的罪行，但等候他們的是更加殘酷的批鬥。麥收行將結束之時，剛剛收割過的麥地，造反派與貧下中農擺下了戰場，舉行聯合批鬥會。一邊是農村的地富反壞，一邊是文聯、作協的牛鬼蛇神，方式是「噴氣式」。所謂噴氣式，就將兩手反剪於後，用繩索捆綁，捆綁者自然彎腰伸頭，捆綁得越緊，彎伸得越厲害，人體便呈噴氣狀，嚴重者將捆綁反剪雙手的繩索吊起，人體懸空，便呈噴氣飛機的姿式，故名「噴氣式」。這是批鬥大會最殘無人道的體罰方式，冰心雖經多次批鬥，但沒有上過噴氣式，這一回不能逃過。造反派算是體諒她的年齡，只作反剪捆綁，未以懸掛，算是開恩。但炎炎夏日，噴氣式的站立，足讓年近七十的冰心，腳下一片汗濕，但她竟然忍耐堅持了下來。當天的日記，陳白塵以冷竣之筆，記下這罪惡的一幕：

> 下午文聯各協會與生產隊聯合舉行鬥爭大會，第一次被施以「噴氣式」且挨敲打。每人都汗流如雨，滴水成汪。冰心年七十，亦不免。文井撐持不住，要求跪下，以代「噴氣式」，雖被允，又拳足交加。但令人難忍者，是與生產隊中四類分子同被鬥，其中且有扒灰公公，頗感侮辱。[33]

涂光群也是經歷之人，在他的筆下對冰心充滿了敬佩與同情：

---

[33] 《牛棚日記》，1968年6月23日。

造反派把謝冰心等國內外聞名的作家、詩人弄到南郊去，在烈日烤灼下與當地的地主、富農同台批鬥。他們的批判發言竟說作家藝術家是「沒有土地的地主，沒有工廠的資本家」。謝冰心老人在這長長行列中顯得特別瘦小，她低頭彎腰整整站立了兩個小時，但是她牢牢地立著，腿不顫抖，手緊緊貼住身體兩側。我想這真是弱而強，綿而剛的老人啊！別看她體質柔弱，但內心剛強、富有，她比那些手中沒有真理，色屬內荏，光靠恐嚇、棍棒、吆喝嚇人的人強大得多！這就是「文革」中的謝冰心老人。[34]

第二次是這年的秋天，前往順義良種場勞動。從9月13日至23日，自帶行李，睡稻草大通鋪。勞動的時間從早間五時半至十時半，五個小時，下午二時到六時，四個小時，全天僅勞動便是整整九個小時。勞動項目：割玉米桿、掰玉米、剁玉米、搬運玉米桿等等。一天搬運玉米桿，因雨水及露水未乾，頗重，還要過獨木橋，風又大，極難行。侯金鏡因為血壓高，頭暈不敢過。冰心從橋的那邊接過，才解侯之危。順義雖為京郊，但也沒有見過這麼多重量級的人物，所以，就貧下中農的要求，利用中午的時間，將所有的黑幫列隊，作協和文聯所屬的劇協、美協、音協等，浩浩蕩蕩一大幫，在良種場群眾前一一點名示眾。造反派每叫到一人，黑幫應聲出列，與他們之前的電影裡、舞臺中、照片上所見大不一樣，衣著破舊、容貌不整，甚至不修邊幅，有的促狹、有的狼狽、有的尷尬，每出列一人，都會引來一陣哄笑，只有冰心出列，白髮黑衣，乾淨利索，引來一陣驚訝。示眾比夏天在南苑紅星公社的揪鬥文明多了，但那日西北風驟起，極冷，黑幫們穿得又少，個個凍得發抖。示眾不等於批鬥，離開良種場的前一天，批鬥大會依然不免。二十二日中午，良種場的廣播便作預告，「晚開鬥爭大會」。五時許提前收工，提前吃飯，八時半進入鬥爭會場。這次勞動，黑幫中的大人物沒有來，文聯便以張雷為首，作協則以嚴文井為代表，計有三十餘人，兩廂侍立，冰心被提到了前頭。排列為嚴文井、謝冰心、張天翼、臧克家、侯金鏡、陳白塵、李季、杜

---

[34] 涂光群，《冰心老人》，《人生的滋味》，中國工人出版社2002年1月。

麥青。與示眾一般,批鬥時輪流出列,由於大人物沒有來,冰心便被推到了前臺,多次出列,令冰心沒有想到的是,良種場的造反派要她回答的問題是:「為什麼寫了《寄小讀者》,還要寫《再寄小讀者》,是不是想以資產階級的思想,牢固地占領陣地,達到改造下一代、改變紅色江山的罪惡目的?」冰心認為所提問題很專業,比「司徒雷登的乾女兒」有意義,說,這個提問,真正地觸及到了自己的靈魂,但她表明心是好的,也沒有改變紅色江山的意思,確實有不少的資產階級的毒素,尤其是超階級的愛。她表示要多反思,多批判。更沒有想到的是,良種場的造反派竟然接納了她的自我批判,雖多次出列,並不激烈。但是有個作家自報家門時,想討好農村的造反派,說「我是貧農出身」、「我是熱愛毛主席的」,卻立即遭到拳打腳踢,以示警告。文聯的張雷更不一樣,想以嘻皮笑臉對付過去,於是造反派不客氣,要對他搞「噴氣式」。「張仍用開玩笑的口氣說:『別、別、別!我有病。』忍俊不禁。」[35]

第三次是1969年6月17日至7月1日,冰心參加作協機關赴小湯山麥收。這次的時間最久,勞動的強度也最大,「此間割麥不用鐮刀,以手拔之,使根部出土,再以鍘刀除之。」冰心絕無赤手空拳拔起麥桿的力量,就是打麥場搬運麥桿的力氣也沒有,所以,她的活反到是輕鬆了一些,與村裡的婦女們一道,用麥扒翻曬麥子。勞動時間每天依然很長,但增加了一個小時的「天天讀」,五時半開始,在朝陽的照耀下,早禱如儀,讀一段或幾段語錄,對照檢查思想,時間到了,再到田間投入麥收戰鬥。

牛棚時間表

小湯山麥收時節,冰心之所以有輕鬆一些的活,這與她牛棚的身分發生了變化也有關係。自1966年10月入牛棚,到次年3月,由於關押條件所限,冰心的罪行又相對輕一些,改為「早入晚歸」。也就是不居於黑窩,每天按時來此報到,接受牛棚的管理,晚上則可歸家。民院住房上的封條,也因為造反派組織的變化失去了威力,新組成的造反派組織,否認舊造反派的決定,封條失效,吳謝的家庭生活,回

---

[35] 《牛棚日記》,1968年9月22日。

到了基本正常的軌道。尤其是在1967年3月，為了維持國家的正常運轉，解放軍派出了「三支兩軍」的隊伍進駐各行各業，而到民院實行三支兩軍的軍代表李力，即是李克農的兒子，從父親哪兒，李力對吳謝的情況有所瞭解，從而也讓吳謝的生活基本恢復正常。那時，吳謝都使用公共汽車的月票，每月四元。每天清晨，從魏公村開出的第一班車上，總有一個小老太，頭上扎了圍巾，手裡提著飯盒，第一個鑽進車裡，走到最後一排的座位上坐下，轉車一次，在東總布胡同下車。

　　這樣的生活持續了兩年，到了1969年2月8日，冰心真正從牛棚中解脫，回到群眾中接受教育。這時，軍宣隊與工宣隊已經進駐作協，掌握實權，文化大革命也從「鬥」、「批」進入到「改」的階段。外來的掌權者審查了牛棚中所有人的檔案與交代材料，決定從牛棚中放出九人，接受群眾教育。這是一個非常重要的決定，軍宣隊鬥委會全體成員出席，廖政委在大會上隆重宣布。這九個人是：李華、丁寧、塗光群、劉劍青、冰心、沈季平、謝永旺、葛洛、周明[36]。廖政委畢竟是從事政工多年的軍隊政治工作者，不像一些從勤雜工上來的造反派，他考慮問題周全，講話也有水平，說，「他們出去還是要繼續批判交代，並不等於解放。而未放的不是沒有出路了，要端正態度，交代罪行，抓緊時間，作出決定性的行動。早交代早解決，不交代也要解決。出路，要自己爭取。即使叛徒、特務、死不改悔的走資派，最後也給出路，但這是有條件的，要看其罪行輕重、悔過交代。出去與未出去的兩種人都要注意兩點：1，對罪行要看得嚴重些；2，不要以為革命群眾搞錯了，衝擊是正確的。」最後又說，「我們不是一定要留幾個人作永久的反面教員，希望每個人都能出去。」[37]會上宣布了對九個人的管理規定：「第一條，老實坦白，接受群眾的審查，監督，批判；第二條，聽從革命群眾的分配，有些會不能參加；第三條，不准亂串辦公室，不准私自翻別人材料；第四條，有事出去要請假。」最後要求冰心等九人，每人制定一個「個人改造計劃」，九個人又共同制定了「改造守則」。

---

[36] 文藝報的周明，當時人民文學也有一個年輕的周明，以示區別，文藝報的周明被稱為「大周明」，人民文學的周明為「小周明」。

[37] 陳白塵，《牛棚日記》。

從牛棚中放出去，並非是真正的解放，僅是牛棚生活的結束。但到群眾中去，則意味著你已取得了與群眾在一起的資格。那時的群眾是一個很響亮的身分，不僅要從牛棚中放出來，而且要待宣布「解放」之後，方能取得這個無罪的身分。但從放出到解放，也就是一步之遙了，軍代表的廖政委說得非常清楚。儘管如此，放出去仍然有著十分重要的意義，對冰心而言，起碼不需要每天早出晚歸了，也不必履行牛棚的規則，雖然有特殊的管理規定，但大多數情況下，可以與機關人員一道，享受一般群眾的待遇，這就輕鬆了，這就知足了。

溫情探視與家庭帳本

牛棚管制基本處於密封，與外界隔離，集中居住，且有許多以「不」字打頭的硬性規定：不得互相串聯，不得未經許可私自接待外人，不得隨便上街，不得自由地看大字報（只能看指定區域的大字報），節假日尤其是國慶節不得外出，通信與匯款都得經過檢查，才能寄出與接收[38]。革命群眾除了在批鬥會上與牛鬼蛇神們「對話」外，其他的時間不能與之往來。不過牛棚沒有專門的食堂，關押者也在文聯食堂排隊打飯，牛棚中人打飯之後，便縮到角落或退到偏僻的桌子上用餐，革命群眾也總是避之遠遠。有一次，嚴文井、陳白塵幾個黑幫分子，找不到桌子，便想擠進革命群眾已經占用且有空位的桌子上，那知剛剛坐下，革命群眾便像避瘟神似的端了飯碗逃開了，令其顏面盡失，從此只能黑幫坐一桌，絕不敢與革命群眾同桌吃飯。劉白羽、張光年這些罪行重的人更知趣，飯打好便回到自己的黑窩去吃。冰心則不怕，就在食堂與黑幫們共同進餐，有時也有人與之搭話，她也不回避。

文革之前，冰心在年輕編輯周明的陪同下，曾經訪問過北京的五個孤兒，《人民文學》發表了她的長篇報告文學《我們的五個孤兒》。從此，他們之間建立了聯繫與感情，稱冰心為謝奶奶。文革開始後，五個孩子惦記著謝奶奶，當他們打聽到冰心被關在牛棚時，專程來此探望，成為冰心在文革中一次溫情探視。

---

[38] 陳白塵的妻子想多寄一點錢，也被扣壓，寄出與寄達的信都要接受檢查，這條待遇與在押勞改犯相同。

　　冰心和「牛棚」的難友們，被勒令每天打掃文聯大樓的過道和寫沒完沒了的所謂「交代」材料。因為是「牛鬼蛇神」，不許他們和任何「革命群眾」接觸和說話，否則就以「反革命串聯」罪進行殘酷批鬥。

　　就在這時，有天中午，我正在文聯食堂用餐，十幾歲的小同慶突然闖到我的跟前說：「叔叔，你怎麼樣？我很想謝奶奶！我想見謝奶奶！」我又驚又喜，這麼小小年紀敢如此冒風險來找我要見冰心?!看到小同慶這孩子真誠的眼神和企盼的目光，我動心了，決意冒一次風險讓孩子見見冰心。因為正是午飯時間，「牛鬼蛇神」也要吃飯的，只是他們大都被擠在牆角幾張飯桌上，不能和群眾同吃同歡樂。我要同慶先坐下，等一等。於是我站起身掃視一下食堂，正巧，冰心和張天翼、郭小川、李季幾個人在牆角一張桌上悶頭吃飯呢。這時飯堂的人正逐漸稀少，許多造反派，來得早走得早，正是好時機。發現目標後，我便牽著同慶的小手走了過去，我對冰心說：同慶要見你。冰心楞了一下，不知孩子要見她做什麼。那時常常有莫名其妙的人隨便可以批鬥「黑幫」的，不想，一見到沉默不語的冰心，小同慶哭了！嗚咽著說：「謝奶奶，我想你……」

　　冰心環視一下四周，悄聲地問道：「孩子，你怎麼敢冒這個風險？」「謝奶奶，我不怕。」同慶拉著冰心的手說：「您不是壞人，您也別怕。您是好人，好人……」

　　孩子的一句話，一句普普通通的真心話，深深地打動了冰心，她不由得落了淚，長時間緊緊地握著小同慶的手，說不出話來，一股暖流通向心間。[39]

　　周明在人民文學擔任編輯時，積極熱情，敬重冰心，多次陪同訪問五個孤兒，他們之間結下了友誼。文革中，周明依然與冰心保持聯繫，也是這年的夏天，乘造反派午休之際，冰心把周明叫到樓梯的拐彎處，看見周圍無人，悄悄地把幾張銀行存款單交給他，請他上繳國家，並悄聲交代他說：「這幾萬元存款，本是人民發給我的薪俸。我

---

[39] 周明，《有了愛，就有了一切》，《文學報》2002年1月3日。

沒有多少用處，子女們也都各有工資，更不需要。取之於民，還之於民吧，國家還可以拿這錢投資搞建設。」臨分手時，還叮囑：「這件事，你幫我辦了，只讓經手人知道。千萬不要告訴別人，我不是為別的，不希望張揚。」後來這筆款又被退了回來，因為那時無人經管這些事。她又不是黨員，否則還可把它作為黨費上繳！

冰心從牛棚中放出雖未解放，生活卻是基本回到了正常軌道。動筆是作家的一個習慣，是一種生活方式，沒有寫作，作家的意義便失去了，1966年到1969年，完全中斷了寫作，但寫字的習慣卻改不了，不能寫文章、不能記日記，記帳總可以吧。於是，從1968年5月開始，冰心以寫作的激情，記起了家庭瑣碎開支帳目。也是歪打正著，就是這部十幾冊的家庭帳本，不僅成為冰心研究的重要文獻，也成了研究文革的寶貴資料，甚至可能為當代中國研究提供了精確的視角。

以1968年12月與1969年3月為例：

（1968年）12月1日：擦手油兩包，0.42；菜，1.60。3日：蛋，0.96；菜等，1.80；水果等，0.52；瑩修鞋，0.25。5日：蛋，1.00；麵包、米花，0.34；菜，1.18。7日：蘋果，0.35；丹丹車錢，0.50。8日：菜（醬油鹽），2.27；洗衣皂4連，1.76；汽（？）油、扣子，0.10。10日：蛋，2.00；菜，1.68；蘋果，0.35。11日：茶葉四兩，2.40；水果糖，0.80；日曆，0.33；（以上結算20.71）。

11日：小本兩個，0.26。12日：米22斤4.69；白糖2斤，1.76；菜，0.29。14日：麵粉5斤，0.93；小餅，0.26；草紙，0.20。15日：菜，0.59；蘋果，0.40；菜，1.70。19日：菜，0.12；巧克力半斤，1.60；水果糖半斤，0.80；麵包，0.30；蛋糕，0.23；橘子2斤，0.50；醬油，0.50。（以上結算15.13，合計35.80）

20日：菜，1.15。22日：《人民日報》三個月，4.50；小塊蜂窩煤123塊，2.00；油兩斤，1.70；餅乾麵包，0.26；粉絲3捆，0.81；草紙，0.29；火柴7包，0.14；醬油、酒、團粉等，0.62；菜，1.64。23日：大煤塊200，4.80；米20斤，4.26；沈

阿姨工資，10.00。26日：菜（兩次，23、26），1.93；丹丹修鞋，0.15；沙琪瑪[帳本中寫作「薩其馬」，下同]，0.20；米13斤半，面10斤，4.73。（以上結算39.18，合計74.98）。

27日：毛選合訂本，5.50；五個批示條，0.18。28日：看病掛號（兩次），0.20；菜，1.48；牛奶一磅，7.02。29日：四篇文章，0.24；雞蛋4斤，4.02；肥皂、米花，0.46；丹丹衣，0.24；菜，0.15。31日：瑩月票，4.00；油半斤，0.43；白糖2斤，1.76；酒，0.32；菜，3.45。（以上結算29.45，12月合計104.43）

（1969年）3月1日：給江江生日，5.00；瑩車錢，0.43；糖1斤，0.88；米16斤半，3.52；醬油、鹹菜，0.31；菜，1.94。2日：藻飯票，10.00；（以上結算22.08）紙燈，1.50；瑩飯票，7.26；麥芽糖，0.80；來回車錢（8號），0.43。3日：酒，0.35。5日：肉，2.10；榨菜等，0.38。8日：醬油1斤半，0.39；肥皂2連，0.88；菜，3.28。9日：白糖1斤、水果糖，0.70；水果糖，0.32。13日：麵粉12斤、2斤棒子粉，2.47；菜，1.02。14日：煤塊200大100小，6.40；肉5斤，5.13；油1斤半，1.29；菸兩包，0.78；鹽、醬油，0.43；（以上結算35.91，合計57.99）14日：水果糖，0.32；瑩來回車錢，0.43。20日：白糖兩斤，1.40；草紙，0.30；雪花膏，0.50。22日：水果糖等，0.65；丹丹看病車錢，0.39；酒，0.32；菜，1.77；瑩買糧票（18號），0.86；瑩買本子，0.42；瑩買糖兩包，0.20；（以上2項為20號）藻買本子、紙燈，1.00；瑩來回車錢，0.43。23日：肉，2.73；沈阿姨工資，10.00；人民日報3個月，4.50。24日：《紅旗》1本，0.25；瑩車錢來回，0.43；麵粉10斤，1.85；菜，1.55。（以上結算30.30，合計88.29）28日：瑩牛奶點心，0.83；手紙，0.14；茶葉1兩，0.50；油4兩半，0.39；菜油鹽，0.56；江、山來，0.26；白糖1斤，0.88；水果糖4兩，0.64；葡萄乾，0.25；菜，0.10；氣球，0.20；菜，3.21。30日：牛奶費，3.30；瑩車錢來回，0.44；藻糧票，5.00；麵包，0.25；橘子香蕉，1.02；瑩，2.80；林彪語

錄，0.80；核桃，0.64；米10斤，1.97；菜，1.02。（以上結算
25.20，3月合計113.49）[40]

記錄中，可以看出吳謝一家平日的開支，從油鹽菜米到菸酒糖
茶、從牛奶水果到訂報買書購「毛選」林彪語錄、從孩子的零食到保
姆的工資等等，基本上每十天半月結算一次，1968年12月開銷104.43
元，1969年3月開銷113.49，1分錢不落，極其明細。其中便可看出記
帳者的心情，細心、精緻，淡定而平靜。這種記錄一直堅持到1981
年，雖然以後的記錄並非都由冰心來做，但這個的心情是延續的。交
通除了月票之外，在1969年的帳單上則有另列，可能與開始租用摩托
車有關，在帳本中，曾有摩托車坊西單調度站的電話，從牛棚中放出
之後，則改為租用汽車了，帳本中也就出現了汽車公司的電話。關於
香菸，所記數量不大，反右運動之後，吳文藻因為患蕁麻疹遵醫囑誡
菸，冰心吸菸，但菸癮不大。單量消費最高的毛選精裝本，5元5角，
比一個保姆月工資的二分之一還多。

牛棚視野與心情

吳謝心情最糟糕、最低沉，是在入牛棚之前，即在民院抄家、
展覽、批鬥、保姆辭退、住房被封的日子，不僅受辱甚至絕望，吳謝
在黑暗中，相互默默地支撐，真正的相濡以沫，穿過了生命的黑暗隧
道。因為有了這種相互支撐，才使得他們沒像傅雷夫婦，沒有走老舍
的絕路。

從這種心情中走出來，則是入住黑窩之後。以外人的眼光，冰心
獨居頂銀胡同是夠狼狽的，連火都生不起來，無依無靠，這僅是外人
的視角，從冰心本人的角度呢？處於牛棚之中的冰心，不單是一個狼
狽的孤獨老人，也是一個靈敏的觀察者與思想者，劉白羽、邵荃麟、
張光年、嚴文井、李季、侯金鏡、陳白塵、臧克家、黃秋耘等等，那
一個不是作協的領導？不是作協《文藝報》《人民文學》等機構的負
責人？他們是共產黨員、對建立新中國有過功勞，有過出生入死，光
未然創作過鼓舞全民抗戰、氣勢磅礡的《黃河大合唱》，他們都已如

---

[40] 冰心家庭帳本。

此，謝冰心算得了什麼呢？如果說文化大革命就是要革這樣一些人的命，自己被革命也就是順帶的。面對黑窩中的黑幫們，冰心想起反右運動，當吳文藻被打成右派，謝為楫、吳平打成右派，他有些想不通，但後來發現那麼多有思想、有學問的人都打成了右派，忽然覺得打成右派也不是恥辱。同樣，牛棚中的冰心發現周揚、劉白羽等那麼一大批的革命老幹部，文藝界的頭面人物都不能幸免，並且比自己更甚，那麼謝冰心被批被鬥、受辱受苦，也就不足為怪了。她甚至想到，哪一次周揚的講話、劉白羽的講話不是謹記於心？不是將其視為黨的號召與指示？他們有錯，自己當然也有錯，他們的錯與罪肯定比自己的大，他們能堅持謝冰心為什麼不能？

牛棚的視野與思維，讓冰心的心情漸漸地開朗起來，變得鎮定而從容。

也許這是推理或曰心理分析，但以下的細節便足以體現其當時的心境了。

據同在牛棚的涂光群觀察，悶坐在「黑窩」裡，等著被傳喚挨鬥，那真是「惶惶不可終日」的難捱時刻。「但在這短暫的喘息時間，我常常看見冰心老人拿著一本英語小辭典低聲吟讀著裡邊的單詞。她曾對同室的人說：『你看英語Nehru（尼赫魯）這個詞（我想起她曾多次訪問印度）發音是很輕的，但譯成中文，發音就重了。』她熱愛中國古典文學，喜歡它的詞、句，又同我們討論過：『你看「桃李無言，下自成蹊」，這個句子多好！』」待鬥時刻，還有心情念英語單詞，糾正中文裡的發音，還有心情沉潛在古典詩詞之中，完全不顧批鬥風暴的來臨，沉著而冷靜，甚至有些冷眼旁觀的味道。涂光群格外的敬佩，說：「冰心老人外邊的世界恐怖、紛擾；但她的心是堅強、寧靜的，在片刻的平靜時光，她仍然能夠沉湎於念英語單詞，背中國文學的佳句這些美好的境界之中。這些『非政治性』的話語，便是她偶爾發出的。這真是『亂雲飛渡仍從容』啊，非有大的學問文章、道德功夫的人難以做到。」[41]

冰心在朝入晚歸兩年多的時間裡，中午沒有地方休息，但她自有辦法，搬來一把椅子，放在角落處，靠在椅子上，用一塊手帕蒙在臉

[41] 涂光群，《冰心老人》，《人生的滋味》，中國工人出版社2002年1月。

上，閉目養神，還給「難友們」傳授經驗，只有瞇縫了一會，下午的精神氣就有了，有瞇與無瞇是大不一樣的。這種淡定與樂觀的情緒，影響了其他的「難友」。空閒時光，冰心還為臧克家紡織過手套，「她不為目前困難所壓倒，精神上保持樂觀，有一種光明必定會戰勝黑暗的氣概。」[42]

在紅星公社與良種場，不僅參加繁重的體力勞動，還接受了噴氣式批鬥、列隊示眾，甚至成了批鬥的重點。但她依然氣勢淡定、樂觀。1993年5月，冰心研究會曾舉辦了一次「冰心作品書法與繪畫展覽」，美學家王朝聞先生寄來了如下的條幅：

> 本世紀二十年代，得讀新出版之寄小讀者等冰心先生的文學作品，深受其中流露之童心所感染，文革初於北京遠郊區參加農場改良土壤，當時冰心老人同在並非神話式的生活環境裡，仍以其真摯的童心影響同勞動者，文如其人，人如其文，信然。[43]

看來，牛棚生活讓冰心開闊了視野，調整了心態，恢復了童心。包括孩子的探視、陳白塵的升火、 」寧的早上班都曾給她以苦難中的溫情。

4，吳入民院「牛棚」

關於吳謝的牛棚生活，由於不在一起，只得話分兩頭，各表一枝。

吳文藻的牛棚是「形散而神不散」，民院沒有設立集中營的黑窩，所謂牛棚便是定時定期的集中，或勞動，或接受批鬥、或學習、或相互揭發、或外出示眾等等。

冰心開始被關進黑窩，吳文藻一度相當緊張，他不知道瑩在牛棚中會受到那般磨難，批鬥、被打、皮開肉綻、鮮血淋漓？夜裡就做惡夢，見到蓬頭垢面的婉瑩，在月光下的慰冰湖上行走，水很深，她卻

---

[42] 臧克家，《冰心同志，祝您健康》，《解放日報》1982年1月13日。
[43] 冰心文學館收藏。

飄然而過,衣不著水,向他飛來。以為是不祥的噩夢,第二天周日,冰心卻是笑著回到家來。向他描述作協牛棚中的黑幫,竟然說了一句戲文中的開心話:「他們能使得,我有可使不得!」

冰心的情緒對吳文藻的影響不言而喻,第二天見到了費孝通、潘光旦,說到冰心的事,都睜大了眼睛,費孝通說,看來潘先生的三S有些保守,謝師母才是積極面對,但此後的潘光旦恐怕連三S也做不到了。

自從反右之後,吳文藻、費孝通、潘光旦成了民院的三駕舊馬車,勞動、參觀、外出都在一起,三人總是形影不離。牛棚也不例外,打掃衛生、沖洗廁所、清潔廚房等等都在一起,只因潘光旦腿腳不便,且在三人中年齡最長,所以,一些重活和不方便的活不讓他幹,費孝通便代替了。但拔草卻是代替不了的,而潘光旦僅有一條腿,長久蹲在地上哪裡吃得消,帶上小木凳,累了可以坐坐。造反派卻是看不慣了,認為你一個帶罪之身,勞動偷賴,一腳將凳子踢飛老遠,潘光旦跌坐地上,久久站立不起。有時,紅衛兵竟然逼著一條腿的潘光旦出操、跑步。

如此折磨,常人尚能忍受,但對潘光旦來說卻是致命的。從前列腺發炎到尿毒症,又沒有得到及時的治療,潘光旦的病逐漸加重,「他女兒的一位同學把他送進積水潭醫院,開始大夫給他插了一個管子,但過了幾天,醫院打起了派仗,主治醫生被撤換。他住在十幾個人一間的病房裡,其他病友又喊又叫,紅衛兵們還不時來審問他,還有外來調查人員衝他大叫大嚷。潘光旦受不了了,要出院回家,葉篤義用潘光旦自己的話來勸他:『SUSTAIN AND SURVIVE,你要堅持生存下去。』他搖搖頭說:『SUC ICUMB(死了)』。[44]葉篤義趕緊找到費孝通,說千萬不能讓潘光旦回家,回家準是死。在那種情況下,醫生也不負責任地推他出院。出院時,潘光旦坐在一輛幼兒的竹製手推車推出病房,他卻很高興地向旁邊不相識的人招手,極有尊嚴地從醫院回家,如同病愈出院一般。這時,冰心在作協的牛棚中改為朝出晚歸,從吳文藻那兒知道了潘光旦病況,即去探望。吳謝進到屋裡,潘家的臥室還沒有啟封,潘光旦靜臥在客廳的舊行軍床上,冰心

---

[44] 王燕妮,《光旦之華》長江文藝出版社。此處引自上海《文匯讀書周報》2006年10月13日。

鼓勵他SUSTAIN AND SURVIVE，吳文藻還說，這三個S曾經鼓勵過我們，但潘光旦無力地自語，「SUC ICUMB、SUC ICUMB」。1967年6月10日夜，潘光旦請保姆向隔壁的費孝通索要止痛片和安眠藥，卻是沒有，費孝通跟隨保姆過來，潘光旦已無聲息，他將老師擁在懷中，看著他逐漸停止呼吸。

吳文藻與冰心講到這些，落下了眼淚，這是民院在文革之後第三位辭世之人，如果說前兩位還讓他產生過階級仇恨的話，那麼，潘光旦便是給他極大的悲痛與悲哀了。冰心仍然鼓勵他SUSTAIN AND SURVIVE，絕對不要SUC ICUMB，吳文藻讓冰心放心，無論什麼時候，什麼情況下，只有你有信心，文藻絕不會獨自離去！

與冰心不一樣的是，吳文藻在民院陪鬥不少主鬥也多，除了走資派就是資產階級反動學術權威，吳文藻可說是第二大陣容中的主角，並且由於他的歷史原因，還有國民黨員、國民黨的大官、美帝國主義的走狗、摘帽右派的罪名，都可以成為民院批鬥的「寶貴資源」。

一日，吳文藻獨自一人在家面壁，突然聽到嗵嗵嗵的打門聲，忙去開了門，站在面前的是三個戴著紅彤彤袖標的小將。吳文藻認出來了，都是藝術系預科的學生，曾經逼他打開書房門，強行抄查。這回看架式，肯定也是來者不善，躲是躲不了的，吳文藻想退回去喝點水再跟他們走，但退路已被堵死，只得跟了下樓，一到樓下，兩個紅衛兵左右將他夾住，女的則在前頭帶路，走出教工宿舍區，進入教學區，來去學生區的大食堂。一進門，吳文藻便聽得震天價響的口號聲，紅衛兵將吳文藻押至一個角落，口號聲停下了，吳文藻這才意識到，都是衝著他來的，當批鬥的主角臨場後，批鬥會便正式開場了。紅衛兵與造反派首先進行了開場儀式，敬禮毛主席萬壽無疆、祝林副主席永遠健康，之後便齊聲高念「凡是反動的東西，你不打它就不倒……」的最高指示。一切儀式，吳文藻本也稔熟，但這次「免禮」，雙手反剪，頭不能抬，心中的恐懼壓倒了忠誠。當聽到將「吳文藻押上來」之後，他被反剪的雙手已經上繩索了──噴氣式的批鬥！出場的第一個人便是那天在藝術系書房主持抄家的職工，上臺便給了吳文藻一個下馬威，一個巴掌蓋在了臉上，還好因為是個女性，力氣並不大，吳文藻踉蹌了一下還是站住了；喝問的第一句話便是「抬起你的狗頭，看看這是誰」。吳文藻不敢不抬頭，一抬頭受到的

打擊比那個巴掌還重，原來正是以蔣介石的頭像作封面的《時代》雜誌。接下來的批鬥可想而知，全部圍繞著蔣介石而展開。蔣介石是中國人民的頭號敵人啊，你吳文藻還珍藏他的畫報，這不是盼望他反攻大陸而等待邀功請賞嗎？回國的時候，吳文藻宣布對人民投降，實際上他根本就沒投降，或是假投降！這時就有震耳欲聾的口號：「敵人不投降，就叫他滅亡」！從蔣介石的滔天罪行到吳文藻遠近跟隨、從加入國民黨到成為蔣介石的高參、從國民黨的大官到駐日代表，全都暴露在光天化日之下，吳文藻哪有地自容？罪大惡極，罪該萬死！但這時他忽然想到一句話，虱子多了便不癢了，一罪也是罪萬罪也是罪，反正就是與人民公敵蔣介石的關係吧，這都是歷史，不能重來，反正自己沒有做什麼對不起人民的事情。所以後面的批判，聲嘶力竭也好，編排曲解也好，他都接受了，如果要讓他回答，他已經想好了幾句話，可是不等他說話，一群狂風暴雨，批鬥會便結束了，一句「將吳文藻押下去」，竟然讓他一個人回家，一看鬧鐘，批鬥的時間整整三小時。原來恐懼讓時間過得飛快！思維停止了，鬧鐘沒有停擺。

吳文藻未將這次批鬥的詳情告訴冰心，怕她擔心，因為有了反右的經驗，也讓他成熟起來，不再那麼較真了，最後的定罪不是還要自己簽名嗎？經過四清運動之後，吳文藻曾認為自己的思想改造差不多了，遇事會用階級鬥爭的觀點去看問題，認為基本轉變了資產階級的立場與世界觀，但是，一場審問將他剛剛築起的堤壩全線沖垮。改造遠未完成，革命仍在繼續，可改造、革命讓自己的罪行越來越重，那麼，這個改造與革命的意義何在？

審訊是在歷史系會議室進行的，吳文藻被帶進時，氣氛比食堂的批鬥大會要溫和多了，會議室一字排開桌椅，造反派們已經端坐在席，單等吳文藻出場。那些人他都是認識的，估計不會受皮肉之苦。果然算是友善，站立即可，甚至可以不低頭。主持者是一位年輕教師，吳文藻覺得面熟卻叫不出名字，但肯定是現任領導。但當吳文藻看清了一溜擺開在桌上的筆記本時，脊樑立即冰涼，那是他的筆記本，造反派抄走之後不知去向，現在赫然擺在了面前，不知道裡面有什麼被他們抓住把柄的東西？轉念吳文藻又有些興奮，不知去向的筆記本總算有了下落，並且就在歷史系，總有一天會發還的吧？審訊者

的發問，恰恰與歷史系有關：

1965年你被派到廣西鬥江區社教對吧？

吳文藻回答是的，並且說出了同行的人員，領導是誰。

造反派說，這些我們都知道，要問的是你的筆記本中，為什麼少了那麼多頁，你為什麼要撕掉它？

吳文藻立即想起，那是侗族的田野作業的筆記，畢竟是民院的人，也許他們知道自己曾提供過侗族的教學資料。造反派正色道，四清、社教，是去搞階級鬥爭，你卻一有機會便想復辟，總也忘記不了你的社會學、民族學，這是典型的以學術衝擊政治、以社會調查否定階級鬥爭的做法，而且是祕密進行，連與你在一起的人都不知曉，對於這個問題，你要好好檢討。

接下來的提問，更讓吳文藻汗顏。造反派說，你的筆記完全是為了寫給別人看的，卻又不讓別人看清看懂，一頁筆記中加了多少的貼頁、做了多少邊批眉批，你知道嗎？我們進行了研究，開始以為是你的思想改造記錄，結果發現，全是報刊上的文章摘抄，這是思想改造嗎？完全以報紙上的社論、文章、英雄人物的豪言壯語，代替了你的思想，好像你已經改造得不錯了，實際上你的反動思想根本沒有暴露，你的反動立場依然如舊，你在暗中窺視社會主義。

吳文藻完全沒有想到他們會提出這樣的問題，他確實有摘抄，但那是學習記錄，是習慣，都是一些對自己有啟發、有用的文字，思想改造以此為依據，怎麼能說沒有暴露自己，怎麼能說還在堅持反動立場呢？但此時就是生出一百張嘴，也無法辨清，況且在這一點上，一字排開的造反派們眾口一詞，更是容不得分辨。原以為將自己改造的成果記錄在本子上，竟然成了抗拒思想改選的罪證！

至於說民進、政協的學習是為了顯示自己的地位，汽車進出，俱樂部、橋牌、咖啡，洗澡洗腳理髮都要上南河沿，完全是資產階級貴族的做派，這樣的人怎麼還能自詡為思想改造好了呢？

這一次的審訊進行了三個小時，所提問題吳文藻防不勝防。原來一件事情從不同的角度解讀，竟然會得出如此相反的結論？那麼還有是非嗎？還有客觀真理嗎？吳文藻自覺反右以來，真誠改造近十年，思想已與社會主義接近，起碼是離棄了資產階級立場，怎麼又回到了原地？甚至還有隨時伺機復辟的打算？

審訊是一次試水，是為了取得批鬥的資料，之後的批鬥會上，「打著思想改造的幌子，實行資產階級復辟」成了批鬥的一個重要內容。從家庭出身、美國留學、與蔣介石關係、反動的社會學、日本代表團、反右、摘帽、思想改造，每一次的批判，似乎都讓吳文藻認識了一個陌生的自己，從紅衛兵、造反派嘴裡出來的吳文藻與真實的吳文藻，完全是兩個人，陰險毒辣，面目猙獰，自己怎麼就成了這麼一個人呢？吳文藻曾將自己的想法告訴了冰心，問她是不是有過這樣的印象，冰心說，我看過造反派畫你的漫畫，真是不像，他們都是革命的藝術家，想怎麼畫就怎麼畫，那是他們的權力，你自己是什麼樣，你自己還不清楚？謝婉瑩還不清楚？我們都認為自己已經脫胎換骨了，原來還是老胎舊骨，文化大革命一來，造反派批得體無完膚，也好，重新結疤，重新生長吧！

無休無止的批鬥，一次批鬥後又在等待下一次，批鬥成了基本的功課。勞動自然也是不可缺少的，每次在指定的地點集合，新老牛鬼蛇神們集中在一起，由一位教工指揮，分配任務，搬桌椅、批鬥會清場、學生食堂的清理、擦玻璃、掃廁所、拔草、掃地等等，與作協一樣，原來是勤雜工做的事，牛鬼蛇神全部承擔了起來。這一切對吳文藻來說，已是熟門熟路的了，自從反右運動以來，他就經常擔任勤雜，都已成為熟練工了。

就在冰心從牛棚放出，回到群眾中實行「半解放」狀態時，吳文藻在民院也參加了一次為期兩個半月的「落實毛主席最新指示學習班」。與作協直接宣布不一樣，民院進入這個學習班，則是表明瞭「半解放」的身分。因為在學習班中，大多數是革命群眾，取得了與群眾一起參加學習班的資格，應該算是回到了群眾之中，只是需要在群眾中繼續接受批判，但這種批判與批鬥是不一樣的。

天天讀，學習《為人民服務》

天天讀，讀到「因為我們是為人民服務的，所以，我們如果有缺點，就不怕別人批評指出。不管是什麼人，誰向我們指出都行。只要你說得對，我們就改正。」這是對待批評的正確態度。想起下午我就「對毛澤東思想的態度」所作發言中的錯誤，受到革命群眾的批判，我要虛心接受，誠意悅服，立即

改正。

運用批評的武器而言，對我並不適用。昨天大家對我進行批判，是依據毛主席的另一教導，就是「凡是錯誤的思想，凡是毒草，凡是牛鬼蛇神，都應該進行批判，決不能讓它們自由泛濫。」

我犯了錯誤怎麼辦呢？我就得聽毛主席的話「自己有了錯誤，要作自我批評。」「犯了錯誤則要求改正，改正得越迅速，越徹底越好。」「犯錯誤是難免的，只要認真改了，就好了。」「犯了錯誤要實事求是地公開向群眾承認錯誤，並立即改正。」

群眾提出的批評，歸納起來，主要有兩點：第一，我對毛主席是不是真心誠意地投降了，問題的實質就是如此。第二，「悔之晚矣」（這上我的原話，過後認識到是錯誤的），表示對自己「改過來」毫無信心，這是嚴重錯誤。對最高指示，必須去做。活一天，改造一天，其實，我常說「活到老，改造到老。」為什麼我又有畏難情緒，要向後倒退？倒退是沒有出路的。我不但要有決心，改得過來，而且要有勇氣和信心，肯定改得改[過]來。不下此決心，就是拒絕改造。這斷然不是我所選擇的路。[45]

此時的吳文藻可以比較平靜地回應革命群眾的批評，並做出自己的思考，與批鬥會上的狂風暴雨而過、來不及思考、甚至抵觸有了變化。

天天讀，學習《紀念白求恩》。

「這個外國人毫無利己的動機，把中國人民的解放事業當作他自己的事業……」這是非常難能可貴的精神。外國人尚且如此，我作為一個中國人，更要投身於中國革命的行列，並且也要投身於世界人民革命的行列，沿著毛主席所指引的這一條當代馬克思列寧主義的路線，就是「建立一個沒有帝國主義、

---

[45] 吳文藻筆記，1969年2月21日。

沒有資本主義、沒有剝削制度的新世界」的路線。革命群眾已經發出豪言壯語，從今年起，要牢固地樹立「用毛澤東思想統帥一切」，是唯一正確的思想這個觀點。我認識到，我和革命群眾之間的差距如此之大，我必須痛下決心，以「只爭朝夕」的革命精神，迎頭趕上。[46]

　　思想上已經出現了與革命群眾的差距，要以只爭朝夕的革命精神迎頭趕上去，也就是表明取得了與革命群眾共同前進的資格，落後是肯定的，趕上去就是進步。

　　　　這一周來，學習《南京政府向何處去》三遍，學習《敦促杜聿明等投降書》一遍，這是在院裡「坦白從寬大會」樹立樣板之後布置的。這對我說來，意義尤為重大。回憶不久以前，班上的革命群眾就曾對我提出尖銳的批評，直截了當地問我：「問題的實質是，你究竟繳械投降了沒有？如果是投降了，是真投降還是假投降？」當時感到很刺痛，起了促使我猛省，反躬自問的作用。這對我進行了很大的幫助。[47]

　　這幾頁的筆記，應該說是吳文藻文革中真實思想的記錄，但是，不知道什麼原因，在他「全解放」，即前往五七幹校之時，卻用剪報將其粘貼覆蓋了。

　　文革中什麼事情不會發生？人們哪能都知道呢！

5，來到向陽湖

　　以打倒睡在身邊的赫魯雪夫、中國最大的走資本主義道路當權派劉少奇為目標的革命，經過兩年多的激烈搏鬥與社會動盪，到1968年10月，目的已經達到，中國共產黨在北京召開了第八屆擴大的第十二次中央委員會全體會議，《公報》明確表明：「摧毀了以劉少奇為代表的妄圖篡黨、篡政、篡軍的資產階級司令部及其在各地的代理人，

---

[46] 吳文藻筆記，1969年2月28日。
[47] 吳文藻筆記，1969年3月5日。

奪回了被他們篡奪的那一部分權力。」全會給劉少奇還定下了「叛徒、內奸、工賊」的罪名，決定將其永遠開除出黨。其實，何止開除出黨，不久便在河南開封迫害身亡，不僅從政治上而且從肉體上徹底消滅了。

從文化領域開始的大革命，以後迅速波及全國各個行業，猶如大海的浪波，一旦洶湧起來，難以制止。毛澤東動用了軍事力量，解放軍全面介入文化大革命，各單位都由「三支兩軍」的解放軍介入與掌控，並在組織上迅速恢復領導機構，「三結合」的「革命委員會」產生，取代了原來各級人民政府與黨委，至1968年8月，廣西壯族自治區革命委員會成立，標誌著全國的組織機構全部建立，《人民日報》《解放軍報》發表社論《無產階級文化大革命的全面勝利萬歲——熱烈歡呼全國（除臺灣省外）各省、市、自治區革命委員會全部成立》，實現了「全國山河一片紅」。接著中國共產黨第九次代表大會召開，林彪取代劉少奇，正式成為毛澤東的接班人，並寫入黨章以予保障。

至此，文化大革命可以結束了。

目標已經達到，革命業已成功，接下來的事情，便是收拾造反派與紅衛兵了。他們確實為打倒劉少奇衝鋒陷陣，為捍衛毛主席無產階級司令部、捍衛戰無不勝的毛澤東思想流血犧牲，但他們也利用這次革命做了不少的壞事，打砸搶抄、武鬥殺人，要不是軍事力量的及時介入，全國將亂象環生。因而，懲罰其中的極端分子，收拾紅衛兵的「反骨」，成了文革的收尾之作。對於前者，以追查、追捕「五·一六分子」為名，在造反派中進行全面的清查，後者發出一道聖旨，「知識青年到農村去，接受貧下中農的再教育，很有必要！」[48]於是，所有在校的初中生、高中生全部上山下鄉，接受貧下中農再教育，不得留在城裡吃閒飯。

聲勢浩大的知青上山下鄉運動，就是在這個背景下展開的。

知青中的先知者，當火車啟動、親人與戰友離別的那一刻，豪情萬丈中卻有了悲涼，當他們意識到將永遠離開城市，扎根偏遠的山鄉

---

[48] 根據這個指示，自1968年下半年始，全國上千萬青年學生，開始了由城市對農村邊遠地區大遷徙，史稱「上山下鄉運動」。筆者也是其中的一員，但屬於回鄉知青，不享受知青的「待遇」。

之時，隱約中生了一種「放逐感」與「欺騙感」，從這種浩大的上山下鄉場面，聯想到俄羅斯放逐十二月革命黨的情景，想到了流放中普希金：

> 生活是一張網，而我們都是網中的魚，所謂
> 生活的欺騙不過是這張網偶爾的散開和收緊罷了。
> 我們可以被生活欺騙，但決不能被生活淘汰。
> 生活永遠站在強者的那一方，弱者只能被它欺騙。
> 在痛苦中回憶幸福是另一種幸福。
> 假如生活欺騙了我們，就讓我們一起在悲劇中為生活歌唱。[49]

　　一代朦朧派詩人，實際是覺醒派詩人就此產生，食指、麥芒、北島、顧城、楊煉還有南方的舒婷等等。

　　但是，根據毛澤東無產階級專政下繼續革命的理論，革命是不會停止的，當劉少奇被打倒消滅之後，發現另一個睡在身邊的赫魯雪夫，竟然在一夜之間產生。林彪四月寫入黨章，作為接班人登上次帥的位置，但毛澤東對第二號人物充滿了革命的警覺，半年之後，林彪發出了第一個號令，全國進入緊急戰備狀態，號令以電話記錄的方式報告毛主席。毛澤東知道後，輕描淡寫地說了兩個字：「燒掉」！但從此鎖定了下一個革命的目標！

　　林彪的一號號令稱：為了「加強戰備，防止敵人突然襲擊，調動全軍進入緊急戰備狀態，要求部隊迅速抓緊布置反坦克武器的生產，立即組織精幹的指揮班子，進入戰時指揮位置，各級要加強首長值班，及時掌握情況，並迅速報告」。在緊急戰備階段，對於非軍事人員也要緊急疏散，按照這個指示，各個機關、院校、單位開始了緊急疏散，北京將成為一座空城。

　　同時，各單位根據毛澤東五七指示在外地鄉間建立起來的五七幹校，成了理想的疏散地。民院的五七幹校在湖北潛江，作協沒有單獨的五七幹校建制，包括在文化部所屬機構的五七幹校內，地點為湖北咸寧。林彪的號令一出，建設中的幹校立時熱鬧非凡，疏散人員的陸

---

[49] 普希金，《假如生活欺騙了你》。

續進入，住房的壓力立即突現出來。民院為了緩解壓力，吳文藻等一部分人暫時疏散到北京郊區的石棉廠，冰心則隨作協疏散到咸寧的五七幹校。

但是，誰也沒有意識到，林彪的這個無喱頭式的號令，讓許多人家破人亡，也給不少人帶來新生與希望。

幹校與牛棚雖然都是勞動改造的場所，卻有本質的區別，牛棚中人是牛鬼蛇神，而幹校則是幹部學校，它的全稱是「五七幹部學校」，顧名思義，其主體是下放幹部，因而，一旦進入幹校，身分將發生變化。陳白塵在黑窩關押三年，對於幹校是心嚮往之，一旦獲批准，簡直欣喜若狂：

> 早晨集中，宣布下放以前的全部日程。我若留在北京，將不知以後如何生活了，不禁茫然。自從回到群眾中去以後，精神上是比較愉快的，今後又要重返孤寂的生活中麼？忽然，李季來找我，透露說還是作下放的準備，大喜。十一時許，專案組通知我說，已同意我隨群眾下放了。這是一百八十度的大轉彎，一時大為忙亂，開購物單，寫家信，緊張萬分。
>
> 下午開誓師大會，宣布下放名單，我被列為外單位隨同下放而由中央專案組管理的人員，唱名時有如考生聽發榜，怦然心動。[50]

陳白塵空歡喜一場，臨時又取消了他的資格，心情灰暗，「當時在文聯大樓裡留守的，除了幾位專案組的同志以外，就剩下幾個和我不相上下的人物了。──當然，也還是有分別的：邵荃麟同志等也屬專案組所管轄，但已沒有絲毫行動自由。他住在我的鄰室，除了早晚聽到他因胃病而發出的連續不斷的打嗝聲之外，幾乎不感覺到他的存在了。冰心天翼又較我自由，冰心可以每天回家，天翼也可回家，但那時他已無家可歸，只好屈尊和我們同住大樓。」[51]還是因為一號號令的原因，終於如願。11月26日，黑窩中最後四人，劉白羽、邵荃麟沒有獲得資格，祕密送北京衛戍司令部關押，陳白塵、張光年終於批

---

50 《牛棚日記》，1969年9月9日。
51 《牛棚日記》，1969年9月16日。

准去咸寧五七幹校。

冰心作為老弱病殘者，本可以不去幹校，因而，她的「半解放」的身分依舊，一號號令的緊急疏散，就沒有「老弱病殘」這一說了，都得走，都得離開北京。冰心選擇了五七幹校，作協革命委員會恢復了她的身分，由「半解放」到「全解放」，成了五七幹校的一名五七戰士。因而，1969年的年關，冰心與郭小川一道，心情愉悅地走上了五七大道。

咸寧屬於鄂南地區，幹校建在向陽湖之濱。所謂向陽湖，原是一片沼澤地，古稱雲夢澤，文革中改的名。有關向陽湖，許多人都有過考證，這裡選擇書法家劉炳森的描寫：

> 我們的住所，坐落在「四五二高地」的紅土山坡上，是最先到達的同事們在那烈日、黴雨甚至蛇咬的惡劣環境中辛辛苦苦地修建起來的一幢大庫房。門窗北向，遠遠望去，橫無際涯的水面上時有三兩漁船來往，令人心曠神怡。這泓頗為廣闊的水面，名叫向陽湖。距此西行數里與西涼湖相接。西涼湖較之似乎又大一些，但一併歸屬於更大的斧頭湖。如上兩者雖大，對於斧頭湖來說，港汊而已矣。斧頭湖的流域頗廣，南引洞庭，北接長江，即古稱之雲夢澤。由西涼湖邊再往南行二十餘裡水路，到了南岸，時常有煙霧瀰漫，乃是武漢三鎮以南的一個有名的地方，汀泗橋之所在。我們買糧運菜，有時就拉著板車沿著土公路走到那裡去。
>
> 西涼湖的東岸，有一座古舊的小鎮，名曰甘棠閣，是當地十裡八灣的政治經濟文化中心。蜿蜒的土公路由此穿過，當地老鄉多以黑布纏頭，路過此鎮時放下槍擔，鑽到黑格洞洞的小飯館裡，買下兩個白饅頭，扛起槍擔吃著趕路。小飯館的北隔壁，是一家雜貨商店，兩間全木結構而且舊得發黑的門臉兒，看上去至少已有五十多年的歷史了。裡面的光線和它的南鄰一樣昏暗，但是貨物倒很齊全，五花八門，似乎應有盡有，小到針頭線腦髮卡鈕扣，大到農具化肥、缸瓷鐵鍋、火柴菸絲、香蠟紙碼、糕點糖果、爆竹奇花，還有花色鮮豔的布匹和小學生用的各種簡單文具。那些陳舊不堪的貨架，每根木條都被壓成

了弓形，如果再加上去一個罐頭，就有被壓斷的危險。我們都叫它「小東安市場」，儘管裡面沒有什麼需要我們來買的貨物，但在那種極端繁重的勞動之餘，又沒有一點兒文化生活的情況下，每盼到半個月一次休息的當兒，往往三人一群，五人一夥，縱然空著兩手去小東安市場「點一點貨」，再空著兩手回來，也算是難得的精神享受和有趣的阡陌旅遊了。狹小的街道，早年鋪設的幾塊石板地面，雖然磕磕絆絆，卻有古風尚存。

離開甘棠閣這小小的市井，繞到西涼湖的岸邊，順便去看看漁民補織魚網。光天化日之下，又值中午時分，難得漁船裡是那樣出奇的寂靜，見有人來，黑布纏頭的船家大叔瞥了我們一眼，並沒有作聲，照舊揮舞著他手中的那把梭子，看樣子他也許本來就整天沉默寡言。唉！我們在大城市裡終日吵得要命，他卻在小漁船中長年靜得難堪，也算是各自有其缺陷之美吧。離開小船沒有幾步遠，突然間，從蘆葦叢中猛地飛走一隻翎毛斑斕的野雞，望著它越飛越遠，直到眼冒金花，才收回了視線。只見，秋風習習，波光粼粼，再極目遠方，水天一線，複有煙雲飄連南去，不覺在腦海中閃現出一副對聯，其聯曰：
西涼波映甘棠閣，南浦煙橫汀泗橋。[52]

「五四二高地」即是中央文化部咸寧五七幹校校部所在地。這個軍事術語，出自軍宣隊的手筆，地址是軍人勘測選擇、幹校一切歸軍人管理，生活軍事化。幹校有五個大隊，分文化部機關、文物口、出版口、電影口、文聯作協口，共二十六個連隊。此外，還有兩個直屬劇團，紅旗越劇團和勇進評劇團。鼎盛之時，六千餘人在此勞動生活，其中有馮雪峰、樓適夷、沈從文、張光年、周巍峙、臧克家、張天翼、蕭乾、孟超、陳白塵、侯金鏡、馮牧、李季、郭小川、吳雪、陳翰伯、謝冰岩、王子野、邵宇、嚴文井、韋君宜、周汝昌、顧學頡、王世襄、史樹青、吳仲超、李琦等一大批文化界領導幹部和知名人士。張光年、周巍峙、臧克家、張天翼、陳白塵、侯金鏡、馮牧、

---

[52] 劉炳森，《向陽湖夢憶》，《向陽情緒——文化名人與咸寧》（上），P111-113，人民文學出版社2001年2月。

李季、郭小川、嚴文井與冰心都曾是作協黑窩中的難友，現在又成了向陽湖的五七戰友。李季還但任了第五連（即作協連）副連長，僅作協連就達一百一十八人，包括家屬在內約有一百五十餘人。[53]

> 我永遠也忘不了，我們中途到了武昌，住在一處招待所裡，那時正是新年，人們都回家過年去了，招待所裡空蕩蕩的。只因為我們來了，才留下了一位所長和一位炊事員。晚飯後孤坐相對，小川卻興奮地向我傾吐了他一生的遭遇。他是河北人，在北京蒙藏中學上過學，還是他當教員的父親千方百計替他弄進去的。他因為年紀小，受盡了同學們的欺負。再大一點，他便在承德打過游擊。三七年後他到了延安，進過研究學院，聽過毛主席在文藝座談會上的講話，以後就一直過著宣傳和記者的生涯……他滔滔不絕地講到了中夜，還是因為我怕他又犯高血壓的毛病，催他去睡，他才戀戀不捨地走進他屋裡去。
>
> 我們在武昌還到醫院裡去治牙，從醫院出來，他對我抱怨說：「你的那位大夫真好，你根本沒哼過一聲。我的這個大夫好狠呵，把我弄得痛死了！」
>
> 我們在武昌把所有的冬衣、雨衣、大衣都套起穿在身上，背著簡單的行李，在泥濘的路上，從武昌走到咸寧，當我們累得要死的時候，作協來接我們的同志，卻都笑著稱我們為「無恥（齒）之人」，這又把我們逗笑了。[54]

來到幹校的第一堂課，是軍代表講話，他不僅要講幹校的短暫而光榮的歷史，還要告誡入校者，幹校的目的是要將你們改造成自食其力者，並且要斷了回北京的念頭，這裡就是你們永遠的家。每一個連隊便是一個綜合的生產單位，農、林、牧、副、漁，全面發展。冰心抵達時，五連尚未建起自己的住房，她與張兆和等六人，擠在魯家灣

---

[53] 閻綱、謝記旺、蕭德生編，《中國作家協會在幹校》，作家出版社2007年。
[54] 《懷念郭小川》，《冰心全集》，第8卷，P46。此處有「從武昌走到咸寧」應是記憶有誤，武昌至咸寧110多公里，2008年我曾陪日本學者荻野脩二先生前往咸寧，從武漢到咸寧，汽車跑了兩個小時。

一位老鄉家的柴火間裡，窗口只有碗口那麼大，室內一團陰暗，白天都找不見東西，更不用說寫字了。

初入幹校，冰心首先要過的是生活關。不會走路，道路雖平但一下雨全是泥濘，一步一滑，稍不小心便滑倒，每次出門，都得拄上一根拐棍，既防滑也打狗。鄉下的狗欺生，見到陌生人遠遠便狂吠，冰心雖是愛動物之人，但狗追在腳跟後直叫總讓人發慌，只得用棍子揮一揮，嚇唬一下，才離得遠去。沒有電燈，到了夜間，屋裡一團漆黑，室外也伸手不見五指。冰心帶了手電，電池卻要節省著用，甘棠閣來回也得十幾公里，既沒時間去，也沒有能力，買一點東西都得托人，還好那時《文藝報》的小年輕吳泰昌是連隊的勤務員，冰心總是托他代辦一些生活必需品。沒有自來水，井水要到很遠的地方去挑，冰心挑不動，求人又不好意思，只得用老鄉家的水洗漱，每次用水心裡都過意不去，總覺得欠了人情與勞力。衣服斷不能洗，得忍著，曾創造過近一個月不曾換洗衣服的歷史。還好這段時間天氣冷，不出汗，要在夏天如何是好？沒有桌子，沒有椅子，寫文章記日記是不可能的，信得寫，只好搬了一隻小竹椅，坐在屋檐下，以膝蓋為桌，在北京電車印刷廠薄薄的橫格稿紙上「輕描淡寫」。那時，冰心一家散於各地，兒子在唐沽、媳婦留北京、大女兒在蘭州、女婿在江西、小女兒在唐山，家裡的人都希望得到母親的消息，冰心只能「統一報告」，統稱「親愛的家裡人」，寄往一處，「快快看，看過之後轉寄下一處」。老伴不解，說你不會用複寫紙墊著寫？冰心只能說，Daddy呀，你何知喊是如何寫信的呢？

冰心分配至疏菜組，與作協機關的汪瑩搭檔勞動。

　　她一上工偏偏就和我分到一個小組，讓我和她一起抬糞桶去菜地送糞或拾牛糞。別以為這活像一些繪畫中的小牧童放牧時那麼輕鬆，那麼自得其樂。我們抬的這個大木桶——聽負責菜地的孫德海同志說，少說也得有二三十來斤，連那舀糞的長把木勺，怎麼也有十來斤。要去撿糞，帶把鐵鍬和掃帚就行。幹這活對我這樣年齡的人來說算不了什麼，可對眼前這位年已古稀、身材矮小而又纖弱的老人來說，是否受得了，可就難說了。

　　我的擔憂不無道理。當我倆抬上那個木桶時——即使是空桶，走起路來，她的身子便晃悠起來，彷彿風中搖擺的柳條一般。繫桶的繩子短了不行，長了也不行，短了上肩時費勁，太長了走起來不方便。有時，因桶離我太近，走起來難免碰到腳尖。走在後面的我，又不能不下意識地把那個木桶拉到我這邊來，以減輕她那邊的重量。她一發現就停下來，把桶拉到自己那一頭。就這樣，我們一老一少，一高一矮，像拉鋸一樣你拉我拽，走走停停，去送糞或尋找「寶貝」——撿糞。[55]

　　開始時，她們極少交談，一是顧不上，另一方面好像都有點戒備似的。時間長了，尤其在抬糞停下來小憩時，便開始聊上了。她問汪瑩是哪個學校畢業的，什麼語種等等，汪瑩一一作答，還告訴她外國語言文學系主任兼文學課的老師是李霽野，她都饒有興味地聽著，時而還提些問題。汪瑩發現，冰心勞動時十分認真，有時鏟著地上的牛糞，一點一點地弄得很乾淨，甚至連地皮一起鏟起來。說：「這收穫，除了靠老天爺之外，就靠它了。」老太太平時很和善，一次，她們碰到一個小男孩，小男孩盯著她們看，尤其是盯著冰心看了好一會兒，冰心索性叫汪瑩停下來，說：「你看，這孩子滿有意思的，他盯著我呢。」她就是這樣的愛孩子，「他那麼瘦，可倒滿結實的。」或許這時她又想起了家裡的小丹丹、小鋼鋼吧。但有一次卻變了臉，抬糞的時候，又發現那個木桶離汪瑩太近，轉身停下來說：「汪瑩同志，你可不必這樣，你這樣做，他們見了會剋你的！」說時，表情嚴肅，語氣凝重，從那雙銳利的目光中，透出了自尊和剛毅。「沒事！」汪瑩回答說。「這有什麼好說的……」心想，不管誰抬東西，後面的人都會這樣做。冰心繼續認真：「沒事？沒事時是沒事，一旦有事，什麼事都會扯上。」咕噥著，又把那根繩子往自己那邊挪了挪。

　　更多的時間是看菜地，這個活不重，甚至成了一件愉快事。牛棚中勞動受管制，沒有自由，隨時可能接受批鬥，這裡可不一樣，享有與群眾平等的權力，生活雖有不方便，但一走到大自然中來，便覺得

[55] 汪瑩，《我和冰心抬糞桶》，《向陽湖文化報》2005年7月1日。

心曠神怡，真有種「解放」的感覺。有時，冰心在一片油菜地裡，用一根長長的竹竿，竿頭扎了一些小布條，追趕小鳥，嘴裡還發出嗚嗚的聲音，一群群小鳥，一會兒鑽進這兒，一會兒飛到那兒，像在與趕鳥人躲貓貓，田野上，遠近都是趕鳥人，一片嗚嗚之聲！湖面上，陳白塵站在小船頭，嚕嚕嚕地趕著大群的鴨子，向油菜地這邊游來，陳白塵在船上叫道：「謝老，您好呀！」冰心也大聲應著：「白塵，您好呀，您看這藍天白雲……您也成了鴨司令了！」陳白塵也就詼諧地說，「鴨司令」比「牛司令」好多了，剛才，我在那邊見到臧克家，我說，轉到這邊就能見到冰心，克家就說，見到冰心就向她問好，總算有了問好的自由了。他還說，1944年，他與力揚上歌樂山，請您為時局向國民黨進言簽名，當時，您生病在床，就讓大女兒簽了，後來，國民黨的一位要員上了山，詢問您簽的名。冰心回憶道，是有其事，我說是！克家說，那個「是」字，真是擲地有聲，一字千金呀！陳白塵將小船停在岸邊，上了岸，與冰心並排坐在堤岸上，望著遠天，忽然，高空中飛來一隻雲雀，一邊翩翩飛翔，一邊引吭高歌，冰心和陳白塵都被感動，冰心說，這聲音真是好聽，牛棚裡就聽不到雲雀的歌唱。

丁寧與冰心這對牛棚難友，現在成了幹校戰友，曾有這樣的描寫：

> 冰心老人來得晚些，也被派到菜地，常沉默著，幹活認真細緻，一個菜葉也不肯丟，衣服總保持潔潔淨淨。有一次在菜地，我到她跟前說：「休息一下吧」，她微微伸伸腰，說：多麼廣闊的世界，比咱們那個小小「沙籠」好得多呢（指動亂初期我倆被關一起的小屋），只是雪裡蕻面不可得了（被關在一起時，我倆每頓飯煮雪裡蕻面）。冰心愛大自然，我告訴她這裡山上桂樹很多，花開時香飄十里。她說，這兒與芙蓉國毗鄰，荷花也多呢。大約她從未去欣賞過。[56]

丁寧說她從未欣賞過，可能指得是冰心在向陽湖的時間很短，

---

[56] 丁寧，《長憶向陽湖》，《向陽情結──一文化名人與咸寧》（下），P199。

且都在冬季。元旦後到春節後走，前後三十八天的時間。顯然，五七幹校並非是世外桃源，讓那麼一群高級領導幹部、大知識分子變成農民、改造成自食其力者，本身就是一種折磨方式，是「焚書坑儒」的現代版。由於他們來幹校前的經歷、心情與身分不一樣，所以，每個人對幹校的感受都不一樣。青年學者李城外，為了保存咸寧五七幹校這一段文革歷史，並作為一種文化現象來研究，曾用好幾年的時間，尋訪了一百多名昔日曾在這個幹校「學習」過的五七戰士，包括冰心、臧克家、樓適夷、蕭乾、文潔若、張光年、周魏峙、嚴文井、韋君宜、張兆和、李長路、陳早春、牛漢、王世襄等，先在《咸寧日報》開闢專欄發表，後由人民文學出版社結集出版《向陽湖文化人采風》（上、下集），收入文章一〇八篇。同時，李城外還發動了向陽湖的文化人，寫文章回憶這一段幹校生活，一同結集出版，收入文章六十六篇，名為《向陽情結──文化名人與咸寧》（上、下集），從中可以看出，每一個人敘述與回憶幹校生活都是不一樣的，有蚊叮蟲咬、毒蛇入室、炎熱酷暑、冰雪寒冬、「雙搶」的辛勞、收穫的歡樂，自然更有運動，抓「五一六」分子等等，真是酸甜苦辣、五味具全，更有人永遠地留在了向陽湖裡。韋君宜的文章最是沉重，一口氣寫了十個客死向陽湖的冤魂，其中有評論家侯金鏡、戲劇家孟超、翻譯家金人、老編輯金燦然等。「這十個人永遠逝去了。活人已經不大想起他們。至於他們為什麼死的，也沒有人再去過問。雖然他們經歷不同，有的是知名人士，有的是勤雜人員，但是他們的來路和結局卻都是一樣。我們一起被趕來的，不能一起走了。」[57]頗有「太史公」之手筆，簡約而深沉。而在臧克家《憶向陽》的詩集中，有詩二十一首，則對向陽湖進行了詩意的描寫，從《微雨插秧》《早出工》到《大風雪，收工暮歸》，從《向陽湖》《國慶抒懷》到《離別幹校》，充滿了歡樂與自豪，猶如田園牧歌：「秋田草岸竹屏風，／疊翠遙籠晚照紅。／相約明朝齊早起──／人同落日共收工。」「荒湖萬頃歲時長，／濁水污泥兩混茫。／小試翻天覆地手，／白茅換作稻金黃。」「一聲告別去，／五內頓倉皇！／依戀情深切，／如同辭故鄉。／一步一滴淚，／頭低不能仰。／啜泣不成聲，／欲語不成腔。

---

57 韋君宜，《憶向陽湖畔十個無罪者》，《向陽情緒──文化名人與咸寧》（下），P111-113。

／戰友送我行，／一隊又一行。／默默都無語，／眼淚滿眼眶。」[58]
也由於不同的經歷與感受，這一組《憶向陽》發表後，受到包括姚雪
垠在內的一些人的批評，認為文化人在咸寧受罪，你卻在讚美和歌
唱。[59]幾經波折，詩集還是出版了，臧克家送冰心一冊，並在電話中
聽取大姐的批評，冰心沒有直接回答，而是說，紅衛兵批判我的《繁
星》《春水》，說舊社會那麼黑暗，國民黨、軍閥橫行霸道，你卻有
心情欣賞「繁星」品味「春水」，完全是為舊社會粉飾太平、歌功頌
德。臧克家在電話那頭樂了，說，大姐，您真是幽默呀，謝謝您，祝
你健康長壽！

因為這兩套書以及冰心的原因，2008年秋天，我曾陪同日本學者
萩野脩二先生專程到了咸寧，李城外接待了我們。當年幹校有一處紅
磚建築被保存下來，現在已列為國家文物保護單位，以涵管並列而
成、被五七戰士命名的「紅旗橋」依然，只是水渠乾涸，幾線流水也
被雜草淹沒，遠處是一片稻田與水塘，沼澤地、潮地都消失了，五連
連部與冰心的魯家灣沒有找到。真是時過境遷了。之前張光年也曾來

[58] 臧克家，《憶向陽詩選》，分別為《晚收工》，《向陽湖》，《離別幹校》三
首，《向陽情結──一文化名人與咸寧》（上），P15、17。
[59] 張光年為此書的出版做了工作，並以《採芝行》代跋：「聞道江南靈芝好，願
隨大隊覓仙草。不為服食求仙神，但求良藥益肝腦。眼為肝累常迷離，腦因眼
幻易昏倒。仰天長嘆路漫漫，起我沉局宜及早！向陽花木照眼明，一草一木都
是寶。百里荒湖仙鶴鄉，而今闢為芝蘭島。詩友克家結伴來，種藥採藥不辭
老。頂風頂雨墾春泥，揮汗揚銑驚湖鳥。隨君壯志學農耕，手不從心常自惱！
隨君擔糞過長堤，糞筐欺我心如搗！隨君馱米走山崗，米包推我入深沼！雨急
風興可奈何？幸有工農作前導。晨起同習實踐論，晚來共洗溫水澡。泥深苔滑
相扶持，舊恨新仇齊聲討。與君共守向陽山，謹防狐鼠伸黑爪。最是夜闌人靜
後，踏雪巡山直到曉。與君共服靈芝液，怪君直用大碗舀。來時瘦骨何嶙峋，
歸時健步何輕巧！與君結伴共採芝，君獲大芝我獲小。赤芝紫芝九莖芝，妙
手拈來入詩稿。我今披閱向陽篇，自恨採芝何太少！他日重到寶山游，抖擻精
神細尋找！」張光年說，「需要注解的是，『晚來共洗溫水澡』，指的在小組
會上接受批判。『採芝』指接受改造，也指寫詩。本是無需注解的。這首詩的
可取處是全篇44行一韻到底，用一聲韻，有幾處險韻。」──張光年，《重訪
向陽湖》，《向陽情緒──文化名人與咸寧》（上）。但在落款處，張光年用
了「戲作」二字，臧克家提出異議，張光年堅持說，「這兩個字不能改。後來
我們又在有些問題的看法上產生了分歧，友誼漸漸淡了。但實事求是地說，作
為一個詩人，他還是很有貢獻的。」──李城外，《黃河向陽兩不忘──訪中
國作家協會副主席張光年》，《向陽湖文化人采風》（上），人民文學出版社
1997年12月。

此尋訪，有人還記得這裡曾是一代文化名人戰天鬥地的地方：

> 我找不見五連，正著急時，碰見萬家村前紅星八隊隊長劉沅得（五十一歲）向我走來。他說認識我，還認識孟超和作協的李季同志和姜大夫，帶我去看了五連背後丁力同志一家那時住過的地方，指點著五連的宿舍。我說我記得很清楚，我們宿舍靠山坡的一邊是一片竹林；竹林在哪裡？他說，早沒有了。幹校一搬走，老鄉們就把竹林砍光了。這樣，我們一行人便跟隨劉隊長，又踏過兩片沒膝的荒草，終於找到了，認出了五連三排宿舍的中間一排，這排土坯心、紅磚面、低檐平房中間的一小間，正是我從前住過的小屋。五連前面的房子（包括我和臧克家同志輪流值夜班的廚房）現在都成為奶牛房，後面的三排宿舍成為這個奶牛分場的職工宿舍，職工放牧去了，門都鎖著。透過窗隙，我望見從前我和楊匡滿同志住過的小屋裡，現在成為堆放農牧業工具及雜物的地方。找到了，總算沒有白來。感謝劉隊長和旅遊局、奶牛場的同志們，我們在小屋前攝影留念。
>
> 離開五連舊址時候，我不免登上荒坡，遙望附近的一片菜地。剛到幹校時候，作為病號，暫時受到優待，被分配到與謝冰心同志、張天翼同志輪流看守那一片菜地，此刻那裡也是一片荒草了。[60]

冰心在咸寧沒有寫文章，也沒有記日記，卻是得了長信十五通，都是致親愛的家裡人，計有兩萬餘字，如何生活與勞動，具體到走路、睡眠、穿衣、購物、幹活、想念家人無一不在信函之中。書信文字平實、心境平靜，無景致描寫，卻多有心理描繪，可見她從牛棚解脫之後的心情。我在一篇文章中曾寫道：

> 這些信，記錄了冰心五七幹校的苦難：潮濕而寒冷的冬天，七十歲的老人要過緊張的集體生活，「日程排得很緊，

---

[60] 張光年，《重訪向陽湖》，《向陽情緒——文化名人與咸寧》（上），P23。

根本沒有午睡。別人比我還緊,這兩天勞動,先是拾糞(牛
糞)。現在又看菜地,防豬和牛來吃菜。拾糞走的很遠,拾糞
也出汗,看菜地好一些,不過下雨也得走在雨中。」衣服無法
洗換,因為要到好幾里外去挑水,一不小心打破一隻熱水瓶便
要懊惱好幾天等等。同時也記錄了冰心在苦難面前的尊嚴與豁
達,從不叫苦,從不埋怨,正視著苦難,並且在苦難中創造著
歡樂。比如,春節時,冰心與郭小川從咸寧到武漢拔牙,這本
不是可樂之事,但她將沉重與痛苦變得輕鬆而詼諧:「我已於
前天早晨步行四個鐘頭(上午八時二十分到十二時三十),到
了咸寧。背著包兒,穿著雨衣,和郭小川同行,居然走到後也
沒有休息,也不覺得疲勞。」七十歲的老人步行四個小時,且
背著包,穿著雨衣,其艱難的程度可想而知,但她不以艱難與
苦難示於家人,而以親切歡快的語言將其輕輕覆蓋,希望不要
引起親人的擔憂。這既是一種處理事情的態度,更是一種對待
生活尤其是苦難的精神品格。這一組信,對於人們認識「文
革」那一段歷史也顯得彌足珍貴。[61]

　　離開咸寧並非是冰心的主動要求,而是在突然之間得到通知。
「李季(我們的革委會副主任、副連長、三結合幹部)就來告訴我,
說是北京方面通知他們說吳文藻已到沙洋去了,要我就回去!」[62]
本來是好消息,冰心卻並不高興,「反而難過得流下眼淚了!」李季
安慰、勸說,「也是革命隊伍,到處都受教育」。並說連隊要好好歡
送。接到通知的第二天早上,冰心堅持站好最後一班崗,還看了半天
菜園子,在她的同伴張天翼等人的勸說下,下午才沒有去,整理了半

---

[61] 王炳根,《私語的品格與價值——冰心的書信》,《冰心文選》(書信卷),
　　福建教育出版社2007年12月。2005年冰心誕辰105周年時,上海《收穫》雜誌
　　在「親歷歷史」的欄目中首發了這一組書信,上海《文匯報》發文說:「它讓
　　人們看到,即使是在那段艱難的歲月裡,冰心還能如此認真地對待生活細節,
　　從未失去對生活的信心。」「在這些家書中,有生活的瑣事,有應對生存變故
　　的鎮定,有充滿對親人的思念。」
[62] 文革中也有這種來自組織的關照與調令,冰心之後,丁寧也離開了咸寧,到她
　　丈夫江波的部隊與之團聚。丁寧的女兒江宛柳、女婿張西南,是筆者在部隊從
　　事軍旅文學的文友,在講到丁寧這一段生活時,臧克家的「老牛亦解韶光
　　貴,不待揚鞭自奮蹄」,在幹校便成傳誦的佳句。

天的東西。連隊派吳泰昌前往聯繫火車的臥鋪，並有吉普車將其送到車站。走時，來了許多人相送，包括軍代表（張政委）在內，沒有上工的排、班長等，行李也是戰友們搬運的，雖然沒有臧克家式的一步一滴淚，三步一回頭，但直到火車開動，冰心的心情仍然沒有平靜。

「患難中有同情，勞碌中有幫護，私語中有義憤，沉默中有腹誹，悲苦中有歡愉，面對萬物競榮的大自然呼天搶地時，也有過依稀忘我的賞心悅目……」[63]這是後來許多人回憶到咸寧幹校生活的感受。

6，幹校「三一堂」

2月10日，冰心重返北京，並沒有像原告預計的那樣，立即出發前往沙洋五七幹校。回家時，吳文藻已在候，一個多月雖短，以前出國訪問、外出視察時間有的時間更長，但相互牽掛的心情大不一樣的。尤其冰心離京時，吳文藻去石棉廠，擠電車時被摔下倒地，頭部受傷，除眼睛之外，滿臉都裹上繃帶，冰心回屋，第一個念頭就是想看看老伴的頭上是否留下疤痕。此時，冰心的人事關係暫時移到民院，等待的日子，便找到民院革委會，希望分配任務，參加活動，領導讓她先處理家務，之後與吳文藻一道，半天學習半天勞動，「現在勞動就在宿舍院子裡，因為蓋防空洞，院子當中蓋了磚窯，燒磚，挖地，拌混凝土，全院人員和家屬都參加了。我做的是澆水工作，整天用水管澆水。」冰心在向遠在蘭州的大女兒寫信如此描述。

吳冰生產一個月後，便捨下新生兒李丹隻身前往蘭州，1969年底終於尋找到了一個機會，與在江西上高五七幹校的丈夫李志昌團聚，並且從北京接走了三歲多的兒子，但是，這個團聚是臨時性，蘭州大學令其前往該校設於陝西的五七幹校勞動，幾經協商，終無果，隻身前往蘭大五七幹校，李志昌仍留江西，兒子跟隨父親。吳謝對這個外孫極有感情，一家三人分居兩地，一個大男人帶了孩子，姥姥姥爺極不放心，在等待的日子裡，他們希望處理好這件事，但是二位老人已是「有心無力了」。

[63] 閻綱、謝記旺、蕭德生編，《〈中國作家協會在幹校〉編者前言》，作家出版社2007年。

冰心在武漢曾兩次治牙，但未痊愈，回到北京卻更困難，一個牙科的掛號，往往得在頭天晚間排隊，孩子們都不在身邊，冰心哪有辦法？覺得北京不如武漢，那兒人都熟悉了，也照顧她，北京的牙科人山人海，看一次牙得花整天時間，後來還是二女婿陳恕通過熟人才得以解決。此時，醫療條件有限，各種社會問題也一一暴露出來，革命的熱情完全無法解決生存問題，但是，兩個老人都無怨言，相信到農村去，到幹校去，便可迎刃而解。

老倆口同時下幹校，與冰心一人去咸寧不同，在時間考慮上就有三種可能：短期、中期還是長期？這涉及到北京的房子要不要留下？留下一間還是兩間，保姆沈阿姨要不要同去？行李帶多少，家具要不要同行等等。冰心已經有了咸寧的經驗，認為帶多有帶多的好處，少帶有少帶的方便，二人終日都在這些事情上舉棋不定。但此時的心情卻是開朗，面對一大堆的問題，也不煩惱，吳文藻依然慢騰騰地整理他的衣物、書籍，有空還和老伴想念一下和丹丹在一起的快樂。從精神而言，吳文藻已經與冰心的境界接近，文革三年有餘，該拷問、該批判、該交代、該檢討的都做過了，原先革命群眾認為自己的歷史簡直是一團亂麻，社會學如何反動，也基本理清楚、弄明白了。吳文藻沒有「半解放」、「全解放」之說，摘帽右派的身分、歷史烙在身上的各種印記，都清晰可見，心也就坦然了，不再像文革前謹慎再三，也不再像前幾年那樣驚恐影隨，在等待、盼望前往五七幹校的日子裡，有種告別昨日的解脫感，有種年輕人「廣闊天地大有作為」的躍躍欲試。

丹丹被父母接走後，比他大點的鋼鋼來得就更多了。吳青隨外國語大學師生到唐山軍墾農場勞動鍛鍊，陳恕因病留校，鋼鋼與父親在一起，許多時間便寄在姥姥家。冰心從咸寧回京，前後將近半年，與外孫就更親了，說到幹校，鋼鋼就拉住姥姥的手不讓走，就哭，說你們走他也跟去，冰心說：「這孩子怪Sentimental的。惹得我也很難過」。

吳謝在北京待命之際，民院開始歸還抄家的物品，由於沒有登記，抄去後堆放一起，儘管「謝冰心資產階級生活方式展覽」琳琅滿目，但到了歸還時，卻是另一回事。一大臉盆的銀元、十幾塊手錶，自然不知去向，吳謝是生活仔細、明白之人，栽贓的東西退回，缺少

的東西卻未提出，直到去了五七幹校，清查五一六分子時，上級要抄過家的每一戶，必須說明歸還的情況，未歸還的大概是要記在五一六分子身上的。吳謝商量後，由吳文藻執筆做了如下的說明：

> 茲將退回抄家東西中，不是我們的東西，與未交還的[東西]，列舉如下：
> 1，錶三隻，（形式已記不清），當天送還交羅。
> 2，咖啡色毛毯一條。
> 3，女黑色高跟鞋及半高跟鞋一筐（約十雙左右）。
> 4，唱片幾十張。
> 5，搪瓷紅花臉盆一隻。
> 　此外還有未拿到的：
> 1，白地紅花長塑料桌布一條。
> 2，袁世凱頭像銀元十元。

六月初公布了名單，吳謝榜上有名，去的人不少，各種傳說與議論都有，最後作了一年的打算，在和平樓208留下了南北兩間，存放東西，上鎖。6月6日從北京站出發，吳平、陳凌霞夫婦前來送行，搬行李、送水果，鋼鋼在家只管哭，一定要擠上車，要跟去幹校，這回令行前發燒的吳文藻也動了感情，眼框都濕潤了。甫抵幹校，冰心給鬧著要到車站送行的孫子吳山、孫女吳江寫信，報告了一路的心情：

> 爺爺在車上因為有臥鋪，休息得很好。你媽媽給帶來的藥品，使他壯了不少的膽，當天也沒有發燒。晚飯我們在餐車上吃。我們要了一盤炒蝦段，一碗榨菜肉片湯，還要了一瓶啤酒。夜裡也睡得好。七號早晨八點半到漢口，因為下雨汽車不開，大家都坐了船，輪船是「紅旗八號」很小。（據說將來要大發展，要做乘客一千人的船。）因為去好幾個幹校，「五七油田」的人比較多，很擠。但是我和爺爺得到組織上的特殊照顧，都有臥鋪，真是太舒服了。因別人都是在條凳上坐了一夜！八號下午一時半左右到了潛江（一路上漢水兩岸風景青翠

之極，十分好看。）[64]

　　中央民族學院五七幹校位於湖北潛江縣廣華寺，處在江漢大平原。廣華寺無寺，五十年代在這兒建造了勞改農場，屬於湖北勞改局沙洋勞改農場的一個分場，文革中關押的罪犯不多，成了民院的五七幹校。與之比鄰的是江漢大油田，產油量與規模都超過了大慶油田，為了保密而稱五七油田。民院五七幹校也延續了勞改農場的習慣，五七幹校前不置潛江稱沙洋。因為這個名稱，我與萩野先生曾決定從咸寧到沙洋尋訪，還好李城外聯繫後告知，沙洋不曾有民院的五七幹校，待與潛江縣文體局聯繫，方知了此中原委。

　　吳謝在路上受到照顧，到了幹校則是受到歡迎，一些熟悉與不熟悉的人跑到校門口迎接。完全想像不到，人一離開北京怎麼就變得純樸了？林耀華很勤快，為老師與師母搬行李，費孝通更不用說，高興得像孩子，說是好久沒有見到師母，越活越年輕了，陳永齡也是前後跑腿，端姜湯、提來熱水，倆老人像是回到了家。

　　一到潛江，冰心立即感覺出條件比咸寧好多了，電燈、自來水，有些房屋是現成的，據說是勞改犯搬離後，農場騰出來給了五七幹校，小學與幼兒園就在附近，最小的學生，則在幹校的臨時學校上課。「這裡小賣部，什麼都有，衛生紙、香菸（大前門等）、席子、帳子、支帳篷的竹竿、點心、醬油、醋等都有，都是沒想到的。白糖每月每人一斤，我們帶的東西有些是多餘了。」[65]只是路不好，只有兩段路是水泥的，進入幹校的路一片泥濘，不比咸寧好到那裡去，他們還看到一個奇怪的現象，拖拉機拉汽車！因為汽車在泥濘的道路上打滑，根本開不動，只得用拖拉機來牽引。不知是因為心情所致還是為了安慰家人，冰心在信中向孫子孫女描繪起幹校未來美好的前景：「據說油田醫院方面條件更好，使人看了覺得祖國前途真是遠大。媽媽將來如有機會來，爸爸如能一塊來，那離我們這裡就很近。奶奶就可以常常看到你們，你們也可以看到祖國的建設，真是使人興奮。」並且不無誇張地說：「這裡新房子又高又大，前後玻璃窗，上有氣窗，比和平樓和你們住的屋子都高大。據說冬天每人還有五斤碳，可

---

[64] 《致吳山、吳江》，《愛心》2012年秋冬季號。
[65] 《致家裡人》，《收穫》2005年第5期。

以生火。」[66]但就是這個房子，讓老倆口又分居了一段。新房子很高大，但是供不應求，總還有先來後到之說，他們兩人只得暫時住集體宿舍。吳文藻住在大禮堂，臨時用板子隔起來的，十幾個人擠在一起，但這樣並不妨礙他的心情，每天都要為大夥服務，幫助打開水，熱水瓶放得整整齊齊，排成一條線，有人不在意，倒過開水隨意一放，便不在一條線上，吳文藻便會把那個不在線的熱水瓶歸位。有一次天天讀，大夥都去倒水喝，熱水瓶散落各處，吳文藻看著散落的熱水瓶，心裡很不舒服，又不好意思站起來，就那樣一直看一直看，最後還是忍不住走過去把水瓶一一擺好，才放心開會。冰心則入住烤煙房，六人一間，雖然分居，但兩處靠得很近，除了睡覺之外，其他的時間，吃飯、學習、聽報告，都與老伴在一起，「我和Daddy到後眠食俱佳，精神健旺，大家都說我們不像七十歲的人。」但也會鬧一點小彆扭，有一次，吳文藻的衣服掉了一顆鈕扣，就找冰心去縫。冰心正在忙別的事情，推脫未縫，吳文藻不高興，嘟囔著嗔怪道：「還是原配夫妻呢？鈕扣都不幫我縫。」說完就走，弄得冰心不好收場。冰心寫信告訴蘭州的女兒，「我們彼此幫助，彼此鼓勵。你們自己多照顧自己，照顧孩子。」尤其是在這裡，「我們到後領導和革命群眾，對我們格外照顧，到處笑臉相迎。……因為我們兩人歲數最大的了，大家給我們預備了小拐杖」。離京時，兒子準備的兩場羊皮褥子卻是派上了大用場。與北京比，江漢平原雨多潮濕，臨時改造的集體宿舍，要是不墊上厚厚的褥子，濕氣便往上衝，上面蓋了再多也無濟於事。「我住的屋子又潮，又朝西，我的床在門口，太陽曬得著，雨也淋得著。」[67]

我和萩野先生尋找過冰心住過的房子，也是無果，在陪同人員的指點下，看了一下當年五七戰士住過的房子，牆是紅磚切成的，外無勾縫，內無粉刷，木製的窗戶，沒有油漆，玻璃多已殘缺，仍然有人居住。我問，是不是五七幹校曾留下過人，回答是不可能的，五七幹校的人後來都回城了，住在這裡的可能是勞改犯人的後代。就在我們走出房間的時候，我幾乎是驚叫了一聲，有床毛皮褥子在太陽底下暴曬，我問，是不是羊皮褥子，答曰，狗皮褥子，比羊皮褥子還管用。

[66] 《致吳山、吳江》，《愛心》2012年秋冬季號。

[67] 《致吳冰》，《冰心書信全集》，P116，人民文學出版社2010年10月。

我想像著，當年若有這樣一間遮風擋雨的房子、有狗皮褥子墊床，便是「人間天堂」了。吳謝正是在這樣的環境中，開始了幹校「三一堂」的生活。

天天讀第一

無論是哪一個五七幹校，首先是毛澤東思想的大學校、革命的大熔爐。就象中國大學的辦學宗旨，首要任務是培養無產階級事業的接班人，永保紅色江山不變色，幹校首要義務是活學活用毛澤東思想，造就無產階級專政下繼續革命的人才。這是與牛棚的生活根本區別，從專政對象到革命力量的轉變。

吳文藻的心情溢於言表。「下來參加五七幹校，是千載難逢的機會，這是我的新生，『人生七十古來稀』，我以七十歲作為我的新生活的開始，我滿懷著興奮愉快的心情，來迎接七十年代的第一個春天。」[68]自然吳文藻還是知趣的，明白古稀之年——用他的話說是「一批二養」的人，和「一批二用」的人不同，和年輕幹部更不同，不可能培養成革命事業的接班人，他要以自己的方式，在這個革命的大熔爐中錘鍊，成為一個有益於人民的人。他說自己沒有「下鄉鍍金論」的念頭，因為鍍金之後是要高升的，也沒有「勞動處罰論」、「活命哲學」，冰心則認為自己沒有「文化工作危險論」念頭。劉少奇、李維漢的統戰工作是投降主義路線，生活上高照顧，政治上低要求，他們都「不願意乘著軟席臥車進入社會主義。」要向老五七戰士學習一不怕苦，二不怕死的革命精神，積極參加社會主義的對敵鬥爭，批判資產階級，也進行自我批判，艱苦創業。

吳謝到幹校還有一個打算，以自己的切身感受與體會，帶動全家人走五七道路。兒子有過表示，大兒女已在幹校，小女兒也想到潛江來看看（北京外國語大學的五七幹校也在此地），如果全家人都來了，時間則可考慮長久，永遠地告別北京。

幹校的體制脫胎於部隊，實行軍事化管理。六月，是林彪提倡的「四好連隊」「五好戰士」的初評月份，吳謝一入幹校，即進入「四好」「五好」的初評程序，剛來之人，無法參評，但卻遞上了「五好

---

[68] 吳文藻幹校筆記。

計劃」，並且言明，二人結成「一幫一」的對子，爭取年終共創「五好」，實現「一對紅」。

五好計劃

一，努力促進自身思想革命化，只有到群眾關鍵的實踐中去化，打掉「老」「暮」「嬌」氣。具體地抓活學活用毛主席著作，特別是抓活思想，切實做到學用一致，徹底改變以往言行不一致、理論脫離實際的壞習慣；在走光輝的五七道路上，認真接受工農兵的再教育，同時，接受幹校五七戰士的監督和世界觀的改造，務期使自己大破資產階級思想，大立毛澤東思想，即無產階級的思想，用毛澤東思想體系替代長期得來的資產階級思想體系，以鞏固無產階級專政。增進天天讀的效果，養成吃苦的習慣，提高繼續革命的自覺性。

二，在學習、生產勞動和日常生活上，嚴格遵守組織紀律性，克服個人自由主義的壞作風；搞好同志間的關係，促進革命團結，共同邁步前進；個人要特別適應緊張氣氛，這樣才合乎備戰的需要。

三，努力完成領導上交辦的一切任務，認真負責，貫徹執行。

四，在生產勞動中，培養勞動習慣和勞動人民的思想感情，並認真向技術員和老戰士學習生產知識和技能，努力做到保證質量。

五，注意個人鍛鍊身體，增強體質，使勞動量逐漸增加，保證正常出勤率，搞好集體環境衛生，隨時響應愛國衛生運動的號召。[69]

這個計劃，吳謝在天天讀中的儀式中，在班、排、連一一宣布。

「天天讀」的儀式，之前曾有描述，此處儀式如昨，全國一統，不再述。天天讀在相同的儀式之後，卻是要讀出新思想與新內容，這是天天讀的關鍵，所謂毛澤東思想大學校，天天讀放在第一位，形

---

[69] 吳文藻幹校筆記。

式與內容都體現在這一天晨光中的個吧小時內。吳文藻對讀書最是認真，更何況神聖的天天讀，每半個月，他都會提前逐日做天天讀索引，毛主席的語錄、林副統帥的指示，並讓「瑩，記住，不要忘了。」[70]

背語錄、背老三篇是天天讀經常出現的事情，之前已有述，此處免去。幹校還出現了一種新花樣，叫「送語錄」。什麼叫送語錄？就是在你最需要鼓勵、需要勇氣與力量的時候，有人為你送上毛主席的語錄，在幫助同志的時候，更要送上語錄。一次，幹校召開解放陳霖同志大會，軍代表宣讀審查結論及審查報告後，陳霖表態，「感情激動，極其動人」。按照之前的程序，接下來是提希望，也就像吳文藻右派摘帽那樣，讓你再出一身冷汗。但幹校在解放軍的領導下，沒有這樣做，而是由各連的五七戰士代表，給甫解放者贈送毛主席語錄。陳霖一下子收到了來自軍宣隊和六個連隊贈送的計有七本《毛主席語錄》，五七戰士代表在送上語錄本時，還要背送三段語錄相贈，陳霖一次性地接受了二十多條語錄。「一次解放，受用終生」，冰心在次日天天讀談到「送語錄」的動人情景時說。

一年之後，吳謝也成了送語錄的對象，那是他們行將離開幹校的前夜，連隊在曬穀場上舉行了歡送大會，「走的人對連裡提希望和要求，留的人給走的每人選送語錄。」吳謝一次性地得了十本語錄，還有N段需要銘記在心，手上和心裡都是沉甸甸的。不過，一回到屋裡便讓兩位老人犯難了，帶回北京？家裡的語錄已經有好多本，而且吳文藻愛用「舊書」，因為那上面有他劃出的記號，有眉批與邊批，新書用起來不習慣。再說怎麼帶呢？行李都已打包托運，十本語錄不是一個小數，如何是好？還是冰心想出了辦法，送給留下的戰友，也許他們還有它用。吳文藻這才想起來，陳霖的語錄也多送出去了，說不定十本語錄，就有陳霖轉送出來的呢。冰心抬頭看了老伴，感覺他幹校一年確實有了進步。

到潛江兩月餘，幹校曾有一次「公物還家」活動。為了防潮，冰心的床鋪下曾墊了一張竹床，床腳下各墊了四塊紅磚，活動開始後，

---

[70] 吳謝採用的是《毛澤東思想勝利萬歲》的讀本，內有《最高指示》（即毛主席語錄，計有298頁），《林副主席指示》，計有311頁，無出版單位，僅有「編後說明」，1968年11月於北京，1969年2月增訂。

各人自查，吳文藻自己沒有使用公家的任何東西，無物可還，但發現冰心的竹床，自然要抽出來還給公家，還發現了墊在床腳的紅磚，冰心開玩笑，是不是想起了大覺寺？[71]吳文藻卻是嚴肅地說，磚也得歸還！冰心也是公私分明呀，但覺得這有些過分，說我們走的時候，紅磚絕對不可能帶走。吳文藻說，沒有看到建房要用嗎？燒都來不及，還是歸還吧。於是，從外頭檢回了一些無用的碎磚頭，將那幾塊紅磚一一換下，一一歸還！換磚之事，也被吳文藻拿到天天讀中「講用」，進行了理論的提升：

> 夫妻同來怎樣走五七道路，怎樣改造，經過反覆鬥爭，三個方面的體會：從勞動入手，培養工農感情，「勞動懲罰論」「下鄉鍍金論」，通過勞動改造思想，插隊勞動，貧下中農為革命種田，政治掛帥、思想領先的原則；狠抓社會主義思想，改造世界觀，革命不徹底性，動搖性，反覆性，不懂得社會主義思想，更不懂得兩條路線鬥爭，階級鬥爭教育是接受再教育的一門主課，改造世界觀的中心環節，五七道路是改造世界觀的道路；破私立公，主要破名利思想，徹底改造世界觀，個人主義是資產階級世界觀的核心……[72]

在天天讀的時間開展「講用」，使得這個活動不斷出新，軍代表將部隊創造的新方式，隨時引進幹校。一次冰心講用，談到錢偉長，她說，錢偉長下到北京特鋼廠勞動改造，回來後曾深有感觸地說：「我最大的收穫就是認識到了舊思想同新時代的矛盾，我如果不走這樣的一條同工農相結合的道路，就從思想到生活習慣上同時代格格不入，好像辛亥革命後的滿清遺老一樣，發展下去太危險了。」冰心說，他們都是有相同經歷的人，錢偉長到工廠，我們到幹校，走的是同一條光明之路，不走光明之路，便會永遠處在黑暗中。冰心話有詩意，有哲理，不清楚這個黑暗指的是什麼，是黑窩、牛棚？還是舊的生活習慣？亦或是《神聖》中的情景？因為同在一個班，吳文藻

---

[71] 吳謝的新婚在大覺寺度過，有張用來擺放東西的桌子，只有三條腿，吳文藻用磚將其墊平。

[72] 吳文藻幹校筆記，1970年10月8日。

接著說：「談主要思想問題，怕緊張，怎樣適應公報[73]中預示的大躍進形勢，怎樣跟上去？疲勞感與繼續革命不相容，克服中游思想。與自己前一段比，不敢與新老五七戰士們比、更不敢與貧下中農無產階級感情比，『你們已經是七十歲的人，下來就是好，能做多少就做多少』。」冰心也贊同，作為我們自己，要破除這種「年老下來就好」的思想。

　　天天讀中的講用，有級別與規格之分，先從班講，好的到排講，排可推薦到連講用的人選，連之後是全校，全校之後可以晉京，到人民大會堂講用，接受毛主席老人家的接見，享受最高榮譽。這種級別一般人達不到，必須有驚天動地的英雄事蹟方可。吳文藻記錄了一次費孝通在連隊天天讀的講用，有意思：

> 　　晨天天讀，連會，由費孝通講用，決定重新學習、重新做人，舊的東西老是擺脫不掉，個人打算，下來勞動鍛鍊，初期單純勞動觀點，為革命種田，槍麥收時發生一件事，沒有想到可能會損害自己。毛主席叫你們下來，與貧下中農同甘苦，記得貧下中農。樹立為革命而改造的決心，這是改造世界觀的第一課。無產階級感情最難學到手，憶苦思甜，講家史、村史、地區革命史。交糧票，起先不肯收，待說是毛主席叫給的，她才收受下來。過去，夜裡不敢點燈，怕土匪掠劫。很怕經常舊事重提。
>
> 　　愛憎分明，愛誰恨誰跟誰走，這是改造世界觀的第二課。王媽媽教生產技術，摘棉花速度，地下爛的要檢起來，一天二十多斤，某天超過一百斤，飯送到地頭吃。「多摘一盤花，支援亞非拉，多打一斤糧，擊敗帝修反。」
>
> 　　千錯萬錯，不聽毛主席的話，不照毛主席的指示辦事，這是第一條，對我是差別，不是差距。

---

[73] 1970年8月，中國共產黨在江西廬山舉行的九屆二中全會公報。正是這次會議，毛澤東明確了林彪是繼劉少奇之後又一個睡在身邊的赫魯雪夫式的人物，以《我的一點意見》，回擊林彪的「突然襲擊」，隨即從批判陳伯達開始，展開了批陳達到批林的運動。

　　有一次天天讀講用，內容是學習《矛盾論》，師生二人「打雷台」：

　　費孝通先講：

　　　　兩種宇宙觀，自己的思想把社會發展看做增減和重複，形而上學反動學術體系完全為資產階級服務，從概念出發找解釋，「大膽假設，小心求證」。資產階級講階級，根據土地多少，收入多少，劃分社會上不同等級，數量上的增減。無產階級講剝削，對立統一，剝削和被剝削一分為二，「社會梯階論」，沒有矛盾，上升下隆，爬上爬下，農村問題，生活程度，改良主義，資產階級目的掩蓋矛盾，維護資產階級專政，剝削制度，將來批判資產階級社會學。

　　　　實際我的思想怎樣？發生問題，自己怎樣看法？下去插隊看貧下中農幹勁很大，為什麼這麼大，先想到為工分，個人利益與毛主席教導為革命而種田，不但看自己，而且看別人，都是為自己。摘棉花衝過一百斤，不是完全為工分。劉少奇工分掛帥時僅二十到三十斤（物質刺激），用個人利益想法去概括他的幹勁不夠。憶苦思甜，生活中這樣做，是一種力量，階級感情，表現起了作用。階級本質，不生產者，在三座大山壓力下，願意跟工人走。兩種人，兩種看法。王媽媽是文盲，言行一致。階級感情使民發生幹勁（靠毛主席翻身的感情）（拿舊眼光看新事物），具體表現在熱愛毛主席。從個人利益出發，農民思想積極性一概看不見。顛倒是非，混淆黑白。從認識到實踐，思想習慣必須改過來。[74]

　　吳文藻不像費孝通那麼囉索隨意，言簡意賅：

　　　　立場站對了，才能運用兩分法。毛主席的哲學思想是無產階級的世界觀和方法論。它是為無產階級服務的，這就是它的階級性。從無產階級「公字出發」，才能掌握這一思想利器，

---

[74] 以上兩段費孝通的發言，出自吳文藻的幹校筆記。

從資產階級「私」字出發，就不能掌握這一思想武器。因此，今後我要把學習毛主席的哲學同學習「老三篇」結合起來，認真學習「老三篇」，才能掌握兩分法，學好兩分法，才能真正照老三篇做人。

因為還有其他的人要講用，吳文藻只能少講幾句，待他回班裡，有了充裕的時間，便展開來談並且越講越遠，遠到了黑格爾、馬克思、孔德、斯賓塞、赫胥利、杜爾克姆、莫斯、馬凌諾斯基身上了。

1，原來自以不既不唯心，也不唯物而是唯實（即社會現實）論，亦稱社會學論；認為黑格爾固然不對，形而上學，而馬克思偏於一端，也是不對，社會內在同因素，並不如他所說的那樣是科學的，當時並不懂得辯證唯物論，而不是其他一種唯物論，比如機械唯物論之類。

2，對形而上學的錯誤理解，相信孔德所說的思想發展史上的三階段論：神學、玄學（形而上學）、科學（實證科學），因而自以為我所追踪的客觀實際的，即科學的不知是偽科學。

　　有科學的假設，靠科學實驗來證實客觀不同事實，由事物變為事件，從事件找出法則、規律，學會方法論。

　　功能學派的理論和方法論，來源於杜爾克姆的社會學論，（一說受到此派影響，我自己亦是吸取此說，所以1937年在巴黎向此派承繼人莫斯學習方法論）。

　　著重田野考查，實地調查（當時不知道M-S也著重社會調查），由於是多因素論因而看不到社會調查階級力量對比，事物發展規律，C.S形勢估計，人與人的關係首先是階級關係，政治關係：分析社會形態、社會結構，不是從階級觀點出發，而是依據發展階段不同，就是論事地找出發點，譬如原始社會、部落；封建社會，農村（公）社區（又）、民眾社會、資本主義社會，民族國家，市民（公民）社會等等，（宗法）血緣，血緣——地緣——職緣（如行業職業與專業），專業與科學技術，專家，以民族關係與階級關係對抗，以職業（經濟）

與其說階級（政治）對抗，財產私有制和私有觀念，一上來就認為神聖不可侵犯。

以抽掉生產關係和階級內容的社會關係，人與人的關係，來論社會組織和社會制度，如BOAS講人與人的關係，包括三個方面，人與人的關係，人與制度的關係，制度與制度的關係，制度（自然的一家，人為的──法定的，國家與法），親戚、朋友、鄰里（同鄉觀念）、同學、同行（職業紐帶），個人利害關係（企業關係），企業、美女（沒有共同利益），接受過「社會進貨論」（斯賓塞、赫胥利、杜爾克姆等），但已加以修正。

鑽研名詞概念：1，進化改為演化，演進；2，拋棄進化一詞代之以發展或二者並用（社會發展英文字Hohhonre，發展史為Miueeentyrn，陶孟和譯）；3，進化、發展二詞都棄之不用，改用變遷，進步（譚言）。

推動社會階級變遷的是科學發明與發現，技術史觀（Gyewn，技術上的社會文化論）。歷史的發展，直線上升或波浪式前進。

兩種互相對立的宇宙觀、方法論：

唯心史觀、唯技術史觀、庸俗進化論、外力的推動（傳播論──艾奇遜）、外因論（被動論，西化論的由來，功能相關論），互相聯繫互相影響。改良主義的、偽科學的世界觀。

馬克思主義辯證唯物論、唯物辯證法，無產階級的唯物史觀（歷史唯物論）、社會發展史、事物內部的矛盾性（引起發展變化內因論、主動論，鬥爭的哲學，前進的哲學）。革命的科學的世界觀。[75]

吳文藻完全沒有想到，在天天讀的講用上，他竟然講了這麼一大堆資產階級的東西，冰心為他捏了一把汗，希望能打斷他的話，還好林耀華下鄉去了，要不，又會遭來一頓狠批，「做檢討像教授講課」，現在講用也像是教授講課，並且不顧對象，不分五七幹校與燕

---

[75] 以上兩段發言，出自吳文藻幹校筆記。

京大學。軍宣隊有一個班長主持會議，聽不懂吳文藻的那些話，只感到有幾個熟悉的名詞，比如辯證法、馬克思主義、鬥爭哲學，不時出現在講用中，因而，小結時還大加表揚，說吳文藻的講用有深度，對馬克思主義研究得透，要向他學習。班長的話令吳文藻有些沾沾自喜，而冰心則感到莫名其妙。

秋去冬來，吳謝到幹校八個月的時間，幹校進行了「四好」「五好」總評，前後安排了十二天時間，從1971年1月8日至20日。軍代表中的最高領導者宋政委從北京來到幹校做動員報告，經過逐個逐級的評比，進行批評與自我批評，最後選出三名代表到連隊講用：林耀華，講勞動化與革命化；李文瑾，炊事班九個多月與工人司務們的感情；莫俊卿，破私立公。

冰心受到表揚，「一幫一，一對紅」只完成了一半任務，給吳文藻的評價不高：

> 年紀大，勞動一樣，下決心要改造，還有許多錯誤思想，肯暴露思想，可改。問題多，改造艱巨，需要很大努力。話說出來，有時覺得年紀大，黃昏思想，一定要克服，思想革命化容易放鬆。

第一次，也是最後一次的四好評比，吳謝名落孫山，此後再也無緣。

棉花「一條龍」

幹校的主打自然是勞動，以連、排、班為單位，吳謝進入幹校後，由原四個連編成七個連：一連，政治系；二連，民語與漢語系；三連，文藝系；四連，預科；五連，歷史系；六連，院部；七連為後勤。吳謝均入五連，指導員白振聲、連長趙秉昆，並且同為一排一班。一排為蔬菜排，「我們有菜地一百二十畝，（瓜地，玉米地，大田，果園等不在內！）九道溝，十塊地，昨天下午已摘了莧菜，今天摘西葫蘆，已摘了1902斤。這裡蔬菜很困難，但我們保證一天八百斤菜不缺（因為有八百人左右），還支援過外單位。」蔬菜地的活不是很重，但菜地很濕，早晨又有露水，褲子的下半截總是濕透。

吳文藻愛出汗，常常渾身透濕，換衣服都來不及，洗又幹不了。搞西紅柿，給西紅柿打杈綁架，看去不是重活，也不太累，但不只是露水重，地上泥巴深且軟，腳都踩不穩，西紅柿葉片流出的墨綠色汁液，髒了衣服洗都洗不掉。冰心是個愛乾淨之人，洗一回衣服，更要被蚊子咬得半死，吳文藻站在旁邊趕蚊子，自己也被咬得滿是紅斑紅點。

江漢平原土地肥沃、濕潤，夏季光照強烈、悶熱，這對外地人尤其是北方人而言，生活極不習慣，卻是棉花生長的絕好環境。這裡歷來是產棉基地，就是油田開發之後，棉花基地依舊。所以，幹校的活兒，儘管有蔬菜、建築、養殖等副業之分，但主業都是種棉，也就是說，每一個五七戰士都有過種棉的經歷。那一年我與萩野先生到潛江考察，正是棉田開花的季節，大片的棉地花團錦簇，紅綠相間，一直延伸至天邊。隨行的冰心文學館秘書林幼潤興奮得不行，衝進棉地拍照，棉稈高至脖頸，而她的個兒有一米六七，比冰心個兒高多了，可見當年冰心入棉地採棉的光景了。

吳謝入幹校一年有餘，種棉摘棉一條龍都經歷了。從記錄中可知，他們八月開始進入棉田，為棉花打尖。此時，棉花在強烈的光照下瘋長，農彥云：「棉花打尖頭伏早，末伏遲，中伏打尖正當時」，所以得爭分奪秒，如不將多餘的枝打去，花枝便不能充分發育生長。打尖人進入棉地，密不透風，冰心個小，完全被棉叢淹沒，遠處看去，只見棉稈動，不見人在行。連續三天下來，吳文藻中暑，冰心卻還有心情笑言，他個兒高，我個兒小，太陽曬不著。其實，悶在裡面不透風，更甚！冰心雖然多病，體質卻又十分堅強。有一回收工，左右不見冰心，吳文藻便急了，以為她暈倒在棉田裡，待他大聲呼喚時，只見遠處的棉稈搖動，漸漸才見人影，上到田埂，冰心身上已無半根乾紗了。老太太使勁透了幾口氣，連說，這才下真正體會到了「汗滴禾下土」的滋味了，有人就調侃，謝老，是汗滴棉下土啊！

回家的路上，信口拈來「寶塔詩」一首：

種
棉花
幹勁大
背向青天
大地踩腳下
下種間苗除草
大家匍匐向前爬
新苗出土齊齊整整
一幅又新又美的圖畫
只等到秋天伸手摘棉花
五連戰士個個心裡樂哈哈

　　棉田打藥，是為重活，自然沒有吳謝的份，他們擔當的是觀察紅蜘蛛蟲的任務，冰心謂之，殺蟲前的「敵情偵察」。偵察多在午間，紅蜘蛛也喜悶熱，破壞性極強，必須及時發現及時滅之，以保秋天的豐收。大片的棉田，走一遍得半天，草帽下的人誰個不是汗流浹背？
　　收穫的季節到了。棉花與其他的農作物不一樣，非一次性收穫，而是一茬一茬的採摘，從第一茬到最後一茬棉的採摘，前後可持續一兩個月。第一茬棉的質量最好，裂開了嘴的棉桃，吐出雪白的棉花，未吐花的棉桃還青翠欲滴，棉稈與棉葉都像打尖時般的青綠，但天氣卻是漸涼了，冰心和戰友們背了棉筐走進棉田，滿懷喜悅動手採摘，那一朵朵雪白的棉花，採在手心，真是一種享受。吳謝是初次採花摘棉之人，雖然經過農民的示範與輔導，開始還是顧了心情忘了進度，待到抬頭時，別的老五七戰士已經走到好遠處，棉筐裡的棉花也多出了許多。採花也是熟能生巧，每人採的花回到田頭，倒在自己的大筐裡，待收工時一一過稱，半天下來，多者有二十斤，冰心還好，有個十二斤，吳文藻則只有八斤二兩。冰心說，他就這樣，什麼都慢，但到了第二天，情況就不一樣了，慢手也追上來。根據天氣預報，過幾天有雨，採棉的季節最忌雨水，9月26日，幹校動員，「苦幹三天，與天奮鬥」，摘下第一茬棉花，向國慶獻禮，為毛主席爭光。採花旺季，全校開展比賽，並在天天讀上進行講用，雪白的棉花又鍍上了一道金燦燦的政治色彩。

冰心又有了一首「寶塔詩」：

看

棉 田

綠 茵 茵

一 望 無 邊

長 勢 喜 煞 人

多 施 肥 勤 打 藥

整 枝 打 葉 又 打 尖

這 片 地 土 質 就 是 好

有 烈 士 鮮 血 灑 在 下 邊

為 革 命 拋 頭 顱 英 魂 永 在

開 出 朵 朵 棉 花 潔 白 又 鮮 妍

　　十月底，採摘最後一茬棉，同時，對採下的棉花進行分級分檢，全部按等級上交國家，國家則按等級給幹校以種棉補貼。豐收的喜悅在幹校的每一個角落瀰漫，殺豬宰羊，以示慶賀。冰心也有嗜好，愛吃豬腦，每逢連隊殺豬，便有人關照，豬腦留下，豬腦留下，等會兒謝先生便會來取。果然，還沒等豬肉上板，冰心便來了，輕快地走來，捧了滿滿一碗豬腦，穩穩地走回。有人見謝先生如此健步，便議論說，「都是我母親的歲數，怎麼沒有裹小腳？」冰心耳尖，說，那要感謝我的父親，不過，要是裹了腿，也就不用上五七幹校了。於是引來一陣歡笑。

　　冬天來了，江漢平原雪飄萬里，雪落在泥濘的路上，道路凍住了，雪落在棉田裡，一片潔白，雪落在屋頂上，雪落在高聳的油井架上……五七戰士卻沒有閒下來，強勞力圍著磚窯忙活開了，打漿、做坯、搬坯、壘坯、進窯、點火，等待著另一種的喜悅。冰心吳文藻這些重活都插不上手，便不停地搓繩子、修草簾子，將編好修好的草簾子，蓋在剛剛做成的磚坯上，於是，雪落下來，蓋上草簾子的磚坯便不會被凍裂。

　　棉花的話題仍然在延續，窯中點火，棉稈就成了燒煤的引子；泥濘的路上也用得著棉稈，將它扔在不平的路面上，汽車通過不再打

滑；豬圈裡也用得上棉梗，鋪上去乾燥，豬睡得好，膘長得快，而在腐爛後與豬糞一道，成了來年棉田的底肥。作家冰心觀察總是細心的，便將這些一一告訴老伴，感嘆「一方水土養一方人」的道理。到了春天，五七戰士便又開始為棉花計，吳文藻3月16日記：「全天勞動，上午在棉田搭架放碗捉害蟲（地老虎等），下午碗架齊全後將蟲藥倒進碗裡。晚放映紀念巴黎公社一百周年電影晚會《列寧在1918》。」對於電影，我太熟悉了，不止看過五六遍吧，但種過棉花的我，卻不懂得也不知道如此捉地老虎的農活。農諺有雲，「棗芽發，種棉花。穀雨種棉花，省得問鄰家。」而五七戰士與農諺賽跑，三月中旬便開始用營養鉢育棉苗，每個營養鉢中都放若干棉仔，曬穀場上擺了滿地。護理營養鉢，吳謝便要忙活開了，中午也不得休息，怕雞來啄食、怕鴨來踩塌、怕鳥來偷吃，常常是一人站一邊，管不過來得申請加人，日夜守護著「搖籃裡的小苗苗」。

營養鉢裡的花苗終於種到了早已準備好的棉田，一天一個樣，棉苗成株，棉田成行，棉花一片，到了一望無際、滿眼翠綠之時，第二年的打尖，又切入了吳謝五七幹校的生活了，棉花「一條龍」，從「龍尾」又回到了「龍頭」。但也就在這時，人生的季節也在轉換。

自1966年文化大革命之後，全國的高校停止了招生，「老三屆」的高中、初中畢業後，全部上山下鄉或回鄉務農。作為一個泱泱大國，完全沒有了教育，還有未來嗎？還有資格成為地球的一員嗎？毛澤東意識到這個問題，發出了「大學還是要辦的，我這裡所說的主要是理工科大學。」1970年6月，中共中央批轉《北京大學、清華大學關於招生（試點）的請示報告》。高等院校在停止招生和停課四年之後，開始招生復課，但「實行群眾推薦、領導批准和學校複審相結合的辦法」，招收「工農兵學員」。10月5日，國務院電報通知各地，1970年高等學校招生工作，按中央批轉的北京大學、清華大學的《報告》提出的意見進行。

中央民族學院的招生，與北大、清華同步進行，但學員入校已是來年的春天了。由於沒有考試，成績參差不齊，學校用了幾個月進行補課，相當於短期的預科，之後進入三年大學課程的學習。[76]民院恢

---

[76] 這個文件從根本上否定了以前高等學校招生考試制度，規定高等學校招生「實行群眾推薦、領導批准和學校複審相結合的辦法」，從工農兵中招收學員。學

復招生之後，課程、教師都得重新設置與安排，在學院急需教員的情況下，吳文藻攜冰心，第一批回到北京。

8月6日清早，天剛濛濛亮，吳謝便來到長勢旺盛的棉田，等候太陽從江漢平原升起，他們要在陽光下向棉田告別，向江漢平原告別。然而，那天的太陽沒有升起，晨光中的雲霞依然凝重，兩個老人想到一年來的幹校生活，相互攙扶著在棉田繞了一圈，看著長勢旺盛、已是一人高的棉花，有種說不出的感情，喜悅、留戀？

關於種棉花，在冰心的回憶中是這樣描述的：

> 因為和民院相熟的同人們在一起勞動，無論做什麼都感到新鮮有趣。如種棉花，從在瓦罐裡下種選芽，直到在棉田裡摘花為止，我們學到了許多技術，也流了不少汗水。湖北夏天，驕陽似火，當棉花稈子高與人齊的時候，我們在密集閉塞的棉稈中間摘花，渾身上下都被熱汗浸透了，在出了棉田回到幹校的路上，衣服又被太陽曬乾了。這時我們都體會到古詩中的「鋤禾日當午，汗滴禾下土」句中的甘苦，我們身上穿的一絲一縷，也都是辛苦勞動的果實呵！[77]

清查「五一六」

楊絳的《幹校六記》，所記多為勞動場景，實際上，幹校遠非僅僅是勞動，所以，錢鍾書先生在「小引」中說，「我覺得她漏寫了一篇，篇名不妨暫定為《運動記愧》。」「學部在幹校的一個重要任務是搞運動，清查『五一六分子』。幹校兩年多的生活是在這個批判鬥爭的氣氛中度過的；按照農活、造房、搬家等等需要，搞運動的節奏一會子加緊，一會子放鬆，但彷彿間歇虐，疾病始終纏住身體。『記勞』，『記閒』，記這，記那，那不是這個大背景的小點綴，大故事的小穿插。」[78]

制為2至3年。設置「以毛主席著作作為基本教材的政治課，實行教學、科研、生產三結合的業務課，以備戰為內容的軍事體育課」，實行工農兵學員「上大學、管大學、用毛澤東思想改造大學」的方針。筆者就是在這個招生方針下，由部隊推薦，1972年初作為「工農兵學員」進入南京大學中文系學習的。

[77]《我的老伴——吳文藻》，《冰心自述》P257。
[78]《小引》，《幹校六記》，中國社會科學出版社1992年2月。

的確如此，何止是學部的幹校，咸寧五七幹校、沙洋五七幹校、在北京的大學、全國各地那一處不在清查五一六？清查五一六，原為整治造反派而設置，是文化大革命的一個行將結束的信號，但後來越查越有內容，線索越來越多，尤如蜘蛛網布滿全國，再一次證明瞭毛澤東階級鬥爭論述的正確，無產階級專政下繼續革命的必要。更重要的是，毛澤東在將林副統帥的「一號號令」「燒掉」的同時，這個黨章中確定的接班人便如1965年的劉少奇，除之決心已下，只是時間更短促，毛澤東正是使用了「短促突擊」的方式，對付打江山時創造了這個戰術的林彪元帥。

與林彪的鬥爭在1970年8月廬山會議上擺開了戰場，首先批判鼓吹林彪「天才論」的陳伯達，之後，毛澤東為「二月逆流」平反，因為老帥們製造的大鬧懷仁堂的所謂「二月逆流」，矛頭是對準林彪、陳伯達、王（力）、關（鋒）、戚（本禹）、五一六的……從這個思維中就可以看出，清查五一六已經與短促突擊林副統帥綁在同一輛戰車上了。

先看看韋君宜在《洗禮》中描寫清查「五一六」的某些情節：「不讓被審的人吃飯睡覺。一熬就三天三夜。」「審訊日夜進行，紀錄最高的達七天七夜不許睡覺。而審判人則輪流去睡。一會兒開個五一六坦白大會。六六年橫眉立目的造反派，一個個忽然變成了『五·一六』，登臺坦白交待自己的『組織關係』和三反罪行。」「時常半夜……就聽見又哭又喊的，想必是在刑訊。」「一位很會訓人的女造反派，不知為什麼也變成了『五·一六』，被送到衛戍區去『監護』。監護了一陣，人家又不管了，把她退回本單位的幹校。可是被關押了半年多，她出來以後竟瘋了。老是站在幹校食堂門口看人家吃飯，而且經常伸手去拿別人吃剩的東西，嘴裡流出涎水來。臉上顏色也真奇怪，不知怎麼會變得象染了顏色一樣的，紅一塊，灰一塊，成了個小花臉。一些幹部帶到幹校的半大孩子們這可找到了最好欺侮的『鬥爭』對象。一個十三歲的小女孩一拳就把這精神病人從很高的穀草堆上推得翻滾下去，然後孩子們亂拳齊下，小嘴裡不停咒罵著：『階級敵人』『反革命』『裝死！』看上去那嘴臉和造反的大人一模一樣。」「下幹校一千七，已經掀出『五·一六』竟達到了四百多人，軍宣隊還在大會上動員，不能對揪『五·一六』抱有右傾思

想！」《洗禮》為小說，描寫典型化了，但韋君宜在咸寧五七幹校長達三年有餘，經歷與熟悉幹校清查五一六情況，其典型化的描寫，建立在生活真實的基礎上，但是，在《向陽情緒》《向陽湖文化人風采》兩套書中，也恰如錢鍾書先生說的，似乎卻少了《運動記悔》之類的文章。

吳文藻沒有參加民院五七幹校清查五一六的全過程，最先出現在他的筆記中是這樣的一些文字：

> 11月3日
>
> 　　投入對「五一六」分子嚴英俊的揭發批判。大會鬥、小會幫。
>
> 　　王輔仁追隨王、關、戚，搞批判資產階級反動學術權威的名義，與民院五一六分子緊密聯繫在一起的。
>
> 　　大揭發，大檢舉，一班有一些，二班幾乎沒有。開展革命大批判，呼籲知情人大膽揭發，團結起來，共同對敵。

這一段文字起碼透露了這樣的一些信息：嚴英俊、王輔仁曾是民院昔日的造反派，現在作為五一六清查的對象。吳文藻在文化大革命運動中，首次不是作為對象而是作為群眾一員，參加對五一六分子的大揭發、大檢舉。從革命的對象轉變為革命的力量，具有歷史的意義。

王輔仁是1952年燕京大學的畢業生，分配到中央民族學院研究部任教，與吳文藻成了同事，後來也調至歷史系，六十年代初成為研究生導師，文革開始後是為年輕教師中的造反派頭目。大概是由於燕京學歷、民族學專業，因而，對冰心吳文藻還算尊重，文革中並不曾出手下過狠動作。下放到幹校時，曾是連隊的生活幹事，探望過吳謝，詢問「生活有何需要幫助」。吳文藻的箱子打不開，王輔仁為其想辦法，對冰心特別的客氣，雖然其專業是民族學，愛好卻是文學，熟讀唐詩宋詞，冰心稱其為「神童」。幹校清查五一六，王輔仁首先入網，連續幾天展開批鬥，軍代表白振聲專門約林耀華、費孝通、陳明洛、吳文藻等背後排查王輔仁，弄清他與五一六組織的聯繫，陳鳳賢、宋蜀華、韋崇武、朱寧、王榮、徐石邦等都在大會

上激情發言,控訴其破壞文化大革命、勾結校內五一六份子反對周總理和老帥們的罪行,並要他坦白組織關係,誰發展了他、他發展了誰等。在強烈的攻勢下,幾天之後,王輔仁舉手投降,罪行有四:1,炮打司令部,攻擊林副主席;2,攻擊周總理,提出「新文革與舊政府的矛盾」「是資本主義的總後台」,「最大的保皇派」;3,反軍亂軍,毀我鋼鐵長城;4,矛頭指向毛主席,是個頑固不化,執迷不悟的五一六反革命分子。為了進一步坐實罪行,宣布對王輔仁進行隔離審查。

12月12日,幹校乘勝追擊,舉行大會,軍代表宋政委親臨前線動員:「深入開展一打三反群眾運動,堅決清查五一六分子反革命陰謀集團再動員」。再動員大會後,幹校進一步掀起揭發、檢舉、批鬥新高潮,展開了清查五一六的人民戰爭,歷史系的年輕女教師嚴英俊,立即進入視野。

在吳文藻的印象中,嚴英俊生活與學術上都很勇敢,有些像燕京的學生王寵惠,六十年代初,她也曾至廣西進行瑤族的田野調查,先後寫出了《廣西恭城縣三江鄉瑤族社會歷史調查報告》《廣西富川縣紅旗人民公社(富陽區)瑤族社會歷史調查》《廣西荔浦縣茶城人民公社瑤族社會歷史調查》等扎實的論文,文革中自然也成了造反派,並且十分活躍,與北大、清華等校外造反派組織都有聯繫。再動員之後,第一個五一六的新發現就是嚴英俊了。這一發現,令冰心有些不相信,嚴英俊與自己同班,因為都是女性,平時接觸的機會也多,怎麼看她也不像是一個隱藏很深的五一六分子。第一次批鬥時,逼她表態,要她承認自己是五一六子,怎麼表態?更不能承認!於是,她只是談了一些個人經歷、對一些造反過激行為的悔過。她甚至說不知道五一六反革命陰謀集團這樣的組織,更談不上參加與發展了。這個發言,立即引起公憤,批判會從下午一直開到晚上,吳文藻作為群眾身分發言,「重在指出她頑固的繼續堅持五一六立場,態度不老實,思想感情格格不入,沒有一點意思要和五一六反革命陰謀集團劃清界限,徹底決裂。如有感情,就得乾脆向人民群眾繳械投降,認罪伏法,重新做人。」[79]

---

[79] 吳文藻筆記,1970年12月12日。

　　再動員之後，幹校揭發、批判五一六聲勢浩大，連續兩天，大小批判會、大字報、高音喇叭鋪天蓋地。儘管文革之初，嚴英俊也組織過類似規模的批鬥活動，但當這個矛頭對準了自己的時候，還是驚慌失措，兩天之後，便開始繳械了。

　　嚴英俊首先接受了五一六分子這頂帽子，「在文革中犯有嚴重的五一六罪行，罪行的根據就是五一六，是不是五一六，則由罪行決定。」在這個混亂的邏輯中，表示「應受到應有的處理和批判」，要向人民投降，同五一六陰謀集團劃清界限。在這個認識的前提下，嚴英俊將自己的罪行歸納幾點：

1，立場仍然是資產階級，世界觀也是資產階級個人主義，個人名利出發，經不起資產階級的吹捧，所以和反革命分子站在一邊，跟五一六反革命分子一起犯有罪行。姚文元指出，矛頭指向三紅司令部，那樣，一一五竊密事件罪行之一。「他們」陰險毒辣，矛頭指向毛主席、林副主席，充當帝修反的別動隊，向帝修反提供了炮彈。

2，打著反「二月逆流」的招牌，在「聯委」召開的黑會，實際上炮打無產階級司令部的反革命勾當，並積極參加這些活動，如炮打李富春，把李先念打成叛徒頭子，不但參加黑會，而且積極參加了行動。在聯委會上，傳達黑指示。在這些活動中，我有嚴重的罪行。

3，企圖從內部來顛覆紅色政權。

4，五一六反革命集團嚴重罪行，反軍亂軍，參加了大專院校組織的《紅專報》，刊登「抓軍內一小撮」的文章，參加過龍書金游鬥大會。

5，參加了五一六黑頭目洪濤所策劃的一一八反革命事件，以召開介紹一一五事件為名，參加了反革命奪權的通令的討論，煽動廣大群眾起來奪權。

6，積極參加了武鬥，策劃黑會（歌舞團召開），洪濤直接布置的。

7，為賀、唐之流反革命奪權，實行資本主義復辟，為他們製造大量輿論，吹捧反革命的辦學英雄，響應紅旗雜誌的社

論，寫了一篇文章。[80]

　　吳文藻在嚴英俊交代時，做了詳細的記錄。交代中涉及到民院文革諸多的大事件，局外人根本弄不清楚，也無需弄清，但從罪行中的任何一條，如若屬實，都是驚天大罪。

　　嚴英俊交代完後，一班立即召開了除嚴之外的班會，研究下一步的對策：1，弄清嚴與洪濤的工作關係，是不是跟著洪濤犯下了罪行？2，哪些罪行是她自己的，要衡量輕重。總的是要坐實她本人的罪行，要具體，「要竹筒倒豆子，繳械投降要有行動，要徹底坦白交代。」班會認為，對嚴英俊「政策攻心起了一定作用，攻要害罪行為主；組織造反兵團招兵買馬這一點暫不提，吹捧手，製造輿論，要把握寬與嚴的辯證關係；要從發展上看問題，既要看到過去罪行的大小，更要看現在的態度。過去罪行雖大，但現在態度好，交代徹底，有悔改表現，能主動贖罪，就從寬處理，相反，過去罪行雖小，但現在態度不好（如頂、推、拖、賴等手法），拒不坦白交代，就從嚴處理。總之，罪行不在大小，關鍵在於態度。態度的好壞，是從寬從嚴基本的重要依據。不要再耍弄唯心主義，自欺之人的把戲了，兩條道路，何去何從，趕快選擇。要知道，選擇的時間沒有很多了，　點猶豫的餘地也沒有了！」

　　但是，班會精神與連隊軍代表的要求，卻相關甚遠。天天讀，重新學林副主席防止反革命政變的講話。之後，全連召開大會，軍代表指導員白振聲，再次針對嚴英俊檢討的惡劣態度，動員大家對其展開鬥爭，並下達各班以開短會、小會的形式進行鬥爭，立即各自分頭寫大小字報。於是，一班的班會又連夜商討如何對付嚴英俊。

　　吳文藻經過認真準備，寫出了「嚴英俊是你真投降真認罪的時候了」的批判勸降文章。12月20日，是個周末，幹校沒有休息，白天有「三忠於」、「四無限」獻禮勞動，挖溝栽樹綠化，大道兩旁插滿了毛主席畫像，到了晚上，又將嚴英俊押上審判台，氣氛比白天的獻禮勞動還熱烈。吳文藻以自己的親身經歷，奉勸八個字：「面對現實，爭取主動。」不能以駝鳥政策、不承認主義頑固堅持，若正視客觀實

---

[80] 吳文藻筆記，1970年12月14日。

際的存在，首先承認罪責，退而再考慮減輕罪行。吳文藻以自己反右的經歷為例子，首先將自己的罪行承認下來，與羅章同盟一樣，反黨反社會主義，不是消極等待，而是積極爭取主動，促使矛盾轉化，關鍵在於爭取主動，迅猛悔罪。

清查民院的五一六，冰心有些游離，因為她對民院造反派的情況並不熟悉，文革開始曾在民院接受批鬥，被造反派抄了家，但後來關進作協牛棚之後，民院的奪權、派性鬥爭，均不清楚。但在如此聲勢浩大的運動中，一點不發言也不好，因而，面對嚴英俊，冰心回憶了1943年延安《解放日報》評第二次參政會的社論中的一段話並予以引申：「我們共產黨人和全國人民要看事實，不願再聽騙人的空話。如有事實，我們是歡迎的；如無事實，則空話是不能長久騙人的。」冰心說，嚴英俊五一六的態度，首先是要敢於承認事實，不承認自己犯罪的事實，僅是講他人，也就成了空話。

清查五一六分子，對其他的反革命分子也沒有放鬆，12月22日宣布給趙鳳鳴戴上歷史反革命分子帽子的決定，陳永齡作為有嚴重的歷史問題而提出，12月25日晚又批鬥劉曉，在鬥爭日益發展的形勢下，吳謝也是膽戰心驚，弄不清楚批判的矛頭會在哪一天的清晨落到自己的身上。甚至不止是吳謝，由於鬥爭的對象不斷更新、清查五一六繼續擴大，人人自危的紅色恐怖，瀰漫在廣華寺的上空。果然，1970年的最後一天，五連再一次舉行批判鬥爭嚴英俊大會，就在這次大會上，韋崇武、林耀華、李文瑾被揭露出來，指出他們在清查五一六開始便訂立了「攻守同盟」；還有施聯珠、陳鳳鳴也有問題，是「咬緊牙關幹革命」；莫俊卿也是五一六分子。莫一上來，便一鼓腦交代，說自己「一一七參加造反兵團就是參加了五一六」，並且態度誠懇，說「如果我交代的，你們不相信，那我就按你們要求的做」，最後坦言：「我的周圍都是五一六，所以我也是五一六，按照五一六的指示行事。」一時，全場嘩然，人人驚愕，個個自危。

莫俊卿的話肯定是不能相信了，但是一個連隊有這麼多的反革命、五一六分子，吳文藻也不能理解。他不知道造反派到底在後面做了一些什麼？林耀華也參加了五一六？思想處於矛盾中，吳文藻有這樣的一段筆記：

關於「理解」的重要性，反[凡]對一件事的意義和作用的
理解。林副主席論「理解」，「我們對主席的指示，要堅決執
行，理解的要執行，不理解的也要執行。」在執行中加深理
解。[81]

一個連隊揭出如此多的五一六，連軍代表也沒有想到，面對碩
碩戰果，元旦過後，趁熱打鐵，全校舉行「憤怒揭露聲討五一六反革
命陰謀集團罪行大會」。揭露民院的五一六參與圍攻中南海、衝擊京
西賓館、衝擊支左辦公室，建立東北聯絡站、竊取中南海地圖、與戚
本禹密切關係等等。大會之後，各班討論，繼續回憶事實，大家湊材
料，一件一件地搞清情況。晚間正式展開討論，邊揭露邊批判，加深
對五一六的仇恨，決心把一打三反進行到底。

3月24日，全校再一次舉行動員大會：「進一步開展一打三反，
深入進行批清運動」。運動安排三個階段：思想動員，解決認識問
題；群眾性普遍大揭發大檢舉；重點人重點事重點批鬥。時間服從質
量。在思想動員階段，安排公布五一六陰謀集團的罪行材料，第一批
公布的戚本禹，第二批是「北京大學批聶元梓反軍亂軍罪行大會」，
由8341部隊主辦，之後民院公布第一批材料，「原抗大領導成員，藉
口外語學院8341部隊成員在初期領導工作中，輕信前軍宣隊成員犯下
的錯誤，用來攻擊民院軍宣隊領導成員，反軍宣隊，反軍是真。批鬥
劉鄧大會錄音傳達大會，策劃一一五事件，又是現場總指揮，搶劫國
家機密檔案」[82]等等。

4月9日，軍代表宋政委再一次風塵僕僕從北京趕到潛江，親臨現
場，督促指導，他對幹校清查五一六並不滿意，說，幹校揭發五一六
的深度與廣度，都不及北京。畢竟是軍隊政工幹部，下此斷言後又列
出幹校的幾大成績，承認了反謝[富治]，幾個專案組做得不錯[83]，關
於中南海地圖追查較好，只是深度還不夠。吳謝認為，五連的五一六
抓得夠多的了，但軍代表表揚的卻是七連、二連，說「七連走在前
頭。」「二連較好，一些知情人開始動」。具體存在的問題是：大字

---

[81] 吳文藻幹校筆記，1970年12月31日。
[82] 吳文藻幹校筆記，其內容為大字報材料摘錄。
[83] 專案組是審訊逼供的臨時機構。

報揭外連的多，揭本連的少；認為壞人不在我們連隊，怕得罪人，怕點名，將來不好收場；派性沒有完全消除，表現在只揭對方不揭本方，現在對方也沒有可揭的，明明是有的，不敢揭對方，揭對方怕人說成也是一種派性。宋政委號召知情人要站出來，變壓力為動力，等待不動，壓力就越來越大，包袱越來越重，再下去，要掉隊。反戈一擊，將功贖罪，要和壞人劃清界限。促猛醒，不要再等待，也不要怕牽連自己，少數重要知情人，或是有問題的人——企圖表白自己，做些假相，掩護敵人過關，在這裡提出警告，這樣做是危險的，有罪行的人也要講話。

下一步如何辦？宋政委提出了三點要求：1，進一步深揭深批；2，清查大事件，十幾二十個，與上面掛上鉤的，五一六活動有政治背景的，要注意時間、地點、背景，大事件找出那些人參加，誰策劃，來龍去脈搞出來，要從普遍檢舉揭發中找大事件，3，從大事件中找知情人，從知情人中找重點人，從重點人中找出壞人，從壞人中找出背後的策劃者，決心查清大事件，找出幕後策劃者與壞頭目。

民院五七幹校，在宋政委富有對敵鬥爭經驗的安排下，再次走向深入。但不是直線前進，而是穿插於農活中間，就是錢鍾書所說的「間歇虐」。吳謝也就是在間歇的過程中，離開了幹校，此後的清查，便因為與林彪的「短促突擊」而退潮，而不了了之了。

7，從《六次危機》到《世界史》

1971年8月8日，吳謝從湖北潛江五七幹校回到北京。民院的軍代表宋政委、革委會主任李力到車站迎接。下車之後，大雨自天而降，洗淨了五七戰士身上的塵土，冰心吳文藻都感到一陣的輕鬆。

恢復招生令下達之後，民院緊鑼密鼓地展開工作。第一批從幹校回京人員抵達後的第二天，召開了全院大會，李力主任作報告，宣布民院新的組織機構。第一屆工農兵學員招生在國慶後進行，先辦三個系：政治系（兩部分）、語文系（包括漢語，六個少數民族語言班）、藝術系。預科暫時保留。歷史系專業暫緩，課程還是要，與文物室合併，分三個組：疆域地圖、少數民族歷史課程教學研究工作、文物陳列。三個系外，尚有院辦工廠、農場。先招新生七百名，其中政治系三百四十名，語文系兩百二十名（維、哈、蒙），藝術系四十

名。另有一百名機動。民院組織機構調整為：三組兩室，政工組、教改組、總務組、辦公室、研究室。

研究室的人員，包括從幹校回來的人，林耀華、王彬、郭毅生、李慎言、吳文藻。當日下午，研究室人員到二號樓會議室舉行第一次會議，由工宣隊張振、軍宣隊陳代表主持。張、陳均自我介紹，不僅表達了他們受毛主席委託進駐民院，同時表示了自己是外行，沒有上過大學，諸位都是專家，教學與研究任務得靠你們來完成。這有些出於吳文藻的預料，態度相當懇切，沒有那種趾高氣揚，散會之後，便分辦公室，安排兩天時間搬家、布置。此時，作協尚未恢復，民進、人大的活動也沒有，回到北京，冰心依然落腳民院。請示了工、軍宣隊，歡迎冰心參加研究室的工作，桌子就放在吳文藻的辦公室，於是就出現了冰心回憶中的「十年動亂的歲月中，最寧靜、最愜意的日子！我們都在民院研究室的三樓上，伏案疾書，我和文藻的書桌是相對的，其餘的人都在我們的隔壁或旁邊。文藻和我每天早起八點到辦公室，十二時回家午飯，飯後二時又回到辦公室，下午六時才回家。那時我們的生活『規律』極了，大家都感到安定而沒有虛度了光陰！」[84]

回京安頓之後，吳謝首先探望了謝南光的遺孀和家人。1969年夏天，謝南光在反帝醫院（協和醫院）逝世，吳文藻得知後十分悲痛，那時他與冰心都關在牛棚，失去自由，不能前去探望，現在他們倆人專程來到府上，見到嚴恩綺，談及謝南光，都流了淚。這天中午，三人在東風市場用午餐，細細地回憶了他們相識、相處幾十年的友誼。

從幹校回到民院，吳文藻開始尚不清楚自己所處的位置，正常使用還是監督改造？從人事安排與辦公室的分配上看，已是正常待遇，但他仍不放心，在一次的天天讀之後，主動向工宣隊談「活思想」，怕自己還會犯錯誤。沒有想到張師傅對他和冰心另眼相待，竟說他們是大學問家、大作家，鼓勵大膽工作，說犯錯誤不可怕，有了錯誤就改嗎，只要按照毛主席的指示去做，就能不犯錯誤或少犯錯誤。從張師傅信任的語氣與眼光中，吳文藻受到了極大的鼓勵。

多少年了？見過這種信任的眼光、聽過這種鼓勵的語言？

---

[84] 《我的老伴——吳文藻》，《冰心自述》P258。

國慶到了，北京又要熱鬧一番，但與往年不同，沒有遊行、沒有慶祝活動，只有周恩來在頤和園群眾遊園中出現。已經有一定政治嗅覺的吳文藻，覺得有些奇怪奚翹，便悄悄地打開了從東京帶回、造反派抄走又退還的東芝牌電子管收音機的短波頻道，一個驚天的消息幾乎將吳文藻擊倒，外電報導在外蒙古境內溫都爾汗發現一架中國的三叉戟飛機墜毀，初步顯示機上可能是中國的第二號人物林彪副主席。吳文藻不相信自己的耳朵，讓冰心一起來聽，從英語、法語到日語，都在播發這條震驚世界的消息。

只有中國緘默，只有中國人不知道。

研究室成立之後，任務立即下達，趕譯美國總統尼克松的《六次危機》。10月4日布置，10月6日原著分配到手，沒有機會通讀全書，吳謝即著手翻譯，吳文藻譯第五章，「赫魯雪夫資產階級民主主義與共產主義的鬥爭」。冰心譯第二章，之後兩人互為校正，抄正謄清之後，冰心再作文字潤色。之後，張錫彤翻譯的第一部分也出來了，吳文藻校正，冰心做文字潤色，流水作業。由於高層急需閱讀此書，時間非常緊迫，吳文藻向張師傅建議，將仍在幹校的鄭平章、宋蜀華、馬麗三人調回，充實翻譯力量。張師傅接受了這個建議，由於增加了人手，翻譯進展很快，12月11日全部譯稿校完、交出，前後僅用三十五天的時間。

書稿交出，知識派了用場，學問得到釋放，吳謝回家，舉杯慶賀。文革之後頭一回如此舒心，要不是心有餘悸，好客的吳謝一定會邀請研究室的人共飲慶功酒。與此同時，毛澤東對林彪的「短促突擊」所取得的勝利公諸於世，以中共中央的名義下發布第七十七號文件，宣告了「粉碎林、陳反黨集團反革命政變的鬥爭」取得偉大勝利！

這一年的元旦，大地一片素淨。

民院的工農兵學員入學了，校園有了生氣，鮮豔的不同的民族服裝，在校園點綴出色彩與生機。開學那天，舉行了隆重的列隊歡迎儀式，幾十個民族的學員，以整齊、矯健的步伐，進入校園，開始了他們「上、管、改」的歷史使命，冰心和吳文藻都在兩旁鼓掌歡迎，在他們幾十年的教學生涯中，從未見過如此壯觀的景象，如當年解放軍進城一樣，威武雄壯。

研究室進行了人員的分配與調整，大部分教師擔任了教學任務，為教學組，開設三門課：中國近代史、世界近代史與民族史，翻譯組由吳文藻、鄺平章、饒毓蘇、謝冰心、林耀華、聞在宥組成，進行《世界史》的翻譯。任務由國家下達，用於高中閱讀課本。

《世界史》是本世紀上半期，美國三位著名史學家聯合寫作的，從文明演進的角度論述人類的歷史，即從人類的文明產生，到第二次世界大戰結束。劃分為四個階段：文明的開端、古典文明、基督教文明、近代文明，尤其以西方文明的發展路徑為重點。文字輕快，論述精當，常有讓人耳目一新之見。作者善於以細節來揭示歷史大勢，在不算長的篇幅內，呈現出一幅有聲有色、既有上層精英也有普通民眾日常生活的文明發展圖景，文學色彩很濃。冰心說她並不愛讀歷史課本，中學時代便被《聖經》對歷史的描述嚇住了，總認為記述歷史是一件枯燥的事情，讀了《世界史》，方知歷史可以這樣敘述，一部人類的文明史，竟然在三四十萬字的書中描述得如此生動有趣，以她的經驗，是個很好的青少年讀本。

在會上，吳文藻談了該書在美國風行一時及歷經修訂的情況，中國曾於1946年與1948年兩次翻譯，商務印書館的版本，他是閱讀過的。三位作者，海斯是哥倫比亞大學歷史教授，穆恩也曾擔任哥倫比亞大學國際關係講座，韋蘭是弗吉尼亞州麥迪遜學院歷史與社會學教授，畢業於哥倫比亞大學。冰心說，都是你們哥大的，費孝通則詢問老師是否與他們有過交往等等。

冰心拿到書便躍躍欲試，先譯了一段「石頭的故事」以作試筆：

> 人類在學會寫字之前，曾有一段漫長的時期，使用石頭製造的武器和工具。因此，如果我們想知道人類在那遙遠而混沌的過去的任何事情，我們就必須研究石頭——文字的記載是沒有的。除石頭之外，其他東西也曾被使用過，如棍棒、木矛和皮毛之類；但沒有任何東西像石頭那樣，能持久地留存下來。
>
> 當一隻飢餓的野熊拖著腳步向一戶人家的住所走來的時候，也許這家的父親會迅速地抓起一塊石頭，用盡全力向那隻野獸擲去。在另一隻熊到來之前，這個人大概已收集了很多大小合適的石塊，堆積在一個他可以即取即用的地方。當他外出

獵取野獸和鳥類作食物時，他無疑是用石頭向它們投擲，不久他便學會投擲得越來越準確。假如他找到一些硬殼的甜果實，他便用一塊石頭把它們敲開。在挖取可食的根莖植物如胡蘿蔔和馬鈴薯時，他無疑地使用了一根棍子或一塊尖石頭。

因為在那遙遠的年代，人們必須依靠漁獵為生，所以我們把人類生活最初的漫長時期，叫做漁獵時代。人們獵取野獸和鳥類，也要打漁——打漁和狩獵在方法上十分相似。也需要採集果類、漿果、硬殼果和根莖植物。這一切都是重要的食品。人們在當時既不知馴養牲畜以提供肉食，也不知墾地種植。他們必須依靠獲取野生的東西——野獸、魚類和植物。

因為使用的武器和工具都是石頭製成的，也因為我們必須依靠石頭給我們講述遙遠過去的故事，所以我們也將漁獵時代稱之為石器時代。它的大部分時間是舊石器時代，較後的我們稱之為新石器時代。[85]

冰心的試筆保持了原作的風格，寓歷史事實於輕鬆、活潑與風趣的描寫之中，大歷史往往忽略細節，而這裡處處都是細節的描寫，冰心說這就是文學的描寫。吳文藻說，冰心的試筆便是這部著作翻譯的風格，費孝通補充，其實，田野作業也是恢復歷史，那裡也是以細節說話的。於是整個翻譯組便找到了共同的感覺了。

現在出版的這部書，封面只署冰心、吳文藻與費孝通三人的名，其他被「等」去了，實際在當時，翻譯組的人員都是平等的，每人都擔負任務，只是到最後，吳謝統校、統稿。所有人的翻譯回到吳文藻手上，作人名、地名、歷史事件的表述的統一校正，並改正翻譯中的錯誤。吳文藻做完最後一次通校，長長地舒了一口氣，日記如下：

> 竟日在家改完第五十章後，轉到最後一章第二次世界大戰。傍晚改完。孝通的老毛病掉字掉名未改，其次不肯勤查字典，找出成語，譯名除外，粗心大意改得不多，如將大洋洲誤作澳洲，原文先東後西亦都被寫錯成為先西後東，這是看原文

---

[85] 此處引用《世界史》，海斯、穆恩、韋蘭著，冰心、吳文藻、費孝通等譯，世界圖書出版公司2011年3月版。此段試譯的手稿，冰心文學館收藏並展出。

看得不夠仔細致的錯誤。到此，全書譯稿抄件全部校完。[86]

　　費孝通尚有如此的差錯，可想而知其他的譯稿了。與此同時，冰心跟在吳文藻的後面，梳理文字，點綴文采，整整一年的時間，七八個人的通力合作，終成大器，成為一部引導青少年進入世界歷史長河經久不衰的經典讀本。

8，尼克森「帶來」的客人們

　　趕譯《六次危機》，就是因為本書的作者、美國總統尼克森，在國務卿基辛格一系列的鋪墊下即將訪華。這是中華人民共和國成立二十二年後，美國這個世界上超級大國的總統首次踏上另一個東方大國的土地。為了瞭解這位破冰者，外交部決定翻譯他的近作《六次危機》，印成大字本，供毛澤東和國家領導人閱讀。中國共產黨與中國國家的領導人，對尼克森思想、觀念的瞭解，多出自這本書。不用說，尼克森的訪問是成功，《上海公報》的簽訂，標誌著關閉了二十二年的中美兩國大門被打開。

　　尼克森開啟大門之後，世界上尤其是生活在西方國家的知識分子、民國舊人、熱血青年等，紛紛申請進入這片紅色、占老而神祕的土地。他們迫切想知道和瞭解中國、探望故國舊友，有的是出於感情，有的出於理智，有的出於好奇，有的則想引進革命，有的當然也想當斯諾，寫出一本《紅星照耀中國》之類紅遍全球的書。而在瞭解民國舊友、中國作家、學者的欄目中，冰心都列榜首、吳文藻也赫然在列。

　　回顧一下他們當年的密切交往友人的名單吧：顧毓琇、浦薛鳳、梁實秋、斯諾夫人、凌叔華、趙浩生、韓素音等，哪一個不是想早一日踏上故國的土地？還有日本的讀者、散落於世界各地的讀者，哪一個不想知道冰心是死是活？

　　　　顧一樵先生來，告訴我冰心和老舍先後去世。我將信將
　　　　疑。冰心今年六十九歲，已近古稀，在如今那樣的環境裡傳

---

[86] 吳文藻日記，1973年1月11日。

出死訊，無可驚異。讀清華學報新七卷第一期（1968年8月刊），施友忠先生有《中共文學中之諷刺作品》一文，裡面提到冰心，但是沒有說她已經去世。最近謝冰瑩先生在《作品》第二期（1968年11月）裡有《哀冰心》一文，則明言「冰心和她的丈夫吳文藻雙雙服毒自殺了。」她在日本的時候寫信給趙清閣女士說：「早晚有一天我死了都沒有人哭！」似是一語成讖！可是「雙雙服毒」，此情此景，能不令遠方的人一灑同情之淚！[87]

　　梁實秋在1968年便向人們傳遞了這個「死訊」，以後又有人說冰心還活著，沒有死，可是就是沒有看到她的作品問世，一個作家不寫作，能說她還活著嗎？各種傳說都有，因而，當他們一旦獲得去北京的機會，各方打聽、親自探望冰心，便成了中國菜單中重要的一項。有的與冰心根本沒有聯繫的人，也在菜單中列項，見機行事。

　　於是，我們就可以看到，吳謝從幹校回到北京之後，也就是在尼克森滿載回到美國之後，一批又一批外賓進入民院的大門，往往都是衝著謝冰心、吳文藻、費孝通等人來到的；同時，民院集聚了不同的少數民族，成為中國少數民族的聚集地，民族問題第一次世界大戰後便成為敏感問題，對中國的瞭解自然包括對民族情況的瞭解，民院自然成了外國人瞭解中國民族問題的接待點。

　　僅以1972年為例，吳謝接待外賓的列表如下：

　　3月14日，民院接待外賓日，吳謝參加接待。

　　3月16日，冰心接待香港回國華僑。

　　4月7日，吳文藻參加接待美國關心亞洲學者委員會成員二十餘人。

　　　　先由李主任介紹院概況，次參觀民族系上課，圖書館閱覽室，又次文物室，最後回到接待處，分配兩組座談，吳文藻參加人類學問題組，林耀華、費孝通發言，晚飯時，吳文藻陪喬納森・米爾斯基（Guhnaucan Mizrtcy），研究中國問題的副教

---

[87] 梁實秋，《憶冰心》，臺北：《傳記文學》第13卷第6期。

授、達特茅斯東亞語言和區域研究中心的主任，右邊是一位人類學者，飯後稍坐即陪赴大禮堂晚會，看藝術系演出節目。[88]

4月8日，冰心早晨還赴西山果園勞動，午飯後被安排接待丹麥作家M.A.尼克索夫婦來訪，外交部新聞司有人陪同。

4月10日，吳謝接待朝、柬駐華大使及館員參觀。

因為訪者零亂，接待陷於忙亂未及介紹或安排，即隨大流到教室、圖書館等處，最後文藝樓看教學演出。

4月15日，冰心接待丹麥攝影師。

4月21日，吳文藻到接待室，參與接待美國人類學家Nosman Chana，耶魯大學人類學系教授兼主任。

外交部歐美司美國組張再、王觀生陪同，但作為旅遊局成員到會。吳文藻不小心說話時，暴露了他們的身分，後為「說錯話」做檢討。會議九時開始，李力主任介紹情況後，即赴藝術系參觀，然後其夫人先返接待室。參觀完後休息，共進午餐。下午報告會，「美國少數民族教育問題」，用了一個半小

---

[88] 「當我提到我來自達特茅斯學院時，我沒想到會有人聽過這個學校，」米爾斯基教授說，「想像一下，當我得知吳文藻博士在這個學校就讀了四年，我是多麼地驚喜！像所有達特茅斯人一樣，他似乎完全記得這個學院和它的周邊，而且他的回憶特別地熱烈。他的英語很棒，我們私下用中文和英文大約交談了好幾個小時，我發現他是一個忠誠的愛國主義者，他為他的國家感到驕傲，同時他簡單地表達了他對美國保留著很多友好的感情。遇見他是我生命中最溫暖的個人經歷之一，而達特茅斯為我們的相識牽線搭橋。」

在達特茅斯畢業之後，吳文藻教授在弗朗茨·博厄斯的指導下，取得了哥倫比亞大學社會學博士學位。他回到中國並最終成為他的國家最好的大學之一——燕京大學的社會學系主任。他的妻子，謝冰心，是中國最傑出的現代小說家之一。

米爾斯基教授同他交談的時候，七十歲的吳文藻博士剛從中國中部種植棉花回來。即使是受過最高等教育的人也要週期性地勞作，這是毛主席的文化計劃。「只有現在我才明白將人民視為勞動者的重要性，」吳文藻博士說，「通過分擔他們的勞動，我才能把他們視為目標。在七十歲我開始重塑自己。」（林幼潤譯）──《尼克森之後的中國》，《美國政治和社會科學研究院紀事》，1972年7月。

時，聽眾可提問，然後由他答覆。第二日（4月22日），中美學者對提問稍作討論。十時開始，由美國學者繼續作答，「今天講得具體，資料價值較大。由於他要提問題，決定延至午後，所以又準備便飯，下午會由費孝通解答，我國少數民族政策、其間李主任及其他人插話分別作答。」

4月22日，冰心接待日本《讀賣新聞》記者。
4月25日，冰心參加會見日本友人白土吾夫。
4月29日，臨時通知吳文藻，參加接待外賓（各國駐京專家一百數十人）工作。

八時到齊，李力主任表示歡迎，並就本院情況作簡短介紹。然後介紹本院革委會成員、教師、幹部、工農兵學員代表等，分六組參觀。吳文藻在第五組，由王嘉慶主領。吳文藻陪同米勒Mieeau，參觀畢，到三號樓大接待室座談。先由新學員分別講述來校四個月的體會，並略談家庭出身，一致感謝黨和毛主席，得有機會上大學。在大食堂午餐，下午在大禮堂觀看歡迎演出，中間有亞洲幾位專家上臺表演，氣氛很融洽。

5月10日，吳謝一同去接待室，接待韓素音。

由張主任出面，由外交部新聞司張某陪同來訪。先由張主任做簡單介紹，然後陪她參觀民語、藝術兩系教學活動。次到圖書館，午飯後一同來到冰心家裡茶敘，漫談。二時半回到接待室，由李主任親自主持座談會，先由藏族、和田維族兩人陳述各自來歷及上學以來適應情況，最後由李主任闡述我國少數民族政策。

5月19日，吳謝在李主任的陪同下，到北京飯店探望韓素音，因她還有一些問題要問。
6月17日，吳謝參加接待費正清、費慰梅夫婦。

介紹情況，先看展覽，次到藝術系參觀課堂操練，後到圖書館，回接待室座談。談到哈佛大學擬設黑人歷史科目時，柯柏年插話，首先必須承認過去錯誤，否則是搞不出名堂來的。

費正清夫婦與費孝通熟悉，當問及這些年的情況時，費孝通回答說，在湖北學種棉花，並挽起袖子，亮出結實的手臂，說，「這都是給站在牆上的泥瓦匠拋磚的時候鍛鍊出來的。」[89]

6月28日，吳文藻接待許烺光夫婦及他們的三個女兒。

6月30日，吳謝在李力主任的「陪同」下，前往北京飯店赴韓素音、陸文星舉行的雞尾酒會。外交部喬冠華、何英等人出席，鄧穎超、楊振寧、張孝騫、吳階平等也出席。

7月12日，吳謝接待美籍中國知識青年。

有的在研究院讀書，有的大學剛畢業，有的還在大學讀書，計女生九人，男生三人。其中有幾個來自加拿大，吳文藻接觸到幾個來自加州加大學社會學系主修生，上午參觀課堂活動及展覽，午飯後座談。

8月2日，冰心吳文藻在民院接待室，會見香港中文大學男女學生二十九人，其中女生十一名。

「大多數很熱情，急於求進步，但有糊塗思想，如『保存中國化』（不分階級）『純藝術』（超政治）之類。」

8月16日，吳文藻、費孝通會見楊慶坤。

整個上午交談，特別是他和費孝通談得多，之後看了展覽，合影留念。

---

[89] 費正清，《我的中國舊友》，《文論報》1998年7月16日。

9月18日，冰心赴人民大會堂，出席周總理招待日本自民黨議員的宴會。

> 總理和我最後的一次較長的談話，是在1972年的秋天。那天，我參加招待外賓的宴會，到得早了一些，就在廳外等著，總理出來看見我，就叫我進去，「喝杯茶談談」。這間大廳牆上掛的是一張大幅的延安風景畫，總理問我：「去過延安沒有？」我說：「還沒有呢，我真想在我還能走動的時候，去拜謁一次。」總理笑問：「你多大年紀了？」我說：「我都七十二歲了！」總理笑說：「我比你還大兩歲呢。」接著他就語重心長地說：「冰心同志，你我年紀都不小了，對黨對人民就只能是『鞠躬盡瘁』這四個字呵！」我那時還不知道總理已經重病在身了，我還沒有體會到這「鞠躬盡瘁」四個字的沉痛的意義！總理的革命意志是多麼堅強呵！[90]

9月19日，吳謝接待英國下院議員。

> 與吳文藻接觸的是羅伊・梅森，前工黨貿易大臣，提出不少問題，如關於知識分子改造、教育革命、文化大革命中的問題，他用英語對吳文藻強調，自由作答，吳文藻回答了有關問題，並用漢語將大概的內容翻譯出來，以便讓不懂外語的領導知道自己回答的內容，最後吳文藻明確告訴羅伊・梅森：自己已改造成新人。

9月22日，冰心參與接待伊朗王后。
9月28日，冰心出席田中邀請宴會。次日赴機場送行。
10月4日，柯柏年陪拉鐵摩爾訪問民院。

> 吳文藻與拉鐵摩爾在日本東京有過會面與交談，吳曾贊同拉鐵摩爾對美國日本政策的批評，吳謝均參與接待。依然是李

---

[90] 《永遠活在我們心中的周總理》，《冰心全集》第6卷，P599。

力主任主持，在座的還有費孝通、陳永齡。拉鐵摩爾先談訪蒙新情況，然後提出問題進行討論，「有些問題是預料中的」。比如文化大革命、知識分子問題、與蘇聯的關係等。回答問題也是李力主任，拉鐵摩爾很失望，他一直希望聽到吳文藻、冰心與費孝通等人的觀點。

10月6日，冰心接待前來民院參觀的華僑。

11月21日，民院通知，本月27日，美國專欄作家約瑟夫‧艾爾索普（Joseph Wright Alsop）夫婦將來校參觀，要吳謝出面接待，囑做好準備，談知識分子政策，要求冰心除此外還要介紹中國文學動態。

　　兩天之後，外交部專門來介紹艾爾索普的情況，並留下接待簡報。二次大戰中，艾爾索普加入美國海軍，曾協助宋子文在美國上層決策者中游說，以爭取對中國國民政府的援助。1941年受聘為中國國防物資供應局助手，同年來華，任美國志願航空隊隊長陳納德的副官。1942年初在香港被日軍俘虜，同年六月由交換戰俘獲釋，後又以美國《租借法案》駐重慶代表團成員身分來華。這個時候，吳文藻對艾爾索普曾有所聞，據說他瘋狂追求過燕京大學畢業、時任新華日報社記者的龔澎。1943-1945年複任美國第十四航空隊上尉參謀。在史迪威事件中，反對約瑟夫‧史迪威而支持蔣介石。為美國務院對華援助骨幹人物。曾著有《我們控告》《寂靜的大地》等，在他的筆下，不區分新舊社會，將中國總是被描繪成一個好戰的、擴張主義的形象，中國社會則被描繪成既沒有進步也沒有前途的社會，他的文章在美國有很大的影響，此次訪華，美國有多家報刊等著發表他的文章。

11月27日，吳謝接待約瑟夫‧艾爾索普，陪同人員是姚偉。

　　立即進入談話，艾爾索普單刀直入，要瞭解「作家創作自由」的問題。冰心無法回答，但她流利的美式英文，卻令艾爾索普夫人好奇，她完全沒有想到，眼前這個衣著樸素的老太

太，原來畢業於威爾斯利女子學院，那兒恰也是她的母校，於是，「只好漫談一個半小時即散。」

12月13日，冰心接待香港報界出版界訪問團。

12月20日，美國女作家、冰心老朋友海倫‧斯諾到中央民族學院訪問並拜訪冰心：

> 中國存在著少數民族問題，因為，包括漢族即中國本土人在內，中國共有五十六個民族。我參觀了有來自五十個少數民族一千兩百名學生的民族學院。此外，我還有一個目的就是想見見當年在燕京大學執教時和我認識的冰心女士和她的丈夫吳文藻。他倆現在都在民族學院。吳是人類學家，在那裡教研究生。
>
> 學院大樓落成於1951年，從那一年到1966年已有畢業九千三百人。
>
> 冰心和一群穿著節日的民族服裝的少數民族學員在門口迎接我們。年已七十二歲的冰心穿的是平常的中山裝，也吸菸。她身材瘦小，頭腦聰慧、思想敏捷，講一口在美國學校裡學的流利的英語。室內並不暖和，但是她穿著長褲、上裝似乎挺舒服。
>
> 「你看上去身體很好，精神也愉快，我很高興。」我說，「我在三十年代認識你的時候你不但是中國當代最著名的女作家之一，也是最美的女子之一，不過那時你身體不好。」
>
> 「對，我現在比從前愉快，身體也很健康。我有時去清華洗溫泉澡。我們的三個孩子都生活得很好。兒子是建築師，兩個女兒一個在外交部，一個在民族學院教書。」
>
> 「我還有你的一封信，是很久以前的事了，那時，你的丈夫在國民黨駐東京大使館工作。我知道你們已決定回中國。你最近一次到美國是什麼時候？」
>
> 「我從1936年以來沒有到過美國。1950年我本打算去出席一次婦女界的和平會議，但是那時不允許我們入境。」
>
> 會客室的窗子很大，家具一如別處：坐墊塞得太滿的美國

式椅子和玻璃面的矮几。[91]

12月22日，吳謝參加接待美中關係全國委員會學者訪問團，吳文藻發覺哥倫比亞大學有三人在團，坐在旁邊交談的主要有斯卡拉皮諾，鮑大可等人。

12月29日，吳謝接待美國來台優秀成果五人，其中之一魯永振在美國哈佛大學教學。

如此頻繁的接待外賓，縱然是外交部官員也未必能做到。這裡有國家元首、有王后、有昔日的老友、有頂尖的專家與學者，有名作家、名記者，有華僑、有左翼青年等等，冰心在後來回憶說，她並非是民院的教員，但民院的外事活動，總也少不了她，其實，民院則認為，有不少的來賓直接是衝著謝冰心而來。但任何形式的接待，都必須得到批准，那怕是最熟悉的朋友，也不得私自探望，不得在家中接待，必須在接待室進行。7月21日，工宣隊的張師傅與翻譯組談話，接待外賓即是黨的信任，也體現了大家在路線鬥爭教育上有沒有提高覺悟。吳文藻當即悟道：「起因王鍾翰未向民院領導指示即徑去新僑飯店、華僑大廈看美籍中國學者犯了錯誤。借機向我們敲起警鐘，是政治上愛護，我們應該認真體味，嚴加注意。我們兒子健夫婦時，牆角旁人在座，本已口頭言明，當寫彙報。乘機明告，待星期日寫出上報。」

在中國，外事活動歷來強調國格與人格，尤其是文革中，處處內外有別，吳謝頻繁接待，並且常常是面對一些最為棘手的話題，他們都能化解，這是很不容易的。在接待過程中，校領導要求，一般要通過翻譯，不得用英語直接交談，但外賓是不理會這道命令的，所以，時常出現英語、日語、法語直接交談的情景。但無論用什麼語言，談話的內容有明確規定，與對外宣傳口徑嚴格保持一致，不得有半點的差池與越軌。

1973年夏天，美國生活多年的原《中央日報》記者趙浩生被准予回大陸採訪。五十三天的行程中，與冰心有過多次的接觸與訪問，他

---

[91] 海倫‧福斯特‧斯諾，《重返中國》，劉炳章等譯，北京：中國發展出版社1995年1月。以上1972年吳謝接待外賓時的具體內容（不同字體標出），除注明出處外，均出自吳謝的筆記。

想跨越時代的鴻溝，瞭解冰心「這位過去以多愁善感歌頌母愛聞名的作家，如何變成愛國革命工作者的故事。」他們在東京常見面、也多次在一起吃飯，分手也就是那個時候，趙浩生就從東京問起回國的原因，冰心告訴他：「從我們做學生起，中國就沒有抬起頭來，一直等到1949年中國解放，中國人民抬起頭來。你說我在日本聽說有這麼一個中國的時候，當然想回來，那沒問題。」冰心向趙浩生詳細談到接受思想改造的經過，她說同意毛主席所說的，知識分子的改造要經過三個階段：一，要與人民有愛國主義的共同語言；二，在社會主義制度下大家平等；三，要有共產主義人生觀。因此，她認為參加勞動、在幹校種棉花有意義，因為這是「跟人民打成一片。」趙浩生專門問到，如果讓您重寫《寄小讀者》會怎樣寫？冰心說：「那我就寫美國人民的情況，寫美國人民的鬥爭，我就會比較注意到受壓迫的階級。美國人民為什麼那麼貧困？百萬富翁為什麼會那麼闊？百萬富翁的孩子是什麼樣的感情？黑人的孩子是什麼感情？印弟安人的孩子是什麼樣的感情？」冰心對自己人生觀轉變做了專門的解釋，說：「就是跟人民接觸嘛──」同時也是因為學習毛主席著作，冰心認為，對她人生觀轉變起最大決定性的是毛主席《在延安文藝座談會上的講話》，從那時候起，她才知道文藝要為政治服務。談到文化大革命，對外界謠傳她在文革中死掉了是錯的，說文革非常可怕也是錯的。她說：「這個文化大革命是革四舊嘛！舊風俗、舊習慣、舊文化、舊思想，而在我們的生活裡面，我們這些寫作的人就有四舊嘛，年輕人覺得四舊不好，就來跟我們談談，辯論，這有什麼可怕？」於是，趙浩生就進一步問冰心如何與年輕人辯論？冰心說：「我沒有什麼可辯論的，因為從前寫的東西根本是不對的，我早就曉得……比方說吧，我談的母愛就不對嘛，母愛是存在的，我並不反對母愛，母愛是應該歌頌的。但這母愛有沒有階級性呢？應該是有的，我從前寫母愛的時候，自己體會到有階級性的，但我不敢說呀……我那時所描寫的母愛，只有天下的母親都愛天下的孩子，那麼天下就太平了，這等於麻痺青年人的鬥志，這是不對的嘛！」趙浩生自然也提起在臺灣與美國的知名文化人，梁實秋、蘇雪林、謝冰瑩、李濟等等，冰心對他們也都有微詞，她認為「梁實秋當年走開不必要，他有點苦惱，他以為他跟魯迅打過筆墨官司」。蘇雪林是「胡適勸她走的，她其實不必走，沒有什

麼，就是說，你是中國人你要是下定決心為人民服務的話，人民是知道的。」謝冰瑩「也是一樣的，只要她肯為祖國人民服務，都有前途。」[92]

趙浩生回到美國之後，根據錄音寫了一系列的訪問錄，第一篇就是訪問冰心，名為《謝冰心談往事、談寫作》，在海外引起強烈反響。一些不明真相的認為，謝冰心徹底變了，完全與共產黨同流合污。但他們不知道，冰心接受趙浩生的訪問，難道還可能講一些別的什麼嘛？況且那時尚處文革之中，冰心只有身體的解放，而無思想的解放啊，這與文革前冰心的寫作時文一樣，更是別無選擇！

9，和北島——「因為我們還年輕」

何止是接待外賓，何止是與美籍華人、日本女婿的趙浩生談話，就是平時說話，甚至個別談話，都要被報告、被監視，都要與當局的宣傳保持一致。

北島的父親、從統戰部領導崗位上退休的趙濟年，到美國探望兒子，說出了他如何監視、彙報冰心的詳情：

> 1999年秋天，父母到美國探親，我常開車陪他們出遊。一天回家路上，父親無意間說起一件事，讓我大吃一驚。當時父母坐在後座，我正開車，試圖從後視鏡看到他的表情。晚飯後，母親先去睡了，我和父親隔著餐桌對坐，我提起路上的話茬兒，他似乎也在等這一刻，於是和盤托出。
>
> 謝冰心在民進中央掛名當宣傳部長，凡事不聞不問，父親身為副部長，定期向她彙報工作。這本是官僚程序，而他卻另有使命，那就是把與謝的談話內容記錄下來交給組織。父親每隔兩三周登門拜訪，電話先約好，一般在下午，飲茶清談。回家後根據記憶整理，寫成報告。
>
> 據父親回憶說，大多數知識分子是主動接受「思想改造」的，基本形式有兩種，一是小組學習，一是私下談心。像謝冰

---

[92] 因筆者未閱讀到趙浩生的原文，此處引文均出自羅子，《謝冰心說違心話》，舊金山：《世界日報》2002年9月，《上下古今》連載。

心這樣的人物，自然是「思想改造」的重點對象之一，把私下談心的內容向組織彙報，在當時幾乎是天經地義的。

讓我好奇的是，他能得到什麼真心實話嗎？父親搖搖頭說，謝冰心可不像她早期作品那麼單純，正如其名所示，心已成冰。每次聊天都步步為營，滴水不漏。只有一次，她對父親說了大實話：「我們這些人，一趕上風吹草動，就像蝸牛那樣先把觸角伸出來。」看來她心知肚明，試圖通過父親向組織帶話——別費這份兒心思了。

那是深秋之夜，夜涼如水，後院傳來陣陣蟲鳴，冰箱嗡嗡響。我勸父親把這一切寫出來，對自己也對歷史有個交代——這絕非個案，涉及一段非常特殊的歷史時期，涉及知識分子與革命錯綜複雜的關係。[93]

從這個談話中，我們可以窺視冰心在講話、談話、著文背後的真實思想之一二，她與吳文藻有些不同，內在的思想與表達的觀念，存在著差異。其實，思想豈能改造？本性豈能改變？能改造的只是外表，造成嚴重的表裡不一、人格分裂。共產黨人，從領袖人物毛澤東，到普通的一名成員，都以這種方式大行其道，並且要將所有的人都改造成同一類型，其目的、意義也就四個字：統治、權力。謝冰心心知肚明，吳文藻就未必了。

從吳謝在一年的時間所接待的外賓情況看，可以折射出當時國門初開時，文革中出現的「小陽春」景象。禁錮了二十餘年，文革了六年有餘，忽然遇到尼克森及其帶來的「客人」送來一陣春風，或說普降了一陣小小的歐風美雨，於是出現了沙漠雨過之後的幼苗景觀，這是思想的幼苗，有可能長成參天大樹。同時，沙漠中底層的營養、「毒草」變成的「肥料」，兩種營養的合作，使得幼苗有了成長的可能。

我將這兩種營養解釋為：前者為民族與人類的傳統菁華，後者為「黃皮書」「藍皮書」。

六七十年代，出版界曾兩次較大規模地出版過「內部讀物」。

---

[93] 北島，《父親》，《城門開》，北京：生活・讀書・新知三聯書店2010年9月。以下兩處引文，均出自該文。

第一次是在中蘇論戰期間，為了各級幹部、尤其是高級反修鬥爭中擴大視野，世界知識出版社、人民文學出版社、三聯書店等有計劃地出版了一批國際共運中各種思潮流派和有助於瞭解蘇聯修正主義、西方資本主義的著述及文藝作品。第二次是中美關係解凍之後，出版了不少「供參閱和批判」的西方理論和文藝作品，包括人物傳記等。[94]這些書前面都有旗幟鮮明的批判導讀，無封面設計，理論書以藍色的牛皮紙作封面，文藝作品的封面用黃色牛皮紙，封底除定價外，注明「內部參考」字樣，專供「省軍級」或「縣團級」以上領導與單位，購書以單位介紹信為憑。無論是「藍皮書」還是「黃皮書」，收藏於單位的資料室，高級幹部的書櫃，有著嚴格的管理權限，不及級別的人員不能閱讀，以免中毒，就是帶回家，老婆、孩子也不得接觸。文革來了，打倒走資派、查抄「封資修」，一大批的「藍皮書」與「黃皮書」流入社會，革命也讓家庭內部也發生了變化。紅衛兵除造反之外，已無書可讀，無學可上，這一批書便開始走入他們的視野，精神的饑渴與求知的慾望，造成了狂熱的閱讀現象。書源有限，則限時限

[94] 據統計，1949至1979年30年間，出版了「內部書籍」18,301種，屬社會科學的有9,766種之多。而1976年文革以前出版的有差不多4,000種。除去大量的馬列著作，其中屬於西方理論和文學的著作，「文革」前大約1041種，而文革中則出版了近1,000種。吳文藻與費孝通翻譯的鮑林，《不要再有戰爭》、吳、謝、費等合譯的尼克森，《六次危機》便是其中的兩種。（《全國內部發行讀書總目錄1949-1979》中國版本圖書館編，北京：中華書局，1988）。其中較大影響的有五十餘種，尤其是：列夫·托洛茨基著，柴金如譯，《被背叛了的革命》，北京：三聯書店資料室編印，1963，12；密洛凡·德熱拉斯著，陳逸譯，《新階級：對共產主義制度的分析》，北京：世界知識出版社，1963，2；馬迪厄著，楊人楩譯注，《法國大革命史》，北京：商務印書館，1964，7；威廉·L·夏伊勒著，《第三帝國的興亡：納粹德國史》，北京：世界知識出版社，1965，12；湯因比著，曹未風譯，《歷史研究》，上海：上海人民版社，1966，6；愛倫堡著，沈江，錢誠譯，《解凍》，北京：作家出版社，1963；薩繆爾·貝克特著，施咸榮譯，《等待戈多》，北京：中國戲劇出版社，1965，7；杰克·克茹亞克著，石榮等譯，《在路上》，北京：作家出版社，1962，12；切·格瓦拉著，《切·格瓦拉在玻利維亞的日記》，北京：三聯書店，1971，12；伊凡·沙米亞金著，上海新聞出版系統「五七」幹校翻譯組譯，《多雪的冬天》，上海：上海人民出版社，1972，12；弗·阿·柯切托夫著，上海人民出版社系統「五七」幹校翻譯組譯，《你到底要什麼？》，上海：上海人民出版1972，10。——資料來自蕭蕭，《書的軌跡：一部精神閱讀史》，張明策劃、廖亦武主編，《沉淪的聖殿》，新疆青少年出版社1999年4月。

點，相互傳閱，閱讀「藍皮書」、「黃皮書」成了可以炫耀的精神時尚。不僅是「藍皮書」與「黃皮書」，文革前曾經出版過的西方文學名著《紅與黑》《九三年》《戰爭與和平》《斯巴達克斯》等，只要能弄得到的，那怕就在自己身邊停留一夜，也得把它啃過讀完。革命的豪情已過，這些書則提供了一個窗口，一方天地，一個可供比較和思考的空間。

當北島的名字還叫趙振開的時候，由於父親的原因，較早地接觸了「藍皮書」與「黃皮書」。一段時間，母親發配到河南信陽五七幹校，父親去了沙洋的五七幹校，弟弟去了中蒙邊界的建設兵團，妹妹也被人帶到母親的幹校去了，他自己算是幸運，分配到了北京六建公司當工人。建築公司常年在外地，趙振開收拾行裝時，沒有忘記帶上幾本「禁書」，尤其有惠特曼的《草葉集》。在開山放炮的日子裡，趙振開思想同時在爆破，革命、領袖、前途、命運、社會、人性等等的思考不時地在爆炸聲中出現。1972年春節，全家團聚北京，此時的趙振開已經和彭剛、姜世偉（芒克）這樣的「先鋒派」成為密友。在一個晚上，趙振開抱了一大包的詩稿，找出其中的一首《你好，百花山》初稿，希望得到父親的指教。「潔白……冰凌……雪地，／斷路……古松……峰巒，／啊，多麼壯麗呀，／——百花山！／／深深的呼吸在山谷轟鳴，／雪中的腳印被湍雲溢滿，／我採集無數不肯報名的野花，／彷彿拾貝在銀白色的海灘。」前兩段父親看得很仔細，並不時抬頭看看眼前的兒子，但接下來便似接了個燙手山芋，「順著原始林間的小路，／綠色的陽光在隙縫裡流竄……」不及下看，便連連命兒子——「燒掉！」「燒掉！」是的，太陽怎麼可能是綠色的，太陽就是毛主席、太陽就是共產黨，那是紅彤彤的，兒子將陽光寫成了綠色，豈不成了現行反革命？能不把他嚇死？

但父親在盯著兒子燒掉詩稿後，又是漫不經心地說了一句，謝冰心也回了北京。

父親的話顯然是在提醒兒子，第二天，趙振開抱了一大堆的詩稿，敲開了民院和平樓208的大門。開門的是一位瘦小的老太太。趙振開做了自我介紹，說他是趙濟年的兒子，要向謝老師求教。

　　謝冰心先把我讓進客廳，沏上茶。她丈夫吳文藻也在，打

個招呼就出門了。她篦過的灰髮打成髻，滿臉褶皺，眼睛卻異
常明亮；身穿藍布對襟襖，黑布鞋，乾淨利索。我坐定，取出
詩稿，包括處女作《因為我們還年輕》和《火之歌》等。[95]

　　趙振開坐等，心情緊張，畢竟是第一次以自己的詩作，呈現於
五四時期的老詩人面前，他不知道冰心會做出何種反應，甚至感到老
詩人已經讀到了《你好，百花山》。果然，冰心也在「綠色的陽光在
隙縫裡流竄」停住了，但與父親的反應完全不同，老太太說，這才是
詩的語言，「陽光是綠色的」，這是你自己的感覺，前面還有些像分
段的散文，進入這句後，便是詩了，冰心念出了聲音：「一隻紅褐的
蒼鷹落地古松上，／用鳥語翻譯這山中恐怖的謠傳。」並說，「蒼
鷹」與「古松」這種句子，在古詩詞中常出現，但你使用了「翻譯」
與「謠傳」便有了新的寓意了。老太太心情不錯，繼續念詩：「我猛
地喊了一聲：『你好！百——花——山』，／『你好！孩——子。』
／回音響自遙遠的瀑澗。／／這回聲多麼真切呀，／大自然的慈祥
使我深深不安。／淚水順著面頰緩緩淌下，／浸潤了孩子久已乾涸
的心田。」冰心換了一口氣，再念，「『該起來了，孩子』，輕輕
的氣息拂在耳邊，／雪地……冰凌……潔白，／眼前是母親慈祥的
容顏。」[96]冰心說，從山到孩子到母親，到滋潤乾涸的心田，一氣呵
成，有種成長與成熟的感覺。
　　大出趙振開的意料，完全沒有想到，一個大詩人會對自己悄悄
的地下習作，有如此真切的體味、如此高的評價。同樣是民進的宣傳
部長，冰心與父親相差竟然如此之大。「她評價是正面的，對個別詞
句提出修改建議。興之所至，她把我從客廳帶進書房，在寫字臺前坐
下，從背後的書櫃取出《漢語大字典》，用放大鏡鎖定某個詞的確切
含義。」[97]
　　此後，冰心又問了一些趙振開的生活情況，問他為什麼在大山有

---

[95] 北島，《父親》，《城門開》，P188。
[96] 北島曾將最早的一些詩歌，恭敬的抄寫在一個筆記本上，以趙振開的名字，題
　　簽「在長風不安的歌聲中，請免去這最後的祝福。／白色的道路上，只有翅膀
　　和天空。」贈送給老詩人蔡其矯。《你好，百花山》，引自北島該手本。
[97] 北島，《父親》，《城門開》，P188。

那樣的感覺，還問到他的父親，雖然都稱沙洋五七幹校，但民院的幹校在潛江，趙濟年的幹校是在沙洋，並且開一句不大不小的玩笑，說他現在也不來向我彙報了，派了一個有出息的兒子來。

雖然對《你好，百花山》評價不錯，但並未引起冰心的詩情，到是《因為我們還年輕》讓她心生感慨。文革中第一次有了做詩的衝動，想和其一首。趙振開走後，冰心坐到桌前，在一個裁開的信封背面寫下了「因為我們還年輕——答一位年輕朋友」：

　　　　昨天有一位年輕人來看我，
　　　　把他的新詩念給我聽。
　　　　第一首詩的題目是：
　　　　《因為我們還年輕》。

　　　　這題目引起了我的詩情——
　　　　我看著他熱情的年輕的臉，
　　　　我輕輕地跟著他念，
　　　　「因為我們還年輕」。

　　　　我說：「年輕人！
　　　　雖說是『人生七十古來稀』，
　　　　在毛澤東時代就不算稀奇；
　　　　你看有多少年過七十的老人，
　　　　仍在為社會主義奮鬥不息？

　　　　「我年輕的時候就沒有年輕過！
　　　　那時，圍繞著我的是：
　　　　連天的帝國主義的烽火，
　　　　遍地的封建主義的妖魔，
　　　　白骨堆成山，血淚淌成河；
　　　　國恥紀念比節日還多，
　　　　這就是我年輕時候的中國！

「我不敢鬥爭，只會彷徨，
我看不見前途，看不到人民的力量！
我把自己關進小小的書房，
使我有耳聽不見人民革命的炮響！

「『東方紅，太陽升，
中國出了個毛澤東』，
一聲勝利的霹靂震破天空，
全世界革命人民歡聲雷動！
偉大領袖登上天安門，
莊嚴地宣告中國革命成功。

「我擦乾驚喜的眼淚從地上站起，
看見祖國天空碧青如洗，
燦爛的陽光照滿大地。
千萬把鐮刀揮動，
千萬把斧頭舉起，
億萬張笑臉湧溢著心中的歡喜！
我在一旁看著，心裡著急，
『你能做些什麼？』我問我自己。
「半個世紀在彷徨中過去了，
下半生決不能讓它虛度！
我必須認真地改造自己，
好好地為人民服務。

「為誰服務？
如何服務？
毛主席早已講得清清楚楚，
給我們指引了前進的道路。

「『必須和新的群眾相結合，
不能有任何猶疑』，

和他們同命運，共呼吸；
熟悉他們的生活，
懂得他們的語言，
寫得出他們的憎恨和歡喜；
打擊敵人，團結自己，
讓文藝成為有力的武器。

「看他們做，聽他們說——
石油工人說：
『革命加拚命，拚命幹革命！』
貧下中農說：
『多採一盤花，支援亞非拉！』
解放了的人民覺悟高，力量大，
一心只聽毛主席的話，
毛澤東思想來武裝，
閃亮紅心照天下。
「看，年輕人，
他們話不多，說的就是好！
壯語豪言教育了我，
在毛澤東時代就要這樣地生活！
活到老，學到老，幹到老，
革命的青春永不老。

「因此，年輕人，
你是早晨八九點鐘的太陽，
我也不是那金色的黃昏。
我們都努力掌握毛澤東思想，
毛澤東思想是永不落的太陽！」[98]

雖然是和北島，但詩卻出現了完全不同的走向、意向，一為叛逆

---

[98] 《「因為我們還年輕」》，《冰心全集》第6卷，P569。此處目錄將「年輕」
誤為「年青」。

一為忠誠,冰心以詩性的眼光評述了北島,卻以政治的情懷涵蓋了自我,這裡也有太陽的色澤,但那絕對不是綠色的,金燦燦一片、永遠不落,一首以自我的抒寫通向毛澤東的頌歌。在一定的意義上說,這兩首詩體現了風行了幾十年的「頌歌」與行將出道的「朦朧詩」的分界線。

　　吳文藻卻是讚賞老伴的詩歌,更為冰心重新煥發的青春而高興。初夏的一天,趙浩生造訪,聽說這首詩,為老詩人的激情感動,並希望得到它,冰心爽快地答應,並當即謄寫一遍,交給趙浩生。多年以後,冰心研究會與中國現代文學館聯合舉行冰心誕辰一百周年活動,趙浩生恰在北京,我們將他從王府飯店接來,滿頭銀髮的趙先生興致勃勃登臺朗誦了這首詩歌,那一刻,也許不僅是一種懷念,還可能溶入了對故國的一種情懷。[99]

　　《「因為我們還年輕」——答一位青年朋友》首發民院的牆報。1972年5月23日,是毛澤東的「文藝聖經」《在延安文藝座談會上的講話》發表三十周年,全黨全國都在大張旗鼓地慶祝,民院也不例外,那時學報尚未恢復,牆報是現成的,冰心的這首詩便被張貼到了牆報上,新華社記者來民院採訪,意識「冰心」二字的意義,便抄錄下來,在新華社播發的通稿中,做了大段的引用,向全世界公布了老作家冰心,重新煥發了革命的青春。文革中,《詩刊》《人民文學》等刊物全部停刊,香港的報刊卻是繁榮,《大公報》以顯著的位置,發表了冰心的新詩,標誌著這位老作家停筆七年之後的「復活」。日本、美國及東南亞國家,都以「因為我們還年輕」為題,發表了有關冰心復出的消息。

10,重訪日本

　　二次大戰之後,美國將日本作為戰敗國改造,中華民國政府從大陸退居臺灣、朝鮮戰爭之後,改造國變成了聯盟國,舊金山日美條約簽訂後,日本成了美國在亞太地區的政治與軍事基地,並且在經濟上結成依賴關係。尼克森打開中國大門之後,隨之登陸的便是日本首相

---

[99] 晚年的趙浩生經常在太平洋上空飛來飛去,自從在耶魯大學退休之後,每年都有很長的時間居住北京,下榻的酒店必是王府飯店,他曾風趣地告訴朋友,錢用完了回家報銷,報銷之後又上飛機。

田中角榮，並且搶在美國之前，恢復了邦交正常化。

1963年中日友好協會成立，這個由多家團體聯手成立的民間機構[100]，旨在增進中國人民同日本人民之間的友誼，促進兩國在政治、經濟、文化、科技、體育等各個領域的交流，推動兩國睦鄰友好合作關係的發展，實現兩國人民世世代代友好下去的願望，維護亞洲和世界和平。因而，當中日邦交正常化之後，日本的日中友好者協會首先發出邀請，中國中日友好協會組團訪問日本。

這是新中國派出的最龐大的訪問代表團。參加「中日友好協會訪日代表團」計有五十五人，團長廖承志，副團長楚圖南、李素文、馬純古、趙正洪、張香山、周麗琴、于會泳、孫平化，團員華羅庚、榮毅仁、王芸生、謝冰心、浩亮、周一良、李季、張瑞芳、古元、王崇倫、邢燕子、徐光、鄭鳳榮、倪海寶、薛海寶、李炳淑、戚列雲、陳祖德、陳木森、韓西雅、朱良、金蘇城、丁民、金黎、單達圻、楊振亞、李國仁、葉企庸，隨員有陳忠義等。從名單中可以看出，各行各業的人都有，且都是在當時頗具影響者。冰心作為全國人大代表與作家的身分加入代表團。當《世界史》的翻譯剛剛落下帷幕，冰心便接到了出訪日本的通知。這是她歸來之後，第四次訪問日本，與上一次和巴金一道訪問，相距也整整十年。

對於這個代表團，周恩來總理相當重視，親自過問名單，審定由十一名領導成員組成的中共臨時黨委，親自提議增加于會泳。並且指示：「不要有求必應，要獨立自主，強調集體領導。黨委有十一人參加（加于會泳同志），十一人開會並不難。不要學張映吾，文件上批的有點客氣，說有點修，其實修了又修，修透了。對外大國沙文主義，外交部不要大部沙文主義，有問題青年同志要提意見，大喊一聲，集體領導，使館黨委的意見要聽，工作要主動，獨立自主同時不

---

[100] 中國日本友好協會是根據中日民間往來的發展和需要，在周恩來總理的倡導下，由中華全國總工會、中華全國青年聯合會、中華全國婦女聯合會、中國人民保衛世界和平委員會、中國亞非團結委員會、中國人民對外友好協會、中國文學藝術界聯合會、中國作家協會、中華全國新聞工作者協會、中國國際貿易促進委員會、中華全國體育總會、中國紅十字會總會、中國人民外交學會、中國政治法律學會、中國科學技術協會、中國全國學生聯合會、中國佛教協會等十九個全國性人民團體發起組成的。郭沫若任名譽會長，廖承志任會長。

要犯大國沙文主義。」[101]

　　周恩來有豐富的外交經驗，強調國與國平等，既要獨立自主，又不能犯大國沙文主義，不要強加於人。此處一再強調集體領導，原因可能與剛剛發生了張映吾事件有關。

　　1972年12月，瀋陽雜技團應邀訪問美國，團長是中國對外友協的常務理事張映吾。這是繼「乒乓外交」之後一次外交訪問演出，尼克森總統和夫人在白宮接見了全體演員。但就在這個接見上，團長張映吾做出了驚人之舉，當他與尼克森握手之後，從褲袋中掏出手帕擦了擦手，而後輕蔑地丟在一旁。副團長尹燦貞也有此動作，但擦手之後則將手帕放回口袋。張映吾還在其他場合有不妥的個人表現，周恩來獲悉擦手事件後，迅速作出了調整，解除了張映吾團長的職務，消除不良的外交影響。[102]所以在這個批示中，強調集體領導、不要學張映吾等。

　　代表團行前的外事教育相當充分，林麗蘊介紹戰後日本情況、丁民講日本經濟發展快速的原因、孫平化講日本政黨及社會團體、張香山講出國前的準備，一再強調活動方針與口徑，「統一到總理的講話上。」關於安排專機、外交照會、代表團名單、分組學習等一一交代，尤其是明確了黨委分工：廖承志為總書記，副書記李素文分管思想政治工作、黨團工作，楚圖南協助；于會泳分管專業對口活動；馬純古、趙正洪、周麗琴分別為對台、華僑、科學、文化、文學藝術、體育運動、工青婦農；張香山對外聯絡，安全，孫平化、林麗蘊協助。出發前的各項工作，包括禮品與邀請單位與人員等，尤其是講話稿一一落實。

　　孫平化交代出國注意事項。其中有日本通貨膨脹，物價上漲，地價更是暴漲，東京一千一百萬一坪；投機盛行，打高爾夫球，僅會員證三千五百萬日元；公害，空氣，海河水污染，水銀，666，藥品；住房擁擠，人口集中太平洋沿岸；假期多，鋪張浪費多，記者多，新聞公害，同時講到服裝與風俗習慣等。總的要求：「不亢不卑，不要有求必應，內外有別（對華僑亦然）；實事求是，加強組織紀律性，外出集體活動。」

[101] 冰心筆記，1973年4月2日。
[102] 史料來自李光星，《往事並不如煙——尹燦貞的起伏人生》，巴金文學館網站。

冰心是「老外交」了，尤其對日本的情況非常熟悉，但她仍然一次不落地參加外事教育，認真做筆記，吳文藻看過筆記，還做提醒，中日邦交之後，大使館依然在麻布區，當年駐日代表團的駐地，若有機會可看看，那幢小樓現在是誰在居住？吳文藻說完，便有些必悵然，自從日本歸來之後，再也無緣出國了。

行前，周恩來在聽取廖承志、于會泳的彙報後，親自接見了代表團全體成員，說是中日邦交正常化之後的第一個代表團，重任在肩，並祝訪問成功。總理見到冰心，很高興，說謝老是老日本，要再立新功，冰心握住總理的手說，請總理放心，一定圓滿完成祖國人民交給的任務。

4月16日，中日友好協會訪日代表團乘專機飛抵羽田機場，大批的記者守候，甫下飛機，團長、副團長會見記者，發表講話。作為中日邦交正常化之後，中國派出如此規格的代表團，自然成了日本媒體的聚集點，《讀賣新聞》記者立即從人群中認出了冰心，靠近前來揮手致意。第二天，代表團在中國駐日本大使館陳楚大使的陪同下，前往首相官邸拜望田中角榮。四月中旬的東京，櫻花盛開，首相官邸的櫻花更甚，如入花的海洋。年初，因為田中首相向中國贈送兩千株日本山櫻，冰心曾寫作《櫻花與友誼》，以櫻花為序，記錄了與日本人民的友誼，「櫻花對於我，永遠是中日兩國人民友好的象徵！」會見之前，日本婦女界曾送給代表團一首詩，稱讚「櫻花是日本的花，人民的花。」在代表團離開北京時，專門從那批山櫻樹上採下幾片嫩葉，當田中首相在會見代表團全體團員的茶會上，廖承志團長將三片從北京的小櫻樹上採下的嫩葉，送到田中首相的手裡，一時首相官邸的大廳上響起了一片歡騰的掌聲。

在出席了日本歡迎委員會舉行的盛大歡迎會後，4月19日，田中首相在新宿御苑，為中國代表團舉辦的盛大的賞櫻會，日本各界六千餘人出席。其中就有冰心的老朋友中島健藏、白土吾夫等。完全不是國內那樣的設想，當中國代表團在盛開的櫻花下，匯入六千人的人流之中，整個就像匯入了友誼的海洋。冰心雖然不是團長、副團長，但她的日本朋友最多，幾乎沒有一刻的消停，以日語、英語、漢語，互致問候，互道珍重，在回答各種問題時，總也離不開文革，冰心不能細說，自然也無法請求黨委研究之後才說話，但她儘量少說，常常以

自己還好作答，也有老朋友問到吳文藻，冰心就說，他的身體比在日本時強多了，都是參加了勞動的原因，這也是文化大革命的一大好處，教授、學者不要整天關在書齋裡，與工農兵打成一片，參加勞動。有人則提出勞動的報酬問題，冰心坦然回答，那不成問題，依然是教授的工資，並補充說，「這是令我們慚愧的。」

有關這次櫻花盛會，冰心自己是這樣描寫的：

> 我們就是在櫻花時節，在日本到處觀賞那和中日友情一樣地燦燦盛開的櫻花。首先是在東京新宿御苑，我們應邀出席了田中首相舉行的賞櫻會。中日兩國朋友，並肩攜手，穿行於一簇簇、一叢叢緋雲白雪般的櫻花樹下，我們心裡洋溢的交流的熱情，隨著樂隊演奏的中國革命現代舞劇《白毛女》的曲調而奔湧沸騰。此後，我在各處訪問中，還時時看到櫻花，團員們都學唱《櫻花，櫻花》這首日本民歌。到日本北方地區訪問時，還在北海道看到了開放最晚的櫻花。[103]

大型活動之後，代表團分小組或單獨展開訪問。楚圖南、冰心、周一良、李季、古元等在出席「中華人民共和國河南省畫像石·碑刻開幕式」之後，到井上靖住宅拜望井上靖先生，下午，前往作家有吉佐和子住宅拜訪；之後，冰心與李季前往女作家瀨戶內晴美住宅拜望，與松岡洋子見面交談；與楚圖南、李季到日中文化協會顧問土岐善磨住宅拜訪，與于會泳、浩亮、李季、張瑞芳、薛青華、李炳淑到木下順一住宅拜訪，與楚圖南、王芸生、周一良、李季、古元、李國仁等出席了日本出版座談會，並做發言。

冰心單獨拜訪的是倉石武四郎和夫人。倉石武四郎早早在茶几上擺好了冰心喜歡的水果，客人進門脫鞋，和主人一道盤腿而坐，倉石先生說，相隔十年再次見到謝先生，不僅高興，而且吃驚，「冰心女士的身體還是這樣的健康，一些不實之詞不攻自破。」冰心就笑了，是不是也聽說謝冰心吳文藻雙雙自盡了？倉石先生說，是呀，真是為你們擔心。現在不用擔心了，有機會還想請謝先生再到東大講課。冰

---

[103] 《中日友誼源遠流長》，《冰心全集》第6卷，P581。

心說，會有那一天的，她願意再次走進「紅門」。於是，他們似乎回到了東京大學共事的時光。

代表團在東京活動一周，舉行了階段性的總結，廖團長表揚了冰心落落大方的得體表現，說我們不必回避提問，可以根據實際情況靈活回答，尤其下一段階，代表團將以分組形式進行活動，副團長都是組長，既要把握原則，也要靈活處置，真正像總理要求的那樣不亢不卑。東京之後，代表團除廖團長與夫人之外，其他的人均乘坐新幹線列車，由關東駛向關西，第一站是工業城市名古屋。

代表團成員雖然都是重量級的人物，但連冰心在內，均為第一次乘坐高速列車，其速度、舒適、氣味、上下車的站台，都令代表團耳目一新，那是普通列車、甚至於專列也無法比擬。冰心與榮毅仁坐對面，這位紅色資本家文革中也沒有少受苦，但在外國人面前，保持著尊嚴，當他坐上高速列車之後，與冰心相向而對卻沉默不言，一任窗外的風景飛馳而過。此時的冰心，表面平靜，內心卻受到強烈的衝擊，她對日本太熟悉了，十年變化如此之大，卻是她沒有料到的。七十年代，日本工業高速發展，汽車、鐵路、建築、電子業成為了領頭產業，帶動日本經濟的騰飛。二戰之後，日本的基礎不會比中國好到那裡去，可是，將近三十年，他們埋頭搞建設、搞科研，創造了東亞的經濟奇蹟，而中國，卻是大大地落後了。僅是火車，從幹校回來時火車上的那種味道，似乎還殘留在身上，新幹線上的高鐵，那有一點點氣味？比飛機還舒適、乾淨！此時，她想到一些很不該想的問題，中國啊，為什麼永遠處在人與人鬥爭的生活裡？這個階級鬥爭到底是真實的存在，還是人為的設立？如果將鬥爭的精力都放到建設上，中國人不比別人愚蠢呀，為什麼就建設不起一個繁榮昌盛？知識分子，那一個不是愛自己國家的人？他們本可以有別的選擇，而他們選擇了這個國家，能說他們不愛國？選擇了這個國家，但領導這個國家的黨，不僅不給他們創造的機會，而且讓他們永遠抬不起頭，要他們無休無止進行思想改造，為什麼就不讓他們的思想去無休無止地創造？急馳於新幹線的高速列車，對她的刺激太大，以致越想越遠，以致收不起思想的閘門。

4月25至26日，代表團在名古屋訪問，參觀愛知工業大學，從教育與工業發展的角度，又一次引起冰心的思想波瀾，之後前往京都，

對金閣寺、清水寺等名勝古蹟已無多大的興趣，這些她之前都看過，甚至可以說無數次的看過，經過二戰到現在，保存完好，而中國的許多名勝古蹟，沒有在戰爭中毀滅，卻在文革破四舊中砸毀，想起來便有刺痛的感覺。不知道什麼原因，此時她竟然想到那個叫趙振開的年輕人，是呀，要是讓他們這些年輕人來日本看看，做可感想？他們僅僅是通過那麼幾本「藍皮書」「黃皮書」狹狹的通道，瞭解國外，真實的生活遠比書裡描寫得超前！大阪更是日本的新興工業城市，在接受分配的參觀任務時，冰心沒有選擇大阪城之類的名勝，而是提出參觀不在列表中的港區營地，她記得十年前訪問時曾路過，還是一片正待開發之地，她想看看十年後的模樣。日本接待方同意了冰心的要求，派出專人專車陪同參觀，但汽車停下之時，眼前是一片高聳的樓群，陽光照在高樓的玻璃幕牆上，令人暈眩。冰心沒有走多久，說，可以了，回去吧。回酒店的路上，陪同人員很抱歉，以為冰心女士有所尋找而不著，冰心搖搖頭，說，沒有，只是想看看。

4月29日下午，代表團在觀看電影《恍惚的人》之後，冰心與文學愛好者進行座談。冰心對日本的興趣在經濟騰飛，而日本的文學愛好者卻是關心中國的文化大革命，沒有一個人問到經濟建設的情況，冰心談了她對文化大革命的感受，顯然她沒有將自己的思考放進去，在公開的外交場合，冰心清楚，這裡必須嚴格地按照規定的話語去說，而不是謝冰心如何認為。

代表團前往奈良參觀遊覽之後，於5月2日分成四個組，分別對日本進行訪問。冰心分在馬純古、于會泳副團長帶隊的一組，訪問地為沖繩方向，包括北九州市、福岡、長崎縣、熊本縣、鹿兒島，之後乘飛機回到沖繩，再飛回東京。這一路，安排參觀市容節目很多，這些都是日本比較偏遠的地區，但也坐上的騰飛的列車，像長崎這個被原子彈轟炸過的城市，比上一次來訪問又有了巨大的變化，完全是一個在廢墟上建立起來的新型城市，這一切都加深了冰心的內心感慨。

5月11日下午三時，代表團舉行了盛大的記者招待會，出席的媒體單位有：朝日新聞、每日新聞、讀賣新聞、日經新聞、中部日本、西日本、共同社、時事社、日本放送協會、東京放送、日本教育等，團長與副團長報告了訪問的行程，但大多數隻談友誼不談日本的發展與成就，只談歷史不談現實。因為，按照出訪前的口徑，後者是很容

易犯忌的。招待會沒有安排記者的提問，報告後即結束，令那些會鑽孔子的記者也「無孔可入。」這似乎是這次訪問外交上的一次勝利。

冰心則只談分團的行程與友誼：

> 5月2日，我們從大阪出發到山口縣，一路經過廣島和其他車站，都沒有下車，但各站上都有許多日本朋友在車窗外搖旗歡呼，或從窗口和我們握手，塞進一束束美麗的花朵。在車如流水的一瞥中，我們感到了無限的喜悅和不盡的悵惘！有一位作家朋友在山口縣的前一站上車，給我送來一盒香氣四溢的點心，盒上附了一張小紙，說：「這是日本傳統制法的櫻花樹葉子裹成的糯米團子，叫做櫻餅，很香，請你嚐嚐。」我十分歡喜地謝過他。當下就打開盒子和同伴們分享了，真是芬芳滿頰，名不虛傳。這使得我們對於櫻花的色、香、味的欣賞，又加深一層！

> 5月4日，在福岡縣的博多市，我們參加了「咚大鼓」的盛大的民間舞蹈。這是博多市的傳統節日，這一天，萬千市民都戴上花冠，穿上花衣，湧上街道，走在一乘乘的裝成廟宇的彩車之間，敲著木製的飯勺，一邊跳舞，一面唱出自己心中的願望。而今年的彩車上，特別換上了熊貓的模型。飯勺上寫著的祝願紅字是「中日友好」。我們也被主人照樣穿戴起來，走進這歡樂的人流，和他們一起載歌載舞，和他們一同高呼「中日友好萬歲！」

> 在長崎，在參加盛大的歡迎酒會之前，先觀看了特為歡迎我們而演出的龍舞。日本朋友說，這龍舞是古代從中國傳到長崎來的，服裝鑼鼓，都按中國式樣。最別緻的是，在龍舞中不但有大龍，還有一條小龍，隨大龍之後，飛騰蟠旋而出！持竿的都是十歲以下的兒童，舉著龍尾的孩子，才三歲多，也是身穿彩衣，由大人扶著他的雙臂，在喧騰的鑼鼓鞭炮聲中，緊隨著大家飛跑了一圈，博得了滿座的歡笑和雷鳴般的掌聲。

> 好客的主人用這個節目來歡迎中國客人，說明長崎同中國有著歷史悠久的友好往來關係。

> 我們的旅途之末，是沖繩島的那霸市，在歡迎酒會上，

我們又觀賞了古裝歌舞，表演內容是牛郎織女故事，其音樂之美妙，服裝之淡雅，曲調之悠揚，為古裝歌舞中所少見！演員多是女孩子，她們的「倩兮」的「巧笑」，「盼兮」的「美目」，至今還盤旋在我的腦海裡！

　　日本朋友告訴我，這種沖繩的古裝歌舞，就是古琉球流傳下來迎接我國唐代使節時的歌舞表演，使我聯想到我在日本參觀的東京國立博物館，京都德川美術館，鹿兒島的磯庭園尚古集成館，那壩縣立博物館……看到這些館內的文物和藝術品的時候，總使我深切地感覺到這些歌舞，以及種種藝術作品，不論是字畫，刺繡，漆器，瓷器……都顯示出它們是中日兩國兩千年來文化交流的結晶，都是中日兩國偉大的勞動人民，在我們傳統文化的基礎上，互相交流，互相學習，互相補充，互相切磋琢磨並加以豐富發展的豐碩成果。至於如何在我們祖先的已有成績上，再加以發揚光大，對世界文化做出我們應有的貢獻，就有待於我們和我們子孫的努力了！[104]

　　最後冰心感嘆道：「因此我說，我們友好的『源』，是很遠很遠的，我們友好的『流』，也是很長很長的。我很高興地看到我們的人民友好和文化交流的工作，正在由我們的子孫繼續下去，而且他們也一定會永遠繼續下去！現在中日兩國的青年們，正在這一衣帶水之間，穿梭般來往，每天我在報紙上，電視上，都看到他們在兩國土地上的工作和活動！友好訪問也罷，體育競賽也罷，美術科技展覽也罷，音樂舞蹈表演也罷，他們都在為著兩國人民世世代代友好下去，歡欣鼓舞、朝氣蓬勃地工作著。」所有的參觀訪問，全部歸結到了友誼之上。現實、社會、中日對比、思考等等，全部沉入心底。

　　第二天，冰心陪同廖承志和夫人經普椿，與三笠宮殿下夫妻會面。二戰之後，冰心與三笠宮殿下曾有過對話，這回廖團長是主賓，並且為象徵性會見，只做簡單的寒暄便可。但是到了下午，冰心與于會泳、浩亮、張瑞芳、李炳淑等出席新劇人座談會，就非講話不可了。出席座談會的有近百人，中島健藏、白土吾夫均在座。座談會

---

[104] 《中日友誼源遠流長》，《冰心全集》第6卷，P582-583。

前，日本友人向冰心提出了十一個問題，冰心不得不說。

於是，在熱烈的掌聲裡，冰心手上捏了一個小紙頭，站在了演講席上。她先看了看大家，又看了看紙頭，說，「今天的問題有十一個，問題問得很寬很寬，也很長很長。今天的時間是很寶貴的，和諸位聚會的機會也很難得的，所以每一樣就略略地講幾句，我只講自己所知道的，同志們可以來補充一下。」她說到同志們時，用眼光掃了一下李季，意思是讓他要有所準備。

　　中國文化大革命是全世界人民所關心的問題，尤其是日本與中國離那麼近，對我們這些老作家們，在文化大革命這一段所經過的尤其關心。文化大革命，的確對我們每一個人變化都很大。關於這一點，有好多日本朋友到中國來跟我談過，我自己說的也很多。比方說，有一位女作家最近到中國來，叫作瀨戶內晴美，我們談過很多，她也記了下來。去年日中文化交流的白土吾夫先生等，我們都談過很多。還有些美國朋友最近到中國來的，對這個問題也很關心，我們也談過很多。

　　我所要說的這個變化就是從舊社會來的作家，在思想方面怎樣與工農兵漸漸的打成一片，這對我們是很大的一個問題。一個作家為什麼要和工農兵打成一片？因為工農兵在社會主義中國是占有百分之九十五以上的人民。我們年輕時寫的東西是大學生寫給大學生看，到我們中年的時候就是一個作家教授寫給別的作家教授看，所以我們對工農兵，對中國的脊梁骨一點貢獻都沒有。但是中國之所以能像今天這樣在世界上站起來，就是工農兵的力量，而不是我們這幫人的力量。自從解放之後，我就回到中國，我就感覺到我所處的世界和解放以前完全兩樣，是新的中國。那我們就想怎樣盡自己的力量為新中國服務，為工農兵服務。我就開始想寫工農兵，但是我寫不好，因為我跟他們不熟，沒和他們交過朋友，我所寫的話和他們嘴裡說的話不一樣，我寫的東西念出來他們聽不懂，也不愛聽。那個時候我們也說要下去，到工農兵中去，去體驗生活，到工廠去幾天，到農村去幾天，坐在旁邊看他們工作，看他們種地，然後我們回來就寫，但是我們還是沒有寫好，我們也很苦惱。文化大革

命以後給了我們一個機會，因為有一個「五七幹校」，所有一切能夠下去的機關幹部，不管是什麼人，作家、新聞記者，要下去和工農兵一起生活，向工農兵學習，是這麼一種的學校。但是我的資格不夠，因為我歲數太大，老弱病殘的不讓去。

下去以後就和年輕人一起勞動，當然我們的勞動和年輕人比不了，他們打井，蓋房子，下稻田，種麥子等等，我們做的就很輕了，看看麥地、種點棉花苗，搓點麻繩，看看牛，但是下去以後因為我們旁邊有工人農民，我們和他們生活那麼久，我們思想感情在起變化，就是我們心裡頭所想的慢慢地和工人接近起來。從最簡單的事情來說吧，比方說氣候問題，今天晚上約幾個朋友來喝酒，來賞雪，我們就希望今天下點雪，或者是我們跟幾個朋友去野餐，看紅葉，就希望今天晴天，但是我們下去和農民工人一起生活以後，對氣候愛和不愛就完全改變了，農民希望下雨的時候，我們也希望下雨，農民希望晴天的時候，我們也希望晴天，把從前的思想感情慢慢就改變過來了。我曾舉一個我喜歡舉的例子，平常作家們看見蝴蝶都覺得是很美的，至少和蝴蝶有聯繫的故事都是很美的，但是我下去以後，我們種白菜、捲心菜，長好以後那個心都沒有，菜心都被吃掉了。我們很生氣，不知道是什麼把心吃掉了。後來滿菜地上都是蝴蝶在飛，就知道是蝴蝶的幼蟲把勞動果實給吃掉了，因此，我對蝴蝶的觀念發生了改變。

我從小沒有過太艱苦的生活。我父親雖然不是地主、資本家，他是一個海軍軍官，穿的衣服怎麼來的，吃的飯怎麼來的，都不太清楚，衣來伸手飯來張口。等到我學了種棉花，從棉花籽到棉花苗，到去蟲、打藥、摘花，這一切過程非常細的，我才知道穿的衣服多麼不容易。還有這個水稻真不容易種，你要彎下腰去插，一根根插，水裡頭還有螞蟥，這些都是很艱苦的工作。這時，我就會想到農民工人，想到替我們服務的人有多少？我們到底替他們做了多少事情？一想起來心裡就很慚愧。我說一件事情，農民工人對世界人民的關心比我們不知道高了多少。我們去種棉花，覺得應該種，把棉花種好了，能多收棉花，我們覺得這事情就已經完了。在摘棉花的時候，

我們到附近的生產隊去學摘棉花，他們摘的很快，用兩邊手摘，我們去學那個東西。在棉田裡頭看到一幅大幅標語，標語上說「多採一盤花，支援亞非拉」。我看到之後覺得很震動，我覺得，農民對亞非拉的地理、民族、歷史、語言等等，知道的也許沒有我知道的這麼多，但是他們摘棉花時所想到的不僅是自己，乃至想到亞洲、非洲、拉丁美洲的人民，這是社會主義、國際主義的精神，我下來學習的就是這個東西。

外賓到中國去，覺得中國人穿得很簡單，不是藍的就是黑的，農村稍微還花點，中國人怎麼不講究穿哪。但是我們參觀了幾個日本的紡織廠，有中國的棉花到了日本，我們有多少棉花到了亞洲、非洲、拉丁美洲，這從哪來的？就是農民把自己的棉花省下來，把自己的糧食省下來。大概你們都知道中國的援外款是沒有利息的，或者利息很低，而中國國內即沒有內債，也沒有外債，這都是農民工人樸樸素素生活的結果。我學的就是這個東西。

在我們「五七幹校」旁邊有一個油田。大家都曉得中國要合作化，一定要機械化，要機械化，一定要有石油。但是有一段時間，帝國主義封鎖我們，我們就自己想辦法，石油工人自力更生從地底下鑽出油來，象大慶油田，還有許多許多油田，所以現在中國作為八億人民的國家，有自給的油田，這都是工人的力量。日本人民是勤勞的人民，所以日本人民能夠想像、理解中國人民是怎樣的艱苦奮鬥。我去參觀了油田，也看了一幅標語「革命加拼命，拼命幹革命」，就是這種精神。文化大革命中因為親身和他們在一起，學到了這種精神，這就是現在和大家見面，我還覺得自己年輕的緣故。我不感覺到自己年老，有一份熱我也得發一份光。

文化大革命中，各人的體會都不一樣，我的體會算是最淺的，就說這點我親身體驗的話，朋友們可從中瞭解一些情況。這次我是作為一個老人的發言，昨天在京都大學，那幾個是年輕的代表，他們都只二十幾歲，三十幾歲，談得都很好。[105]

---

[105] 冰心在大阪日本新劇人懇談會上的發言，王炳根、黃水英根據錄音整理，並以《我在五七幹校的生活與感受》為題，收入《冰心文選》（佚文卷），福建教

冰心說到這裡，覺得應該打住了，便幽默了一下，說「我已經站了半鐘頭了，他們兩個人（指版畫家古元、詩人李季）還閒著，現在請他們談。」李季便走到演講台前了，但就在李季發言時，冰心又插了一段話，說：「人老了喜歡說話。國外關心中國作家的朋友們，對文化大革命看得彷彿很可怕。我舉個例子，美國朋友到中國來，看見我以後都很奇怪，因為他們聽說我死了，在臺灣方面甚至有人給我寫追悼詞、挽聯。日本朋友到中國來，有的看見我掉眼淚，沒想到還能看見我。所以我就想到，有人希望我們這幫人都死了，我們就偏不死，而且還特別年輕。」冰心的演講，大多出自個人的感受，也希望自己的感受能符合黨的政策與宣傳口徑。但就是這樣，演講之後，于會泳還是提出了批評，說最好少講個人的事情，多講文化大革命的輝煌成就。冰心心想，自己已經是盡到最大的努力了，要她單單講文革的偉大成就，她是無論如何講不出來的。比如樣板戲，她怎麼知道是如何產生的，如何輝煌呢？也就是在這一次的訪問途中，于會泳與冰心有過一次談話，說到樣板戲的成就時，轉到兒童文學的話題上，他對冰心說，江青同志希望能有一些樣板兒歌，並說，謝冰心便可以寫。其實，這個意思，民院軍宣隊也向她表達過，只不過都不是正式的，冰心也就以「不會寫兒歌」而拖延推辭了。

5月14日，陳楚大使在麻布區中國大使館舉行宴會，招待訪日代表團。宴會之後，想起了臨行前老伴的交代，請求去看看當年的那座房子，在得到同意後，冰心在夜幕中的燈光下獨自走去，別的地方變化很大，只有麻布區，情景依舊，相距二十幾年，依然舊門熟路，但室內的燈光下，已非當年的身影了。

回到北京，代表團進行總結，冰心也只談友誼不論思考：

> 在日本櫻花盛開，春深如海的季節，以廖承志為團長的中日友好協會訪日代表團，從四月十六日到五月十八日，訪問了和中國有兩千年友好聯繫的近鄰──日本。這三十三天沉浸在日本人民的友好熱情中的歡樂經歷，在我們五十五個團員的心坎中，都是永遠不能磨滅的！

我們這個代表團，是中日邦交正常化後第一個到日本的大型友好訪問團。日本全國人民對我們的熱情，就像開了閘的流水，奔湧傾瀉而來。全國各地邀請的函電，雪花般飛來。我們在萬分歡喜感激之餘，只好人分四路，分頭拜訪了日本四十七個都、道、府、縣中的三十八個。我們進行了不下於五百次的參觀、訪問、會晤、座談和集會。我們接觸了數以萬計的工人、農民、漁民、青年、婦女，以及文化、藝術、科學、教育、新聞、體育、宗教、政界和經濟界人士。這數目還不包括在火車站上、公路旁和大街兩邊向我們揮旗舉臂歡呼致意的廣大群眾。至於接待我們的歡迎實行委員會，也是由二十二個政黨、團體和個人組成的，僅委員人數就近三千人，地方上的歡迎委員會幾乎都是由各界人士和縣知事、市長、縣或市議會議長聯合組成的。這樣的舉國一致的歡迎招待，都證明瞭中日兩國人民友誼的源遠流長。我們收穫了兩千年來我們的祖先耕耘的豐碩的果實，我們就更要在這片肥沃的友好土地上，播下更多的友好的新種子。[106]

11，《世界史綱》中譯本的產生

現在想來，1972年與1973年，由於與林彪政治鬥爭剛剛結束，毛澤東政治爭鬥的激情處於喘息狀態，加之周恩來主持中央的日常工作，國內的局勢相對平穩，甚至有了走向正常發展的跡象。

高校更是如此，尤其是一些老知識分子已近暮年，想為這個國家的建設與人才培養貢獻最後一息力量。當《世界史》還在翻譯之中，工宣隊便與吳文藻商量下一步的翻譯工作，並且交給新任務，重新修訂《辭海》。

文革之前，《辭海》的修訂已告一段落，並且印出了試行本，但文化大革命一來，這個試行本便覺得不符合文革的精神了，重新修訂是在這個環境下提出的。吳文藻依然承擔世界民族中的亞洲部分，這些條目與文革並無太大的衝突，文革的一些語言與文字，並不能在條目中體現。但吳文藻還是接下了任務，只是他沒有投入像文革前那樣

---

[106] 《中日友誼源遠流長》，《冰心全集》第6卷，P580。

的精力了，他知道，常識性的知識，基本的概念是不會因為文革而改變的。在一個黑夜裡，吳文藻曾獨自叩問，這是不是又犯立場問題的毛病？但拿出條目掂量再三，最後還是將它放回原處。直到1974年上海派人來催促進度，才又做了一些文字上的修飾，將「完竣」的條目交外交部審閱，而外交部也僅改幾處，退回，吳文藻抄正後，完成了《辭海》有關條目的最後修訂。

就在《世界史》校樣初出時，出版總署的軍代表來到民院，聯繫下一步的翻譯工作，希望接著翻譯H.G.Wells《世界史綱》，學院的軍代表與工宣隊，都不能確定，說，請翻譯組讀過原著之後再作決定。

送到吳文藻案頭來的《世界史綱》是美國紐約多布爾迪公司1971年的版本，書到手便急於翻閱，連午睡都不要了。按照吳文藻的看書習慣，先從最後一章看起，「第二次世界大戰之後」，吳文藻這才想起他第一次閱讀這本書的譯本時，並無此章。以為是盜版，回到導言，方知這本巨著經過多次修訂，大的修訂便有1920年、1930年與1969年，韋爾斯的版本只寫到第一次世界大戰，第二次世界大戰部分則是出自他的助手R・W・波斯特蓋特的手筆。[107]

吳文藻第一次閱讀這本書，還是剛到燕京大學任教不久，商務印書館的版本，他的同學梁思成等人翻譯的。當時他注意到初版本的時間是民國十六年，也即是1927年，那時，梁思成還在美國留學，也不知道是什麼時間翻譯的，但從文言體的譯文看去，應該是在清華學校讀書的時候，書的譯注很多，出自梁啟超手筆，因而，吳文藻推測，《世界史綱》譯本的初版，是梁啟超生前親自做成的一件事，而翻譯則有可能是由父親選定的譯本，由梁思成等孩子們完成的，使用的則是二十年代發行的版本。[108]吳文藻重新閱讀梁譯本，文言體文字很流暢，但也覺得有許多不準確的地方，有些處是意譯，人名、地名、民族、專門術語譯名都與現在不同。尤其是從1920年修訂合成全書重印

---

[107] 韋爾斯1946年逝世（1888-1946），雖然二次大戰結束，但他已無力思考、增訂這個重大的歷史事件了。

[108] 對於這個版本，韋爾斯的助手R・W・波斯特蓋特在本書的「導言」中認為：「1920年成書的初版時，不能不感到筆記的意味實在太濃厚了。許多沒有消化和不協調的資料都被放在附注裡；躊躇不決、模稜兩可、謹小慎微的詞句實在太多；敘述有時也很混亂。」

的版本（第一個完整的版本），以後經過多次的修訂，期間增加了許多的新材料，修訂了不少的訛誤，重新翻譯1969年最後的版本，就不僅僅是一本書的重譯問題了。

書看完，吳文藻得出結論：「非予變更重譯不可。」

在有工宣隊出席的翻譯組會議上，吳文藻對本書做了如此的表述：

> 《世界史綱》的編寫，不是為學術而學術的著作，觸發點是一次大戰之後的世界末日，為了尋找一個世界發展的支撐點，而不是局限於某一個帝國甚至局限在歐洲，以世界眼光論述世界的歷史、透視未來。用韋爾斯本人的話說：「以平直的方式，向具有一般智力的人展示，如果文明要想延續下去，政治、社會和經濟組織發展成為世界性聯盟是不可避免的」。但就是這樣，他對中國、印度的描述依然是膚淺的，儘管他聽取過傅斯年的意見，但傅斯年不可能在幾封信中展開中國五千年歷史的描述。而韋爾斯的經歷與教育，又不曾有中國等東方文化的積累。
>
> 《世界史綱》不是一部大學的教科書，而是寫給一般讀者閱讀的通俗讀本，雖然有其理論框架，但大量的來自他的平時閱讀與寫作筆記，與我們許多歷史學家，包括湯因比等不一樣，大量的資料摘要，其中有些是很新的資料，以一個通俗作家的身分考慮到其他像他自己那樣的普通讀者的需要。這種類型的歷史讀本，在史學家是不多見的，在國內也是不多見的。
>
> 《世界史綱》與《世界史》相比較，有許多相同的地方，比如敘述的方式、細節的重視等等，但區別也是非常明顯的，《世界史綱》的副題是「生物和人類的簡明史」，《世界史》描述的人類文明史，《世界史綱》的範圍大多了，從地球的形成、生物與人類的起源始，可謂視野開闊、敘述恢弘，但又是以大量鮮活的資料作為支撐的，勾勒出從地球生成以來的整個世界史。而作者韋爾斯既不是一個歷史學家，也不是地質學、民族學、民俗學、博物學、考古學、語言學家，古生物學家，而是一個通俗小說的作家，寫科幻小說，他《時間機器》《隱

身人》《當睡著的人醒來時》《不滅的火焰》發行量很大，
1920年和1934年，曾兩次訪問蘇聯，會見過列寧和史達林，所
以有人稱《世界史綱》為「奇人奇書。」[109]

　　鄺平章、李文謹、陳觀勝、冰心、費孝通、李培萊、徐先偉等都
作了發言，最後在如何對待波斯特蓋特增補的二次大戰的章節時展開
了討論，費孝通認為，在整個的敘述中，對中國的描述便是不充分不
準確，而對二次大戰中國所起的作用，幾乎沒有涉及，這不公平，可
以省去不譯，全書仍然截止於一次大戰結束，保持韋爾斯的原貌。最
後這個意見被工宣隊接受並肯定。翻譯採取分工，吳文藻總體把握，
首先是做人名、地名、重大歷史事件名稱表，各章節的翻譯名稱均以
此表為准，全書八篇三十九章，由費孝通等人分別翻譯，所有的譯稿
完成後由吳文藻統一校正、修改，最後由冰心以神來之筆，在文字上
進行修飾、潤色。爭取做出一本一流的譯本，為民院爭光。

　　根據吳文藻的筆記，《世界史綱》有近一年的時間未出現，這
大概處於各位譯者的辛勤工作的階段，到了1974年9月，鄺平章第一
個將部分譯稿送來，吳文藻從此步入了緊張的校正與修改工作。緊接
著，李文謹的譯稿也送來了，吳文藻對鄺平章比較放心，首先校閱的
是李文謹譯稿：「先將第三十四章前三節原文瀏覽一遍，然後看譯
文，逐段逐句校對，原稿易懂不易譯錯，主要詞彙選擇不確切，下午
繼續校閱，開始進度很慢，加以頭暈，看多就眼花。」[110]初譯占用的
時間較多，校閱就緊張了，到了年底，吳文藻的校閱剛起步，研究室
翻譯組開會，商討計劃，大家認為應集中力量，爭取明年六月將《世
界史綱》譯出，力爭向國慶獻禮。

　　六人初譯的文稿，陸續送到吳文藻案頭，校閱的進度卻是快不
了，吳文藻只得請求冰心支援，幫助校閱譯稿，因為有些譯稿中的
「文字組織都要做些更改。」

　　正當吳謝校閱提速之時，1975年1月13至17日，第四屆全國人民
代表大會在北京舉行，冰心再次當選為人大代表。1月9日，民院舉行
全院大會，李力主任報告，在總結1974年工作，布置1975年初步安排

[109]此處發言，為筆者根據吳文藻筆記整理而成。
[110]吳文藻筆記，1974年9月14日。

時，提到了包括年老體弱多病者的退休退職問題。吳文藻的思想受到波動，從實際情況而言，他和冰心都到了該退休的時候了，無論是從年齡還是身體狀況。面對那一大堆的譯稿，吳文藻有些無所適從。是退休之後繼續做，還是停止下來？冰心從人大會上回來，兩人商量過這些事情，也就在此時，工宣隊的張師傅找來談話，說，你們二位不必考慮退休退職的問題，吳文藻在筆記中寫道：「對我很大鼓舞」。

從4月19日開始，校閱徐先偉譯稿，5月16日校閱完畢，對徐先偉的譯文，吳文藻只在「有疑難處重加修改」，並認為譯稿的「質量較高易改。」之後，冰心在校正稿上進行文字修改與潤色，這一次又增加了一道工序，冰心之後，吳文藻重閱一遍，8月15日，吳文藻筆記道：

> 先看瑩改徐譯稿第三十七章十九世紀最後二節（第十九節），學習文學，次就李譯稿第三十八章最後一節（第九節）修改處重閱一遍，疑難處擬出初稿待商榷，然後轉入第三十九章，「二十年的猶豫及其後果。」

8月27日又有：

> 上午第二次校訂第三十七章第十到十八節，瑩改過之處，全部看完，親送給文瑾同志付抄繕。

這裡僅舉校閱與潤色徐先偉譯文一例，實際上，這種認真、仔細的做法，幾道程序的操作，體現在全部的翻譯過程中。當然，民院翻譯組的全體成員，誰個不能獨立承擔翻譯任務？梁思成在翻譯本書時，也就是民國一少年，雷海宗先生便稱讚「譯工的確是又精緻又正確」，費孝通的博士論文便是用英語寫成的。但是，因為合作翻譯，譯稿來到吳文藻面前，如果不這樣做，無論如何是過不去的。縱是這樣，後來細心的讀者，還是讀出來了文字翻譯不同風格。

1949年之後，一本書產生的過程相當複雜與嚴格，時間都很漫長，無論是翻譯還是原創、無論是個人獨創還是集體創作，從出版社的選題、審批，到創作（翻譯）、修改，到初稿、成稿，到編審（一

般在經過一、二、三審），到最後的校對與印刷，一道工序不得少，尤其是對於像《世界史綱》這樣的西方學者的著作。只有像翻譯《六次危機》，因為是政治任務，才有那樣的速度。《世界史》與《世界史綱》均為指定選題，這道工序省去，但在翻譯過程中，後者的機遇便不如前者，人還是那些人，但是環境卻又不一樣了。

林彪事件之後，周恩來再次進入到中共第二號人物的位置，而在毛澤東時代，第二的位置是危險的，儘管周恩來有豐富的政治經驗與策略，但是這個位置，在毛澤東只搞階級鬥爭的情況下，全國人民總是要吃飯的，要生存的，因而，他就不得不做一些生計方面的考慮，1972年與1973年的小陽春便是在這種情況下出現的。而「生計考慮」則可能與「鬥爭哲學」產生衝突與矛盾，毛澤東在歇息一陣之後，當他睜開睡意朦朧的雙眼，便發現了階級鬥爭、路線鬥爭的新動向。毛澤東的脾氣與習慣，絕不會作「溫良恭儉讓」式的提醒與批評，上來就是革命、就是鬥爭，就是殘酷無情。於是，全黨全國範圍內，又開始出現「批林批孔」「評法批儒」的政治運動，矛頭則直接指向了周恩來。

那時，毛澤東神聖到無人敢於懷疑的程度，他所發起的一切運動均無人追問背後的動機，都以革命的名義出現，而他的繼續革命、階級鬥爭、路線鬥爭的理論已深入人心。所以，到了1974年底，階級鬥爭又呈刀光劍影，相對平靜的書齋又捲進了回流的漩渦。吳謝校閱、潤色《世界史綱》之時，無可逃避地被捲入其中。

於是，開始寫批判文章，將林彪與孔老二捆綁在一起，一項一項的批判過去，將歷史上的法家與儒家分辨出來，法家=革命，儒家=反動，言行一一進行對照，將以孔老二為代表的儒家再次批得體無完膚。吳謝又得放下手頭上工作，重新學習，投入運動。當校閱到「君士坦丁大帝孤獨情況時，頗受感觸。」吳文藻在這段文字前久久停留：「雖然君士坦丁大帝這人還像一個幻影，雖然他的家庭生活細節除了渺茫的悲劇之外無所透露，但我們仍能猜出他的許多思想。在他晚年，他心中必然很感寂寞。他比以前的任何一個皇帝都更專制——那就是說，他更少有忠告和幫助。再沒有可以共事的熱心為公和可靠的人，既沒有元老，也沒有顧問來分擔發展他的計劃。帝國地理上的弱點他瞭解多少，即將到來的全部崩潰他看到多遠，我們都只能猜測

了。」[111]從書本到現實，從歷史的鬥爭聯繫到現實的批判（這些將在下一節中敘述），吳文藻思考已多，身心具疲，工宣隊知道情況後，出面勸慰其「勞逸結合」「勿過趕，要注意身體」，吳文藻感激之餘，套用了周恩來對冰心說過的一句話：「當鞠躬盡瘁」。

《世界史綱》第一遍的最後校閱完成，已是1976年末了：

> 午睡後起續校第六、七節，全部大致校完。總算年底通校全書的任務已完成，二讀已將前四編讀改完畢，可以告慰。打第十六針核酪。

通校完成，可以告慰了，實際上只是年頭階段性的告慰，《世界史綱》的出版卻還有很長的路要走。元旦一過，吳文藻便全身心地投入到第二遍的校閱工作之中，第二遍的校閱，一般排在冰心的文字修飾與潤色之後，也就是說，最後的定稿是在吳文藻的手頭完成。第二遍的校閱費時似乎也不少，直到十月才完成。其間仍有錯可糾可改，比如在第三十七章中，冰心就發現譯稿有誤，把「棍子是王牌而不是鏟子」譯作「黑玫花是王牌而不是黑桃」等。吳文藻在最後完成第三十九章的校閱時，再一次閱讀原著中未譯的第四十章，原來這一章不僅是論及二次大戰，而且全面涉及二次大戰之後的世界格局，包括中國1966年發動的文化大革命。而此時，文革剛剛結束，按既定方針辦的繼續革命依然在進行，第四十章對中國發生的文化大革命，持有西方人的基本立場，多有質疑、批評與否定，吳文藻認為將其翻譯出來，很有參考價值。翻譯組通過了吳文藻的提議，十月之後，緊鑼密鼓地進行翻譯、校閱，吳文藻同時還要承擔編制全書的大事年表與索引，極其繁雜與縝密，所耗費的時間可想而知。

直到1980年3月，人民出版社送來《世界史綱》全書的校樣，然而在吳文藻等人看過校樣之後，出版社編輯陳逸文通知，說社裡經過研究決定，還是刪去第四十章，並且大事年表與索引也不用，原因是由「內部發行」改為「公開發行」。公開發行當然更好，以這個理由刪去第四十章可以理解，那兒涉及的事情畢竟太近，且並非出自韋爾

---

[111]《世界史綱》下卷，P478，廣西師範大學出版社2001年版。

斯之手,但將大事年表與索引拿掉,吳文藻感到十分費解,這不僅是費了他的大量心血,更是為了方便讀者,公開發行應該具備這些內容。

出版社未採納吳文藻的意見,隨後署名問題又冒出來了。由於是集體承擔的任務,有人主張用「中央民族學院研究室翻譯組」的集體署名,有的則主張用「誰譯誰校」署名,吳謝卻是沒有表示意見,幾經磋商,最後是費孝通拍板:「不宜用集體名稱,因為翻譯組並不是全部參加,必須實事求是,以示負責。」署名的順序親自排定:「吳文藻、謝冰心、鄺平章、費孝通、李文瑾、陳觀勝、李培萊,(張錫彤曾否參加請查核)。」

那時,出版流程嚴格,工作嚴謹,在決定公開發行之後,《世界史綱》於1982年2月再出一次清樣。吳文藻在通讀之後,再一次慎重簽名。這年的5月,《人民日報》為此書即將出版發布了消息,7月2日,四套透出油墨香味的《世界史綱》送到吳謝的手上。冰心對新書的出版習以為常,吳文藻就不一樣,捧在手上觀賞良久,最後署名的順序為:吳文藻、謝冰心、費孝通、鄺平章、李文瑾、陳觀勝、李培萊、徐先偉。書到之前,稿費便已開出,吳文藻訂書十套,購書款從稿費中扣除。這十套書分別送給了三個孩子,還有遠在美國的顧毓琇、浦薛鳳等老友。

八十年代初,百廢待舉,思想解放運動之後,出現了一個全民瘋狂讀書潮,《世界史綱》生逢其時,給讀書人打開了一個全新史學天地。「仍記得第一次閱讀《世界史綱》的情景。那是1983年年初,該書的中譯本剛剛出版的時候。仍記得一些當時閱覽此書的一些感受。當時國內史學界關注的是土地關係、農民戰爭、資產階級革命、經濟關係、資本主義萌芽等,在歷史教學和歷史課書中隨處可見的是馬恩列斯等經典作家的論述。不記得課堂上有人講過文明問題,似乎更沒有人關注過人類的命運等問題。『文化』一詞倒時常被提及,但它被理解為狹窄的文學藝術建築等,在每一節的最後孤立地論述,完全是一種點綴。本應豐富多彩的歷史變得枯燥乏味。《世界史綱》讓人為之一振:歷史竟還可以這麼去寫,歷史竟還具有如此的魅力!」[112]

[112] 蕭昶,《奇人與奇書——韋爾斯及其〈世界史綱〉》(代序),《世界史綱》上卷,P3。

　　從此吳謝等翻譯的《世界史綱》的中譯本，在這個讀書的熱潮中，走進千萬的學子中間，一家出版社甚至多家出版社屢屢重印，成為一個經典版本。最初的評論不說，直到二十一世紀初的網絡年代，眾多網友尚在熱捧。

　　如果有六星級，我會毫不猶豫給的。終於找到一本讀來愛不釋手的世界史。

　　關於人類、歷史、文明、戰爭和人性的思考，始終貫穿其中。

　　尤其以一個理智的有知識的西方人的視角，去審視歷來被中國人引以為傲的、記憶中光輝燦爛的五千年文化。原來在他們眼中，我們的成就、衰落、奮起是這個樣子。

　　人類的發展真是一件有意思的事。

　　引用作者的一句話，也是最愛的那句：拯救世界應該通過教育，而不是訴諸於戰爭。

　　我想，我們還有很長很長的路要走。[113]

　　每次有人要我推薦什麼歷史著作，我都會不遺餘力地地推薦H. G. Wells的這本《世界史綱》。這是我讀的第一本世界史著作，我也認為這是我所看過的最好的通史著作。反覆讀過多遍，今天我也是常讀常新，幾乎每次讀都能發現一些新的東西。……最後不能不提的是，這種文字的魅力也要很大程度上歸功於這套書強大的翻譯陣容，請看：吳文藻，謝冰心，費孝通……這些名字對本書的翻譯品質做出了足夠的保證。[114]

　　這是我自己最喜歡的一本關於歷史的書。人文，宗教，戰爭。韋爾斯真的很用心去寫了這本書。對人性的關懷也能從書中感覺到。書中很大的一個脉絡是宗教，每個宗教的歷史，來龍去脈也都有。看完後，發現自己的思維被打開，開始用一種

[113] 來自：小東邪（原來我非不快樂　只我一人未發覺），2010-10-15 13:09:56。
[114] 來自：SWX（從容往復，沉潛含玩），2010-08-04 18:26:35。

全球的眼光，歷史的眼光看事情。偶會強力推薦啦～[115]

當然也有不同的聲音：

> 翻譯不僅談不上優秀，在我看來，還很差。五六十個字
> 的歐式長句並不少見，按英文語法硬譯的句子所在皆是，不符
> 合中文的習慣的詞句非常之多，讀得是幾步一頓，思路無法連
> 貫。現在雖只讀到新舊石器時代，但只這個頭幾章，例子就舉
> 不勝舉，難道這些譯者是分章的，大家所說的好翻譯是在後
> 面？或者所謂譯者佳，可能是指梁思成先生所譯那本吧。[116]

因為吳謝等人的譯本，帶動了《世界史綱》的流行，上海人民
出版社於2006年出版梁思成的譯本，之後，世紀出版集團也重印梁思
成等合譯的文言文本，重在「引薦民國時期的學術思潮與動向。」因
而，對民國學術自由的懷念與嚮往，使得重印本也受到不少人的熱
捧，甚至一些大學的教授們，向學子大力推薦梁譯本，這裡雖無貶吳
謝費版本之意，推薦卻是出於感情因素與個人喜好，但推薦者在這
裡缺少基本的考量，即是梁譯本所依據的版本，便是韋爾斯最初的版
本，以後經過多次修訂，所謂時間與地點準確到無疑問的程度，皆為
之後的多次徵求各方意見包括傅斯年的意見之後的版本，縱然是最完
美的翻譯，但原版本存在的缺陷，譯本豈能完美？

學者不應以情感代替理智與事實，這是對《世界史綱》不同版本
應採取的科學態度。

12，歸去來兮──來了的與去了的

1972年後，吳謝接待外賓的任務一點也沒有少，根據統計，我
們可以列出一般接待與重點接待的名單，並且從中分析出吳謝執行
任務時，不僅是寒暄、握手簡單的禮節，也不再僅是以事實證明人的
存在。

---

[115] 來自：雲中漫步（地球乃一國，萬眾皆子民），2008-08-15 10:08:55。
[116] 來自：dav（古為今用　洋為中用）2009-03-18 21:42:34。

在一般性接待列表中，有這麼一大串：

1973年度：

吳謝接待香港同胞，團長湯秉，第一副團長黃蔭普係清華老同學，其餘均係各界有地位人士，上級指示須熱誠招待，近午送走（3.26）；吳文藻接待香港中文大學部分院長教授，其中有盧惠卿及日本台籍醫師代表團一行十七人，吳文藻與廖春木團長、王鍾毓（整形外科）多接觸（4.16）；譚紉就領港旅第九隊來校參觀，吳文藻參加接待（5.8）；吳謝進城參與接待保釣人員及美籍中國學者（7.9）；在校接待西德來華留學生三人，一學哲學、一學物理、一學政治（7.12）；在民族接待港澳商界新聞界高級人士回國參觀團（7.23）；冰心接待「台獨分子」來訪（8.20）；在民族接待日本歸國華僑代表團，會晤博仁（東京）、林其彬（長崎）等人，藝術系在大禮堂前露天表演（9.29）；吳文藻陪李力主任接待美籍中國學者袁家騮、吳健雄夫婦來校參觀，同時遇見燕京校友嚴□德、王承書（張文裕愛人），他們與袁係物理系同學（10.12）；冰心接待日本客人（11.7）。

1974年度：

冰心接待日本客人（1.9）；冰心接待夏威夷嚇夷族文化團（2.22）；冰心接待日本婦女代表團（3.2）；冰心在民院接待日本松岡洋子，仍談文化大革命（4.8）；冰心進城，在四川飯店出席日本人答謝宴會（5.6）；接待香港中學進步教師，先陪參觀批林批孔展覽，其次藝術系看練功，回接待處，有民族展覽，最後座談，吳謝均作發言（5.29）；接待加拿大大學校長訪問團，有清華張維及北大呂等人陪同（7.10）；接待香港歸國愛國教師參觀團（8.21）；吳謝到民院圖書館，參加接待日本和歌山縣青年男女代表團，團長大橋正雄，乘船訪問中國，有250餘人，是訪問中國人數最多的一個團體（12.2）；冰心進城接待日本朋友（12.16）。

1975年度：

吳文藻接待日本福岡各界人士友好訪華團，「瑩不在叫我去。」（1.10）；冰心在民院接待趙元任女兒女婿（1.27）；吳謝接待日本駐華大使小川林四郎夫婦及參贊、一二秘等（3.11）；吳文藻接待日本學術文化代表團，其中有長尾雅人、中根千枝，前者佛教史，後

者文化人類學（4.4）；冰心進城接待日本部落同盟人士（4.5）；冰心陪同日本朋友遊頤和園，晚吳謝赴吉川團長答謝宴會（4.6）；日本富山訪華青年代表團來民院，均係少女，參觀後座談，冰心講話，看舞蹈練功表演（4.14）；冰心接待日本客人（4.17）；冰心接待日本客人（4.23）；冰心進城與日本朋友座談（4.25）；吳謝參加接待巴西考古團（實際上是一般的旅遊團。其中婦女占多數，進步保守各派思想都有）（5.15）；吳謝在中央民族學院接待日本代表團，井上靖、莊野潤三、水上勉、司馬遼太郎等九人，嚴文井陪同，吳文藻同莊野潤三直接用英文談話，報告他曾得羅氏基金會赴美遊歷（5.16）；冰心陪同日本文學代表團井上靖夫婦等遊覽北京香山公園（5.19）；冰心出席小川大使答謝宴會（5.20）；吳文藻接待葉楠（楚倉之子）、袁曉園，他們瞭解民族情況很認真（5.26）；冰心接待美、加、斐濟在華訪問者（9.27）；吳謝去北京飯店拜訪韓素音（10.10）；吳謝接待港僑回國參觀團，兩批各有27人及17人。團中有鄭德坤夫婦，現任中文大學文學院院長（10.22）；冰心進城赴約，美國友人邀請（10.24）；冰心在民院接待莫桑別克婦女代表團（10.29）；冰心在民院接待日本客人（11.3）；冰心在民院接待羅馬尼亞作家（12.9）；冰心接待日本友人（12.12）。

1976年度：

冰心接待美國國會女議員（1.3）；冰心接待日本工人代表團（1.6）；冰心接待趙浩生（1.14）；冰心接待日本福岡代表團（1.17）；在民院接待室會見日本的于恩洋父子二人，「先敘舊，然後陪參觀展覽」（2.12）；冰心接待日本京都來訪者（2.16）；冰心接待井上靖（2.27）；冰心接待日本朋友（3.26）；冰心接待日本客人（4.9）；冰心繼續接待日本客人（4.12）；冰心接待日本客人（4.17）；冰心在北京飯店有約，會見日本文化代表團（4.30）；冰心接待菲律賓婦女代表團（6.1）；冰心接待藤山一郎夫婦（4.6）；冰心接待日本客人（4.7）；冰心參與接待英國學者Maxwell, Gnllne（6.10）；冰心接待日本婦女代表團（6.22）；吳謝參與接待香港回國觀光華僑，分兩批接待，共有40餘人（7.21）；冰心接待日本留蘇青年（7.26）；冰心接待香港電影界代表團（10.25）；冰心接待日本勞動青年代表團（10.28）；冰心接待夏威夷美籍華人（11.27）；冰

心到北京飯店宴請韓素音（11.30）；冰心到北京飯店與日本作家井上靖等座談、交流（12.8）；冰心接待日本北海道代表團（12.10）；吳文藻接待香港報界教育界代表團（12.20）；吳謝會見香港大學同學會年輕教員二十五人（12.30）。

這裡有的是多次接待的老朋友，其如韓素音、趙浩生、井上靖等日本朋友，但大多是第一次會見，那時，中國外交部沒有新聞發言人，吳謝在國家艱難的時候，像新聞發言人那樣，為國家說話，因而，他們的話語都是當時意識形態話語，難道新聞發言人可以說自己想說的話麼？僅從這一點上，中國沒有任何的一個作家可以承擔此項重任，也不能因為他們的話語與當時的宣傳腔調一致而受到指責。

除一般性的接待外，吳謝花費更多時間與精力，則是執行重點接待任務，對象則是吳謝1951年回北京前的舊友、同事等。相隔了二三十年的重逢，經歷人世的滄海桑田，感情一次次的受到衝擊，價值觀也一次次提到了人性的天秤上，其間複雜的心情，便在一次次的會見與交談中顯露出來。

最先出現的是燕京大學同事夏仁德先生（Randolph Clothier Sailer）。這位比吳謝大了兩歲的心理學家，當他們乘船前往美國留學之時，夏仁德應司徒雷登的邀請，從美國乘船前往中國，來到燕京大學心理系任教。夏仁德是美國人，但他的家庭卻是在中國組成，1925年10月，夏仁德同燕大宗教學系的路易·艾格伯特Louise Egbert在佟府夾道燕大女部舉行婚禮，婚後育有三子：George Heury James。這次回到中國，夏仁德先生和他的妻子同行，小兒子亨利陪同。

夏仁德先生一家，因為朝鮮戰爭中美關係緊張而回到美國，但他對中國、對燕大、對燕南園一往情深，時在回憶之中。中美關係解凍後，夏仁德一家都非常興奮，第一批遞交申請，表達了重訪中國的願望，根據安排，1973年初夏成行，抵達中國後訪問的第一個城市是北京、拜訪的第一對夫婦是吳文藻謝冰心。吳謝先到新僑飯店，拜會了遠渡重洋的舊友，四個人、四隻滄桑的手相互握著，久久不曾放下。冰心說，大概快四十年了吧，你們都還好啊。夏仁德說，整整三十五年，自從你們1938年離開燕大前往雲南，就沒有再見面了。冰心說，聽說你們留在燕大，吃了日本人不少的苦頭。夏夫人插話說，夏先生被日本人關押將近三年，在山東的維縣集中營。吳文藻便追問，夫人

和孩子呢？夏說，還好，提前將他們送回了美國。四位老人就這麼站著說話，一開頭便停不下來。

　　坐下來之後，許多的話題都是圍繞著燕大，夏仁德便提議，一同去看燕大。1973年外賓的活動受到嚴格限定，但夏仁德先生似乎是個例外，接待人員請示後獲得同意。上了車，冰心與路易坐在一排，她們在燕大曾為基督教友，自然熟悉，冰心還開了一個玩笑，問路易是否記得夏先生在燕大同學心目中是個什麼模樣？路易笑著，冰心就告訴她，不知道吧，夏先生上身穿了中國棉袍，下身是美國的西褲，棉袍短，西褲長，夏先生的個兒高，一個人的中西合璧，甚是風趣，還有那架腳踏車，人高車矮，加上那中西合璧的打扮，甚是滑稽，這就是夏先生在燕大同學眼中的模樣。也因此，夏先生騎車，成了燕園一景。冰心的回憶，引來車內一陣陣的笑聲，也讓他們回到了青春年代。

　　車到海淀，進入北京大學的西門，吳文藻做了一些解釋。進入校園，都覺得熟悉，先是到了水塔下，兒子亨利興奮起來，說，他就是在這兒長大的，記得門是圓的，有一小巷通過，旁邊就是水塔的抽水機，日夜轟鳴，母親便說，小樓卻是安靜。從未名湖繞行，來到燕南園，他們竟然在吳謝當年的小樓前停住了，夏仁德先生回憶，好像就是這一座吧，抗戰勝利，燕大從成都復員，便搬進這座小樓，當年便是吳先生與謝先生的住宅吧？可不是嗎，多麼巧的事情啊！夏先生問到他們現在居住的情況，吳謝都有些回不過勁來，冰心反應快，說非常好，在民院的公寓樓裡。三天之後，即是4月16日，夏仁德一家就來到民院拜訪吳謝，民院沒有同意進到吳謝的公寓，只能在外賓接待室，繼續交談。在外國人面前，總要保持中國教授的尊嚴。

　　這一年的五一節，周恩來總理會見了夏仁德教授一家，感謝他為中國培養了眾多的人才。會見時，燕京大學的吳謝卻不在座。

　　夏仁德走了，林邁可來了，這位在「七七事變」之後來到北平的英國教授Miehael Lindsay，正是應了吳文藻的邀請，來燕大進行導師制試驗的。但一入中國，全面的抗日戰爭暴發，由於與白求恩同行來華的原因，這位英國紳士不僅愛上了嬌小玲瓏的中國女學生李效黎，還投入到了中國人民的解放事業中去，利用他的特殊身分，從事抗日活動。林邁可於抗戰勝利後的1945年11月，從延安經重慶、印度回到

倫敦。他在英國像斯諾般地宣傳延安與共產黨，引起英國保守人士的不滿，甚至有人直接指控「李效黎是共產黨員」，最後以親共嫌疑，英國外交部及聯合國遠東經濟總署，取消了林邁可擔任中國事務的有關職位。這個林邁可對中國充滿了感情，對中國共產黨取得政權之後的許多事情，提出了他的建議與批評，尤其是文化大革命發生後，直言不諱的說了許多批評之言。按說，這樣的人不可能在1973年獲得進入中國的簽證，但由於燕大的牌子與周恩來的關照，還有中國的妻子，竟然成全了他的中國之行。7月10日，吳謝前往民族飯店拜訪之前，外交部便將這些情況告知吳謝二位，並且有個奇怪的要求，與林邁可多接觸，多交談，把與他的談話記錄下來。與林邁可的接觸，本來有更多的舊可敘，卻是被這種要求沖淡了，林邁可又是一個對中國赤膽忠心的人，甚至是企望可以到中國來頤養天年的外國人，所以，口無遮攔，包括對吳謝的同情，文革對教育的摧殘、對文化的毀滅、對文物的破壞等等，無不發出尖銳的批評之聲。他認為一切珍貴的東西，都被文革破壞了，比經歷一場戰爭還嚴重。吳謝也多有解釋，但林邁可是在國外天天盯著中國一舉一動的中國通，豈是解釋得了的。民族飯店之後，12日又來到民院長談。14日，吳文藻日記：「將與林邁可的談話抄件呈院。」

燕京大學還有兩個人前來挑動吳謝的感情。一個是司徒雷登的秘書傅涇波的大女兒傅愛冷，從中得知司徒雷登回到美國之後的冷暖，傅涇波與司徒雷登情同父子，最後住在了一起，完全承擔起照顧司徒老人的義務。她這次回北京是受了父親之托，1962年司徒雷登逝世，生前曾希望將自己的骨灰葬到燕園，回到夫人的身邊。她深知，冰心與吳文藻都是司徒雷登十分器重與信賴之人，如有可能，向周恩來總理轉達司徒雷登先生的遺願。這天（9月3日），新橋飯店並無冷氣，但窗外吹進初秋的風，竟讓吳謝感覺到有些寒意。司徒雷登的事情，豈是周恩來能決定的，毛澤東那篇《別了，司徒雷登》的檄文，足以讓司徒先生盯在了歷史的恥辱柱上，可他還是那樣的留戀中國、留戀燕園，想回到路愛玲的身邊。吳謝都沒有吭聲，冰心提議，出去走走，到了前門，吳文藻提議到「全聚德吃北京烤鴨」吧。

另一個是接待香港大學中文系主任馬蒙。馬蒙是燕大教授馬季明之子，畢業於燕京大學社會學系，名符其實吳文藻的學生，因而，

他不讓老師到酒店去看他，直接要求到民院拜訪老師和師母。和平樓208是不行的，那太寒磣，依然安排豪華接待室，這一回，吳謝感到比較輕鬆，冰心幾次出國路過香港，有過多次的見面，現在他們坐在一起，愉快地回憶起1951年全家從香港登陸，馬蒙到碼頭迎接與擔保的情景，吳文藻說，要不是你親自到碼頭，或許不准許上岸，冰心說，可不是，護照簽證去美國，怎麼在香港上岸，馬蒙就笑了，看來，就是懷疑還真有道理。於是，幾個人就都笑了起來。

中華民國駐日代表團成員，一部分像吳文藻、吳半農、謝南光等人回到北京，一部分去了臺灣，還有一部分留在日本。中日邦交正常化之後，留在日本的人員則有機會回到久別的故國故鄉探親訪友。在訪友的名單中，吳謝必然在列，而同時，吳謝也接受使命，不僅僅是敘舊，還要以自己的切身體會，勸說他們歸來。因而，這裡不僅是內心感情的衝擊，還有表面的官樣文章。

最先歸來的是徐逸樵夫婦及其兒女，住北京飯店新樓541房，8月15日（1973）吳謝前往探訪。徐在代表團曾任經濟組組長，與吳文藻相當熟悉，吳辭職後，徐也辭職，留在日本做生意。張群當時以國民政府的名義，在日本創辦「東亞協會」，徐任常務理事。辭職後的徐逸樵便是經營這個協會，並自設「東京分會」。二十多年，既不去台，也不入日籍，始終以中國僑民身分，潛心研究日本歷史，並在艱難的環境裡，努力為中日友好和兩國關係正常化、為祖國和平統一事業做了許多有益的工作。雖然在六十年代初，徐便將最小的兒子送回了大陸，但是本人也還在猶豫觀望之中。吳文藻的探訪，意在以自身的經歷，證明歸來的正確。吳文藻著重講到黨的關懷，但講黨的關懷必然講到思想改造等等，而一講思想改造，便感覺不對徐的味口，他的女兒便以調侃的方式，詢問思想如何改造，改造不了怎麼辦，父親這麼大年紀還要不要改造等等。冰心自有圓場的本領，吳文藻也乘機瞭解其他留在日本熟人的情況。徐在北京飯店以譚家菜設宴，原駐日代表團歸來的傅若昭、謝印春、楊春松及夫人都應邀前來相聚，敘舊的話題延續到午後三時。之後，徐逸樵多次回國，他們有過多次會面，所談就更加深入，徐與夫人還專程到了民院和平樓探望吳謝夫婦。

自然，出面做工作的並不僅是吳文藻，周恩來、鄧穎超夫婦也親

切會見，勸其回國。徐逸樵夫婦終於在1978年回國定居，把自己長期經營的「東亞協會」東京分會的大批房產和資金，贈給中國駐日大使館，回國後把自己多年收集珍藏的流散海外的宮廷珍品，無償捐獻給故宮博物院。徐則不僅成為政協委員、而且是政協常委，比吳文藻的級別高了一等。冰心後來也從人大轉到政協任常委，他們見面的機會就多了，此時高級統戰人士揚眉吐氣，不必再言思想改造了。

被朱世明二次復出、頂走了的團長商震將軍，最終也留在了日本。商震當團長時，吳文藻一天一辭職，對他的為人也多有微詞。1975年商震回到闊別的故國故土，10月3日，吳文藻前去拜訪。

> 進城訪商震。先看統戰部程紹昆，稍談，然後去商震房間。他有一孫女商惠璇醫生在旁照料。知道他參觀後態度比初來時有轉變，願對解放臺灣盡一分力量。於是本擬談個人二十五年來的感受，轉到鼓勵他做團結統一工作。上半截有幾位在場，後即先告退，由陳兆坤一同陪著繼續談留日偽代表團舊同事，略知近況。十一時五分告辭。[117]

10月10日，葉劍英元帥會見商震將軍，兩位當年戰場上的軍人在人民大會堂福建廳對話。五天之後，吳文藻與冰心謝應邀出席歡送商震宴會。

> 五時到前門烤鴨店，統戰部宴請商震，送行，這是文化大革命以來，統戰部舉行的第一次大宴會。共設四桌，我排在第三桌，主人是郭彤，女同志。第一桌有三個主人主賓，劉斐、董其武等人，傅作義夫人。席間，對商震進言很得體，劉效法商震，先後祝酒，延至八時三十分後始散席。[118]

商震並未象徐逸樵那樣回到大陸，一直旅居日本，直到1978年在東京病逝，骨灰根據他的遺囑，回到了故國，安放在八寶山革命公墓。而代表團另一位團長卻永遠長眠在異國他鄉了。朱世明辭職後也

---

[117] 吳文藻日記，1975年10月3日。
[118] 吳文藻日記，1975年10月15日。

在東京註冊了公司，做起了生意，但那與他的外交家的氣質相去太遠。朱世明在日本、在駐日美軍中，有許多的朋友，但是，當他一旦離開了團長的位置，朋友也都漸漸遠去，此中冷暖，令這個心氣高傲的湖南人，心灰意冷。此後基本閉門不出，想以著書度日。就在中日邦交正常化的前一年，1971年春天，六十九歲的朱世明將軍在他的寓所孤獨地離去。三年之後，朱世明的兒子朱昌峻從美國來京，吳文藻在病中打聽到這個消息後，讓冰心去北京飯店探望。

吳謝與朱謝兩家的孩子互稱乾爹乾媽，朱昌峻見到冰心，第一聲乾媽呼出便有些語噎。平靜之後，朱昌峻告訴冰心父親最後的離去。因為母親不願意來日本，一直居住美國，父親也不願去美國，二十年來，父親與母親一直就這麼分居兩國。聯繫是常有的，也都沒有重新組織家庭，最後的日子，母親知道父親的病情，曾勸其住院，但父親還是留在郊外海濱的公寓裡，幾天的電話卻是沒有人接，母親只得將電話打到徐逸樵伯伯家，徐伯伯趕到，父親已經離去三天了。朱昌峻與母親立即前往機場直飛東京。還好，喪事辦得隆重，留在日本的駐日代表團舊部都來了，為父親超度、送行。冰心聽到這裡，默默地落下了眼淚，她說，回國之後，曾有幾次出訪日本，因為都是集體行動，沒有去拜訪過你的父親，想起來真是難過，也真想聽一聲你父親那豪放的笑聲。

冰心在病房中向吳文藻轉述時，吳文藻也落淚了，吳文藻說，夢中的東京，總是與南光、公亮兄在一起，南光走了，公亮也走了，他們在一起了，不知道夢中還能相逢？

病床上的老伴說出如此傷感的話，令冰心有些不安，但也不便安慰，轉而告訴吳文藻最擔心的事情，那就是謝文秋和孩子們，最後是不是諒解了父親？吳文藻很想知道謝文秋、朱昌峻最後對父親的看法。冰心說，文秋與孩子們最後也都理解了世明，這一次返美，途經日本時，還將去墳地上，為客死他鄉的父親掃墓。吳文藻還是責備公亮的猶豫，要是起義回到大陸，也不致如此客死他鄉吧。

清華的同學也來了，顧毓琇最先抵達，一到北京，便到民院拜訪了冰心和吳文藻。「（1974年）8月21日星期二，我們到中央民族學院拜訪了我的同班同學吳文藻博士，他已在此任教多年。他的妻子，著名詩人、散文家謝冰心，仍和以前一樣充滿活力。」顧毓琇回到大

陸，幾乎全為尋舊訪友，盡其所知，報告在美、台的清華同學，梁實秋、徐宗涑、張忠紱、浦薛鳳等等，吳文藻曾幾次想將話題拉回到現實，想聽聽他對祖國大陸參觀的感想，「我幾次想引導到他參觀所得印象，他把話題又回到清華同學。」[119]29日在北京飯店又見面，只是在談到清華同學不同的人生際遇時，吳文藻又生感觸：「我幸而較早返國，才有今日處境，言念及此，更應抓緊世界觀改造。」[120]

談得多的還是二次大戰，清華這一批人，十分看重中國在二戰中的作用，而國外的一些有關二戰的著作，常常忽略中國在反法西斯戰爭的重要地位，令他們這一代人感到十分不公，吳文藻談到《世界史綱》對中國在二戰中的作用描述不力的問題，顧毓琇則談到丘吉爾的《二次世界大戰》，幾乎忽略中國戰場。吳文藻希望得到此書，顧毓琇回到美國後，即辦購書之事：「丘吉爾的《第二次大戰》單本不容易買到。最近買到全套六本。（前四本我已有）。現趕著看第六本，並擬略作筆記。明天可以用航空寄到北京。」[121]並且告訴吳謝，自己正準備寫英文自傳，將穿插第二次大戰的描寫。

顧毓琇寄來的不僅是書，同時也帶來了梁實秋的信函。這個十分戀舊的老北京，因為與魯迅的論戰和毛澤東的批評不敢歸來，信中表達了歸國的願望，卻沒有道出顧慮，幾天之後，梁實秋女兒梁文茜上門來訪，對父親的心意和顧慮做了詳細陳述。冰心告訴他，儘管放心地回來吧，賽梨的蘿蔔沒有了，心靈美還是好吃的。豆汁見不到了，豆漿還是有的喝，來吧，歸來吧。北京還是老樣！

1972年之後，來的老友已經很多了，感情的波瀾一次次的被掀動，一次次的又都平息，來了的是如此，去了的則不僅是傷感，而是悲涼了。

1975年開初，費孝通的父親逝世，1月13日吳文藻在八寶山為其送行，1月16日，接民盟通知，社會學家陳達先生逝世，「春季多變，又倒下一個」，吳文藻道。7月19日，吳謝前往北京醫院，向吳研因作最後的告別。9月20日，冰心前往八寶山，參加傅連彰追悼大會。12月10日，吳、謝、費一同參加張曼筠追悼會。次年的1月7日，

---

[119] 顧毓琇，《百齡自述》，P147，江蘇文藝出版社。
[120] 吳文藻日記，1994年8月29日。
[121] 顧毓琇、王婉清致吳文藻、謝婉瑩的信，1974年12月14日。

吳、謝又去八寶山，參加王伯祥追悼會，回來的路上，得知嚴景耀腦溢血，病危，立即進城到協和醫院探望，安慰雷潔瓊，一周之後，1月13日，嚴景耀逝世。吳謝「當即雇車進城去慰問潔瓊。除我們兩人外，孝通、耀華同去。到時，潔瓊臥床大哭。毛勸我們不要流淚，怎麼行？」追悼會後，吳文藻對冰心說：「以後要對潔瓊多多關心。我們境遇較好，尤應對她寄予同情。」1月19日，又到史良家，弔唁她的愛人先生──被人稱之為小陸的陸殿東的逝世。3月21日，蘭州傳來噩耗，弟媳劉紀華逝世。8月18日，老友瞿世英（菊農）因肺癌逝世。「正想到他，他竟死了。」

朋友啊、親人啊，來了一大幫，走了也是一大堆，真如秋風掃落葉，一歲一雕零，晚境至此，人生如此！

然而，最大的悲痛卻還不能言說！

13，天崩地裂　大悲大喜

周恩來總理患病，冰心與國人一樣，並不知曉。1975年的春夜，總理做最後一次政府工作報告，冰心在給趙清閣寫信時還說，「開會時曾見過總理，但匆匆一面，前後都有人，什麼話都來不及說。他身體很好，頭髮還不大白呢。七十六歲的人，總算不錯了。」[122]那時，人們有種擔憂，希望總理康健，那是民族與國家的希望。但其實，那蒼老的臉上、瘖啞的聲調中，已經隱含了「鞠躬盡瘁」的真實意義。不到一年的時候，1976年1月8日，這棵庇護中國共產黨、庇護中華人民共和國的大樹轟然倒下。

吳謝有早間聽新聞聯播的習慣，這一回電波中傳來的是不忍相信的噩耗。想到總理對自己一家的關懷，兩個老人傷心落淚。早餐之後，吳謝進城學習，「首先收聽訃告哀樂，連聽兩遍，然後座談，大家流淚，談不下去。沉默良久，始相繼發言。我回憶1957年犯錯誤感到對不住總理，對我進步的關心，一時非常難過，因而延到最後一個發言。學總理無畏的獻身精神是可學而不可及的，事實確是如此。」回到家裡，冰心將最喜愛也最能體現總理精神氣質的那張照片[123]，掛

---

[122] 趙清閣，《滄海往事──中國現代著名作家書信集錦》，P113，上海文藝出版社2006年10月。
[123] 意大利攝影家焦俪喬‧洛迪1973年1月9日攝於人民大會堂的《周恩來》。

在書櫃上方，把長期不用的香爐洗淨擦乾，焚上多年前從印度帶回的檀香，沒有花啊，又沒有花店，便將陽臺上採下紫花數枝，一同敬獻總理。

10日，院辦通知冰心、費孝通午後去北京醫院向總理遺體告別，吳文藻未獲通知，一天在家，心緒不寧。傍晚時分，冰心回來，全家聚談總理去世消息，就在太平間弔唁室裡，弔唁一個大國的總理，小小的弔唁室如何能安下那個偉大的靈魂？人民大會堂滿是總理的足跡，為何不能騰出一角，安放總理的遺容，供國人瞻仰？各種消息從四面八方擁來，全家人「甚感悲傷。」

11日，吳文藻得政協通知，前往北京醫院向總理遺體告別。「得悉甚為愉快，能有機會看總理最後一眼。當即穿衣到東校門坐車，車到城後，先接陳、林、李春霖，送他們到中央團部，然後我隻身去北京醫院太平間，向總理遺體告別。到達後首先簽名，手臂背帶黑布，立即插入部隊隊伍一同進入。進門時立即看到紅綢黨旗蓋在總理身上，腳頭有鄧大姐送『悼念恩來戰友』鮮花，署名『小超默獻』。行經遺體，瞻仰總理遺容，灰白甚瘦，額上斑點呈現血紫色，制服系灰色，彷彿他平日所著過者。瞻仰過後，告別回家。時家人已團聚一起悼念總理無私獻身精神……」[124]

總理逝世，天下同悲，但是通知隨之下達，不得悲，不許悲！弔唁限制在最小的範圍內，十里長街送總理，即是出於對總理的熱愛，更是對專制與強權的抗議。追悼會上，與他生死相交幾十年的毛澤東沒有出席，於是，各種事實與傳言紛至沓來，「批林批孔」的目的在於「批周公」，「評法批儒」重在批儒，周恩來便是當代的「大儒」。「大樹倒，根猶在，批周必亂，反周必敗！」是傳言中的鄧穎超敬謝毛澤東的悼念詞。

對總理的不公，對悼念總理的壓制，終於導致了天安門廣場聲勢浩大的悼念活動。面對四五清明淚祭，七日早間，吳謝進城學習，「交換五日天安門發生的事情的有關報導，特別是火燒四輛車所傳情況確否，須等進一步澄清。我們非目擊者，即使在場，也只能知一個角落出現的情況，肯定有壞分子混在之中，但絕大多數是對周總理表

---

[124] 吳文藻日記，1976年1月11日。

示追念之情。這是可以理解的，也是主要的。」[125]吳文藻在發言中並在日記中記下了與當局不同的看法。也就是這天，晚八時，黨中央政治局公布了兩個決定：一，正式任命華國鋒為黨中央常委會第一副主席，國務院總理；二，撤銷鄧小平黨內外一切職務。並有記者評述四五反革命事件經過，吳謝聽後，默然無語！

此後又進入聲勢浩大的批判，政協組織召開「批鄧反擊右傾翻案風」大會，從第一次開到第七次，吳謝均無發言記錄，而政治謠言風傳，等到將要召開第八次批判大會時，朱老總（朱德）逝世，緊接著是唐山大地震，波及北京，人怨天怒，一同發洩到中華民族這片多災多難的土地上！

> 一早下樓，幫搭新蓬，擴大範圍。不料勉強搭好架子，開始下雨，等把油布覆蓋上，越下越大，漏雨連累舊帳蓬。雨大後年輕人繼續幹，我們年老的回家。我續校Wellj譯稿。午後，被褥蚊帳全部搶回，怕漏雨波及。
>
> 夜間因通知要下大雨，囑警惕，通夜失眠。
>
> 今夜全家在樓下住，我搭小鐵床在新帳蓬裡睡。
>
> 露宿開始⋯⋯冰心拉肚子⋯⋯[126]

帳篷無廁所，樓上樓下一天無數趟的跑，有時剛剛下來又得上去，診斷為神經性的拉肚子，想起拉便要拉。有一次上去了不久，強烈的震感出現，冰心卻許久沒有下來，吳文藻急了，衝到樓上，冰心坐在馬桶上不起來，說，起不來了，地震就埋在裡算了⋯⋯

哪兒是災難的盡頭？

9月9日，毛澤東逝世！

這是比地震更為嚴重的天塌，人們無不為之悲痛欲絕。是大救星、是統帥、是舵手、是領袖、是導師、是繼續革命的領路人、是人民的主心骨⋯⋯中國，怎麼可能沒有了他呢？

一時，天空灰暗、神州失色！

9月9日，吳謝到沙河幹校勞動，午飯後即散。

---

[125]吳文藻日記，1976年4月7日。

[126]摘自吳文藻地震日記。

我們一時許返家，我洗澡後睡了，三時二十五分被叫醒，說四點前要到校，四時有重要廣播。到室聽中央廣播，毛主席於九日凌晨零時十分逝世。享年八十二歲。聞訊十分震動悲痛。儘管早已聞知，今夏主席健康日衰，但總希望他老人家再活幾年。聽完兩遍廣播，中央等四單位聯名告全軍全國各族人民書後，室內年老的人回三樓即座談，談感受體會。因噩耗傳來，晴天霹靂，心緒紛亂，僅作初步發言。向黨表示決心，一定要以黨的革命事業當作自己的革命事業，在黨的領導下，秉承毛主席的遺志，以階級鬥爭為綱，遵循黨的基本路線和全國人民一道，要把無產階級專政下繼續革命進行到底。[127]

冰心的心情與感受：

> 當我低頭聽到《告全黨全軍全國各族人民書》的最後一句時，我的緊握著的冰涼的雙手已經麻木了。不斷湧下的熱淚灑在我的手上，把我驚醒過來，驚醒到一個極其悲痛、充滿了哽咽聲音的世界裡！
>
> 我們敬愛的領袖毛主席，就這樣突然地離開了我們了？這是真的嗎？這是可能的嗎？不！絕對地不！[128]

冰心回憶了與毛澤東有關的經歷，雖然這位偉人對冰心未有一字的評價，未有一次的面見，但她還是找出了與毛主席有關的一切，以此證明，這位偉大的人物對自己的影響、帶來的光明。回憶中忽有所悟，淚光中，「窗外是燦爛的朝陽，萬千條的楊柳在陽光中搖曳。柳外的高樓仍在矗立。牆外的流水般的車輛仍在寬闊平坦的大道上馳走，我聽到了它們隆隆前進的聲音……」「我站了起來，展開眼淚浸透的紗巾，鋪在窗臺上，讓它在這燦爛的陽光下曬乾。毛澤東思想是永遠不落的太陽；毛主席沒有離開我們，毛主席永遠活在我們千千萬萬各族人民的心中！」多麼富有意味的舉動，「大救星」、「紅太

---

[127] 吳文藻日記，1976年9月9日。
[128] 《毛主席的光輝永遠指引我前進》，《冰心全集》第6卷，P592。

陽」逝去了，然而，太陽照樣升起，楊柳依依，高樓聳立，汽車照樣飛馳在平坦的大道上。

或許還有更重要的轉機！

也就在全國人民處於悲痛之中時，共產黨的高層為取得最高權力，展開了殊死搏鬥。就在毛澤東逝世後的第二十五天，壟斷了毛澤東與外界聯繫、並代毛澤東發聲的毛澤東的夫人江青、中共中央副主度王洪文、中央政治局常委張春橋和姚文元，及其毛澤東的侄兒毛遠新等一大批人，在同一時間裡，以迅雷不及掩耳之勢，一一遭至逮捕！

史稱黨中央一舉粉碎「四人幫」！時間為1996年9月6日。

10月24日，吳謝打扮停當，像過節一樣的進城，到天安門觀禮台出席百萬人慶祝粉碎「四人幫」慶祝大會。

> 國家領導人來西頭招呼群眾，看得非常清楚，尤其華（國鋒）、葉（劍英）、李（先念）最先行的三人，滿面笑容，真是普天同慶的一日。[129]

直到這時，冰心才回過頭來，將對周恩來總理的感情，訴諸文字：

> 我從心底感謝黨中央，粉碎了萬惡不赦的「四人幫」，使我終於能在敬愛的周總理逝世一周年的日子裡，筆與淚俱地寫下了我這篇悼念的文字！
>
> 我的排山倒海而來的關於周總理的回憶，即使千管齊下，也寫不盡我親眼看到，親耳聽到的，總理為黨、為國、為人民所做出的一切巨大的貢獻……[130]

冰心得趙清閣來信，回信道：

> 欣悉上海亦是一片歡騰，我們這裡亦是如此，尤其現在這

---

[129] 吳文藻日記，1976年10月24日。
[130] 《永遠活在我們心中的周總理》，《冰心全集》第6卷，P597。

裡大字報鋪天蓋地，大家互相抄來的中央同志的講話也很多，
總之，是大家都覺得中國的前途與命運是樂觀多了！[131]

而在下一信中，報告了文革之後全家人的情況：

> 你問到孩子們，宗生，最大孩子，現在北京二輕局的建築
> 設計部門，他愛人在阜外醫院，有了兩個孩子，一男一女。大
> 妹愛人在駐冰島大使館，她自己在外交部，他們有兩個男孩。
> 小妹夫婦都在外語學院任教，有一個男孩。所以，除了大女婿
> 外，都在北京，過年過節，幾乎太熱鬧了！[132]

完全不同的語調與心情，似乎一切又都回來了，一切都將好了
起來！

---

[131] 趙清閣，《滄海往事——中國現代著名作家書信集錦》，P111，上海文藝出版
社2006年10月。
[132] 趙清閣，《滄海往事——中國現代著名作家書信集錦》，P120，上海文藝出版
社2006年10月。

第十一章　生命從八十歲開始

1，摘下「緊箍咒」，放開思想

　　對於吳謝來說，1977年與1951年一樣，有個鮮明的界限，1951年以從東京回到北京為標誌，1977年則以民進中央的學習會為標誌。

　　元旦那天，冰心恢復了對海外同胞和朋友發表新年祝詞，國際廣播電臺日語部向日本聽眾廣播了她的《新年講話》。元月三日，民主黨派跨組學習元旦社論，吳謝和費孝通三人同車進城，學習會上，「胡愈之先念1976年底寫的一篇個人改造思想小結，語多自我檢查。」這本是歷年年初第一次學習會的慣例，回顧去年，展望來年，而民主人士回顧，無非就是思想改造之事，但學習會的主持者、中央統戰部副部長李金德卻打斷了他的發言，「認為沒有必要，未讓他當眾講述。」這令吳謝都有些不解甚至驚愕，中央統戰部的負責人竟然阻止胡愈之先生談思想改造？平時一談思想改造便如驚弓之鳥的吳文藻，立即伸長了脖子，聽聽是不是粉碎四人幫後的新精神，但李金德並未展開，只是提醒發言者，主要談今年對學習安排的意見。吳、謝、費本也有自查式的思想改造小結，一下子被扭到展望未來的激情上了。學習會後安排了就餐，以示慶賀。

　　回校的路上，三人餘興未盡，費孝通說，知識分子不談思想改造，豈不是師母所言的「緊箍咒」被摘下了？是不是我們都修成正果了？冰心就說，別太高興，就是摘下了還可以再戴上的，緊箍咒在如來手上，摘和戴都不由我們自己。吳文藻一聽，高興勁也就消退三分，還是小心一點好，右派帽子摘了，可是文革中不照樣以右派論之？那一次的批鬥會不要戴上這頂帽子？但無論如何，不讓講思想改造，比只讓講思想改造，感覺卻是大不一樣的。

　　1月8日，周恩來總理逝世一周年，全國上下將一年前不能宣泄的感情，積壓到了這一天，「深切悼念周總理、憤怒聲討四人幫」，似暴風驟雨滾過神州大地。大型彩色記錄影片《敬愛的周總理永垂

不朽》在感情上推波助瀾。「兩個場面很動人，一是靈車從北京醫院到八寶山，一路上人民群眾的哀悼、痛哭，二是天安門在總理逝世後，群眾在人民英雄紀念碑自發送花圈戴白花佩黑紗的動人情景。從電影片中聽到哭不成聲的哀痛心情，我亦不免再次流淚。」吳謝都是天安門事件的目擊者，對於事件的定性，吳文藻1月10日在民進學習會上，便發出了「給天安門事件早做結論」的質問。什麼「早做結論」，不是有了「反革命事件」的結論嗎？吳文藻的「早做結論」實際為「早日平反」，天安門事件直到1978年底才予以平反，吳文藻的發問提前了將近兩年。冰心則更直接，她稱天安門事件為「四五」運動，與六十年前的「五四」運動並列一起：

> 震撼世界的「四五」運動，在掀起過五四運動的天安門廣場上掀起了！這是一場聲勢更大威力更猛的、光明同黑暗的決定中國前途的殊死搏鬥。廣大中國人民，尤其是新生一代，以洶湧的人潮，巍峨的花山，浩瀚的詩海，來悼念我們社會主義祖國的中流砥柱——敬愛的周總理，來捍衛馬列主義和毛澤東思想，來要求民主與科學，來反對「四人幫」，來殺出一條實現四個現代化的道路。
>
> 也就是在這一年的十月，在黨中央領導下，浩浩蕩蕩的革命人民，把萬惡的「四人幫」押上了歷史的審判台。在驚喜交集之中，我感到了第二次解放！[1]

我在閱讀吳文藻1977年早春的學習筆記時，發現不是那個戰戰兢兢的吳文藻，不是那個動輒警告小心改造的吳文藻，竟然有些像反右之前被毛澤東那個著名演說點燃起激情的吳文藻，民進與政協的學習會上，他都在爭著發言，對於辨識「臭老九」的來龍去脈，對於姚文元將知識分子定性為「臭老九」痛恨，對於「老九不能走」的民間傳說，都在會上表現出來。5月23日，毛澤東《在延安文藝座談會上的講話》發表三十五周年，照例紀念，但所談內容卻有了變化，冰心只談接近工農兵的必要，因為那是社會的主體，卻未言及世界觀改造，

---

[1] 《從「五四」到「四五」》，《冰心全集》第7卷，P35。

講話中的世界觀改造，也就是後來的思想改造。吳文藻在學習會上，則提出「全面專政」的問題，即「無產階級該不該在思想問題上專政？」引起與會者的熱烈討論。這是一個十分嚴峻的問題，思想改造實際上就是思想專政，用專政來對待思想、對待言論，只能讓知識分子自保，嚴重地阻礙與影響了思想、思維的發展，影響了創造，包括藝術創造與其他一切發明，試想，整天思想戰戰兢兢的人，如何放開思想、讓思想裝上想像的翅膀進行發明創造呢？吳文藻還說，這是他幾十年思想改造得出的體會。當時，吳文藻正在校閱《世界史綱》，他說，從世界歷史發展來談論思想專政，有違文明的進程，尤其他還舉出了中世紀宗教實行的思想禁錮，便是對文明的反動。吳文藻的發言完全脫離了《講話》的內容，越講越遠，以致有人提醒他回到會議的主題上。

知識界、民主黨派在批判四人幫時，首先面對的是自身，即身分的認定與自身處於這個社會的位置。這是一個基本的生存問題，改造的對象便不是國家的主人翁，改造的對象便處於思想專政的位置上，改造的對象便不能發揮作用有所創造。胡愈之有一次在學習會上論及「知識分子的階級屬性」，「斷言不是一個階級或階層，在舊社會為資產階級服務，在新社會社會主義時期可為無產階級服務，為社會主義祖國服務。」冰心則認為，如果回到周總理的觀念上，知識分子是工人階級的一部分，這仍然是有階級屬性的，吳文藻則比較贊成胡愈之的觀點，知識分子是自由的，尤其是從事自然科學的知識分子，社會科學的知識分子也有這個問題，體現為知識與創造的繼承性與延續性的特點上，同時也有為統治階級服務的問題，也就是說知識分子的兩面性，體現在一個人的身上，也可以如此。吳文藻說到此打住了，畢竟那時寒意初消，如果聯繫到自己的個案來做論證，那是很有說服力的，但他沒有往下說，冰心也怕他往下說。於是吳文藻留下了兩個問題：

一，目前兩千五百萬左右知識分子除從舊社會過來的五百萬（其中有不少死去的）外，餘下兩千萬包括那些類別？

二，《紅旗》七期刊載關於知識分子的文章，其中把世界觀和政治態度截然分開，這與教育工作會議紀要中「兩個估

計」針鋒相對，怎樣理解？[2]

所謂「兩個估計」指的是1970年全國教育工作會議上通過並經毛澤東同意的《全國教育工作會議紀要》中提出的，即：解放後十七年「毛主席的無產階級教育路線基本上沒有得到貫徹執行」，「資產階級專了無產階級的政」；大多數教師和解放後培養的大批學生的「世界觀基本上是資產階級的」。吳文藻認為這是一個不符合事實的估計，不是資產階級專了無產階級的政，而是無產階級專了資產階級的政，如果培養出來的大批學生的世界觀是資產階級的，便不會有無產階級文化大革命的狂熱。此時，不僅對文革沒有否定，就是對「兩個估計」也是在這年的八月，鄧小平在科學和教育座談會講話中否定的。他認為建國後十七年，教育戰線和科研戰線一樣，紅線占主導地位，知識分子絕大多數是自覺自願為社會主義服務的。而吳文藻提出這個問題則是在7月11日，將鄧小平否定「兩個估計」公諸於世是在11月18日《人民日報》發表的《教育戰線的一場大辯論——批判「四人幫」炮製的「兩個估計」》的社論上。

生活中往往有這樣的現象，由於夫婦之間太熟悉了，在公開的場合下，意見相左便易「抬損」，吳謝這對夫婦很不一樣，在重要的思想觀念上，從不「抬損」，且常有呼應。雖然反右運動中的呼應，冰心逃過一劫，但她沒有汲取這個教訓，在批四人幫時、批「兩個估計」時也有呼應。她認為，教育戰線的「兩個估計」來源於文藝戰線的「黑線論」，而這個「黑線論」，人們一聽都能會意，那時還沒有四人幫，毛澤東一系列的批示體現在江青的部隊文藝座談會的紀要上。

冰心的發言刊於《人民日報》：

多年來，「四人幫」用「文藝黑線專政」論這把刀子，要把社會主義文藝砍成一片「空白」；用「文藝黑線專政」論這塊石頭，壓得廣大文藝工作者喘不過氣來。黨中央一舉粉碎「四人幫」，我們文藝工作者得到了第二次解放；現在深入揭

---

[2] 吳文藻日記，1977年7月11日。

批「文藝黑線專政」論，又砸開了「四人幫」強加在我們身上的精神枷鎖。我要拿出革命加拼命的勁頭，加倍地努力，刻苦地工作，為繁榮社會主義的文藝創作貢獻自己的力量！[3]

摘下緊箍咒之後的冰心吳文藻，不僅是在呼應著，而且在許多的場合表現出了驚人的先知先覺，再舉兩例：

《光明日報》特約評論員文章《實踐是檢驗真理的唯一標準》發表後，反映強烈，吳文藻最先讀到文章後，從學術的角度進行發言，認為這是一個常識性問題，卻被人們忘記了，領袖的講話、指示、批示，都成真理，而「這不符合科學精神，真理是根據科學原理，開初是先擬一定假設的，以假設為指導，在實驗中得到證實，然後才被公認為真理。」實際情況是，大量的假設經過實踐證明是錯誤的，那麼這個假設就不是真理而是謬誤。冰心在討論中接著說，「以謬誤當真理，大有人在，大行其道！」

其二，《人民日報》社論《恢復毛澤東思想的本來面目》，這是鄧小平完整、準確理解毛澤東思想和堅持四項基本原則之後，對毛澤東思想的官方闡述，吳文藻則在這篇社論的剪報上，寫下了這麼兩行字：「邏輯上很難自圓其說，但為了維護黨內團結又不得不這樣做。」也就是指出了其政治的需要，而非科學的闡述。

這些言論，就全國思想解放的情況而言，算是相當地超前了，甚至有可能令人感到突然。其實，對於吳謝來說，並不是突然之舉，這不僅是因為他們都是留學美國的博士、碩士，就是在禁錮的年代，在戴著緊箍咒的時候，仍然接觸了大量的西方學術思想與文藝作品，1972年，當尼克森敲開了中國大門，帶來了一大幫的客人時，也為吳謝的思想提供了大量的新資源，雖然他們在接待外賓的時候，必須嚴格使用官方語言，但是，對話是雙向的，在他們接待、接觸的外賓中，不少都是重量級的學者、教授，他們的思想觀念、學科信息，無疑也對吳謝產生了影響，尤其像韓素音、顧毓琇、費正清、井上靖、拉鐵摩爾、艾爾索普世界級的學者、作家對吳謝產生的影響是不言而喻的，僅是韓素音，他們的交談不下十餘次，不僅是思想的交談，而

第十一章　生命從八十歲開始

---

[3] 《對「文藝黑線專政」論的流毒不可低估》，《冰心全集》第6卷，P637。

且透露出中共內容鬥爭的大量信息，冰心在1973年對日本的訪問，幾乎被其飛速發展的經濟震驚，受到了強烈的衝擊。這一切無疑都進入了吳謝的思想庫，所以，當人們在喋喋不休地大談解放思想之際，吳謝實則無需解放，只要摘下那個緊箍咒，他們的思想便會脫穎而出，甚至開放出燦爛的花朵。

吳文藻自反右運動之後，思想負擔時輕時重，只要形勢一緊，便被敲打，便得夾起尾巴做人。「摘帽右派」還是右派分子，這幾個字目力所及，便會令他膽戰心驚。雖然自己曾承認反黨反社會主義的罪行，但這個罪行實際上是不存在的，是被迫承認的，是不是可以回到事實的本身？在真理標準的討論中，吳文藻曾做過這個設想，因為就他所知，絕大多數的右派分子與自己一樣，反右之後，這麼一大批高級知識分子都不能心情舒暢地生活，更別說發揮作用、為國服務了，如果從實踐檢驗上說，反右運動是否成立？這是涉及到幾百萬知識分子為社會主義服務的積極性的問題。這個思考，他沒有在公開場合說出，但與費孝通有過多次的議論，而通過韓素音傳來高層的信息，讓他興奮，要為全國的右派摘帽，同時有進一步的考慮，即承認反右擴大化，要為錯劃右派改正，但不會全盤否定反右運動，也就是說反右還是必要的。因而，「錯劃」與否，十分重要，一旦確定為錯劃，得到改正之後，與摘帽右派便有了本質的區別。那天，吳謝與韓素音在北京飯店興奮地議論此事，到了9月17日，中共中央果然批轉同意中組部、中宣部、統戰部、公安部、民政部《貫徹中央關於全部摘掉右派分子帽子決定的實施方案》，文件指出：對於過去錯劃了的人要堅持有反必肅，有錯必糾的原則，做好改正工作。但是，真正改錯並非易事，改錯表明錯不在右派，而在將你打成右派的黨委，「他們錯了，你沒錯，無罪」，吳文藻認為這有一定難度的。吳文藻曾找到李力，詢問右派改正是否需要個人的申請，李力告訴他，這是組織上的事情，不需要個人的申請，讓他等待。但是，這一等，竟是等了一年有餘。

吳文藻打成右派，僅憑民院一張連公章都未蓋的白紙，記入罪行三條，便成定局，薄紙一張，壓在頭頂二十餘年，但當要拿下這張薄紙，改正那個結論時，卻是疊紙成書，一級一級進行漫長的公文旅行。

吳文藻打成右派，本是民院黨委的事，算做民院的「指標」，但改正時，卻是民進中央牽頭報告。1979年2月13日，民進中央向中央統戰部提出《關於建議複查吳文藻同志資產階級右派分子的報告》，在複述了打成右派分子的三條依據後，複查如下：

　　　關於第一點，據吳本人講，沒有講過「你們年輕一輩應向儲安平學習」這句話。我們考慮，可能是吳忘記了，但就是講了這句話，也只是個別與人交談時透露的一種看法，不能作為反黨的罪行。

　　　關於第二點所列的一些看法當時都是在中央民族學院中對人說。他出於資產階級民主自由的思想出發，對人民代表大會職權問題發表的一些看法或者對學院某些領導人不滿的一些看法，有的則是別人寫的大字報讓他簽名發表的。不能認為是反對整個社會主義制度。

　　　關於第三點，據吳本人講，在蘇共赫魯雪夫發表攻擊史達林的報告時，個別人與他談話時說的一些話。當時受到祕密報告的影響，在史達林肅反擴大化這一點對史達林的評價。雖然認識上有片面性，不能作為反黨的罪行。

　　　根據1978年中共中央五十五號文件的精神和中共中央1957年關於「劃分右派分子的標準」，經我們研究，根據吳文藻同志一貫表現來看，他在1951年出於愛國熱忱，從日本回到祖國，願意為社會主義服務，對於學習改造還是積極認真的。1957年雖然他說過一些錯話，我們認為有些是屬於思想認識方面的問題，但從根本立場上還不是反黨反社會主義的，不應劃為右派分子。因此，我們建議中央民族學院予以複查改正。以上意見如無不妥，請轉中央民族學院。

　　3月7日，中央統戰部批復至民族學院黨委：「現將民進中央關於改正吳文藻錯劃右派分子的意見轉給你處，我們同意改正，請你處研究決定，並將結果告訴我們。」但民院黨委卻在接到這個報告之前，於2月20日向北京市委做了報告，「根據中共中央〔1978〕五十五號文件精神和1957年《劃為右派分子的標準》，我們認為：從吳文藻教

授一貫表現來看，他在1951年出於愛國熱忱，從日本回到祖國，願意為社會主義服務。工作和學習還是比較好的。雖在1957年黨的整風運動中有錯誤，擔本人當時曾多次檢查承認錯誤，還不是從根本立場上反黨反社會主義，為此，吳文藻教授在1957年反右鬥爭中被劃為右派分子屬於錯劃，予以改正，撤銷原處分決定，恢復政治名譽，恢復原高教二級工資待遇，工資從1978年10月計發。」至此，意見已經一致了，改正已無問題了。然而，改正的正式意見卻久拖未出，原因是北京市委直到1980年2月13日才批覆給民族：「同意你們對吳文藻同志在1957年反右派運動中被錯劃為右派分子的改正意見。」至此，兩套程度都已走過，但改正的決定仍然遙遙無期，而這些公文的旅行，當事人並不能見到，因為沒有最後的決定，有關方面也不肯鬆口，吳文藻的摘掉帽子依然在頭，孩子們都急了，吳文藻只得去詢問有關人員，但有關人員也只能說再問問，並不能超出組織原則將結論告之。直到7月25日「宗院長來訪，未遇，即回訪，示改正結論簡化後一份印就品，另寫一份關於我歷史問題的結論，帶回考慮。」

所謂「結論簡化後一份印就品」即為：

關於吳文藻教授右派問題的複查結論

吳文藻，男，漢族，七十八歲，民進會員，江蘇省江陰縣人，家庭出身商人，本人成分教師，現在我院研究部工作。根據中央（1978）五十五號文件精神，現已複查：吳文藻教授的右派問題，屬於錯劃，予以改正。撤消原處分決定，恢復政治名譽，恢復原高教二級工資待遇，工資從1978年10月計發。

中國共產黨中央民族學院委員會[4]

長達兩年有餘，終於等來「屬於錯劃，予以改正」。但是，出乎吳文藻意料的是，竟然還有一份歷史問題的結論，需要重新審定。這是什麼意思呢？一時搞不清楚，說需要帶回考慮。9月16日，民院落實政策辦公室送來對政治歷史問題的結論修改稿，「加進雲南大學任職、加入國民黨、中訓團受訓，任相當於副司長職等，均作為

---

[4] 以上吳文藻右派改正的引文與材料，均來自吳文藻檔案。

起義人員待遇，不計此帳。予以結論。」吳文藻日本未遂的起義，在歷次運動中均未出現與公開，突然之間進入落實政策的視野，並予承認，享受起義人員的待遇。顯然是有關部門的指示起了作用，但既然如此，為何又要寫進不計舊帳的舊帳呢？吳文藻在簽字之後，有人提示他，「還拖尾巴不乾脆，如中訓團、起義規定的措詞，都不符合貫徹落實知識分子的政策。總之我在政治上太幼稚，受人欺侮，沒有鬥爭心。」這回吳文藻為了自己的歷史問題，起了一點點的「鬥爭之心」，在有關部門的干預下，不僅割去了那個尾巴，並由享受起義人員待遇，變更為參加革命的時間，從1949年春天算起。至此，吳文藻完成了從一個偽政權的官僚到革命者的身分轉變。好了，歷史問題的舊帳了結了，右派也改正了，成為了革命的高級知識分子，自然不能還在黨外，於是，民院黨委派人與吳文藻談話，說，那個參加革命的時間，也可以視為您已成為共產黨員了。吳文藻一聽，連連搖手，不可以不可以，離黨員的要求還遠呢！

吳文藻清醒地就此打止。

2，控訴與思考

文革十年的血雨腥風，神州大地沒有一處未受摧殘，最為嚴重是人，從思想到肉體、從精神到道德、從國家主席到平民百姓、從老知識分子到青年學生，無一幸免。浩劫結束，人們如從噩夢中驚醒，靈魂歸位，有了疼痛、悲傷、憤怒與淚水，「控訴」一詞，由不同的聲浪，匯成了汪洋大海。

> 我今天走進人民日報社，感慨萬分。我們坐在這兒，控訴和批判「四人幫」炮製的「文藝黑線專政」論，我不由得想起這些年來受到「四人幫」殘酷迫害的老同志、老朋友，想起老舍、郭小川、侯金鏡、馬可、孫維世這些同志。他們已經不在人世，不能同我們一起揭發、批判「四人幫」搞「文藝黑線專政」論的罪行了。十多年來，「四人幫」舉著這面黑旗，對革命文藝工作者實行殘酷的鎮壓，在文藝界實行野蠻的資產階級文化專制主義：只許他們的毒草泛濫，不許無產階級的香花開放；只許他們的謬論橫行，不許文藝工作者和廣大人民群眾

反擊。「四人幫」的「文藝黑線專政」論，窒息了社會主義文藝，搞亂了不少人的思想，對於它的流毒和影響，我們決不能小看，決不可低估。[5]

「十年浩劫，對我們來說，最大的打擊，就是老舍先生的死！」冰心的控訴，以文革之初就被迫害致死的知交老舍開始。那時，她以潘光旦的「3S」為生命的底線，咬緊牙關不走老舍的路為訓，為的就是今天。在她從女兒的來信中，從造反派批鬥的口號中，得知老舍寧彎不屈、以死抗爭時，不能說半句話，只能在黑夜裡與老伴以手相示，現在她將壓抑已久的情感迸發出來，將對老友的懷念表達出來：

> 在剛開過的中國文聯全委擴大會議上，看到了許多活著而病殘的文藝界朋友，我的腦中也浮現了許多死去的文藝界朋友——尤其是老舍。老舍若是在世，他一定會作出揭發「四人幫」的義正詞嚴淋漓酣暢的發言。可惜他死了！
>
> 「四人幫」打倒了以後，我和我們一家特別懷念老舍，我們常常悼念他，悼念在「四人幫」瘋狂迫害下，我們的第一個倒下去的朋友！前幾天在電視上看到《龍鬚溝》重新放映的時候，我們都流下了眼淚，不但是為這感人的故事本身，而是因為「人民藝術家」沒有能看到我們的第二次解放！
>
> 解放以後，老舍先生以無限的熱情，投入到歌頌新中國、新中國的主人，歌頌黨、歌頌毛主席的創作活動之中。他的寫作精力是驚人的。他又最會利用他的時間，他在朋友談話、社會活動和栽花、養貓之間，不斷地完成著他的傑作。他的為人，更是和他的作品一樣，爽朗、幽默、質樸、熱情。可是就是這麼一位難得的滿族著名作家，竟在林彪和「四人幫」的摧殘壓迫之下，不幸與世長辭了！1971年以後，我在會見美國和日本朋友以及回國探親的華僑和華裔的時候，他們總是十分關懷地問到老舍先生。老舍先生曾到過英、美、日本、南洋等地，在這些中外朋友中間不是陌生的！《駱駝祥子》這本小說

5　《對「文藝黑線專政」論的流毒不可低估》，《冰心全集》第6卷，P636。

在美國風行一時。兒童劇《寶船》曾在日本舞臺上演出。對他們的問話，那時節，我除了含著眼淚說：「老舍先生已於1966年8月逝世了」之外，能說些什麼呢？

冰心連續寫了兩篇文章，表達了對這個迫害致死的老友的懷念之情。此時，也有不少的記者前來訪問冰心，讓她控訴文革所受的迫害，包括批鬥、抄家、展覽、下幹校，冰心卻一言以蔽之，說，連國家主席、開國元勳都迫害致死，她的一點苦難算不得什麼，沒有家破人亡就是萬幸。我在閱讀冰心這一時期的作品，查找訪問文章等資料時，很少看到過她談自己受害的事情，吳文藻也是如此。在回憶與吳文藻相守一生的《我的老伴——吳文藻》長文中，文革十年是不能繞過的，但也只是兩段文字：

> 1966年「文革」開始了，我和他一樣靠邊站，住牛棚，那時我們一家八口（我們的三個子女和他們的配偶）分散在八個地方，如今單說文藻的遭遇。他在1969年冬到京郊石棉廠勞動，1970年夏又轉到湖北沙洋民族學院的幹校。這時我從作協的湖北咸寧的幹校，被調到沙洋的民族學院的幹校來。久別重逢後不久又從分住的集體宿舍搬到單間宿舍，我們都十分喜幸快慰！實話說，經過反右期間的驚濤駭浪之後，到了十年浩劫，連國家主席、開國元勳，都不能幸免，像我們這些「臭老九」，沒有家破人亡，就是萬幸了，又因為和民院相熟的同人們在一起勞動，無論做什麼都感到新鮮有趣。如種棉花，從在瓦罐裡下種選芽，直到在棉田裡摘花為止，我們學到了許多技術，也流了不少汗水。湖北夏天，驕陽似火，當棉花稈子高與人齊的時候，我們在密集閉塞的棉稈中間摘花，渾身上下都被熱汗浸透了，在出了棉田回到幹校的路上，衣服又被太陽曬乾了。這時我們都體會到古詩中的「鋤禾日當午，汗滴禾下土」句中的甘苦，我們身上穿的一絲一縷，也都是辛苦勞動的果實呵！
>
> 1971年8月，因為美國總統尼克森將有訪華之行，文藻和我以及費孝通、鄺平章等八人，先被從沙洋幹校調回北京民族

學院，成立了研究部的編譯室。我們共同翻譯校訂了尼克森的《六次危機》的下半部分。接著又翻譯了美國海斯、穆恩、韋蘭合著的《世界史》，最後又合譯了英國大文豪韋爾斯著的《世界史綱》，這是一部以文論史的「生物和人類的簡明史」的大作！那時中國作家協會還沒有恢復，我很高興地參加了這本巨著的翻譯工作，從攻讀原文和參考書籍裡，我得到了不少學問和知識。那幾年我們的翻譯工作，是十年動亂的歲月中，最寧靜、最愜意的日子！我們都在民院研究室的三樓上，伏案疾書，我和文藻的書桌是相對的，其餘的人都在我們的隔壁或旁邊。文藻和我每天早起八點到辦公室，十二時回家午飯，飯後二時又回到辦公室，下午六時才回家。那時我們的生活「規律」極了，大家都感到安定而沒有虛度了光陰！現在回想起來，也覺得那時是「百舉俱廢」的時期，否則把我們這幾個後來都是很忙的人召集在一起，來翻譯這一部洋洋數百萬言的大書，也不是一件容易的事。[6]

　　這大概是冰心對她和吳文藻文革歲月最完整的表述，苦難中依然有歡樂、動亂中還能求得寧靜與愜意。但我在上一章的描寫中並非如此，文革之初他們也曾走到毀滅的邊緣。表面看去，冰心不記仇，但在內心，實際有一種精神在平衡著她，這種精神，總是在人生最艱難的時刻支撐並引導著她。

　　1977年秋天，韓素音第N次來到北京，請了吳謝二位老友在王府井全聚德吃烤鴨、喝啤酒，那天兩對老年夫妻特別地放鬆、開心，韓素音在酒意漸濃之時，直視著吳謝，說，自1972年之後，這樣的聚會也不知道有多少次，但始終沒有問過你們這樣的問題，文革是不是中國革命的必然產物？你們是如何從心裡度過這個關坎的？

　　吳文藻平時發言都要經過嚴密的思考，甚至個別談話也如此，但酒後又是在老朋友面前就不一樣了，韓素音的提問下，有些抑制不住地趕在冰心的前面說話。他認為完全是必然的產物，並且是國際共產主義運動的必然產物，蘇聯叫「大清洗」，中國叫「大革命」，所

6　《我的老伴——吳文藻》，《冰心自述》，P257-258。

不同的是，史達林的對象主要在於人，從政治局常委到中央委員，從高級幹部到一般黨員，再就是知識分子；中國的文化大革命比蘇聯的大清洗更甚，從國家主席到省長、從走資派到紅衛兵，知識分子更不用說，無一幸免，而且徹底摧毀了人的思想，從傳統文化、到道德觀念。從世界歷史的範圍而言也是如此，個人崇拜必須帶來對他人的懷疑，當個人崇拜達到頂峰時，有足夠的力量摧毀被懷疑者時，內部清洗與內部革命必然發生，知識分子更要遭殃，因為他們有思想，看得清一些、遠一些，都在清洗的範圍。在中國則叫「思想改造」。文化大革命將人們的道德底線全部摧垮，一旦共產主義的精神支柱受到動搖，將是不可想像的事情，中國真是要成問題的，這可能比文革中的皮肉之苦更甚！韋爾斯的《世界史綱》顯示的便是這個必然。因為有陸文星在場，他們的交談都以英語進行，吳文藻講到此，陸文星便問，是不是《世界史綱》寫到了中國的文革，吳文藻說，是的，雖然是他的助手波斯特蓋特續上去的，但作為歷史的發展與敘述手法，沒有違背韋爾斯的邏輯與風格。[7]

原本只是喝喝酒聊聊天，但話從吳文藻的嘴出，便覺得有了學術的意味了，韓素音帶了錄音機，徵得同意才按下錄音鍵。開機之後，吳文藻卻不說話了，韓素音催他，他說現在臨到冰心了，他得吃點東西，冰心就說，好像在民院組織學習，輪著發言。冰心喝了口酒，點了菸，擺開了說話的架式。

從日本歸來，實際上最終是出於感情的選擇，故國故都，雖然出生在福建，但北京才是真正的故鄉。以感情的因素對人生做出重大選擇，往往要付出代價。文革的苦難也可算是代價吧。如果從感情的意義上說，付出了代價總是有悔有恨，但我無怨無悔。1932年出版《冰心全集》時，我躲到雙清別墅寫了一篇長序，那時，外界對愛的哲學多有批評，但我說，「我知道我的弱點，也知我的長處。我不是一個有學問的人，也沒有噴溢的情感，然而我有堅定的信仰和深厚的同情。」那時和後來，許多人都沒有注意到我說的「信仰」二字，這個信仰實際上支撐了我的一生，平衡了我的一生，讓我的心靈在任何的情況下都能保持寧靜。因為這個信仰，我沒有抱怨、沒有仇恨、甚至

---

[7] 吳文藻在後來提出翻譯第四十章，便是寄寓了這樣的一種深層考慮，遺憾的最終被出版社夭折。

沒有憤怒。《聖經》說，「萬事都互相效力」，世間任何事情沒有絕對的好壞，每件事不管好壞，都能找出積極的意義，秉些理念，許多原本不堪的局面都可改觀。這樣的理念，在文革中隨時支撐著我，讓我在苦難、絕境中也能堅守生命，能夠從中找出歡樂，尋出積極的意義。許多人認為我在文革中是逆來順受，甚至認為我從歸來之後便喪失了自我，其實，我是從另一個意義上去理解生活，包括毛澤東所創造的新中國的生活，文革之初，從驚恐到批鬥、坐噴氣式，我無法躲避，但不自尋絕路，這不僅是因為當時丹丹在我們身邊，主要還是因為「信仰」二字！信仰不僅是平衡了文革心態，實際上也平衡了我們走出燕南園的心態。司徒雷登為我們建造的小樓，燕園那個環境，文藻那樣執著喜愛他的教職，但我們主動選擇出走，離棄一切的舒適，八年抗戰，勝利之後，這個走出之後的意義才顯示出來了。《聖經》中的，當你在舒適中走出，可能就是一次新生。這個新生讓我們與偉大的二次大戰聯繫在了一起，沒有這種走出，我們的人生將會如何的萎縮，那是不可想像的吧。

冰心說到這裡，已經點燃了第三支菸了，呷了一口酒，沉思了一下，繼續說：「『萬事都互相效力』，對一個人這如此，對一個國家、一個民族也是如此，從復興到毀滅、從積弱到復興，文革對中國的意義，也許就有孕育了復興。」

韓素音與陸文星、冰心與吳文藻，雖然說不上虔誠的基督徒，但他們有的接受了洗禮，起碼也是有基督文化的背景，這個信仰，也許對許多人都是陌生的，但在他們之中卻是舒心會意，無須多做解釋。也就是因為宗教在大眾中陌生化與隔膜化，人們很少能聽到冰心這樣的話語，就是聽到了也體會不出意味，但隱藏在她心中的信仰，其實一直是她精神世界中的平衡器，只是鮮為人知罷了。

「上帝，請賜予我平靜，去接受我無法接受的。給予我勇氣，去改變我能改變的，賜我智慧，分辨這兩者的區別。」冰心的內心一直珍藏著貝滿中學麥美德教士引導她的誦詞。

3，「救救孩子」與《三寄小讀者》

1977年底，冰心擔任編委的《人民文學》，刊登了青年作者劉心武小說《班主任》，揭露了文革對青少年造成的精神傷害，發出「救

救被四人幫坑害了的孩子」的時代呼聲，有人認為與魯迅《狂人日記》中發出的「救救被封建禮教毒害的孩子」有著同樣的價值，具有強烈的啟蒙意義。小說產生了巨大的反響，傳誦一時，洛陽紙貴。其後，曾為知識青年的盧新華，在《文匯報》發表了短篇小說《傷痕》，也在「反映人們思想內傷的嚴重性」和「呼籲療治創傷」的意義上，得到社會的廣泛認同，隨後，揭露文革創傷的小說紛紛湧現，「傷痕文學」應運而生。

　　文革對青少年心靈的傷害嚴重，是冰心一個重要的觀點，這不僅是因為她熱愛兒童，一直在為孩子寫作，文革中卻被「親愛的小讀者」在烈日下鬥得「汗流浹背」、「體無完膚」，而且從這個親歷的事件中，意識到了由於青少年的心靈被扭曲，有可能對國家的命運、民族的未來產生不良影響與嚴重後果。「那時全國百十萬個血氣方剛、好奇而又無知的男女青年，在林彪、『四人幫』這幾個跳梁小丑的教唆下，只因受到了幾次偉大領袖的接見，就儼然覺得一身綠軍裝，一根皮帶，一條紅衛兵袖章，就可以比當年由全國人民代表大會通過的憲法，擁有更大的權威！」「多少年來沒有聽到關於五愛（愛祖國、愛人民、愛勞動、愛科學、愛護公共財物）的宣傳了。砸玻璃、拆桌椅等等都成了『反潮流』的『勇敢』行動，亂扔果皮糖紙甚至隨地吐痰，就更不在話下了。」「我有一個外孫，有一天跑回來告訴我，他寫了一首兒歌。我拿來一看，上面寫的是什麼『紅小兵，批××』，什麼『奇談怪論』要肅清。我問他兒歌批的是誰？他說不清楚；問他『奇談怪論』是什麼？他說不知道。『四人幫』用筆桿子殺人，連天真爛漫的孩子都不放過，他們的心腸有多狠！」[8]冰心如此描述當時青少年的生活與精神狀態，她一貫將青少年看作是祖國的花朵與未來，四個現代化建設的重任寄託在他們身上，而現在花蕊被害蟲咬噬了，如何開放？靈魂被摧殘了，如何擔當大任？因而，當《班主任》《傷痕》等作品出現後，引起了她強烈的關注與共鳴，「救救被四人幫坑害的孩子」也成為了時代與民族的呼聲。

　　一次，在接受《文匯報》記者徐開壘訪問時談到《傷痕》，她說：「《傷痕》這篇小說在衝破禁區，揭露『唯成分論』的罪惡這一

---

[8]　《孩子心中的文革·序》，《冰心全集》第8卷，P92。

點上，確是起了很大作用。但這篇作品的那個女孩子，並不可愛，我不歡喜。我歡喜的倒是任大霖在《東海》中寫的一篇小說裡的那個孩子，這才可愛。」徐開壘引申道：「她不歡喜《傷痕》中的那個女孩子，因為那個女孩子在她媽媽困難的時候離開了媽媽，並與家庭斷絕。冰心前輩這一看法，是與她自己過去作品中所一再描寫到的真摯的母親之愛與親子之情，是完全一致的。」[9]這些話傳出去，因而有人便說，冰心不贊成「傷痕文學」。對作品中的人物喜愛與不喜愛，體現了讀者的思想觀念與審美情趣，與作品及作品所代表的文學潮流是不一樣的，如果說你不喜歡葛朗台、不喜歡于連便說作品不好，不贊成批判現實主義？將人物寫得讓人喜愛與不讓人喜愛，只能說明作品的成功，而不喜歡的那個女孩，正是作品的批判所在。因而，冰心說她不喜歡那個女孩，與現實中對青少年現狀的分析是一致的。

如果說「傷痕文學」是以揭露批判的方式，「救救被四人幫坑害的孩子」，冰心則是以正面教育的方式，療救被四人幫毒害了的孩子。

《三寄小讀者》出現了。

> 親愛的小朋友：
>
> 　　在我寫《寄小讀者》的五十五年後，《再寄小讀者》的二十年後，重新提起筆來寫《三寄小讀者》，心情還只能拿五十五年前所講的：「我心中莫可名狀，我感到非常地榮幸」這句話來描述了！
>
> 　　我三次榮幸地和親愛的小讀者通訊之間，半個多世紀過去了。我這一次的「莫可名狀」的心情，是「寧靜」多於「興奮」，「喜悅」多於「感喟」。[10]

依然是親切的口氣，心靜則由《再寄小讀者》的「興奮」變得「寧靜」，寧靜的心易於思考，發出感嘆。作品開宗明義告訴小朋友，四人幫與日本帝國主義侵略一樣，雖然改變不了歷史的進程，但卻留下滿目瘡痍，留下了心靈創傷，他們「扼殺科學和民主的精

9　徐開壘，《在文藝大地上耕耘六十年──記冰心》，《花城》1981年第4期。
10　《三寄小讀者》（通訊一），《冰心全集》第6卷，P659。

神，推行蒙昧主義和愚民政策，把『文盲加流氓』式的人物，當做青少年的樣板。親愛的小讀者，當『四人幫』橫行的時候，看著你們身心備受腐蝕摧殘的情景，也真是『悲憤填滿了我們的胸臆』呵！」開篇便教育小朋友，要回到五四傳統的道路上來，要發揮「科學與民主」，向著四個現代化邁進。通訊二中，冰心以周恩來總理與清潔工的一幅畫《清潔工人的懷念》為引子，教導小朋友對勞動人民要有敬畏之心，要向總理那樣關心和敬重他們，珍惜他們的勞動，不要亂扔垃圾、紙屑、果皮。並舉例說，「今年四月下旬，我陪外國朋友到頤和園遊覽的時候，有了一些感觸！當我們走進園門穿過昆明湖邊長廊的時候，我看見一路都有散扔的包糖果麵包和包冰棍的亂紙。長廊兩旁的欄杆上，坐著站著許許多多笑語紛紜的春遊的小朋友。當然，那天園裡遊人很多，這些紙不一定都是小朋友們扔的，但我卻不能不想到這裡可能也有他們的一份。」冰心不敢言重，心痛的感覺卻溢於言表。「我們這些春遊的人，能不能以總理之心為心，能不能在公共遊憩觀賞的地方，多注意一些公德，多講一些清潔衛生，來減少一些清潔工人的辛苦呢？」不僅是呼籲，並且教給他們具體的方法：「讓我們以後在集體和個人出去過隊日或做戶外活動的時候，盡情歡樂之餘，要記住，把遊玩或野餐過的地方，收拾得乾乾淨淨，把果皮糖紙之類的東西揀起包起扔在果皮箱或垃圾箱裡。若是在山巔水隅找不到果皮箱或垃圾箱，就把這些東西收在挎包裡帶回來，丟進垃圾箱裡。」這本是一個起碼的公德，但文革中的「打砸搶」將這些公德之心給踐躪了。她循循善誘孩子們，將「公德」心收回來，她沒有提出更高的要求，沒有上升到環保意識、沒有講到愛護景區與每一片土地。

　　為了具體說明什麼是孩子的公德心，冰心在通訊八「塑造」了一個小姑娘的形象，將「我」的觀察，「她」的舉動，訴之小朋友：

　　　　有一天早晨，我出去開會，因為是雨後初晴，這大院裡的地上還是很滑的，我只顧低頭看路，忽然聽見前面有清脆的聲音叫：「老爺爺，慢點走，等我來扶您！」抬頭看時，原來是一個背著書包、戴著紅領巾、梳著雙辮的小姑娘，正在追上一位老爺爺，扶著他的胳臂，慢慢地走過一段泥濘的路。等到走

上了柏油大路，老爺爺向她點了點頭，她才放了手，笑著跳著向前走了。這時馬路邊有幾個小孩子，正在圍住一棵新栽上的小楊樹使勁地搖晃。這個小姑娘走過去，不知道對那些孩子說些什麼，孩子們都放了手，抬頭看著她不好意思地笑著。她笑著拍了拍每個孩子的頭，正要往前走，又看見馬路上散落著一些紙片，那是走在她前面的那個男孩子邊走邊撒的。她就停下來，把那些碎紙一片一片地撿了起來，三步兩步地追上前去，把這些紙塞在那個男孩子的手裡。他們站在路邊說了幾句話，我也聽不見他們說些什麼，只看見那個男孩子先是低下頭，後來又點了頭，最後他們兩人又說又笑地向前走去。[11]

　　一連串的動作，三個細節，「扶老」、「護樹」、「拾紙片」，將小姑娘的美好的形象勾勒了出來，雖說是作者親眼所見，但更多的是體現了作者的主觀思考：「她在上學路上，就扶著一位老大爺走過一段難走的泥路；還說服了幾個小孩子，要他們愛護綠化城市的樹木；還幫助她的同學，要他愛護公共衛生和整潔的市容。她不知道我跟在她後面，她不是做給我看。她的這些良好的表現是從她所受過的良好的家庭、學校、社會教育裡逐漸養成的。習慣成自然，她的良好的一言一行是多麼自然，多麼可愛。」而這個思考，則從對公德的呼喚進入到了素質養成的層面。不知道「親愛的小朋友」可理解這位「冰心奶奶」的苦心！

　　通訊三，冰心教給孩子們如何使用時間。對於每一個人來說，時間都是平等的，但是利用得如何，卻是大有學問，對時間的使用是否科學，往往會造成或制約著一個人的成就、貢獻的大小。冰心嚴肅地告訴小朋友，中國的科技遠遠落後於歐美、落後於日本，如何儘快地趕上去？「趕超，關鍵是時間。時間就是生命，時間就是速度，時間就是力量。」為說明時間的珍貴，冰心以自己八十歲的生命算了一筆帳，八十年也就只有二萬九千多個日夜（29,200日夜），只有七十多萬個小時（700,800小時），只有四千兩百多萬分鐘（42,048,000分鐘），只有二十五億多秒鐘（2,522,880,000秒鐘），八十年的生命不

---

[11] 《三寄小讀者》（通訊八），《冰心全集》第7卷，P55。

算短吧，可也就是這麼一個數字啊！「在這八十年之中，我浪費了多少的年、月、日、時、分、秒呵！我若是在學習和工作上努力地爭分奪秒的話，我該可以多做多少工作呵。一想起來，我是多麼難過，多麼後悔呵！」她以自責與悔意來警醒孩子們，希望他們使用好時間，讓生命的分分秒秒都能發揮作用。通訊四則在教給孩子們如何寫作文，「常常收到小朋友們的來信，問我怎樣才能寫好作文。我真覺得一時無從說起，而且每一個小朋友的具體情況不同，我也不能一一作答。我想來想去，只能從我自己的寫作經驗和實踐說起。」冰心根據自己的經驗，談了兩點，生活與讀書。對於生活，她以「情文相生」而概括，「沒有生活中的真情實事，寫出來的東西就不鮮明，不生動；沒有生活中真正感人的情境，寫出來的東西，就不能感人。」首先應該是生活的事情動人而後才能感人。「我遇到過許多使我感動的事情，心裡也有許多感想，可就是有『意思』沒有『詞兒』，怎樣辦？」冰心直言，只有讀書二字，除了多看書多借鑒之外，沒有別的辦法。學習好語文，多多閱讀課外的書，古今中外的名篇名著，「《唐詩選》、《宋詞選》、《古文觀止》等古書，這些古代作品，都是經過精選的，有機會可以拿來看看，不懂得的地方可以看注解，還可以問老師。」你看的書多了，可以借鑒的東西也多了，你的詞彙就豐富了。最後說：「希望你們愛書，好書永遠是我們最好的朋友！」

《三寄小讀者》計有十篇，與《寄小讀者》不一樣，與《再寄小讀者》也不一樣，這裡沒有動感的描寫、沒有傷感的氛圍、沒有抒情的文字、沒有域外的風光、沒有階級的激情、制度的批判，甚至可以說沒有文學性，完全以教化者的身分，在對小朋友進行一些最基礎和最基本的道德、學習與生活等方面的教育，充滿了「說教味」。老作家冰心難道不知道這是創作之大忌？原因就在於，冰心「救孩心切」，所以，脫離了文學的立場，而從社會責任的角度，冒著作家的風險，直面兒童、不惜以「說教者」的身分，去寫一些沒有文學色彩的作品。她認為如果不從最基本、最基礎的教育入手，如果連起碼的公德都欠缺的青少年，如何能擔當起實現四化建設的大任。「傷痕文學」揭露心靈的創作固然有著驚醒、警示的作用，但批判並不能代替建設，冰心在做著最基本、最基礎的心靈建設。傳統的文化中，「禮、義、廉、恥」，作為最基本的道德規範，在中國實行一千多

年，五四運動開始揚棄，文化旗手魯迅主張掀掉吃人的宴席，救救被封建禮教毒害的孩子。這種矯枉過正式的批判也許在當時有一定的意義，但同時也帶來了極大的負面影響，以至在1949年之後，隨著國民政府退居臺灣，這些傳統的價值觀也被帶走了，大陸重新建立共產主義的道德價值體系，而到了文革，連新建立的道德體系中曾保有的傳統文化，也被徹底革命了，那麼，那些個「紅衛兵」「紅小兵」心中，還剩下什麼呢？冰心以「文盲加流氓」概括之，這是多麼可怕的心靈荒蕪啊！她希望以最快的速度、最短的時間、最直接的方式，為孩子送上公德與善良再生的心靈雞湯！遺憾的是，冰心的這個思考有些獨行無伴，並且，往下，中國的發展出現了急劇的變化，改革開放的大潮衝擊了神州大地，沖刷了尚未健全的心靈，「一切向錢看」，再次將剛剛建設的公德大堤沖塌。

有一封不曾進入《三寄小讀者》的信，卻是與這些通訊相一致、體現了冰心的同一思考：福建省建寧縣有位叫謝冰姿的四年級女生，給冰心奶奶寄來了她在報刊上發表的習作三篇，請求指教。冰心在收到這封信後，作了如下的回覆：

> 冰姿小朋友：
>
> 你的信和文章都收到了，你的文章寫得不錯，還可求進步，不過有一件事，我要提醒你。你以後無論給什麼人寫信，都不要用公家的信箋和信封，這是公私不分，這樣做不好！我得你信時還以為是建寧縣人民政府的公文呢。你今年才十歲，要培養好這種道德，也許我言重，不過我從小是這樣做的。希望你不只名字像我。匆覆並祝進步！[12]

一封很特別的信，《農村孩子報》加編者按給予發表。這是晚年的冰心奶奶對孩子們愛的一種方式，她把用公家的信箋和信封這麼一件小事，並且是司空見慣的小事，看得非常地嚴重，說，「這是公私不分，這樣做不好！」這種批評對一個十歲的孩子來說，許是重了一些，但它確實從另一個意義上顯示了冰心對孩子的厚望。

---

[12] 《致冰姿小朋友》，《冰心書信全集》，P57。

冰心自己對《三寄小讀者》有過這樣的表述：

> 《三寄小讀者》是寫於粉碎「四人幫」之後，我為兒童寫作的意義，也愈來愈明確了。「四人幫」橫行時期，我不能寫，也不敢寫，更沒有興趣寫。現在不同了，在撥亂反正、人心思治的形勢下，我們九億人民正在向四個現代化的目標挺進，而我國今日的兩億兒童，正是二〇〇〇年的生力軍和主人翁。這些孩子是剛從「四人幫」一手造成的黑暗、邪惡、愚昧的監牢裡釋放出來，來接觸清新的、耀眼生花的民主與科學的光明、善美、聰慧的空氣和陽光！我們必須小心翼翼地來珍惜和培育這些蓓蕾，一面掃清餘毒，一面加強滋養，這無比艱巨的任務，已經歷史地落在我們這一代兒童文學作家的身上，這是前人所沒有做過的、促進世界和平和人類進步的偉大事業。我們必須抓住這千鈞一髮的時機，勇敢而愉快地擔負起這無比光榮的責任。我的能力和歲月都很有限，但是瞻望將來，我覺得我必須為創作兒童文學獻上我的全部力量！[13]

對於孩子的教育，自知一個人的力量有限，冰心不僅自己做，更是呼籲全社會都來關心，呼籲作家多寫兒童文學。她和同行交談時說：「我們現在兒童的客觀存在的事實是什麼呢？摧殘兒童身心的『四人幫』被粉碎了以後，兒童也得到了解放。少年兒童擺脫了所謂『反潮流』、『交白卷』的精神枷鎖，而奔向『好好學習，天天向上』的大道。在這擺脫枷鎖，走上大道的過程中，就有他們自己不少的問題，有他們自己的苦惱，也有他們自己的歡樂。這其間就有說不盡的事實，講不完的故事。我們能不能從這些故事中，汲取為兒童所需要而又便於接受的東西，寫成有益於他們的作品，使他們能夠驚醒起來，感奮起來，向著我們新時期的總任務，三大革命運動、四個現代化的偉大目標前進。」[14]為了刺激作家們兒童文學創作的熱情，兌現自己曾有過的諾言，在人民文學出版社舉行的兒童文學創作座談會上，冰心將二十三年前（1955年）兒童文學作家座談會上八位作家的

---

[13] 《兒童文學工作者的任務與兒童文學的特點》，《冰心全集》第7卷，P79。
[14] 《筆談兒童文學》，《冰心全集》第6卷，P667。

發言，重提出來，當時大家都表示為祖國的未來──兒童們寫作，直到永遠。這八位作家是葉聖陶、嚴文井、高士其、冰心、陳伯吹、袁鷹、金近、韋君宜，「我今天是舊話重提，我想我們大家都不會把說過的話忘記了，而且都會共同努力，把這項工作做好，為孩子們寫出更多更好的作品。過去人們常把工作的態度比做三種珠子，一種是如意珠，不撥就動；一種是算盤珠，撥了才動；一種是佛頂珠，撥也不動。我們為兒童工作的態度一定不要像算盤珠，撥一下，動一動，更不能像佛頂珠，撥也不動，而要像如意珠那樣主動。把我們畢生的精力獻給祖國的後代，不斷努力為少年兒童服務，像葉老所說的『直到永遠』！」[15]

1978年10月，廬山牯嶺召開了一次全國少年兒童讀物出版工作座談會，這是一次群賢畢至、少長咸集的盛會。兒童文學作家、理論家陳伯吹、嚴文井、葉君健、賀宜、金近、包蕾，詩人任溶溶、魯兵、聖野、張繼樓、柯岩、金波等兩百多人應邀到會。葉聖陶、冰心、張天翼、高士其因健康未能到會，也都作了書面發言。冰心表示要當好兩億兒童的「炊事員」，努力給孩子們做出色、香、味俱佳的飯菜來。她說：「這兩年來，兒童文學文壇上出現了不少很好的作品，有的是我們老一輩革命先烈的傳記和事蹟，有的是揭露和控訴『四人幫』對青年的腐蝕和毒害。寫得都很真實，生動，這都是可喜的現象，良好的開端，我們還要向這方面努力，我只想到一件事，就是我們的圖書館或少年宮是否也可以向國外訂購一些外文兒童讀物？特別是關於科技的，淺顯的，青少年可以自己閱讀，艱難些的可以請人翻譯。國外有些兒童讀物教材比較廣泛，圖畫也很活潑，取其精華，去其糟粕，也是『借鑒』，或洋為中用之一法。是否有當，請考慮！」[16]她在這裡提出不僅我們自己寫，而且要引進外國的兒童文學讀物，尤其是科技讀物，這可能是粉碎四人幫後最早的引進外國作家作品的呼聲。不僅是呼籲，她自己也曾托在英國的凌叔華尋找適合兒童的讀物與課本。

我做了一個統計，1978至1979兩年間，冰心呼籲作家們來寫兒童文學和關於兒童文學創作的文章，竟達八篇之多，並且對一些理論問

---

[15] 《舊話重提》，《冰心全集》第6卷，P687。

[16] 《兒童讀物出版工作的新長征開始了》，《冰心全集》第6卷，P707。

題開始了撥亂反正。針對有人對兒童文學的偏見，把兒童文學當作「小兒科」、「下腳料」，冰心說「這是不對的。」她認為「『小兒科』在醫院裡是最難的一科，因為病人不會對你說他的感覺。因此兒童文學也是最難寫的。有些作家把兒童文學當作敲門磚，寫成功了一些，就跳到大人文學那兒去。我是替這些人惋惜！」針對有人稱她為「母愛專家」，冰心直言：「有人把『童心』、『母愛』、『人性』當作兒童文學的禁區。什麼叫『童心』，什麼叫『母愛』、『人性』，我也說不清。但我認為，搞兒童文學的人必須要有一顆熱愛兒童的心，慈母的心，要有人的感情，要寫出人的性格。這根本不應該是禁區。『母愛』，寫你自己的母親對你的愛。當然可以寫，現在寫這樣文章的人不多了，很可惜。」[17]

這一段時間，冰心救孩子心切，除此之外，她還做了兩件事，一是將自己的兒童文學集《小橘燈》再版。這是她在粉碎四人幫之後再版的第一本書，「『四人幫』橫行的時候，我這個老文藝工作者，當然也是『文藝黑線專政』下的黑線人物，就是像《小橘燈》這樣的不顯眼的兒童讀物，也沒有能夠和讀者見面。粉碎了『四人幫』，陰霾盡掃，萬里晴空，大地回春，百花齊放！《小橘燈》在百花吐豔之中，也重新開放了。這朵花很小，本來就不顯眼，但它也勇敢地站在揚光溢彩的群芳行列之後，來接受廣大人民群眾、特別是小讀者們的檢閱！它希望在讀者們的批評幫助下，這老樹新枝上，能開出比《小橘燈》更有益於小讀者們身心健康的花。因為我們革命接班人的健康成長，是有關在本世紀末把我國建設成為四個現代化的社會主義強國的頭等大事，我這個老文藝工作者，為這件頭等大事做出無限的努力！」[18]

另一件事情就是向小朋友介紹兒童文學作品與刊物。她作為《1949-1979年兒童文學劇本選》的主編，在序言中向小讀者介紹了描寫重慶時周恩來和少年兒童機智鬥爭的《報童》、抗戰時期兒童團員配合八路軍的故事《槍》和《兒童團》、反映兒童日常生活的《小雁齊飛》《小足球隊》、表現草原英雄小姐妹的《草原小姐妹》、根據民間故事改編的《寶船》《青蛙騎手》《馬蘭花》和《巧媳婦》

---

[17] 《兒童文學工作者的任務與兒童文學的特點》，《冰心全集》第7卷，P80。
[18] 《〈小橘燈〉新版後記》，《冰心全集》第6卷，P657-658。

《大灰狼》《果園姐妹》、童話劇《驕傲的小燕子》《小公雞》《金蘋果》等二十一個劇本。最後說：「我國的兩億兒童，和大人一樣，也經過了林彪和『四人幫』的橫行時代，現在他們抬頭又看見了天！他們也都會回憶起自己五六年或十年前受摧殘、受欺騙、受腐蝕的過去，他們也身受、耳聞、目睹了林彪和『四人幫』所造成的社會、學校、家庭裡的許多悲劇，他們也都有自己的憎恨、迷惘和悲哀，而瞻望前途，他們又都興奮、歡喜地看到萬象更新，百廢俱舉的現在，這一支龐大的、在本世紀之末要實現我們祖國社會主義現代化的生力軍，正在以無盡的想像，以萬馬奔騰，萬箭齊發的速度和氣力，奔向光明而艱巨的將來。」[19]1979年的六一兒童節時，冰心一口氣向孩子介紹了七本兒童讀物：《寶葫蘆的祕密》，徐光耀的《小兵張嘎》，胡奇的《五彩路》，賀宜的《咆哮的石油河》，葉君健的《小僕人》，孫幼軍的《小布頭奇遇記》，顧駿翹的《豐豐在明天》，她認為這是她接觸到了優秀兒童文學作品，並提醒小朋友，「至於怎樣才能從閱讀中得到益處，比如說這些故事給我們以怎樣的感動和教訓，以及怎樣看出作者對於故事情節的結構和文詞的選擇和洗鍊，都必須由讀者自己去細細地琢磨體會。」[20]冰心閱讀了幾十篇慶祝建國三十周年少年作文比賽的文章，特地推薦和詳細介紹了北京四中初一王強同學寫的《螞蟻鋪路》、昌平縣奮兹屯小學五年級吳英劍同學寫的《給雞打針》，認為「它們的題材很新穎，思路很流暢，結構很謹嚴，寫情寫境也很真實，使人極感興趣地一口氣地讀了下去。」冰心還介紹了專門向孩子們提供精神食糧的《兒童文學》這本刊物。她詳細地閱讀了復刊後出版的全部十期刊物，著重介紹了老作家王願堅的《偉大戰士的足跡》（第一期），白樺的《小溪奔向大海》（第七期），胡奇的《老玉米》，柯岩的詩《陳景潤叔叔的來信》（第五期），青年作家劉心武的《玻璃亮晶晶》（第一期），韓靜霆的《捕蛇將軍的後代》（第二期），李鳳杰的《誠實》（第七期），彭谷應的《阿灼的小刀》（第五期）。還有阿根廷的故事《一本字典》，英國作家寫的《機器人福裡戴》，以及是張鳴的《漫游西沙》、開華的《草原獵狼》和楊明淵的《擒野牛記》的散文和遊記。希望這本刊物

---

[19] 《〈1947-1979兒童文學劇本選〉序言》，《冰心全集》第6卷，P715。
[20] 《給小朋友介紹幾本兒童讀物》，《冰心全集》第7卷，P33。

和這些作品，都能引起少年兒童的興趣，對孩子荒蕪的心靈起到滋潤的作用！

　　冰心以理性思考入手，而以感性舉止著手，幾乎是揪住「救救孩子」這一主題不放。直到1980年在接受《中國青年報》記者褚鈺泉的訪問時，還在反覆強調：「到了二十一世紀，就是由現在這批孩子掌握我們整個國家了，如果我們今天不把將來的主人翁教育好、培養好，將是很大的失職。」說到這裡，她停頓了片刻，目光突然顯得嚴峻起來，接著說：「這十幾年，對孩子們的影響太大了。有的孩子文化知識十分貧乏，有的甚至連最基本的禮貌都不懂，他們連『謝謝您』、『對不起』這類詞彙都不會用。想想這番景象，如再不加緊教育，真令人心寒啊！」她繼續說：「今天我們進行的是新的長征，我們的孩子，遠之，受著我國幾千年的封建文化的嚴重影響；近之，受著林彪，『四人幫』的干擾和破壞，我們的前途不是平坦而容易的，作為孩子們的忠誠的朋友，我要用作品，把自己的經驗教訓，和現在對於建設四個現代化的社會主義祖國的想法看法，對未來的建設者談談，徵求他們的意見，引起他們的注意和討論，這就是我現在所想做的。」說到這裡，老人顯得有些激動，嗓音也略略提高了些。她說：「我們對青少年自然要講大道理，可是首先不要忘記對他們多講些小道理，諸如，從小要教育他們愛祖國、愛人民、愛勞動、愛科學、愛護公共財物，可惜，多少年沒有聽到關於這『五愛』的宣傳了。我們要給孩子以美的教育，可是現在還得先幫他們把醜的東西去掉，例如使他們懂得隨地吐痰、打人罵人、講粗魯的話、撒謊等等，都是不好的習慣。」冰心所說的大道理自然是有所指的，平靜之後，又說：「對孩子的教育一定要細心，要想法把他們培養成一個健康的孩子，不僅身體上健康，而且心理上也健康，這是很不容易的。然而，要做到這一點，家庭環境的影響是非常重要的。」「一個孩子的成長，與她的家庭教育是分不開的。每個家庭出來的孩子並不一樣，有的彬彬有禮，有的卻相當粗俗，這與家長對他們的影響很有關係。我們往往可以從孩子的身上看到他所處的家庭環境之一斑。因此，作為家長，時刻要把教育好自己的子女作為一個重大的問題，要處處當好自己子女的表率。」又說：「自然，家庭的教養，離不開物質生活的提高。如果我們住宿條件相當緊張，幾代人擠在一間小屋子，家長每天忙於

排隊買菜、燒飯洗衣，成天為這些事吵吵嚷嚷、忙忙碌碌，家中自然會造成許多不和諧的氣氛，這對孩子的教育是有影響的。古話說：安居樂業，不安居怎麼樂業？否則就是釜底抽薪。因此，我們現在要齊心協力實現四化，加快我們的經濟建設步伐，有了一定的物質基礎，就更有利於對青少年的教育。」此時的冰心已經開始將孩子的教育與物質的條件聯繫起來了，以此為基點，她的思考將往下延伸。[21]

4，恢復社會學

社會學在1952年全國院校合併時被武斷地撤銷之後，再也沒有市場。吳文藻等一些之前從事社會學教學與研究的專家們，分散各處，改行他用。在1957年反右運動之初，曾有過的呼聲，重建社會學的步伐也邁了幾步，但這個開步，很快便成了右派分子向黨進攻的罪證，從此，社會學被定性為資產階級的，將社會科學中整整一門現代學科，推到了政治對立面而判極刑，此後，只要一提起社會學，便是資產階級。

吳文藻清楚記得，恢復社會學的最後一次集會，是1957年6月9日，在中國社會學老教授陳達的家中，那次會上，恢復社會學後的設點、教員、課程等都有了構想，吳文藻將出任北京大學社會學系的主任。到了反擊右派分子瘋狂進攻時，恢復社會學成了他的罪行，成了向黨進攻的武器，成了反馬克思主義的理論。吳文藻因恢復社會學而受批判，打成右派分子，與此有關聯而被批、被打成右派分子的也不在少數。

有關資產階級社會學的一切，本應當作資產階意識形態中的內容，「從腦袋中全部拋出」，這是吳文藻從社會主義學院改造後發出的誓言，但是，江山易改，本性難移，社會學植入吳文藻的腦袋瓜之後已成本性，如何拋得出去？只要有時間，他會下意識地抓起社會學著作，津津有味地讀了起來，會忘我地在書上劃起線來。他明示於人的理由是在批判，可是，除了特指要求之外，並未隨時給他批判的任務，所以，與其說是批判，不如說是需要。這時他所承擔的《辭海》

---

[21] 褚鈺泉，《為孩子們操了一輩子心——訪老作家冰心》，刊《文匯報》1980年6月1日。

修訂、外交資料的收集、民族學「三套叢書」的審定，讓他有足夠的理由、以批判的眼光閱讀有關西方社會學的著作。

批判也是一種閱讀、一種接近，文革之前與文革之中，多少西方的論著與文學作品、美術與電影，都是以這個理由走進中國讀者與觀眾之中，其如我對西方人道主義的最初瞭解，就是通過那本厚厚的商務印書館出版的《外國資產階級政治家有關人權、自由、平等、博愛言論選錄》得到的。那時的「灰皮書」與「黃皮書」都是在批判的口號下起到啟蒙與開智的作用。吳文藻是翻譯「灰皮書」的人，這種接近就比一般讀者更甚一步。文革中，在尼克森帶來的「客人」裡，便有不少社會學、人類學、民族學的專家，1972年，吳文藻參與接待了來自母校達特默思學院和哥倫比亞大學的專家，接待了日本和歐洲社會學界的重要學者，這些接待與交談，都使得吳文藻對二次大戰之後社會學的發展，有了較多的瞭解。這些專家和學者回去之後，又寄來大量社會學的舊書新著，吳文藻也就有了「批判」的內容了。1973年底，達特默思的同學勞倫斯，通過多種途徑，打聽到了吳的通訊地址，寫了一封長信，寄來了十七部社會學的重要著作，從1959年的Mills, C. Wright的*the Sociological Imagination Oxford U P*到1973年最新出版的Brown, L, & Srlznik, P的*Sociology Hartper & Row, 5th. ed., 1973 rep. of 1955 ed. With menhel Manual to accompany, 1973*，幾乎將1949年後，美國出版的重要的社會學著作都寄了過來，這令吳文藻興奮不已，不分白日黑夜地攻讀，企望將缺失二十幾年的課都補上來。無論是中宣部、還是教育部，凡是需要瞭解與批判資產階級社會學，都得找上門來，要求開列書單，甚至還得提供文本。吳文藻也不知道是被「重用」還是被「盯住」，無論從正反兩面要瞭解社會學，都是離不開他的。

一般來說，新時期恢復社會學始於1979年春天，中共中央從1月至4月召開理論務虛會，為的是厘清文革中被搞亂了的許多理論問題，鄧小平在理論務虛會期間，於3月30日作了那個著名的題為《堅持四項基本原則》的講話。這個講話中提到了社會學，要趕快補課，以為實現四個現代化服務。實際上，學術界恢復社會學的呼聲，在文革剛剛結束的1977年便出現了，標誌可能便是吳文藻編寫「社會學主題詞」。對於此類資料性的活，二十餘年吳文藻沒有少做，但涉及

到社會學時，往往都會冠以「資產階級」，而這次的主題詞卻是客觀詞語「社會學」。在吳文藻的主持下，費孝通、林耀華等都對「主題詞」的內容進行過討論。恰在此時，吳文藻又收到了一大包的從美國寄來的社會學著作，為主題詞的編寫提供了新的資料。

真正帶頭挑起恢復社會學重任的人，並不是吳文藻而是他的學生費孝通。費孝通後來在恢復社會學的許多講話與文章中，一再講到恢復社會學是由中央交給他的任務，為的是表示這個行為的合法性與正統性，甚至可以視為政治任務，他個人只是執行者，並低調表示，他個人已近古稀之年，完全是勉為其難。這種高要求、低姿態的做法，也算是「心有餘悸」吧。其實，在鄧小平講話之前，恢復社會學便展開了一系列活動，在編輯完成「社會學主題詞」之後，費孝通於12月27日（1977年）給胡喬木寫信，提議和陳述恢復社會學的想法。這天，吳文藻起得晚一些，八點多鐘費孝通便敲開了老師的家門，出示了昨夜起草的致胡喬木的信，就有關內容、尤其是將信遞到胡喬木手上的方式，進行商討。在商議到遞信的方式時，冰心也加入，並且提出了切實可行的建議。在討論過恢復社會學的一些具體做法後，費孝通還是希望以老師的名義出面，或者以共同的名義出現，吳文藻沒有同意，原因是他正在生病，情緒並不樂觀，連日睡覺休息，感嘆「老了不行了。」最後，老師答應會盡力響應、鼎力支持，但重任將落在費孝通的身上。當天的日記，吳文藻寫道：「遲起，八時四十五分孝通來談，示以給胡喬木信稿，就內容及遞信方式相商。我自己闖路，推進學術研究，我當然予以支持，但我自己感嘆已力不從心。」[22] 也就是從這一刻起，費孝通接受了恢復老師建立的中國社會學、再次「出征」的任務，吳文藻將在後臺雷鼓助陣。

信送出去了，胡喬木也收到了，但沒有直接回覆。那時，胡喬木兼任剛剛成立的中國社會科學院院長，同時任中共中央副秘書長，毛澤東著作編輯出版委員會辦公室主任，中共中央黨史研究室主任，中共第十一屆中央委員等。這個當年毛澤東的「大秘」現在又是重任在肩、日理萬機了，但他沒有忘記此事，交代時任社科院副院長的鄧力群與費孝通交談。1978年7月中旬，鄧力群與費孝通單獨進行了長

---

[22] 這一年吳文藻曾住院兩個月，懷疑患了肺癌，全家相當緊張，後排除。

達兩個小時的談話，主要內容是：恢復社會學，恢復到哪裡？自1952年以後，這門學科在中國取消了二十六年之多，在這四分之一的世紀裡，世界社會學是一個什麼模樣？兩眼一摸黑。所以說，要恢復社會學，首先就要搞清楚目前這個學科的現狀。鄧力群談話很在行，並且就如何摸清目前社會學的狀態，想聽聽費孝通的意見。費孝通當然是有備而來，他簡單地陳述了英國的狀況，但他說可能是「歷史」而不是「現狀」，之後談到美國，他說到當年燕京大學的同學楊慶坤等人在美國做社會學研究，還有其他熟悉的人，有些人在尼克森訪華後也訪問過中國，有所接觸，因而他向鄧力群建議，與美籍華人建立聯繫，請他們按學科，將最近二十年幹了些什麼，作些簡要介紹，可以「通訊友好」名義，便於美籍華人在美國進行活動，這是取得學術情報資料的一個捷徑。這個提議，頗受鄧力群的讚賞。

與此同時，對恢復社會學進行了廣泛的徵集意見，這既是一個輿論的準備，也是一個實際的工作。同年7月22日上午黃淑娉、林耀華先後找吳文藻，就他們撰寫的社會學「簡況」進行討論，吳文藻提出修改意見並補充材料，「談足足兩小時」，直到開始感到氣短，方才停下。此時，《光明日報》連載《未來學》的文章，吳文藻提醒，「社會學對此門新學科最為敏感。」7月28日，費孝通來訪，反饋社科院也在進行廣泛徵求意見，「並已通報有關幾個所提問題」。7月31日，吳文藻結合西方人類學家同蘇聯人類學家舉行學術交流情況，約請費孝通商談，對於人類學領域，提出他的初步構想和意見。吳文藻此時雖常有病痛，但思想活躍，尤其是對未來學與社會學的關係，感覺敏銳，認為是新課題，「未來研究（到兩千年）與超工業時代有關，不過未來學那篇文章未明言及之而已。美蘇社會學界都對此主題進行研究，我國看來是由哲學來進行研究。惟我認為應建立社會學機構來擔任研究，首先密切注意今後十五、二十年內科技的發展趨勢，其次探討科技超速發展給社會發展帶來的影響和後果。」[23]為此，吳文藻重新翻閱三十年代美國新興起的兩個社會學派：一是默登的「知識社會學」，二是有關「人文區位學」，聯繫未來學的觀點，理解得更深刻一些了。「新興的環境學是從這門邊緣科學派生出來的。」10

---

[23] 吳文藻日記，1978年8月25日。

月18日，吳文藻到民院3號樓教研室，與教育部第一司陸司長討論正式建立社會學系及民族學系的問題。到會有林耀華、陳永齡、金天民，林耀華先談取消兩個專業設置及人員安排的經過，吳文藻介紹國外特別是美國社會學的情況，舉例說明有設置專業、專系的必要。最後涉及原從事這項專業人員現分散在哪些地方，以及全國應建立幾個社會學系等等問題，「談到約十一時。」從現有條件看，北京的人民大學首先設置社會學系，吳文藻自告奮勇，如果師資有問題，他可以在人大開課。恰在此時，美國科學促進協會二十人來訪，其中就有社會學家，他們「要求專門找時間與吳文藻交談」，吳文藻從中瞭解美國社會學的有關情況，但他婉拒了對方要求談談中國社會學的問題，表示「目前談社會學尚非其時。」

到此時，上層的工作已經鼓動起來了，本來是由費孝通向上反映和傳遞有關信息，到了1979年初，也就在理論務虛會議期間，胡喬木開始催問社會學的問題，這次不是用「恢復社會學」，而是用了「為社會學恢復名譽」。費孝通連夜將這個信息報告了老師，吳文藻提議召開一次「社會學座談會」，會前，在校首先召開一次為舉辦社會學座談會的座談。一周之後，費孝通主持了這個座談會，到會者有吳文藻、吳澤霖、林耀華、陳永齡等人。座談會後，吳文藻整理完成美國社會學動態資料，費孝通則完成了「關於建立社會學的意見」，吳文藻多次參與了意見和建議。3月1日，美籍華人、社會學者楊慶坤應邀來訪，同日《哲學社會科學規劃通訊》第十九期，刊出了《關於開展社會學研究的意見》。

由於這一系列活動的展開，催生了中央的最後決策，這個決策是在同一天由胡喬木與鄧小平上下午先後宣布的。3月16日，「社會學座談會」[24]在總工會招待所舉行，胡喬木以中國社科院院長的身分發表講話，宣布正式恢復社會學，以馬克思主義歷史唯物主義為指導思想，建立中國社會學。費孝通做了《為社會學再說幾句話》的發言，因為在1957年醞釀恢復社會學時，他曾有一篇文章《為社會學說幾句話》，顯然這是一個承上啟下的發言，他在回顧了社會學發展的艱難歷程後，說，「即使舊中國所有的社會學一無是處，都是些毒草，這

---

[24] 另一說為「中國社會學研究會成立大會」。

也不應當作為把社會學這門學科連根拔掉的理由。恰恰相反,因為過去有人用了不正確的立場、觀點、方法來研究中國社會,得出了有害於人民的論點,我們就更有必要用正確的立場、觀點、方法來研究中國社會,建設一門有利於社會主義建設的社會學。」恢復後的社會學應該從哪裡著手,費孝通也沒有明確的說法,他只是籠統地提出首先要開展社會問題的調查。

> 不妨從當前存在的為廣大人民群眾所關心的社會問題進行科學的調查入手。通過社會調查,我們才能有系統地、比較全面地反映客觀存在的社會情況。這是我們對社會問題進行分析的必要材料。通過在馬列主義毛澤東思想指導下對具體社會情況進行具體分析,我們才能搞清楚這些社會問題屬於什麼性質的社會矛盾,然後才能正確地採取恰當的方式來對待這些矛盾,以達到解決這些問題的目的。從瞭解社會和改造社會的實踐中,我們才能總結出社會生活中的一些規律,使我們能更好地按規律來處理我們社會生活各方面不斷發生的變化。社會學的理論就是從實踐裡總結出來的那些具有規律性的認識。會調查是社會學研究的基本工作。[25]

費孝通的講話,還沒有來得及提到社會學的理論問題、學科建設與人才培養等問題,多從社會學的實用性進行闡述。自然,田野作業與功能性是馬凌諾斯基功能學派的重要內容,也最容易取得官方的理解與支持,剛剛恢復名譽的社會學不可能走得那麼遠,依然強調了「馬列主義毛澤東思想」的指導作用。

遺憾的是,吳文藻因病未能到會,這個為之奮鬥了一輩子的社會學,當它正式恢復名譽之時,「社會學中國化」的始作俑者卻不在場,但在之前,他已寫好了發言稿,名為《社會學與現代化》,一個非常超前的命題,他從環境保護、後工業社會、現代化中的電子工業、信息時代等當時在中國尚屬萌芽的一些概念與觀念,與社會學聯繫了起來。他的主要觀點是,社會學應該服務於現代化、服務於後工

---

[25] 《為社會學再說幾句話》,《費孝通全集》第8卷,P208。

業社會，也只有社會學的興起，才可以較早意識、發現和解決後工業社會中出現的環境保護等一系列的問題。

　　吳文藻的發言由王竟義代為宣讀。出席會議的不僅是在京的有關人員，外地曾從事過社會學教學與研究的李安宅、柯炎峰、言心哲等也專程到會。

　　鄧小平在理論務虛會上的講話，於這天下午在人民大會堂發表。吳文藻也因病未至現場，冰心出席了大會。在講到思想理論工作者的任務時，鄧小平認為：「我們面前有大量的經濟理論問題，包括基本理論問題、工業理論問題、農業理論問題、商業理論問題、管理理論問題等等。列寧號召多談些經濟，少談些政治。我想，對於這兩方面理論工作的比例來說，這句話今天仍然適用。不過我並不認為政治方面已經沒有問題需要研究，政治學、法學、社會學以及世界政治的研究，我們過去多年忽視了，現在也需要趕快補課。」[26] 將社會學並列於政治學與法學，看似輕描淡寫，實則一字千斤，撤銷多年的社會學在這個並列中，甦醒起來，原來是可以與政治學、法學並列的，鄧小平還說這些理論忽視了多年，得「趕快補課」！冰心回家，立即將這段話背給了吳文藻聽，也讓這個一輩子為建立社會學奮鬥的老學者熱血沸騰。

　　1979年3月16日，中國社會學再生的日子，中國社會學應該永遠記住的日子，而這個日子的到來，為了讓「社會學」與「恢復社會學」幾個字，從鄧小平、胡喬木的口中說出來，費孝通、吳文藻等卻是展開了一系列的努力與活動，沒有那些努力和活動，這個標誌性的日子也許不會那麼快的到來。費孝通、吳文藻們將社會學那個皮球，藝術地、謹慎地運到了胡喬木、鄧小平的手上，他們在接住球並將球發出去，以後的恢復才水到渠成。一個學科的恢復，沒有這個最高權力發出的球，也即是古代所稱的「尚方寶劍」，要繼續向前運作、進球，恐怕會遇到意想不到的阻力與困難，運球人難以勝任，甚至難以說服與燃起那些因此而遭災的老知識分子的熱情，也難以號召新的力量加盟這個需要熱量的學科方陣。所以，費孝通絕口不提之前的努力，完全以這個日子為起點、為標誌，他在1980年的春節團拜會

---

[26]　《堅持四項基本原則》，《鄧小平文選》，P167，人民出版社1983年7月。

上是這樣說的，在天津的演講中也是這樣說的，並且表明是胡喬木主動約談，而啟動恢復社會學工程，當時他有畏難情緒，社會學中斷二十多年，教學與研究的人員也死的死了、老的老了、走的走了，如何恢復？在一篇紀念吳文藻的文章中，費孝通還將鄧小平排在胡喬木之前，「1979年改革開放政策開始時，鄧小平同志在『堅持四項基本原則』的講話裡，講到了社會學，並說：『現在也需要趕快補課』。這可以說是對社會學這門學科在學術界地位的肯定。」之後講到胡喬木，「我記得胡喬木同志在該年社會學研究會成立時的講話『要趕快帶徒弟，要教學生，即在大學裡邊恢復社會學系，現在許多同志（指學過社會學的人）都老人。我們希望從我們開這次會到有些大學設立起社會學系這中間不要開追悼會」。[27]費孝通以這個低姿態，取得了領導的信任，也得到了學界的支持，體現了這位江南才子的政治智慧與學術姿態。

吳文藻在病中，迫不可待地將費孝通親自送來的鄧小平、胡喬木、于光遠等人講話和他的幾篇文章，一字一句地閱讀與咀嚼，其中滋味不知是甘是苦、是酸是辣？

5，靈魂深處的慰冰湖

正當費孝通、吳文藻等在為恢復社會學而努力之時，中美兩國的關係又向前推進了一大步，1978年12月16日，中美正式建交，兩國關係開始了一個新的階段。吳謝不光是留美背景，豆蔻年華的留學生活，在他們的心間留存了無數美好的記憶。那兒不僅有他們的同學、老師和朋友，還有慰冰湖的愛情小道，青春、浪漫、與美好，一隔竟是幾十年，且美國總以帝國主義的可怕面目出現，隔絕多少年，敵視多少年，直到尼克森「破冰」之後才有了鬆動，建交的消息傳來，冰心真是興奮得有些按捺不住：

> 12月16日的上午，一百萬張印著中美邦交正常化的《人民日報》號外，在中國的首都北京散發了！偉大的中國八億人民

[27] 費孝通《開風氣　育人才》，《吳文藻紀念文集》P35-36，中央民族大學出版社1997年10月。

和偉大的美國兩億人民，二十九年來的真誠願望終於實現了，街頭巷尾，捧到號外的人，個個喜笑顏開，奔走相告。我這個在美國學習過，到美國訪問過，有著許多美國同學和朋友的人，怎能不感到加倍地歡欣鼓舞呢？[28]

頭一天的晚上，從西伯利亞吹過來的寒流與太平洋上空的暖濕氣流在北京的上空交匯，形成了茫茫大雪，冰心倚窗看著眼前的雪景，「我的旅美的回憶，在這銀白的幕上，又一段一段地湧現了出來：慰冰湖上的雪，沙穰醫院廊外的雪，『意大利式花園』裡的雪……雪景裡的人物，就有我的美國老師、美國同學、美國病友以及她們的親友，這些都是我在半世紀以前，在我去國懷鄉、歲暮旅病之中，對我同情、給我慰藉的美國人民。」一寫到這些，冰心的筆觸便變得柔韌、靈活，還從個人的經歷與感情中跳躍出來，延伸到戰爭時期，「有多少美國朋友，在槍林彈雨之中，和我們同甘共苦，而且突破了層層封鎖，把中國革命人民艱苦卓絕的鬥爭消息，向世界革命人民，做了極其熱情詳盡的報導。」冰心回憶起斯諾先生，他的著作在美國和世界各地流行的情景，並送上她深深的祝福與感謝！

幾天之後，冰心再次著文，繼續沉浸於她美好的回憶：

在半個世紀以前，我就已到過美國了。1923年至1926年之間，我在美國上過大學，住過病院。1936年我又再次訪問了美國，因此，在我的外國朋友之中，大多數是美國人民。我在美國上學養病期間，我的美國老師、美國同學、美國病友都給我以極大的幫助和慰安。這些往事，我在那時寫的《寄小讀者》中都已經談過了。說起來也很有意思，我在留美以前，上學一直是走讀的，沒有和同學們朝夕相處過。

到美國後和美國同學們一同生活、一同學習、真是「耳鬢廝磨」，無猜無間。在學習上，我們一起看書，一起討論，互相介紹了中美這兩個偉大民族的特點和歷史。我的假期和節日也都是在我的老師、同學和她們的至親好友的家中度過的。

---

[28] 《十億人民的心願》，《冰心全集》第6卷，P726。

在我養病期間，她們更是不斷地送花、寄書，還不遠幾十裡地
親來探望。這一切，在歲暮旅病之中，消除了我的不少的孤寂
情緒。在這裡，還應當提到我的那些病友。她們都是二十歲上
下的姑娘，有的是店員，有的是打字員，有的病前還在高中學
習。我們因病得閒，整天沒有一點工作或功課，就以談笑來消
磨光陰。那時我到美國還只有兩個多月，這個新大陸對我是十
分新奇的，而「古老」的中國，對於這些姑娘，更是充滿了神
祕，我們互相探問的題目就更多了。加以「同病相憐」，我們
的「談心」往往談得很深，從她們的談話裡，和她們所閱讀的
書籍雜誌中，我也瞭解到美國社會的另一個側面。總起來說，
通過我的美國老師、同學、病友以及我所接觸的美國人民，我
深深地感到美國人民和中國人民一樣，是熱情好客的，活潑開
朗的，也是富於正義感而愛好和平的。到美國留過學的中國人
民之中，有這種體會的，就不止我一個人了！[29]

這些個回憶，在《寄小讀者》是可以尋得到的，冰心之所以再次
回憶、我之所以再次引用，完全基於三十年隔絕所造成的反常行為。
應該說，冰心對美國的反感，是在旅居日本的後期，1950年曾有一個
美國的邀請，但未獲允許簽證。當然這是個人的原因，重要的是她對
美國在日本的政策，產生了懷疑，她看不慣美國軍人的霸道。對於美
國在日本培植亞太勢力，建立軍事基地，吳謝都認為，無論是對大陸
還是對臺灣都是不利的。回到北京後，對美國利用宗教與教育進行文
化侵略，對美帝國主義種種抗議、聲討等等，大都依附於北京中央政
府的立場與話語。相對而言，文章中的回憶是真誠，雖然這裡反覆地
加上「人民」二字，但是，美國政府便是民選政府，真正代表的是人
民利益，總統與人民意志是一致的，大多數的情況下，「美帝國主
義」和「美國人民」是同一概念，所以「人民」在這個意義上，即為
人民也包含了華府、總統。冰心以文化與體制差異、以人民的名義，
將自己積壓經年的對美國美好回憶與嚮往，傾訴了出來。

中美建交之後，威爾斯利女子學院立即派出代表團訪問中國，姑

---

[29] 《中美友誼史上嶄新的一頁》，《冰心全集》第6卷，P729。

娘們以歡聲笑語訴諸「偉大的校友」，已近八旬高齡的老祖母到賓館會見了慰冰湖畔的姑娘們：

今年1月23日的下午，我在北京友誼賓館和我的美國同學會見了！

我懷著企待和興奮的心情，進入了會客廳。我看見坐成一大圓圈的幾十個美國姑娘，她們穿的不是細褶裙子，而是長褲；不同顏色的頭髮，梳的不是髻兒，而是有的披散著，有的剪得比較短，這不是半個世紀以前我所熟悉的裝束，但是那熱情的笑臉和興奮的目光，不是和我以前在校園裡所遇見的一模一樣嗎？

我不禁像重逢久別的舊友那樣，伸出手去，叫了出來：「好呀！姑娘們，慰冰湖怎麼樣了？」

在這一聲招呼下，頓時滿屋子活躍起來了，我的矜持和她們的靦腆，一下子都消失了！這些大學生都是二十上下年紀，最大的就是那位中文系的助教，和我到美國那年的歲數一樣——二十三歲。其中還有一個學生，是今天在北京過她的十八歲生日的！

我們的談話是熱鬧而雜亂的。我問起我的老師們，這些學生已經不認識了或者只聽到那些名字。我住過的宿舍，除了閉壁樓還在（一個學生高興地叫：「我就住在那裡！」），而娜安辟迦樓，這所美國著名詩人惠特曼曾經描寫過的那座樓，早已拆了重建了。只有慰冰湖還是波光蕩漾地偎倚在校園的旁邊。

她們爭著告訴我：她們已經參觀過故宮博物院，遊覽過頤和園了。她們登上那巍峨的萬里長城，還都登上了最高的烽火臺。

……

她們又談到她們大學近幾年來才成立的中文系，系裡有中國的和美國的教授，讀的是茅盾，老舍，巴金和曹禺幾位作家的著作。我告訴她們，茅盾、巴金和曹禺都還健在，而且都在繼續寫作，她們又驚喜地歡呼了起來。

最後，我們的談鋒，自然而然地集中到中美人民的友誼上，她們都認為中國和美國這兩個太平洋兩岸最古和最新的偉大民族，攜起手來，取長補短，互相學習，一定會為世界和平和人類進步作出極大的貢獻！

這正是我心裡的話！我說：「我年紀大了，我也要為這偉大的事業，盡上我自己的力量。但你們是初升的太陽，將來的世界是屬於你們美國和中國以及世界上的青少年的。你們有責任把這個世界建設得和平而美好。」

……

回家的路上，我向天仰首，感到天空也高曠得多了，廣闊的馬路兩旁排列整齊的看不到頭的楊樹枝頭，雖然還沒有葉子，但已在回黃轉綠。我聞到了濃郁的春天氣息！[30]

呵——呵——呵——，見到了來自慰冰湖的姑娘們，冰心猶如找回了青春年華，那裡有多少美好的記憶，但幾十年間，只能沉澱於心，連在孩子們面前也少有提及。可止於她，老伴也不如此！一個早晨，他悄悄地告訴冰心，從此與美國的通訊不需要審查了，美國寄來的書也不會被拆封，驚喜的心情溢於言表。吳文藻說日常事也愛上升到學理層面，說，國與國之間，不同體制的政治集團之間總有差異，如果不能存同去異，世界就是隔絕的，「未來學」提出地球村，如果我們不加入這個村寨，真如毛澤東說的是要被開除球籍的，這不一是句戲言！

冰心卻總以感情代替思考，依然懷想著失落在慰冰湖的浪花。1980年，大女兒吳冰去夏威夷大學進修，冰心叮囑她回國前一定要到美國東部旅遊，那兒有新英格蘭大地，清教徒後裔的生活，洛基山的落日，慰冰湖的波光；那兒有母親的師長、同學，有母親留下的足跡。

冰心寫信告訴女兒：

1，Spear是Miss不是Mrs.是燕大女校的Dean，你們從前叫她

---

[30] 《三寄小讀者》（通訊七），《冰心全集》第7卷，P22-23。

Aunt Marnie.前幾年還來過北京，我同乾媽媽，雷姑姑還請她吃過烤鴨。

2，到Wellesley一定先看校園，首先是Lake Waban（慰冰湖），我在[寄小讀者]中說的最多，在那一時期作品中提到的也最多。你先到湖的右邊的Boat House去雇一條Canoe在湖上劃到對面的Italian Garden，目望威校校舍，綠樹中就很好看，湖邊有可座談的有鐵欄杆的石座子，此外還有一處小半島叫Tupelo Point，據說男女朋友走到Tupelo Point那就差不多成功了。在Celuma Hall的臺上兩邊，就有Tupelo Point的圖。（我同Daddie剛談戀愛的時候，不在W校，是在Cornell Univ.我們補習法文的時候！）

3，我初到W校是住在Beebe Hall.你可以去看看，後來因病只住了九個星期就去醫院了，病癒回來，住了兩年Nombega Hall，據說這座樓已經拆了。

4，你的名子Stetia是Name After我友Stetia Brill（1926）的。我們在1936年同去美國的，還到N.J.她家裡，她的丈夫也是New Hampshire的學生，和Daddie前後同學，名字就忘了，我記得有一年她女兒Margaret（name after me）到中央民院，還送我一本小說，但我沒見到她。

5，1936年我就到W校，她們還讓我給你登記，我登的是Mei Mei Wu，就是吳妹妹的意思。

6，老二是name after Miss Eliza Kendrick她是宗教系教授，是我的監護人，待我極好，我在巴黎懷老二時，親口答應老二若是女的，就name after her.現在家裡那張圓鏡框裡的老二相片，就是Miss Kendrick去世後，她的家人又寄回給我的。

　　總之，Lake Waban是我所最喜歡的地方，我去過許多大學校園，都不如W校那麼美！主要的是她有那一片水！

7，英文系我的老師現在已都不在了，從前有個Miss Bates是寫America The Beautiful的作者，很胖，學生們還說他抽菸斗。

8，中文系主任是黃迪夫人的弟婦葉Helen Wang前年到過中國。四月到美國之事，恐怕是去不成了，我雖然極喜歡美國，她的國土和人民，尤其是Lake Waban，但是我怕受不

了旅途的困頓，和朋友的熱情。我還想安靜地度過餘年，且寫些東西。[31]

心靈中的慰冰湖，銘心刻骨的感情，還是時不時便冒了出來，春草中會想到，夏花中會想到，秋雨中會想到，冬雪中會更想到。

> 一個生命到了「只是近黃昏」的時節，落霞也許會使人留戀，惆悵。但人類的生命是永不止息的。地球不停地繞著太陽自轉。
> 東方不亮西方亮，我窗前的晚霞，正向美國東岸的慰冰湖上走去……[32]

6，最後一次出訪

冰心婉拒了訪美的邀請，日本首相大平正芳的邀請又來了。這一回要不要去呢？歸來之後，訪日便達五次之多，本也想婉辭，但由於訪問團的團長是巴金，自己是副團長，八十歲了，還有幾次共同出訪的機會？同時，中國作協考慮兩位團長的情況，同意他們各自帶一名子女隨訪，以便照顧老人的行動起居。巴金帶了女兒李小林提前抵京，冰心則讓吳青隨同。這樣代表團裡也就多了兩位年輕的女士，頓時生動了起來。代表團還有一位副團長林林，團員有艾蕪、公木、杜鵬程、草明、鄧友梅、敖德斯爾等，隨團翻譯是陳喜儒。登機後，冰心和巴金坐在頭等艙，供應著各種點心、糖果、飲料，冰心便招手叫年輕人過去，指著酒說：「這小香檳不錯，你們喝幾口吧。」後來陳喜儒回憶：「那時兩位老人身體精神都很好，每人手裡一杯紅葡萄酒，邊喝邊聊。冰心老人說：『二十年前，也是坐在這個位置上，那時還有李季，可惜他不在了。』李季當時在作協主持工作，一個月前突然病故，老人家寫了一篇《不應該早走的人》悼念他。巴老看她黯然神傷，轉移話題說：『咱們這是第幾次一起出訪了？一次去印度，一次去蘇聯，一次去日本。在日本時，人家送你不少禮品，你都分給

---

[31] 《致吳冰》，《冰心文選》（書信卷），P191-192。
[32] 《霞》，《冰心文選》（散文卷），P204。

了大家，人人有份兒。』」「冰心老人抬頭看了看我的領帶說：『你的領帶太素了，年輕人，鮮豔些才漂亮。你看看老巴的領帶，多好看。』李小林說：『爸爸的領帶全是紅的。』冰心老人拍了一下巴老說：『人越老，越愛美。』巴老說：『你還說我，看你那毛衣，比吳青的漂亮多了。』冰心老人忍不住笑了起來。」

時任日本首相大平正芳，多次訪問中國，可說為建立和發展日中兩國和平友好合作關係嘔心瀝血。他雖然出身香川縣一個農家，但本人卻有很高的文化修養，熱愛中國文化和中國文學，讀過巴金、冰心的作品。因而，中國作家代表團抵達東京之後的第一項活動，就是拜會大平正芳首相。四月二日上午十點，中國作家分乘五輛黑色奔馳轎車，由新大谷飯店出發，前往位於千代田區永田町的首相官邸。

首相官邸是座不起眼的二層小樓。大家剛剛坐下，大平正芳首相、伊東正義官房長官、日中友好議員聯盟會長古井喜實、國會議員小川平二一起走了進來。大平首相頭髮花白，步履矯健，幾步跨過記者群，過來與巴金、冰心握手。坐定之後，大平正芳首相說：「歡迎諸位來日本訪問……在世界歷史上，文化的交流、普及、合作，推動了文化發展。我雖然不是文化專家，但我認為，像日中兩國這樣源遠流長的文化，在世界歷史上是罕見的，值得自豪的。但兩國文化在相互研究方面還不夠，還需要加強。中國作家到日本來，是個促進，會使文化交流、研究有更大的發展。」

巴金代表中國作家與首相交談，說：「首相為中日兩國關係正常化作出了很大貢獻，中國人民是不會忘記的。誠如首相所說，在中日兩國文化交流漫長的歷史歲月中，有許多動人的歷史故事、傳說和史實，至今仍激動著人們的心。我們到日本來，是向日本作家、日本文化界、日本人民學習的。今後兩國之間的文化交流，在首相的幫助和支持下，必將更加繁榮。」

大平首相全神貫注地聽巴金講話，不時微微點頭，翻譯話音剛落，他就說：「感謝諸位對我的期望。在日本人民中間，流傳著許多關於中國的故事。日本人民到中國去，得到了中國人民的支持和幫助，學到了許多東西，但我們學得多，幫得少，今後願意為你們實現四個現代化做出貢獻。現在正是櫻花盛開的時候，是日本最美的季節，希望你們多走走，多看看，多交朋友。」

說到櫻花，大廳裡頓時活躍起來。巴金說：「我很愛櫻花。1935年，我曾在上野看過櫻花。在座的冰心女士寫過櫻花。」

　　大平首相問，大家來過日本沒有？

　　巴金說：「我和冰心來過幾次，林林在日本留過學。」

　　大平首相說：「你們都來過日本，對日本的好與壞、長與短都一清二楚。」大家笑了起來。大平首相接著說：「在技術方面，日本站在稍前一點，但在精神文化方面，要向中國學習。我現在還常看中國的古典文獻。」

　　巴金拿起藍綢面的特裝本《家》《春》《秋》說：「聽說大平首相喜歡讀書，送幾本書做紀念。我們還帶來一幅畫，是著名畫家吳作人夫婦合作的，題目是『友誼之花』。」

　　大平首相接過書和畫，觀賞良久，不斷點頭，向巴金表示感謝。

　　沒想到，這是大平首相第一次，也是最後一次會見中國作家代表團，兩個月後他不幸病故。[33]

　　中國作家代表團從團長到團員，都是海內外著名作家，每到一地都受到熱烈的歡迎。每當巴金致辭時，冰心總是靜靜地聆聽、會心地微笑；當冰心在主席臺上演講時，巴金坐在最前頭，認真地聽著大姐生動而風趣的話語。宴會上，兩位老人常常坐在一起，陳喜儒介於他們之間。出國訪問途中，翻譯是忙人，雙方的交談都要經過他，連吃飯的時間都沒有。巴金總是對陳喜儒說，年輕人，多吃點，你最辛苦，冰心便會對待親人一樣，為他夾上好吃的菜。一次吃生魚片，巴金看到陳喜儒吃得很香，就把自己的一份也給了他，冰心說：「還有我這一份，也請你代勞。」並告訴他：「這是生東西，喝幾口酒有助消化。」中國作家代表團在公園裡觀賞櫻花，巴金和冰心走在一起，吳青、李小林跟在後面，巴金說，大姐呀，沒有想到你比我大了四歲，走起路來比我還輕鬆，這幾天，可是累了，老了，人老了！冰心就說，我得告訴你一個辦法，吃飯時，不要一直說話，吃飽喝足，就有體力，還有致酒辭，簡單一些，日本人的禮節又多，巴金就請大姐為他分擔一些，冰心說，好呀，要是您累了，我來代您致詞。

---

[33] 以上會見與談話，引自陳喜儒《在巴金身邊的日子》，《人民文學》2013年第10期。

　　日本著名的佛學思想家、詩人、國際創價學會會長池田大作先生，得知中國作家代表團訪日，專門邀請冰心和巴金，到位於靜岡的研修道院參觀訪問。日本創價學會是一個非常有影響的宗教團體，學會的活動又不限於宗教，他們以宗教為基點，同時在教育、文化與和平事業上，不僅在日本，而且在全世界開展了一系列的活動。池田大作先生對中國充滿了感情，早在1968年就公開發表了「池田倡言」，提出承認中華人民共和國政府、恢復中國在聯合國的合法席位，在中日之間進行廣泛文化交流。1974年12月，池田大作第二次訪華，周恩來總理在305醫院抱病會見。致力於中日友好，成為創價學會共同的心聲。所以，當巴金和冰心來到時，池田大作以隆重的禮儀接待了兩位中國著名作家。

　　靜岡櫻花盛開的庭院，流水潺潺，鳥語花香，幾百名小朋友在此唱詩迎候，池田大作發表了熱情洋溢的講話，巴金與冰心分別致答辭，歡聚在詩與友誼的海洋裡。池田大作不僅是宗教思想家，同時有很高的文學造詣，對詩歌、音樂和攝影都有不凡的創造，見到巴金與冰心，如遇知己。他們談到文學，談到詩詞，冰心說：「日本有十分出色的女性文學。我看了翻譯成英文的《源氏物語》。中國有一位李清照的女詩人，她與紫式部差不多生在同一個年代。」她認為，李清照生活的南宋時代，那種嚴酷的動蕩的人生，使她寫下了出色的詞。池田大作對《源氏物語》與作者紫式部也很有研究，他把生活在和平時代的紫式部與戰亂流離的李清照的人生作了比較，並且談及她們不同的藝術風格。這次交談，給池田大作留下深刻印象的是：「我在冰心七十九歲的時候與她會面。這真的是一位七旬高齡的老人麼？她絲毫不給予對方這種印象。有說有笑，思路清晰，反應靈敏。她的聲音響亮有力、清晰悅耳且柔和。」在參觀了靜岡研修道院之後，池田大作請巴金、冰心題字留念，冰心一揮而就：「得遊名山，更得諍友，這乃東遊之一大樂事。但願後繼有人，只要中日兩國人民子子孫孫友好下去，便能滿足老人心願。」冰心稱池田大作為「諍友」，既親切且有深意。這裡指的不僅是他們在文學方面的交談，更指「中日友好」這個大的話題。

　　4月10日，中國作家代表團在京都嵐山拜謁了周恩來詩碑。嵐山位於京都郊外，以夏日櫻花秋日紅葉著稱。中國作家代表團在劇作家

依田義賢的陪同下，來到嵐山的龜山公園「周恩來總理詩碑」。詩碑建於兩年前，在一座林木蔥蘢的山崗上，開出一方平地，基座由塊石砌成，碑石使用的是京都東郊堅硬的鞍馬山石，並呈馬鞍形態，上面刻著周恩來青年時代的《雨中嵐山》，1978年由廖承志書寫：

> 雨中二次遊嵐山
> 兩岸蒼松夾著幾株櫻
> 到盡處突見一山高
> 流出泉水綠如許
> 繞石照人
> 瀟瀟雨霧蒙濃
> 一線陽光穿雲出
> 愈見姣妍
> 人間的萬象真理
> 愈求愈模糊；
> ——模糊中偶然見著
> 一點光明
> 真愈覺姣妍。

代表團來到周恩來詩碑，巴金走在最前面，手捧著一束鮮花，低著頭，腳步格外遲緩。走到詩碑前，巴老獻上鮮花，與大家一起向詩碑鞠躬。

攝影留念後，大家走進日本式茶室休息。對面是蒼翠的嵐山，一片片、一簇簇盛開的櫻花，如縹緲的緋紅色的雲。山下，大堰川清澄碧透，蜿蜒東去。這時，冰心老人拿過筆記本，揮筆疾書，記下了當時的萬千思緒：

參謁總理詩碑，謹步總理「大江歌罷掉朝東」原韻：
高歌直下大江東，
力挽狂瀾濟世窮。
仰首默吟低首拜，
嵐山一石一英雄。

冰心‧一九八〇年四月十日

巴老接過來，念了一遍，說寫得好。我說，巴老，您也寫一首吧，與冰心老唱和，多好。巴老笑著說：「許久不寫，不會寫了。」他坐在茶室裡，眺望遠山，喝著甜米酒，口裡念念有詞。我以為巴老在作詩，但仔細一聽，是背誦冰心老人剛才寫的那首詩，不由得一驚，一個七十六歲的老人，居然有如此驚人的記憶力。我說：「巴老，您的記憶力可真了不得，看一遍就背下來了。」巴老說：「我年紀大了，記憶力不行了。年輕時，能記住，現在雖然當時能記下來，但過不了幾天就忘了。這首詩寫得不錯，所以一下子就記住了。」[34]

在京都大學文化講演會上，巴金和冰心應邀演講，也給人留下深刻印象，冰心風趣地說：剛才，桑原武夫先生希望我以作家的身分來講話，可是，我就從來沒有想到過以作家的名義來講話。因為我從小就想當醫生，一直致力於醫學的學習，對於寫文章卻沒有什麼興趣……

當翻譯用日語翻出這段話時，引起演講廳的一片會心的笑聲。冰心繼續說：我對自己在過去是從事兒童文學的寫作也沒有印象了。那麼，我又是怎樣步入兒童文學家的行列之中的呢？關於這個問題，實際上是因為我曾經給孩子們寫過信……這就是我最早發表在北平《晨報》上的《寄小讀者》……這本書已經在四十年代初，由倉石武四郎先生翻譯到日本……

冰心最後說：今天，我們中國人要努力實現四個現代化，科學技術，本來是非常好的，但是科學技術如果掌握在侵略者和好戰的人手裡，人類就要遭浩劫。但要掌握在愛好和平的人手裡就會變成樂園，

---

[34] 陳喜儒，《在巴金身邊的日子》。余曾兩次參拜「周恩來詩碑」，它在嵐山是極其平凡的一處，要不是在那簡易的小店前問茶，則可能擦肩錯過。沒有告示牌，沒有路標，山坡上開出一方平地，詩碑立於平地的中央，四周樹木環繞，只有一排長條石凳，一對老夫妻偎依著曬太陽。余認真默念了那首周恩來1919年寫作的詩，那時他正在尋求真理，詩中實在有種迷茫的色彩，與冰心的感覺不一樣。余發現，在簡易小店的鋪面上，有一名片夾，存放的都是中國人的名片，他們也是來此參觀的吧？余也留了一張，算是了過心願。——王炳根大阪日記

不但我們能得到幸福，子孫萬代也能得到幸福。我想向諸位提出這樣的希望，希望大家滿腔熱情地去教育我們的兒童。希望作家、父母、哥哥、姐姐，都要愛護、關心我們的兒童，把未來和希望寄託在他們身上，我們要像園丁那樣培育出美麗的花朵……[35]

冰心在一片日語的翻譯聲和掌聲中結束了演講。

4月17日，中國作家代表團從奈良飛回上海，巴金與冰心並行在弦梯，向迎接的人們招手致意。在停機坪上，冰心和巴金等作家被歡迎的人團團圍住，吳青護在母親的身邊，有人悄悄地問，您就是吳青老師吧？吳青說，是呀，你怎麼……那人道，我在電視上認識你的，你一下飛機，我就認出來了，我還是你的學生呢，我跟著你在電視上學英語。[36]

在中國作家協會上海分會組織的座談會上，有記者提問：請問巴金團長，這次您率領如此強大的作家代表團訪問日本，日本的作家和藝術家反響如何？

巴金回答說，這次我與冰心大姐率領的中國作家代表團對日本的東京、京都、橫濱、廣島、長岡、大阪、長崎、奈良、德島等地進行了友好訪問，所到之處，都受到日本作家和文化界人士的歡迎，我們交流了近年來創作的情況，日本作家和友人認為，他們從中國作家的身上，看到了文革之後文學的生機，中國的文學界在短短的幾年時間中，不僅從四人幫的枷鎖中掙脫了出來，而且解放了思想，正在鼓足力量，創作好作品！

記者問冰心，作為副團長，多次訪問過日本的作家，這次對日本留下什麼印象？

冰心說，還是日本的建設，每一次到日本，都發現變化極大。二戰之後，曾有五年旅居日本，那時，東京的繁華遠不及上海，後來，我們被拉下了距離，現在，我們有條件飛速地趕上去，首先要汲取戰後日本的經驗，重視教育，從娃娃抓起，希望都寄託在年輕人身上，作為政府要加大教育的投入，作為作家，我們有義務寫出好作品，自小培養孩子的人性、同情和愛心，而不是文革中的那種獸性！

從日本訪問回國後，冰心在上海作了短暫的停留。除了外出開

---

[35] 《我和小讀者》，《冰心全集》第7卷，P143-146。
[36] 吳青曾為中央電視臺學英語節目的教員。

會、作演講、報告，還接待了許多編輯、記者、文學愛好者。僅僅幾天，冰心下榻賓館的桌子上的書信報刊，就堆得有半尺多厚。一位兒童醫院的老中醫，聽說冰心從日本訪問歸來抵滬，便把珍藏多年的《拾穗小札》托人送到賓館，懇請老作家簽名留念。

就要回北京了，與巴金道別，冰心有些依依不捨。這次訪日，時間不是太長，但卻是加深了兩位老人的感情，並且薪傳、影響了下一代，吳青與李小林均以姐妹相稱。代表團的成員也都要分別了，他們在中國民航贈送的紀念小本上，相互題簽，以志紀念。冰心的小本上，巴金首先寫道：「緊跟、緊跟、冰心大姐。」艾蕪接著：「我年輕的時候，讀您的作品，覺得您是我的老師，現在年紀大了，仍然認為您是我的老師。」林林題寫的是：「我也是您老人家的小讀者，拜讀《春水》《繁星》，引起我年輕的心學寫詩的興趣，現在仍然是我的老師，對外方面您對付得很得體，我應學習。祝您萬壽無疆！」公木題寫：「您永遠是我的老師，說真話而覺得精當。只有真的，才是善的，只有真的善的才是美的。」鄧友梅風趣而親切地說：「冰心媽媽，永遠學習您，也希望得到您的培育。」

4月21日，分別的日子到了，巴金一定要親自送冰心到機場，直到在安檢門消失，才與李小林走出候機大廳。

7，生命從八十歲開始

回到北京的冰心，沒有來得及休息，便立即著手趕譯詩集《燃燈者》。

這是一位政治家的詩，作者為馬耳他總統，但冰心卻是喜愛上了這位總統的詩，每到晚上，冰心就在燈下翻譯，吳文藻在對面的桌前看書、讀報，時不時地在上面劃線，冰心有時抬頭看看吳文藻，說，文藻，你看寫得多美呀，你聽，冰心就念道：

> 呵，泉水
> 從高聳的巖石湧出的，
> 你的命運和我的心一樣
> 就是要不斷地歌唱！
> 有時一群羊走到你身邊，

飲了水又走開，
就像我的心那樣，
你在孤寂裡又唱起
你的寂寞的歌。
你有一個慰安
你和我的這顆心：
諸天和你同在
永遠用歌泉來淋注你。

　　吳文藻咳嗽著，問這是誰的詩？冰心告訴他，是馬耳他總統安東‧布蒂吉格，最近要來中國訪問，耿彪同志交下任務，要趕在他來之前出版，吳文藻還是勸她，出訪日本、路經上海，都處於緊張狀態，回來又沒有好好休息，不要太趕了，快八十的人啦！

　　冰心卻說，她真的沒有想到自己都快八十了，總覺得還年輕，粉碎四人幫後，一下子年輕了許多，有許多的東西要寫，有許多的話要說呀！她還對吳文藻說，你看，他寫的泉水，多像綺色佳，從高聳岩石上湧出來，飛瀑而下，他說你的命運和我的心便彙集到了一起，多像當時咱們的心情。那時，你是多帥的小夥子啊！

　　吳文藻笑了，又咳嗽著，勸冰心還是早點休息！自己便開始脫衣上床，冰心則繼續在檯燈下翻譯，吳文藻在床上翻了一個身，微閉了眼睛，睡去了。

　　冰心譯書，許久，抬了頭，凝思，又低頭翻譯，覺得有些累了，有些暈眩，便也上床，迷糊了一會，頭還是暈眩，她想伸出右手打開床頭燈，可是手卻抬不起來，左手還可以，右臂和右腳都動不了。冰心喚醒了沈生妹阿姨，吳文藻此時還全然不知，直到沈阿姨將管大夫找來，他才醒了過來，大吃了一驚，見到冰心的血壓在80-180之間，管大夫說可能是腦血衰，必須趕快送醫院，隨即與北京醫院高幹急診室取得聯繫，醫院迅速派車來接，醫生亦隨車趕來，同時鄰居見吳家夜半亮燈，猜測準有急事，過來打聽，知道冰心患急病，便到北京外國語大學宿舍找到吳青、陳恕，由他們陪同前往醫院。清晨，吳冰亦趕來，在家接電話，直到上午十時，吳青電話先知，「得悉腦溢血排除在外，可能是腦血栓，尚未最後斷定。」冰心發病是為凌晨三時

半，吳文藻在接過吳青的電話之後，抓緊時間休息了一小時，「服藥，預防頂不住。」午後吳青來電話，「告知娘焦急，怕將來行動不了。」

北京醫院最後確診為腦血栓，因為左腦受栓，影響的便是右邊，冰心焦急的是，右手如果不能寫字，走不了，如何是好？從來都是好動的她，現在被幾根管子卡住了，望著雪白的天花板，看到窗外照進來秋天的陽光，而自己卻是失去了自由！幾天、幾個月也許還可接受，如果因此再也不能自由地寫作與行走，那麼，對於一個作家來說，生命還有意義嗎？吳青勸母親不要著急，靜下心來養病，大夫也說，還好發現得早，還好不是腦溢血，待腦血管疏通之後，謝老還是可以行走的，還是可以握筆的。醫生的話、女兒的安慰，讓她平靜了些許。

冰心素以體弱多病出名，但真正的大病卻是沒有患過。因而，一夜之間住進北京醫院，且是腦血管方面病，驚動四方。十年動亂，留下的老作家已經廖廖，而參加過五四運動的元老級作家，更是鳳毛麟角。這時，剛剛完成撥亂反正，國家的各項事業百廢待舉，文學藝術正在朝著繁榮發展，國家和人民都是多麼需要這樣的老作家！冰心住的是北樓213腦內科，當病情穩定之後，探望的人不斷，每至下午，總有人悄悄地走進病房。中國文聯、中國作家協會、中國民主促進會、中央民族學院、中央統戰部等有關負責人都來看望。老朋友雷潔瓊、趙樸初不用說，連福建籍的楊成武將軍也特地來慰問。鄧穎超大姐聞訊，請她的秘書前來探望，並送來黃色的「和平」月季花。巴金正好來北京準備出訪，在李小林的陪同下，到北京醫院看望，並勸大姐「要服老」，說像大姐這樣元老級的作家，實在是太珍貴了，大姐自己、我們都要十分珍愛。葉聖陶老人寫信給吳文藻詢問病情：「聞人言冰心同志抱病，而不得其詳，彼此縈念不已。」曹禺聽說冰心住院，即寫信給冰心：「聽說你生病，比較重，我十分著急。」作家金近、王路遙、劉劍青、張僖、陳荒煤、周明、吳泰昌、張潔、張抗抗、王蒙、劉心武、鄧友梅、嚴文井等都來探望。費孝通、江先群、陳意夫婦等老朋友分別探望、謝為杰從南方專程看探望姐姐。對外友協陪日中友協領導人井上靖夫婦、中島夫人、白土吾夫等來醫院探望。

吳文藻每次來探視，便久久地坐在病床頭，說些病後的話，說，民進每次學習，都要問到冰心的病情，說，沒有冰心參加的學習，都不熱鬧；說到吳平到美國進修的事，已經同意接收，但要求以清華大學的名義才好辦，因而，還得想些辦法；說到反右改正的事，還是要兩點論，首先反右鬥爭的必要性，同時指出鬥爭擴大化的消極後果。病中的冰心便插了一句，他們當然不會說連反右都錯了，總還會留幾個人不改正，你們三個人肯定是擴大化了，吳平有什麼罪？為楫有什麼罪？發配到西北去，恐怕以後就死在那兒了，現在只說擴大化了，可是失去的一切誰來負責？還說到林耀華，民研所對他的意見很大，所務無人管，美珍每次來送工資，都要訴苦；說李文初將保存多年的老照片，是我們兩人的合影，翻拍放大裝框，作為壽禮送來，冰心感嘆道，真是個有心人；說到美國燕京大學托事局已復函，我們在那兒沒有存款。這些事情，每次說一點，總是慢騰騰地輕聲細語，似乎不帶什麼感情色彩。

從6月12日入院，8月8日出院，兩個月還差四天，冰心卻感到漫長。這段時間，均由吳青陪護，吳平忙公司的活，姐姐忙出國的事，自己也忙，但總得有人照顧母親，「只能由我來犧牲了。」吳青在電話中與Daddy說。出院回到家，仍然由她陪護母親，晚上住在同一個房間，以免急時找不到人。果真如此，9月6日，冰心下樓散步，將回時忽然感到腿軟，在樓西頭倒地，腳骨扭傷，痛得直呼文藻，可吳先生沒有聽見，自己又站不起來，恰好費孝通的女婿張榮華路過，忙背其上樓。管大夫隨即來診視，一面電話聯繫北京醫院，救護車呼嘯而來。吳青陪母親進院，掛骨科急診，入住204號房間。還好只是骨折，腦未受傷。

醫院經過會診後，診斷為股骨頸骨折。主治醫生提出兩個治療方案與病人商討：一是保守療法，用牽引的辦法，另一種就是動手術，用一個不銹鋼的釘子把股骨頸固定起來。從冰心高齡的實際出發，以保守療法為好，動手術的效果當然會更明顯，但存在一定的風險。吳文藻主張選擇牽引，冰心說，與你的性子一樣，我可受不了，堅決選擇手術。朋友聽說冰心要動手術，並且不是一個小手術，要將鋼釘打進骨頭裡，大都驚呼，夏衍聽後，忙叫女兒沈寧告訴謝老太太，千萬別「冒險」。夏衍自己就有這個經歷，「文革」中折斷了胯骨，1976

年到上海診視，一位熱心的醫生勸他做手術，正深為行動不便而感到苦惱的夏衍，同意了醫生的建議。可就在這個時候，傳來了羅瑞卿因腿部做手術而逝世的消息，於是組織上和朋友們都勸他不要「冒險」，畢竟是快八十的人了，最後夏衍放棄了做手術的念頭。陽翰笙、趙樸初等都為她在這麼大年齡堅持動手術感到驚訝、感到擔心，不少朋友聞訊趕來勸阻。冰心卻笑著對他們說：「沒有關係，我已經是這個年紀了。人活著就要為人民做一些事，我是一個作家，我得要爭取時間站起來，得為孩子們寫點東西。」冰心不顧老伴、兒女和朋友的勸說，堅持要做手術。經過骨科、神經科、內科醫生會診，手術方案，按照有關規定，向中央組織部、統戰部、文化部和中國作協做了報告。

9月9日午後一時，冰心進入手術室。此時吳冰已去美國夏威夷大學進修，還是吳青簽字、守在手術室門口，吳文藻在家，不敢午睡，坐立不安，便以翻閱康耐爾大學倪維德寄來《文化唯物論》打發時間。近五時，手術完成，離開手術室，吳青電話先知，「手術成功，經過良好。」當晚，冰心一夜睡到天明，燒也退了，早間醫生查房，對吳青說，「謝老恢復快，可喜。」9月12日，吳文藻出席政協閉幕式之後去看冰心。「手術後第四天，情況還好，惟痛、口渴、無味。」第二天，吳青電話，「娘通過大便，吃得還可以。」吳文藻這才開始放心。但在日記中警告自己：「上次對瑩恢復太放心，有些大意，切戒。」

手術之後，儘管恢復得不錯，但對急性子的冰心來說，卻很悲觀。一個落日的下午，夕陽從爬滿青藤的窗口照進來，蕭乾和文潔若夫婦探望剛走，冰心便不說話了，也不想吃東西，吳青過來看到娘的眼角有淚，以為是傷痛，要去叫醫生，冰心卻是搖頭，很難過地說，「『餅乾』舅舅也就比我小幾歲，你看他多健康，寫多少文章，娘都快要成了廢人了，偏癱了，還在右邊，腳不能走，不能站，手不能動，只有腦子還會想，想了多少的東西，卻是不能寫出來。」吳青便鼓勵說，娘，您一定不要灰心，咱們好好鍛鍊，像小朋友一樣從頭開始學習，實在不行，只要腦子會轉，小妹就當娘的秘書，娘口述，俺記錄，哄得母親開心了起來。

媽媽毅力特別堅強，等到稍好些以後，就開始下地走路。
　每次我扶她練走路，她都是流著汗，很疼很疼的，除了練走
　路，她還練寫字，先是天天拿筆寫五十個字，都是歪歪扭扭
　的。她當時不論作點什麼都很費勁，因為除了大腿骨折，腰也
　不好，但還是每天寫五十個字，後加到六十個字，一百個字，
　到四百個字。[37]

　　這是陪同母親的吳青的敘述。
　　手術後第五天，在吳青和陪護的幫助下開始下地，到陽臺上曬
太陽，在陽光下鍛鍊手指的伸張能力。看到冰心這種情景，醫護人員
大為驚奇。醫院中的冰心，生活得極有規律。每天六點起床，六點半
聽新聞，之後便看書。在接受過醫生查房，服過藥後，下地鍛鍊一個
小時，下午又一個小時，一點點艱難地移動著步子，幾十分鐘下來，
前進不了五米，疼得滿頭大汗。醫生見狀，便勸她在椅子上活動，冰
心卻說：「還是這樣好，走不了，站一站也是一種鍛鍊。」醫院病
房門口有條寬闊的過道，冰心先在屋內練，要走遠一些，便到過道上
練，甚至坐了電梯下樓，在庭院的草地上練習，每次都是大汗淋漓，
每走一步都得咬緊牙關，看了讓人難受。一次吳文藻在旁，便勸冰心
不必急，慢慢來，冰心白了老伴一眼，要是你就好了，我這性子，慢
就難受。一天少走幾步也不行，每天都量化，都在增加強度。我見到
過冰心練字時的筆跡，完全想像不出她在以後能寫出那麼漂亮的字。
當時的手不聽使喚，握不住筆，橫豎捺彎鈎，落筆走形，字也裝不進
格子裡，歪歪扭扭、高低不齊地散落紙上。就是靠著毅力，最後將字
寫得如病前那般雋秀。這時，《光明日報》恰好刊出她為陳於化《月
季花》寫的序，雷潔瓊到醫院探望冰心，便將報紙帶來，看到她練字
的情景，沒有勸阻，只是讚嘆，還在病房念了冰心文章中的一段話：
「我不但喜愛玫瑰的色、香、味，我更喜愛它花枝上的尖硬的刺！它
使愛花的人在修枝剪花時特別地小心愛撫，它也使狂暴和慌忙的搶
花、偷花的人指破血流、輕易不敢下手。我認為花也和人一樣，要有
它自己的風骨！」[38]念後對吳青說，你娘就是一個這樣的人，有她的

---

[37] 吳青，《我的媽媽冰心》，《冰心玫瑰》，P96。
[38] 冰心，《月季花‧序》，《光明日報》1980年9月14日。

風骨，做人、著文、養病，所以我不勸她，除了敬佩之外，為她加油。終於有一天，可以不用人攙扶，手執拐杖能夠自己走動了，她高興得就像個孩子，逢人便說：「我能自己走了！我能自己走了！」這簡直是一個生命的奇蹟。醫護人員看到冰心老人這種情景，激動得流下熱淚。於是，老人每天自己拄著拐杖，在病房綠色的地毯上、在長廊上、在花圃旁草地邊，一步一步頑強地走著。那時，陽翰笙也在北京醫院治病，冰心在前面拄著拐杖走，歐陽老推著小車在後面跟，風趣地對冰心說：「大姐，你『高舉』我『緊跟』呐！」巴金來醫院看望冰心，見面第一句話說：「你總想像年輕人那樣去做事情，大姐，你要服老啊！」冰心則會心地笑了：「我也真是糊塗，不知老之已至啊。」他們談到去年參加人民代表大會，談到即將要召開的人民代表大會，又有許多的話，越談越激動，又都忘記了老。

對於冰心兩次住進醫院，且都神奇地康復，比她小十二天的夏衍特別感慨：「她以頑強的毅力和樂觀精神配合治療，戰勝了這場疾病。那年秋天我和巴金同志一起去看她，真是一個奇蹟，她的病已經好了百分之九十，不僅能走，能講──講得很流利，而且還能用右手寫文章，特別是我們去探望她時，她有點興奮，也可能是自己『炫耀』吧，她特別表現得動作敏捷。當時巴金和我都勸她要服老、節勞。當然，她表面上接受了我們的勸告，可是她仍是辛勤地勞動」。對於冰心的手術，夏衍曾勸阻過，結果「吉人天相」，「當我再次到醫院去看她的時候，她居然又迅速康復，準備出院了！八十一歲的人能有這樣堅強的意志，實在是太令人感佩了。」[39]

夏衍說的八十一歲，是以虛歲論之。10月5日，冰心在北京醫院度過她的八十大壽。之前，百花文藝出版社送來了粉碎四人幫後寫作、結集出版的第一本新書《晚晴集》。一年半前寫作的後記，卻是體現了此刻的心境：「這本集子裡憶悼的作品多了一些，恐怕也是自然規律，自己年紀大了，朋輩自然也多『老成凋謝』，再加上『四人幫』文藝專政的十年，雨打風吹，就更顯得零落了。但是就在發現了在暴風雨中雕落的花朵之後，也發現了在潤濕的泥土裡萌苗的幼苗！」冰心總是會在困境看到光明，在風雪裡看到對大地的滋潤。這

---

[39] 夏衍，《讚頌我的「老大姐」》，《花城》1981年第4期。

幾天，清靜的病房顯得熱鬧，《中國少年報》的聰聰等三人，代表一千一百多萬各民族小讀者，給冰心獻花；《兒童文學》的同仁送來楊永青畫的賀壽圖；第二代、第三代的孩子也都獲允許探望，鮮花滿屋、喜悅滿懷。冰心吩咐吳青，將玫瑰花送一些給住在同樓層的趙丹，吳青送完花回來，說，趙丹很高興，說謝謝你，並祝賀你八十大壽。[40]

當祝壽的歡聲笑語散盡，冰心又歸於平靜，躺在床上，常常望著《兒童文學》送來的那幅畫兒：一個縮著丫角，系著紅肚兜的小孩，滿面笑容扛著兩個特大的紅壽桃。上書：「敬祝冰心同志八十大壽」！這幅畫在陽光下，令冰心格外喜悅，像是有股新的生命衝動。「我覺得生命力無窮，自從我二十三歲起寫《寄小讀者》以來，斷斷續續寫了近六十年，正是這許多小讀者們，使我永遠覺得年輕！」朝陽從窗外照進來，感到一陣陣的暖意，一種遙遙欲試的生氣，又望瞭望鄧穎超托人送來的玫瑰花兒，感覺幽香飄來，有這花，有這孩童，有這溫暖的陽光，幸福與激情，青春與活力同時湧上了心頭，冰心攤開稿紙，寫道：

> 親愛的小朋友：
>
> 　　我每天在病榻上躺著，面對一幅極好看的畫。這是一個滿面笑容，穿著紅兜肚，背上扛著一對大紅桃的孩子，旁邊寫著「敬祝冰心同志八十大壽」，底下落款是「一九八○年十月《兒童文學》敬祝」。
>
> 　　每天早晨醒來，在燦爛的陽光下看著它，使我快樂，使我鼓舞，但是「八十」這兩個字，總不能使我相信我竟然已經八十歲了！
>
> 　　我病後有許多老朋友來信，又是安慰又是責難，說：「你以後千萬不能再不服老了！」所以，我在複一位朋友的信裡說：「孔子說他常覺得『不知老之將至』，我是『無知』到了不知老之已至的地步！」
>
> 　　這無知要感謝我的千千萬萬的小讀者！自從我二十三歲起

---

[40] 5天之後，即1980年10月10日，趙丹逝世，留下了那篇最後的遺言《黨管太死了，文藝沒有希望》。

寫《寄小讀者》以來，斷斷續續地寫了將近六十年。正是許多小讀者們讀《寄小讀者》後的來信，這熱情的迴響，使我永遠覺得年輕！

我在病中不但得到《中國少年報》編輯部的贈花，並給我拍了照，也得到許多慰問的信，因為這些信的祝福都使我相信我會很快康復起來。我的病是在得了「腦血栓」之後，又把右胯骨摔折。因此行動、寫字都很困難。寫這幾百字幾乎用了半個小時，但我希望在1981年我完全康復之後，再努力給小朋友們寫些東西。西諺云「生命從四十歲開始」。我想從1981年起，病好後再好好練習寫字，練習走路。「生命從八十歲開始」，努力和小朋友們一同前進！[41]

當冰心豪邁地寫下了「生命從八十歲開始」，幾天之後，便精神矍鑠地走下了病房綠地毯，走出了北京醫院的大門。1981年12月26日，北京還沒有春的氣息，路兩旁的樹，葉落乾枝，默立寒風，坐在車裡的冰心，卻感到了春意。汽車在寒風中疾駛，道路兩旁的街景和行人，病後的冰心都覺得特別親切，尤其有孩子們，冰心在心裡說，我要和你們一道前進。

8，房子・稿子與心情

出院後的冰心，再也離不開人的照顧，得有子女在身邊。吳青搬來與父母同住，但住房立即就顯得十分擁擠。反右運動之前從洋溢胡同搬至民院和平樓二〇八單元後，二十幾年沒有挪過窩，平時只有二個老人與保姆居住，吳文藻母親在世時，也曾住在這裡，直到1959年逝世，孩子們上大學後周末回來，便擠在祖母的房間裡，或支個行軍帆布床睡在客廳，現在吳青一家搬過來住，總不能老是臨時支床，於是，吳青與母親住小房間，鋼鋼與姥爺在主臥，陳恕仍住在外，為了照顧娘，只得「分居」了。如此，母親心裡很過意不去，得從長遠考慮房子的事情了。

---

[41] 《三寄小讀者・序》，《兒童文學》1980年第24期。冰心艱難地寫完這篇序言，稿紙上的字跡難以辯認，只得讓吳青代為抄寫、謄清。現在所看到此文的手跡，系冰心病愈之後重新抄寫。

處於思想改造狀態的中國知識分子，從來都在克制自己，無論是感情還是衣食起居，吳謝從未為自己的住房，向作協或向民院提出過任何的要求，這次住院，與陽翰笙談起住房的問題，陽翰老認為應該解決，像她這樣參加過五四運動的元老，還住在幾十平米的單位職工宿舍裡，實在說不過去。陽翰笙當時主持中國文聯工作，作為對作家藝術家的關懷，他認為有責任為冰心的住房事呼籲。所以，當冰心出院後的第五天，陽翰笙便打來電話，談起與作協領導協商如何解決住房的問題，但冰心在出院半個月後，又因腦供血不足，昏迷了半個小時，再次住進了北京醫院。

這次基本屬於康復性質的住院，掛瓶輸液是主要的治療，她給巴金寫信說：「我又在醫院裡給你寫信！說起也真煩人，不過是在兩星期之前，有一次三十分鐘的昏迷，北京醫院又把我接來了，做了兩星期的點滴，照了兩張X片，明天再取一次血，化驗一番，大概就可被釋放了！」這一次只住了二十天，2月3日，舊年除夕的前一天，冰心出院，見到老伴時，吳文藻告訴她，昨日民院的領導集體來家拜年，說到要為我們解決房子的問題，並且報告了主管民族事務的楊靜仁副總理。

中國作家的領導張僖也來談解決房子問題，作協想與民院聯手，共同處理。住房問題在八十年代初是件非常棘手的事，文革十年，只有破壞全無建設，人口膨脹，新樓卻未建一座，三代同堂、居於一室的現象相當普遍。北京的四合院，由一家居住到幾家合住到十幾家各居一方，加蓋的角房將院中的空地占滿，上海的年輕人不僅結婚沒有房子，就是談戀愛也無去處，黃浦江外灘成了戀人的長堤。那時，中國尚未進入市場經濟，貨幣建房還很遙遠，全國億萬城鎮居民的住房，全部要靠政府，眼巴巴地等待著單位的分房。無論是民院還是作協，都騰不出一套像樣一些、大一些的房子，分配給謝老太太。此時，吳文藻的政策也已落實，完成了身分的轉變，雖說革命不分先後，但革命者享受住房等一切待遇卻是有先後的，除了當權的領導之外，其他的人那怕是落實政策的革命者也得等待。因而，吳謝迫切需要解決的住房，也只能等待。

再次回到和平樓的冰心，是被陳恕背上來了，再下樓就難了，沒有電梯，對住在二樓僅一層之隔，對冰心來說也如天上地下。出院

時雖有「生命從八十歲開始」的豪邁，但這個開始卻很艱難，最難的就是不能自由行動，連生活也不能自理，衣服得人穿，被子得人疊，舉手投腳都不方便，這對於一生麻利、果斷行事的冰心，多麼難以承受，有多麼悲觀甚至絕望！她在給遠在夏威夷進修的大女兒寫信，有限度地流露了這種情緒：「你知道我是個勤快的人，有一點不整齊，就想自己動手。現在不用說大的東西幹不了，連小東西也不能動，比如說穿衣服不能穿，特別是鞋襪褲子，自己的手夠不著腳。夜裡要動，或是被窩不嚴，只是毫無辦法。我們一家人，包括小妹、陳恕至沈阿姨，對我都極耐心，孩子們雖然皮，有時也不聽話，不過跟『姥姥』都好，一來就抱著親，用臉偎我。我的別的東西都好，每天三頓都吃許多藥丸，心臟，胃等都沒有大毛病，死是一時死不了，不過我覺得這樣更沒意思。只希望春天來了，衣服穿少了可以好一點。」[42] 女兒便勸母親，說別著急，凡事像Daddy那樣，慢慢來。這不勸還好，一勸，冰心生氣了，說，「你勸我同Daddy學，我是學不到的，否則我們這幾十年的生活就不是這種過法！」這是一句含意很多、分量很重的話。吳謝結合，現在這種過法，主導完全在冰心，只要冰心有些許的不愉快、不高興，只要兩人稍微拌了幾句嘴，吳文藻便會立即縮回去，趕緊檢查自己，警示不可再犯讓瑩不高興的錯誤，而在冰心公開的文章、私下的信函或日記中，卻是從未見過自我悔過式的文字。如果按照吳文藻的性格主導吳謝生活，會是怎樣的一種過法呢？也許隱含了許多的內容，尤其是在重大的選擇方面，吳文藻可能是另有主張的。但這一切，都被冰心的行事為人左右了，吳謝結合後的生活航向，舵把子始終掌握在冰心的手裡。

　　無法下樓，不能外出，好動的冰心必須漸漸接受這個現實。但在家裡會客卻是少不了的，雖然門上貼有「醫囑謝客」，但哪裡謝得了哦，冰心戲言，余本姓謝，一生中的客人卻是越謝越多！還說，我沒有什麼財富，只有朋友，如何能謝？這個告示牌，陌生的來訪者，也許可能止住一二，大多數尤其是遠道而來的求字求序者，還是會敲開房門的。對於老朋友，則就更無謝意了。葛翠琳因為婆婆與母親先後病逝，沒有抽出時間到醫院探視，待處理完、清理出心情後，

---

[42] 《致吳冰》，《冰心書信全集》，P125。

便敲開了二〇八單元的房門，沈阿姨開門，不用自報家門，就走進來了，冰心見到葛翠琳親得要死，說是都快憋死了，看到你真是高興。葛坐下來，冰心就說，這半年多，你家出了那麼多事，失母之痛，我是深知的，但在老、病之後，知道這也是自然規律，並且感嘆，如今「死者已登仙界」，精神物質上都解除了痛苦，只是生者太難過。之後，便也調侃自己半年多在北京醫院演了個「三進三出」，現在都修成了「鋼筋鐵骨」，可是人卻有些不像人了，什麼都要別人幫助，你看，你來看我，卻不能為你遞杯茶水，還好吳青一家搬來同住，便於照顧，可家裡就擠得不像樣了，一看心裡就煩，可這房子，一時又沒有辦法。吳文藻這時從另一個房間慢慢的走來打招呼，冰心又調侃開了，大妹讓我學Daddy，我要真能學到他的那個慢功夫就好了。吳文藻就笑笑了，說，你不想慢也得慢下來，想快就會摔跤的。葛翠琳說，吳先生的話含有哲理，勸冰心好好調養。

後來有眾多的回憶表明，八十年代是中國文學的黃金時代，壓抑了許久的文學藝術，終於有了生長的土壤，對文革的批判、對改革的歌頌，都使得這塊土壤上生長出來的藝術品，廣受大眾的歡迎。這是一個文學藝術繁榮的時代，這種繁榮，首先體現在大量報刊的出現，老牌文學報刊復刊，新的文學報刊創刊，用雨後春筍來形容一點也不過分。大量的報刊，需要大量的稿件來支撐，而那時的作家與其他方面的人才一樣，處於青黃不接。可以分析一下當時作家隊伍的狀態，一是像冰心、巴金這樣的老作家，二是重新握筆的像王蒙、劉賓雁等這樣的右派作家，三是知青作家，四是其他的中青年作家。這四支作家隊伍的結構，基本呈金字塔形態，所以，無論是像《人民文學》《文藝報》《詩刊》《收穫》這樣的老牌報刊，還是像《十月》《當代》《花城》《隨筆》等這樣的新銳刊物，為了影響與讀者，都在爭取第一個方陣中的重量級的老作家的稿件，冰心便是被各家新老報刊盯住的對象。「三進三出」後在家調養的冰心，不僅每天有人上門約稿，電話與信函的稿約，更是不計其數。冰心又是爽快之人，盡可能地會滿足重要的約稿，而這時的寫作，也是逃離心煩的靈丹妙藥。

做了一個統計，1981年，冰心有《我和玫瑰花》《成功的花》《漫談散文》等二十三篇作品；1982年，則有《紫竹林怎麼了？》《淡泊以明志，寧靜以致遠》《朝氣蓬勃的兒童文學》等二十七篇，

都不包括大量的題詞與信函。這些作品大都寫於「陽光滿窗之晨」或「雨雪之晨」，可見她的生活習慣與當時的居住環境相當密切，只有這時，一天中最安靜的時光，也是她的精力最好的時間段。而這時，她的手腳都不靈光，寫字還吃力著呢，每年有如此高的產量，不能不算是一個奇蹟。

還是1980年——生病前，冰心根據自己與海外老友的接觸感受，寫了小說《空巢》，現在看來，這是一篇相當超前的作品，「空巢」「空巢老人」是中國二十一世紀媒體中經常出現的字眼，但在當時，「空巢」來自美國，並且是在與中國傳統的家庭相比較中出現的。「我」和老梁是大學與留美時的同學，新中國成立前夕，老梁去了美國，「我」留在北京，老梁到美國打拼，有了大房子，有了汽車，回國可帶計算機與駱駝牌香菸當禮物，但等到孩子讀完大學，有了工作，結了婚，成了家，老伴離世後，這個大屋便成空巢了，沒有了家庭的溫馨，靠養老金與出租房子度日，就是孩子們偶爾回家一次，也是匆匆來去，缺少了親情，老梁最後成了孤獨的「空巢老人」；「我」在五七年打成右派、文革中遭批鬥，吃過許多的苦，但到了晚年，卻有「寫不完的趕任務的文章，看不完的報紙刊物，回不完的信件，整天忙得暈頭轉向！」且有兒女繞膝、家庭團聚的天倫之樂，雖然書房也讓孩子們占了，但在老梁看來，燈下的「巢」卻是「滿」的。繁華後的蒼涼與苦難後的溫馨，成了這個小說的基調，也是體現了作者對不同的生活方式、生命態度的真實感受。作品發表在東北一家文學刊物《鴨綠江》上，開始並沒有引起多少人的注意，但是新創刊的《小說選刊》轉載之後，反響就大了，並獲得了1980年度全國優秀短篇小說獎。

當周明打電話告訴她這個消息的時候，冰心樂了。為何？她說，她寫作了六十餘年，這是作品第一次獲獎，還有八十歲的老人獲獎，多不好意思，給青年人罷！1981年3月，中國作協在政協禮堂頒獎，吳青代母親領獎。事後冰心重溫了這篇小說，說是進行了一次「自我教育」，面對現狀也就不再心煩了。頒獎之後，獲獎的女作家拜訪冰心，她很高興，贈送了新出版的《冰心選集》。雖然都是獲獎作者，但她們年輕，為與自己崇拜的老作家同時獲獎倍感榮幸，冰心則在她們各自帶來的紀念冊上題詞，給張抗抗的題詞是：「學然後知不

足」。給益希卓瑪的題詞是：「讀萬卷書，行萬里路。」給葉文玲的題詞是：「淡泊以明志，寧靜以致遠。」三位年輕女作家深受鼓勵，張抗抗、葉文玲都是以此為起點，造成日後的文學景象。

住房問題仍在解決之中，由民院、作協聯合給國務院的報告，陳述了冰心在海內外的影響，陳述了在對外交往中的作用，陳述了現在的身體與住房狀況，請求國家撥專款解決吳謝的住房問題。這期間的協調過程、包括借調吳青照顧母親，都十分複雜，最後國務院副總理楊靜仁做了批示，撥給專款，為吳謝建造一座小樓，以救之急。1949年後，國家為一個作家、學者蓋一座小樓，恐怕還是首例，雖然吳謝在洋溢胡同、日本東京、默廬與潛廬，還有之前的燕南園，都是單獨的房子，但是當成為改造對象之後，當人身生命都得不到保障的年月，有個安身之處就是最大的恩賜，哪裡還敢想單獨的小樓？就在吳青一家搬進之後，在希望改善住房狀況的時候，也沒有這個奢侈的想法呀，所以，冰心婉拒了這個好意。她曾在私下對人說過這樣幾句話：過去幹什麼了？若在民院建小樓，我們如何與民院的人相處？若建在外面，朋友要來多不方便。我死了，房子還會給子女帶來麻煩和負擔。又是幾經協商，民院答應將這筆專款投入在建的八十三號職工宿舍樓，給出兩個單元，由吳謝打通使用。之後，有關部門帶來了圖紙，請吳謝審定，計有七個房間，兩百平方左右。這個方案得到了吳謝的同意，在未建好之前，民院調出另外的房間，供過渡使用。

八十三號樓終於建成，廚房衛浴設施齊全，且有太陽能熱水器。開始有人陸續搬入，費孝通搬進去，也是兩套打通使用，陳永齡等也都住在這座新建的樓裡，吳謝分得了三十四單元的三、四號。因為樓裡住的都是教授級人物，這座樓也就被稱為教授樓了。但教授樓仍然是沒有電梯，三號、四號在二層，三號大一些，吳謝居住，四號給了吳青一家。11月12日，開始搬家，沒有請人，全部由吳青、陳恕承擔，吳平一家、吳冰一家都來幫忙。從和平樓到教授樓也就一箭之地，幾天時間也就搬過來了，冰心自然無法插手，吳文藻有時間便理書、整書、上到書架。

12月9日，吳謝正式入住，新房寬敞，室內暖氣充足，倆人各占一張小床，卻是一夜未眠。冰心記得，昨日「大雪」，晚間寒氣甚重，窗外的上弦月早早落下，吳文藻不知道冰心是否睡著，但冰心一

定知道老伴未眠，她在等待那個熟悉的鼾聲。兩張小床中間隔了一個床頭櫃，檯燈和手鈴都在櫃上，只要有什麼不適，便可按鈴，隔壁的吳青和保姆可以聽見。她現在沒有什麼不適，但就是不能入睡，便開了燈，吳文藻這才知道瑩也沒有睡著，翻過身披衣坐起，說，也沒睡，睡不著。又說，偌論房子，除和平樓外，任何一處的居室都比這強，可是，為什麼這般興奮？冰心苦笑一聲，說，臭老九翻身得解放吧！有了鳥槍換炮的感覺吧。倆個人說了一通，歸於平靜，吳文藻又嘆口氣，說，你還是下不了樓，當初應該接受那個提議。冰心此時的心情變了，不再心煩，說，沒有關係的，就那麼一層，慢慢下，你扶我一把，孩子們還可以背我，這樣比住進單獨的房子裡踏實，樓高心踏實！

元旦過後，給遠在上海的巴金寫信，告訴了自己搬家後的心情：

> 我們的新居寬敞一些，陽光也好。時間如能自己支配，可以多寫一些，可惜並不是如此！

依然是想多寫一些文章。果然應那句俗語「安居樂業」，這年冰心的創作出現了大面積豐收景象，計三十七篇作品問世，其中有小說《明子和咪子》《橋》，散文《天南地北的花》《火樹銀花裡的回憶》等。

很快，搬入新居後的第一個春節到了：

> 窗外是聲聲繁密而響亮的爆竹，中間還有孩子們放的二踢腳，是地下一聲、曳著殘聲又在天上發出一聲巨響。薄紗的窗簾上還不時地映出火樹銀花般的粲然一亮，那是孩子們在放著各種各樣的煙火呢。多麼熱鬧歡暢的北京除夕之夜啊，我的心中為什麼有一點惆悵呢？[43]

熱鬧中的惆悵，冰心一貫的性格。「心靈之燈，在寂靜中開放，在熱鬧中熄滅」，這是《繁星》中的詩句，也是她的心靈寫照。今夜

---

[43] 《火樹銀花裡的回憶》，《冰心全集》第7卷，P446。

的惆悵來自何方？「是『一年將盡夜，萬里未歸人』。現在北京就是我的家，我沒有客了思家的悵惘，我苦憶的是我的萬裡外的許多朋友！」

9，念舊‧親情

苦憶與念舊的可止冰心，吳文藻更甚。除夕年夜，報竹聲中，倆位老人隔床話舊，情緒都落在了重慶抗戰歲月，那些「清華幫」的同學，戰時的勤奮、艱難與友誼，國家現在安定了，多麼想見到他們。顧毓琇最先踏入國門，見過多次，梁實秋從他女兒那兒隨時知道一些消息，朱世明客死他鄉，有那個交往甚密的浦薛鳳呢？還有凌叔華，還有謝文秋呢！

吳文藻說，他最想見到的是浦薛鳳，歌樂山上就像是家庭成員，公休日常常一同上山，一杯酒可分兩盅，一盤剛剛收穫的南瓜，成了時鮮的下酒菜，打牌、聊天那樣也少不了他，還回憶到訪美時兩人在哈佛大學尋窗、慰冰湖畔找船，一別幾十年，音訊全無，中美關係鬆動之後，梅貽琦夫人從美國回來，帶來浦薛鳳的信函，令吳文藻激動、興奮，當即回信邀請回國訪問：「現在祖國全力貫注促進四化，否則在世界上無立足之地。國內政局日益穩定，只要確保和平環境，前途是大有希望的。如你身體許可，不妨回國一行。故舊都近八十，如早成行，尚有一面之機」。希望餘生能見到一面，共話巴山夜雨憶，其詞懇切，卻是沒有打動浦薛鳳的歸心。

以已之心度之，吳文藻向浦薛鳳報告了在北京清華同學的情況，吳澤霖與自己同校，也在帶研究生，錢端升開政協會時會碰面，他們都好。「我們目前景況和文化革命期間大不相同，那時一家八人（包括女婿媳婦在內）下到幹校鍛鍊，分散在七處，（僅我倆老得到照顧，同在一起）現都調到北京，每逢週末可以團聚。我們要算是最幸福的家庭，堪慰懸念。」所謂懸念，指的是文革中的各種傳言，浦薛鳳曾有過擔心，現在他用輕描淡寫的語言，講到了文革一角，而將現實幸福感描得很濃，與冰心小說《空巢》的觀念相近。

浦薛鳳1949年後去了臺灣，出任國立臺灣政治學院教務長、教育政務次長等職，六十年代初去了美國，任聖約翰大學教務長等，後定居洛杉磯。四個孩子，除長子早夭外，女兒浦麗琳以「心笛」的筆名

寫詩，成了有名的「白馬詩社」的重要成員，胡適對她的詩有很高的評價。唐德剛曾這樣描述：「他（胡適先生）喜歡『白馬社』，倒確是他底『娛樂』和『興趣』之所在。胡先生最喜歡讀新詩、談新詩、和批評新詩。而白馬社同仁竟是一字號的新詩起家。他們厚著臉皮彼此朗誦各式各樣的新詩。這些白馬社詩人中有稚態可掬的青年女詩人心笛（浦麗琳）……在老胡適底仔細評閱之下，心笛的詩被選為新詩前途的象徵，『白馬社』中第一流的傑作。作者是個二十才出頭、念四尚不足的青年女子。聰明、秀麗、恬靜、含蓄。詩如其人，因而新詩老祖宗在她底詩裡充分底看出今後中國新詩的燦爛前途。」[44]但寫詩不是浦麗琳的專業，她攻圖書館學，後在南加州大學圖書館任研究館員，寫詩卻是成了一輩子的業餘愛好。次子大邦在加大伯克萊分校獲物理學博士，成為了高能物理的專家，在美國曾建立能源科學所並出任所長，在臺灣擔任中央研究所原子分析研究諮詢委員。浦大邦曾獲邀訪問中國，並受父親的囑托拜訪了多年不見的「乾爹」和「乾媽」[45]。這是一個在事業上頗有成就的家庭，在美國激烈競爭的社會中，也都走上各自奮鬥的道路，各居一處，不像中國大家庭聚在一起。1977年9月，夫人陸佩玉逝世後，浦薛鳳也成了「空巢老人」，只因與女兒浦麗琳住得比較近，彼此有個關照。那時，小兒子正在鬧離婚，也沒有心情照顧父親，大邦忙於他的事業，所以，吳謝在知道這個情況後，非常希望能邀請浦薛鳳回國散散心，敘敘舊。但浦既沒有回絕，也沒有成行，也就時在吳謝的掛念之中。

梁實秋與浦薛鳳不一樣，與魯迅的論戰總是追隨著他，還有那個「抗戰無關論」，因而，梁實秋通過他留在北京的女兒、已成了律師的梁文茜多次與冰心聯繫，希望她幫助試探、疏通關係。冰心每次都是告訴他，來吧，回來看看吧，北京還是那樣，只是難尋您愛吃的豆汁，其他的就不用考慮了。但梁實秋在夫人逝世後，又有了新婚，也就遲遲未能成行，直到決定回國的前一個晚上，興奮之中突發心臟病逝世，令人扼腕長嘆。《人民日報》（海外版）發了一則消息：《著名文學家梁實秋病逝臺北》，總共一百八十五個字，在列舉梁實秋著作《雅舍小品》《梁實秋自選集》、譯著《莎士比亞全集》等目錄

---

[44] 唐則剛，《胡適雜憶》，臺北：《傳記文學》1979年第3期。
[45] 吳謝與浦家的孩子互稱乾爹、乾媽。

後，竟有如下一語：「梁實秋晚年常懷念大陸友人，曾因臺灣誤傳冰心女士去世而痛作《憶冰心》一文，膾炙人口。」梁文茜給冰心打電話，說，父親逝世時，一點痛苦也沒有，勸冰心別難過，冰心說「我怎麼能不難過呢？我們之間的友誼，不比尋常呵！」於當日便執筆寫作《悼念梁實秋先生》，回憶了他們一生的交往與友誼，包括辦《海嘯》壁報，演出《琵琶記》和在重慶的歲月，感情深沉而濃烈，發表在《人民日報》上。一個星期之後，又應上海《文匯報》之約，再寫《憶實秋》，補充了從美國留學歸來後，梁實秋曾在青島大學任教，「實秋說我愛海，曾邀我們去他家小住，我因病沒有成行，文藻因赴山東鄒平之便，去盤桓了幾天」和《憶冰心》等往事。「實秋身體一直很好，不像我那麼多病。想不到今天竟由沒有死去的冰心，來寫憶梁實秋先生的文字。最使我難過的，就是他竟然會在決定回來看看的前一天突然去世，這真太使人遺憾了！」[46]回憶文字情真意切，並稱實秋為「一生知己。」

　　在浦薛鳳歸國無期之時，冰心則將勸說的工作，轉移到乾女兒浦麗琳身上。自從在南京短暫的相會，闊別卻已三十載，「希望在我們存下不多的年限內，得以面晤話舊。」並牽掛著她：「你還常寫作嗎？乾媽媽看了你的詩集很欣賞，勸你多寫，寫出更多的好作品來。聽說你還愛好音樂、油畫呢，真是多才多藝。」不僅希望她能來，而且希望帶著爹爹一塊來。浦麗琳聽說冰心乾媽欣賞她的詩，非常興奮，告訴了父親，浦薛鳳對女兒說，再寄一些詩給乾媽，並說，她是真正的詩人，我比她大幾歲，年輕時崇拜她，是個了不起的詩人。浦麗琳再次給冰心寄來了最近創作的詩與畫。

　　與同時代離開大陸而不能回的詩人一樣，以心笛為筆名的詩也是充滿了鄉愁，卻又體現著頑強。《我是蒲公英白球裡的傘》，詩人將自己比喻成隱含在蒲公英裡的種子，不能自由主宰自己，不能把控飄零的方向，任風吹動、盤算，雖不能久留在出生的土地，但我「乘風飛揚，隨遇而安，無論何處我的心兒向上。」冰心說，寫得真好，我喜歡這首詩呢。在《提筐人》、在《移植》中，也都表達了詩人別離故土的愁緒：

---

[46] 《憶實秋》，《冰心全集》第8卷，P254。

她提著一筐子的哀愁
到江邊去拋丟
江波翻起滾滾舊浪
流不盡的是她的愁

她提著一筐子的孤寂
到深山去埋棄
山中泥土長滿青苔
埋不掉古今人的寂

她提著一筐子的童心
燈下數著晶瑩
碎破的包苦茶自飲
完整的卻不適時景[47]

在《移植》中，詩文寫到中國蘭移植到美洲的土地，「蘭瘦又悲寂」，而將一棵中國草移植過來，「草肥壯自如，擁抱著異國地。」詩人感嘆，「中國的幽蘭，只放香在中國古老的土地，祖傳的傲骨和氣質，使你永感移植的苦淒」，表達了詩人在海外的秀美蘭心的淒楚。冰心在讀到這兩首詩後，寫信寬慰乾女兒：「你常提到『鄉愁』，其實已到了美國，並且回不來，也沒關係，只是自己處處不要忘了是中國人，人家是要在你身上看到中國的！」[48]她告訴乾女兒，要讓你的孩子讀懂中文，會寫漢字，這就是沒有忘記自己的祖國。

1982年秋，吳青應邀前往麻省理工學院進修「Urban Studies and planning」。浦薛鳳知道後，專程從西海岸飛到東海岸，帶去冬衣，前往波士頓探望他的乾女兒。吳青在行將結束學業後，也到了西海岸探望乾爹，與乾姐姐等一家團聚。吳青向父母親描述了乾爹晚年的境況，吳文藻再次回到當年選擇的對錯上來，現在一家和美地生活在一起，總是好事，不然也可能漂泊海外，無所歸宿。

---

[47] 心笛，《提筐人》（詩集），臺北：漢藝色研2004年2月。
[48] 《海外拾珠——浦薛鳳家族收藏師友書簡》，P195，百花文藝出版社2012年1月。

浦麗琳在乾爹乾媽的一再邀請下，終於在1983年夏天隨觀光團來到了北京，三十餘年後的乾女兒，與三十餘前對乾爹乾媽的描寫自然有了變化：「抵北京後第二天中午，我和女兒就脫團，搭車去中央民族學院門口，進了民族學院，步行了相當長的一段路，東問西問，才找到家屬宿舍高知樓。走上水泥的樓梯，找到公寓的號碼，一陣紅燒牛肉香撲鼻，乾媽電話中叫我們吃了晚飯再回旅社，這一定是要招待我們的好菜呢！高知樓內的乾媽乾爹，當然和我記憶書頁中南京火車站上的模樣不全相似了。冰心乾媽的髮，已成灰白，剪短了直梳在耳後，纖細的身子，穿著一件淡藍的布衫，一條黑褲，道道地地中國老者的衣著，手旁扶著一根木手杖。她的眼睛，明亮如湖，閃著不尋常的光，清脆美麗的聲音，一若往昔。乾爹身著白襯衫，灰布西裝褲，沉靜少言，較以前瘦弱多了，但仍像一株高瘦的松樹，蒼白的兩頰，已不呈壯年時代青山隱隱的一抹鬍鬚根了，冰心乾媽談笑風生，乾爹偶而面露笑意，乾妹妹吳冰全家晚上全來了，我們圍坐在窗前方形的餐桌上共進晚餐。有一盆菜，西紅柿片（切片的番茄），喚起我童年時母親給我們吃它的回憶。」乾女兒帶著紅燒肉的香味和乾媽贈送的兩本新書，回到了洛杉磯。見到父親，連連代乾爹與乾媽發出好幾次的邀請，但父親依然是閒雲野鶴，要麼獨自一人到世界各地旅行，要麼與朋友打橋牌（冰心稱之為賭博，還擔心他的輸贏）。而故國故園，始終存放在記憶深處。

　　能解釋這一奇怪的現象，只有一個原因，浦薛鳳不想以今日的觀感，沖淡記憶中的舊日往事，沖淡那一份深深的眷顧之情。此時，他正在寫作浦薛鳳回憶錄，《萬里家山一夢中》很快出版並寄達吳謝的案頭，冰心在讀後兩次寫信道及：「你爸爸的自傳《萬里家山一夢中》我們看了都很感慨，你爸和你媽那麼美滿的姻緣不能白首偕老，真是可惜，你一定更要照顧他，他性急，也是環境使然，要多忍耐。」「你父親那本《萬里家山一夢中》使我們憶起了許多往事，再次謝謝他。」其後是《太虛空中一遊塵——八年抗戰生涯隨筆》《相見時難別亦難》[49]，浦薛鳳簽名相繼寄達，整部回憶錄充滿柔情、蒼

---

[49] 筆者在這部傳記中、在冰心吳文藻的年譜長編中，多處引用了這部回憶錄的內容，它不僅是感情的記錄，同時更是史料的記載，極為珍貴。而引進這個大陸版本的是我的一位朋友王瑞智先生，我也曾多次表達了對他引進版本的謝意。

涼與激憤，多處連篇累牘地寫到他們共同的生活，包括在美留學、在渝抗戰、訪問美國等等，甚至連吳文藻業已忘卻的——曾與陸佩玉的一位女同事，名為潘劍慧，在認識冰心之前曾有過通信，也記錄在案。而浦薛鳳使用的近乎古體文，更顯凝重而厚實。吳謝讀過之後，完全理解了浦公的感情，原來，來與不來、歸與不歸，卻是懷了一樣的感情。

依然沒有斷去這份心情，搬入新居之後，吳謝再次邀請乾女兒來北京居住一段時間，這回沒有堅持帶父親同來的意思。就乾女兒一人吧，這裡既有兒女親情，還有對一個流落在海外詩人的關愛。浦麗琳如約前來，這次的朝夕相處，近距離地感受到了乾爹和乾媽的愛：乾媽睡熟的親吻、晚餐全家的團聚、日間乾爹的問候，更有詩人的細心觀察與體味：

> 每晨，冰心乾媽全家一大早就起床。冰心乾媽第一件事是登記帳目，處理家中買菜等費用的開支，指點家中事務後，六點半左右進早餐。早餐每日有雞蛋、牛奶、麵包、稀飯、醬瓜等。食量若雀的乾爹乾媽，吃得少極了。早飯後，休息少許。乾爹乾媽就面對面，各自坐在臥室中臨窗而置的兩張大書桌旁。各自看書、寫信、研究、寫作等等。中飯後，短短的午睡後，乾媽接見一批批求見的客人——國內的、國外的、年輕的、老的。她總是不厭其煩的，平易近人，和來訪的人談著。她女兒女婿在家時就會示意冰心乾媽別談得太累，客人往往都捨不得離去。我怕冰心乾媽會客傷神，曾信口而道：「乾媽，您已年長，大可以掛個『謝絕來訪』的牌子，不讓人來占您的時間，傷您的神了，說話陪客也很勞累的啊！」而冰心乾媽卻道：「這也是我起碼該替國家做的事啊！」她就是如此的付出自我，為了鼓勵年輕的作家，為了接見外賓，為了文化的交流，為了中國！

依然懷舊，乾媽怎樣挑選上了乾爹、父親在重慶的病與填詞唱和、還有其他認識的舊人，梁實秋、顧毓琇、凌叔華等。浦麗琳說，凌叔華本不認識父親，但父親與陳源伯伯多有通信，父親的名字「薛

鳳」，似為女性，陳源伯伯去世後，凌叔華伯姆在處理信件時發現這個「薛鳳」，便依據信封的地址寫了信來，這才真相大白，也就成了有舊可敘的老友了。對於凌叔華，冰心也曾熱心相助，她多年獨居英倫，十分孤寂，勸她回北京，並和朋友商洽，為她安排好公寓和職稱。但凌叔華回到北京看了看，返回英倫後遲遲做不了決定，一拖再拖。浦麗琳說，她相當能理解凌叔華矛盾的心情，從性格上分析了她們不同的選擇「我覺察到冰心乾媽和凌叔華伯母兩人性格上的不同。冰心乾媽是當機立斷會做決定而勇於面對未知的人，叔華伯母是優柔寡斷顧慮較多的人」。聯想到父親暮年的感情、乾媽所言「勸我同Daddy學」之類的話，便會發現性格在人的命運中所起到的作用。

這回浦麗琳住了一個月，分別時極是傷感：

> 早餐方畢，冰心乾媽擁別我後，我向乾爹道別，只見乾爹雙眼沉凝，掙扎着小步向乾媽扶去，我猛回頭，原來冰心乾媽雙手遮掩了臉，正落起淚來，我趕忙走上前說了聲，「我還回來」，乾妹妹們就拉了我，衝下樓去。「快走！快走！不然娘會更捨不得！」冰心乾媽原是這樣重情感的人，我心中也著實捨不得離開她。駛往機場的街上，上班的自行車人群還沒出現，稀弱的陽光照著，不出聲，我坐在車中，任淚靜靜地流下，閃著朝陽的輝亮。若大的北京市，若大的中華土地，原本，對我，是何其的陌生！若不是冰心乾媽的相邀，我何以能親近這變陌生的出生的土地啊！北京，如今是一個我心中感到親切的城了。不管政治制度是怎樣不同，這土地，這兒的人，與我的血是相連的啊！[50]

浦麗琳剛回洛杉磯，家事與公事都在等待她，還沒有緩過勁來，乾媽的信便追來了，令乾女兒十分感動。此後，遠在北京的乾媽無時不在關心居住在地球另一端、別一個世界裡的乾女兒，來往信件不僅是多，而且是長，很少見到冰心這樣長的信函，往往是密麻麻的豎行兩頁，一氣呵成。冰心關心乾女兒的寫作，認為乾女兒的寫作天

---

[50] 《冰心乾媽》，《冰心玫瑰》，P160。

分極高，一再催她，要向《中國作家》推薦，但她又十分心痛乾女兒在高速公路上穿梭，心痛她的忙與累，中文寫成的詩，在美國又算什麼呢？是的，隨著與乾女兒的通信越多，詩作讀得越多，對乾女兒的生活與感情卻是把握不了，甚至不能理解：「我對於你那邊生活只能從你詩和散文中來體會，但那都是有點憂鬱，有淡淡的哀愁。我想你生活中不會全是那樣，一定也會有很大的樂趣。生活在兩個世界中的人，心裡不會像生活在一個世界中人那樣的單純，必然有矛盾，必然有自己心靈中神祕的一角。」這後一句話，我在讀到後劃出了重點記號，冰心這樣理解生活在美國的乾女兒，我從這句話中，理解著冰心。幾十年來，她才真正是生活在兩個世界中的人呢，「必然有矛盾，必然有自己心靈中神祕的一角」！

10，為社會學做出的最後努力

　　社會學宣布恢復後，接下來所要做的事情就非常多了，學系的設計、師資的調配、課程的安排等，但首要的任務是系統地瞭解這個學科目前的情況，雖然之前也曾有所準備，尤其是吳文藻提供了大量的資料，開列了著作編目，但對社會學的瞭解，實地考察是最重要的。也就是在社會學學會成立之後，費孝通參加了中國社會科學院代表團赴美訪學一個月，給他實地考察美國社會學的發展，提供了機會。

　　吳文藻的學生、也是費孝通的同學、美國匹茲堡大學社會學教授楊慶坤，是中國恢復社會學的一個重要人物。他在費孝通、吳文藻等動議恢復社會學階段，以通訊的方式向國內提供了不少有關信息，這次費孝通訪學，又起到了牽線搭橋的作用。費孝通在代表團抵達華盛頓，拉開了訪問的序幕之後，便與薛葆鼎二人直赴賓夕法尼亞州匹茲堡大學。由於事先已有聯繫，楊慶坤教授做了充分的準備，分別與費孝通將要訪問的大學做了通報，甫一見面，便告訴風塵僕僕的老同學，為了學兄的訪問，已向美國同行、熟人打了一百多個長途電話。費孝通在匹茲堡大學受到隆重的款待，「向該校社會學系諸教授深入長談。楊又怕我年老記憶力衰退，約請相熟的助教三人分別為我編寫備忘錄，其中有關美國社會變化部分長達一百六十多頁。這樣熱心相待，在美國是少見的。這三天的集中學習為我這次訪學打下了有益的底子。」

在楊慶坤的安排下，費孝通一個月訪學，飛越了十幾個城市，對美國的社會學的教學與研究進行了廣泛的實地考察，除匹茲堡大學之外，重點訪問了三所大學與三位教授，即是紐約，哥倫比亞大學的弗里德教授（Merton H.Fried）；波士頓，麻省理工學院皮蒂教授（Lisa Redfield Peattie）；芝加哥大學的特克斯教授（Sol Tax）。中國著名學者費孝通所到之處，受到熱烈歡迎，舉行座談會、報告會，進行實地聽課等安排極是周到，訪學的效益也極高。這不僅是楊慶堃事先聯繫，更重要的在他們看來，費孝通是社會學這門學科「先驅性」的人物，他的*Peasant L ife in China*（《江村經濟》）是美國各大學人類學系定為入門必讀的參考書之一，因而，他的學名在行業中，有不少人是知道的，知名度給訪學帶來了方便。

回國之後，費孝通先向老師彙報了訪學的情況。在談到「理論」與「學派」時說，美國社會學目前是「理論煩瑣，各家分立。」他說，訪問之前，我給老楊一個訪問提綱，其中是想瞭解「學派」的情況，但老楊在替我翻譯問題提綱時，使用了「理論」一詞，他說，在美國已無「學派」，只有不同「理論」，所以建議不用school而用theory來翻譯。費孝通說，這個問題一路引起注意。「原來『學派』，被用來指我所熟悉的二十年代以來英國人類學的傳統，指的是一個師徒相承的門戶，有祖師立說，掌握學壇，在理論上有一套，在學界有一派勢力，代有主帥。一個學派是一個職業性的壟斷集團，可說是學閥，如功能學派就是以馬凌諾斯基及拉德克利夫－布朗前後為主，把持英國各大學的講座達三十年之久，幾乎是獨霸天下。直到六十年代才發生世代交替，馬、布及門生弟子（第二代）於七十年代幾乎全部退休，告一段落。」在美國卻是沒有這種情況，現在各大學任教的像哥倫比亞弗里德一樣的人已經不多，大多是第二次大戰中復員軍人。「戰後美國實行的辦法是復員軍人按入伍年數公費入學，為學術界培養了一批新生力量，構成當前社會科學界的主力，現在是五十歲上下。這一代似乎和上一代不同，理論修養底子淺些，學究氣少，善於標新立異，各言其是。特克斯說，現在美國開人類學會有點像置身於聯合國會議的氣氛。百家爭鳴，群龍無首。」費孝通還告訴老師，目前美國設立社會學系的大學有215所，教授、副教授共有4582人。

吳文藻對費孝通取得的訪學成果非常滿意，此後又認真地閱讀了他的赴美訪學的文字彙報，有關「理論」與「學派」的情況，在他的美國社會學著作編目中已經注意到了，但因為是文字資料，並不一定能引起重視，因而，他建議邀請楊慶坤所在的匹茲堡大學社會學學者訪問中國，進行現場講座和報告，以便讓更多的人直觀瞭解美國社會學的教學與研究情況。與此同時，林耀華訪問了墨西哥，陳永齡訪問了英國，宋蜀華訪問了日本，帶來了不同國家社會學學科建設前沿的信息。

1979年12月4日，匹茲堡大學社會學系訪華團應邀來訪，由中國社科院接待。吳文藻事先閱讀了美國學者擬做報告的文稿，「三篇都同科技猛進引起社會結構的變革有關，先粗讀一遍，然後細看準備提問。」楊慶坤的講稿，則更對吳文藻的胃口，城市規劃需要都市社會學，因而看得很仔細，當年的學生，現在成了自己的老師了，很欣慰。5日，吳文藻設家宴歡迎楊慶坤，費孝通、孟吟夫婦陪座，再次進行了長談。12月6日，在國際俱樂部，匹茲堡大學社會學系三位教授作報告，吳文藻到現場聽課，第一個報告的主題為社會學範圍，注重科學知識的應用。到民盟午餐後，吳文藻怕堅持不住，找地方午休一刻，再到會場聽第二位教授講「技術和國家政策。」7日上午，楊慶坤開講，「社區結構與技術發展」（溝通運輸技術），由於對其所講，吳文藻基本瞭解，便在家休息，午後進城，又到國際俱樂部二樓小會議室，聽提問與解答，「主要由霍、尼二位解答近十個問題。」8日，由大報告改在小範圍中進行座談，吳文藻與費孝通、林耀華、李有義同進城，在民盟總部與楊慶坤等三人相會，以交談的方法，「請他們介紹美國社會學現狀，亦解答提出的問題。劉咸、呂劍華、梁釗蹈等人，亦趕來參加。」10日，中國社科院在華僑大廈設晚宴招待匹茲堡大學校長及楊慶坤等三位教授，吳文藻、費孝通等出席。

就像當年吳文藻請布朗來燕京大學講學與現場指導一樣，在京城刮起了一陣旋風，那時楊慶坤還是學生。這一次是由楊慶坤帶來的匹茲堡大學社會學系再次在京城刮起一陣旋風，令中斷了二十多年的社會學獲得了大量的信息，瞭解了這門學科的教學與研究的前沿。也像當年做學生一樣，費孝通依然是快手，隨後有關的信息都匯入了「關於中國社會學和人類學學科被取消及今春被恢復的情況」書中，與當

年布朗離開北京一樣，便出版了一本沉甸甸的紀念文集。恢復社會學與建立社會學是可其相似乃耳，但歷史卻被切去了近半個世紀，當年的學生已成老者，更不用說他們的老師了。

　　吳文藻確實在使出餘生的最後力氣，支持他的學生再次將這門學科撐起。匹茲堡大學社會學系的講學團走後，北京立即著手師資的培訓，教育部劉風泰等拜訪吳文藻，「瞭解解放前社會學系設置及解放後院系調整以來社會學人員拆散情況。」縱然這些分散的人員都找到，也都年邁體衰了，吳文藻建議費孝通，開設專題講座，「學習班」不好聽，就叫「講習班」，講授社會學的基本知識，以速成的方式培養新的教員。這年的春節茶話會，吳文藻以民院顧問的身分發言，呼籲培養中青年師資，以適應新的課程的設置，提高教學質量。吳文藻不顧自己的病弱，親自開講。5月26日，吳文藻、吳澤霖、楊堃三大學者，同時出現在社會學講習班，分列講中國社會學發展史。此時吳青已開始對社會學感興趣，每一次的課都出席旁聽，這天返家晚餐，說起三大學者共同授課，進修生反映強烈，簡直就是一次學術盛宴。

　　1977年開始恢復高考之後，同時決定恢復招收研究生。但那時連社會學尚未恢復，三年後高考中才出現社會學專業，研究生的招收還要更晚一些，並且只能從其他的專業中招收，比如歷史系、政治系或中文系。招收研究生也是培養師資的重要方式，在條件基本成熟後，民院開始招收民族學研究生，第一批出現在吳文藻面前的有三人：王慶仁、陳長平與張學匯。此時的吳文藻已經八十初度了，像冰心一樣，「生命從八十歲開始」，給研究生編閱讀書目，「先從馬凌諾斯基與布朗開始。」認真備課，開課，第一次給研究生上課是1980年4月23日，地點在研究部，「除本部三個研究生外，還有旁聽生五人，其中北大考古專業隊四人，內講師一人，自然博物館來一人，所以一開講即提到人類學的四分法。」吳文藻講過之後，由張學匯介紹布朗的學說要點，陳長平送導師回家，一路繼續交談。5月15日，再次開課時，吳文藻講過後，則由陳長平講馬凌諾斯基生平和學說。這是吳文藻教授研究生的方式，他只講主要觀點，基本的知識則需要研究生自行掌握，並進行歸納交流。5月29日上午備課，「溫習英國大學五個人類學中心，重點三個中心，以功能派及曼徹斯特派為主，並回顧

4
5
3

第十一章　生命從八十歲開始

一下如何處理功能派介紹到中國來的背景。」午後以此為內容「給研究生講課。」整整兩個月都在高速運轉，吳文藻卻是堅持了下來。在給他的老友寫信說，「我因春夏之交帶研究生，講課兩個月，稍累，覺是體力不支，衰老較快。」但他依然興致盎然，「近自社會學恢復，民族學取得肯定地位後，我又回到本行。一年多來，承美國同行朋友寄贈新書，逐漸趕上時代，興致甚濃。我對政治社會學方面尤感興趣。哈佛的Talcott Parsons對此邊緣學科做過貢獻，不知你還溫理舊業否？」[51]1981年，北京大學社會學系恢復招收研究生，缺少導師，尤其是像吳文藻這樣級別的導師，所以專程派人來聯繫，希望吳文藻參加並在「社會學名著選讀」擔任部分指導。此時的吳文藻，只能答應「盡力所可能範圍內幫忙。」他不能做出太多的承諾，因為香港、天津等地都希望和邀請吳文藻講學，但都在最後的時刻因身體原因而謝辭了。

　　暮年的吳文藻說，只能盡力了。他還曾有過雄心，「擬寫解放前中國民族學史。」但由於體力不支而未能動筆。而有些事情卻是不能推辭的，比如林耀華先後送來文稿《新中國的民族學研究》《摩爾根以來的原始社會研究》等，要老師過目，吳文藻只得騰出時間「提意見。」研究生的課授完之後，他將長長的書單交給他們，有些書只有他這兒才有，也都提供給研究生，在一個午後，吳文藻將研究生招集到家，給每人分配任務，並根據任務一一交給他們的書單和書籍，希望他們認真閱讀、研究，提出論文方向與提綱，並願意隨時接受個別或共同的請教。

　　恢復後的社會學在艱難中前進行，國際學術組織帶來了兩個喜訊。一是費孝通獲得「馬凌諾斯基名譽獎」，「今日各報均載，看來他的改正毫不成問題，指日可待。」這個改正指的是右派改正的問題，不僅是學科建設任務繁重，心靈的創傷尚未撫平，便匆匆上路，費孝通是這樣，吳文藻也是這樣。此後費孝通又獲得了「赫胥黎紀念獎章」。這兩個國際大獎，是一個社會學者終生的最高榮譽，雖然獎給費孝通個人，但吳文藻非常高興，這不僅因為費孝通是他的學生，他將這兩個獎看成是中國社會學的榮譽。

---

[51] 吳文藻致浦薛鳳，《海外拾珠——浦薛鳳家族收藏師友書簡》，P184。

三個研究生中，王慶仁最受吳文藻器重，研究生的活動、資料與書籍的傳遞等都由他來承擔，平時交談與個別輔導也多於他人。王慶仁也用功，希望早出成果，有些像當年的費孝通，這令吳文藻高興。研究生課程結束後，即完成了《英國功能派社會人類學今昔》一文，作為一個研究生的習作，一個資料性的概括，是一個好選題，但打印出來後，署名卻用了「吳文藻、王慶仁」，這讓吳文藻有些不高興。「他不徵求我同意，以我和他的聯名，我很不悅！」這種不悅也只能放在心裡，吳文藻沒有當面駁學生的面子。導師與研究生共同署名發表論文不是沒有的現象，研究生體現導師的思想，也可以借助導師的名望，使研究生快步成長。但這在吳文藻看來，必須徵得導師同意、並且體現了導師的思想與水平。因而，吳文藻在知道了王慶仁準備投稿發表這篇論文時，叫了暫停，以發表的標準，認真進行了審讀，提出主要觀點，指出需要壓縮與充實的具體內容，並且將佛思的《人與文化》、得奇的《緬甸高地的政治制度》（E. R. Leach, *Politicol of Highland Bunna, London,* 1954）等五十年代之後、體現馬凌諾斯基功能學說的原著給他，這些書在圖書館也是找不到的。幾經來回，才將初稿敲定，吳文藻再親自修改，尤其是刪改了對吳文藻引進功能派的部分，將一些言過其實的段落和句子刪去，使之客觀一些並對歷史負責。

三十年代中期和四十年代時，中國民族學界也受到了功能學派的影響。當時中國處於半殖民地半封建的落後狀況，知識分子紛紛向西方尋求改變中國社會狀況的理論和方法。吳文藻、費孝通等當時看到英國功能主義理論後，感到可以用來指導對中國社會狀況進行調查，於是就把功能主義學派介紹到中國來了。1935年，布朗被邀來燕京大學（即現北京大學校址）作關於比較社會學和中國鄉村調查的講演。隨後，又有來自東南方一帶的學員去福建等地按功能主義方法進行親屬制度的調查，並寫了一些有關論文。1936年，吳文藻在倫敦與馬凌諾斯基相遇，互相交流了自己的學術情況，馬凌諾斯基當時把尚未發表的《文化論》手稿送給了吳文藻，後吳文藻將此稿交由費孝通等譯成中文。當時介紹功能主義的出發點是想通過對中國

社會的調查，提出一些解決中國問題的主張。現在看來，功能主義是不能解決中國問題的，只有馬克思主義才能解決中國問題，只有共產黨才能救中國，中國革命的實踐充分地證明瞭這一點。但是，功能主義作為一種學術思想，還是可以繼續對其進行研究的。不加批判地全盤接受當然是錯誤的，但是，不加分析地全盤否定也是片面的。我們應本著實事求是的精神，對功能主義進行客觀的分析，揚棄其糟粕的一面，吸取其有用的一面，以為我們的四個現代化服務。我們認為對任何資產階級學派都應採取這樣的態度。[52]

八十年代初期，剛剛恢復的社會學，尚未完全脫出意識形態話語，研究生更是如此，吳文藻對他在政治上的評判不便作修改，但對自己的介紹僅保持了低調的事實陳述。

《戰後西方民族學的變化》[53]《新進化論試析》[54]兩篇論文，是吳文藻對恢復了的中國社會學最後的貢獻。從求學時代的《國家與民族》開篇，到以《戰後西方民族學的變化》收山，完成了吳文藻對民族學（人類學）、社會學的孜孜以求，顯示了這一學科的前世今生。作為一個學者的足跡，已經一個一個地烙印在跋涉的道路上，不論這條道路上開出的花、結出的果是大是小，是濃是淡，學術之道卻是一路辛勞。吳文藻在最後的歲月中，回望了這條道路，自責之情難以抑制，多從學術著作多寡、成果大小來考量，但真正對學科的貢獻，也許只需幾頁紙便見分曉。

《戰後西方民族學的變化》中的「民族學」與社會學、人類學是同一個概念。原因是吳文藻、費孝通等一些在三、四十年代的社會學的著名學者，之後改行到了民族學院，因而，恢復社會學後的研究，不得不與任職大學的性質掛鉤，所以，社會學、人類學往往以民族學的名詞出現。可以說，三十年代的「社會學中國化」提出之後的社會

---

[52] 吳文藻、王慶仁，《英國功能學派人類學今昔》，《民族研究》1981年第1期。

[53] 吳文藻，《戰後西方民族學的變化》，原載《中國社會科學》1982年第2期，收入《論社會學中國化》。

[54] 吳文藻，《新進化論試析》，原載《民族學研究》第7輯，民族出版社1984年，收入《論社會學中國化》。

學，大本營在燕京大學，即後來稱之為的「燕京學派」，而恢復社會學之後的社會學的大本營，一段時間則是中央民族學院，重量級的學者均在這兒，包括吳文藻、費孝通、吳澤霖、林耀華、楊坤、陳永齡等，雖然那時中國社科院有專門的機構、北大成立了社會學研究中心以及社會學學會等，但這些機構與學術團體的帶頭人，依然是民院的學者，所以，在恢復社會學的一段時間內，以民族學開路進入社會學領域，是一個很自然的現象。

吳文藻的這篇論文便是例證，他談的哪裡僅僅是民族學？

民族學是西方（主要指英、美、法、西德等國）在十九世紀中期發展起來的一門學科。現在，這門學科在全世界已經很普及了，例如日本、蘇聯、東歐諸國、印度、澳大利亞以及一些第三世界國家的民族學都有比較顯著的發展。早在1933年時還成立了「國際人類學和民族學協會」，並於1934年在倫敦舉行了第一屆國際會議。到1978年為止，該協會已經舉行了十屆國際大會，並預定1983年在加拿大將召開第十一屆國際大會。

在全世界民族學發展起來的情況下，作為民族學發起地的西方民族學現在情況又如何了呢？對於第二次世界大戰以前的西方民族學情況，我國學術界在解決前後都有過專文介紹。瞭解和分析研究西方民族學是我國民族學研究的一項重要內容和任務，因為它對於發展我國的民族學有一定的參考和借鑒作用。正是本著這個目的，本作者近些年來對西方民族學戰後的變化發展情況作了一些探索，茲將初步探索所得概要地提供出來，以便國內從事民族學研究的同志們參考。

在以民族學立論之後，吳文藻展開的完全是包括民族學在內的人類學、社會學的廣闊天地。他認為自「六十年代，由於歐美各國的社會劇烈動蕩，更是掀起了研究馬克思主義熱，特別是在各大學的學生中間，掀起了從各方面研究馬克思主義的新浪潮。在這個研究馬克思主義的熱潮中，許多西方民族學者不僅不公開反對馬克思主義，而且還以馬克思主義的某些論述作為自己在民族研究中標新立異的旗號。因而也就出現了許多形形色色的所謂『馬克思主義』民族學學派和

思潮。」這些學派與思潮主要有：（1）西德的法蘭克福學派；（2）法國的結構馬克思主義學派；（3）美國的文化唯物論；（4）美國的「社會生活辯證法」思想。

吳文藻在闡述了上述的學派與思潮之後，指出這是戰後第一個大的變化，而最大的變化是，「從二十世紀初期到三十代之間產生的那些老的資產階級民族學流派，到了第二次世界大戰末期，都出現了衰退的現象，戰後，則大部分都失去了影響。代之而起的是一些新的資產階級民族學流派和思潮。其中主要有結構主義學派、新進化論學派、社會生物學學說、新心理學學派等。」

吳文藻在介紹結構主義時指出：

> 結構主義學派是五十年代開始形成的。最初以法國為中心，後來逐漸擴大到了英美等國。六十年代，是它在世界上的影響達到登峰造極地步的時代。當時，它的思想不僅在民族學界取得了支配地位，而且還滲透到了哲學、文學、藝術等領域。七十年代至今仍在當代的西方民族學界中占據主要地位。
>
> 結構主義實際上還不是一種系統的理論，而主要是用於對民族學材料進行分析和研究的方法論。它的主要方法是通過建造模式去說明人類社會；它的主要目體現它的「深沉結構」。

《新進化論試析》可以視為這篇文章的延伸，也就是在這四大流派中，以專門的論文來闡述新進化論學派。吳文藻之所以要這樣做，就是因為摩爾根的原因，和由他創立的學派。由於馬克思對摩爾根的評價甚高，而西方學者也曾非常推崇摩爾根，使得這個名字在中國的意識形態中變得極為複雜，為此，吳文藻不知多少次向包括中宣部、教育部、統戰部、文化部、外交部的官員，解釋與解說摩爾根的學說與著作，所以，他認為有必須對這個學派及其變化，進行專列介紹。所以他說：「新進化論與老進化論有許多不同之處。對十九世紀的老進化論我們都比較瞭解，但對新進化論我國目前尚無專文介紹。因此，本文想對新進化論進行一些介紹和分析。」在新進化論學者中，最突出的要算是懷特（Loslie Whit, 1900-1975）、斯圖爾德（J. H. Steward, 1902-1972）和柴爾德（V. Gordon Childe, 1892-1957）。他們

雖同時被稱為新進化論者，但是在學術主張上卻又有許多不同之處，各有各的特點。這個介紹與對結構主義等介紹呈一致性。但這裡吳文藻將中蘇論點中曾有的一些觀念進行了澄清，指出：「蘇聯有些學者認為，新進化論是一些效忠於帝國主義的御用學者企圖沖淡馬克思主義影響而打出的旗號，並認為儘管新進化論以反對歷史學派的面目出現，但實際上仍舊是歷史學派的新生子。我們認為這一評價似乎有欠公允。從客觀影響上來看，新進化論不是馬克思主義者，它對馬克思主義的影響的擴大可能會起到沖淡作用。但是，我們就美國的社會科學特別是人類學和民族學的歷史和現狀來說，新進化論又是比其他學派和思潮較為進步的學派，特別是他們在恢復摩爾根為代表的進化論上做了大量的工作，是值得肯定的。與其說是敵人，不如說是朋友或同路人。」這也是吳文藻歷次向中國意識形態部門官員介紹摩爾根的觀點。

這兩篇文章中還有一個基本的也是最重要的觀點，即社會學的現狀問題。費孝通從美國「取經」回來之後，曾向他的老師報告了只有「理論」而無「學派」的現象，並指出這不僅是美國、在西方大都如此，群龍無首，自說自話，吳文藻當時說，他已經注意到了這個現象，但在他最後的研究中得出的結論是：「集中」與「分散」。

所謂「集中」，他是這樣闡述的：

　　戰前，在歐洲大陸、美國和英國之間，民族學的名稱及其研究方向和內容都有所不同。歐洲大陸之研究種族、語言和文化的民族學，在美國則是側重於研究人類的物質文化以及風俗習慣、宗教信仰和社會組織之各部分的內容及相互關係的「文化人類學」，而到了英國則又成了側重於研究人類的社會習俗、社會制度、社會組織的形式及其相互關係的「社會人類學」。但是，戰後在西歐和英、美之間卻出現了聯合的趨勢，不僅在研究方向和內容上逐漸接近於一致，就連專業的名稱也統一成了「社會文化人類學」。這樣，就使民族學成為一門研究「人」（主要指人類的種族和民族）、「文化」（主要指人們的習俗、宗教、語言文字以及各種物質文化）、「社會」（主要指人們的社會制度、社會組織及其功能、結構、變遷、

過程等）以及它們之間複雜關係的大學科。也因此，人們通常又把民族學分別稱為「人的科學」、「文化的科學」、「社會的科學」等；或者把「人類與文化」、「個人與社會」、「文化與社會」、「文化與人格」、「人類、文化與社會」等詞目作為研究的對象，並且，往往把它們作為書名和文章的標題。戰後的這種民族學研究中的集中趨勢，使得民族學的研究對象首次在世界範圍內比較地一致起來。

所謂「分散」，他說：

分散主要是指民族學研究領域和科目上的變化。戰前，西方民族學的研究領域基本上還是局限在傳統的原始民族的圈子內。但戰後這一局限被打破了，民族學不僅研究原始民族，而且也研究發展中的民族和先進的民族，並且連同資本主義社會的本身也成了它研究的領域。它研究的課題深入到了現代社會生活的各個方面。此外，由於西方民族學者傳統調查研究的「部落」正在快速消失，因而迫使他們轉到了對歐美各國的農民社會乃至都市社會的研究，其中對都市社會的研究還形成了一門新的科目「都市人類學」。又由於計算機技術的發展，促使了用數量方法對交叉文化進行調查。

隨著時間的推移，民族學研究的科目分得越來越細了，並且，由於它與其他社會科學和自然科學交叉，又產生了一些新穎的邊緣學科和應用人類學方面的科目。例如：政治人類學、經濟人類學、醫學人類學、比較社會學、民族心理學、民族人口學、民族史志學、民族語言學、民族宗教學、發展中社會的研究等。

民族學的這種分散性和研究科目的專門化現象，是民族學發展的必然趨勢。因為隨著科學的發展和進步，人們的視界也就越廣闊，研究的科目也就必然變得越細小越專門化。美國「社會生活的辯證法」思想的倡導者墨菲認為這種現象是有利於該學科的發展和進步的。

這個「集中」與「分散」概括，比「理論」與「學派」的概括可能更為符合社會學的現狀，指出這個現狀與特點，無疑是非常重要的，它將會影響到正在興起的中國社會學的走向。吳文藻儘管此時也人老體弱，但頭腦清醒，將他多年包括作為批判對象閱讀的積累與思考成果，用最簡要的方式和篇幅，奉獻給正在恢復與發育的中國社會學，同時也奉獻給正在建立的社會科學各門學科。他的這兩篇最後的論文，可以證明這個中國社會學的奠基人，經過二十幾年的改造、批判，一經解放，依然站在這個學科的前沿，仍然是一個弄潮老兒。

八十年代初，西方的思潮、思想與觀念再次開始大量引進，吳文藻的介紹走在這個引進的前頭，甚至在一定的意義上，由他的論文啟動了一些有關的引進。筆者正是在這個時候進入學界，記得1985年在廈門大學召開過一次文藝研究方法論的研究會，此時，文藝批評的方式剛剛從庸俗政治學、社會學中走出來，代之而起的則是剛剛引進的系統論、夢的分析、心理學派、結構主義等等新方法。這些名詞被大量的引用與使用，大有狂轟濫炸之勢，曾使得文藝批評中出現了大量的新名詞新概念，令人難以卒讀。顯然，這些都是沒有經過消化的引進，而就知識結構而言，我們這一代學人當時根本不具備直接閱讀懷特、弗洛依德等人的能力，完全不具備吳文藻這樣的學術資格。無疑，他對西方民族學的介紹，超出了民族學、也超出了社會學，在文學藝術、社會科學的諸多領域亟需燃料與營養之時，起到了雪中送炭的作用。

這是吳文藻為中國學界做出的最後努力與奉獻。

11，和青年作家：劉心武、張潔、鐵凝、王安憶

八十年代由新老作家組成的金字塔形的創作隊伍，不用說，底層是大量新湧現的青年作家，不僅數量大，且衝擊強，由他們製造了新時期一波又一波的文藝浪潮。這批作家藉著時代的風帆、寬鬆的創作環境，使勁地往前衝，他們以自己的實力、媒體的宣傳、評論界的肯定與老作家的提攜，爭先恐後，誰都想站在潮頭，引領風騷。

晨光中的冰心總在案頭寫作，等到太陽升起之後，一天中最重要的寫作完成，或是一篇短文，或是長文中的一段。用過早餐，倚著窗外的風景，翻閱報刊，雖多，卻不是自己訂閱，報刊社贈閱或是作

者寄來，八十多歲的老人像年輕人一樣，廣泛地涉獵、閱讀，從中吸收大量信息，保持與時代同步；有時則是在尋找像巴金、蕭乾等老友的新作；更關注的青年作家和他們的作品，一旦發現好作品，便會喜形於色，見人便說，那篇小說寫得多好，這個報告文學深刻，甚至有首好詩也不忘向人推薦。一次，在《東方少年》上看到黃世衡寫的《奶奶，我愛你》，高興極了。黃是一個無名作者，冰心對小說中反映的中國家庭婆媳矛盾、隔代親的現象很有興趣，寫了一篇將近兩千字的文章予以推薦，她說：「我每天從窗戶裡都可以看見有些老太太們：提著菜籃的、抱著孩子的、晾著衣服尿布的，從周圍的大樓裡進進出出，忙碌得很。這就是些做奶奶的、做姥姥的、現在雙職工的家庭裡很重要的人物。當然一位老人能跟兒女們住在一起，可以互相依賴，互相照顧，老的小的都很快樂舒服，這是我們中國很好的傳統和習慣，這在外國就不常見。但是我們中國也有一句諺語，就是：『家家都有一本難念的經。』《奶奶，我愛你》的作者，就使我們看到寶珠這一家的難念的經。他通過一個小孩子的公正善良的看法，提醒我們，只有有了講文明、有教養的、承上啟下的、做父母的一代，才能使一個三代同居的家庭，生活得和美而健康。」她認為，「家庭是社會的細胞。如果每一個家庭都能過著尊老愛幼的『全家大小和和美美』的生活，那麼，我們的社會就會健康起來，我們的國家也會強盛起來！」[55]

　　對於青年作家不持親疏立場，只要是她認為好的作品，便會在不同場合下推薦，而她的推薦，往往給了一些有實力的青年作家安上了騰空翅膀。1976年之後，文學藝術剛剛復甦，劉心武從一個中學調到北京出版社，參與創辦大型文藝叢刊《十月》，贈送刊物的名單中自然有冰心。次年，那篇小說《班主任》發表，立即引起了冰心的注意，教育與青少年題材，本是她的興趣，引她深思的是謝慧敏這個人物。她很優秀，但在內心深處卻留下了文革的創傷，如何將這樣的孩子從四人幫的枷鎖中解救出來，也正是冰心的思考。她覺得這位年輕作者比自己還要深刻，「解救優秀的學生」，就是深刻的一筆。由於贈送刊物的原因，冰心知道作者是一名年輕編輯，並從來訪的作家中

---

[55] 《〈奶奶，我愛您〉讀後》，《冰心全集》第7卷，P385。

瞭解到，他還曾是一名當過班主任的中學教師。1977年底，距來年的元旦還有好幾天，冰心收到了劉心武自製的賀年卡，一朵燦爛的報春花，上書，「冰心老師，心武拜年。」冰心當即回拜，並在賀年卡上寫道：

> 心武同志：感謝你的賀年片。你為什麼還不來？什麼時候搬家？冰心拜年

之所以有「你為什麼還不來」的詢問，是因為劉心武的《班主任》發表時，曾致信冰心，希望得到前輩的指導，沒想《班主任》發表後，轟動一時，作者自然捲入轟動效應之中，直到1981年6月2日，劉心武與北京作家王蒙、鄧友梅一道，拜訪了冰心，吳文藻在日記中注明「劉係初見。」這年的11月，兒童文學集《大眼貓》出版，劉心武將樣書寄送給了冰心，希望得到新文學中兒童文學「開山祖母」的指教，冰心當即拜讀，致信道：「感謝您送我的《大眼貓》，我一天就把它看完了。有幾篇很不錯，如《大眼貓》和《月亮對著月亮》等。我覺得您現在寫作的題材更寬了，是個很好的嘗試。」劉心武得信後，覺得冰心的話意猶未盡，便前後兩次登門拜訪，冰心答應待有了新作品，願意寫序推薦，於是，劉心武將近年發表的散文剪貼一起，恭敬地送給了冰心。

> 劉心武同志把他的散文集《垂柳集》給我看了，讓我作序，我倒想借這機會說幾句我對於現在有些散文的看法。
> 我一直認為：散文是一個能用文字來表達或抒寫自己的思想感情的人，可用的最方便最自由的一種工具。在他感情湧溢之頃，心中有什麼，筆下就寫什麼；話怎麼說，字就怎麼寫；有話即長，無話即短；思想感情發洩完了，文章也就寫完了。這樣，他寫出來的不論是書信，是評論，是抒情，是敘事……的文章，應該都是最單純，最素樸的發自內心的歡呼或感嘆，是一朵從清水裡升起來的「天然去雕飾」的芙蓉。
> 這些年來，我看到不少的散文，似乎都「雕飾」起來了，特別是抒情或寫景的，喜歡用華麗的詞藻堆砌起來。雖然滿紙

粉裝玉琢，珠圍翠繞，卻使人讀了「看」不到景，也「感」不到情。只覺得如同看到一朵如西洋人所說的「鍍了金的蓮花」，華燦而僵冷，沒有一點自然的生趣，只配作佛桌上的供品！

我自己也曾「努力出棱，有心作態」地寫過這種鍍金蓮花似地、華而不實的東西，現在重新看來，都使我愧汗交下。我懇切地希望我的年輕有為的朋友，要珍惜自己的真實情感和寫作的時間，不要走我曾走過的這條賣力不討好的道路。

《垂柳集》中的散文，不論是回憶，是遊記，是隨筆，是評論還都沒有以上的毛病，這是難能可貴的！作者雖然謙虛地說：自己飛得較早，進步很慢，但是我覺得像他這樣地年輕，又有了一雙能飛的翅膀，趁著春光正好，春風正勁，努力地飛吧，飛到最空闊最自由的境界裡去！[56]

表面看去，冰心借為劉心武寫序說事，批評散文的「雕飾」之風，也反思自己的「作態」、「表態」之作，實際是在說，別人犯、自己犯，劉心武散文則沒有這種毛病，「是最單純，最素樸的發自內心的歡呼或感嘆，是一朵從清水裡升起來的『天然去雕飾』的芙蓉」，希望他趁著「春光正好，春風正勁」，「飛到最空闊最自由的境界裡去！」這篇序言，在《人民日報》發表，對作者是個不小的鼓勵。尤其那時劉心武的作品，不同的聲音已經紛紛起，甚至還有來自高層的批評，冰心的肯定，無疑給作者以信心，要在更寬闊的舞臺上顯示自己。此後的劉心武果然如此，不僅是小說、散文、兒童文學，還有《紅樓夢》研究等，都顯示了他的空闊而自由的藝術境界。當然，《班主任》並非是冰心推出的，冰心也不可能造就劉心武，但從冰心對劉心武的一路關心，尤其是在他的創作與情緒低潮之時，卻是給了他涓涓細流的力量與影響。當他的《如意》出版後，冰心當即回信：「《如意》收到，感謝之至！那三篇小說我都在刊物上看過，最好的是《立體交叉橋》，既深刻又細膩。」因為小說《紅豆》，引起對紅豆的掛念，劉心武給冰心長信，冰心便回信調侃他「你那封信寫得太

---

[56] 《〈垂柳集〉序》，《冰心全集》第7卷，P303。

長了。簡直是紅豆短篇。請告訴您母親千萬別總惦著那包紅豆了，也不必再買來。你忙是我意中事。怎麼能責怪你呢？你也太把我看小了。」當《鐘鼓樓》還有熱評之中，冰心說「正想向你要書，你的短篇小說集就來了，我用一天工夫把它從頭又看了一遍，不錯！」這「不錯」二字，極是分量。

劉心武後來有這樣的一個回憶：

> 大概是1984年，有天我去看望她，之前剛好有位外國記者採訪了她，她告訴我，那位外國記者問她：中國年輕作家裡，誰最有發展前途？她的回答是：劉心武吧。我當時聽了，心內感激，口中無語，且跟老人家聊些別的。此事我多年來除了跟家人沒跟外界道出過，寫文章現在才是第一次提及。當年為什麼不提？因為這種事有一定的敏感性。那時候儘管「五十後」作家已開始露出鋒芒，畢竟還氣勢有限，但「三十後」、「四十後」的作家（那時社會上認為還屬「青年作家」）勢頭正猛、海內外影響大者為數不少，我雖忝列其中，哪裡能說是「最有發展前途」呢？我心想，也許是因為，上世紀初的冰心，是以寫「問題小說」走上文壇的，因此她對我這樣的也是以「問題小說」走上文壇的晚輩，有一種特殊的關照吧。[57]

新時期之初，北京作家群極是活躍，而他們又有得天獨厚的條件，刊物、評家與老作家的扶持。張潔是最早得到冰心關愛的年輕女作家，從每天收到的大量刊物中、在《北京文藝》上，知道了這個名字，從《有一個青年》這篇小說中，認識了作者並贊同她的描寫與觀念：

> 我覺得她筆下的這個青年，似乎是我所熟悉的「野蠻」而又可愛的大孩子之一。這個大孩子因為得到了「一雙沉靜而溫柔的眼睛」的關注和指引而奮發上進的故事，看了使我安慰、喜悅。同時，這個青年之所以得到這個姑娘的關注，還是因為

---

[57] 劉心武，《冰心‧母親‧紅豆》，《人生有信》，江蘇人民出版社2012年3月。

　　她看出了他在那「粗鄙的沒有教養的行為後面，還有一顆追求向上的心」。[58]

　　冰心認為，張潔滿懷對這個「野蠻」青年的愛與同情來描寫他，包括對他們這一代人的理解。以下是張潔通過小說人物之口說出的話：「儘管遲至今日，歷史才給我們這一代人，這樣一個在十幾年前就應該給我們的機會，但我們仍然珍惜它，不放過它！當我們不得不和咿咿呀呀的小孩子一同向前邁步的時候，這種智力上的畸形發育，帶給了我們許多的變態心理。而在我們粗鄙的、沒有教養的、玩世不恭的行為下所掩蓋著的痛苦，是許多人都不容易理解和原諒的！」

　　冰心也以愛與同情的心情，理解著張潔，當她從《北京文藝》的編輯那裡，得知張潔是一位年輕的女性，是一位業餘作者的時候，更是關心起她來，「總在文藝刊物的目錄上，尋找這個名字。」曾有相當一段時間，愛情在中國文學中被設為禁區，張潔是最早衝破禁區的作者之一，她的《愛，是不能忘記的》引起轟動，冰心在讀過之後，「感到不是一篇愛情故事，是一篇不能記憶的心中的矛盾，是嗎？」作者深以為是，找到了知音。她們的首次見面在哪裡，沒有記載，但張潔第一次登門拜訪冰心，是有記錄的，即1979年7月16日，此時，她剛過不惑之年，《從森林裡來的孩子》，獲得1978年全國優秀短篇小說獎，《誰生活得更美好》反響良好，也將獲1979年全國優秀短篇小說獎。問到年齡，冰心說，與小妹同年出生，張潔望著眼前這個文壇的老前輩，含蓄、慈祥，也就脫口而出，那我也就是你的女兒，叫您媽媽吧。冰心笑了，說我又多了一個女兒，並當即叫吳青出來結識這個大了幾天的「姐姐」。

　　1979年底，人民文學出版社為張潔出版第一個作品集時，張潔想請「媽媽」寫序，冰心那有不應之理？在回顧了與張潔相識的經過之後，在複述中評價了張潔的深刻思考與人道精神之後，冰心說出了最具分量的一句話：

---

[58] 《張潔小說劇本選·序》，《張潔小說劇本選》，人民文學出版社1980年8月出版。

這本集子裡的小說、劇本，都是我所看過的。從這些作品中，我看到她的社會接觸面和知識面都很廣，描寫得也很細膩、很深刻。[59]

　　因為有了這種理解與親情，張潔在媽媽面前便有了某些「特權」，有時與鄧友梅、林斤瀾、馮驥才、吳泰昌等訪友一同探望老人，坐在冰心身旁的一定是張潔。冰心過生日，送鮮花、蛋糕的人一批接著一批，停留一般不會超過半小時，張潔卻是例外，別人走了，她留下，「張潔是最後一個，晚上九點才走。」拜會冰心，就是白天也是要事先聯繫，但張潔卻會在晚上帶一幫人來到家裡，冰心正要上床，卻還會興致不減地接待女兒帶來的不速之客。[60]張潔總是得到「冰心媽媽」創作與生活上的雙重關愛，她們之間似乎總有許多的話要說，文學的、文學之外的甚至私房話，包括張潔的婚事。冰心多次告訴她，你要上午來，清靜，我們可好好說話，下午往往有些「不速之客」，太嘈雜。臨時有話要說，就掛電話，可是張潔家並無電話，只得讓公共電話傳呼，往往卻又不在，急得媽媽團團轉，有時晚間想起要說的話，又怕女兒出來接電話受涼、受凍，那個心情，真有些牽腸掛肚。

　　劉心武和張潔，後來都成了專事寫作的作家，文學成就斐然，劉心武的長篇小說《鐘鼓樓》、張潔的長篇小說《沉重的翅膀》《無字》都獲得過中國當代最高的文學獎──茅盾文學獎。雖然冰心並非是一言九鼎居於高位的領導與批評家，僅以一個前輩作家的藝術感知力來評價年輕作家，但這種真情的感知與評價，包括人格魅力的感染，對晚輩作家的文學道路與成就、人格完善與尊嚴恪守，不能說沒有影響。

　　現任中國作家協會主席鐵凝，在她首次拜訪冰心時，興奮中夾帶局促。那天春日融融，鐵凝坐在汽車裡激動不已，望著窗外，不時在問帶她去的《小說選刊》編輯張日凱：「你說我稱呼冰心什麼呀？叫她阿姨好嗎？我去了說些什麼呀？」張日凱自然知道冰心是喜愛與年輕人交朋友的，便說：「隨便你了。」

---

[59] 《張潔小說劇本選・序》，《張潔小說劇本選》。
[60] 1985年4月19日，晚，張潔等十多人突然來訪。──吳文藻日記。

1983年3月24日，在北京民族文化宮舉行1982年度全國優秀短篇小說、1981至1982年度全國優秀中篇小說、1979至1982年度全國優秀新詩、1981至1982年度全國優秀報告文學評選頒獎大會，會後分別舉行四項文學獎獲獎作者座談會。會議期間，鐵凝向張日凱提出，能不能帶她去見見她崇拜的老作家冰心。鐵凝這次獲獎的小說是她的成名作《哦，香雪》，冰心作為評委，對其評價很實在，說：「《哦，香雪》寫了一個農村樸實的女孩子，文筆也樸實。」當時，鐵凝居住在河北保定，授獎、座談之後便要回冀，所以，28日閉會，29日一早，張日凱便給冰心打電話，說：「我和獲獎小說《哦，香雪》的作者鐵凝去看望您好嗎？」冰心自己接的電話，爽朗地答應了，她也正想見見這位樸實的姑娘。

步入老人簡樸的會客室，老人已坐在靠窗的方桌前等候我們了，桌上已斟滿三杯清茶。那年鐵凝二十五歲，老人與鐵凝促膝談心，對青年作家的關愛之情溢於言表，語重心長。

鐵凝：冰心老師，你好！

冰心：你是《哦，香雪》的作者吧！來，到這邊坐。

鐵凝：我從小就讀你的作品，上小學的時候就讀。

冰心：我的作品落伍了。你的真名叫什麼？

鐵凝：就叫鐵凝，是不是太堅強了？

冰心：堅強不好嗎？你做過什麼工作？

鐵凝：我當過文學編輯。當編輯有好處嗎？

冰心：當然有好處，可以看好多別人的作品，提高自己的鑒賞力。《哦，香雪》這篇小說寫得好，寫了一個農村姑娘，很樸實。你寫這篇作品與你下鄉有關係嗎？

鐵凝：有關係，我插隊四年，先到平原，後到山區。

冰心：現在需要寫寫山區，因為這幾年山區變化很大呀！你寫的人物有固定的原型嗎？

鐵凝：沒有固定的生活原型。

冰心：對，寫人物不可能有固定的生活原型。像魯迅說的：「往往嘴在浙江，臉在北京，衣服在山西……」除非很個別的例子。學歷和寫作不一定成正比例，但多學

習、多讀書是必要的。你們這一代青年作家出頭早，起點高，我們老一輩人很高興。但是，你們這一代青年讀書少，短外文。要多讀書，讀中國古典文學作品，也要讀外國文學作品。讀中國古典文學作品，學習中國民族藝術，學習詞彙；讀外國文學作品，如法國莫泊桑的小說，主要看他怎樣取材，怎樣寫人。懂外文，可以直接讀許多外國作品，學英文就可以，能讀就行，不一定能說。

學習就像小孩子擺積木，一塊積木擺不出什麼東西，許多塊積木才能擺出房子啊，大山啊，大橋啊……學習也是這樣，知識積累多了，才能用得上，才能寫出好作品。前幾天，廣播電臺的播音員讀唐張繼的詩《楓橋夜泊》把「月落烏啼霜滿天」的「烏」讀成「鳥」，說明這個播音員讀書少，文學修養差。

現在有些作品不好。寫小說一定要避免編造，因為編造的東西讓人一看就不真實，讀者一下子就否定了。中國人寫小說一定要有中國的民族特色，如果把你的作品譯成外文，就應該讓外國人看了就知道你是中國人，有中國的生活氣息，中國的氣派。

鐵凝：我的作品寫得不好，您提點意見吧！

冰心：你得了獎，覺得不滿足，就好。如果一得獎就滿足了就不好。你結婚了嗎？

鐵凝：沒有，我沒有時間想這方面的事。

冰心：這事可遇不可求。你現在出名了，可能會收到許多來信，你要謹慎。頭一封信讚揚你的作品；第二封信談人生哲學；第三封信就向你求愛了。我十九歲就寫作品，那時候我收到許多來信，一封也不回，在家把信交給父母，在學校把信交給老師。所以那時候有人說我是「冰心」。梁實秋說我「女人的缺點我都有，女人的優點我一點也沒有」（笑）。有的女作家結婚早，就影響寫作。

鐵凝：我收到一百多封來信，不好回信，因為要我談創作經

驗，我覺得不好談。

　　　　冰心老師，您說的話都很有意義，聽起來也很親切。您給我題個詞吧！

冰心：好吧。

冰心給鐵凝的題詞是：

　　有工夫的時候，多看些古典文學和外國小說（譯本也好），這樣眼界廣些，詞彙多些，於年輕的作者有便宜的地方。

　　鐵凝小朋友

　　　　　　　　　　　　　　　　冰心　三‧二十九[61]

　　談話時，鐵凝立時打消了局促，自然進入到情景之中。冰心沒有任何前輩作家的架子、名家的腔調，從創作與生活、人物描寫的手法、作家的知識結構、甚至戀愛的道理都講了個遍，大概這就是「與君一席話，勝讀十年書」的道理，足令一個年輕的作者受用終生。以後她們時有見面、常有通信，一次，鐵凝讀到冰心的一篇簡短的文章，說「令我愈加明白，樸素對於文學是多麼重要。真理原本是樸素的，可是那麼多說是捍衛真理的人，把真理塗抹得多花哨啊。」每次收到冰心的信，鐵凝都會感到「特別高興」或是「多麼高興」。一次在信中說：「您對我的鼓勵，您信中洋溢著的對一個文學晚輩的疼愛之情，使我受到很深的感動。我珍惜您的每一句話，我相信，您對我所講的一切，都將是我文學和生活中的福音！」[62]直到九十年代，鐵凝都是非常尊敬地稱「敬愛的冰心先生」，不知從什麼時候起，改換了稱呼，由「先生」改稱「姥姥」，她不能像張潔那般叫媽媽，畢竟中間是隔了一代呀，但這個「姥姥」一叫，真令冰心眉開眼笑，說，我就喜歡女孩，我家第三代有五個孩子，只有一個女孩，現在有兩個了，多高興，說，過來，讓姥姥親親。

　　之所以說受用終生，並非一句虛言，冰心在談話中講到「婚姻」之事，告誡鐵凝，「這事可遇不可求。」說「有的女作家結婚早，就影響寫作。」為此事，冰心還有贈言，說「不要找，要等待。」鐵凝果然晚婚，在成為中國作協主席之後，在年過半百之後，才步入婚姻

[61] 《談短篇小說創作——與張日凱、鐵凝的談話》，《文藝報》1997年7月3日。
[62] 鐵凝致冰心信，1991年9月8日。

殿堂。2008年仲春3月，作為中國作協主席的鐵凝，帶領百名重量級作家到福州召開全委會和主席團會議，期間我陪她參觀冰心文學館。在題簽本上，鐵凝寫上了：「冰心姥姥，您好！」當她進入那間我從北京中央民族大學移植過來的、也是她第一次拜見冰心的臥室兼書房時，立時淚如雨下，她說，她聞到了當年冰心姥姥那個房間的氣息，「就是這個氣息……」便語噎了。

王安憶不是在成名之初，而是在有了相當成就後，急於尋求突破自我的時候，找到了冰心。之前，冰心對於王安憶參加全國優秀作品獎評獎的小說《舞臺小世界》認為「有寓意。」並提請評委們關注這個年輕的女作家，「王安憶這個青年作家值得注意，她的創作路子很寬，她的作品不一般，她對生活總有自己的看法。她去年得過獎，對已經得過獎的作家要要求嚴一些。」至於作品得不得獎，她認為並不重要，她看重的是作家本人。

人們都知道，王安憶是作家茹志鵑的女兒，文革之後，茹志鵑在《上海文藝》任職，很快與冰心恢復了聯繫，有一次趁來北京開會，帶了女兒拜訪冰心，並希望得到文壇前輩的提攜。但實際上，王安憶在拜見冰心之前，已經已有相當名氣了，出版了五本小說集，那時，她的中篇小說《小鮑莊》《大劉莊》等受到新銳評論的熱捧，將其歸入「尋根文學」的浪潮之列。但王安憶本人對這幾篇小說卻沒有太大把握，這是她訪問美國歸來之後的作品，體現了她在西方文化思潮衝擊下的變化，因而，很想聽聽前輩作家、尤其是有留美背景的冰心的看法。趁著上海文藝出版社準備給她出一本中短篇小說集，其中收入四個短篇：《麻刀廠春秋》《一千零一弄》《話說老秉》《人人之間》；四個中篇：《大劉莊》《小鮑莊》《蜀道難》《歷險黃龍洞》。王安憶「覺得這本集子對我有著非同尋常的意義。這裡共收了這一些東西都是我八四年初從美國回來之後的思想、感情、世界觀、人生觀、藝術觀等等方面，都經歷極大衝擊和變化，似乎有一點長進」，「非常非常希望您能為我寫個序，真的，非常希望。」

王安憶並沒有把握，「猶豫了許久，然而還是決心來碰碰運氣。」但是，王安憶沒有想到，一周之後，冰心的信來了：「你讓我作序，我感到榮幸。」並告訴她，《小鮑莊》發表在《中國作家》上，已經看過了。信前還有因為到醫院檢查耽誤及時回信的致歉，這

讓王安憶十分感動，之後，冰心提出一個要求，「你說赴美後思想有衝擊和變化，能言其詳否？」並且說，「作品中還看不出。」王安憶更是被老作家的認真精神感動了，於是，寫了一封長信，敘述了她的思想變化，留下了一份王安憶研究的珍貴資料。

　　我想先談談我寫作的初衷，後來的經過，以及去國外歸來的變化。

　　我是個從小在父母很好的保護下長大的孩子，生活的圈子可說是非常狹窄，也十分平靜。文化革命開初，我僅十二歲，還在小學讀書。所以並未捲進紅衛兵運動。而家庭雖受了一些波折，也無大的衝擊，還是比較平靜地度過了兒童及少年時代，一直到我十六歲那樣，去了農村。直到這時，我才發現自己過去就像生活在一個夢裡面，在自己窗口所看到的生活，可是不真實的，父母向我們描繪的人世，也都帶了藝術的或說是虛擬的色彩。因此，剛下去時，那種破碎的感覺是十分強烈的，而且由於生性孤僻，我是一人為單位的插隊的，因此，給了我很多自我體驗的機會，我可說是時時在自己的夢想和沉思中生活，不太關心周圍的世界。而後，生活漸漸安逸了，無需再作生存的奮鬥的時候，我便開始想把這些內心的體驗寫出來。我第一本集子《雨，沙沙沙》便大都是描寫了自己這種心境。那自然是通過一個「雯雯」來表達的。那時，就有人寫過這麼一篇評論，題目就叫作《雯雯的情緒天地》。

　　然而，寫到後來，自己有些厭煩，由於自己是真心地喜愛文學創作，文學創作自身便提出了要求，要求我開拓創作的路子。於是我便試著把注意從自身移開，去注視周圍的更為廣大的人生，過去經歷的生活，忽也突現在面前，男女老少，各色人等，走出了不少，這便是後來寫下的《流逝》《王安憶中短篇小說集》裡所包括的。

　　前年去了美國。先是眼花繚亂了一陣子，那是與我們絕然不同的生活。一時又說不出個所以然，盡是睜大著眼睛亂看，亂七八糟的塞了一腦子。回來之後只是煩亂，寫不下一個字。所以創作又到了一個關口，創作自身又在要求著一個轉變。可

是如何轉變，當時是非常茫然的。並且這種轉變似乎有一種宿命的力量，絕非自己的意志所能掌握左右的。說實話，一直到這些東西寫下來之後，慢慢的平靜下來，才有些清晰起來。目前，我自己能意識到的只是兩點。

第一，我比較深切地開始理解我們民族的生活。也許有了絕然不同的生活作為參照，尤其是去年七月我為採訪一個小姑娘下了一次農村，那農村的生活重新浮現在眼前，看懂了許多過去看不懂的東西（回來之後，便寫了《大劉莊》和《小鮑莊》）。比如蒙昧在黑暗中的性的衝動，如《大劉莊》中豁嘴和憨子，比如，由於生活的封閉所帶來的特有的性的啟蒙，如《小鮑莊》中的大姑和拾來。在農村裡，由於生活的貧困、封鎖、壓抑等等歷史、文化的因素，常常是，那種感覺是被母親喚起的。看過別人的社會再看自己的，似乎看清了不少。比如，《人人之間》所寫的人際關係，人與人之間，被許多情感以外的聯繫牽制，卻無可奈何，比如《麻刀廠春秋》，我寫工業的因素，在我們的農村失去時的種種衝突。而看清了這些以後，正由對這些的來由和來歷生起了好奇，有了「尋根」的願望，對自身重新認識的要求，比如《歷險黃龍洞》那一群糊裡糊塗的孩子。《大劉莊》裡那些城市的孩子們，對自己的產生有了許多的好奇、懷疑等等。這一切僅是我自己的想法，沒有表現好，這僅僅是轉變的開初，所以自己就過分的珍貴了。

第二，似乎有了一種從自身的悲歡音樂中超脫的願望。那次我仍在美國，由於是參加了一個「國際寫作計劃」，接觸到了許多國家的作家，比如波蘭、南非、東德、菲律賓、西德、南朝鮮、加納、阿根廷、巴勒斯坦等等，每個國家都有自己的問題，每個民族都有自己的困惑，每份人生都有自己的無可奈何的不足，面對這眾多的幸與不幸，我忽然覺得自己那麼一小點點不快，實在是太渺小了。而我過去是非常重視的，我好像剛才發現，世界本就是有許多缺陷，人生本來不可求全責備。我便企求有一個稍高的看世界的角度。漸漸的，我心平氣和起來。而這個平靜的心境，看世事似能看得更清一些了，而且也有了更多的正視的勇敢。總的我不再同過去那樣，為一些小小

第十一章 生命從八十歲開始

的悲歡纏繞不能自拔。我不敢說我已有了更高的境界，只是有
了攀高的境界。這些作品倒確是在這願望的支使下寫的，我不
想用我個人的偏狹的意願去企求生活應是如何如何，而且是盡
力地客觀地表達一個更為真切、實在的生活。

　　此外，在表現的手法上，我也力圖用一種立體的結構，以
求能更稍稍擴大地描寫世界。這一切盡在嘗試之中，也許這不
如過去那幾本集子裡的完美嫻熟，可是路走得太熟了，連自己
都生厭，總想走一條新的走得更遠一些。[63]

　　王安憶不加停頓地一口氣說下來，信畢，似乎輕鬆了下來，該
說的話都說出來了，不知道冰心是如何看待的。冰心收到王安憶的長
信，只是說「幫助我瞭解一些問題，「並不想接她的一些理論上的
話題，或以此為據來講一些道理、發表一些見解，冰心還是回到作品
上，「從你的作品中，我知道的更多。」並聲言，「序只是說明我個
人對你的欣賞和瞭解」。

　　冰心本為王安憶的第六本集子寫序，但她卻將前面五個集子通
讀了，並且發現都沒有序，只有後記之類，這讓冰心感慨，說有些像
自己，從不請人寫序。因而，冰心序中所論作品，也就不限這本《大
劉莊》了，從她獲獎的《本次列車終點》開始，說它「對上海人的觀
察和描寫都很深刻，很細膩，可謂『入木三分』」。對《大哉趙子
謙》，「我覺得我的周圍有不少學者都可以歸『大哉』這一類，讀著
十分親切，又從心底感到悲涼！」說，「安憶的『少作』像《雨，沙
沙沙》，是支優美的純情的歌，那樣年輕的優美的歌，是一般年輕的
女作家都能寫出的。倒是在她『失落』了『優美』，她的心靈『要求
著袒露，要求著傾訴』之後的那些作品，卻是十分地真實、樸素、細
膩而深刻！她從『一團亂糟糟的生活中，看見了美好的閃光……生活
中有許多陰暗、醜陋，可美好的東西終是存在，我總是這麼相信著，
總是懷著這樣的心情看待生活』，我十分欣賞她的這種寫作態度！」
所謂「失落」優美之後的「袒露」，也就涉及到了王安憶的創作的第
二個階段了，從陰暗和醜陋中看到美好，這也讓冰心想到了多少年前

---

[63] 王安憶致冰心，1985年7月16日。

生活在宿州的賽珍珠，在這片「大地」上，賽珍珠就是以這種心情看待苦難與不幸的，所以寫出了不朽的作品。冰心的這個聯想十分有寓意，作為在創作上雄心勃勃的王安憶是可以意會的。

對於這個集子中的作品，冰心認為：

> 安憶自己說「在這幾篇小說中《小鮑莊》是比較成熟一些」。這個，我也有同感。小說的背景是安放在「仁義之鄉」的小鮑莊，每個人物如鮑五爺，撈渣以及一對對的情侶，小翠和文化子，拾來和二嬸，都從紙上站了起來。讀到可愛的小英雄撈渣死去的那一段，我的控制不住的眼淚竟落到了紙上！
>
> 其餘的九篇：如《大劉莊》是《小鮑莊》的姐妹篇，不過裡面兼寫一夥城市的小青年。《我的來歷》是記作者「尋根」的一切經過。《蜀道難》是最後到我手裡的，寫一對情人，男的似乎是醫生，女的是護士，在霧濛濛裡從上海坐船到重慶說是要看三峽，其實要過一段同在的生活，最後男的還是想到母親，要回上海，女的卻消失在旅途之樂的重慶。《歷險黃龍洞》是一群男女孩子糊裡糊塗地想像大串連時期那樣，去逛杭州的黃龍洞，卻被解放軍攔住了，最後卻到了姑婆家裡。另外四個短篇，《麻刀廠春秋》，是知青經歷的一個側面，寫工業的因素在農村引起的衝突。《人人之間》是一位謙恭盡職的張老師和一個頑童王強新之間的故事，中間穿插一個「護崽子」的王強新的爺爺，讀來覺得情節的發展都在情理之內，結果卻在意料之外。《一千零一弄》是講兩位看管公共電話的好人，王伯伯和阿毛娘，他們對怎樣才算盡職有著不同的看法，經常有著矛盾和磨擦。但當阿毛娘病倒的時候，王伯伯給她送去了麥乳精。《話說老秉》是形容一個雜誌社裡的老會計，他循規蹈矩，又勤儉節省甚至於吝嗇。他辛辛苦苦攢了二十八年的工資兩千元鈔票，放在鐵盒內，藏在牆壁裡，卻被隔壁每年生起的火爐，烤成灰爐，如此等等。[64]

---

[64] 《我注意尋看安憶的作品》，《冰心全集》第7卷，P629-631。

十篇作品一一評過，哪有這麼認真的作序者？最後用簡潔的語言，再一次肯定：「安憶寫作的路子很寬，凡是她周圍的一切，看到了就能寫出。她還年輕，她的生命道路還很長很長，她還會深深地體會到新的悲歡哀樂！她說：『要使我的人生，我的生活，我的工作，我的悲歡哀樂，我的我，更博大，更博大，更博大。』」並鼓勵作者，「對的，安憶，就這樣地寫下去吧！這樣就寫出了『真誠』，而『真誠』是寫作的最強大的動力。」

序成，冰心寄了一份給王安憶，「一口氣讀了兩遍，非常高興！」說，「對我創作『轉向』的肯定，卻使我增加了自信，自信加強了，我便能極為冷靜地對待創作上常常會出現的困惑和猶豫，更有可能克服心理的障礙了。」1985年10月5日，冰心的這篇序在文學界權威的《文藝報》上發表，引來一片驚嘆。一個五四時期的老作家，如此看重一個新時期的女作家「轉向」後的作品，無論是在篇幅上還是在語氣上，都很給力，「你為我寫的『序』，在《文藝報》發表後，許多年輕的朋友都羨慕我。他們對我說：『你真幸福！』，我說：『是啊，我的福氣好！』」

但是，也有人認為，這是一篇老舊的文章。那時，文學評論中的新觀念、新名詞、新概念已經在狂轟濫炸，流行而時尚，王安憶本人也與新銳評論家扎堆，面對如此感性、樸素而簡潔的序，完全沒有深奧、深刻、深沉理論的序，用如此平白的語言來對一個新銳作家進行評價，甚至對王安憶在信中說到的一些理論思考都未做出回應，大有「蜻蜓點水」的感覺，太不過癮了！太老舊了！鐵凝所謂「真理原本是樸素的，可是那麼多說是捍衛真理的人，把真理塗抹得多花哨啊」，可能就是針對這種現象的感發吧！

八十年代文學復甦與成長之時，冰心這位老作家與新作新人有說不盡的話題，無論是劉心武、張潔、鐵凝還是王安憶，冰心的話語對他們有多大的意義，她是不會計較的。這些做法，完全出於一個文學老人的社會責任感，正如她面對乾女兒浦麗琳的勸告所回答的：「這也是我起碼該替國家做的事啊！」除此之外，她還有大量為青年作家、為兒童文學做序言與評論，比如《〈葛翠琳童話選〉序》《〈摘顆星星下來〉序》《〈繪畫兒童成語詞典〉序》《〈兒童文學選刊〉序》《〈愛的甘泉〉序》《〈窗外之窗〉序》《談〈搖籃叢書〉》

《〈我的樂園〉序》《〈自然‧生活‧哲理〉序》等等。對於一個年過八旬的老人而言，其間付出的心血是可想而知的。

時任《人民文學》編輯的周明，曾在文章中記載了這麼幾件冰心關心青年作家的事情：

> 一個是烈日炎炎的七月間，有天，吳青在電話裡告訴我說，她娘發現第五期《人民文學》上有一篇小說寫得不錯，正好《文藝報》約老人家寫文章，她就要寫這篇小說的評介。吳青說，老人家要我打電話告訴你，並且順便問問你，你們的「編者的話」裡怎麼沒提這篇小說？

> 另一件事，是八月初的一天，也正是北京酷暑季節，老人親自打電話來，對我說：七月號的《人民文學》編得不錯，刊物有起色。她說，劉心武的小說和理由的報告文學，寫得很好，兩篇文章相得益彰，春蘭秋菊。話筒裡，傳來她溫和的笑聲，她說：唔，我是剛剛看完的呢，心裡高興，給你打個電話……

> 沒想到，事隔數月之後，就在前天，又是一次令人感動的意外。電話鈴響了，我拿起話筒，一聽，是冰心老人！她突如其來的問我：金河這個作家是哪兒的？我回答她，是遼寧作協的，一位很有潛力、很有發展前途的作家，他的幾個短篇曾經獲獎。她說：噢，難怪呢，我今天剛剛看完《文匯月刊》上他的一個短篇《堵塞》，寫得不錯很有現實意義。恰巧我手頭新到的一摞刊物中就有《文匯月刊》，接完電話，我翻開一看，是昨天剛收到想，冰心老人竟已看過，並且發現了金河的新作。

周明感嘆道：「哦，一位這般高齡的老者，一位成就卓著的老作家，竟對當前文學事業，依舊如此關懷，如此愛護，始終傾注了心血和感情；作為晚輩，作為一名編輯，如蒙春風夏雨，我受到了多麼及時、多麼深刻的教益！」[65]

---

[65] 周明，《生命從八十歲開始》，《為霞滿天‧冰心》，西安：太白文藝出版社1995年4月。

12，遍地冰心：出版與再版、賞析與研究、訪問與描寫

出版與再版

　　粉碎四人幫後，億萬讀者壓抑了許久的閱讀與求知慾望得到了釋放，控制得嚴嚴實實的出版業得到解放，一夜之間，中華大地由一個沉默和禁錮的民族，變成了一個思考與閱讀的民族。1978年春天，我在最先復刊的《解放軍文藝》參加評論寫作班，那年的五一勞動節成為了購書節，每個書店、公園甚至雜貨店的門前都排成了長隊，人們以激動的心情等候求購再版重印禁印多年、被斥之為「封資修」的中外文學名著，司湯達的《紅與黑》、巴爾扎克的《高老頭》《歐也妮‧葛朗台》、雨果的《九三年》《巴黎聖母院》《悲慘世界》、狄更斯的《匹克威克外傳》《艱難時世》、托爾斯泰的《戰爭與和平》《復活》《安娜‧卡列尼娜》等，中國的則有巴金的《家》、曹禺的《雷雨》、郭沫若的《蔡文姬》等，由於趕印不及，每個門市部只出售兩種書，每支隊伍只售一種，每人限購兩本，於是，排隊者便與另一隊的人約定，均購兩本，之後相互交換，省去了一半時間，多得了一本書，又後又趕到另一個門市部再排隊再購書。那天，我大概從上午九時開始排隊，到下午五時書店打烊止，共排隊五次，得書十本，回到總政西直門招待所，興奮得夜不能寐。這些書原本是我在南京大學讀中文系，需要憑課程的安排和老師的批條才能借得出來供批判用書，現在就在我的案頭，這種擁有是多麼的幸福！

　　冰心參加這個重印、再版、閱讀大合唱的作品為《小橘燈》。你看她在寫作新版後記中的心情是多麼地興奮：「『四人幫』橫行的時候，我這個老文藝工作者，當然也是『文藝黑線專政』下的黑線人物，就是像《小橘燈》這樣的不顯眼的兒童讀物，也沒有能夠和讀者見面。粉碎了『四人幫』，陰霾盡掃，萬里晴空，大地回春，百花齊放！《小橘燈》在百花吐豔之中，也重新開放了。這朵花很小，本來就不顯眼，但它也勇敢地站在揚光溢彩的群芳行列之後，來接受廣大人民群眾、特別是小讀者們的檢閱！」[66]

---

[66] 《〈小橘燈〉新版後記》，《冰心全集》第6卷，P656。

《小橘燈》送到冰心的手上，是在5月9日，但是5月1日那天，新華書店門市部設立的售書專櫃，我得到的便是這個版本，這是我個人擁有冰心的第一個著作版本。同時，她的新作由天津百花文藝出版社結集為《晚晴集》推出，出版的時間比重版《小橘燈》稍晚些。那時，老作家重印舊作者多，在這麼短的時間裡，拿出新作的惟冰心一人也。

　　　　這本散文集的絕大部分，都是1976年9月之後的作品。

　　　　散文是我所喜愛的文學形式，因為它短小自由，可以隨時隨地揮寫自己的感想；但是在「四人幫」橫行的十年之中，我連這種短小的文章也寫不出來了，直到1976年9月在毛主席逝世的日子裡，才第一次迸出了我的哀痛的心聲！這年的十月，粉碎了「四人幫」，一聲霹靂，雨過天晴，山川又明麗了，空氣又清新了，多年不見的朋友又相逢了，我心裡積壓的情感又湧到了筆尖。我寫了悼念我們敬愛的周總理，還有在十年中死去的朋友如老舍先生等的文章。這本集子裡憶悼的作品多了一些，恐怕也是自然規律，自己年紀大了，朋輩自然也多「老成凋謝」，再加上「四人幫」文藝專政的十年，雨打風吹，就更顯得零落了。但是就在發現了在暴風雨中雕落的花朵之後，也發現了在潤濕的泥土裡萌苗的幼苗！四個現代化的新長征，給我們帶來了文藝的春天。我們都要向前看，我願和我的健在的老友和新生的力量在一起，在文藝園地上繼往開來，開出一個柳暗花明的局面！因為我們熱愛的社會主義祖國，在走向四個現代化的路上，是需要幾代的文藝工作者，來為它貢獻出最大的力量的。[67]

　　本來，與再版《小橘燈》的同時，中國青年出版社便要重印《關於女人》，但冰心手上連樣書也找不到，只得寫信向巴金求助：「茲有事奉懇，我的《關於女人》，是由『開明書局』出版，現在我沒有這本書，你處如有，請給我一本。」「開明」本是中青社的前身，但

---

[67] 《晚晴集‧後記》，《冰心全集》第7卷，P54。

歷經戰亂與文革，那裡還有樣書、庫存、版樣之說，一切都得從頭做起。巴金找到了《關於女人》的版本，但最終不是由中國青年出版社再版，而是由西域的寧夏人民出版社擔當使命，其中原因，一般人並不知曉。因為巴金的弟弟文革被發配到寧夏，文革之後調到了出版社，當他得知《關於女人》的再版事，便托了巴金說情，冰心自然同意，於是，《關於女人》的新版，寧夏人民出版社於1980年以當年少有的大三十二開本推出。

冰心為其作序：

> 《關於女人》的初版後記和再版自序，說的都是實話，不過那都是用「男士」的口吻和身分寫的，如今這「三版自序」，我就只好「打開天窗說亮話」了！
>
> 寧夏人民出版社托人來向我索稿，我無以應命，只好以久已絕版的《關於女人》送給他們——1966年9月初，我寫的幾本書都讓紅衛兵拿去「審查」，至今沒有下落！我手裡的這本《關於女人》還是巴金同志替我在上海的舊書攤上尋來的——我對這本書有點偏愛，沒事就翻來看看，不但是要和書中的我所喜愛的人物晤面，而且因為我寫這本書的來由，很有意思：一來我那時——1940-1943年——經濟上的確有些困難，有賣稿的必要（我們就是拿《關於女人》的第一篇稿酬，在重慶市上「三六九」點心店吃的1940年的年夜飯的）。二來，這幾篇東西不是用「冰心」的筆名來寫，我可以「不負責任」，開點玩笑時也可以自由一些。
>
> 《關於女人》的再版，是巴金同志拿去交給開明書店的。如今這本書的三版，又是交給巴金的弟弟采臣同志的。這就好像一個孩子，背著大人做了一件利己而不損人的淘氣事兒，自己雖然很高興，很痛快，但也只能對最知心的好朋友，悄悄地說說！[68]

七十年代末八十年代初，讀書熱不僅是讀，還可以是聽。可看可

---

[68] 《〈關於女人〉三版自序》，《冰心全集》第7卷，P204。

聽的電視機那時全國沒有幾台,收音機大行其道,無孔不入,無處不在,播音員生硬而鏗鏘的聲調也在開始改變,廣播電臺文藝編輯組為迎合全民的閱讀熱,大量地改編、廣播小說、散文,劉心武《愛情的位置》便是通過小說連播的形式,走進千家萬戶,引起全民熱議。之所以有這個效果,除了廣播的覆蓋面之外,重要的是「愛情」二字並且呼籲要給以「位置」,這是多麼讓人怦然心動的事情!幾十年來,愛情在生活中不能提及,作品中不可觸及,現在竟然大呼要給其位置,在中央人民廣播電臺播出,立即引起全民的收聽熱。冰心的作品也加入了廣播的行列,中央人民廣播電臺台播部文藝組把她的《兩個家庭》《分》《我的朋友的母親》,改編成廣播小說,配上音樂,向臺灣同胞和全國廣播,每次四十五分鐘,雖不能有《愛情的位置》那樣強烈的反響,但也讓聽眾感到新鮮,舊作在空中獲得新生。

自1978年拉開了出版舊作的序幕之後,冰心的舊作、舊譯與新著,便相繼以不以的形式、不同的角色、不同的服飾陸續登場,直到1985年的八年之間,人民文學出版社等十幾出版社,僅出版冰心作品的單行本計有:《記事珠》《吉檀迦利 園丁集》《冰心兒童散文選》《三寄小讀者》《燃燈者》《泰戈爾小說選》《冰心作品選》《冰心論創作》《冰心》《美的形象》《先知 沙與沫》《冰心散文選》《我的故鄉》《默廬試筆》等,印數也很大,起印便是萬以上,並且銷售得很快,「冰心」再一次引起出版界的熱情和讀者的熱情,就像三、四十年代北新書局、開明書店製造的神話一般。

有個人悄悄地走到了冰心的身邊,她不是出版家,而是一名學者,中國社科院研究員卓如女士,福州同鄉。走近冰心的卓如,開始為她編輯一些現成作品的集子,同時在舊報刊上尋找冰心的作品,多有收穫,原來,在她自己選編的《冰心全集》之外,還有不少散見於集外的小說、散文、詩歌、雜文、短論等,於是,萌生了為冰心編輯一套比較完整的文集的念頭。恰在此時,上海文藝出版社也有此計劃,於是,一套收集作品最多《冰心文集》的工程啟動了。

冰心為其寫序:

　　　卓如同志替上海文藝出版社編了一部《冰心文集》,給我看了這多卷本的目錄,看得我愕然而又赧然,從心裡覺得不好

意思！原來我在這幾十年裡，還寫過這許多膚淺、無知、不值得發表的東西。

這文集裡收集了我六十多年來寫的文字，包括我學生時代為校刊或學生會刊物寫的短文，有的會引起我印象很深的往事，有的是一點印象都沒有了。從文章的題目上看來，裡面有些不免是「趕任務」的東西，有的卻還是發自內心的詠嘆，膚淺也罷，無知也罷，總的說來，這些文字，還是不同程度地反映了我當時當地的思想和感情。

回溯我八十多年的生活，經過了幾個「朝代」。我的生命的道路，如同一道小溪，從淺淺的山谷中，緩緩地、曲折地流入「不擇細流」的大海。它有時經過荒蕪的平野，也有時經過青綠的丘陵，於是這水流的聲音，有時凝澀，也有時通暢，但它還是不停地向前流著。

讓這一個集子，坦白地攤開在讀者的面前吧。只要大家能從這些文字裡，看到有一個在二十世紀出生的中國人，在她自己大半生的生活環境裡，所發出的心聲。只要這心聲是真實的，使讀者能夠清晰地辨認出這個人的形象，那麼，這個集子的任務就算完成了！[69]

《冰心文集》第一卷於1982年出版，至1985年出版了三卷，分別為小說、詩歌與散文卷。[70]這裡有從未入集的作品，有的甚至連冰心本人也遺忘了，比如在重慶《大公報》上發表的《再寄小讀者》四篇，這次也被卓如發掘出來，選入第三卷之中。這套文集的出版，立即引起各家出版社的關注，四川人民出版社隨後上門，找到卓如引見冰心，確定了出版《冰心選集》的計劃，於是，1983年3月，三卷本的《冰心選集》在成都出版發行，卷別分為小說、散文和詩歌，編者卓如已是熟門熟路，很快選編好。「卓如同志把她編好的《冰心選集》的目錄給我看了，我翻閱之後，感到愕然而又憮然。真沒想到

69　《〈冰心文集〉序》，《冰心全集》第7卷，P276。

70　《冰心文集》，上海文藝出版社1982年11月出版第一卷，1983年5月出版第二卷，1984年10月出版第三卷，1986年5月第四卷，1990年2月第五卷，1993年12月出版第六卷。

我從做學生能作文的時候起，六七十年來零零碎碎地居然寫了這麼許多！我看著自己從前寫過而現在不記得的那些短文，就如同翻看一本舊的相片簿，雖然這些年來，相片上的我，有面龐的改變、服飾的更換，而每張相片上都如實地反映了當時當地的心情、環境以及周圍的一切。」[71]此後，卓如又為家鄉的海峽文藝出版社選編了《冰心著譯選集》（上、下集），從書名上便可得知，這個選本加入了冰心的譯文，這可是冰心作品很重要部分。由於有了這樣一些的發現、選編與經驗，並取得作家本人的認同，卓如此後幾乎成了冰心作品選編、出版的「代理人」了。尤其是進入八十年代後期和九十年代，冰心的作品幾乎每一家文藝、綜合的出版社都有一至兩個版本，而選編者基本是同一個人。

　　這一時期，冰心的作品除日文外，開始被翻譯成法文、英文和德文，同時，美國的華文報紙《世界日報》加編者按分十六天連載《關於女人》一書。不過，作為一個重要的作家，她的外文版本遠不及巴金、老舍、林語堂等，也及後來的年輕作者，其如劉心武、王安憶等，這大概與她單篇作品的承載量有關，而作為小說形式，與契柯夫、莫泊桑、歐・亨利、都德這樣的短篇大師相比，卻又缺少世界意義與前衛價值，這大概是冰心作品外文版較少的一些原因。

賞析與研究

　　1949年之後，幾乎談不上冰心研究，除了少量的介紹文字之外，較有分量一些僅有三篇論文：《冰心早期作品初探》[72]《試論冰心的創作》[73]《論冰心的創作》[74]。三篇論文均發表於六十年代初期，此時，毛澤東的階級鬥爭論日益盛行，研究受到階級與階級鬥爭觀念的影響，是不可避免的。冰心沒有成為批判的靶子就是萬幸的了。

　　文革之後，冰心研究與冰心舊作重版呈現同步現象，甚至篇目也是相同的，即從《小橘燈》入手。《教學與進修》[75]張玉華的《冰

---

[71] 《〈冰心選集〉自序》，《冰心全集》第7卷，P243。
[72] 作者：中文系56級現代文學研究小組，刊《中山大學學報》1960年第3期。
[73] 作者：王敬文，刊《哈爾濱師院學報》1963年第1期。
[74] 作者：范伯群　曾華鵬，刊《文學評論》1964年第1期。
[75] 1979年第1期。

凝大地發春華——讀冰心的〈小橘燈〉》，香港《文匯報》梅子的《冰心在文藝創作上的突破——〈小橘燈〉讀後》[76]，便是文革之後冰心研究之初的文章。同時由於冰心的《小橘燈》等作品進入了文革之後的中學課本之中，因而，這種單篇的研究多為賞析文章，僅僅是《小橘燈》一篇，便有《中學語文》《教學與研究》《朝花》《語文教學通訊》《河北師院學報》《中學現代散文分析》《河南師大學報》《教學通訊》（文科版）《文科教學》《克山師專學報》等幾十家教學刊物刊登欣賞與分析文章，題目大都為《淺談〈小橘燈〉的藝術特色》《〈小橘燈〉簡析》《〈小橘燈〉的抒情線索》《指導實習生教學〈小橘燈〉札記》《我教〈小橘燈〉的體會》等。其他的單篇作品也是如此，曾經出現這樣的情景，在同一個月份的不同的報刊上上，便有六篇文章賞析冰心的《櫻花讚》[77]，《江蘇教育》[78]也以專欄的方式，刊登吳涼玉《〈櫻花讚〉的抒情特色》，馬榮連的《〈櫻花讚〉可提哪些問題》等文章。其他被多次賞析與評論的作品還有：《往事》（七）、《寄小讀者》通訊七、十、《再寄小讀者》通訊六、《笑》《空巢》《我的房東》《分》《往事·二》（三）、《超人》《到青龍橋去》《一隻木屐》《觀舞記》《說幾句愛海的孩氣的話》《綠的歌》等篇什。這些賞析性、讀後感式的文章，大都從最基本的內容與藝術方面進行分析，輔導老師與學生進行教學與自學，有的則是側重作品介紹，指出其價值。由於教輔類刊物覆蓋面廣泛，尤其是面對中小學生，冰心的作品也就隨著教學與閱讀，進入了學生的視野。

經過長達半個多世紀檢驗的作品，不僅是教學與自學的必修課，同時也是社會的精神財富。在這種理念下，廣西人民出版社推出了面向社會的《冰心作品欣賞》，內收散文、小說十八篇：《笑》《往事》（七）、《往事》（十四）、《往事》（二）之三、《寄小讀

---

[76] 1979年8月25日。

[77] 即是1983年第1期，陸冰揚，《談〈櫻花讚〉的結構藝術》，刊《語文學習》；沈乃薇，《〈櫻花讚〉試析》，刊《教學月刊》；魏國珍，《漫談〈櫻花讚〉的語言》，陳堅，《讀冰心的〈櫻花讚〉》，刊《語文戰線》第1期；儲國偉，《〈櫻花讚〉備課指要》，刊《語文教學通訊》；千漪，《〈櫻花讚〉教學初探》，刊《教學參考資料》（中學文科）。

[78] 1983年第2期。

者》（七）、《寄小讀者》（十七）、《山中雜記》（七）、《說幾句愛海的孩氣的話》《小橘燈》《櫻花讚》《一隻木屐》《繁星》（節選）、《信誓》《倦旅》《斯人獨憔悴》《超人》《分》《空巢》等篇，各篇末均附有盧啟元撰寫的賞析文章，為廣大讀者閱讀冰心作品，提供幫助與方便。

以作品論而進入到研究境界的應為晴帆的《應似飛鴻踏雪泥——讀冰心〈三寄小讀者〉》（《文藝報》1980年第2期），文章評述的是冰心「寄」、「再寄」與「三寄」小讀者系列，指出，從《寄小讀者》到《三寄小讀者》，寫作時間前後近六十年，作家不僅經歷了自然規律加諸於她的生理、心理上的變化，而且社會、人生的遭際變遷，更促使作家的世界觀產生了顯著的變化。因此，這本集子是作家在人生和創作道路上所留下的最清晰的足跡。在《寄小讀者》中，愛，是基本主題和中心思想。作家以愛的眼光去觀察、體味、回顧人生、社會以及自然風光。因之，筆觸所及，也就充滿著情趣、溫馨、甜美。它所激發的是向上的進取的勇氣，它所展現的是一個豐富美好的感情世界。《再寄小讀者》，作者的感情仍然是那樣的真切、熾烈，湧現在她眼底筆端的全是火熱、廣闊豐富的社會生活了。作家的生活領域開闊了，選取的題材重要了，對生活、社會的觀察深入了，因而，作品在讀者面前彷彿開拓了另一個天地！《三寄小讀者》，作家努力捕捉現實生活中美好的、進步的事物，沿著她那開闊視野和題材的道路，繼續向縱深前進。不過在《寄小讀者》中的那顆天真、純摯、袒露的赤子之心，在再寄和三寄中卻似乎被覆蓋了一層薄紗，作家的筆墨有些拘束，她所寫的生活和事件和作家感情之間，總似乎沒有完全融匯到一起，還沒有整個兒的化成作家個人的血肉。

文革之後最先對冰心進行整體研究的是曾華鵬先生。曾當時是揚州師範大學的老師，也是福建的同鄉，1964年曾與范伯群合作了《論冰心的創作》，因而有冰心作品的閱讀積累，時隔十五年，他在家鄉的《福建文藝》上發表了《談冰心散文的人物描寫》（1979年4、5期合刊）的論文，將冰心最重要的創作體裁散文進行了綜合的分析研究，概括出冰心散文寫人物的特色。同時，山東最重要的理論刊物《文史哲》刊出陸耀東《「五四」洪流激起的漣漪——關於冰心的詩》（1979年第3期），浙江的《東海》刊出蔡良驥的《春水裡晶瑩

璀璨的繁星——冰心的小詩》（1979年第7期），在相同的時間段，對冰心的詩展開了研究。這時，與曾華鵬合作研究的范伯群也重新進入冰心研究領地，在《語文教學通訊》「現代散文教學專號」上，發表了《我愛我的祖國 我愛我的母親——重讀冰心〈寄小讀者〉》（1980年第9期）。其實，范、曾二位的合作從未停止，雖然他們先後獨立署名發表研究文章，但他們的研究成果，主要體現在《冰心評傳》上。這部評傳是冰心自五四加入文學創作行列之後，首次展開的系統研究，開拓性與創造性並舉。顯然，這個系統研究並非一朝一夕所能完成，為了讓人們儘早分享他們的研究成果，1980年12月，范伯群、曾華鵬聯合署名的《「五四」驚雷「震」出文壇的一顆新星——〈冰心評傳〉之一章》，發表在《中國現代文學研究叢刊》第4輯。這個「叢刊」的刊名由茅盾先生題寫，開始由北京出版社出版，以書代刊，以後了為專門的刊號，改由中國現代文學館編輯出版，甫一創刊，便成了中國現代文學研究發表論文的重地。來年10月，評傳的另一章也在「叢刊」發表，《為探索人生而煩悶的愛的哲理家——〈冰心評傳〉之一章》，1982年1月，則在范伯群任教的《蘇州大學學報》發表了評傳的新章：《「歸來以後」三十春——論冰心在建國後的作品》。從發表的時間與內容可以看出兩位學者研究過程。這種操作方式，不僅讓讀者及時分享了他們的研究成果，也是擴大了研究的影響，因而，當研究者提起文革結束之後的冰心研究，首先想到的就是范伯群、曾華鵬二位。2003年秋天，在冰心文學館召開的「冰心文學第二屆國際學術研討會」上，范伯群先生應我一再的邀請出席會議，此時他已轉移了研究課題，沒有為大會提供冰心研究的論文，但我請他為研討會做小結，其中有這麼一段話：

> 我最早是在1964年的《文學評論》第1期上發表了一篇兩萬字的《論冰心的創作》。我在研究冰心的過程當中，我非常敬重她，也非常喜愛她的作品，所以比較全身心地投入。當我在1963年年底，把這文章投給《文學評論》的時候，何其芳同志就說，現在哪裡是研究冰心的時候啊，趕快把文章發掉。為什麼？他已經聞到文藝整風和文化大革命馬上要來的那股火藥味了，如兩個「批示」等等就使他會有這種預感。他倒不是反

對研究冰心，他是怕將冰心變成一個很大的目標。所以這種情況之下，要趕快發掉，從年底到年初，第一期就發表了。當時「愛的哲學」是逆時代潮流而動的，因為在當時社會情況和背景下已不允許有這種愛的教育了。我寫文章時，覺得不寫這麼一句是沒有保險係數的，有了這一句，可以向某種時代精神作一個交代，這就是我的局限性。到1965年，我到北京開會時，我給謝老打電話說，謝老我想去拜訪您，她說歡迎你來啊。我這是第一次去拜訪她。我心裡想，她是不是會說，你怎麼說我是「逆時代潮流而動」呢？但謝老是非常寬容的，她跟我講，我並不知道你們的文章，是作協開主席團會議時白羽同志跟我講的，有一篇很長的文章，就是評你作品的。我就在回家的路上買了一本《文學評論》（報攤上還有《文學評論》賣，這是我們現在所想不到的）。她說我回來連夜就看了，哎呀，你們還是把我寫得太好了。我覺得她很親切，這樣，我就認識她了，我更敬仰她了。接下來，很快是文藝整風、文化大革命，我也進了「五七」幹校。

粉碎「四人幫」以後，當時人民文學出版社有編輯向我提議，讓我們把《論冰心的創作》擴大成《冰心評傳》。我接受這個任務之後，1979至1980年，兩個暑假我都到北京看書找資料，這時接近謝老的機會更多。記得暑期北大圖書館只開半天，我早晨很早起來，要坐一兩個鐘頭的汽車趕到北大，書看到十二點，打鈴了才走。因為有些人在文革中搞「黑材料」，到圖書館核對材料是為了整人。因此我問管理員要1923年燕京大學「同學錄」時，那位管理員很警惕，問我要這幹什麼？我說我研究冰心，她是1923年畢業的。「哦，那可以。」我就看到謝老的一些照片，其中有她戴學士帽的照片等等。有她自己寫的傳記，她還幫陶玲及另一位同學寫了傳記。我看了很高興，把燕大所有的刊物都翻一遍，不過現在看來我還沒翻全。那時複印也很不容易，複印以後拿給謝老看。她看了這些周刊、《燕大賑災報告》中她寫的序言等，她高興地說，我自己都忘了。我覺得寫評傳不能將過去的《論冰心的創作》當作橘子原汁，再兌點水進去，就成了評傳。我覺得應該有點新資料

新內容。那時我又有一種想法，怎麼提她的「愛的哲學」呢？那時我就比較的「狡猾」了。我就說，從總體上講，是不合時宜的，但在分體上講，母愛、自然、童心都是應該肯定的東西，應該宣揚的。我用了總體、分體這樣一種說法。當時剛剛開始改革開放，粉碎「四人幫」不久，我先在山西一個語文刊物上發表一下，題目是「我愛我的祖國，我愛我的母親」，就像先放一個氣象氣球一樣，探測一下。開始，在《新華文摘》上登了目錄，後來就全文轉載了，好像沒有什麼批評。膽子也就大起來了，這是我研究冰心的第二個階段。你們從中就可以想像，我們這一輩人是在戰戰兢兢的情況下從事文學評論的。[79]

我後來也專程拜訪了曾華鵬先生，揚州師範大學在瘦西湖畔設宴讓我們會面，這是一個非常和藹的老教授，言語不多，卻是培養了吳義勤[80]、楊劍龍[81]等現代文學教學與研究人才。那天我們談到八十年代初的冰心研究，曾華鵬教授也是感慨萬千。

卓如女士從資料開始，選編入手，對冰心的作品已經相當熟悉了，她是在這個基礎上進入冰心研究的。作為中國社科院文學所的研究員，她也有能力全面把握和研究冰心，因而，她的進入對冰心研究有著重要的意義。卓如最先的研究文章，《訪老詩人冰心》《論冰心的早期創作》，分別刊於《詩刊》（1981年1月號）和《晉陽學刊》（1981年第1期）。此後在《人物》雜誌上有《光風霽月——記「民進」副主席、女作家冰心》，在《中國文學研究》有《論冰心兒童文學創作》等文章。

這時，進入冰心研究領域的人員開始增多，論題也逐漸寬泛，形成了一個文革之後冰心研究的第一個湧浪。其中有葛文元《試談冰心小說的藝術風格》（《宜春師專》），樂齊《試論冰心的「母愛文學」》（《新文學論叢》），李裕富《試論冰心的世界觀與創作》

[79] 范伯群，《弘揚愛心精神，把冰心研究推向更深廣的層次》，《冰心論集》（三），P628-630，海峽文藝出版社2004年11月。
[80] 中國現代文學館館長。
[81] 上海師範大學中文系教授。

（《韶關師專學報》），趙鳳翔《冰心簡論》（《中國現代文學研究叢刊》），王湛《冰心的詩文與海》（《讀書》），郭之瑗《簡談冰心的兒童創作》（《昆明師院學報》），吳周文《論冰心散文的藝術風格》（《文史哲》），徐學《冰心早期散文藝術初探》（《福建論壇》），羅中順《一個愛國青年的自我寫照──冰心早期作品一瞥》（《鄭州師專學報》），王火《冰心與海》（《花城》），馮承藻《「小詩運動」與冰心的小詩》（《重慶師院學報》），草雲《火一樣熾烈　水一樣清澈──讀冰心的散文》（《美育》），梁佳蘿《冰心的宗教信仰》（香港《文藝》雜誌），周溶泉、徐應佩《談冰心的哲理小詩》（《青海湖》），馬璧玲《試論冰心愛的哲學──冰心早期作品初探》（《中國現代文學研究叢刊》），余樹森《散文描寫的機智》（《散文》），姜樂齊《冰心早期創作的反封建性》（《福建論壇》），郭成《論〈超人〉及其他──冰心早期作品研究之一》（《研究生學報》），蔣成禹（王旁）《論冰心的「問題小說」》（《浙江教育學院學報》），王翠玲《冰心幾篇小說中的青年形象》（《文科教學》），燕燕《淺談中國現代女作家創作上的「形異神同」》（《牡丹江師院學報》），景平《母親‧燈檯守──冰心前期散文漫談》（《成都大學學報》），葛文元《冰心早期散文藝術初探》（《宜春師專學報》），劉岸挺《愛的謳歌美的播種──冰心兒童文學創作概論》（《徐州師範學院學報》），蕭楓《謝冰心談遊記散文》，葛文元《冰心前卅年創作道路的足跡》（《克山師專學報》），葛文元《淺論冰心的詩歌創作》（《宜春師專學報》），高文池《冰心散文語言風格談》（《修辭學習》），艾光輝、程新屏《冰心小說藝術初探》（《新疆師範大學學報》），王敏《談談冰心早期散文的美育價值》（《曲靖師專學報》），王翠玲《冰心筆下的幾個婦女形象》（《文科教學》）孫歌《冰心的世界──中國現代婦女文學初探之一》（《文學評論叢刊》），張學軍《論冰心早期散文的藝術風格》（《山東師大學報》），徐型《試論冰心早期散文的若干藝術特色》（《南通師專學報》），姜雲飛《冰心早期散文魅力初探》（《浙江師大學報》）等。

　　期間，家鄉的文學刊物《福建文學》刊登了陳鍾英比較福建兩位五四時期女作家的文章，指出：冰心和盧隱同是「五四」運動的產

兒，同是婦女解放問題的探索者。從冰心的《兩個家庭》《我們太太的客廳》，可以看出冰心一貫反對曲解女權，重視婦女在家庭中的地位與作用。雖然這只是資產階級式的男女平等，在半封建半殖民地的舊中國是有其積極意義的。冰心筆下的勞動人民女兒的形象倒是富有鮮明個性的。冰心和盧隱同是「五四」第一期的女作家，同屬「為人生」這個現實主義流派的作者。冰心和盧隱在創作內容的大方向上有一致的地方，那就是反封建、追求個性解放、同情被侮辱被損害的人們。在表現方法的總傾向上，她們也有別於文學研究會的男性作家，即她們都喜歡表現自我，主觀的色彩比較濃厚。但是，由於她們的家庭出身、社會經歷、文化教養，以及性格、氣質等的不同，她們的創作個性與風格顯然很不相同。冰心的創作受外國文學的影響是肯定的。她的散文吸收了英國詩歌散文流暢清新的長處。她的小說卻帶著英國式的幽默情趣。[82]

楊義則直接比較了冰心與外國文學的關係：

> 冰心是一個具有歷史意義的人物——以「女子弄文」為「罪」的時代，一去不復返了，中華民族的精神文明的建設，也應有女子的一席不可低估的地位。她所創造的「冰心體」與宋代女詞人李清照的「易安體」後先輝映。傳統文學的修養，為她的創作灌注了乾淨而圓潤的民族氣質；外國的藝術傑作和進步文學思潮給冰心新的藝術營養，給她以新的美學眼光和美學趣味。冰心的處女作《兩個家庭》受了易卜生的《娜拉》的某些折光的影響。冰心的「愛的哲學」，在她早年就學於教會學校，便播下種子；日後受托爾斯泰主義等外來思潮的影響，而變得枝葉繁茂。作者提出，冰心詩的成就高於小說。《繁星》《春水》最得泰戈爾《飛鳥集》的奧妙。《飛鳥集》表現了人與自然的交融，感情與哲理的交融。冰心接受了泰戈爾的自然與人的心靈相交融的哲理。她以哲人的眼、兒童的眼和詩人的眼來看世界，在微末的自然事物中悟出新穎的思想，把零碎而又閃光的哲理注進短小的詩行。冰心汲取泰戈爾的藝術營

---

[82] 陳鐘英，《漫談冰心與盧隱的文學創作》，《福建文學》1983年第3期。

養，並沒有泯滅自己的藝術個性。她在小詩的格式上受泰戈爾的影響，但在選詞和煉句上卻受古典詩、詞、曲的滋養。冰心對外國文學的借鑒，重在表現格式和藝術手腕；對流派問題、創作方法問題，她基本上採取一種漠然的態度；並沒有完全與各種文學流派絕緣。她的小說《最後的使者》受過梅特林克的《青鳥》的影響，《瘋人筆記》也帶有一點象徵的氣息。

　　冰心是「五四」文壇上創「體」而沒有開「派」的作家，這是她的經歷、稟性、才氣所決定的，但同她對外國文學的借鑒只重格式和手法，不重流派和創作方法也是大有關係的。[83]

　　1983年4月，冰心研究的第一部專著《冰心評傳》，由人民文學出版社出版，范伯群、曾華鵬將冰心的人生歷練與作品，進行了全面的研究與評論，這即是他們多年成果的展示，同時體現了這一時期冰心研究的重要成果。隨後，由范伯群選編的《冰心研究資料》作為「中國現代作家作品研究資料叢書」之一種，由北京出版社出版，又為冰心研究的全面展開，提供了寶貴的資料。這裡系統地收錄了自1919年至1982年之間，冰心創作自述和文學主張，阿英、茅盾、沈從文等人對冰心批評與研究的論文，冰心著譯年表和目錄，並附有冰心研究資料目錄索引。范伯群在編後記中說道：「這本《冰心研究資料》可算是我們寫作《冰心評傳》的副產品。凡要寫一位作家的評傳，當然須搜集和閱讀作家的全部作品，要瞭解作家的生平；在充分掌握其生活道路和創作歷程的基礎上，爾後再加上自己的評述見解，才能去撰寫這位作家的評傳。我們的確也花過一點功夫，對上述所需的資料也作了一定的積累……如果說《冰心評傳》是一本『撰寫』的作家評傳，那麼《冰心研究資料》則是一本『編選』的作家評傳，這兩本『評傳』是否能準確地反映冰心的生活道路和創作歷程，熱切希望得到專家和讀者的鑒定和批評。」同時，有關冰心的歷史細節，也開始通過回憶浮出水面，比如丁玲、夏衍、韋宜的文章，趙景深《三十年代的冰心》等，都涉及這方面的內容。

　　對於這一時期以及稍後一些的冰心研究，青年學者李玲女士進

---

[83] 楊義，《採來百花釀新甜──冰心與外國文學》，《萌芽》1983年第6期。

行了「研究的研究」，她認為，「新時期，冰心研究改變了較長一段時間冷寂、停滯的狀況，逐漸克服了長期積存的『左』傾錯誤，在不同的視角、以不同的方式深入發展，獲得新的發現和新的結論，呈現出蓬勃發展的新氣象」；「但就具體研究的各個側面而言，又還存在著極不平衡的局面。目前的研究現狀同這位『國之瑰寶』、文壇巨匠的崇高人格、創作成就和巨大影響還是很不相稱的。現在已有一切可能把冰心研究引向豐富和深化。寫作本文的目的，即在分析冰心研究的現狀，確認成績，指出偏頗，追索原因，為冰心研究的新拓展貢獻自己的綿薄之力。」李玲全面分析了冰心研究中的「創作思想研究」、「藝術成就研究」「創作心理研究」等方面取得的成就與存在的問題，在對「愛的哲學」進行具體分析時，認為，「新時期最初的冰心思想研究，是從政治上的平反開始的。冰心一生前後思想有不斷的發展、升華，但人道主義是其基本內核，她的『愛的哲學』在新時期之前相當長一段時間內被定性為『實質上是資產階級人道主義、人性論在文學創作上的反映』、『和時代的要求是背道而馳的』，被置於受審判、受踐踏的地位。新時期的研究首先即是以蹣跚的步履開始在政治上給『愛的哲學』平反」，同時指出，「政治上的平反洗刷了潑在冰心創作上的極『左』的污水，仍然是文學附屬於政治，用政治革命的價值標準來衡量文學的價值，這就必然無法給冰心這種『愛的哲學』以更高的評價。因為冰心的『愛』畢竟還不屬無產階級獨有的先鋒的階級意識。這樣，論者為了在政治上給『愛的哲學』以更高的評價，就牽強地去論證在冰心早期『博愛思想的體系裡，對祖國的愛是放在第一位的』。這顯然並不符合作品實際。冰心無疑是一個愛國者，但她博愛的思想體系中，她是以自然之愛、兒童之愛、母愛來作為人生的解答和慰安的。愛國主義作為一種品格素質自然地常從她的文字中流溢出來，但在多數時候這並不是她特意去倡導、思考的。」並且概括出「在新時期的研究中，人們注重的仍是對『愛的哲學』的是非正確與否的評價，而較為忽略對『愛的哲學』具體內涵的探究。」[84]

---

[84] 李玲，《評新時期的冰心研究》，《中國現代文學研究叢刊》1996年第4期，收入《冰心論集》（上）。

訪問與描寫

尼克森訪華之後，冰心便成了訪問與描寫的對象，但那多是境外媒體，文革之後，尤其是中國以改革開放為標誌進入新時期之後，冰心的創作、思想與健康，都成了國內外媒體訪問與追蹤的對象，從中央新華通訊社、人民日報、光明日報、文藝報、中國青年報、中國少年報、中央人民廣播電臺到各省市的北京晚報、新民晚報、羊城晚報、文匯報等，還有眾多的雜誌，都曾不止一次地播發、編發了訪問冰心的消息、文章，每逢元旦、春節、國慶這些重大的節日，尤其是六一國際兒童節，必有冰心的發聲，必有冰心的訪問記出現。1983年兒童節前夕，《文匯報》刊登了駐京記者王捷南的訪問記，傳達了冰心對當今小讀者的評價與希望：「今天的小讀者可比過去的孩子懂事多了，求知慾更強了，更會思考問題了。他們從小就想到國家的前途，想到四化建設了，這使我滿意。」「我病好後，還要為創作兒童文學努力。我願貢獻我微薄的一切，我要和小朋友一同前進……我要讓兒童們看到祖國前進的、蓬蓬勃勃的力量，鼓舞他們做一個有教養的、樂觀的、英勇剛毅的社會主義現代化的建設者。」「我惟願孩子們多讀書，讀好書，不斷追求，不斷前進。現在是一個探索的時代，追求的時代，小朋友們千萬不要錯過這個好時代。」同時還刊登了冰心六一節為小讀者題詞：「讀書好、多讀書、讀好書」。[85]

不僅是對兒童的寄語，這個時候冰心創作進行時、生活細節、往事回憶，都成了媒體的興趣點。1984年上海的《萌芽》雜誌刊登了青年女作家對冰心的訪問，便記錄了冰心這樣的一些話：「你是幸運的，作為一個女作者，你出生在這個時代，太幸運，……我們那時候，做個女作家，難啦，比男子難得多。」「那時候，女作家是極易受到傷害的。社會的議論，小報的中傷，是女作家集體的苦難呵。有時，為了對付那些暗箭，許多女作家顧不上創作了，有的還徹底結束了創作。」「女子，要有獨立的精神，從事文藝的女子，尤其需要這種精神，戀愛過早，容易摔跟斗，那會連累事業的。」[86]冰心以過來

---

[85] 《惟願孩子們不斷追求、前進——六一前夕冰心老人寄語小讀者》，《文匯報》1983年5月18日。

[86] 喻杉，《春光的愛——冰心訪問記》，刊《萌芽》1984年第8期。

人的身分說到當女作家難的話題，隨著這篇文章被其他的文摘類的報刊轉載，引起人們的好奇與探究。八十年代之初，不僅有大量創刊的報刊，還出現了大量的文摘類的選刊，始發刊上刊登的訪問文章，冰心在訪問中說的一些話，於是又在文摘類的報刊上廣為傳播，覆蓋了神州大地各個階層的讀者，「冰心」的名字，不僅是通過作品、通過研究、更是通過現場的訪問，走進了千家萬戶。一些重量級的作家甚至演藝界的知名人士，也都拜訪冰心、描寫冰心，《文匯報》就曾先後兩次刊登了教育界、知識界、文學界的前輩葉聖陶咏嘆冰心的詩作：

> 愛誦冰心作，
> 今逾六十年。
> 嘉廬初識面*，
> 京市每聯肩。
> 書出必相贈，
> 目昏只自憐。
> 悉藏簽名本，
> 念此始欣然。
> *1944年9月訪冰心大姐於其重慶寓所嘉廬。[87]

> 冰心大姊偕令愛惠顧病院，敬酬二絕，即希正之。
> 一
> 正候高軒看海棠，
> 卻於病舍接容光；
> 出門停筆違常習，
> 如此友情永不忘。
> 二
> 令愛吳青語我云：
> 「研修應試豈同倫。」
> 片言舉要尋根柢，

---

[87] 葉聖陶，《冰心大姐以新印散文選相貽，作一律奉酬》，刊《文匯報》1983年7月6日。

教改誠宜屬首輪。[88]

趙樸初在重讀《關於女人》後也賦詩：

> 示現善男子，謳歌善女人。
> 荒山呈玉骨，火宅見冰心。
> 能會琴中趣，難分月與雲。
> 愛而能不戀，低首禮觀音。
> 冰心大姐以三十六年前用「男士」筆名所作《關於女人》一書見示，並告以當時賣文之緣由，讀後戲作此詩奉贈，藉呈所得，未審高明以為何如？
>
> 樸初1978年秋

　　訪問冰心者多為媒體記者，但作家以拜訪的名義、見到冰心後以散文筆端描寫，卻也不在少數。比如劉心武、張潔等這些與冰心關係比較密切的青年作家，都曾有描寫冰心的散文，周明作為《人民文學》的青年編輯，曾多次邀請並組織冰心等作家訪問五個孤兒、張秉貴、白洋淀等，建立了良好的關係，結下了友誼，因而，在很多的情況下，周明便成了冰心近況的「新聞發言人」，採訪不到冰心的媒體便也追蹤到了周明身上，周明也不負媒體苦心，文章每出都有新的東西，僅在1985年前，便在《文匯報》《天津日報》《百花》（西安）等報刊上發表過《冰心二三事》《冰心小記》《迎著春光——訪冰心老人》《晚晴——記著名女作家冰心》等訪問記，及時地傳遞了文壇老人的信息。

　　這時，境外報刊不像文革中那樣的獵奇與擇疑，對冰心的點滴都予以放大，但還是有不少的媒體傳遞著冰心的信息。像日本《主婦之友》1978年7月號刊登了《謝冰心女士採訪記》，《日本與中國》（日文）刊登千尋的《描述櫻花的老作家的慈祥目光——謝冰心女士訪問記》，《澳門日報》分兩日連載鍾新《冰心的家和林覺民的故居》，香港《大公報》有吳其敏的《冰心之一往情深》，國際廣播電

---

[88] 葉聖陶，《近作兩首》，刊《文匯報》1984年6月7日。

臺日語部向日本聽眾分六次廣播《她曾是東京大學女教授》，日本讀者小松照子在《人民日報》（海外版），以《那一盞金色的小橘燈》為名，向全世界的讀者敘述了到中國旅行，專門前往重慶尋找在冰心作品中認識的一個小姑娘：「《小橘燈》就是我們中文課本的第一課。從聽完這個故事以後，那盞小橘燈的橘紅的光，一直映在我的心裡，一遇到困難，我就想起你勇敢而樂觀的精神來了。我忘不了你……我因為感謝你，才不會忘了你的。是你告訴了我人間最寶貴的是愛和勇氣的真理。如果世界上的人都有像你那樣的心，就再也不會發生戰爭。如果日本人都有像你那樣的心，日本和中國之間就不會發生過去那樣不幸的戰爭呀……我相信你勇敢而樂觀的精神會被你的子孫一代一代地繼承下去，那金色的橘光會永遠地閃耀，閃耀在人們的心上。」[89]

　　無論是記者的訪問還是作家的描寫，都使冰心的聲望日隆，而剛從造神運動中走出來的中國，這時並不需要神像，無論是政治的還是文學的，也無論是媒體還是作家與學者，都非常清楚這一點，因而，這種對冰心的訪問與描寫便體現了出自道德與良知的真誠，這也就為冰心在她最後十年成為知識界良知的代表，做出了有力的鋪墊。

13，難產的「自傳」

　　當冰心時常成為媒體的聚集點時，吳文藻有時也會出現在聚集中，自然是配角，最多只能說是光環中的一個影子。吳謝形成強烈對比或許還不在這裡，此時，吳文藻的內心在為自己「一生無成就」而倍加煎熬。

　　1980年底，山西省社科院主辦的《晉陽學刊》，函邀吳文藻撰寫自傳，以供發表。吳文藻是該刊排列的社會科學著名學者自傳系列邀稿的重點名單。吳文藻當即答應，並在第二天便著手開寫，確定「以學術活動貫串始終」主線。開始進展順利，兩天便「寫到三十六到三十七年出國遊學這一段的進修活動，為後來內地調查準備工具、方法。」但隨之病發，「精神不好，胸部氣悶，只得閒散看報。心中有

---

[89] 小松照子，《那一盞金色的小橘燈》，刊《人民日報》（海外版）1985年11月11日。

說不出的苦悶，不能按心意做事。」病中情緒本就不好，又「找不到在渝期間發表的文章，只得擱下筆來。」「學刊」本想以吳文藻的自傳開篇，在新年第一期隆重推出，便來函催討，還通過時常出沒吳家的卓如催促，但吳文藻年老病弱，一催便急，卓如又安慰他「勿太急，使我稍安心」。四個月後，即1981年4月9日，催稿的人又帶話來了。

這一回，吳文藻沒有著急，他完全沉入了對自己學術活動與成果的回憶之中，雖然之前曾多次寫過「簡歷」「小傳」，但那都是在表格中填入自己的歷史，甚至是帶有批判性質的經歷與學術交待。記得比較完整的是1953年進入民院後，學校為瞭解自己的過去，吳文藻在豎行的稿紙上，恭恭敬敬地寫了滿滿三十頁的「簡歷」。當時分列四個部分，從本人的經歷，到讀書留學的介紹，最後一部分是「為反動政府服務的十年」。吳文藻記得，這個如實寫下的自傳，後來成了反右與文革批判自己的把柄。還有一次較詳細的自傳是文革中的1968年，但那次的自傳，除了如實陳述歷史事實外，便是嚴厲的自我批判。這些自傳，他想再找出來看看，但是除了上交組織之外的謄清稿，自己的底稿卻不知去向。於是，吳文藻翻箱倒櫃，將歷年來的學習筆記也都翻出來了。這不翻也罷，當這些辛辛苦苦記下的筆記、剪下的報貼，放到自己的面前時，發現竟是一堆廢紙，自己的青春、生命、智慧、才華、苦苦求得的學識，卻耗費在這些毫無學術意義的政治學習、思想改造、自我批判的漫漫旅途之中，這一大堆的筆記便是殘酷的證據。本來就不多說話的吳文藻，這回整整三天無語，冰心不知道出了什麼事情，吳文藻最後面對這些「突出政治」「學用」「緊跟」「對照」「改造」的筆記，面對剪報、剪報旁的邊注與加頁注，再加頁注，對冰心說，這就是我的生命與才華，這就是我以七年清華、五年留美，換來的社會學成果！多麼可悲啊！冰心這才知道，原來是這一堆筆記挑起了老伴的人生追悔與學術反思。冰心放下手中的拐杖，手扶桌面，翻了翻尚未打開的筆記本，說，藻，你是多麼認真！什麼事情都是那樣的認真，這也算是一個認真的記錄吧。

吳文藻不再說話，十天之後，他在日記中寫道：「理出該時期剪報貼及筆記，浪費不少時間，現在廢紙一堆。」隨之與一堆廢紙一並處理。《晉陽學刊》邀稿，冥冥中也許是一個暗示，這些東西，最

後還是用自己的手，將其處理、埋葬的好！但對往昔的追憶，並不都是悔恨，4月19日，「午後理書櫃，找出Modevu Qneelk及早年部分著作，剪有資料，甚為高興，省了一段心事。」這些資料的重現，大概就是我們後來可以督見吳文藻早年學術風采的原始文獻吧。

吳文藻對美國的通才教育做出了肯定：

> 現在，回顧留美期間的學習生活，覺得美國教育制度中不是沒有可取的地方。如當時美國流行的通才教育，就值得我們參考。通才教育有博有專，先博後專，在廣博的基礎上進而求精求專，以「博」為「專」服務。通才教育可以造就視野寬闊和知識面較大的、適應工作能力較強的專才，我本人就有這樣的體會，因為早年所學的基礎理論課範圍較廣，故就業以後碰到的各種問題和接觸到的新知識，都並不感到陌生，對這些新問題和新知識的深入研究和探索，也比沒有多種基礎知識的人來得省力。我一生從事的人類學（特別是其中的民族學，即文化人類學或社會人類學）和社會學這兩門專業所涉及的知識面都相當廣博，正因為我受過通才教育，才能比較地勝任這種研究工作。

而對燕京時期的十年學術活動，吳文藻從四個方面給予概括和肯定：

> 第一，介紹和評論西方社會政治思想。
> 在1923-1936年之間，我連續發表了幾篇介紹和評論西方各國社會學派的由來、現狀、及其學術觀點的文章。其中有介紹法國社會學的「現代法國社會學」（分上、下兩篇，分別載在《社會學刊》1932年第三卷第二期和1934年第四卷第二期），有介紹美國社會學的「季亭史的社會學學說」，（載《社會學刊》第四卷第一期），有介紹德國社會學的「德國系統社會學學派」（載《社會學界》1934年第八卷）和「馮維史的經驗學派社會學」（載1935年《社會研究》86期），還有介紹英國社會人類學的「功能派社會人類學的由來與現狀」，

（載《民族學研究集刊》1936年第一期）。對馬克思主義的學說我也曾作過研究，並且還專門撰文把馬克思主義與西方資產階級學說作了比較，如「馬克思派社會主義和費邊派社會主義的比較」（分上、下兩篇，連載在《社會問題》雜誌的1931年第一卷第四期和第二卷第一期）。

在上面介紹西方社會學派的文章中，儘管我本人當時是力圖客觀地進行介紹和評論，但由於我當時受西方教育影響很深，因而不能用馬克思主義的理論來分析和評論這些學派，甚至對有些學派還有一定的傾向性。

第二，提倡社區研究。首先，這種研究是在前一時期燕大社會學系同學們社會調查和民族誌工作的基礎上提出的。社區研究，就是「大家用同一區位的或文化的觀點和方法，來分頭進行各種地域不同的社會研究」，「民族學家則考察邊疆的部落社區，或殖民社區；農村社會學家則考察內地的農村社區，或移民社區；都市社會學家則考察沿海或沿江的都市社區。或專作模型調查，即靜態的社區研究，以瞭解社會結構；或專作變異調查，即動態的社區研究，以瞭解社會歷程；甚或對於靜態與動態兩種情況，雙方兼顧，同時並進，以瞭解社會組織與變遷的整體」（見吳文藻：「中國社區研究的西洋影響與國內近狀」載北京晨報《社會研究》102期447頁）。為了提倡社區研究，我在1935-1936年陸續發表了幾篇有關論文，如：「現代社區研究的意義和功能」（載《北平晨報》1935・1・9），「西方社區研究的近今趨勢」，（《北平晨報》1935・4・17）「中國社區研究的西洋影響與國內近狀」（載《社會研究》101,102期），「社區的意義與社區研究的近今趨勢」（載《社會學刊》第五卷第二期），「中國社會研究計劃的商榷」，（載《社會學刊》第5卷第2期）等。為了推行社區研究，當時系內還派了一些研究生到一些地區的鄉村去作實地調查。如徐雍舜到北平附近郭縣調查鄉村領袖的衝突，林耀華到福州附近的義序調查宗族組織，黃華節到定縣調查禮俗和社會組織，李有義到山西徐溝縣調查農村社會組織等。這些調查後來都取得一定的成果。

當時，我自以為進行這種社區調查研究對於瞭解和研究中國社會有比較深入的作用。但是，今天回過頭來看看，這種以文化為重點的社區研究還是不夠深入的，特別是由於沒有進行階級結構的分析，實際上沒有涉及到當時社會的本質，因此，這種社區研究還是不能真正解決中國當時的社會問題的。當時也曾接觸到過一些用馬克思主義觀點進行農村經濟調查工作的著作（如陳翰笙用英文寫的《中國華南的農民問題》，1926年出版），但由於自己受西方社會學和民族學理論的影響較大，因而沒能充分認識他們著作的真正價值。

第三，主張社會學中國化。在我從事社會學研究的時期，中國社會學研究的歷史還很短，當時大學教社會學的情況是「始而由外人用外國文字介紹，例證多用外文材料；繼而由國人用外國文字講述，有多講外國材料者，亦有稍取本國材料者，又繼而由國人用本國文字講述本國材料，但亦有人以一種特殊的研究混作社會學者，……」因此，社會學「仍是一種變相的舶來品」。這種情況使我們面臨社會學中國化的問題。對這個問題我當時的想法是「以試用假設始，以實地證驗終；理論符合事實，事實啟發理論。必須理論和事實揉合在一起，獲得一種新綜合，而後現實的社會學才能植根於中國土壤之上，又必須有了本此眼光訓練出來的獨立的科學人才，來進行獨立的科學研究，社會學才算徹底的中國化。（以上幾段均引自《社會學叢刊》甲集第一種「總序」）。

在社會學中國化問題上所做的工作主要是：「一面介紹健全的理論和方法，一面提供正確的實地調查報告」，這也是當時編纂《社會學叢刊》的主導思想。前面所談到的社區研究，實際上也正是這種社會學中國化問題中的一項主要的實際工作。我的主要主張是，應把社會學的理論和方法與文化人類學或社會人類學結合起來，對中國進行社區研究，並認為，這種做法「與我國國情最為吻合！」但是，由於「七七」事變後東遷西移，生活的不穩定而沒把這個問題繼續深入地研究下去。

第四，應用功能主義的理論和方法。在進行社區研究時，首先遇到的是用什麼理論和方法來從事調查研究工作的問題。

就當時我所瞭解的西方社會學或人類學的學派有許多，而我則選擇了英國功能主義學派的理論和方法。

為什麼要選擇英國功能主義學派的理論和方法呢？主要是我認為它和我提倡社區研究的主張吻合。我的這種思想基本上反映在我為《社會學叢刊》寫的總序裡。我說，「現代社區的核心為文化，文化的單位為制度，制度的運用為功能」，「功能觀點，簡單的說，就是先認清社區是一個『整體』，就在這個整體的立足點上來考察它的全部社會生活，並且認清這生活的各方面是密切相關的，是一個統一體系的各部分。要想在社會生活的任何一方面，求得正確的瞭解，必須就從這一方面與其他一切方面的關係上來探索窮究」。

我在美國學習時曾對以博厄斯為首的美國歷史學派很感興趣，但我在開展社區研究時卻沒有採用歷史學派的理論和方法，原因就是我認為一方面歷史學派過於強調研究文化的片斷，即如博厄斯的大弟子羅維所說的名言：「破碎補綴的文化」，而不是像功能學派那樣強調從整體和各個部分的密切關係上來研究文化；另一方面，歷史學派的實地調查方法和民族誌專刊的編寫，也不如功能學派那樣完整。

為了推廣功能主義的理論和方法，我一方面寫了一些介紹功能主義學派的文章，如「功能派社會人類學的由來與現狀」（載《民族學研究集刊》第一期），「布朗教授的思想背景與其在學術上的貢獻」，（《社會學界》第九卷），「文化表格說明」（《社會學界》第十卷等）；另一方面又請了功能學派創始的大師之一布朗來中國講學，並請他的佛思（Raymond Firth）寫了關於農村調查方法建設的專題文章，供我們參考。同時，還請布朗作林耀華同學的導師。

現在，西方人類學界儘管在理論闡述上已強調「結構」分析，但功能主義的調查技術仍為大多數專家所沿用。關於功能主義學派後來的發展變化和現在對功能學派的認識，在1981年發表的《英國功能學派人類學今昔》（載《民族研究》1981年第1期）中作了介紹，總的來說，功能學派沒有應用馬克思主義的階段分析法，但它的調查方法，即參加者觀察法，有不少

我們還是可以借鑒的。

吳文藻算是很痛快地完整地敘述出了這段一生中最重要的學術追求。幾天之後，自傳初稿完成，時為八月底。但是，就在吳文藻即將交出文稿之時，卻又擱置下來。原因是吳文藻此時看到另一部傳略，「深感慚愧」，對照起來，自己原來「一生學術一無成就」！

這個「傳略」是著名人類學家李濟的，由他在中國人民大學任教的兒子李光謨撰寫並寄給了他。[90]李光謨知道父親與吳文藻的關係，並且有過相同的學術之路，有著相同的求學背景，甚至連在留美期間的第一篇論文也都選擇「民族」這一相同的論題，李濟回國後任清華大學人類學教授，期間組織發掘震驚中外的安陽遺址，1946年後，他們還在東京中華民國駐日代表團曾為共事。不同的道路出現在1949年之後，李濟去了臺灣，吳文藻則回到大陸。原來，吳文藻在做無休無止的政治學習筆記、思想改造感言時，李濟他們卻在人類學的道路上求索前行，那一系列的學術成果，正是這種求索的記錄：《瑞岩民族學調查初步報告》（1950）、《中國史前文化》（1951）、《從人類學看文化》（1951）、《殷虛有刃石器圖說》（1952）、《北京人的體質與生活》（1952）、《太平洋科學會議的性質與成就》（1953）《從中國遠古史的幾個問題談起》（1954）、《論追求真理應該從認識自己身體作起》（1956）、《試論中國文化的原始》（1956）、

---

[90] 李濟（1896-1979），二十世紀我國著名的考古學家和古史學家。他於1918年由清華學堂選送留美，1923年在哈佛大學完成論文《中國民族的形成》，從而獲得人類學博士學位，並於同年返回中國。一開始在南開大學教書，1925年回母校清華大學的國學研究院任人類學講師，1928年10月進入中央研究院歷史語言研究所任專任研究員兼考古組主任。李濟一生活動以主持我國近代考古學第一次田野工作——山西西陰村遺址發掘和領導河南安陽殷墟十五次考古發掘最為著名，為近代科學意義上的中國考古學的奠基作了重要的開拓工作。1945年擔任中央歷史博物館首任館長，1948年當選中央研究院第一屆院士，同年底隨中華民國政府遷居臺灣，並於隔年創立國立臺灣大學考古人類學系，並出任首任系主任，先後主持工作十二年之久。1955年接任董作賓的遺缺，擔任歷史語言研究所所長，直到1972年為止。1979年8月1日病逝於臺北溫州街寓所，李濟畢生致力考古人類學的田野工作、室內研究和教學，共發表專書著十餘種，論文一百五十餘篇。此外更主編考古發掘報告、學術集刊近八十種，並主纂《中國上古史文集》。1940年，他當選英國皇家人類學會榮譽會員。他一生培養了許多著名考古學家和歷史學家，如夏鼐、張光直、許倬雲等。

「*Hunting Records Faunistic Remains and Decorative Patterns from the Archaeologial Site of Anyang,*」（1957）、《文化沙漠》（1959）、《我在美國的大學生活》（1960）、《我的記憶中的梅月涵先生》（1962）、《黑陶文化在中國上古史中所占的地位》（1963）、《殷商時代青銅技術的第四種風格》（1964）、《「北京人」的發現與研究及其所引起之問題》（1965）、《如何研究青銅器》（1966）、《紅色土時代的周口店文化》（1967）《自由的初意》（1968）《考古瑣談（一）——古物保存法頌布後所引起的第一個問題（一）》（1968）……。

吳文藻不厭其煩地按照年代擇要列出，作為成果也僅僅其中的一部分，但就是這一部分足以將吳文藻擊倒擊垮，他不是在做才智上的學術比拼，他的「倒」與「垮」，主要原因是處在不同的環境之中，一個在臺灣、一個在大陸。面對這一串長長的篇名，吳文藻捫心自問：「你看、你看看，這麼些年你都做了一些什麼？」除了「一篇是用英文寫的《中國少數民族情況淺述》（載英文雜誌《中國建設》），另一篇是《對馬凌諾斯基功能派人類學的批評》（油印一百份，但未發出，後因運動均失散）」，他企圖找出一篇像學術論文的題目，可連題目都是空白的，要不是「檢查」，要不是「自我批判」，要不是「思想改造的體會」，將近三十年的「才華」，全都丟失在這裡，整整三十年，學術上一片空白，萬般無奈，不堪回首？

我曾在吳文藻的一本毛澤東著作中，找到了一頁被其捨棄的「廢紙」，可見他當時的思想原貌，錄於此，作為一代留美精英們的另類存檔：

今天的大好形勢來之不易，其所以有今天，追本求源，要回溯到毛主席開創的井崗[岡]山道路的功勳。自力更生、艱苦奮鬥，建黨建軍建政（紅色政權）

把袁、王改為新人，把反動派軍隊建成為人民翻身打仗的軍隊

這次井崗[岡]山之行，使我更加熱愛毛主席，更加擁護CP[共產黨]，一定聽毛主席話，跟共產黨走

聽毛主席話，意味著提高三大覺悟，特別路線鬥爭覺悟，

只有這樣，才能看清領導權是否掌握在真正的馬克思主義者和廣大群眾的手裡

早期路線鬥爭史實

跟CP走，走井崗[岡]山道路，封建半封建，殖民地半殖民地各國受害人民，即亞非拉——叫做第三世界，發展中國家

自己感到慚愧的是，當毛主席在創立第一個農村革命根據地的時候，我正在美國留學……

當李濟等學者在研究北京人、周口店文化之時，吳文藻等學者卻是熱衷井岡山道路，並且悔恨自己沒有走上這條革命的康莊大道。

於是，吳文藻寫好了的自傳，如何出得了手？被自己的悔恨與質疑擱置了下來。這一擱置竟然長達近一年，「學刊」實際已經知道吳文藻的自傳已經成型，但不知道遲遲不交稿的原因，便一再地催，寫信、電話、托人，但吳文藻依然擱置一旁。直到王慶仁由他提議留校、民院確定其為助手之後，吳文藻才將自傳交給王慶仁去處理。八十年代的高校留校當助手研究生，有的開始為導師整理文稿，「施政一詢我有沒有研究生當助理，幫忙整理舊稿或積累資料？聽了感愧交加。關於助手事來談過一次，無下文。施政一提及任繼愈、陳岱孫的例子，使我尤覺慚愧。」吳文藻說，只有一個自傳是未完成的東西。又說，本來還有燕京時期的兩部文稿《西洋社會思想史》《中國家族制度》，但都業已丟失。吳文藻之所以提起這兩部丟失的書，既是一種心理的補償，也是尚存一線希望，也許他的助手那一天會從故紙堆中發掘出來？

自傳到了王慶仁手中，梳理一下，很快完成，這回不能再擱置了，最後一道程序，請冰心過目、做文字上的修訂。1982年7月7日至13日，冰心冒著酷暑，一行一行地為老伴修訂自傳，看到「同年夏天和冰心結婚」，會心一笑，抬頭看著桌子對面的吳文藻，「這就是我在你的生活中的全部位置？」吳文藻笑吶，不語！13日，「冰心竟日為吳改自傳稿。全部竣事。」再交王慶仁謄清，7月27日「上午將自傳稿全部改好，總算了一負擔。」28日，將自傳及相片，放在一個信封裡，卓如午後取走。本來應放在1980年的第一期，現在刊在了1982年的最後一期。

1983年1月6日，吳文藻閱讀《晉陽學刊》刊登的自傳，「仍有錯字及漏詞」，一篇一萬多字的文章，前後竟然耗費了三年的時間，真可謂是難產的自傳！

14，最後的吳文藻

　　自傳之後的吳文藻，可說是進入到了風燭殘年。他沒有將自己的學術成就的缺失，完全推給時代與環境，他在自愧與自悔中度日，也在自愧與自恨中奮起直追，新的寫作不是沒有，閱讀也許是他學術追求的體現，也是他的生命的延續。這一段時間他對未來學產生了濃厚的興趣，對未來社會的信息時代時有憧憬。阿爾溫・托夫勒的《第三次浪潮》首次翻譯出版是1984年，吳文藻閱讀此書是在1983年初。前衛閱讀始終是吳文藻的閱讀特點，身邊的許多人都曾分享過他前衛閱讀帶來的好處，甚至從他的前衛閱讀中受到啟發，吸取熱量，產生出本土的研究成果。不用說，吳文藻的前衛閱讀均為原著，並非是經過二手翻譯之作，他在美國朋友隨時為他寄來供其前衛閱讀的書籍。對國內的雜誌，這時他看上了《讀書》，還有民族學院的《譯叢》，以及最早體現為「政治待遇」的《參考消息》。這些報刊與他的前衛閱讀有著密切的關係。

　　以下是吳文藻最後的日記，所記如下：

　　7月18日（1985年）
　　　　民院已放暑假，自己將繼續用功。
　　7月19日
　　　　上午看Parsons的兩本小書，均論全社會，重新翻閱，特別注意西歐工業發達國家與蘇聯、非西方社會對照來看。看新到USNews雜誌，看參（考消）息國外對我經改看法。
　　7月22日
　　　　[周]（一）陰，清晨（宗）黎去承德度假。傍晚陣雨，稍涼下。重閱lenski's，末一章，因天暗黑，看電視映演秋瑾片。回信中國民俗學會；看新到編譯參考。
　　7月23日
　　　　（二）陰轉晴，管大夫來給瑩打針。10:00許，續看lenski's

書末一章，午後看完。晚8:30後小咪（繆競智）來住一夜，替我驗血壓正常，頭暈系酷暑而起。

7月24日

（三）陰，胸悶，因天氣引起，重閱《細小是美麗的》（*Smsll is Beautiful*）書中技術節……燕京校友來訪，瑩詢凌叔華事。小咪（繆競智）晚來。黎清晨回家。因疲乏多休息。[91]

早些時候，《北京晚報》曾刊登過劉景華的《不拘一格育人才——訪著名社會學家吳文藻教授》[92]，敘述了他對研究生的培養。吳文藻歷來主張「通才」教育，儘管研究生有了專門的研究方向，但他還是儘量引導他們作更寬泛的閱讀與研究，他認為社會學與物理學是不一樣的，沒有廣泛的社會科學的知識，難以將學問做深，更無法提出改革社會的良方。同時，他對學生的品行也很看重，包括家庭與婚姻。在確定王慶仁留作助手時，曾有不同的聲音，甚至也有年輕人對待愛情不同態度，吳文藻曾多次與之交談，希望不僅在學術上要有成就，在德行的修煉上、在家庭婚姻的處理上，都要嚴以律己，「告誡做人之德重於從事學業」。

對於後來招收的研究生，便不能享受王慶仁那一批研究生的待遇了，吳文藻無力親自授課，但他時時關心他們，認真閱讀他們的論文，並提出意見。最後一次與研究生交談，是以茶敘的方式在家中進行。1983年1月27日下午，八位研究生應邀來到吳先生的家裡，圍坐在陽光下的小桌前，聆聽導師的最後一次教誨。說是茶敘，但當吳先生開始講話並提問時，研究生們立即感覺到這正是社會學中的席敏納的授課方式。參加茶敘人員為祁慶富、莊孔韶（系第一、二屆畢業生），陳長平、王慶仁（第三屆），其餘四位可說是第一次聽吳先生「授課」了：張海洋——研究方向，民族發展地理環境；龍平平——研究方向，民族學中國化；關學君——研究方向，民族新古比較；鈉日碧力戈——研究方向，異族通婚。吳文藻對他們的研究方向逐一發表了意見。茶敘進行了一個多小時，也許他們都感覺到了與吳先生在一起的寶貴時光，先是合影，最後每人單獨與導師、師母照相留念。

[91] 引自《冰心全傳》（陳恕），P400-401，中國青年出版社2011年8月。

[92] 《北京晚報》1981年3月21日。

後來，關學君碩士論文為《樺樹皮文化》，鈉日碧力戈為《呼和浩特市蒙漢通婚問題》，龍平平為《中國民族學發展過程研究》，吳文藻一一認真閱讀，寫出評語。對於張海洋《中國經濟文化類型研究》論文，吳文藻認為「材料充實，說理流暢，應用文化生態學理論來研究來中國經濟文化類型，論文質量較高。」1985年6月27日，吳文藻為張海洋論文寫下了評語：

　　一，本文筆者以林、切二教授關於中國的經濟文化類型的理論和分類法為依據，輔之於西方民族學中文化生態學的原理，對中國經濟文化類型的發展變化過程，聯繫國內各少數民族的實際情況，舉出大量事實，進行詳盡探討，取得一定研究成果。僅就生態學方面言，筆者正確運用了環境、技術（生產力）和經濟，生態適應，生態循環系統等等，含有新意義的舊概念，起了有益作用。

　　二，筆者已經意識到新技術革命的來臨，世界行將進入信息社會的新時代，中國必須加速高度工業化，趕上新時代；而國內少數民族更要飛躍發展，向工業社會直接過渡。有鑒於此，本文中第三類型組——農業生計又分為六個次類型，其中第六個平原集約農耕型，剖析尤詳，都有助於制訂少數民族地區經濟——技術發展戰略研究參考。目前形勢迫切要求深刻理解科技與社會經濟的關係，然後才能有所依據，制訂規劃、方針、政策、措施。這端非一兩門學科可以竣事，必須多學科協作，加以綜合開發研究。

吳文藻1985、6、27

　　一周之後，即7月5日，鑒於吳文藻教授為民族學、人類學所作出的貢獻，中央民族學院在外賓接待廳舉行儀式，向吳文藻教授頒發勳章。這既是對吳文藻一生學術追求的肯定，也是給他為人為學的榮譽。

　　除了這些研究生外，吳文藻還帶了一位編外的研究生，他的小女兒吳青。吳青的專業為英語教學，但吳文藻隨時提醒她，在教學中可以是專業，但更多的時候是工具，語言工具。因而，當他準備將女

兒送到美國進修時，吳文藻和他的留在美國的同學，為其選擇了社會學。冰心說是「在MIT讀『Urban Studies and planning』」。對於這個編外的研究生，吳文藻的指導可是仔細：

> 　　來信述及已定聽兩門課，其中之一在哈佛。要你熟悉：
> MarX、Weber、Durkheim曰三個主要理論家的學說，你可乘
> 機以馬克思主義的立場、觀點、方法為指導，來與Weber、
> Durkheim在同一問題上的不同看法作對比。記得一外用的
> Robertson社會學教本，即是以三氏學說作比較的，所不同者，
> 他是利用Weber、Durkheim來反對或修改Marz的，而我們是
> 以：Marz為本來理解Weber、Durkheim的論點，然後逐一加
> 以駁斥的。對其他社會學流派採取同樣的態度來對待。哈佛
> 社會關係學系是Passons（帕森斯，我在1936、1945兩次和他
> 交談過）學派的根據地，教授大多是他的學生。Passons解釋
> Weber、Durkheim的學說，主要在Structre of Social Action這本書
> 裡。信中提到B·U·的Warner，全名怎麼寫的。我曾結識的
> 是W·Lloyd Warner（在芝加哥，可能已故）。

> 　　通過美國城市，理解美國社會，是一種入手法。美國城
> 市社會的優缺點，都要觀察瞭解，他的特點之一是開國以來新
> 建的城市，不像我國有很多是重建和擴建或改建。社會環境不
> 同，引起的一些社會問題也會不同，特別問題表現的方式自會
> 不同。中國目前大城市出現的一些社會問題（你行前去聽過城
> 市社會學的討論會，想必接觸到不少社會問題，隨身帶有材
> 料，可就兩國遇到的同樣問題作對比，辨別取捨。見聞所及，
> 要隨時積累資料，遇可疑處，詢問講課老師，弄清楚後，記
> 錄下來備查考。Nancy既在哈佛讀博士，熟人可以隨時和她研
> 討。）

三月之後，再行指導：

> 　　……大家為你活動如此頻繁，感到高興。不過一人精力有
> 限，社交普遍鋪開，消耗精力太多，要斟酌情形，適當安排得

少一些。為了安全，晚上外出，不要回去太遲。來信講了許多好消息，你局面已經打開，今後問題在於有選擇地加以利用。你比別人機會多，多了就必須有個選擇，是不是？

　　Lisa給你安排選聽好多門課，估計到你英語工具熟練，可以吸收，消化，受益。但思想性、知識性都很強的課程，需要精讀一些西方資產階級學者的名著，才能識別優劣利弊。比如信中所提Weber的《新教倫理》一書是針對馬克思歷史唯物主主義而寫的，內容淵博精深，但世界觀與方法論同我們根本對立。哈佛社會關係學系是Passons的根據地，他以Weber來對抗Marx的。又法儒de Tocqueville的「美國民主」一書，對美國深表欽佩，美國知識界、輿論界利用它來為美國做宣傳。書中不是沒有精彩言論要用批評眼光來辨別是非。[93]

　　這次進修對吳青來說至關重要，後來所從事的中國貧困地區的婦女教育、加入國際組織、參加婦女與教育的國際活動，包括創辦昌平的「農家女」培訓學校，秉承的便是父親社會學的理念與遺志。吳文藻的學術傳承，不僅在學生中（包括費孝通那一輩學人），也在子女中開花結果，應該為此感到欣慰。

　　此時無論是吳文藻還是冰心，步入暮年之後，進出醫院成了常事，對於後事也都有了考慮與安排。一次吳文藻從北京醫院回來，夜深不能入睡，與冰心談起身後之事，大動感情，渾然不覺自己的年齡與身分，待他漸趨平靜之後，對著窗前的月光，冰心說，藻，我們無論誰走在前面，都是幸福的。

　　生命有迴光返照之說，吳文藻在生命迴光返照之前，出現了人生的「迴光返照」，這個「迴光返照」由一系列的不可思議的現象光環，開放在遲暮的心田裡。一件是在舊物中，出現了一個1923年的日記本，「8月17日由滬乘郵輪赴美留學，船上沒有待幾天即結識瑩。」吳文藻在當天的日記中如此寫道。人們已經從冰心的敘述中，得知了他們在約克遜總統號郵輪「陰差陽錯」的相識，也從冰心的敘述中瞭解了他們的相愛，而對吳文藻當時的敘述與心理，卻是未見一

---

[93] 吳文藻致吳青信，引自冰心、吳文藻合著，《有了愛就有了一切》，江蘇文藝出版社1998年9月。

字。日記能告訴人們什麼呢？還是「諍友」「畏友」與「贈書」的故事嗎？如果依然脫不開這個故事的框架，那麼，書寫者又是如何敘述的呢？尤其是在心理的那個層面，畢竟，那是一介白面書生追求一個京華名媛的故事，那是一個勇氣與智慧的故事。多麼想從這個筆記本中瞭解其中的詳情，但吳文藻除了留下上面的那句話後，依然沉默，不得而知。也許他們有過夜話，回望那艘遙遠的郵輪，但這些都只能是猜想，我們除了從已知的冰心的敘述中想像，依然無法進入吳文藻的角色。2013年9月，我去北京冰心母校、前貝滿中齋——現在的166中學演講，專門詢問了陳恕與吳青，連他們也沒有見過這個日記本！

惋惜之餘，仍存希望。

緊接著，「求婚書」被發現。1985年2月8日，吳文藻在北京醫院住院，午後冰心在外孫陳鋼的陪同下前來探視。時，周揚也在此住院，於是，日記中出現了這樣的一句話：「瑩訪周揚。我的求婚書拿到手。」「求婚書」拿到手，多有意思！從哪兒拿到的，是周揚那兒拿到的，還是冰心帶來的？這個求婚書太重要了，正是由於這份珍貴的文獻，讓人們瞭解了一代學人的戀愛觀、婚姻觀、人生觀。這次吳文藻沒有獨享，「求婚書」被流傳出去了，最後公諸於眾，網絡時代的網民驚呼，將林覺民的《致妻書》、吳文藻的《求婚書》並列，被網友們評為「二十世紀的情聖」！在拿到「求婚書」後的一周，吳文藻出院，兩人有過一次長長的回憶，這次沒有傷感，而是回到了留學美國的青春時代：春天裡的慰冰湖——秋色中的綺色佳——燈光湧動的曼哈頓……

光環的出現，竟然是按了時間順序。2月15日，「民進送來1946年日記簿，是年事多，勝利後由渝返寧，由滬抵日，駐日第一年各種活動。」呵、呵、呵，1946年，吳文藻人生的關節點，多麼重要！現在送到手上，重現抗戰勝利後的人生軌跡，在日本的各項活動，包括東京大審判。吳文藻閱讀日記，燈下問冰心，如果設想再做一次選擇，還會去日本嗎？不去日本，回到北平、留在南京、或去上海？現在想來，東京原來是個避風港啊，那些年國內的炮火連天、急風驟雨，東京灣卻相對平靜，但就是這個平靜，造成了最後的選擇！是耶？非耶？而這個選擇鑄就了後面的半生，人生苦難……學術荒廢……，卻是保留了一個完整的家！冰心說，是的，過去了，回想起

來，也許都不重要，還是這個家吧！你說你要一生呵護我，藻，你未失言。吳文藻接話，這是我最慚愧的事情，許多時間我哪有能力呵護你，瑩，是你時時呵護了我，精神上的不用說，甚至連經濟上，都在幫襯我。[94]

6月15日，吳謝結婚紀念日，每年的這天，都會有不同形式的慶賀，哪怕是十年浩劫之中。就在這個紀念日到來之前的5天，6月10日，冰心在「骨痛甚烈」之時，吳文藻得到了一張結婚請柬：「胡企望帶給我們一張55年前（1929年）結婚發出的請柬來，係用純深紅顏色硬紙印的。我都忘了請柬是用我父親吳淵、岳父謝葆璋聯名發出的。」這個發現太有意義了，冰心立即「骨感止痛」，二人坐在陽光下，端詳了半天，陷入深深而又甜蜜的回憶：臨湖軒——白丁香——大覺寺——古銀杏——三條腳的桌子——坐在夕陽普照、青苔滿布臺階上的黑衣新娘……五十五年後，吳文藻仍然不明白，為何要以大覺寺的禪房做新房，冰心這才道破，東方人行基督的婚禮，最後還是要回到東方的禪境裡。並言，這不是當年的理性，只是後來多次被人問及，才有此感想，只是下意識的吧，別當真！直接的原因，是主持高僧的邀請。6月15日，除吳平出差在滬外，孩子們都來了，以吃喜餅，觀賞父母、觀賞姥姥、姥爺、爺爺、奶奶結婚請柬，「不拘形式敘賀」的方式，度過了吳謝結婚五十六年的紀念日。

這是冰心吳文藻最後一次的婚慶紀念！

這是吳謝一家最後一次的隆重集會！

四十五天之後，即7月26日，清晨，吳文藻早起，燈開了，站起來想取手杖，卻是沒有站穩，手杖沒有夠著，人則墜地倒下。冰心已醒，眼睜睜的看著老伴倒下，卻是無力相助，於是急忙按下呼喚鈴，陳璵大姐、小妹急忙趕來，民院的車很到了樓下，醫務人員、吳青、鋼鋼一起努力，將老人從樓上以背帶扶，送進樓下的車內，直奔北京醫院。

經神經科醫生的初檢，決定留院觀察，「住三樓306老房間。」27日開始接受各種檢查，如CT、心電圖等，並進行一些治療。「住

---

[94] 直到1985年初，吳文藻仍有這樣的記載：「午後大姐陪瑩來，主要談事。醫院費為數甚大，瑩負擔甚重。我甚覺不安。在她獨負重擔時，我對自己身心抱悲觀，這是極不該。」

院第一天，適遇周末，休息半天，昏迷滑睡。陳鋼陪住。午後姥姥（冰心）由大姐（陳璵）陪同來相見。五時去。」此時，吳文藻尚清醒，並有簡單的日記，雖然字跡不清，書寫無規則，但還可以看出人是清醒的。直至8月2日，病情保持穩定，8月3日，病情突然逆轉，開始昏迷。8月5日，陳恕從愛爾蘭進修回國，第二天即到北京醫院探視：

> 冰心、吳青和我就去北京醫院，我看見爹爹安詳地躺在病床上，過去握住他的手，和他說：「我已從愛爾蘭回來，如果你能聽見我講話，你就捏一下我的手。」這時，吳文藻輕輕地捏了一下我的手，說明他還是有一些反應的，但是無力睜開眼睛，也無力說話了。

> 吳文藻因為腦血栓，昏迷過去，從此再沒有甦醒過來。兒子吳平，女兒吳冰、吳青三家輪流去醫院照顧，後來還請來一名助工幫助。吳文藻後又因肺部感染，使病情更加複雜。[95]

八月下旬，冰心最後一次與吳文藻見面。當時，她坐在老伴的床頭，看著滿身插著的食管、導管，心如刀絞，可她無能為力，只能無助地看著他的臉，臉上滿是灰白的須茬，陽光已從地平線上落下了，室內早早亮起了蒼白的燈光，白色床單下的藻，似乎沒有了生氣。吳文藻也許感受到床頭瑩在凝視的目光，但就是睜不開眼，連頭也轉不過去，但他能感覺到凝視目光中傳遞過來的熱量。太陽下山了，夏日的屋裡也覺得寒冷，他是多麼希望瑩就一直坐在自己的身邊，給自己以力量，幫助自己戰勝恐懼與死亡。

冰心在暮色的燈影裡，離開了北京醫院，最後一眼回望306號病房窗口的燈光，她平靜地對大姐說，她感覺到了文藻的恐懼與痛苦！

9月5日，民院為慶祝吳文藻從事高教五十周年，在外賓接待室舉行慶祝會。吳文藻、冰心都沒有出席，吳青代表父親講話，除感謝之外，她也無語。二十天後，9月24日，吳平在醫院值班，他照例幫父親用熱毛巾擦身、翻身，零點至一時半，呼吸困難，脈搏太快，竟然

---

[95] 陳恕，《冰心全傳》，P402。

快到每分鐘142次，醫生兩次加藥，均無效果。後來有一口痰咳不出來，呼吸也就停止了。

六時二十分，吳文藻教授逝世。

吳平在陪護日記上寫道：

> 早，六時二十分停止呼吸，與世長辭。永別了，親愛的爸爸！
>
> 宗生

之後，吳平拿起了話機，接電話的正是母親，她的預感被證實。那天，她醒得很早，甚至晚間似乎沒有入睡，似乎一直在陪伴老伴，和他說話，回憶他們第一次在約克遜總統號郵輪的相遇……五點半鐘，她起來了，沒有像往常一樣在書桌前寫作，而是推著助步器，一人靜坐於客廳的沙發。電話就在小桌上，觸手可及。這天沒有陽光，灰白的晨曦布滿窗前，室內沒有往日的明亮，只有那部紅色的話機有些顯眼，冰心多望了幾眼，鈴聲就響起來了，傳來的是吳平低泣的聲音，「娘，Daddy今晨六時二十分走了。」冰心沒有一句話，甚至沒有問一聲Daddy最後離去的情景，便無力地放下了話筒。

吳謝八十歲之後，曾經背對背寫下了遺書，並言明，去世之後，方可開啟。此時，陳璵大姐、吳青一家都已驚醒，護送姥姥慢慢地推著助步車回到臥室，冰心打開了吳文藻的抽屜，找出一個封存的信封，當著孩子們的面開啟：

吳文藻遺囑

屍體火化後，骨灰撒在附近通海河流。如不便，不必拘泥。

外地親戚聞死訊後，請勿來京，就地志哀即可。

不必為我舉行追悼會、遺體告別儀式。

遺下衣物、存款，如我比娘先走，由娘全權處理。銀行存款可酌情將一部分分給兒女（包括外孫兒女），或由兒女商定是否將餘款捐公，均可。

遺書除由兒女選取可用者外，一律仍捐給民族學院圖書館。有關專業書籍，讓費孝通優先選取，餘均以便於同業人員利用存放適當單位保管。（過去我捐院圖書館的書籍、打印外

文參考資料等，因分散編目，利用率甚低。）

關於遺稿、積累資料、摘記卡片等未及整理供參考用者，可留則留，其餘作廢紙拋棄。（過去費過心血的兩項成書稿件：西洋社會思想史和中國家族制度，均在文革期間散失……）

早餐之後，吳青、鋼鋼前往醫院，陳恕與大姐留下陪冰心。民院的領導得知消息，立即趕來慰問，說：「吳先生去世，我們很痛心，現已報告楊靜仁副總理……請冰心同志節哀。」同來的嚴玉明處長留下來，和冰心商量安排吳先生後事安排。冰心平靜地說：「文藻留有遺囑，不要開追悼會，不要遺體告別，也不要什麼儀式，學生費孝通、林耀華和幾個孩子去告別就行了。我自己也不去，中央民委、中調部、統戰部、中央民族學院的領導也不要參加了。」

吳文藻逝世的消息，在民院、民進、政協等工作過的單位、組織傳開了，親人之間互通音訊，雖然家裡沒有設靈堂，但弔唁的人還是絡繹不絕。為了不驚擾冰心，弔唁的人只在客廳，只有關係十分密切的人，才被允許進入臥室，向冰心表示哀悼。冰心的二弟謝為杰和弟媳李文玲來到家裡，為杰緊緊握住姐姐的手，尚未開口，就淚流滿面。冰心沒有談吳文藻的事，先問了李文玲的手怎麼啦？文玲回答姐姐：「昨天下午摔了一跤，骨折了。」冰心看到二弟哭得很傷心，反而勸慰他：「不要太傷心了，你最近眼睛又不好，多保重自己的身體。」冰心堅持不讓他們到醫院告別。[96]

9月27日，民院還是在北京醫院告別室進行了一個規模極小的告別儀式，費孝通、林耀華、宋蜀華等幾個早年的學生參加，其他便是家人、親屬，包括三個孩子的三家人，吳謝家在北京的親屬及他們的下一代。家人訂了一個精緻的花籃，冰心親自在白色的絲綢上寫下輓詞：

獻給文藻

婉瑩並第二三代的孩子們泣上

---

[96] 1986年1月12日，謝為杰在北京病逝，享年78歲（1908-1986）。

10月1日，新華社向海內外播發吳文藻逝世的消息：

吳文藻教授逝世

六屆全國政協委員、民進中央常委、中央民族學院顧問、著名社會學家和民族學家吳文藻教授，因病於1985年9月24日逝世，終年八十四歲。

幾十年來，吳文藻教授為中國社會學和民族學的發展培養了許多人才，作出了重要貢獻。他熱愛中國共產黨、熱愛祖國、熱愛社會主義。根據他的遺囑，他的夫人謝冰心將他生前三萬元存款作為中央民族學院民族學研究生獎學金基金，並把他珍藏多年的圖書資料捐給民族學院。

為了尊重吳文藻教授生前遺願和謝冰心的意見，有關方面不再為他舉行遺體告別儀式和追悼會。

吳文藻生前任教的中央民族學院組織了治喪委員會，向有關單位與人員寄發了吳文藻逝世的消息與生平成就簡歷，中國民主促進會中央委員會《民進》，刊登了《吳文藻同志生平》。

吳文藻去世的前一天，冰心為袁鷹的散文集寫了一篇評論：《喜讀袁鷹的〈秋水〉集》，因為老伴的離去，停筆十天，直到10月3日，為安徽滁州舉行的散文節題寫了「醉翁亭散文節」。十天的時間，在冰心漫長的生命旅途中是短暫的，但這十天卻讓她陪伴吳文藻走過了漫長的一生。每天的回憶，像潮水一般湧上又退下，不能自己，既為當年的選擇、也為吳文藻的命運感慨萬千。無論是吳謝的婚姻還是文藻的人生，都已走完了一個過程，死是生的結果，別是愛的必然，再偉大的人生、再忠貞的愛情都不能改變這個規律，清醒如冰心者，不曾為老伴的離去而落淚，卻是平靜地思考過他的一生，最終得出的結論是，他有一個完整的人生，他的早年有過創造與燦爛，他的中年有過屈辱與苦難，他的晚年有過追趕與祥和，期間缺一便不能合成完整的人生，這是上帝為芸芸眾生規定的人生過程，他現在已經完成了這個全過程。

10月4日，冰心給遠在上海的巴金寫信，言說自己的心情：

你給吳青的信，我看到了。小林又寫信又有長途電話，我真是感激！我是想得開的！他不死於反右期間，不死於十年動亂，逝世時已經昏迷了三個星期，沒有顯出什麼痛苦，他不過比我先走了一步，八十四歲也不算短命，我是十分滿足的。大家函電紛馳，勸我節哀。我們本來一切從「簡」，但是新華社發了消息，又「繁」起來了。我很好，沒有在人前流過一滴淚，心裡也平靜，你千萬放心。謝謝上海的朋友。我一時還不能走開，有人到北京，請來坐坐。親小林一口。[97]

10月5日，冰心八十五周歲生日，這是一個可以稱之為華誕的日子。中國文化中有「沖喜」之說，各方親友、朋友、學生、讀者也都借了這個日子，既是給冰心拜壽，也有安慰之意，也有以賀壽沖淡悲痛之意，但冰心完全不是他們想像的那樣，當你慰問與勸說她時，當您向他表示悲痛時，她都一一反過來勸說你，說別難過，人都有這一天的，文藻八十四歲走了，是高壽，我要是那一天走了，你們都別難過，上帝已是很厚愛我們了。冰心在將吳文藻三萬元存款與藏書、文獻資料，全部捐獻給中央民族學院之後，開始閱讀大量的唁電、唁函，包括那些登門弔唁與慰問的人，都未致謝，她也不可能一一回信，於是，在一個大霧之晨，冰心端坐桌前，望著對面吳文藻的空位，開始寫作《衷心的感謝》：

> 文藻離開我已經整整一個半月了。這一個半月，我是在周圍一片慰唁聲中度過的！不但幾乎天天有朋友和親人來慰問我，還因為新華社發了文藻逝世的消息，我收到了從國內國外發來的一百七十多封的唁電和唁信。有一些發電或發信人的名字是不熟悉甚至是不認識的。我昨天才有心緒來從頭閱讀那一大堆函電，我彷彿突然發覺，原來他還有那麼多的同行，那麼多的朋友，那麼多的學生；原來我們還有那麼多的瞭解、同情、關心我們的人！我忍不住湧出了感激的熱淚。
>
> 電文大都簡短：哀悼他的逝世，請我節哀。而從那一百多

---

[97] 冰心致巴金，《冰心全集》第7卷，P638。

封字數較多的唁信裡，我看到了他的朋友、學生們心中眼中的吳文藻——他的生平、他的為人、他的遭遇……寫出了和我共同生活了五十六年的吳文藻！

我只能摘錄這許多信中的幾封：

吳先生對我國社會學與民族學建設運動，有過傑出的貢獻，並培養出許多接班人，成為我國這門學科的奠基人和大師。他的逝世實是我國學術界一大損失。

——楊堃

文藻同志和我在清華學校同窗多年，他雖高我一級，但彼此情同手足。他是我國社會學的先驅之一。新中國成立後，社會學被長期忽視，直到今天才受到了尊重。正需要他時，他又溘然長逝。哲人其萎，是黨和國家的重大損失……

——周培源

我們自昆明讀大學起就不斷親聆文藻師的教誨，閱讀文藻師的著作，受益匪淺，留下了不可磨滅的印象。文藻師學識淵博，治學謹嚴，對學生誨而不倦，為我們樹立了楷模。文藻師一貫重視社會學人才的培養，並為此作出了傑出的貢獻，這些都是值得我們永遠紀念和學習的……

——袁方、全慰天等六人

他老人家在燕大時，對我們的教導，我們永遠也不會忘記的。我們雖身在國外，也常常通過「美中人民友好協會」，為祖國謀幸福，為祖國工作，以期不負他老人家的教誨……

——蘇厚彬

吳老對我們的科研工作，給予親切的指導，我定永志不忘。今後我將以自己的實際工作，來報答吳老的諄諄教誨……

——宋維真

藻師是世界知名的學者。藻師為人耿直，一生誨人不倦，

我追隨師側，時間不多，但對我一生的學習和工作，起了不可
估量的楷模作用。我常向藻師彙報學習和工作情況，他老人家
無論多忙，身體又不太好，總是親自給我回信，一次是在唐山
大地震波及北京時坐在院子裡小凳上寫的；一次是在眼力差、
寫字手抖的時候寫的。藻師對於晚輩也毫不疏忽……

——李鎮

　　我和文藻先生接觸不多，但對先生對社會學的貢獻，一向
是景仰的，同時對文藻先生1957年的錯劃右派，也一直憤憤不
平的。文藻先生遺願不舉行追悼會和遺體告別儀式，使我沒有
表示哀思的機會……

——千家駒

　　文藻先生筆耕一生，對學術界建樹卓著，晚年屢遭顛沛，
而報國之心不減，是我們後輩的楷模……

——袁鷹

　　我作為您和藻師的弟子，已經五十四個年頭了，這是天翻
地覆的五十四年。你們給我的教導是：愛祖國、愛人民。在這
半個多世紀以來，你和藻師就是為祖國的現代化而努力，我也
在實踐你們的教導……海外有不少關於藻師生平的報導我正在
搜集……世界在變，每人都在變化中扮演一個角色，藻師的角
色演完了，無論從什麼角度看，他都是一位偉大的愛國者，一
位終身致力於祖國現代化的學者……我很快就要回國了，如有
可能我想為藻師編一本文集……

——李有義

　　不必再多抄了，我將遵照一位小朋友要求我的話，寫點東
西。她說：「我希望吳伯伯能在您筆下重新得到生命！」[98]

---

[98] 《衷心的感謝》，《文匯月刊》1986年第1期。

冰心在此忽略了胡喬木的唁函：「閱報驚悉吳文藻老先生逝世，深為痛悼。吳老先生是我國社會學前輩，貢獻巨大，而又遭遇坎坷，他的逝世是我國學術界的重大損失，而對您個人的打擊，更使我心情沉重。我雖未嘗從您受業，但您是我學生時代的文學啟蒙老師，這段恩情迄今未曾忘懷。今逢此大故，感同身受，謹函致唁，不能盡意。生離死別，人人不免，智者當能善處，無待多言。您的身體也不好，請勿回信。」自然與其他的信函一樣沒有回信，聯繫到1989年六四事件胡喬木的上門解釋，此處的忽略也許不是無意的，她相信，無需借助更大的權威，吳文藻將在自己的筆下重新獲得生命。

第十二章　愛恨交集

1，「我」與吳文藻的再生

　　果然，當讀者希望吳文藻在冰心的筆下重新獲得生命之時，恰恰契入了冰心當下的寫作之中。

　　1936年英國倫敦的午後茶，伍爾芙的自傳勸說，當時以不合中國人的習慣，以後又是戰事逼近，動蕩多變，冰心一直沒有認真去考慮。但是作為片斷自傳和零星回憶並沒有斷過，冰心自登上文壇，便有一個寫作的習慣——回憶往事，其如《往事》（一）（二）之中都隱含了作者的個人經歷與情感。而《我的文學生活》以及幾次回憶五四運動的文章，則是顯示了自傳的成分，較為詳細地記錄了作者生活的一個方面、或生命中的一個事件。直到八十歲臨近，在「思想解放運動」之中，才認真地思考起伍爾芙的提議，「覺得她的話也有些道理。『思想再解放一點』，我就把這些在我腦子裡反覆呈現的圖畫和文字，奔放自由地寫在紙上。」[1]

　　這個「自傳」是以「我」字頭打頭的。第一篇自然是《我的故鄉》，作者生命的源頭，閩江之濱的福州，然而，七個月便在繈褓中離去，好在十一歲之後重返故鄉，作者將重點放在回到故鄉的所見所聞，始終圍繞「我的」二字：我所居住的大院、我所見到大院中的對聯、我在祖父書房讀的書、我進入新式學校的生活以及祖父在我的心中植下的故鄉之根。冰心回憶的主體——位於楊橋巷的那座大院，處於人文薈萃的三坊七巷之中，為黃花崗七十二烈士之一林覺民的居所。雖然這是一座很有歷史意味的大院，但是，直到上個世紀八十年代，冰心的回憶文字依然是首次披露。林覺民的家族，對這座居住了許久的大院，未留下任何的文字記載，所以，當以「福州辛亥革命紀念館」與「林覺民故居」而保留這座宅院時，大院的格局、布置、安

---

[1]　《我的故鄉》，《冰心自述》，P16。

排，均以冰心的回憶文字為藍本，牆上、柱上的楹聯，體現的是謝氏家族文化，修復者以為林家「原本如此」，要是沒有冰心這篇《我的故鄉》，不知道保存下來的房子，會是個什麼模樣？再後來，林徽因走紅，林覺民與林長民堂兄弟的關係被提起，於是有人將林徽因也與這座房子聯繫起來，完全成了「望屋生義」的牽強附會。

　　《我的故鄉》除了對故鄉的描寫之外，自傳色彩更為濃烈的是，作者言明自己回歸到了「女性」的性別角色上了，之前煙臺山邊海隅養成的男孩子的角色，在這裡得到了糾正，所以作者感謝這一段並不太長的故鄉生活，這裡不僅給了她的生命，也回歸了使她的性別角色。「我也不能不感謝這個轉變！十歲以前的訓練，若再繼續下去，我就很容易變成一個男性的女人，心理也許就不會健全。因著這個轉變，我才漸漸的從父親身邊走到母親的懷裡，而開始我的少女時期了。」[2]《我的童年》為自傳的第二篇，重在敘述作者「海化」性格的形成，以寬闊的大海為背景，以東山炮台為舞臺，以水兵為伍，以軍號為伴，放槍、騎馬、上軍艦、下村寨，活脫脫的一個「野孩子」。這是動的一面，還有靜的一面，聽故事、讀書、看星星、望海。無論動與靜，海的背景都不能撒去，「從廊上東望就看見了大海！從這一天起，大海就在我的思想感情上占了一個極其重要的位置。我常常心裡想著它，嘴裡談著它，筆下寫著它；尤其是三年前的十幾年裡，當我憂從中來，無可告語的時候，我一想到大海，我的心胸就開闊了起來，寧靜了下去！1924年我在美國養病的時候，曾寫信到國內請人寫一副『集龔』的對聯，是：世事滄桑心事定，胸中海嶽夢中飛。」[3]在大海的背景下，在「動」與「靜」的畫面裡，形成了作者的「海化」性格。1942年，冰心應李曼瑰之約，曾寫過一篇同名的文章《我的童年》，也是在回憶童年生活時，陳述了自己性格的形成，「環境把童年的我，造成一個『野孩子』，絲毫沒有少女的氣息。我們的家，總是住近海軍兵營，或海軍學校。四圍沒有和我同年齡的女伴，我沒有玩過『娃娃』，沒有學過針線，沒有搽過脂粉，沒有穿過鮮豔的衣服，沒有戴過花。」「那七八年山陬海隅的生活，我多半是父親的孩子，而少半是母親的女兒！」冰心將這種生活，概括

---

[2]　《我的童年》（一），《冰心自述》，P22。
[3]　《我的童年》，《冰心自述》，P25。

為從五個方面影響了自己的性格，即是：生活態度嚴肅、喜歡空闊高遠、喜歡黑色等單色調、喜歡自然的交往和對軍人的尊敬，[4]同時還有一種「恬淡」、「自然」「樂觀」與「珍愛生命」等。

從煙臺到福州、從海邊到城市、從動中的「野孩子」到靜處的女紅，這兩篇自傳完整地描寫了作者性格的形成。這與一般的回憶錄不同，在文學的層面上刻畫傳主的性格和性格的形成因素，顯示了最後的晚清投在一位少女身段上的一抹亮光。煙臺自十四世紀得名，但直到十九世紀初仍然為荒涼寂寞之地，冰心對煙臺水兵練營、海軍學校的記載，無疑為這個發展中的海濱城市，留下了珍貴的史料。包括她之後的《我到了北京》《我入了貝滿中齋》，都為這個都市與這個學校，注入了文化血脈。《我的大學生活》則是記載了消失了的兩所大學——華北協和女子大學與燕京大學，它在《燕大文史資料》之中都占有重要的版面與位置。我今天所寫的冰心傳記，離開了這幾篇自傳所提供的文獻資料，要到哪裡去追尋她遠去的身影？

到了北京的冰心，有個過渡與沉靜的短暫時光，就是她自己所說，在黑暗的隧道中穿行，看著窗外移動的風景。到了貝滿中學，倔強與開朗的性格，在學習與交友上，開出了燦爛的花朵。當五四運動興起、新文化運動開張，這裡有時代風帆的感召，但內在的性格起到了重要作用。這才有了走出校門、走向街頭、宣傳新思想、喚起民眾的激情與行動。冰心在她的自傳中，以性格的形成、發展與表現為線索，將自己與時代、與社會融洽在一起，只不過我們的研究者，並沒有更多的從這條線索上分析冰心，倒是更注重外在的影響，尤其是新思想的影響。

冰心的自傳，在她自己看來也屬於有分量的文章，因而，都在《收穫》發表。這時，中國作家協會也有兩家大型刊物創刊，一家是馮牧主編的《中國作家》，一家是丁玲主編的《中國》。新創刊的刊物，大作家的稿件首先就是爭奪對象，丁玲與馮牧派出得力的編輯到謝家邀稿，冰心開始都沒有答應，《中國》雜誌想將「自傳」爭取過來，但冰心說「《收穫》是巴金辦的刊物。」編輯就指望其他新作，還說丁玲當年創辦《北斗》，謝先生可是得力的支持者！《中國

---

[4] 在本書第一章第4節中有較詳細的引述。

作家》的編輯則另闢溪徑，提議冰心再開一個專欄。冰心就問，什麼專欄？編輯是個對冰心瞭解之人，提議，您曾經寫過一本《關於女人》，來一個「關於男人」如何？這一提議，將冰心在寫作「自傳」時的人物激活了，比如，寫故鄉，對祖父與父親還有許多的未盡之言，未寫之事，「關於男人」則可成為「自傳」的補充，也可單獨成文。於是，冰心爽快地答應了。

> 病後行動不便，過的又是閒居不出的日子，接觸的世事少了，回憶的光陰卻又長了起來。我覺得我這一輩子接觸過的可敬可愛的男人，遠在可敬可愛的女人們之上。對於這些人物的回憶，往往引起我含淚的微笑。這裡記下的都是真人真事，也許都是凡人小事。（也許會有些偉人大事！）但這些小事、軼事，總使我永志不忘，我願意把這些軼事自由酣暢地寫了出來，只為怡悅自己。但從我作為讀者的經驗來說，當作者用自己的真情實感，寫出來的怡悅自己的文字，也往往會怡悅讀者的。[5]

《我的祖父》《我的父親》《我的小舅舅》《我的老帥——管葉羽先生》《我的表兄們》在半年時間內完成，冠之《關於男人》總標題，發在《中國作家》創刊號及以後的各期上。所回憶的人物與「自傳」的時間段持平，多是自傳中所沒有描寫到的細節，因而給讀者新穎的感覺，沒有似曾相識的重複。比如，「祖父」這個形象，在《我的故鄉》《我的童年》《祖父和燈火管制》中多次寫到，但在《我的祖父》中，依然有常掛在心頭的「許多小事，趣事」，比如「我」偷吸祖父的水菸、背著祖父打麻將牌、驚叫「對對和」等，再次讓一個慈愛的祖父與一個「淘氣又不守法的『小傢伙』」形象，躍然紙上。父親在「來遠號」上參加甲午海戰，冰心說她父親是駕駛「威遠號」參戰，一些朋友與讀者來信糾正，說「威遠號」未參加海戰，但她仍然認為是在「威」字命名的戰船上。此時的冰心已經八十有五，但她相信自己的記憶，在對父親有關詩詞的回憶上，令你不得不相信她記

5　《〈關於男人〉序》，《關於女人和男人》，P220，人民文學出版社1993年4月。

523

第十二章　愛恨交集

憶力的驚人，像朋友贈謝葆璋的兩首七律詩，只有頭兩句忘了，其他各句都準確地寫下來，「××××××××／××××××××／東溝決戰甘前敵／威海逃生豈惜身／人到窮時方見節／歲當寒後始回春／而今樂得英才育／坐護皋比士氣伸」。「烏衣門第舊冠裳／想見階前玉樹芳／希逸有才工月賦／惠連入夢憶池塘／出為霖雨東山望／坐對棋枰別墅光／莫道假年方學易／平時詩禮已聞六」。[6]要知道，這可不是唐詩啊，掛在中剪子巷謝家客廳牆上的詩作，七十年之後，她還能記得如此清楚！父親的形象也在老友的詩行中再生了。

《我的表兄們》寫作之時，吳文藻最後一次住進了北京醫院，直至逝世。老伴病中、彌留之際、逝世前後，冰心基本沒有停止寫作，包括袁鷹、王安憶在得知為其作品集作序寫評論，均在吳文藻病重期間完成的，十分感動和內疚。實際上，這期間冰心還有其他的寫作，包括《希望一年三百六十五天都尊師》《回憶中的金岳老》《漫談集句》等。吳文藻住院之前，人生軌跡「迴光返照」，結婚請柬、求婚書等先後重現，這時冰心的思想也特別活躍，常常沉寂在和吳文藻五十多年的共同生活的長河裡，想起兩個留美的知識分子的人生與命運，感情跌宕起伏，但老人的表面平靜，完全遮蓋了內心的波瀾，以至擋住了他人透視這個世紀老人對老伴的眷戀、對半個多世紀共同生活的追憶。所以，吳文藻逝世三個月後，當《婚姻與家庭》雜誌向她邀稿時，僅讓編輯在客廳等待片刻，她在臥室兼書房，面對老伴留下的桌前空位，一口氣寫下了《論婚姻與家庭》：

> 家庭是社會的細胞。
> 有了健全的細胞，才會有一個健全的社會乃至一個健全強盛的國家。
> 家庭首先由夫妻兩個人組成。
> 夫妻關係是人際關係中最密切最長久的一種。
> 夫妻關係是婚姻關係，而沒有戀愛的婚姻是不道德的！
> 戀愛不應該只感情地注意「才」和「貌」，而應該是理智地注意到雙方的志同道合（這「志」和「道」包括愛祖國、愛

---

[6] 《我的父親》，《關於女人和男人》，P233、234。

人民、愛勞動等等），然後是情投意合（這「情」和「意」包括生活習慣和愛好等等）。

在不太短的時間考驗以後，才能考慮到組織家庭。

一個家庭對社會對國家要負起一個健康的細胞的責任，因為在它周圍還有千千萬萬個細胞。

一個家庭要長久地生活在雙方的人際關係之中。不但要撫養自己的兒女，還要奉養雙方的父母，而且還要親切和睦地處在雙方的親、友、師、生等等之間。

婚姻不是愛情的墳墓，而是更親密的、靈肉合一的愛情的開始。

「二人同心，其利斷金」是中國人民幾千年的智慧的結晶。

人生的道路，到底是平坦的少，崎嶇的多。

在平坦的路上，攜手同行的時候，周圍有溫暖的春風，頭上有明淨的秋月。兩顆心充分地享受著寧靜柔暢的「琴瑟和鳴」的音樂。

坎坷的路上，扶掖而行的時候，要堅忍地咽下各自的冤抑和痛苦，在荊棘遍地的路上，互慰互勉，相濡以沫。

有著忠貞而精誠的愛情在圍護著，永遠也不會有什麼人為的「劃清界限」，什麼離異出走，不會有家破人亡，也不會有那種因偏激、怪僻、不平、憤怒而破壞社會秩序的兒女。

人生的道路上，不但有「家難」而且有「國憂」，也還有世界大戰以及星球大戰。

但是由健康美滿的戀愛和婚姻組成的千千萬萬的家庭，就能勇敢無畏地面對這一切！[7]

這幾乎是一篇婚姻與家庭的宣言，雖然沒有出現她與吳文藻的名字，但是字裡行間的每一句話、每一個格言、每一段警句，都是從他們半個多世紀婚姻與家庭中概括、提煉、凝聚而成的，是近幾個月感情壓制而迸發的結果。如果說吳文藻的《求婚書》是他們共同生活的開始，是他們感情生活的理性支柱，那麼，冰心的《論婚姻與家

[7] 《論婚姻與家庭》，《冰心全集》第8卷，P5。

庭》，則是他們共同生活的總結，是他們感情生活從感性到理性的凝聚。

那是一個陽光滿窗的夏日清晨，冰心在北京電車公司印售的稿紙上，寫下了「我的老伴——吳文藻」。

> 我想在我終於投筆之前，把我的老伴——和我共同生活了五十六年的吳文藻這個人，寫了出來，這就是我此生文字生涯中最後要做的一件事，因為這是別人不一定會做、而且是做不完全的。
>
> 這篇文章，我開過無數次的頭，每次都是情感潮湧，思緒萬千，不知從哪裡說起！最後我決定要穩靜地簡單地來述說我們這半個多世紀以來的、共同度過的、和當時全國大多數知識分子一樣的「平凡」生活。

內心波瀾洶湧，敘述時卻是波瀾不驚，浪漫與感情的話語也僅是這麼幾句：「綺色佳是一個風景區，因此我們幾乎每天課後都在一起遊山玩水，每晚從圖書館出來，還坐在石階上閒談。夜涼如水，頭上不是明月，就是繁星。到那時為止，我們信函往來，已有了兩年的歷史了，彼此都有了較深的瞭解，於是有一天在湖上划船的時候，他吐露了願和我終身相處。經過了一夜的思索，第二天我告訴他，我自己沒有意見，但是最後的決定還在於我的父母，雖然我知道只要我沒意見，我的父母是不會有意見的！」寫到新婚之夜不僅沒有喜慶，還有些寒磣，北京西郊崇山中的寺院，低矮的禪房，兩張帆布床，一張三條腿的小桌子……這與我在傳記中描寫的不一樣，完全過濾掉了感情色彩。只是在刻畫吳文藻性格的時候，冰心使用了有趣的細節，比如阮玲玉的照片、「香丁」、「寶塔詩」、「羽毛紗」、「薩其馬」等，活脫脫地刻畫出一個滿腹經綸、對學術與教學執著認真，卻缺少的生活情趣有些木訥的書生形象，我在傳記中對吳文藻性格的描寫，多從冰心的敘述來把握。

安逸的生活在燕南園，從「溫暖的春風」「明淨的秋月」平坦之路走出後，便是坎坷之途了，包括抗戰的艱難歲月、反右與文革等，冰心在這裡沒有描寫苦難與坎坷，而是突出了在苦難與坎坷中的

相濡以沫,並且強調,「他的『坎坷』是和當時絕大多數的知識分子『同命運』的」,也就是說絕非個案,重要的是他沒有在坎坷中跌倒下去,這大概就是她的《論婚姻與家庭》中所言,在坎坷的路上,有人扶掖而行,他們相互堅忍地咽下各自冤抑和痛苦,在荊棘遍地的路上,互慰互勉,相濡以沫。沒有倒下的原因,不僅需要忠貞的愛情衛護,無論在什麼情況下,沒有妻子、子女來「劃清界限」,沒有離異出走,「不會有家破人亡」。對於老伴最後的離去,冰心直到這時才露出了真實的情感:「永遠抱恨!」不是因為救治不及時,不是有什麼對不起他的事情,原因有二:五十六年來的共同生活,兩人已經合為一體的骨肉之情,割捨不去,再就是吳文藻的重建社會學的志願未了……

2,恬淡自在,隨意而作

難以割捨的感情,終要割捨,吳文藻未竟的事情,自然有人去做,《我的老伴——吳文藻》完成之後,冰心有種解脫感,似乎又回到了「一個人的世界」。此時她的行動雖然受到身體的限制,但她心情平和,思想活躍,關心的事情多,視野也開闊。曾寫過兩篇「一天」的文章,可見吳文藻走後她的生活與精神狀況:

> 我每天醒得很早,大約六點之前就完全清醒了,這時想得最多,比如這一天要做的事、要見的人、要寫的信或文字等。也在這時有一兩句古人的詩,如同久久沉在腦海底下的,忽然浮出海面,今天清早就有不知是哪位詩人寫的:
> 獨立中流喧日夜
> 萬山無語看焦山
> 還有七十多年前在祖父桌上《詩鐘》集中,看到的詠周瑜的兩句詩:
> 大帝誓師江水綠
> 小喬卸甲晚妝紅
> (關於《詩鐘》,我必須解釋一下:這是福州那時學詩的人們在一起習作的形式。他們不必寫一首七絕或七律,只要能寫成兩句對偶的七言句子就行。但這兩句七言詩的框框很多,

比如我上面引的那兩句，題目：咏的人物是周瑜，詩句中必須嵌上「大」、「小」、「紅」、「綠」四個字，如此等等。）

我用枕邊的手電筒照見床旁的小時鐘已經到了六點，就拈開枕邊小收音機——這還是日本朋友有吉佐和子送給的——收聽中央廣播電臺的「科學知識」和「祖國各地」或「衛生和健康」的節目，然後聽完「新聞和報紙摘要」，我就起床，七時吃早飯，飯後同做飯的小阿姨算過菜帳，就寫昨天一天的日記，簡單地記下：見過什麼人，收到什麼信件，看了什麼書刊等等，就又躺下休息，為的是在上午工作以前補補精神。休息時總是睡不著的，為避免胡思亂想，就又拈開枕邊的收音機，來收聽音樂，我沒有受過什麼音樂訓練，雖然也愛聽外國音樂如「卡門」、「彌賽亞」——特別是卡拉揚指揮的；但我更愛聽中國民歌，總感到親切、順耳，——我很喜愛「十五的月亮」，覺得這首歌凄美而又悲壯。

九點鐘我一定起來，因為這時我小女兒的寶貝貓「咪咪」，已經拱門進來了，它跳上我的書桌，等著我來餵它吃些幹魚片，不把它打發走，我是什麼事也做不成的！

等咪咪滿足了，聽我的指揮，在桌旁一張小沙發上蜷臥了下去，我才開始寫該寫的信、看要看的書、報、刊物。十二點午飯後，我又躺下休息，這時我就收聽的是中央台的長篇小說的連續廣播。我最欣賞的先是陳祖德的《超越自我》，後來便是袁闊成的《三國演義》。這本書我是從七歲就看到了，以後又看了不知有多少次，十一二歲時看到「關公」死後，就扔下了；十四五歲時，看到諸葛亮死後又扔下了。一直到大學時代才勉強把全書看完。沒想到袁闊成的說書《三國演義》又「演義」了一番，還演得真好！人物性格都沒走樣，而且十分生動有趣，因此我從「話說天下大勢合久必分，分久必合」一直聽到「三分歸一統」，連我從前認為沒有什麼趣味的「入西川二士爭功」，也顯得波瀾壯闊。我覺得能成為一位「好」的說書者，也真不容易！

到了午後兩點，我又是準時起來，因為咪咪又拱開門進來了，這上下午兩「餐」，它是永遠不會失時的。

下午當然又是看報、寫字。晚飯是七點吃的，晚飯後我從來不看書寫字，我只收看電視。「新聞聯播」是必看的了，此外我就喜歡看球賽，不論是什麼「球」，我不是看技巧，只要是中國球員和本國或外國球隊競賽的我都愛看，「勝固欣然，敗亦可喜」，我知道中國的兒女是會不斷拚搏的。

　　此外，就是看故事片，國產的如《四世同堂》，外國的如《阿信》，看著都感到親切。其他還有好的，但印象不深，一時想不起來了。

　　夜十點鐘，我一定上床，吃安眠藥睡覺。吃藥的習慣是十年動亂時養成的，本來只吃「眠爾通」，現在已進步到「速可眠」，醫生們總告誡我最好不要吃催眠藥物，但躺在床上而睡不著，思想的奔騰，是我所最受不了的！

　　這就是我的刻板的一天，但事實上並不常是如此，我常有想不到的電話和不速的客人，有時使我快樂，有時使我煩惱，有時使我倦煩，總使我覺得我的「事」沒完沒了，但這使我憶起我母親常常安慰並教訓我說的「人活著一天，就有一天的事，『事情』是和人的生命一般長短的。」[8]

　　冰心說這是她刻板的一天，但就是這樣的「刻板」生活，足可以將天下事盡納心底，真是應了她在另一篇文章所引用的古語「秀才不出門，能知天下事」。其實，冰心的每一天，並非都如此，像一筆流水帳，而常常是面對天下事，以她手中的筆，盡訴胸中快壘。做了一個統計，吳文藻逝世之後的1986年，除大量的書信與題詞外，僅是文章便有二十七篇之多，平均一個月有兩篇以上的新作面世。這裡有對文學現狀的關心，有對「創作自由」的主見，她贊成劉心武的「創作自由」論，將「我對生活的獨到見解和我的藝術個性」，在作品中自由地表達出來。[9]她漫談兒時過年，也與小朋友說過年，從初一穿新衣到十五過元宵，將那些遙遠的民俗，一筆一筆地勾勒出來，同時告訴小朋友要用好壓歲錢、遊戲中要保護好環境等等。[10]她寫悼念丁玲

8　《我的一天》，《冰心自述》，P235-237。

9　《一個大寫的「北京人」》，《冰心全集》第8卷，P3。

10　《漫談過年》，《冰心全集》第8卷，P12。

的文章，「寫追悼文字，我的手都軟了！這些年來，振鐸、老舍、郭老、茅公、林巧稚大夫、吳貽芳校長……最近又是我的老伴，我的二弟，現在又加上丁玲！」[11]但她還是以柔軟之手，寫出了記憶中每一個年份與之的交往與友誼。不僅是寫丁玲，還有張天翼、吳貽芳，張是兒童文學的大家、吳是一代女性教育之典範，冰心以細膩之筆，寫出他們的偉大與崇高；她在六一兒童節與民進的會友們寫信，提出教育工作者如何與第二代、第三代相處，「不是用居高臨下的、管教或訓示的態度，而是用平起平坐的商量的方式和他們談話。不是用『溺愛』來放任他們，而是用『熱愛』來信任他們。」她引用私塾修身課中的兩句話予以辯證：「『孔子家兒不知怒，曾子家兒不知罵。』我想孔子可能在家裡沒有『怒』過。但讀《論語・憲問》，上面寫著孔子用杖叩原壤的腿，他說『老而不死是為賊』。這怒得夠厲害的了！因為原壤是一個『幼而不孫弟，長而無述焉』的人。至於『曾子家兒不知罵』，我想是完全可能的。」[12]也就是該批評的還是要批評，不一定以用罵的方式。她以含淚的微笑，回憶福州短暫生活中，曾經在「笑語喧嘩、目光五色的青少年群裡，」以飄飄然的感覺，為少男少女們傳遞過情詩與情話。[13]她書寫心靈中的商務印書館，「一座屹立在上海的巍峨大廈，裡面住著幾位傳授知識的大師，如張元濟、高鳳謙……」年輕的編輯則有茅盾、鄭振鐸。「我閱讀的是《小說月報》，我寫的小說也在那上面發表。我的第一本小說集《超人》（1923年）和第一本詩集《繁星》（1923年）也都是商務印書館出版的。」「我的作品也在幾個別的出版社發表過，但是在我的記憶中，商務印書館是我最初的、永誌不忘的良師益友！」[14]不長的文字中，將商務印書館在中國現代出版史上的地位、意義，通過與個人的經歷勾勒出來了；寫我與北京的關係，兩千多字的文章，將北京的過去、現在和未來都說了個遍；她有心情來「賞花與玩貓」；回憶當教師的快樂時光；她為「國際和平年」寫詩祈禱；她寫作喜歡陳祖德、陳祖芬一家子的人與書評，不惜長文推薦「三篇好小說」（即鄒志安的

---

[11] 《悼丁玲》，《冰心全集》第8卷，P18。
[12] 《六一兒童節寄民進會友》，《冰心全集》第8卷，P23。
[13] 《兩棲動物》，《冰心全集》第8卷，P25。
[14] 《我和商務印書館》，《冰心全集》第8卷，P51。

《支書下臺唱大戲》、李曉的《繼續操練》、曉劍的《本市市長無房住》）；遙想故鄉的茶葉與茶事，文字精緻，茶事精細，「我的祖父吃茶是很講究的，他泡茶的水，不是井水而是雨水。福州多雨，一陣大雨過後，屋瓦徹底乾淨了，我們就把屋簷上的雨水，用竹管引到大木蓋上開有小蓋的大水缸裡，泡茶時打開小木蓋用小水勺舀出儲存的雨水來煮沸。他說雨水是淨化了的，沒有土味。以後我跟父母到了北京，雨少天旱，沒法子用雨水泡茶了，但父親在蓋碗裡放上很多茶葉，說是要使茶香蓋過水味。現在我自飲或待客，用的茶葉也還是茉莉花茶，而泡茶用的水，不但雨水，連井水也沒有了，我用的是帶有漂白粉味的自來水！」；[15]她以風趣的語言，談起了自己的「書齋」（實則就是她的臥室），「桌上有時有一瓶玫瑰，也有筆筒、硯臺、桌燈、日曆等等，還有兩本字典：一本是小小的《英華大辭典》，一本是《新華字典》，因為不論是寫漢文或看英文，我往往提筆忘字，或是英文一個字不會『拼了』就得求助於這兩本小小的字典。」[16]她更以零星通訊的方式，多次給小朋友寫信，談理想、道德修養，同時也狠狠地發洩了一下不滿與憤怒：

晚報同志送來十幾篇《孩子心中的文革》的稿子要我作序。剛好前幾天有位上海朋友給我寄來《新民晚報》上發表的巴金的《二十年前》，講的也是文革十年中的個人經歷。一位八十多歲的老人和一百個當時的孩子今天筆下的「難忘一事」，都記載著「文化大革命」中萬民塗炭的慘狀。那時全國百十萬個血氣方剛、好奇而又無知的男女青年，在林彪、「四人幫」這幾個跳樑小丑的教唆下，只因受到了幾次偉大領袖的接見，就儼然覺得一身綠軍裝，一根皮帶，一條紅衛兵袖章，就可以比當年由全國人民代表大會通過的憲法，擁有更大的權威！巴金說「……那十年中間，每個人都有寫不完的慘痛的經歷。說慘痛太尋常了，那真是有中國特色的苦刑。上刀山、下油鍋以及種種非人類可能忍受的『觸皮肉』和『觸靈魂』的侮辱和折磨，因為受不了它們，多少人死去……」在孩子的「難

---

[15] 《茶葉故鄉的「故鄉」》，《冰心全集》第8卷，P101。
[16] 《我這一輩子還未有過可稱為「書齋」的書齋》，《冰心全集》第8卷，P119。

忘一事」中，就有吳晗和田漢挨鬥的慘狀，以及一位校長讓學
生用圖釘打臉等事實，看到和憶起都使我氣憤填膺！

　　我認為三座大山中，「封建主義」在那時的中國從來就沒
有徹底被打倒過，帝王、神仙和救世主的思想，也都存在。我
們在六十多年前的「五四」遊行中所要求的「民主」，也是最
近八年，才露出曙光。

　　孩子是中國的希望和未來，只要他們把自己的「難忘一
事」永遠銘刻在心，法國思想家孟德斯鳩所說的「既無法律，
又無規則，由單獨一人按照一己的意志與反覆無常的心情領導
一切」的史無前例的怪事才不會重演！[17]

她在讀了趙大年的散文《房租》之後，也是義憤填膺：

　　從我的許多朋友口裡也聽到許多使人氣憤的事，就像「房
租」這篇中所說的「孫子樓」，就是「北京新建的高層居民樓
當中，有些竟然被群眾稱之為『鬼樓』——黑夜不亮燈，長期
鎖著門……到派出所一查戶口本，這些樓房的戶主原來都是
『祖國的花朵』……」我不能再抄下去了！我奉勸我平時所摯
愛的「祖國的花朵」長大了自己拒不住進這種「鬼樓」，免得
陰森的鬼氣，四面襲來使花朵未開先萎，而且還會連「根」爛
掉！[18]

　　冰心很少寫這樣激憤的文字，就是在控訴四人幫時也未曾有過，
但此時，性之所致、情之所致，不再節制了，一瀉而出。冰心這一年
的文字，開始呈現晚年的風格，自由、隨性、隨意、灑脫，真正是有
話就說、想到就寫，真正的隨心所欲！

　　作家郭風是這樣評介冰心這一創作現象的：

　　晚年散文作品中出現一種文學境界，這便是自在自如，這
便是抒發和議論至情至理，皆自然自胸中流出來，皆極透徹而

---

[17] 《孩子心中的文革・序》，《冰心全集》第8卷，P92。
[18] 《介紹三篇小說和三篇散文》，《冰心全集》第8卷，P228。

皆是看似非常輕易地出之;這便是筆墨所至皆成法,一一自成
文章一格;凡此等等,可能都是作者晚年的人生以至藝術涵養
在作品中的自然反射所造成的文學境界。[19]

3,為士人請命,為教育呼喊

　　《我的老伴──吳文藻》之後,冰心仍然寫作「自傳」與「關
於男人」,依然寫作與這個系列文章相關的零星趣事。《話說「相
思」》便是補充了那篇長文中戀愛的一個細節,在我的傳記中,已經
將其嵌入吳謝戀愛的過程之中。其實,這種「相思」,不僅在威爾斯
利校園中,也在燕園內,她以「相離只曉相思死,那識相思未死時」
的「繞口令」的方式,通過學生之口,傳達出對遠在大西洋岸戀人的
思念。《我在巴黎的一百天》則是補充了1936年歐美遊學時,那段靜
美的時光:有孕在身的冰心,因為不喜歡倫敦霧霾天氣,便一人留在
了巴黎,過起了雲淡風輕的閒適生活,遊羅浮宮,在咖啡座上看「香
澤麗樹」行走的法國女人,欣賞她們的身姿,看她們俏麗的打扮。

　　《在美留學的三年》是繼《我的大學生涯》之後的第六篇自傳,
兩文成篇,相隔兩年有餘,回憶中吳文藻已經走進了冰心的生活,寫
作時,吳文藻卻已遠逝,人生的感嘆淒美而蒼涼。美國「家」中的鮑
老牧師夫婦、周姨,校園裡的教授、同學,「湖社」中的王國秀、謝
文秋、梁實秋、浦薛鳳、時昭瀛、吳文藻,啊,只有謝文秋還到北京
醫院探望過自己,也與陳岱孫聊過當年哈佛圖書館借書的往事。《回
國後的頭三年》是自傳的第七篇,為什麼只寫「頭三年」?大概是因
為此時的吳文藻尚在美國,尚無家庭,仍然是謝家的女兒,所以這裡
她專門用了一段文字講搬家:

　　　　我在頭一年回國後,還用了一百元的《春水》稿費,把我
　　們在北京住了十幾年的家,從中剪子巷搬到前圓恩寺一所坐北
　　朝南的大房子裡。這房子的門牌我忘記了,這房子的確不小,
　　因為那時我的父親升任了海軍部次長,朋友的來往又多了些,
　　同時我的大弟為涵又要結婚,中剪子巷的房子不夠用了,就有

---

[19] 郭風,《冰心的短文近作》,《泉州晚報》1988年3月31日。

> 父親的一位朋友介紹了圓恩寺那所房子，說是本來有個小學要
> 租用它，因為房東怕小學生把房子糟蹋了，他便建議租給我
> 們。[20]

這裡說的是以《春水》的稿費而行搬家之事，其實，謝葆璋作為
海軍次長，薪俸應該不低，完全用不著以女兒稿費來搬家，此中微妙
之關係，外人與後人是弄不清楚的。那時冰心同父異母的弟妹是否出
生？但我的疑問還不在這裡，冰心的自傳寫到這裡，便戛然而止，除
了零星的回憶之外，作為自傳，再無下文。本來，成家之後的燕園生
活、抗戰時的昆明、重慶，旅居日本直到回國，都是很能出彩的，甚
至是波瀾壯闊的，一個世紀的風雨，已將她的自傳澆注得豐盈豐滿，
但冰心卻在1987年之後，停止了自傳的寫作！

「關於男人」的系列則是沒有停止，《我的老伴——吳文藻》之
後，有《我的三個弟弟》《追憶吳雷川校長》《一位最可愛可佩的作
家》《懷念郭小川》《悼念金近》《悼念孫立人將軍》《我們全家人
的好朋友——沙汀》等，直至1991年底才將「關於男人」的專欄停下
來，但這種題材、體裁仍在寫作。專欄中所寫的男人除巴金之外，其
他的均已逝去，尤其是三個弟弟，都走在了她的前頭，竟然由姐姐來
寫他們的悼念文章。

> 在寫這一篇的時候，我流盡了最後的眼淚！王羲之在《蘭
> 亭序》裡說「死生亦大矣，豈不痛哉。」我倒覺得「死，真是
> 個解脫」，「痛」的是後死的人！
> 我的三個弟弟：從小到大，我盡力地愛護了你們。最後也
> 還是我用眼淚來給你們送別，我總算對得起你們了！[21]

還是在寫作的過程中，人民文學出版社便要結集出版《關於男
人》，來組稿的又是老舍的女兒舒濟，冰心不便推卻，1988年初便有
了一個版本，到了1999年初，關於男人的文章又發了不少，人民文學
出版社提出再版，並且將《關於女人》也收入，書名則用《關於女人

---

[20] 《我回國後的頭三年》，《冰心自述》，P93。
[21] 《我的三個弟弟》，《關於女人和男人》（下卷），P275。

與男人》，使原來兩本薄書合成了一本厚書，選編者由女婿陳恕教授擔任，冰心說，她只寫了一個書名。

自從1980年「三進三出」北京醫院之後，冰心先是柱著拐，後浦麗琳的一位法官朋友，給她送了一架輕型的助步車，可以在室內活動了，但外出仍是奢望。為了讓老人休息好，門上貼了「醫囑謝客」四個字。不能外出的現實改變不了，但接待客人還是能做主的，所以，門鈴響起之後，大姐便去開門，如果有約自然便被請進，不速之客，便會婉拒，而這時的冰心，在書房豎起了耳朵，這邊話音未落，老太太便發話，請進來吧。所以，有人便對對子：上聯「醫囑謝客」，下聯「客至必入」。

客多了，時間久了，冰心的待客便形成了一套「程序」：客人往往捧了鮮花，多是玫瑰，老太太接過後，說，謝謝，說，她就愛花，更愛玫瑰；請坐，客人如有女性，則是與之平坐，偌有兒童，那優越的位置得讓給小朋友；花讚過，便讓大姐插到花瓶裡，放在顯眼的位置上。擺好花，老太太請你喝茶，家鄉的茉莉花茶，你在打開杯蓋的時候，開始了交談，問話式、談笑式、調侃式的，有正事說正事，無正事說趣事，總之是輕鬆自在，沒有拘束。期間她家的一等公民、愛貓咪咪也會過來湊熱鬧。會客一般在十五分鐘至三十分鐘之間，時間到了，有人來提醒，這時，她就讓你在筆記本上簽名，留下電話與地址，說便於和你聯繫，常客也得寫，有人說我前幾次都簽過，這次就免了吧，老太太說，不行，你搬家了呢？你升官了呢？你調動了呢？每次都得寫。也就在這時，令你意想不到的事就要發生了。一百個來客，一百個會提出與老太太合影留念，一百個客人95%的人有備而來，自帶相機，而這九十多部的相機，95%為日本產品，所以，當你將相機舉起的時候，老太太便擲過去一句話：「你的相機是哪兒生產的，是日本的嗎？」不知其意的客人可能還會讚上一句：「日本進口的！」老太太忽然就不高興起來，「又是日本的，你們應該用國產的相機來和我合影！」聲音很大，一臉正氣，你不知道發生了什麼，這時家人便會出來打圓場，咪咪也來參和，老太太也就由嚴肅變和藹了！

就是這個日本相機，尼康、佳能、索尼、富士，一次又一次刺激著斗室中老太太的神經，還有汽車，雖然不上街，但電視中、廣播

裡的廣告，「車到山前必有路，有路就有豐田車」，令她難堪，不能平靜。她對日本太瞭解了，二戰結束時，當她從上海飛抵東京，遍地瓦礫，哪有上海繁華？在她旅居日本五年間，這個國家開始復甦，這裡自然有美國的扶持，但更重要的是日本人在奮起，1949年後，每隔幾年便有一次訪日，每一次的訪問，都讓你看到了日本的變化和飛速發展，但那時，訪問團不能講這些，資本主義怎能敵得過社會主義？總結、寫文章，都只能停留在友誼二字上，但對冰心真正的觸動卻是日本的發展與變化。她在日本有許多朋友，她們也到中國訪問，從她自己的參觀訪問中，從與日本朋友的交談中，她感受到日本之所以在戰後迅速掘起，基本經驗是重視教育，尤其是中小學的基礎教育，因為教育的全民性與普及性，日本從高精尖到普通技工，都是建立在這個基礎上的，科學的昌盛與科技的發展，都是建立在這個基礎教育之上，光學走到德國的前頭了，相機不僅鏡頭好，更是方便好用，被國人稱之為「傻瓜機」，也就是傻瓜都會用的相機，可那「傻瓜機」包含了多少高科技含量？日本的汽車，原本是從美國學來了，但他們現在的自主品牌豐田、日產、本田，可止在中國，就是在美國也大有市場。中國人不比日本人傻，日本人也不比中國人聰明，區別就是在於政府對教育的重視與投入不同，從而出現了巨大的差別。夜裡，在她思想「奔騰」之時，不知想過多少遍這些問題，甚至猜測，中國政府決定政策的人，也應該懂得這個道理，可是，為什麼卻不能付諸實施？究竟有什麼原因呢？

　　冰心再也忍不住了，同時考慮到這是一個敏感的話題，便找了一個角度、以小說的方式，虛構了人物，以獨白的口氣，試著說說：大學的副教授有一雙兒女，小魯和小菲，參加了高考，成績不錯，卻是不想上大學，兒子準備去開出租汽車，因為薪水高，「一個月連工資、獎金帶小費，可能有三百塊，比正教授還多五十塊呢！」女兒想去當餐廳的服務員，「連衣服都不用愁，有高領旗袍和高跟皮鞋穿，收拾個房間、端個盤子什麼的，都會幹得出色。我每月掙的不會比哥哥少，也許還會有外匯券呢。」副教授不解，知識分子家庭的子女，怎麼能不上大學呢？那要被同事笑話的，但兒子的理由充足，令副教授無言以對：「爸爸，事情是明擺著的，媽媽教了二十多年的小學，現在病得動不得了，她教書的那個學校，又出不起醫藥費，她整

天躺在床上，只能靠您和我們下了課後來伺候她。那個四川小阿姨都幹得不耐煩了，整天嘟囔著說要走。您呢，兢兢業業地教了三十年的大學，好容易評得個副教授，一個月一百一十六塊錢工資！如今物價在長，物價長得比工資快得多，什麼都要錢買，不向錢看行嗎？您不要再『清高』了，『清高』當不了飯吃，『清高』當不了衣穿，『清高』醫不了母親的病！我聽了您的話，參加了高考，我的成績決不會差的，因為我和同學們對起答案來，他們答得都不如我準確。可是我想，我上了大學又有什麼用，一個月就要花您五六十塊錢的飯費和零用，這還不算，就是畢業出來，甚至留校教書，結果還不是和您一樣！」父親畢竟是受過傳統文化影響的人，「萬般皆下品，唯有讀書高」，這可是千年古訓，到了今天，竟然變成了「萬般皆上品，唯有讀書低！」[22]

　　稿子寫完，冰心覺得出了一口氣，當天主動將稿子投給了《北京晚報》，「附上諷刺小說一篇，晚報可用否？」副刊編輯李輝收到稿子，「不由得為這位老人關心教育的熱忱和干預生活的勇氣而感動，當即安排在7月25日副刊『一分鐘小說』欄目中刊出。」小說排出清樣，送總編審讀，沒有想到在退回的清樣上寫道：「中宣部剛發通知，不讓宣傳知識分子待遇低，怎麼辦？」便將稿子壓了下來，李輝據理力爭，說這又不是報告文學，只是一個小說呀，為什麼發不得？總編退了一步，同意發，但需修改，並且親自操刀，將「如今物價在長，物價長得比工資快得多」刪去，改為「出門七件事」。將「一個月連工資、獎金帶小費，可能有三百塊，比正教授還多五十塊呢！」一句，在「可能有……」後面改為「要比您這副教授強多了」。結尾句：「真是，萬般皆上品，唯有讀書低！」改為「真是萬般皆上品，唯有讀書低嗎？」李輝取回被總編改過清樣，有些憤怒，怎麼隨意改動冰心這樣大作家的稿子呢？她說的不是實情嗎？可轉念又想，總編也是怕找麻煩，改了又後能發表，對老太太也是一個交代，甚至覺得「總編的修改頗為不易。最後一句，嘆號改為問號，語氣頓時有了質的轉變，力度雖有減弱，卻也多少表達出冰心的初衷。」[23]如此發表

---

[22] 此處引用的是原稿，《冰心全集》中的《萬般皆上品……一個副教授的獨白》為發表時的刪改稿。

[23] 李輝，《還原晚年冰心》，《老人與書》，南京師範大學出版社2013年5月。

冰心的文章，雖然心有不安，但發比不發強。本是試探性的發表一點意見，卻沒有想到這一試探便被人家打壓下來，這種任意改動與刪節文稿的事情，在她幾十年的創作生涯第一次遭遇，冰心十分生氣！當即電話李輝，李輝也因為此事，與主編鬧僵著，正準備調離呢，或許這個稿子投錯地方了？即給李輝寄去一信：「你們的主編是誰？你到人民日報可能和姜德明同志同事。這位同志和我比較熟。」並請李輝告訴「家的地址」，「有信不必從報社轉了。」只想從私人管道保持聯繫。

《萬般皆上品……一個副教授的獨白》，諷刺的是當時中國社會「腦體倒掛」的獨特現象。所謂「腦體倒掛」即是從事腦力勞動的知識分子的收入，低於體力勞動的工人職員，冰心選擇的是餐廳服務員、出租汽車司機比教授的收入高，實際上還有更尖銳的語言，「造原子彈的不如賣雞蛋的」、「開飛機的不如擺地攤的」，過去是知識越多越反動，現在似乎是知識越多越無用了。長期下去，中國的科技現代化還有希望嗎？中華民族在地球上還有立足之地嗎？用日貨不是不可以，但咱們自己必須趕上去，對教育不重視、知識不值錢，如何四個現代化？現代化首先得要教育先行！

在客人面前多次講到這些話，越講越生氣，越講越激動，有時會讓手持日本相機的客人十分尷尬。也就在這時，一本《人民文學》送到手上，頭篇是兩位不知名的作者的報告文學《神聖憂思錄──中小學教育危機紀實》（蘇曉康、張敏），正是冰心憂心的話題，改變以前看雜誌的習慣，先看目錄，隨手翻閱，重點的再細看，這回一上來就盯住不放：中小學教育呀，真是危機了，作品列舉的數目與現狀，觸目驚心，比如宣武區目前小學九百個班，到了1990年將增加到一千四百多個班，教育局的同志驚呼：「我們是在毫無準備的條件下遭遇這個人口高峰的，校舍奇缺，師資來源枯竭，這學還咋能辦好？」而家長們為了讓自己的「小皇帝」不輸在起跑線上，找「學區房」、想盡一塊辦法（哪怕是卑鄙之舉）「搬戶口」，也要擠進重點校。師資奇缺，師範學院卻是招不到新生，光明日報曾驚呼「師範的生源比往年更困難……北京的優秀中學的畢業生不報師範，不選擇教師職業的問題日趨嚴重。」北京師範學院的人說，「幫我們呼籲一下吧，師範學院招生太慘了，長此以往，教育事業將不堪設想。」連教師的兒女

也不當教師，在是否服從調配一欄中寫道：「除師範學院之外，其他的院系都服從。」與《萬般皆下品……》描寫的情景一樣，但這不是諷刺小說而是現實、是事實！一位老教師說：「1957年反右以後知識分子就瘋了，後來鬧『文革』，教師的罪比誰都多，從此地位一落千丈。後來撥亂反正了，世道清明瞭，是不幸中之大幸，可是教師的地位，恕我直言，名曰升，實則降。其他行業的待遇上去了，教師上得慢。……就是中教一、二級的老教師，月薪也不過百十塊，還不抵大賓館裡的服務員，這到底是怎麼個事？」而在1949年前，教師的職業是夢寐以求的，這位老教師報考的那一年，一千多人去考，只取九十多人，誰個不珍惜？現在竟然到了中小學教師隊伍不穩定、老化、後繼無人。官員多次發布利好消息，「明年元旦開始給中小學教師大幅度增加工資；地方為主國家補助中小學住房資金；尊重知識尊重人才尊重教師風範正在形成」。然而，福音歸福音，實現起來遙遙無期！

　　將近三萬字的報告文學，八十七歲的老人一口氣讀完，「看得我淚如雨下！」連連稱讚「真是寫得太好了，太好了！」日本的研究者曾認為，在《萬般皆上品……》「經歷最初的挫折後，冰心業已疲憊的心正將失去銳氣之時，偶然看到正被『上面』阻止的反映教育問題的《憂思錄》」[24]，其實，那麼一點受挫哪能便讓謝老太太失去銳氣？要說的話還僅是開了一個頭呢！第二天清晨，濃蔭滿窗，開始說話了，八十七歲的老太太以「請求」的姿態說話：「請求我們中國每一個知書識字的公民，都來讀讀」這篇報告文學，因為就在幾個月，針對中小學教師「任務之重，待遇之低，生活之苦」，「寫了一篇小說《萬般皆上品……》。委婉地、間接地提到一位副教授的厄運，而這篇『急就章』，差點被從印版上撤了下來──這是我六十年創作生涯中所遇到的第一次『挫折』。據說是『上頭』有通知下來，說是不許在報刊上講這種問題。若不是因為組稿的編輯據理力爭，說這是一篇小說，又不是報告文學，為什麼登不得？此後又刪了幾句刺眼的句子，才勉強登上了。因為有這一段『經驗』，使我不能不對勇敢的報告文學的兩位作者和《人民文學》的全體編輯同志致以最崇高的

---

[24] 岡田祥子，《はじめに──謝冰心の「我請求」を中心に》，《神聖憂思錄
　　──小中學校教育危機の記錄》，東京，株式會社同學社，1994年11月。

敬禮！」借此發洩了一下心中的不滿後，再次說出的話就不是委婉的文字：

這篇《神聖憂思錄》廣聞博採，字字沉痛，可以介紹給讀者的句子，真是抄不勝抄。對於這一件有關於我們國家、民族前途的頭等大事的「報告」文章，我還是請廣大讀者們自己仔細地去考慮、思索，不過我還想引幾段特別請讀者注意的事實：

「小平同志講：實現四化，科學是關鍵，教育是基礎，但這個精神，並沒有被人們認識，理解，接受。往往安排計劃，總是先考慮工程，剩下多少錢，再給教育，……日本人說，現在的教育，就是十年後的工業。我們是反過來，……教師特別是小學教師工資太低，斯文掃地呵！世界銀行派代表團來考察對中國的貸款，他們不能理解：你們這麼低的工資，怎麼能辦好教育？可是我們同人家談判時，最初提的各個項目，沒有教育方面的，人家說，你們怎麼不提教育？人的資源開發是重要的。後來人家把教育擺在優先援助地位，列為第一個項目。我們要等人家來給我們上課！」

作為一個中國人，我們不感到「無地自容」嗎？我憶起抗戰勝利後1946年的冬天，我們是第一撥到日本去的，那時的日本，真是遍地瓦礫，滿目瘡痍。但是在此後的幾次友好訪問中，我看到日本是一年比一年地繁榮富強，今天已成為世界上的經濟大國。為什麼？理由是再簡單不過！因為日本深深懂得「教育是隻母雞」！中小學教師的工資，要在一般公務員之上。

香港的中小學教師也親口對我說，他們的待遇也比一般公務人員高。

1984年底新華通訊社發出通稿——教育部長何東昌在接受本社記者訪問的時候非常高興地指出：「黨中央和國務院一直在關懷和研究教師的問題，教師將逐步成為社會最使人羨慕的職業之一。」

……還有一位教師充滿著感情說：「教師職業是神聖的，

這神聖就在於甘願吃虧。可是如果社會蔑視這種吃虧的人，神聖就消失了。作教師的有許多人不怕累和苦，也不眼紅錢財，但唯有一條，他們死活擺脫不了，那就是對學生的愛。除了學生四大皆空。他們甚至回到家裡對自己的孩子都沒有耐心，不願再扮演教師這個社會角色，但無論心情多壞，一上講臺什麼都扔了，就入境了。這種心態，社會上有多少人瞭解？……」

這種心態，我老伴和我都能徹底地瞭解：死活擺脫不了的，就是對學生的愛。但也像另一位教師說的：「像我們當年，社會那麼污濁，自個兒還能清高，有那份高薪水撐著呢……」

不過如今我們的兩個女兒（她們還都是大學教師），沒有像我們當時那樣高薪水撐著，她們也擺脫不了教師的事業。她們有了對學生的愛，也像我們一樣得到了學生的愛。

「愛」是偉大的，但這只能滿足精神上的需要，至於物質方面呢，就只能另想辦法了。

辦法有多種多樣，是不是會有人「跳出」，離開教師的隊伍？

大家都來想想辦法嘛，我只能回到作者在文前的題記：「我們從來都有前人遞過來的一個肩膀可以踩上去的，忽然，那肩膀閃開了，叫我們險些兒踩個空。」[25]

是的，那時吳文藻在燕京大學的月薪三百六十元，在雲南大學時是四百二十元，而到了重慶當參事，工資就降下來了，並且要打折扣，教師的工資卻是不打折的。現在自己的兩個女兒也都是教授、副教授，可工資待遇，與三、四十年代的教授相差太大了！冰心寫此文，恰是1987年的「雙十」，這個已經久違的節日，卻在談論教師待上相遇，前後政權，民國中共，天差地別，社會主義的教育是前進了還是後退了？實際上還有許多的話要說，但也只能到此為止，只能請求國人都來讀一下這篇報告文學，當然包括共產黨的當權者、領導人……，稿成之後，冰心署下了日期，看了看窗外，濃陰業已散

---

[25] 此處引用的是原稿，《冰心全集》中的《我請求》是刪節後稿。

盡，陽光已是滿室了。她想，這個請求應該在《人民日報》上發表才好。

然而，稿子送到《人民日報》，打開一看，問題之尖銳、語言之犀利、請求之懇切、道理之明瞭，都讓人無不動容。文藝部的袁鷹、章德明看過後，都認為是好文章，只是又像個「湯手的山竽」，但還是馬上簽發了。然而，正在全國引起巨大反響的《神聖憂思錄》，卻在被調查之中，「取材人是誰，被取材的是誰，逐一徹追查；正當盤問他們取材事實與取材內容的真偽時，冰心的《我請求》被拿到《人民日報》。」雖然「調查結果判明，《憂思錄》涉及內容均屬事實」。[26]但是，發表冰心這樣一位老作家對一篇全面涉及到教育改革敏感話題報告文學的評介，還是十分慎重的。恰在此時，由於作品激起社會強烈反響，11月7日，《人民文學》邀請北京中小學教師座談《神聖憂思錄》，冰心應邀出席。行動不便的冰心，只好將她的《我請求》複寫件送去，《憂思錄》的責任編輯高遠在會上大聲地宣讀了冰心的文章，「與會者無不驚訝，因為這才知道冰心寫了文章《我感謝》倍加稱讚《憂思錄》，為冰心對教育的深思所感動。以至與會當中有人說，『如果中央當局對冰心的文章提出非難，我們會當即將身邊的，有著比《憂思錄》更悲慘的事實拿出來作證。』」[27]

《神聖憂思錄》及引起的巨大反響，確實驚動了高層。接任胡耀邦時任總書記不久的趙紫陽，在北京召開了一個黨外人士教育座談會，「席間，趙紫陽說，『我們正在考慮比其他財政支出更大幅度地增加教育經費，按要求改善教師待遇，但目前涉及問題太多，一時不能付諸實現』，招致與會者們的不滿。」冰心次日便得知這個講話的精神，倍感失望，對她的家人說，「在有這樣想法的領導人之下，教育經費占國家財政預算的份額極小理所當然。這樣迎接二十一世紀，我國會變成無邊的大沙漠。」[28]

1987年11月14日，《我請求》終於在《人民日報》發表，果然，所引起的反響不下《神聖憂思錄》本文，但冰心重讀發表的文章時，

---

[26] 北京西城區原教育局長給作者之一張敏的信，岡田祥子，《はじめに——謝冰心の「我請求」を中心に》。

[27] 張敏致岡田祥子的信，《はじめに——謝冰心の「我請求」を中心に》。

[28] 吳青，《冰心最關心的幾件事》。

發現被刪改過，其中一句重要的話，在談到日本教師待遇時說的「中小學教師的工資，要在一般公務員之上。」被整句刪除。冰心氣打一處來，心跳加快，險些暈倒。家人及時發現，這才避去了一場人命官司，吳青說，如果我媽媽真有事，一定要狀告人民日報。然而，讀者並不知道這一切，文章不脛而走，為了教育而「請求」，請求之人是冰心，一位經歷了多個政權更迭的五四老人，其分量可想而知。11月27日，北京朝陽區新源裡三中語文教師張心願，在天安門廣場把他個人自費複印的《神聖憂思錄》與《我請求》分送給路人，希望國人都來關注這件事情。冰心自己說，「我幾乎每天都能得到一兩封小讀者的來信，都是他們從課本上讀到《寄小讀者》或《小橘燈》的反響。沒想到我得到大讀者對我的作品反響最多的，卻是這篇《我請求》！大約有好幾十封吧，而且寫信人多數不是教師。他們也都同情我的看法。」[29]由《神聖憂思錄》和《我請求》引起的中小學教育改革風暴，無法判斷它們產生了多大的作用，事實是，也就在這年11月底，國務院確實出臺了一個提高中小學老師工資待遇的文件，冰心知道後，心裡感覺到了些許的安慰。[30]

　　一段時間，不時有記者前來就《萬般皆上品……》《我請求》提出的教育問題進行訪問。來自臺灣《聯合報》記者張自強問冰心，說您在《我請求》中說，一直很關心中小學教師的事情，那麼，您是從何時開始有此心情的呢？冰心的回答竟然使用了「四十年」這個概念。四十年前，當然指得是反右運動之前，「三十年代，教師的社會地位相當高、待遇也很好，是被人羨慕的職業的。冰心本人也受過良好的教育，那時也曾任過教師，長大成人的兩個愛女也任職教育界，所以對教育的關心應該特別深。然而冰心五十年代後期到七十年代後期發表的作品，大多以兒童作為主人公寫給孩子的作品，文章平白、清新、優美、反映了作者溫文爾雅的性格。但沒有什麼社會問題意識很高的作品，觸及教育的內容的作品更無一篇。」「冰心用極小的聲

---

[29] 《我感謝》，《冰心全集》第8卷，P305。
[30] 1987年11月28日，國務院發出通知決定將全國中小學教師和幼兒園教師現行的工資標準提高10%。並言明「這個措施是為改善中小學教師生活待遇，促進基礎教育事業的發展而採取的。」規定明確從1987年10月起執行中小學教師和幼兒教師新的工資標準。

音對我說，『我年輕時沒有勇氣發表作品。我已上了很大年紀，如果不寫想寫的東西，也許就會沒有時間寫了……而且我覺得現在比以前開放多了』」。「她望著我，突然伸直腰背說，『我已經上了這把年歲，沒有什麼可怕的了。我一定要講想講的話。』」「進入八十年代後，中國經濟的自由化使年輕人的目光轉向待遇稍好的職業，沒有人願意辛辛苦苦地上了大學後去當工資及社會地位都低的教師並不奇怪，連現職的教師都在忙著使盡手段轉職。」「大陸的知識分子沒有作為人才被用到合適的地方，專業崗位上的人員因等級而被不當地過低任用，工資長期擱置不動，居住條件也無絲毫改善，健康狀況極其惡劣等等。」「教師們一年只發一個筆記本和兩支圓珠筆。上課時，用白粉筆寫字非常小心，生怕一旦用完，不曉得以後怎樣教學生。說是武漢有二百餘所中小學校，但沒有一所學校有單槓，只有一所學校有跑道。」冰心在記者面前繼續說出她的思考、說出她所知道的事實，並堅信：「現在較以前似乎開放了，而且不管怎樣，自己的時間已不多了，不能猶豫了」。[31]

冰心在說這些話的時候，已經表示了她要抓住教育這個大問題不放的決心，有一股年輕人豁出去的勇氣！

之後不久，《人民日報》創刊四十周年紀念，邀請冰心著文。她認為又是一個說話的機會，在感謝《人民日報》發表了她的許多文章後說，「我最感謝的還是那一篇1987年10月10日寫好，直到11月14日才發表的《我請求》。」冰心將這兩個日期寫出來，顯然還有情緒，之後便將話題引到如梗在喉的教育危機上來：說《教育與職業》今年五月號裡有兩篇文章，一篇是《重視教育，提高全民族的素質》，另一篇是《制定教師法，提高教師地位和待遇》。

前一篇的文章一開頭便說：「十三大報告明白指出『百年大計，教育為本』，『必須堅持把發展教育放在突出的戰略地位』。……如果今天我們還不痛下決心與狠心，把教育事業落實在行動上而不停留在口號上……那麼，報復將在我們的子孫後代，將在二十一世紀。」

---

[31] 張自強，《冰心晚年的景況》，臺灣，《聯合報》副刊，1988年5月5日。

後一篇文章內提到：「現在浪費現象十分嚴重。去年教師節時，全國政協政教組邀請農村教師代表座談時就發出呼籲，把揮霍浪費的錢財節約下來用在教育上……我們近來在報上看到：兩千五百萬元建成一個『死廠』，兩百多台機器設備面臨變成廢鐵的危險……近二三年花外匯三億美元，進口食品機械三千台套，其中冰激凌機七百多台，雪糕機三百多台……有人說我們只看到『冰激凌危機』，『雪糕危機』，沒有看到『教育危機』。」作者呼籲用十三大精神統一我們的思想，把發展教育放在突出的戰略地位。

然而，睿智的冰心並非一味地打出這些負面的牌，還將代表正面的力量也拉了出來：「好了！我終於看到了5月28日《人民日報》上面登出的使全國人民興奮的消息！就是說，5月27日上午李鵬總理主持召開國務院第六次常務會議，決定停建一批不必要的樓堂館所，省下的錢將用於教育和改善人民生活。」並說，「我感謝這英明的決策，也感謝使我知道消息的《人民日報》。」[32]不知道老太太此時是在調侃李鵬還是調侃《人民日報》，反正明眼上看出了這時裡的苦澀。

果然，《我感謝》再一次遭到宰割，且幅度比前兩次都大。責任編輯李輝保存了那份被刪改過的清樣，多少年以後公布出來：

> 《我感激[謝]》即為此而寫[指約稿]。她在文中，談自己與副刊三十多年的歷史淵源，但落筆重點卻是談教育，談提高教師地位和待遇的社會問題。與發表《萬般皆上品……》時的情形類似，《我感激[謝]》一文先後經過了部主任、報社副總編輯等人的多處修改與刪減，現根據保留下來的清樣予以還原——
> 1，「我感謝人民日報文藝部的諸位編輯同志：從袁鷹、姜德明……李輝、劉虔。」後面四個人名刪去。
> 2，「袁鷹同志回憶說」改為「編輯同志回憶說」。

---

[32] 《我感謝——〈人民日報〉創刊40周年感言》，《冰心全集》第8卷，P305。

3，「我記得在1956年6月我還在人民日報上發表過一篇《一個母親的建議》，這篇東西的內容我卻不記得了，《冰心文集》裡也沒有收進去。」將後面「這篇東西……」刪去。

4，談到1987年11月14日發表《我請求》一文的反響情況，刪去後面一句：「當然，我也從『出口轉內銷』的消息中，知道『上頭』有些人對這篇很不滿意，這些事不說也罷了。」

5，刪去「我想讀者手裡一定都有《人民日報》，也一定都看過，都稱讚過了，就不必重抄了。」

6，「千家駒同志，你太樂觀了，報復已經來了！我的大女兒吳冰前天給我看一張《文摘報》，是今年第524期（日子是5月29日），上面有《解放日報》5月22日的一篇文章，講到發生在我父母之鄉的福建省的一件事情：《閩東八百教師棄教　百餘學校被迫關門》裡面說『福建東部寧德地區……已有八百五十三名教師離職另謀出路……主要是待遇差。一位當代課的教師月收入僅33.5元……他棄師做茶葉買賣，三天就賺了300多元，等於一學期的工資……金涵地區一女教員辭職去擺鞋攤，比任教時的月收入增加近十倍。」全段刪去。

7，冰心引《制定教師法，提高教師地位和待遇》一文內容：「有人說我們只看到『冰激凌危機』，『雪糕危機』，沒有看到教育危機——用十三大精神統一我們的思想，加強對教育方面的危機感，擠一些錢來辦教育不是不可能的。」此處「用十三大……」後面部分，被改為冰心自己的話：「作者呼籲用十三大精神統一我們的思想，把發展教育放在突出的戰略地位。」[33]

面對如此刪改，李輝感到十分不安，從《北京晚報》到《人民日報》，刪改文章之事都被他遇上了，仍然不敢再作主發表刪改後的文章，將清樣寄冰心閱定，冰心十分無奈地回覆：「你改了文章可以登！我不寫，對不起袁鷹等同志。」

---

[33] 李輝，《還原晚年冰心》，《老人與書》，南京師範大學出版社2013年5月。

其實，刪節的還不止是李輝所標出的七處，我校對了原稿，被刪除的還有七處：與李輝所列出的一樣，幾處是刪除了「千家駒同志」「方明和葛志成同志」的名字，其他的是：「這兩篇文章裡的警句很多，為了得到全面瞭解，我希望讀者們自己去詳細閱讀。我只抄下一部分。」「『必須堅持把發展教育放在突出的戰略地位』。⋯⋯但實際情況怎樣呢？事實是我們始終沒有把教育投資當生產投資，還是把教育當成軟任務而不是硬任務⋯⋯外國有句名言，『重不重視教育就看你在教育事業上捨不捨得花錢』」「不把小學教師的待遇提高一倍、兩倍而不是10％，20％⋯⋯那麼，報復將在何時？」「這說明我們是有錢的，為什麼用來發展『首要位置』的教育事業就沒有錢呢？」都是十分尖銳的語言，雖然後三處均為「抄錄」千家駒與方明、葛志成文章的話，但冰心的用意決非一個抄字，她要將這些尖銳之詞，通過她的文章聚集放大，以引社會的重視。然而，卻被一一刪除，從內心而言，她十分生氣，甚至憤怒，但發表總比不發表強，只得忍氣吞聲，才有了以上無奈的回覆。

　　教育總是與教師聯繫在一起的，知識分子古時也被稱之為士。這一年，《人才報》的寧民慶來函約稿，冰心壓了一段時間，忽然有一天她想到了一些社會現象與問題，認為也許這個專門的人才報紙可以討論討論：

　　　　我從小讀書，老師說：「士」為四民之首，所謂之「士」，當然指「讀書人」了。現在都講「無農不穩」、「無工不富」、「無商不活」，無「士」呢？沒有答案，我也說不出來，請您在《人才報》上問問讀者們吧！[34]

　　果然，《人才報》刊出了冰心的這封信，也果然引起了討論，但由於這個問題太敏感，信件轉給了冰心。冰心得到反響，有了底氣，便將話說開了：

　　　　前幾年，不少領導人常說：無農不穩，無工不富，無商不

547

第十二章　愛恨交集

---

[34] 《致寧民慶》，《冰心書信集全集》，P55。

活。其後，又有人加了一句：無兵不安。這些話都對，概括得也非常準確。可惜尚缺一個重要方面——無士怎麼樣呢？

士，就是知識、文化、科學、教育，就是知識分子、人才。

我們看到，冰心在教育問題發聲時，使用了一個戰法，她自己說是當「文抄公」，將他人文章中的尖銳之語言、重要之觀點，以巧妙之「抄法」，鮮明地簡潔地突現出來，然後借題發揮、借力發威。冰心這一次依然是用了這個戰法，以讀者反響，自答自問：江西的一位讀者說，「無士不旺」，黑龍江的讀者說，「無士不昌」，四川的讀者說，「無士不興」，三個人、三封信、一個共同的觀點，均在說明，一個國家一個民族，不重視教育，不尊重知識，不愛護士人，那麼，這個國家和民族就不會興旺，就沒有前途。

冰心最後發力道：

> 他們三位身在天南地北，卻不約而同地說了同一個意思。可見人同此心，心同此理，我也似乎無需再多說什麼了。我只希望領導者和領導部門諦聽一下普通群眾、普通知識分子的心聲，更要重視「無士」的嚴重而深遠的後果。「殷鑒不遠」，只要回想一下十年大亂中踐踏知識、摧殘知識分子、大革文化命所造成的災難，還不清楚嗎？

> 歲月易得，「五四」運動七十周年就在眼前。七十年前，一批思想界、文化界的先鋒人物，於國事蜩螗之時高舉民主和科學大旗，向封建勢力、軍閥勢力和帝國主義勢力衝擊，揭開中國的現代史頁。時隔七十年，我們今天還是要大聲疾呼：要讓德先生、賽先生在中國這個古老的土地上生根、發芽、開花、結果。如果不重視「士」，不重視科學、教育、文化，德先生和賽先生就成了空談，現代化也會流於紙上談兵。[35]

霍達的報告文學《國殤》發表後，編輯希望冰心寫一篇評論。這一回，她借了霍達之文，又發力了一回。她說，一看到《國殤》兩個

---

[35] 《無士則如何》，《冰心全集》第8卷，P339。

字便「心驚肉跳」，待看完作品後，卻是感到了「驚心動魄」，她佩服女作家的勇氣，說不像我這個「多少事欲說還休」的老人，但實際上她自己那裡是「欲說還休」呢？

《國殤》裡那些為「國」而「殤」的知識分子，我一位也不認得，但他們的形象在我的腦子裡是活靈活現的！因為這樣的人物和他們的遭遇，不但科技界中有，社會科學界中也有，文藝界中也有，正如這篇文章裡說的：「我國具有高等教育水平的知識分子共約六百萬，他們勤勤懇懇、兢兢業業地埋頭苦幹了幾十年，『文革』過後（「文革」前頭，還應該加上「反右」二字！──冰心注），在科技、文化、教育事業一片荒蕪，百廢俱興的時期，他們成為最可依靠的中堅力量，或曰『中流砥柱』，他們一直在超負荷、高消耗下疲於奔命，體質一直下降或未老先衰，或猝然死亡，這不是偶然的現象了。」

文章的末尾說：「我國知識分子的總收入尚不及普通勞動者（比起腰纏巨萬的「倒爺」來，更有天淵之別了。──冰心注），大約是世界上知識分子待遇最低的國家之一了，而幾乎所有發達國家和地區的知識分子都格外得到尊重，有著一般體力勞動者所不及的優厚待遇，我國中高級知識分子的壽命比全國人均壽命要短近十年。為了中華民族的騰飛，搶救中年知識分子迫在眉睫。」

冰心將作品中「腦體倒掛」「中西比較」的現實摘錄之後，點出了「人才外流」的題：「說『騰飛』是很樂觀的話，長出翅膀的知識分子，有的已經折掉了，墜地了，有的已經飛走了，『外流』了，搶救談何容易！」這些話冰心寫在紙上，她是多麼希望決策層能看見呀，但這一回，她有些泄氣：「呼籲，請求，是沒有多大用處的，我有這個經驗！」

但是，一遇到事情，一讀到共鳴的文章，還是沉不住氣，非說不可。《群言》雜誌中有兩篇文章，引起冰心的關注，一篇是《問題在於把教育放在什麼位置》，一篇是《要有點危機感》，冰心說，「這文章的題目還『出』得太溫和了！我們不是要有『點』危機感，而是

應該有『迫在眉睫』、『壓在心頭』的『危機感』和『緊迫感』。請抬頭看一看全國青少年中普遍流行的『讀書無用論』以及『全民經商』的怪現象，——我手裡本來還有的，去年福建寧德縣有幾百位中小學教師棄教從商的事情（忘了是在哪家報紙上的）以及去年12月29日的《北京日報》第四版上的『遼寧省有一個學年初中生輟學十一萬人』的報導，我認為這幾百位教師和十一萬個中學生，不是心甘情願地這樣做的，他們都有各自的『逼不得已出此下策』的怨憤理由！」冰心一向將教育改革的希望寄托在決策層，只要聽到一點好消息便高興，但她發現，最高決策層說過之後也就了了，令其有些傷心：「『教育是立國之本』是中央說過無數次的煌煌宣言，我這個小小老百姓，不必再重複了。我只記得古人說過『為政不在多言』，我希望做國家的當家人，真格地把教育經費也像每一家的主婦一樣，當做買米買麵的錢一樣，在籌劃『家用』的時候，先把它存到一邊，那麼至少在十億人民之中，不至有兩億多的文盲了！」就像上一篇文章中所言，「搶救知識分子的工作，還得知識分子自己來做，『殷憂啟聖，多難興邦』」。這一回也是回過頭來，請求「每一個中國知書識字的公民，都來讀一讀這兩篇文章。我們是應該都有極其深重的危機感和緊迫感。知書識字的公民們都比我年輕，不要坐視堂堂一個中國，九百六十萬平方公里的肥沃土地，在二十一世紀變成一片廣闊無邊的『文化沙漠』。」[36]

　　挽救教育危機，無論寄希望於高層還是底層、是領導還是人民，現實都讓冰心憂心，尤其她是個急性子的人。但挽救一個國家、一個民族教育危機豈是心急得了的？心急而至悲觀，說心都死了。作為政協委員、常委，每次開會之時，雖然因為行動不便，不能臨會，但記者還是會追上門來採訪。有一回，竟然拒絕接受記者訪問，問其原因，她竟傷心落淚，因為就在前幾天，她看到報紙上刊出，西部省份的一些小學教師的工資發不出，他們為了這個神聖的事業苦苦支撐，但連飯都吃不上。冰心反問，我還有什麼臉見記者呢？悲觀也好、傷心也罷，被壓抑的感情，遇上火花，竟又會迸地點燃。一次，作為政協委員享受的「待遇」，讀到政協內部編輯的《學習參考資料》（第

---

[36] 《從評價〈群言〉說起》，《冰心全集》第8卷，P350。

4期），有篇南開大學教授陳榮悌寫的《從腦體倒掛看四化和教育危機》，「看了以後，使我死水般的情緒又起了瀾！」

教育問題我從前也談過一些，都沒起什麼作用。「安邦治國平天下，自有周公孔聖人」，古人早就給了我一服自慰良方，我何必老來自討苦吃？

但是我總覺得我們一個堂堂五千年的文明古國，最終要被開除了球籍，未免有點不甘心。

假如讀者中還有一些人——恐怕也只是所謂之「知識分子」的——對這篇文章感到興趣，請去找那篇全文來讀。我只能抄下一部分使我最動感情的片段。

冰心仍然使用「借力發功」的戰法：

「我國的四個現代化建設，『科技是關鍵，教育是基礎』是十分英明的決策……但實踐上卻遇見不少困難，近年來又出現了『腦體倒掛』這一新名詞，中國歷史是沒有聽說過，國外也未提到過，而是具有現代中國特色的事情。（著重點是筆者加的，下同）。

「（一）歷史變遷

……士即知識分子，士的職業不外……教師數種。在清代大致為人平均收入二百兩銀子，是體力勞動者的十三倍，從辛亥革命以後至新中國成立的三十八年間，除後十年陷於戰亂……當時城市中體力勞動者的平均月工資低於15元，大學畢業工作一年後為80-100元，即為工人的五至六倍，若把教授等『高薪階層』的薪金加入計算……教授的月薪約300元是工人的二十倍。

「1949年以後，社會分配制度發生了根本性的變化，1952年前後知識分子與工人的收入大致相等，教授的最高收入約為機械工人的二‧四倍，但這是知識分子中的極少數。1956年工資調整……但中青年知識分子比同齡工人的工資也相差不大（大學畢業生工資56元）。1957年以後由於正常的晉升得不到

保證，腦體收入差距逐漸消失。北京統計局的調查認為1966至1976年腦體工資基本持平。1977年以後改變了長期不長工資的停滯局面，但因體力勞動者的增加幅度較大，特別是附加工資和獎金多，出現了腦體倒掛現象……據北京地區1982年調查，腦力勞動者的平均收入比體力勞動者低8元。

「從以上數字可知，百餘年來，三個不同歷史時期中，腦體力收入差距的變遷：清朝時期腦體收入相差十三倍，民國時期雖然新型知識分子取代了士大夫，但腦體收入差距仍成數倍至十數倍。解放初期除少數高知外，腦體收入持平，七十至八十年代腦體收入出現了百分之二十——百分之三十的倒掛現象，現在的倒掛幅度更大了，據說有些一二級老教授已在申請生活困難補助了。」

在「（二）國際水平的比較」的標題下有兩個發展中國家的各國教師收入的比較表，從中看出：「而同檔次的發展中國家的教師工資收入指數都比我國的高。」

在「（三）各國增長率經費」比較中，有「聯合國教科文組織1987年教育年鑑的一些數字」，上面列有十七個國家和地區，中國的人均教育經費是八美元，居末位，中國的上面是非洲國家尼日利亞，它的土地面積是九十二萬多平方公里，人口是七千五百萬人！

在「（四）教育投資是生產力的投資」，這個題目就說明瞭一切，我也不必多抄了！

在「（五）腦體倒掛的惡果」欄內說：「現在的教育危機是眾所周知的事，學生厭學，教師厭教，1988年小學生失學的人數四百二十八萬，中學生兩百八十七萬，全國還有文盲二‧三億人……目前社會上出現的許多不良現象都可歸之於人的素質低下。如貪污腐化，行賄受賄，投機倒把，青少年犯罪增加，一切向錢看等等，都是人的素質低的表現，學校培養不出建設的人才，不合格的教師人數占很大比例（小學1/3，初中2/3，高中1/2），如要改變這種情況，增加智力投資是唯一出路。現在學歷越高的研究生畢業後越不容易找到工作……

在「（六）對國家民族的未來應有遠見」的標題下，他

引用了無產階級偉大導師列寧的話說，「不提高人民教師的地位，就談不上任何文化，既談不上無產階級文化，甚至也談不上資產階級文化」，「應當把我國人民教師提高到從來未有過的，在資產階級社會裡沒有也不能有的崇高的地位。這是用不著證明的真理」。這是列寧在1923年，蘇聯經濟正處於特別困難的時候說的！[37]

　　這篇發表在政協內部刊物上的文章，將中國教育的現狀、知識分子的待遇，放在歷朝歷代、境內境外進行了廣泛的縱向比較，本來應該是提供給決策層閱讀參考的資料，自稱為「文抄公」的謝冰心將之公諸於眾，使之大白天下。本來還有美國和日本的橫向比較，但她打住了，調侃道「它們都是資產階級國家，引多了怕會倒我們中國人的胃口，我也不費那勁去抄了。」這那裡是在抄，明明是在發狠呢，這篇二千多字的文章，竟是在病中，前後花了四個月才完成，「我明明知道『寫了也白寫』，但我的『老而不死』的心，卻總在大聲地斥責我說『白寫也要寫』，至於有沒有人看那是另一個問題！」

　　對於教育問題，本想從諷刺入手，但沒有想到小小的諷刺一開始竟遭到「挫折」，「挫折」之後，她改變了戰法，自我調侃為「文抄公」，「借力發功」，使得文章有行之道。但諷刺的小說還在做，比如《遠來的和尚》《落價》便是通過人物形象，道出了知識分子在自己國家的尷尬地位，道出了「一切東西都在漲價，只有兩樣東西落價，一樣是『破爛』，一樣是知識……」深刻的社會問題。

　　對於為什麼寫「問題諷刺小說」，冰心在接受來自故鄉的《文化春秋》雜誌主編魏世英訪問時說，「五四之後，我寫『問題小說』，寫的是當時的問題。我現在又開始寫『問題小說』了。……我現在寫的小說多半有點諷刺性，諷刺現在的時事，比如讀書無用論啦，腦體倒掛啦，還有現在小學教師工資低、生活困難啦等等，你拿散文來寫就沒什麼力量。拿小說的形式來寫就有動人的力量。所以我覺得寫小說有時候挺重要的。」並說，現在寫的小說都有著「辣」，雖然篇幅很短，但都有點諷刺的意味。她列舉了另一篇小說《干涉》，

---

[37] 《開卷有益》，《冰心全集》第8卷，P406-409。

「從前是父母專制，干涉子女的婚姻；現在呢，是子女干涉父母的婚姻。」不僅是老年人的問題，各方面的問題都有，說，「我現在看書看報不太喜歡看那些風花雪月的東西，因為這些東西沒什麼看頭，寫得好的不多。倒是對時局、對社會問題有個看法，有個批判，我覺得這對社會進步有好處。現在報紙上還是談風花雪月的多。雖說現在是言論自由，有些東西它不一定能登出來，還是風花雪月好登。」冰心說到這裡，便又氣不到一處來，從桌子上找出一份《參考消息》，手指著報紙：「前幾天我看《參考消息》，說突尼斯的教育經費是國家整個經費的25%，突尼斯是個非洲國家，面積才十六萬平方公里，人口才七百七十一萬，他們因為文盲太多，所以就拿國家經費的四分之一來做教育經費。我們才多少啊？我們人口算十一億吧，有兩億多文盲，我們的教育經費才2.03%，太低啦！堂堂一個中國，素來還是禮儀之邦哩！現在搞出個讀書無用論來，學生退學做生意，將來的後果就不堪設想。前兩天教委的李鐵映的文章我寄以希望。我們老百姓說話沒什麼用，他們說了話我就希望多少會有點用。中國有兩億文盲，想不到外地來北京找工作的小保姆還真有文盲哩，有的連買菜記個帳都不會。你跟外國根本就沒法比。人家美國人四個人當中就有一個大學生，這樣經濟發展就有力量。你看日本，那麼一點的地方竟能那麼繁榮富有。他們的國家注重教育。1984年，由文部省下發一道命令說，凡是中小學教師的工資一律要高出一般工人收入。他們把重點放在教育，所以他們的每一個人都受過教育。我們中國就無法做到這一點。」冰心對福建的教育也很清楚，她問魏世英：「福建怎麼樣？我前段時間聽到一個消息，說我們福建寧德地區好多老師辭職去擺地攤，收入比原來的工資高出許多。上頭要是不重視，沒有遠見，那將來就完了。」

又是教育，一點就作。她還悄聲地告訴魏世英：「我現在有時候心裡非常難過。有很多人來這裡看我，他們坐的車都是外國的。廣告上說『車到山前必有路，有路必有豐田車』。而我們現在的上層領導坐的都是『賓士』、『皇冠』，一般的也坐『豐田』，而國產的車就坐得很少。我想為什麼不把買『賓士』、買『皇冠』、買『豐田』車的錢用來自己研究搞中國車？現在『紅旗』車領導也都不用。為什麼不坐？為什麼不能把它做好呢？所以國庫越來越空虛，教育經費就越

來越少。人說路是自個兒走出來的,我們現在總是顛倒。在這一點上我們還不如印度。印度人對用國產的東西很自豪,無論是汽車、手錶還是電冰箱等等。」[38]

於是,又是感慨萬千!

在為士人請命,為教育呼籲的時候,冰心表現出了驚人的異樣,完全不是人們印象中的溫文爾雅。她視野開闊、反應敏銳、語言潑辣、文風犀利,簡單有些長歌當哭,敢愛敢恨,這讓中國的「老讀者」「大讀者」和「小讀者」,見識了一個站在風口浪尖上的老太太的形象,簡直令人難以置信,這是謝婉瑩麼?這是冰心女士麼?這是冰心奶奶麼?人們在心底裡重新給這個熟悉的形象定位,也正是在這一點上(當然還有後面更令人敬佩的地方),讓冰心在新時期裡,更加贏得廣大讀者的熱愛與關心、敬重與敬佩!

人們要問,冰心足不出戶,何以如此瞭解中小學教育的情況?除了從媒體上得到信息之外,還有其他的內部渠道嗎?有的,那就是冰心所在的民主黨派,中國民主促進會,會中有大量的中小學教員,冰心作為民進副主席,看到和聽到許多民進內部提供的信息,後來被推舉為民進名譽主席,有記者問她「您對民進的同志有什麼希望?」,冰心再次講到教育問題,說,因為民進的成員大多來自教育戰線,尤其是中小學教師,「民進有良好的傳統,就是注重教育。民進的成員大多是教育、出版、文化界的知識分子,希望他們為發展中國的教育、文化事業多做貢獻。教育是百年大計,青少年是祖國的未來,人民教師是國家的脊樑。可惜,如今中小學教師的待遇仍太低,改善不大。我在各種場合都呼籲一定要提高和改善教師的待遇。」接著,她又說,「出版和文藝工作其實是我們民族最重要工作的一部分,他們總是領先的,比別人先走一步。我覺得我們民進就是占了這個便宜。」她轉而問記者,「你們都有孩子了吧?沒有孩子的將來也會有孩子。把孩子們培養成人,這確實是一件大事啊!」[39]

甚至,冰心對教育改革還提出過很具體的構想:

---

[38] 《「我現在寫的小說是辣的」——冰心回答魏世英、王欣提的問題》,《文化春秋》1989年第1期。
[39] 袁建達,《在冰心家做客》,《民進》1988年第12期。

1，現在孩子們的學習負擔太重，課外活動太少，小學生戴近視眼鏡的太多了。應該讓孩子們有較多的課外活動時間，讓孩子們到陽光充足、空氣新鮮的地方去學習、去遊玩。這可以使孩子們健康成長，也可以培養孩子們愛學習的良好習慣。

2，現在的高中學生分科太早，因之知識面比較偏窄，不能成為「通才」。中小學是基礎教育，文科、理科的基礎知識，都要多學一些，使知識面廣闊一些。將來無論是學什麼專業，都可以「觸類旁通」的。

3，教育經費太少。這幾年教育經費雖然逐年有增加，但多是增加的人頭費，事業費增得不多。「一無兩有」（校校無危房，班班有教室，學生人人有課桌凳）還沒有解決，教學設備一般較差，這樣很難提高教育質量。我國在經濟方面現在和發達國家比起來仍有很大差距，但常見報載有些機關、企業都有錢可供「浪費」，這是對教育是否重視的問題。只要是重視了，錢還是擠得出來的。《義務教育法》規定徵收教育事業附加費的問題，據說有的地方沒有落實。有的徵收了但用得不當，甚至飽入私囊。應該認真檢查一下。

4，師資問題是個大問題。目前師資數量不足，質量不齊，關鍵是待遇太低了。一定要千方百計地提高教師的社會地位、學術地位和物質待遇，把優秀學生吸引到師範院校中來，把優秀人才吸引到教師隊伍中來。我看了國家教委起草的《中華人民共和國教師法》草案，感到十分興奮，這個教師法對提高教師的社會地位、學術地位、物質待遇都有真知灼見，希望早日完成立法手續，付諸實施。

這四條意見，民進中央很是重視，認為都是中小學者的根本問題，專門以內部文件的方式，報送中共中央書記處，供中共最高決策層參考。

1988年7月1日，北京圖書館（即現國家圖書館）和中國現代文學館聯合主辦了「冰心文學創作生涯七十年展覽」，成為這座國家級圖

書館搬到白石橋新址最熱鬧、最隆重的一次活動。「來人如潮，不是幾十人，而是數百人，有被邀請的，也有聞訊而來的。」趙樸初書寫了展標，巴金送來了花籃，王琿的巨幅油畫，聳立在門口，近兩米高的油畫，大海的背景上，冰心「顯得清麗、典雅，一雙眼睛，充盈著真誠的愛。」

年逾花甲的老作家黃宗江、作協黨組書記唐達成，都稱「小讀者」，老朋友雷潔瓊、趙樸初、胡絜青和劉白羽、張光年、馮牧、魏巍、周而復、鳳子等都來了，艾青坐著輪椅也來了。陽翰笙、臧克家、王蒙等寫來了熱情洋溢的賀信。中國文聯、中國作協、中華文學基金會、中國民主促進會、文藝報社、人民文學雜誌社等單位和個人送來了大大小小的花籃。

國家圖書館館長任繼愈主持開幕式，唐達成講話，盛讚這位中國文壇壽星，以一顆真誠的愛心，七十年如一日為中國文學做出了卓越的貢獻，他說：「冰心七十年漫長的創作生涯，比我們在座的許多同志的年齡還要長。回想我們從事文學工作時，誰沒有讀過她的作品，誰沒有受過她的教誨和薰陶，誰又沒有為她博大寬厚的心胸和冰清玉潔的情操所吸引呢？甚至在她八十歲時，她還以小說《空巢》震撼文壇，幫助我們理解人生的真諦。」

自小便稱冰心為「大姐」的蕭乾、現在不僅是著名的作家、也是中央文史館館長，開始致辭：

> 五四以來，冰心大姐的《寄小讀者》《超人》《繁星》《春水》的藝術成就，在文學史上早有定評，無需我來饒舌，更用不著我為她在現代文學史上擺位子。不少文章稱讚她為人善良、正直、對人熱情，也用不著我來錦上添花。在我心目中，她完美得夠得上一位「聖者」。

> 五十年代，甚至直到七十年代，冰心大姐同所有知識分子一樣，也是領導指到哪兒就走到哪兒，只求當個螺絲釘，當個馴服工具。1969年，絕對屬於「老弱病殘」的冰心大姐，也乖乖下湖北農村去從事勞動鍛鍊。她在咸寧文化部五七幹校四五二高地第五連一個班裡，還由於勞動出色而受過表揚。1970年的一天，當大隊長在會上誇獎她勞動得如何如何好時，我聽了

很不是滋味。那時，已交七十歲的她，就是那樣一聲不響地叫幹啥就幹啥。

八十年代是反思的年代。反思並沒有年齡限制。經過十年浩劫，青年人反思，中年人反思，老年人也在反思。反思之後的表現卻大不一樣。極個別的，仍舊滑向姚文元的老路；也有少數消極鬼混。但絕大多數對民族的前途並未喪失信心，只不過他們不再相信連聲高呼「形勢大好」，形勢就會大好起來。他們不再認為僅僅當個馴服工具就夠了。他們要走出教條主義之塔，先天下之憂而憂，不怕風險，敢於干預生活。

知識分子這個詞兒在中國用濫了，彷彿只要讀過幾年書，領到過張把文憑，就是知識分子了。記得《讀書》上有篇文章澄清過這個問題。知識分子不只是閉門埋頭搞自己的業務的人，還應該是一個國家、一個民族的良心。

在這一點上，八十年代的冰心大姐，還有巴金，是中國知識分子的良知的光輝代表。儘管她年奔九十，腿腳也不利落了，然而她不甘於躺在自己已有的榮譽上。不，她的筆片刻也沒停過。在熱情扶持青年創作之餘，她仍在寫著其重要性絕不亞於《寄小讀者》或《超人》的醒世文章，如《我請求》《萬般皆上品》《介紹三篇小說和三篇散文》《〈孩子心中的文革〉序》。她聲嘶力竭地為中小學教師呼籲，毫不猶豫地譴責「文革」。從她管「孫子樓」叫「鬼樓」這一點，可以看出她對社會上特權階層的深惡痛絕。一位編輯曾對我說：「冰心老太太的文章好是好，就是燙手……」這就是說，她不寫那種不疼不癢的文章。她的文章照例不長，可篇篇有分量。在為民請命、在干預生活上，她豁得出去。

讀過《寄小讀者》的人，都知道冰心大姐的哲學，中心是一個「愛」字。她愛大海，愛母親，愛全國的小朋友。她更愛咱們這個多災多難的祖國。那是她在歷代聖賢以及泰戈爾的影響下形成的哲學。只有真地愛了，才能痛恨。

冰心大姐深深地愛咱們這個國家，這個古老民族，這個黨，所以對生活中一切不合理的現象才那麼痛恨。

可以向冰心大姐學習的很多很多，但我認為最應學習的是

她那植根於愛的恨。那些滿足於現狀、維護現狀、利用現狀自己發旺的人，就生怕有人對現狀有所指摘。其實，這樣的人心裡所愛的，只是他自己：他的地位、權勢和既得利益，因而才對生活中不合理的現象那麼處之泰然，那麼熟視無睹。不能恨的，根本也不能愛。

老年知識分子當中，還有冰心大姐這樣敢於講點不中聽的話的作家，這是中華民族的希望。她永遠不老，她那支筆也永遠不老，因為她的心緊緊貼著人民大眾。[40]

蕭乾的致辭，越說越激動，越講越深刻，令在場者動容。這個自小便稱冰心為大姐的老人，確實最懂得冰心，瞭解大姐的內心世界，也敢於肯定大姐心中的「恨」。直到這時，這個愛與恨交集的形象，被鮮明地表達了出來。壓制太久（用冰心的話說，起碼是四十年了），暴發愈烈，這就是冰心為什麼會揪住教育問題死死不放的原因，她不能不說，並且還有話要說，並且是愈後愈顯得毫無畏懼！當時在現場的一位女作家感慨：「人們愛她，不是別的，是她的人品和文品！」邵燕祥在他的雜感《老未必朽》寫道，北京辦「冰心創作生活七十周年展覽」，「使人看到冰心七十年如流水常新的創作生涯。少作清新，幾無人企及，已自不易；而晚年關心教育，關心幼小，關心未來，發為呼聲，並不是人人都能做到的。自然不是止此一位。就文學界說，八十歲左右以上的人，如巴金、夏衍，也都仍然站在當代思想的前列，以他們的人格、文品浸潤下一代人。如問我尊敬什麼樣的老人，我當如此回答。」[41]

展覽開幕式，冰心未到現場，她說「我是因為不願聽讚美之詞才有意晚到的」。開幕結束後，人們分頭觀看展覽時，冰心才來。坐著輪椅上來，家人推著輪椅緩緩而行。參觀展覽的人湧向她，向她祝賀、向她致意、和她握手與問候。現場記者寫首：

一幅幅照片、一片片手稿、一件件實物，靜靜地正向參觀

[40] 蕭乾，《能愛才能恨——為「冰心文學創作七十年展覽」而作》，《人民日報》1988年7月18日。
[41] 邵燕祥，《老未必朽》，《隨筆》1988年第6期。

的人們講敘著一個真誠、執著、頑強的飽含著愛的生命故事。
於是，人們也默默地在心底發出呼應：「冰心永遠不老，她那
支筆也永遠不老，因為她的心緊緊貼著人民大眾！」[42]

真是時過境遷，當我在寫這部傳記的時候，冰心為之請命的士
人，為之呼籲的教育，完全顛倒了過來。腦體倒掛不僅消除，兩者的
差距迅速拉開、拉大，當下一個教授的工資與一個餐廳服務員的工
資，相差何止十幾倍？這本是正常現象，也是冰心為之呼籲與請命的
目的，但是，現實的發展完全不能預料，這一來又產生一種社會不
公，更遑論一個握有幾百萬、上千萬科研經費的教授，他們普遍被研
究生、博士生、博士後稱之為「老闆」，甚至也成了教育腐敗的溫
床。讀書無用論是消除了，國考公務員，卻又趨之若鶩，又是讀書當
官了，沒有全國統招的學歷，別想問津。但是讀不到書、讀不起書的
現象又出現了，他們是農民工的子弟。而坐享其成者、得其利益者，
在讀到冰心這些作品時，則會發出訕笑，甚至笑她的膚淺，他們已經
忘記、有的則是沒有經歷七、八十年代的教育危機，到現在竟也嘲
笑、數落起為其請命與吶喊的前人來。

4，南北呼應

蕭乾在冰心展覽的致辭中有過這樣的一句話：「八十年代的冰心
大姐，還有巴金，是中國知識分子的良知的光輝代表。」將這兩位作
家並列在一起，十分貼切。兩位老人八十年之後已經很少見面了，但
思想的追求、感情的共鳴，常常將他們聯繫在一起，以致出現了南北
呼應的生動局面。

蕭乾致辭，巴金並未在場，同日，收到巴金的信，告訴了她準備
為《冰心傳》寫序，冰心回信說，「你的真話，使我感動，就那麼寫
吧，幾十個字就可以了。『人生得一知己足矣！』」。幾天之後，巴
金的序出來了，對冰心的評價與蕭乾幾近：

冰心大姊不過比我年長四歲，可是她在前面跑了那麼一

---

[42] 吳泰昌，《「真正高興的一天」》，《我知道的冰心》，三聯書店2010年6月。

大段路。她是「五四」文學運動最後一位元老，我只是這運動的一個產兒。她寫了差不多整整一個世紀，到今天還不肯放下筆。儘管她幾次摔傷、骨折，儘管她遭逢不幸，失去老伴，她並不關心自己，始終舉目向前，為我們國家和民族的前途繼續獻出自己的心血。雖然她有很長的寫作經歷，雖然健在的作家中她起步最早，她卻喜歡接近年輕讀者，在他們中間不斷地汲取養料。

　　她這個與本世紀同年齡的老作家的確是我們新文學的最後一位元老，這稱號她是受之無愧的。但是把「老」字同她連在一起，我又感到抱歉，因為她的頭腦比好些年輕人的更清醒，她的思想更敏銳，對祖國和人民她有更深的愛。我勸她休息，盼她保重，祝願她健康長壽。然而在病榻前，在書房內，靠助步器幫忙，她接待客人，答覆來信，發表文章。她呼籲，她請求，她那些真誠的語言，她那些充滿感情的文字，都是為了我們這個多災多難的國家，都是為了我們大家熟悉的忠誠、老實的人民。她要求「真話」，她追求「真話」，將近一個世紀過去了，她還用自己做榜樣鼓勵大家講「真話」，寫「真話」。我聽說有人不理解她用寶貴的心血寫成的文章，隨意地刪削它們。我也知道她有些「刺眼的句子」不討人歡喜，要讓它們和讀者見面，需要作家多大的勇氣。但是大多數讀者瞭解她，大多數作家敬愛她。她是那麼坦率，又那麼純真！她是那麼堅定，又那麼堅強！作為讀朋友，我因這友誼而深感自豪。更難得的是她今天仍然那麼年輕！我可以說：她永遠年輕！

　　思想不老的人才永遠年輕！[43]

　　巴金在其他的許多場合，多次讚揚冰心講真話的品格，實際上也是他們共同的追求。講真話，寫真實，說起來簡單，真要做起來太難了。中國是個說假話的大國，上至最高領導，下至普通百姓，不是沒有真話，但公開場合講的基本都是假話，分得細一些，則可稱為套話、空話、大話、假話，就是難見真話。假話一般是用來保自己、

---

[43] 巴金，《思想不老的人才永遠年輕——〈冰心傳〉序》，刊《文藝報》1988年8月13日。

騙他人，以達某種目的。真話則不然，是坦然自我、有時是要犧牲自我，但它維護了基本的道德準則，成為社會良知，成為社會發展的基本動力。如果大學教授都在說假話，還有科學的昌盛嗎？知識分子不說真實，能有所創造嗎？經歷過文革的冰心、巴金等作家，深切地感覺到那真是一個假話盛行的時代，假話無法推動社會前進，只能拉向倒退，比如，知識青年上山下鄉，假話弄得那麼崇高，知識分子學種田、接受貧下中農再教育，社會還能前進？冰心與巴金是從國家、社會、民族發展的意義上，提倡講真話，寫真話，縱然不能完全講真話，但無論如何也不能講假話。

正是在這一點上，八、九十年代的冰心與巴金，兩位老人南北呼應，相互支撐。自1978年始，巴金希望將被四人幫耽誤的時間搶回來，決定寫他的隨想錄，「一篇一篇地寫，一篇一篇地發表。」每年一本，一共寫五本。他自己給這些文章界定為：「不是四平八穩，無病呻吟，不痛不癢，人云亦云，說了等於不說的話，寫了等於不寫的文章」，它應該是「一聲無力的叫喊」。巴金說是一本小書，實際上是一部大本，因為他說真話，吐真情，觸動了一些人和社會的神經，引起強烈的反響。

巴金寫作《隨想錄》，冰心始終關心、關注，當香港生活・讀書・新知三聯書店出版了《隨想錄》和《探索集》的單行本，「冰心大姊」在接到贈書時，一口氣讀完，稱讚巴金「真能寫！而且寫得痛快。」第三集《真話集》還在寫作中，巴金便有三封信向大姐談及此事。「最近在家養病，總算一字一字地把《隨想錄》第三冊《真話集》寫完了。」並說，「只要手能動，我還是要寫下去。」同時寄去其中的一篇《「人言可畏」》，請冰心看看，「這文章早該寫了，儘管有人不高興，但是我說了心裡話。」《「人言可畏」》為女作家受到社會壓力而寫，巴金為沒有直接給那位女作家道義支持而自責，也對社會的現象進行了抨擊。文章沒有直接說出女作家的名字，而明眼人都可以看出，那位女作家是誰，出訪日本時，他們談到這位女作家的經歷與壓力，所以，巴金才有了早就該寫這篇文章的話，同時才會挑出來寄給冰心。有時，巴金還將海內外對《隨想錄》的評論報告給大姐：「日本京都有個萩野脩二評論《真話集》，稱我為『真正的愛國者』，倒比某些厭惡我的同胞更瞭解我。」（巴金1984年10月

7日信）因而，無論反應如何，巴金堅持為在晚年找到隨想錄的方式來寫作，來表達自己的真情實感，為自己說出真心話而感欣慰。「幸而我還能拿筆，還可以寫我的《隨想錄》。」當第五冊《隨想錄》快要出書時，巴金有些喜形於色地告訴冰心大姐：「只有一件值得我高興的事：我的《隨想錄》第五冊就要脫稿了，還差一篇文章。說了自己想說的話，總算沒有辜負我這支筆，本月內一定編好送出去。您也替我高興吧。」（巴金1986年8月4日信）「我那第五本小書下個月可以印出來。我總算說了一點真話。還要爭取到一些時間認真思考、思考。」（巴金1986年12月13日信）

冰心也為巴金尋找到《隨想錄》的形式講真話而高興，她在許多場合下說過，要響應巴金老弟說真話的號召，寫說真話的文章。她說，她在《散文世界》開的專欄「想到就寫」就是受到《隨想錄》的影響。五本《隨想錄》出齊後，袁鷹來信，問冰心：「巴金同志的《隨想錄》，有的同志推崇為當代散文的巔峰之作，我很同意這種評價……不知您有沒有興致和時間寫一兩千字……」冰心收到信後，說：「我不但有興致，而且有願望」，這個願望實際上從讀到巴金《隨想錄》中的第一篇便有了。冰心認為：「『真摯』是一切創作的靈魂和力量！巴金的散文之所以被推崇為『當代散文的巔峰』，就是因為在他的每篇散文裡，句句都是真心話！」知己之見，冰心一語道明巴金散文的藝術特色，並且對一些繞來繞去不敢寫真話的文章提出了批評：「現在的確有許多散文，在我看來，都是朦朦朧朧的不知所云。作者若是不敢寫出真心話，又何必讓讀者浪費猜謎的時間呢？」冰心畢竟不是評論家，也不能夠冷靜和客觀，多以自己的情感方式來閱讀巴金的作品，常常是不能自己，她說她自從1980年得了腦血栓，病後，神經似乎脆弱了許多，獨自的時候看到好文章或好事，就會笑出聲來；讀到或是遇到不幸的事，就會不自主地落淚，雖然在人們面前，她還能盡力控制。這次一邊讀巴金的《隨想錄》，「一邊筆不停揮地寫著，因為旁邊沒有人，我又悄悄地落了眼淚，這眼淚是《病中集》中的『真話』催下來的。」並且恢諧地說，「我也說句真話吧！」冰心在寫過這篇文章之後，依然還讀《隨想錄》，1989年8月那一段時間，冰心認為無書報可看，又從頭看了一遍《隨想錄》，再一次被打動：「我掉了眼淚，我為有你這樣一個『老弟』而感到自

豪！」而巴金在讀了《我請求》《我感謝》《萬般皆上品……》《落價》等火辣辣的文章後，在讀到「想到就寫」欄目中的系列文章後，也為冰心說真話，吐真言，表現出一種無私無畏精神的而感動。他說：「我因為有這樣一位大姊感到驕傲，因為您給中國知識分子爭了光，我也覺得有了光彩。」

由於《隨想錄》的影響大，版本也多，北京華夏出版社為了滿足海外華夏兒女的閱讀需要，也為了給巴金賀壽，決定出版《隨想錄》的繁體字豎排線裝本。為了留下紀念，在錦盒的封面上，由冰心題簽「巴金隨想錄」，字體清雋飄逸，還有大紅的印章，使這套書更具華夏文化的韻味。巴金拿到這套書，真是愛不釋手，當即在第一本樣書的第一冊，簽名贈送冰心大姊，並附上一信：「謝謝您的信，也謝謝你的九十朵紅玫瑰，更感謝您的題字，現在書出來了。看見您的字彷彿見到您本人，我真高興，托人帶一套給您，請您接受我的感謝……」。

晚年的巴金也是大放光彩，所做之事甚多，但簡而言之，可稱為「一言」與「一行」，「一言」就是《隨想錄》，「一行」呢？當屬建立中國現代文學館。這「一言」與「一行」，將在中國文學史甚至是中國歷史上留下一筆。

巴金關於建立「現代文學資料館」的建議之前，曾呼籲建立文革博物館，這對經歷過文革、不希望文革悲劇重演的人來說，非凡意義，正視歷史，以史為鑒，是共產黨歷來的態度。但是這個提議卻遭至壓制，甚至連文章都不能在境內發表。冰心知道此事，十分生氣、也曾憤怒，但在這樣的問題上，老人的力量是多麼的有限，只能在心底祝福巴金平安，不要再出什麼事情了，文革中、文革前因言獲罪難道還少嗎？對於胎死腹中的文革博物館，美國倒是有些社會學、人類學、博物館學的學者們在悄悄地搜集資料，包括文革時期的小報、像章、紅衛兵袖標與戰旗、批鬥走資派和反動學術權威的照片等，冰心曾在私下裡對前來探望她的電影製片廠的朋友說，中國以後研究文革，可能要到美國去留學。吳文藻坐在身邊，還加上了一句專業術語，但願不再出現文革那種場面的「田野作業」。於是，冰心講到她在田頭受批鬥的情景，並且幽默地說，可惜，那時你們沒有將這些田野「噴氣式」場面拍成電影。朋友就說，我們中央新聞製片廠也都被

造反派占領了，幾個可以做事的，都得跟拍毛主席、還有西哈努克。冰心就說，誰還當真會去拍呀，誰會認為那是有意義的東西？「文革博物館」不能對巴金提供任何幫助，但對「現代文學資料館」（後正式定名為「中國現代文學館」），冰心積極響應，盡全力支持。巴金在《隨想錄》是這樣構想的：「『文學館』是一個資料中心，它搜集、收藏和供應一切我國現代文學的資料，『五四』以來所有作家的作品，以及他們有關的書刊、圖片、手稿、信函、報導……等等，等等。」為了帶頭，巴金首先「準備交出自己收藏的書刊和資料，還可以捐獻自己的稿費」。「希望在自己離開人世前看見文學館創辦起來，而且發揮作用。」憧憬著「十年以後歐美的漢學家都要到北京來訪問現代文學館，通過那些過去不被重視的文件、資料認識中國人民優美的心靈。」[44]

冰心與巴金有著相同的認知，1980年訪問日本，在參觀了日本近代文學館後，與友人館前合影留念，就萌生建立中國現代文學館的念頭，冰心請巴金牽頭倡議，她來響應。所以，巴金提議後，冰心立即附議，中國作家協會牽頭成立籌備委員會，冰心成了當然的籌委會委員，同時還有曹禺等其他七位著名人士。冰心不僅在名義上，更是在行動中支持，對於名稱，有時則直呼「巴金資料館。」有一次，冰心給李小林寫信，說：「我死後，凡是有上下款的書和人送我的字畫和小孩的信（總有幾千封），都交巴金資料館！」[45]在給巴金的信中，冰心再一次告訴了這個決定：「我的東西已決定都交資料館」。巴金得到這個信息，非常高興，「您要把那麼些珍品送給資料館，太慷慨了，我很高興，謝謝您。」接著，巴金糾正道：「但您不能說是『巴金資料館』，您也是資料館的一位股東、一位大股東啊。您同五四時期開始的我國新文學的關係太深了。葉聖老同您，你們兩位是僅存的兩大功臣，無論如何應當給你們樹碑立傳。中國需要這樣一個文學資料館。」[46]

但是，在當時，要建造這樣一座為作家「樹碑立傳」的館所，

---

[44] 《現代文學資料館》，《巴金全集》第16卷，P295，人民文學出版社1991年3月。

[45] 1985年7月1日的信。

[46] 《致冰心》，《巴金書信集》，P22，人民文學出版社1991年8月。

確是困難重重。房子只能暫借在萬壽寺，當年慈禧太后從紫禁城至頤和園途中的一座行宮。中國現代文學館在有了暫時的辦公場所後，冰心便開始捐贈，她打電話給時已調進文學館任副館長的舒乙。舒乙是老舍的兒子，不僅熟悉，而且有著某種親情，說，給你們準備了禮物，來取吧！舒乙帶了個館員，騎上腳踏車就來了，一看，堆在桌子上像座小山，大吃一驚；再看，都是寶貝呀，太珍貴了，這自行車怎麼馱得了？於是，趕快回去，開了輛麵包車來，也都裝得滿滿當當。面對坐在一旁不動聲色的冰心，舒乙明知故問，老太太，您真捨得？這可成了文學館的鎮館之寶啊。冰心仍然平靜地說，這些東西，文革中沒有抄去，有的放在箱子底下，有在塞在儲藏室裡，現在總算有了一個好的歸宿。我要謝謝你們，謝謝老巴！據中國現代文學館研究員劉屏撰文介紹，冰心先後捐贈了一百多幅珍藏的字畫，其中有清代畫家王素的《捕魚圖》，陳植的國畫《松》，胡絜青書老舍抗戰時期的《戲墨詩》，抗戰勝利後蔡叔慎畫的《歌樂山圖》，1946年冰心隨吳文藻赴日前老友陳伏廬畫贈的《朱竹圖》，日本武者小路實篤的《石榴圖》，沈尹默六十年代書杜宣詩條幅，趙樸初書《總理逝世周年感賦》，梁實秋隔海書贈的《無門關》條幅，冰心四十年代初書贈顧一樵條幅等。在捐贈物品中，光是冰心自己的手稿就有九十五篇，其中有她晚年獲得全國短篇小說獎的作品《空巢》，系列散文《三寄小讀者》，以及《老舍和孩子們》等回憶文壇故友親朋等手稿，還有1926年在美國威爾斯利女子學院研究李清照詞所作的畢業論文的影印件、晚年許多作品的獲獎證書及海內外著名作家的簽名書，國內外作家、朋友寫給她的大量書信和賀年片，日本唐招提寺的鑒真和尚畫像，以及湖州的古銅鏡等。

對此，冰心似乎了卻了一樁心願：「我一生沒有財產，最寶貴的就是前輩先生和中外朋友們贈我的他們的字畫和著作。這些財寶，我一生中已經喪失了好幾次。第一次是『七七事變』，第二次是『反右』期間，第三次是十年動亂，剩下的已寥寥無幾。」這些經歷了幾十年風風雨雨保存下來的字畫能捐給中國現代文學館，因為「這館是我的好友巴金倡導下成立的」，而文學館的工作人員中，「還有我的好友老舍的兒子舒乙」，這不僅是值得信任的依據，同時更是情感的寄託。所以，冰心說：「當他們幾個人輕輕地托起這些字畫下樓去

時，我忽然覺得歡快地『了』了一樁大事，心裡踏實得多了」。[47]

　　但是，紫竹院終不是中國現代文學館的久居之地，無論是作為對資料的保存，還是研究、展覽與辦公，都不能適應文學館的發展與特點，建設新的館舍，勢在必行。可在皇皇京都給文學一席之地，豈是易事？無奈之下，巴金只得求助共產黨和人民政府，他親自給江澤民主席寫信，陳述建立中國現代文學館新館舍的理由和意義。冰心立即呼，1993年2月22日清晨五時，盥洗之後，請來毛筆和榮寶齋信箋，上書鄒家華副總理：「文學館很需要一個新館舍來收藏『五四』以來我國現代作家的創作成果，這是我們國家和民族的重要文化窗口，需要國家的支持和幫助。」她還說願在自己的有生之年看到新館的建成和揭幕。信很長，擱下筆就累倒了。這封信很快送到了鄒家華的手中。當天，分管國家計劃委員會的鄒副總理批示：「擬同意原則立項建館，規模大小另行商定，按資金可能安排建設進度，未建成前，暫時按現在情況過渡。」也是當天，鄒家華又親自打電話給冰心說：「您的事我已經給您辦了。」這讓冰心露出了微笑。巴金的事就是自己的事，現在事情有了個眉目，她當然高興。在中國現代文學館的建設上，巴金和冰心二位老人總是南北呼應，終成大事。館成，巴金的手模被鑲嵌在中國現代文學館大門的推手上，每個進入文學館的人，與巴金「握手」，記著這位發起建造這座文學殿堂的老人，冰心仍然是在背後，以她的靈魂，默默地守護這座文學殿堂。[48]

5，以貓為伴

　　《我的一天》中，上下午各有一次餵貓的描寫，這貓便是咪咪。上午九點鐘一準拱門進來，跳上書桌，等著吃點心——乾魚片，老太太就一絲絲餵起了它，滿足之後，便跳到桌旁一張小沙發上，不停地洗臉、舔毛，梳洗停當後，優雅而舒適地蜷臥在席，開始了白日長睡；午後兩點，老太太起來，咪咪也醒了，這餐又是少不了的。

　　看看冰心對這隻貓的描寫：

[47] 《我向文學館捐贈字畫的經過》，《冰心全集》第8卷，P122。
[48] 冰心逝世後，她與吳文藻的部分骨灰，安放在中國現代文學館漢白玉的雕像下。

　　這隻小白貓，叫「咪咪」，雪白的長毛，眼睛卻不是藍的，大概是個「混血兒」吧。它是全家的寵兒。它卻很居傲，懶洋洋地不愛理人。我當然不管給它煮魚，也不給它洗澡，只在上下午的一定時間內給它一點魚乾吃。到時候它就記得跑來，跳到我書桌上，用毛茸茸的頭來頂我，我給它吃完了，指著一張小沙發，說「睡覺去！」它就乖乖地跳上去，聞聞沙發上的墊子，蜷臥了下去，一睡就是半天。[49]

　　這後一句話最是重要：「在白天，我的第二代人教書去了，第三代人上學去了，我自己又懶得看書或寫信的時候，一隻小貓便也是個很好的伴侶。」

　　養貓便是為了給老人做個伴兒。

　　那時，民院的同事宋蜀華家的貓生了三隻小貓，十分可愛。冰心曾經養過狗，也養過貓，歲數大了，對小生命更是珍愛。搬入新居後，養狗不行，養貓還是可以的。吳青徵得母親同意，將宋家的三隻白絨絨的小貓藏在書包，回到家像變魔術似的，一隻一隻地抱出來，放在桌上。每一隻都活潑可愛，冰心端坐桌前，小貓便在桌子上爬來爬去，卻是有一隻特別淘氣，順著老太太的手爬到了她的身上，把冰心高興的，說，就這隻了，就這隻，你看，這貓還有名堂，尾巴是黑的，身上有三個黑點，這叫「鞭打繡球」。老太太當即還為它取了名字，就叫咪咪。夏衍是愛貓一族，因為住四合院，早早就養貓了，文革前曾養過兩隻小黃斑，夏公落難，關進秦城監獄，一關就是好多年，貓也老了，但都頑強地活著，直到夏公出獄，貓遠遠聞到了等候多時的主人味道，從角落步態蹣跚走過來，夏公還未坐穩，黃貓翹起尾巴，輕勾褲腿，圍腳轉圈，然後捲曲在夏公的腳邊躺下了，夏公好動感情，將離別多年的愛貓抱到懷裡，但當夏公抱起的時候，黃貓已經死了，它就是要等到主人回家的那一天！冰心聽了這個故事，落淚了。夏衍聽說謝老太太也養貓，非常贊成，專程前來探望。冰心得意地告訴夏公，您看，多漂亮，那黑尾巴可以夠得著身上的三個黑點，這叫「鞭打繡球」。夏衍對貓可有講究，說，且慢且慢，這種長相的

---

[49] 《漫談賞花與養貓》，《冰心全集》第8卷，P60。

貓可能還有一個名字，等我查了貓書再告訴您。夏衍回到家，立即翻出貓書，果然，還有一個名字，便打了電話告訴冰心，說，老太太，您說「鞭打繡球」，也可以叫「拖槍掛印」，這名字是不是更堂皇一些？

咪咪來到謝家，冰心說，她只負責和咪咪玩，最多餵餵貓點心，幹魚片什麼的，煮魚、洗澡、梳毛、搔癢癢、打屁屁都是吳青與陳恕的事，它們之間也特別地親，親昵地稱「我們的小兒子」，下班回家，第一句話不是問候老媽，而是問「我們的小兒子呢？」這時，咪咪便會從老太太的房間裡竄出來，知道有東西吃了，耍嬌要吃，飽餐之後還粘在一起，備課時，它就躺到爸爸或媽媽的懷裡，晚上就睡在他們兩人的中間。但是，如果咪咪有個傷風感冒什麼的，老太太可是急，催著它的爸爸媽媽上醫院，回來問這問那，可是仔細，比對第三代還關心，所以，家裡人說，咪咪是「一等公民」，我們第二代、第三代都是「二等公民」，誰都沒有咪咪的地位高。

咪咪到謝家不久，老太太便以其為題材寫過一篇小說《明子和咪子》，對咪咪的到來有過很詳細的描寫，其中有一段是非養過貓的人寫不出的，她寫得傳神：

> 咪子抱來了，真是活躍得了不得！就像媽媽說的那樣，整天到處跑，到處跳，一會兒上桌，一會兒上床，什麼也要撥撥弄弄。於是奶奶就常給它洗澡，洗完了用大毛巾裹起來，還用吹風機把濕毛吹乾了。早飯後在洗牛奶鍋的時候，還用一勺稀粥先在鍋裡刷一遍，又把自己不吃的蛋黃，拌在牛奶粥裡給咪子吃。奶奶把咪子調理得又「白」又「胖」，就像一大團絨球似的！咪子平常很鬧，掙扎著不讓明子抱它，但是吃飽之後就又貪睡。奶奶常在晚飯前餵它，什麼魚頭啦、雞爪啦，剁碎了給它拌飯。咪子一直在旁邊叫著，等奶奶一放下它的飯碗，它就翹著尾巴過去；吃完了，用前爪不住地「洗臉」，洗完臉就懶洋洋弓起身來，打著呵欠。這時明子就過去把它抱在懷裡，咪子一動不動地閉上眼，蜷成一團。明子輕輕撫摸著它，它還會輕輕地打著「呼嚕」。每天晚飯後，奶奶和爸爸一邊看著電視，一邊閒談。明子只坐在一旁，靜靜地抱著睡著的咪子，輕

輕地順著它的雪白的長毛摸著，不時地低下頭去用臉偎著它，電視熒幕上花花綠綠地人來人往，他一點也沒看進去。等到「新聞聯播」節目映完，爸爸就會站起來說：「徐明，咱們走吧。你的作業還沒做完呢！和奶奶說再見。」這時明子只好把柔軟溫暖的咪子放在奶奶的膝上，戀戀不捨地走了。[50]

冰心養貓，本是為了做伴，在晚年孤寂的時光裡，有個相伴的性靈。咪咪不僅為她帶來歡樂，還帶來安慰。一次在與某報社的電話裡，得到一個令其十分生氣的消息，老太太放下電話，推了助步車，回到臥室的書桌前，胸中的氣憤未消，心跳很快。就在這時，咪咪跳上了桌面，望著主人的臉色，感覺有些不對，便將後腿停駐桌面，前爪搭在主人的胸前，用踩奶的方式，輕輕地來回踩、按、摩，兩隻深情的眼睛一眨不眨地凝視著主人，如此持續了許久，老太太才輕輕地用手撫摸著咪咪的長毛，舒了一口悶氣，咪咪這才蜷縮到主人的身上睡去了。老太太很感動，覺得咪咪真是「善解人意」，不知從哪兒學來的「擦眼觀色」，以後，每逢煩心事，咪咪總會出現，踩呀按呀，消氣解悶，給以安慰。聯繫夏衍家黃貓的故事，老太太曾細細地思量過貓界的事，覺得神祕莫測。

咪咪帶來的歡樂更是說不盡。冰心著文，咪咪坐在一旁觀看，時不時還用爪子指指點點，意思是那空白處可寫，等老太太完成一頁，它會對著滿是黑字的手稿盯看半天，然後滿意地喵喵兩聲，意思說很好很好！我曾為冰心的一張照片配說明詞：「老作家認真寫作，貓博士仔細審閱。」貓的習性慵懶而高貴，但咪咪有時卻很勤快，冰心說它是「人來瘋」。家裡來了客人，和主人交談，咪咪一點也閒不住，跳到桌上，立在主賓視線的中間，如在客廳的沙發上，無論旁邊坐了什麼人，它都要擠進去，並且不時地要發表意見，喵喵幾聲，相機一舉起，客人還未站好，咪咪便跳了上去，選擇最能出鏡的位置擺好POSE。還有陳鋼為姥姥拍照，也是少不了咪咪，一段時間，咪咪的玉照隨著冰心滿天飛，知名度可高呢，舒乙笑言，咪咪成了謝家最大的明星，最少有一個億的追星族。一次，我要挑選一張照片，為《冰

[50] 《明子和咪子》，《冰心全集》第7卷，P478-479。

心作品選》做封面，舒乙說，選有貓的，老太太一準喜歡！「我的相簿裡，幾乎全是咪咪。不但此也，我的朋友們知道我愛白貓，於是送我的掛曆、檯曆和賀年、賀生日的卡片上，都是白貓，有的卡片上的貓還有白毛！我的屋裡幾乎是白貓的世界。」[51]舒乙編了一本《冰心近作集》，封面上除了冰心喜愛的玫瑰花，還有咪咪，吳青就說：「這本書的稿酬，應該歸咪咪！」

咪咪是公貓，公貓必發情，一次情動，不辭而別，滿世界找朋友去了。整一天沒見著咪咪的老太太可急壞了，急令陳璵大姐四處尋找，到了第二天上午還無踪影，老太太終於控制不住了，大哭大哭，哭過，取出筆紙，繁簡並用，上書：

> 尋貓：本人不慎走失白貓一隻，頸帶白色項圈，黑尾巴，身上有三個黑點。有尋見者，請通知教授樓三十四單元三號，或電話890771，分機433，費神之處，不勝感激。
>
> 失主啟
>
> 1989年10月21日

一連寫了好幾張，又令大姐速速張貼。這一張貼，驚動四鄰，貓沒有尋得，「尋貓啟事」卻不見了，一看那雋永的字跡，那電話號碼與門牌，便知是謝老太太的字，「冰心的字可有價值呢！」所以，見者便會小心地揭下收藏，當然貓也是會留意的。直到第三天的中午，小保姆在廚房做飯，見到對面屋頂上有隻貓遊蕩，那身影，不就是咪咪嗎？連忙衝下樓，老太太則在廚房這邊苦喚，咪咪這才回頭回家，「流浪了兩天，變得蓬頭垢面。」老太太心痛得不行，趕忙命人洗澡、吹風，抱在懷裡，破涕為笑。

文人多愛貓、養貓，咪咪的知名度日隆，稿約也就紛至沓來。作家林斤瀾也養貓，一次代《東方紀事》向冰心約稿，並且點名談「養貓」。老太太卻說，她不養貓，咪咪是吳青與陳恕養的，與她無關，只得將觀察來的「養貓」的事兒說一說，最後竟冒出了句「咪咪現在四歲多了。聽說貓的壽命一般可以活到十五六歲。我想它會比我活得

第十二章　愛恨交集

---

[51] 《咪咪和客人之間》，《冰心全集》第8卷，P573。

冰心最後一次寫咪咪是在為其辯正。「有好幾個年輕朋友寫我的訪問記，都說我書桌上爬著一隻雪白的波斯貓，我要聲明一句，我的咪咪不是波斯貓。波斯貓渾身雪白，從來沒有雜色的，貓眼睛是藍色的，也有一隻是黃色，另一隻是藍色的，我不喜歡波斯貓，因為一眼就看出它是一隻外國貓。」顯然，她不喜歡外國品種的貓，她說她的貓是雜色的，有「鞭打繡球」的雅號，有「拖槍掛印」的威武，後來還有「雪中送炭」之謂，這一切都證明它不是波斯貓。冰心在這篇文章中無意透露了一個信息，咪咪的點心，由魚乾變成了「貓餅乾」。「貓餅乾是一塊像人字的有一分錢幣那麼大，是外來貨，它極其愛吃，每逢我拿出那隻小圓餅乾盒，它就高興得在地上打滾，然後就跳到我的書桌上來，吃完了就滿足地蜷臥在我旁邊，我要寫字寫信就得讓人把它抱走。」[52]冰心所說的貓餅乾，實際上就是後來廣為使用的貓糧。八、九十年代之間，國內尚無生產貓糧的企業，冰心的孩子們、或朋友從國外帶回，所以她說是外來貨。有一次她正以貓餅乾餵咪咪，我在旁，不知什麼話題竟然說到「以後這隻貓歸我」之類的話，所謂「以後」自然是指上述那句「讖語」，老太太說，好呀，從現在起，你管咪咪的吃喝，我吃的簡單，咪咪吃的可是進口餅乾，得用外匯。我當然爽快答應，老太太那會真讓我掏錢呢？

但是，老太太也有說到做到的。同樣是貓，孩子們後來又抱來一隻小的，根據冰心的標準，這可能是真正的波斯貓了，她不喜歡，並且不喜歡就是不喜歡，愛憎分別，連它的名字「奔奔」都不愛聽。奔兒來家時，也是小貓，養過貓的人都懂得，小貓貪玩，大貓老貓愛睡，奔兒抱來，咪咪已有四五歲了，奔兒老要去逗咪咪，咪咪睡了又不愛玩，奔兒就去咬去追，老太太便認為這是外國貓在欺負她的中國貓，非常生氣，一見到奔兒便趕，根本不讓進到她的臥室，更不用說享受一等公民的待遇了，客人來了也沒它的份，時間久了，奔兒一見到老太太便跑便躲，發展到後來怕見生人，膽子好像特別地小，成天只呆在爸爸媽媽的房間裡。老太太還寫信告訴遠在美國進修的大女兒，「新來的貓，是陳鋼從羅慎儀家抱回來的波斯貓，它太活躍

---

[52] 《我的咪咪不是波斯貓》，《冰心全集》第8卷，P663。

了，總欺負咪咪，十分討厭，我也不給它魚乾吃！」為此，吳青也有微詞，說我媽媽特不公正，奔兒真是可憐，一見老娘就躲。但老太太依然如故，以至沒有多少人知道冰心家還有另一隻叫「奔兒」、「奔兒」的波斯貓呢。

6，再求民主

　　咪咪確實成了冰心暮年生命中的一道暖色與亮色。多年不得出門，「行萬里路」本是她的喜性，從未被病痛困住過，無論是國內的考察與還是國外的訪問，每一次都能成行，現在因腿腳不便而困於家中，甚至在床上翻個身都得求助他人。於是，日漸生出了痛恨那一副失去了意義的「軀殼」，狠不得拋棄了這一副拖累的軀殼。可是軀殼不存，靈魂何依？而此時的精神世界又特別活躍，雖足不出戶，可人世的一切洞若觀火。她說，她有許多的話要說出來，這是她容忍軀殼拖累的唯一原因。

　　自從實行改革開放的新政後，以經濟建設為中心，使得國家安定、開始走向富強，但隨之新的矛盾又出現了：教育缺失、道德失准、投機倒把、一切向錢看；官倒盛行、腐敗不絕、官二代正在不擇一切手段攫取社會的資源與財富、權力與地位……一個正在改革的社會、一個處於變化的時代，出現問題不足為奇，只要正視，接受人民的監督，聽到人民的意見，許多問題都可以在改革中解決。冰心五四時期便持社會「改良」而非「革命」的態度，現在更是贊成改革，「改革」也即「改良」，但是，她發現，從取消民主牆到發布道道禁令，從批人道主義到反資產階級自由化，一邊是經濟上的改革開放，一邊是政治上步步設防，這是什麼道理？不是馬克思主義嗎？不是經濟基礎決定上層建築嗎？怎麼經濟基礎改變了，上層建築卻固守不動？不僅違背了共產黨所堅持的馬克思主義，也不符合憲法呀！許多人因為各種原因，不說話了、或不敢說話、或不說真話。一次，與新華社記者郭玲春談話，說到一些作家的作品遠離現實，她很不滿意，說，這十年，文學繁榮了，女作家，年輕作家，從農村成長的作家多了。但是，與生活不切合，或不知人間甘苦，帶有幻想色彩的文章卻是不可取的。她希望多寫一點社會上的實況。所謂「實況」，冰心解釋說，那就是「寫美好的，也揭露不公平的現象」。「不要為寫作而

寫作」，她這樣要求年輕一代。「我也從來不應酬編輯的。倘若他們限期或者出題，我就不幹。」[53]冰心說，她再不能退回去，五、六十年代的情況不一樣，那時為了生存，現在她不怕了，她應該站出來說話，作為作家，她要有良知。她認為，無論是改革開放之前，不讓知識分子思想，還是改革開放之後，不讓知識分子說話，都是對五四精神的反動，她要從五四的立場出發，說一些應該說的、必須說的話。

軀殼的痛苦常常被心靈的飛揚所驅散。

1988年底，中國民主促進會第八次代表大會在北京舉行，由於年齡上的原因，冰心卸下了副主席，又鑒於她的影響與威望，尤其對民進建設所做的貢獻，大會推舉其為名譽主席。這是民進歷史上第一位女性名譽主席，也是本屆唯一的名譽主席。大會結束後，冰心坐在手推車上接受了記者的訪問。當有記者問道「謝老，您被民進的同志推舉為名譽主席，有什麼想法呢？」冰心坦然地回答，「我老了，做不了多少具體事情了。」隨後便提高了聲調，「但有一個想法，非講不可。這就是：民主黨派要同共產黨肝膽相照，榮辱與共。同時，還要敢於民主監督。民主黨派不要光是中共一號召，就舉手同意，要認真、負責地對中共和政府的某些腐敗現象進行批評、監督，真正地發揮民主黨派的作用。」冰心的民主監督、對中共腐敗現象進行批評、監督的話，在五七年之後的任何的民主黨派中，都難以聽見了，冰心在記者面前直言，也是給全體民進會員的鼓勵。當聽說民進「八大」開得很活躍、民主氣氛很濃時，她高興得連聲說「那好，那好，越講民主越好。這就是進步。這說明你們九十年代的人，比我們八十年代的人強。」[54]

其後新當選的副主席馮驥才、鄧偉志在楚莊的帶領下，專程拜訪了冰心。見到三位民進的新領導、同時又是熟悉的朋友，冰心興致勃勃，侃侃而談，說「既然我們已經是『同黨、同志』，我就有什麼說什麼⋯⋯」她這一說可不得了，「民主黨派用的是納稅人的錢，用的是人民的錢，一定要為納稅人服務，為人民群眾說話。不為人民說話，就不成其為民主黨派，就沒有存在的必要。」1957年之後，敢說民主黨派用的不是共產黨的錢？冰心正本清源，將「人民的錢」這一

---

[53] 郭玲春，《巴金、冰心寄語文壇後輩》，《泉州晚報》1988年11月11日。
[54] 袁建達，《在冰心家做客》，《民進》1988年第12期。

簡單的事實點破，這讓已是著名作家的馮驥才都眼睛一亮。在談到多黨合作的十六字方針時說：「『長期共存』是權利；『互相監督』是義務。現在，在監督方面比較弱。」之後，更是語出驚人，奉勸年輕人膽子要大，說，巴金的膽子就很大，要向他學習，並且將話引到自己的身上，「毛主席講，說真話要有『五不怕』。第一不怕離婚。我謝冰心現在已經沒有婚姻可言了。第二不怕開除黨籍。我不是黨員，不存在開除黨籍的問題。我是民進會員。請問三位副主席：你們會因為我講真話，開除我會籍嗎？」三位副主席都笑了起來，「你們笑了，看來你們不會開除我，那我就要再往下說。」鄧志偉後來在寫紀念文章時說，冰心前輩的「高見」，都是難得聽見、甚至聞所未聞，真正的振聾發聵！[55]

在講過「兩不怕」之後，1989年就到了，這可是一個不平常的年份。新年一過，冰心就做了三件大事：

第一件事為王丹籌辦的《新五四》題字。

王丹是北京大學歷史系一年的學生，說是一年級，實際上進北大已有兩年了，先在國際政治系讀了一年後轉系過來。讀第二個一年級的王丹已是北大的活躍分子，主持著塞萬提斯雕像前草地的「民主沙龍」，以「民主、科學、理性、人權」為宗旨，以「沙民主」「民主沙」為方式，展開討論與座談，同時也有演講，先後邀請過吳祖光、李淑嫻、戴晴、楊鳳春、鄭永年、任畹町等作主題演講。王丹同時也是學生刊物《燕園風》的主編，在昔日的燕園裡，將校園民主弄得風生水起。就是這個活躍的王丹，現在要辦一家全校性的學生刊物《新五四》，馳信一函，請求冰心的支持：

> 今年是五四運動七十周年，又是法國大革命二百周年；鑒於前者的「民主與科學」的口號，後者人權的確立在當今中國都是尚未實現，而不實現中國又無法前進的原則，我們認為開展一些隆重的紀念活動有著重大的現實。我們的具體打算是：一，北大的學海社是北大最大的學生社團，下學期將成立一個當代社會問題部，以這個部舉辦一些系列的講座、沙龍、理論

---

[55] 鄧偉志，《站在冰心同志靈堂前》，楚莊主編《永遠的冰心》，開明出版社1999年6月。

研討會等，請一些思想解放的理論界精英在校內開展一次新啟蒙運動；二，創辦《新五四》雜誌。這是首都高校第一份學生自己「民辦」的大型刊物，但由於缺乏資金，只能以打印的形式出版，主要面向全校，兼向社會發行。雜誌以思想解放，見解尖銳，觀點鮮明，符合中國問題並言之有據為宗旨，意在帶動同學關心社會、國家的發展並為熱烈討論提供園地。做這些事，我們想請一批顧問，一來想使北大同學有機會獲得各界的新見解，二來為顧問們創造一個向北大進行啟蒙教育的陣地，三來也可以壯大聲勢擴大影響，有利於我們的合法地位的鞏固。為此，我們已請到夏衍、吳祖光、許良英、包遵信、邵燕祥、林自新、孫長江、厲以寧、遠志明、謝選駿、王潤生、李淑嫻、洪源作顧問，並擬請胡績偉、張顯揚、牧惠、王若水、劉再復、孫旭培、曾彥修、吳廷嘉、李銳、于光遠、馮至、龔育之、童大林等同志，還有一批我們青年教師作指導教師，之所以有意造成這麼大的聲勢，原因就是上述三點。

您是五四時代不多的幾個過來人中的一個，您的《致[寄]小讀者》《小橘燈》等優美的散文在我們很小的時候，就給我們留下了深刻的印象，尤其重要的是，您以八十八歲的高齡，仍然保持著高度的社會責任感和一顆正直的心，您在《人民日報》上的呼籲引起了很大的反響，以上種種使我們感到如果能夠請您也作為我們的顧問，對我們來講是全體同學的榮幸和驕傲。因為您的名字對我們來說，是一種鼓勵的鞭策，促使我們加倍感到「天下興亡，匹夫有責」的重擔。這的確不是阿諛之詞，而是我們的真實感受。

您年事已高，我們當然不會麻煩您做太多的工作，不過我還是冒昧地想請您為我們的《新五四》創刊寫幾句話，如果您答應了作顧問的話。因為我想您會理解，我們青年學生需要象您這樣的老前輩的支持和鼓勵。而且，夏衍先生、吳祖光先生都已答應為我們的創刊號寫幾句話，如果再加上您的勉勵之語，一定為我們的雜誌增輝不少。

恰如巴金所言，冰心喜歡接近年輕人，從他們中間不斷地汲取養

料，有時頭腦比好些年輕人的「更清醒」、「更敏銳」。王丹的信不僅勾起她對五四的回憶，並且產生了共鳴，她贊成大學生對今日「民主」之估計，她從這些年輕的大學生身上，似乎看到了未來，看到了五四精神傳承的希望。當他希望冰心為構想中的《新五四》寫幾句話時，冰心沒有猶豫，先在信封的背面起草了一段話，之後再用毛筆寫了出來：

> 希望
> 　「新五四」把我們「一直追求而沒有完全得到的民主和科學」的工作擔負起來，勇敢向前走去！
>
> 　　　　　　　　　　　　　　　　　　　　冰心　2月3日

　　王丹的信是2月1日寫的，冰心3日便寫好了題詞，4日用毛筆書寫，略有差異：「希望《新五四》能把我們七十年來一直追求而沒有完全得到的科學與民主的工作，擔負起來堅持下去。謝冰心　一九八九年二月四日。」第二日是舊年的除夕，春節後付郵。王丹收到信的日期為2月13日。[56]

第十二章　愛恨交集

---

[56] 有關這件事，王丹是這樣敘述的：「夏衍先生是文壇德高望重的領軍人物，在八十年代的思想解放風潮中扮演重要角色，對我們這些毛頭小子來說更是高山仰止的人物。不過我當時正是『初生之犢不怕虎』的年紀，是不揣冒昧，經過了電話預約，2月2日到了夏衍先生的家，登門拜訪。

　　「夏衍先生在一間典雅的書房中接待了我，他的親切和藹完全打消了我的緊張和拘謹。他對我們舉辦系列活動以紀念五四運動七十周年的想法表示讚賞。大概是看到我，讓他想起來自己做學生工作的歲月，他對我回憶了自己七十年前在浙江杭州投身新文化運動的情景。一老一少，可以說是相談甚歡。

　　「這番談話讓我收穫豐富，因為夏衍先生不僅一口答應做《新五四》的顧問，並要為創刊號題詞，而且聽說我希望也能請到冰心先生做顧問後，性格豪爽熱心的他當場就給了我冰心先生家的地址和電話，讓我立即聯絡。就這樣，在夏衍先生家裡我打電話給冰心先生，老太太聽說是夏衍的介紹，也沒二話，答應了做顧問和題詞兩件事情。看到自己幫上了忙，夏衍先生滿意地笑了。而我的心裡，簡直是樂開了花。

　　「冰心和夏衍，這兩位見證了『五四』時期中國風雲變幻並在『新文化運動』中成名的作家，過去對我來說，只是書本中的歷史人物；居然一天之內就請到他們同時為我們的一份學生刊物做顧問和題詞，我離開夏府的時候，簡直有點騰雲駕霧，幾乎不敢相信剛才發生的事情。現在回顧起來，我很遺憾後來因為很快就爆發了學生運動，而沒有時間和機會更多地親炙兩位文壇大師的教誨。他們對青年學生的熱情和鼓勵，對我一生都產生了很大影響。」（《王丹

第二件事是支持方勵之釋放魏京生的呼籲。

方勵之是什麼人？原來是中國科技大學副校長，在1987年反對資產階級自由化的運動中，被革職、被開除出中國共產黨。[57]這一切，冰心是聽說過的，但年奔九十的冰心不再會以某個決定來判斷是非，她有她的主見，別的不說，方勵之在上海交大的一次演講中提出知識分子獨立性的問題，她就很贊成。說「知識分子是最先進的力量」，主張知識分子「要有獨立的思考、獨立的人格、獨立的感覺，也就是獨立的意識」，一點都沒有錯，這是王國維的話呀，民國時期的北大、燕大的知識分子都有這種意識，沒有「獨立」，可謂「知識分子」？魏京生是什麼人？因為在西單民主牆上張貼了《論第五個現代化》，呼籲在四個現代化上加一個民主現代化，因言獲罪，下了大獄。方勵之的呼籲就是為此而來的：

> 中央軍委鄧小平主席：
>
> 今年是中華人民共和國成立的第四十年，也是「五四」運動的第七十年。圍繞著四十年和七十年，一定會有不少紀念活動。但是，比之回顧過去，更多的人可能更關心今天，更關心未來，期待著兩個紀念日會帶來新的希望。鑑於此，我誠懇地向您建議——在這兩個紀念日即將到來之際，在全國實行大赦，特別是釋放魏京生以及所有類似的政治犯。
>
> 我想無論對魏京生本人作如何評定，釋放他這樣已經服刑大約十年的人，是符合人道的，是會促進良好的社會氣氛的。
>
> 今年恰好又是法國大革命的二百周年。不論怎麼看，由它所標誌的自由、平等、博愛、人權已受到人類的普遍尊重。

回憶錄——從六·四到流亡》，臺北：時報文化出版企業股份有限公司2012年10月）

[57] 中共安徽省紀律檢查委員會1987年1月17日作出了關於開除方勵之黨籍的決定。決定列舉了方勵之的五大罪狀，分別是：（一）鼓吹馬克思主義已經過時，否定馬克思主義的指導作用。（二）否定社會主義制度，宣揚「全盤西化」，主張走資本主義路。（三）公開提出要「改變黨」否定黨的領導。（四）主張大學擺脫黨的領導，鼓吹大學「完全獨立」，挑撥知識分子同黨和政府的關係。（五）鼓吹資產階級「民主」、「自由」，煽動學生鬧事，破壞安定團結的政治局面。（《人民日報》1987年1月20日）

因此，我再次誠懇地希望您考慮我的建議，為未來增添新的
尊重。
謹頌
　　近祺

方勵之
1989年1月6日

　　這封寫給鄧小平的信是作為附件送到冰心手上的，下面的這封信
則是要請冰心簽名的：

致人大常委會及中共中央的公開信

　　我們得悉方勵之先生於1989年1月6日致鄧小平主席的公開
信後，深表關切。
　　我們認為，在建國四十周年和五四運動七十周年之際，實
行大赦，特別是釋放魏京生等政治犯，將會創造一個有刊於改
革的和諧氣氛，同時也是符合當今世界日益尊重人權的普遍潮
流的。

1989年2月12日

　　送信的人是北島與陳軍，也是這封信的起草與發起人。冰心與北
島並不陌生，陳軍卻是不認識，自我介紹說，他剛從美國留學歸來。
冰心一聽從美國留學歸來便高興，他們將這封信的來龍去脈說了一
遍，希望得到「五四元老」冰心老人的支持、簽名。冰心在看過方勵
之致鄧小平的信和這封公開信後，沉思了一下，說，如果真能促成，
將是中國歷史上的大事，建國十年有過特赦，主要是戰犯，方勵之提
到政治犯，這可能有些猜忌，但戰犯也屬政治犯吧，我可以簽名，之
後便在北島、邵燕祥、牛漢、老木、吳祖光、李陀的簽名後，穩穩地
簽上了「冰心」二字。擱筆之後，說了一些意味深長的話，1945年在
重慶歌樂山上，當時的臧克家、力揚與你們一樣年輕，讓我在《文化
界時局進言》上簽名，我因生病，讓大女兒代簽，沒有想到手跡刊出
後，國民黨中央宣傳部懷疑我的筆跡。所以，我給你們的簽名，寫得
重些，怕印模糊了，引起人的懷疑。冰心的話令初次見面的陳軍十分

感動。[58]

第三件事是為吳青題字。

給女兒題字也算一件事？算，並且是大事！

中國體制一個重要的特點是人民代表大會制。冰心曾是多屆的人大代表，八十年代後，她的兒子吳平、女兒吳青也都成了北京市海澱區和宣武區的人大代表。中國人大代表的產生也很有特色，一般為分配名額，不指名地要求那些人應該進入這個名單之中，也就是說，實際上絕大部分的人大代表是配額。比如冰心的人大代表，名額放在福建省，她則成了不需要選舉的福建省人大代表。吳青的人大代表情況不一樣，因為海淀區是北京高校雲集之地，當局拿出了一兩個名額，實行真正的選舉，以得票多少為當選代表。吳青便是由北京外國語大學的選民選出的人大代表，用她的話說，是真正要代表人民的。而吳青又是一個接觸過西方國家議會體制、在美國接受了社會學訓練的人，所以，她把自己的人大代表像西方的議員那樣經營，聽取選民意見，並且去落實。她雖然不能像西方的議員那樣有辦公室、秘書，遇事都得親歷親為，每周安排出接待日，在人來人往的路邊，擺上一張桌子，選民在這個時間都可以直接向人大代表反映情況、表達意見，吳青總會認真聽、仔細記，請有關單位辦理，並且督促到底。她家的電話全天候開放，有時人還沒有跨進家門，選民的電話就追來了，弄得母親都調侃她，吳青是人大代表，是為人民服務的，她不管我，我不是人民！

後來，吳青由區代表當選為北京市人大代表，升了一格，行使起人大代表的權力也更認真執著。也就是1989年開春，在全國人代會之前，北京市召開人大與政協「兩會」，吳青出席時發現，所謂北京市的人大代表，絕大多數都是市委、市政府和各個部門的頭頭腦腦，沒有官銜的人民代表沒有幾個，尤其是官員進入到政法委員會裡，她覺得這不對，在審查代表資格的時候，她要求發言，說，我們的代表多是共產黨和政府的官員，人大應該屬於立法與監督機構，現在的情況

---

[58] 這封公開信，在冰心的名字之後，又有以下的人依次簽名：宗璞、張潔、吳組緗、湯一介、樂黛雲、張岱年、黃子平、陳平厚、嚴文井、劉東、馮亦代、蕭乾、蘇曉康、金觀濤、劉青峰、李澤原、龐樸、朱偉、王焱、包遵信、田壯壯、芒克、高皋、蘇紹智、王若水、陳軍等23人。

變成了執政執法者進到立法機構，立法與執法成了同一個人，就像運動場上，運動員與裁判員是同一個人，而在比賽規則中，運動員就是運動員，裁判員就是裁判員，裁判員是不能當運動員的。吳青還是中外有別，她沒有舉出西方議會制的例證。但就是這個發言，引起一片嘩然，許多人從來也沒有這樣想過，領導當然可以代表人民，領導不代表人民誰能代表人民？這是一個不爭的事實，再加上吳青在審議幾個草案時也投了反對票和棄權票，投反對票也就算了，她還要去說明為什麼投反對票，所以，第一次參加北京市的「兩會」，吳青便落了一個很不好的名聲，說她二百五，怎麼能當人民代表？同時也受到來自領導層的壓力。吳青很委屈，回家向母親傾訴，冰心聽後則說了一句，你們九十代比我們八十代強，之後，讓吳青取來紙筆墨硯，在一方榮寶齋箋上寫下了：

> 苟利國家生死以
> 豈因禍福避趨之
> 　　給作為市人民代表的愛女吳青
>
> 　　　　　　　　　　　冰心2·15·1989

　　三件大事都是在2月份做的，之後，五四運動七十周年日益臨近，冰心這個碩果僅存的元老級的著名作家，自然被推到了風口浪尖之上，冰心也就借此機會，直言著、暢談著五四和民主的理念，客觀上為當時正在運行的「地火」，添加了燃料。

　　這就是冰心在做過三件大事之後，接受的三次重要訪問。

　　上海《文學報》捷足先登，記者先自述：

　　　　4月21日。北京，中央民族學院宿舍區，冰心寓所。敲開貼著「醫囑謝客」紙條的家門，冰心已在書房等我。

　　　　這位八十九歲的文壇名宿，看上去身體很好，髮絲梳得光潔，衣衫穿得齊整，耳聰目敏，談吐清晰。她身後一張半圓形的金屬扶椅，她靠它在室內行走。她八年沒有外出了，但對天下大事仍了如指掌。

　　　　冰心是「五四」運動的積極參與者，是至今健在已不多的

「五四」運動的見證人。

之後便是冰心了：

　　「是『五四』驚雷把我震上了寫作的道路。」冰心緩緩
地回憶說，「當時主題是反對二十一條，反對列強，科學與民
主是以後才提出的。前些日子，我寫了一篇《七十年前的「五
四」》，七十年過去了，依我看，科學進步要比民主進步快
一些。」她輕聲細語地說著，但她的眼神卻無法掩飾她內心的
激動。

　　「中國文盲太多，知識水平太低。今天承認教育問題的失
誤能解決多少？」她從書桌上取過《群言》第四期，翻到《提
高教師工資乃當務之急》一文，遞給我。那上面，她劃了許多
杠杠，寫著幾段批語。

　　「你看看這張表，聯合國教科文組織的統計表，這幾十
個國家的教育投資，我們是倒數第一。說要大家過緊日子，可
有的人不過，花幾十萬外匯進口豪華轎車，這些錢不擱在教育
上，也不投在中國的汽車製造廠，他們想幹什麼?!老百姓作不
了多少主。」她搖搖頭，嘆了口氣。

　　「科學與民主是我們七十年前所希望的，」她又接著說，
「注重科學，它立即會有經濟效益。但也應看到，今天的教育
是十年後的經濟，特別是中小學教育，教育不上去，民主就沒
有扎實的基礎。我很擔心，到二十一世紀中國九百六十萬平方
公里會變成文化大沙漠。但我很幸福，活不到那麼長，看不到
了。」[59]

　　之前冰心單談教育，這回將教育與民主擱在了一起，兩個重要的
觀點必須提示一下：國家的錢擱不到教育上，為什麼，因為人民做不
了主，缺乏民主，他們只憑自己的意志行事；教育上不去，民主也就
沒有基礎。這是遠見！當我們今天一談到民主時，便有人振振有詞，

---

[59] 江迅，《「五四」前夕訪冰心》，《文學報》1989年5月4日。

說中國人目前的水平與素質還夠不上「民主」。所以，冰心在多年前便發出了教育上不去，民主無基礎的警示。這個報導最後寫道：「冰心說，科學與民主是我們七十年前所希望的。七十年過去了，科學要比民主進步快一些。我們多反映人民心願，體現更多的民主，這正是熱愛祖國。」同時發表了冰心為《文學報》題詞：「我們多多反映人民的心願，體現更多的民主，這正是愛祖國嘛。」

教育、民主與愛國，並將其連接在一起，是《文學報》訪談冰心的主題詞。

《科技日報》當然要來。科學是五四兩大命題之一，而科學是需要人才的，記者在頌揚了冰心一番之後，立即切入正題：

> 「現在知識分子不受尊重，待遇也低，這對於中國的前途真是不堪設想。前些天《人民日報》轉發了我寫的《無士則如何》，現在只說無農不穩，無工不富，無商不活，無兵不安，可無士又怎麼樣呢？士，就是知識、文化、科學、教育，就是知識分子、人才。農、工、商、兵，不受教育，沒有知識，都興不起來。我只希望領導者和領導部門諦聽一下普通群眾、普通知識分子的心聲，尤其要重視『無士』的嚴重而深遠的後果。
>
> 「我現在寫文章多半是針對教育問題的，因為教育的確是成問題。打個比方，『民以食為天』，作為當家人‧一個主婦，安排生活總是從有限的收入裡先把買米買面的錢劃出來備好，然後才是冰淇淋、水果什麼的，有餘力時再買。作為國家領導人，也應把教育放在與米、面一樣的地位，當作主食對待才好。不能總是口頭上說『教育是百年大計』，可一到實施起來，總是先搞經濟什麼的，把剩餘的錢再搞教育。這跟日本正相反。日本說，『今天的教育就是十年後的經濟』；我們是『今天的經濟十年後的教育』，差得太遠了！所以說『腦體倒掛』嘛，你現在培養不出人才來，將來怎麼辦？」

八十九歲的冰心老人思路敏捷，談吐清晰，一番滾燙的話語，表露出憂國憂民的赤子之心。她與我談起她前年發表的那篇產生轟動效應的《我請求》的文章來，對發表時刪去了關於

日本文部省（教育部）1984年作出的有關教師待遇要高於一般公務員之上的規定的一段話頗有不滿，她說：

「這就是諱疾忌醫呀，人家的好樣子你不學，難道還怕國人知道？中國人口占世界人口的22%，可教育經費在全世界國家裡卻是倒數第二。美國每四個人裡就有一個大學生，而我國每四個人裡就有一個文盲，多麼羞恥呵！我作為一個中國人簡直都無地自容！」

老人動情了，她那張慈祥和藹的臉上布滿了憂慮激憤的神色，睿智的目光也嚴肅起來：

「七十年前『五四』運動，我們就提出科學與民主，可現在還是不行，就是沒有重視教育的力量。沒有教育，就沒有知識，而沒有知識就根本談不到科學與民主。其實民主也是科學中的一種，不懂科學只能是惟命是從。封建主義在中國始終沒有被打倒過，科學觀念太薄弱。你們《科技日報》更應該提這個問題。

「我記得古人說過：『為政不在多言』。中央關於教育工作座談會已開過，說的話還要抓緊落實。身教比言傳更重要。我們今天紀念『五四』，還是要大聲疾呼：要讓德先生、賽先生在中國這個古老的土地上生根、發芽、開花、結果。如果不重視『士』，不重視科學、教育、文化，德先生和賽先生就成了空談，現代化也會流於紙上談兵。」

冰心先生坐在碩大的寫字臺後面，明亮的陽光從玻璃窗裡射進，灑在她花白的頭髮上，一片銀輝。我感到她那纖小的身材那般偉岸、聖潔。這位從「五四」時期開始握起一支「為人生」的筆的智慧恬靜的女作家，在她走過七十年坎坷的創作道路時，仍以頑強的生命活力和蓬勃的創作激情關注著社會進步，全社會都敬重她。[60]

冰心在這個談話中又有了發展，民主是科學的一個部分，不懂科學、沒有知識便是「惟命是從」，就談不上民主。這個道理被冰心

---

[60] 黎玉華，《一片冰心在玉壺——訪「五四」時期文學老人謝冰心》，《科技日報》1989年5月5日。

言簡意賅地說了出來，卻是沒有引起多少人的重視，尤其是那些只講民主的人的重視，實際上，在冰心看來，教育、民主與科學是一個現代社會三位一本的系統工程，缺了那一環都不行。蔣介石曾在「民主」、「科學」之前，加上「倫理」一詞，儘管胡適先生不贊成，但蔣公依然反覆提起，臺北的中正紀念堂至今高懸著「倫理」、「民主」、「科學」三面大旗。而魏京生的所謂「第五個現代化」——民主現代化，也可以說是從系統角度來論述問題，只不過使用的語言不同罷了。

《文藝報》記者曉蓉來到謝家，天安門前的學潮已經浩浩蕩蕩。雖已是春天，但冰心的表情凝重，神態若霜。

「五四」七十周年前夕，敬愛的耀邦同志離我們而去了。我心裡非常難過。每每提起，都要落淚。他雖然死了，雖死猶生。因為他將永遠活在人民心裡，活在中國文化人心裡，活在我們作家心裡。

「科學」與「民主」是「五四」的兩面旗幟，是「五四」精神的精髓。七十年來，科學有了發展，但民主卻遠遠落後於科學的發展，其原因很值得我們反思，其實，沒有民主，科學無法發展，教育也無法發展。今天，不是承認教育沒抓好是失誤嗎？

七十年前「五四」運動時，我還只是一個不滿十九歲的大學預科生。當時的目的很明確，就是反對日本帝國主義，反對簽署賣國條約。那時工農群眾跟學生聯合，因為我們的總目的很一致：愛國。我們說「請不要賣日貨」，他們就馬上把日貨從櫃檯上拿下來。天下興亡匹夫有責。愛國的文化人今天仍不應當忘記這點。

我還記得七十年前在天安門前看到的華表。紀念「五四」時有必要重提它最初是作什麼用的。古時，華表叫做「謗木」，就是立在領導門口，老百姓有什麼意見就貼在上面。古人說，「天聽自我民聽，天視自我民視」，就是說，民意代表天意。天的聲音你怎麼聽得到呢？你就聽人民的聲音吧！天正在注目什麼呢？你就看看人民的眼光吧！可是後來華表像石頭

獅子一樣成了裝飾品。[61]

　　曉蓉第一次聽到了有關華表最初的意義。老太太這回再次將民主、科學、教育放在一起，沒有民主也就沒有科學與教育，系統說再次體現，說明瞭冰心的深思熟慮。就在曉蓉回味的片刻，冰心像是想起什麼，提了筆，成一聯：「天聽自我民聽，天視自我民視」，對著記者再解釋了一遍，並說，這一聯今天最適合貼到天安門的華表、也就是誹謗木上去，然後直視了女記者一眼，你敢將它貼到華表上去嗎？曉蓉接過對聯，低頭說，不敢！我不想給您帶來麻煩，不想給我自己找麻煩，也不想給《文藝報》惹禍！[62]

　　就在五四即將來臨，全國對民主的呼聲日益高漲之時，中國民主促進會決定創辦《民主》月刊。這個刊物是1949年之前馬敘倫為反對國民黨獨裁統治而創辦的，停刊多年，民進在民主的聲浪中，接過馬老、鄭振鐸、徐伯昕的刊號，再舉「民主」大旗，「促進社會主義民主政治，推動各項改革，建設精神文明，為愛國統一戰線服務，使民進也有參政議政、發揮社會輿論監督的渠道和為知識分子廣開言路的園地。」冰心極是贊成《民主》的創刊，贊成《民主》的辦刊宗旨，但是，老太太心生疑慮，民進能辦好這個刊物嗎？她說：「近日來常有報刊的記者來採訪我，要我談七十年前『五四』的情況，也不免要談到『科學』和『民主』，還問我七十年以後的『科學』和『民主』比七十年前的，有沒有進步？我說七十年過去了，當然應該有些進步，但是我覺得『科學』上的進步比『民主』快得多。」這就是她疑慮的原因，但是，冰心還是認為，民主並不是太複雜的事情，主要是執政黨和政府，讓老百姓知情，讓老百姓說話，現在連這個都做不

---

[61] 曉蓉，《冰心：民主落後於科學的原因值得反思》，《文藝報》1989年4月29日。

[62] 對於華表最初的意義，當代人基本不知，一般理解為裝飾品或作為皇權的象徵。2013年隆冬的一個雪夜，我曾應大連理工大學邀請，為「百川講壇」作《冰心的離去與她留下的財富》的演講。白天，在校方的安排下，我曾游覽了薄熙來任大連市長時建設的海星廣場，在那個闊大的廣場中央，聳立著一柱華表，我問陪同人員，華表建在這裡有啥意義，回答是皇權的象徵，說薄熙來在大連時就有皇權思想，並說，許多人都是這樣理解的。我說，也許，但還有「誹謗木」的含意，他想聽到老百姓的聲音。

到,「民主」如何做得到？

> 我認為,對整個國家來說,透明度越高,凝聚力就越大,
> 這樣才能萬眾一心地把國家搞得繁榮昌盛起來![63]

這是冰心對「民主」最基本的理解。可是權力在握的無論是馬敘倫時代的國民黨和國民政府,還是現在的共產黨和人民政府,似乎都有一個共同點,不讓人知情、不讓人說話,後者甚至不讓人思想。每念及此,再求民主的冰心,便會急出一身的冷汗!

7,學生愛國,我愛學生

北島後來曾抱歉地回憶道,是他將冰心老人「捲進一個巨大的旋渦中。」這個旋渦無疑指的是「六‧四學運」。其實,從提倡講真實、呼籲重視教育、再求民主的心路歷程,冰心走進那個旋渦,既是自然也是必然。如果以4月15日胡耀邦逝世為學運開始,那麼,冰心一開始便是以五四老人一顆年輕的心,關心著學生運動。

對於胡耀邦這位前任的共產黨總書記,冰心有過好感,認為「他狠抓落實知識分子的冤假錯案的政策,這使得千千萬萬的知識分子從心裡感受到他的不隱瞞自己的政治觀點,正確的東西,他是敢於堅持的!」「他深入群眾,做人民的知心朋友」;他的「光明磊落,廉潔奉公的高貴品德」,可以與周恩來總理並列。這個評價非常之高,在她的心目中,周總理可是一位完人,對於中國政界,除了胡耀邦外,冰心未將任何人與周總理並列。所以她說,「耀邦同志逝世的消息,從廣播裡傳來,我眼淚落在衣襟上。」並且立即想起了《詩經‧秦風》中的兩句:「如何贖兮,人百其身!」就是說,如果可以將其贖回的話,我等願以百身來換取。

4月22日,胡耀邦追悼會在人民大會堂舉行,天安門廣場上人山人海,悼念人群送上的挽聯與花圈,將人民英雄紀念碑團團圍住,追悼會結束,悼念的人卻未離去。十萬學生,夜宿廣場,送別一個辭職了的總書記,這是一種什麼樣的情景?那天吳青騎了自行車來到廣

第十二章 愛恨交集

---

[63] 《祝賀〈民主〉月刊創刊》,《冰心全集》第8卷,P388。

場，回去之後向母親描述。學生代表還在人民大會堂門外，等候與領導人對話，接受他們提出的「七條」[64]。但是縱然是遞上請願書的學生在人民大會堂長跪不起，依然無人接待，作協《新觀察》雜誌的主編戈揚從追悼會場出來，見此情景，與長跪的學生抱頭痛哭。

雖然對胡耀邦有著好感，但冰心與其並未有過接觸，因而，在她寫悼念文章都寫得手軟的情況下，一般未有交往的人，她是不寫文章的。但不斷傳來的學生運動的消息，天安門廣場上出現的嚴重對峙，使得冰心有話要說。「真是，不該死的，死去了，該死的卻沒有死。」這句後來被北京市長陳希同下令追查的話，便是出現在這篇悼念文章中。其實，這句話在4月12日——也即是胡耀邦逝世的當天便出現了。北大三角地的布告欄上，有人貼出一張黑紙，上書「死錯人了」，另外一張寫則著「該死的不死，不該死的死了，國家不幸，人民不幸，民族不幸」。甚至指向直接明確，「小平八四健在，耀邦七三先死，問政壇沉浮，何無保命；民主七十未全，中華四十不興，看天下興衰，北大亦哀」。還有「活亦為人民，逝亦為人民，活逝為人民；生也不自由，死也不自由，生死不自由」云云。這些挽聯傳得很廣，冰心自然聽說，因而，在說了前一句話時，立即自嘲般的避嫌：「該死的就是我自己！虛度了八十九個春秋，既不能勞力，也沒有勞心。近來呢，自己的軀殼成了自己精神的負擔，自己的存在，也成了周圍的愛護我的人們的負擔！」「算起來耀邦同志比我小十六歲，正是大有作為的年齡。我不記得我和他有什麼熟悉的接觸，我只記得我也榮幸地得到他贈送的一筐荔枝。」

冰心認為，她的話絕無阻咒之意，但還是繞不過追查，冰心說，我的文章中寫得很清楚，你們不要光看上句而不看下文，我在求自己的解脫呢。《痛悼胡耀邦同志》寫於5月2日，兩天之後便是五四運動七十周年的紀念日，冰心此前接受關於五四的訪問文章，發表後又被各種文摘類的報刊廣為轉載，一時，天安門廣場上聲勢浩大的大遊

---

[64] 七條是：（一）正確評價胡耀邦同志的是非功過，肯定胡耀邦提出「民主、自由、寬鬆、和諧」的觀點。（二）徹底否定「清除精神污染」、「反對資產階級自由化」等政治運動，為在運動中蒙受不白之冤的公民平反。（三）修改憲法，取消「反革命罪」。（四）允許民主辦報辦刊，新聞自由。（五）增加教育經費，改善知識分子待遇。（六）保證人民生活水平穩定提高。（七）正確評價這次悼念活動，公布學生的要求。——《王丹回憶錄》，P166。

行，冰心成了一位不在場的參與者。

在家的冰心，從媒體上感受七十年後的這一天：

1989年5月4日，學生遊行隊伍打出了這樣的橫幅——「七十年了……」

儘管人們按照常規早已籌劃好了各種隆重的慶典，但在二十天之前，中國沒有人會料到，這一天竟然是這樣度過的。

這天的北京城，氣溫高達30℃，持續了二十天的社會震盪也到了高潮。亞洲最大的廣場，變成了一個多元的色彩紛呈的世界。上午，軍警在廣場周圍實行了戒嚴和交通管制。廣場正中，萬名新團員在沒有閒雜人員的空曠的紀念碑前宣誓入團，北面，勞動人民文化宮彩旗招展，數萬青年湧進去聯歡，西面，來自四十七個成員國和地區的高級官員，金融家，在人民大會堂舉行亞行第二十二屆年會，臺灣的要員郭婉容女士第一次踏上人民大會堂的臺階，就在亞行代表剛離開楊尚昆主席的宴會，北大、清華、人大、北師大等首都多所高校數萬名學生潮水般湧進天安門廣場。

儘管在前一天，政府發言人已向中外記者表示「不希望再看到影響社會穩定的遊行示威」，但是，他們還是來了。沿途軍警只是做了象徵性的勸阻，遊行的學生也不同於前兩次，少了許多悲壯的色彩，顯得更加從容和自信。

汗流浹背的遊行隊伍分三路到達廣場，人們看到隊伍中還有復旦大學、深圳大學、吉林大學、山西財經學院、香港中文大學等遠道而來的學生。一位香港學生向記者說，他們是坐飛機趕來的。

下午三時許，天安門廣場出現了一次高潮，數百名受職業良心驅遣的新聞記者列隊走來了。據悉，他們最初是在民族飯店前「集體圍觀」學生遊行，站了兩個多小時後，年輕的記者終於忍不住，打起「首都新聞工作者」的橫幅，跟著學生開步走了。他們喊著口號，「新聞要說真話。」「我們想說真話。」「不要逼我們造謠。」「我們愧對人民。」下午六時半，當遊行的學生拖著疲憊的步子踏上歸途，中央人民廣播電

臺卻傳出昂奮的聲音——趙紫陽在幾個小時前向亞行的代表們充滿自信地說，「中國不會出現大的動亂，……我對中國的政局的穩定和改革的前途持樂觀態度。」

冰心讀到這裡，舒緩了一口氣，心裡想，讓人說話，首先就是要讓媒體自由，說真話。在下面的這三段文字中，冰心用紅筆劃上了重點號：

> 一位青年時代參加過學生運動的老學者說，這是「五四」以來規模最大的一次學生運動，他認為，這是紀念「五四」最有意義的舉動。
>
> 「廣大同學懷著滿腔愛國熱情，希望推動民主化進程，深化改革，懲治貪污，克服腐敗……」
>
> 「遊行隊伍中的絕大多數學生對共產黨和政府的基本態度，又滿意，又不滿意。他們絕對不是要反對我們的根本制度，而是要求我們把工作中的弊病改掉……」。[65]

沒有記下的可能還有這樣的一些個鏡頭：有人看見，有輛在天安門前繞行的汽車上出現了「學生愛國，我愛學生」的橫幅，署名的正是冰心，這是七十年前的五四老人對今日學生運動的期望與支持！如果此事屬實，當是冰心的一個壯舉。為了求證，我曾兩次請教過吳平，吳平說，在一些政治問題上，母親與他談得比較多。對此，吳平是這樣說的：

> 學運中奶奶比較亢奮，情緒與平時不一樣，覺得奶奶好像想到五四運動，對於「六‧四事件」，她始終稱為學運，她說學生運動是天然合理的，並且下面就講，學生愛國，我愛學生。這才引起了一段事，不知道是北大還是人大，學生開了一個麵包車，上面用條幅寫著「學生愛國，我愛學生！冰心」並且指著說，冰心就在這車上，緩緩地向天安門走，許多學生跟

---

[65] 劉青、劉震雲、張曉鷗，《1989年的「五四」》，《新觀察》1989年第10期。

在車後，其實，奶奶根本就不在車上。

　　這一段時間，奶奶還說過一句話，國比黨大，愛黨必先愛國，黨對外是為國家爭光，對內為人民造福，我支持，我擁護。[66]

　　吳平說的母親情緒亢奮，還可以從5月10日冰心致蕭乾的信中得到佐證，「我近來還可以，只是情緒起落太無恒了，人老了，人就糊塗了。」那時，天安門廣場的學運，不僅是有了廣大的市民、知識分子參與，學生且已進入到絕食階段，這令冰心食寢不安。

　　5月16日，中國民主促進會在京領導人就當前北京高校部分學生的遊行請願發表談話：

　　　　近月來，北京許多高等院校的部分學生遊行請願，要求和中央領導人對話，儘管各個層面的對話現在正在進行，但事態還未平息。如果這種事態繼續發展下去，問題將更為複雜和嚴重。對此，我們極為關注，深感憂慮。

一，我們認為，這次學生遊行請願的主流，是愛國的、民主的學生運動。廣大青年學生出於愛祖國、愛共產黨的熱情，提出「擁護憲法」、「擁護改革」、「推進民主」、「反對腐敗」、「嚴懲官倒」等口號，反映了廣大人民群眾的心願，符合中國共產黨和人民政府的一貫主張，也符合中國民主促進會廣大會員的願望。學生的愛國熱情，應得到社會各界的理解和愛護。

二，中共中央領導人指出，現在最需要的是冷靜、理智、克制、秩序，應該在民主和法制的軌道上解決問題。這種明智的態度得到了中外人士的讚賞。正是由於採取了這種態度，才沒有出現更嚴重的混亂局面，我們對此感到欣慰。我們相信，中國共產黨和政府的領導人一定會繼續對學生進行誠懇的對話和熱情的疏導，並採取切實措施，把政治體制改革和經濟體制改革推向前進。

---

[66] 吳平與王炳根的談話，於福州西湖大酒店1210房間，2012年8月28日。

三，青年是祖國的未來。對青年學生滿腔的愛國熱情，我們十分感動。但是，現在出現靜坐絕食的事態，既有損於學生的健康，也無助於問題的解決。這幾天，天安門廣場的複雜局勢令人擔心，我們懇切呼籲青年學生採取冷靜、理智、克制的態度，儘早結束絕食，返回學校，避免矛盾的進一步激化。

冰心在仔細閱過之後，對送件來的人說，我贊成這些觀點和這個態度，隨之卻拿起筆，在「但是，現在出現靜坐絕食的事態，既有損於學生的健康，也無助於問題的解決」的句子上，劃上了重重的刪除號，並且在「也無助於問題的解決」這一句上反覆地塗黑。

為了將自己的觀點更準確、更個性地表達出來，冰心一夜未能睡好，第二天（17日）晨光微露之時，她起床了，燈光下，老人寫下了：

「此謂民之父母，以能保我子孫」

這是兩句我小時在煙臺農村裡很小的一座土地廟裡柱上看到的對聯。

現在天安門廣場上有幾十萬受苦受難的我的子孫，這苦難何時才能了結？

我極其贊成北京十位大學校長發表的公開信內說的：「我們希望黨和政府的主要責任人（注重點是我加的──冰心注）儘快與同學們直接見面和對話」。

我認為現在只要趙紫陽、李鵬等黨和政府的主要領導人在天安門上露面，向幾十萬群眾哪怕說一兩句同情理解的知心話，就會引導事態向著理智、秩序的方向發展，那麼，我們的子孫們就不必付出不必要的慘重的代價。

在這裡我請求今天的民之父母們，儘快地來保「我的子孫」們吧！

冰心寫好後，給袁鷹打了電話，袁鷹說別寄，太慢，要不我讓人來取。也就在這時，吳平回家，報告在外聽到與看到的情況。那時，

他已是九三學社北京市委常委，這天通過了《九三學社北京市委員會緊急呼籲書》，母親接過看，也將自己剛剛完成的稿子給兒子看，吳平看過後對母親說，是不是可以不寫趙紫陽、李鵬的名字，您寫上去了，恐怕袁鷹不好處理。母親接受了兒子的意見，就在稿紙上將這兩個名字劃去，改為「有一兩位黨和政府的主要領導人」。吳平知道了袁鷹的意思，便將母親的稿子收起，蹬上自行車前往王府井《人民日報》社，將母親的稿子送到袁鷹的手上。第二天，在副刊顯著的位置上加花邊發表。[67]

　　兩天之後，《「此謂民之父母，以能保我子孫」》在《文藝報》第四版加花邊頭條發表。這一期《文藝報》的頭版，全部被遊行、聲援與呼籲書占滿。排在最重要位置的是四張大幅照片，分別是：「本報和作家出版社記者、編輯及一些單位人員為絕食學生組織義捐」；「數千名學生在天安門廣場絕食」；「5月15日，數千名知識文化界人士走上街頭聲援學生」；「人民英雄紀念碑前成為人的海洋」。冰心與巴金、夏衍、艾青等四十一人於17日深夜發出的緊急呼籲，刊在最顯著的位置，[68]同時刊登的有中國文聯、中國作家協會書記處發出的緊急呼籲；有叢維熙、鄧友梅、葉楠、劉心武等二十位作家「呼

---

[67] 《「此謂民之父母，以能保我子孫」》，《人民日報》1989年5月18日。

[68] 《巴金夏衍冰心艾青錢鍾書等發出緊急呼籲》的內容如下：

　　當前時局的發展越來越使人憂慮不安。天安門前北京高校學生的絕食已逾五日，情勢緊急！已經引起國內外的嚴重關注！因此，我們緊急呼籲：

（一）中央、國務院主要負責同志立即下決心和學生直接對話，澄清事實，實事求是地、公正地、充分地評價這次學生的愛國民主運動，坦誠地、平等地、虛心地、冷靜地聽取群眾的意見，並向全國進行現場直播。

（二）即使在目前國事、外事較忙的情況下，中央也應立即授權一名常委和學生聯繫，商洽與安排有關對話及其他事宜。

（三）鑒於目前絕食學生已處在非常危急的狀態，中央和國務院應立即就此成立專門小組，負責學生撤離前和學生返校後的安全問題，並採取一切有效措施，保證和恢復學生的健康。

（四）黨和政府應當從這次學生運動中認真切實地吸取教訓，尊重人民意願，加速政治體制改革，清除黨內腐敗，推動民主進程，健全法制，建立真正的安定團結的政治局面，保障改革開放的順利進行。

巴金、夏衍、冰心、艾青、錢鍾書、楊絳、張光年、周巍峙、陳荒煤、馮牧、吳雪、沙汀、汪洋、王昆、丁嶠、陳明、周海嬰、常書鴻、楊憲益、張仃、黃苗子、郁風、鄒霆、王培公、李子雲、晏甬、丁聰、沈峻、梅朵、唐達成、束沛德、韶華、鄧友梅、葛洛、張鍥、謝永旺、陳丹晨、鍾藝兵、吳泰昌、謝鐵驪、蕭乾。

籲黨政主要領導人與學生對話」，有劉再復、嚴家其、包遵信、范曾、李陀、鄭義、蘇曉康、柯雲路等上千名知識分子簽署的《五·一六聲明》，有艾青、馮至等一百多位詩人對學生運動發表的聲明；還有《知識界關心學生運動呼籲對話──連日來天安門廣場聚集百萬群眾》《南京作家上街遊行聲援學生》《巴金在病房連續收看電視新聞──他說今天學生的要求是完全合理的，他喜歡看〈世界經濟導報〉》等消息。消息中透露了巴金的談話，他說：「七十年前的五四運動就是一批愛國學生為我們祖國爭取科學與民主，七十年過去了，我們還是個落後的國家。我認為今天學生們的要求是完全合理的。他們所做的正是我們沒有能完成的事情。中國的希望在他們身上。」還說：「我已經是一個病殘的老人了，但我從這些年輕人身上受到了很大的教育。我相信，一切愛國的、正直的，有良心的人們都會愛護他們，保護他們。」冰心在巴金的話上劃上了記號，自言自語地說，老巴，我們的心是相通的。前幾天，接到乾女兒浦麗琳從美國來信，她也關心也理解我們的心情，「電視上看到天安門學生遊行的新聞鏡頭，中國的學生比美國的學生有使命感，中國有您、有有志青年人就有無限的光明與希望。」她在心裡悄悄地告訴了還在華東醫院住院的老巴。

　　實際上，冰心在看到這天《文藝報》的時候，局勢出現了嚴重的惡化。5月19日晚，李鵬代表國務院宣布天安門廣場的學運為「反革命動亂」，實行軍事戒嚴，陳希同以北京市長的身分，頒布了一、二、三號戒嚴令，戒嚴期間：「嚴禁遊行、請願、罷課、罷工和其他聚眾妨害正常秩序的活動」；「在戒嚴期間，發生上述應予禁止的活動，公安幹警、武警部隊和人民解放軍執勤人員有權採取一切手段，強行處置。」這個大會同時顯示了作為總書記的趙紫陽已經失去了權力。

　　然而，就是戒嚴令發出，天安門廣場的情緒依然熱血激昂，學生們以必死的決心等候著黎明。

　　此時的天安門廣場，牽動著全國人民的心，擔憂、焦灼、悲痛、憤怒，整個國家、中華民族都在燃燒、在怒吼。吳青每日下課後便騎了車直奔天安門，不停的電話也是天安門，第三代更是活躍，李丹不時送來各個大學的小報，陳鋼拍回了大量的照片，沖洗出來便擺在姥

姥的桌面上，這些都令老太太心痛、生恨，到了晚間，就是服下「速爾眠」也不能入睡，思想的奔騰猶如長江黃河。還不止這些，由於冰心支持學生的立場鮮明亮出，不同意見也會向她匯來，希望通過她的影響，讓學生回校，讓事態平息。

這一段時間，冰心以一個五四老人的身分，收到全國各地大量來信。

5月20日，在宣布戒嚴的第一天，收到北京一市民公開信：

這次以大學生髮起的全民性的救國救民的運動開展的情況，大家看得很清楚，多餘的話，我不談了！這場運動絕不是極少數人煽動的！「極少數人」沒有這麼大的號召力。中國共產黨是執政黨，既有大權、又有「一大攝」，為什麼沒有這麼大的號召力呢？需要誰去深思，這不是已經昭然若揭了嗎？

一夜之間的突變，頓使我們感到天昏地暗。現在全國全民族都在淌血。我們對政府不能再抱什麼幻想，不能叫這場全民性的愛國運動中途夭折。全民族要立即行動起來！將這場愛國運動繼續開展下去，使共和國、使我們的民族重見光明！

首先，我們強烈要求，趙紫陽同志出來，繼續主將[持]國務院工作。李鵬下臺！

事實真相：

趙紫陽同志提出六條建議：

1，否定426人民日報「社論」，將學生運動定為革命、愛國、民主運動；

2，責任由他一人全負；

3，取銷部以上幹部的特權；

4，成立全國審計小組，審查部以上幹部的財產情況；

5，部以上幹部公布財產；

6，我們兩個兒子交給政法機關處理。

他的建議在中央政治局常委中遭到一比四的反對，在政治局擴大會議上，他也只代表微弱少數，被迫提出辭職。萬里只講了一句（在加拿大時）「學生是愛國運動」遭到反對。

趙紫陽同志提出看望學生，遭到反對。趙紫陽同志在看望

學生時，以個人身分提出六條建議，但李鵬同志認為他違反黨的紀律。

李鵬將成為歷史的罪人！

不要出現第二個胡耀邦！

全體市民行動起來吧，用自己的行動求救我們的民族！

5月23日，首都知識界人士季羨林等二十人，致謝冰心委員信：

當前首都局勢十分嚴峻，群眾學生和政府之間對立的情緒有增無減，「兵臨城下」引起首都居民的極度焦慮，天安門廣場的學生不肯撤回，這種僵局持續下去，於國於民極為不利。

您為我們的國家、民族做了大量工作，贏得了廣大人民群眾的信任和愛戴，值此國家、民族的危急時刻，希望您能利用自身的影響，採取一切可能的方式，在群眾、學生和政府之間進行斡旋，敦促雙方用和平的方式解決問題，促使事態向良性發展。使我們這個難的國家、民族避免可能出現的又一次災難。

我們希望通過您們的斡旋能夠達到：

1，取消戒嚴，軍隊撤離，以免造成群眾、學生對人民軍隊的誤解；

2，使已經取得了很大成功的學生安全地撤離廣場；

3，在解決以上兩個急迫問題後儘快召開人大緊急會議，通過民主法制的途徑對這次事件的是非、責任作出判斷。

首都知識界人士

1989年5月23日

季羨林	鄧廣銘	王鐵崖	丁偉志	林甘泉	蔡美彪	羅 明
王曾瑜	陳高華	夏應元	馮國光	史一京	黃安文	曲建文
蔣明謙	蔣麗金	張曉賓	楊 怡	齊小慧	王 環	呂宗力
					賴長揚	李世愉

也是23日，湖南省二輕學校吳湘同等十九人致信全國人大，同時送到冰心的手上：

我們十分欣慰地看到一場由愛國學生組織的愛國民主運動，已經成為全國愛國民主運動的先驅。要民主，要自由，反官倒，反腐敗，已成為全國人民（包括港澳同胞）的共同心聲，人民之心是一致的、共同的、穩定的：這就是堅決、徹底不妥協地爭取民主，爭取自由，打倒官倒，反對腐敗！

全國人民的愛國聲援，決不是什麼動亂，全國人民反對動亂，全國人民沒有動亂！這與文化大革命有著本質的區別。

李鵬總理講話，錯誤估計形勢，站在人民愛國民主運動的對立面，有意將一場全民愛國民主運動性質混淆為敵對性質的政治陰謀，無視全國人民的愛國願望和熱情，把極少數不法分子（絕非愛國學生和人民），乘機破壞社會秩序的行為，任意拔高，擴大為社會動亂，強加給全國人民的愛國民主聲援活動，無視愛國學生的民主正當要求，任憑愛國學生的性命一步步走向死亡，任憑事態進一步惡化，反將所謂「動亂」歸結於人民愛國聲援活動，否定這場歷史性全民愛國民主運動的主流。

我們堅決反對李鵬的講話！堅決反對暴力恐嚇威脅愛國人民和愛國學生，堅決反對新聞封鎖，愚弄人民！

暴力可以一時阻止人民，但決不會嚇退真正的愛國者，人民的民主願望和愛國熱情絕非暴力所能壓制、絕非新聞封鎖所能禁錮！

人民要民主，要自由，反官倒，反腐敗，是人心所向，大勢所趨，是歷史發展的必然趨勢，任何個人都阻擋不了時代前進的腳步！

鑒於李鵬對待局勢的錯誤估計和錯誤做法，我們懇請省人大常委轉呈全國人大常委：建議儘早召開人大會議，罷免李鵬總理職務，重新選出人民的總理，以加快中國民主建設進程！

此時的冰心既不是人大代表，更不是人大常委，但公開信送到手上，還是認真閱讀，並為他們的精神感動。其實，同日，全國人大五十七名常委已經聯名發出呼籲，要求正在加拿大出訪的萬里委員長提前回國，舉行人大緊急會議，從法律的角度解決問題，冰心認為是合

理的。但是，在這個時候，法律、包括根本大法《憲法》，都在被人用來武裝自己。比如，《憲法》有遊行的自由，但同時也有規定不得影響社會秩序，不得毀壞國家財產，而在這麼一個聲勢浩大的學生運動，尤其是完全有可能借助學運而行打砸搶者，這就讓事態變得十分複雜，但不管如何，學生運動要看主流，他們愛這個國家，希望這個國家好，希望黨能懲治腐敗，更好地擔當起執政黨的重任，這是主流呀！冰心在心裡這樣想，也與來訪者多次這樣言說。

也有對冰心提出批評者：

尊敬的冰心先生：

近悉您積極支持北京「絕食」學生運動，並致函中央要求特赦所有政治犯，深表遺憾！

中國地大人多，易亂難治，民尚不富，更有邊遠之鄉溫飽未足，治則有盼，亂則更艱。您等名人，頗有影響，應以國治民安為己任，幫助政府克服不足，為何非把國家推向混亂呢?!

一個能夠穩住中國的政府，非不得已則不應破之。縱觀中國近代史，清末因賣國，久亂不治，方激起中山先生這一代知識分子與改良派對立，推翻了腐敗的清政府。歷史現今認為是進步之舉，然而這一點進步是用了半個世紀平民百姓的血肉去換取的啊！

知識分子是國之精華，華就華在她的創造是促進經濟、政治進步的腦垂體。不是自以為是，紙上談兵乃至唯恐天下不亂的鼓惑家。

文人、名人出萬人之上，但為人尊敬，名垂青史的真名人，必須是根扎萬民之中的。

此次北京「學潮」，名為「為民請命」，打「反官倒、反腐敗」之順從民心旗幟，為少數主張「西制」以顯其名的教授先生們爭奪政治賭注。平心而論，即是為民請願，政府已經多次表示了「清除官倒，清除腐敗」的決心和方法，是真是假就應暫停示威請願，給政府一定的時間，以觀政府的行動。若確不如民意再示威可也，為何要以封建的屍柬和人質的辦法來嚇政府，搞什麼「平反」呢？果真為民何必求名呢？這就不

得不使我們這些因文革之亂，而被拒之於學府之外的不惑之愚輩，不提筆給高貴而尊敬的名人大家們寫信，談談自己的一點看法了。當否，望能賜教！

致

禮！

學生：余明
1989.5.21日
貴州　荔波　時來小學

　　讀到最後，冰心的手有些顫抖，一個小學老師的聲音。也許一個偏遠、經濟落後地區的老師，他的關心與北京城裡的人是不一樣的。冰心面對這封手寫的信函，深思了許久，雖然有些話尖刻，但從中也是看出一個小學教員對國家前途命運的思考。可惜，他的地址不詳，要不，寫一封信，賜教不敢當，商榷一下還是可以。

　　還有更加嚴厲的信：「當前的學生運動，有民主愛國的熱情，應該支持和肯定，但也應該看到學生的絕食多少有點盲目的行為，對民主的理解有些片面，容易為壞人所利用。您應該勸說學生停止絕食，不要做無為的犧牲，損傷自己的身體。學生既然擁護共產黨和社會主義，承認只在中國共產黨才能救中國，您就不應該要求他們像您七十年以前反對帝國主義反對封建主義那樣抗議現在的政府。那時是帝國主義和封建主義掌權，現在是社會主義和共產黨掌權。貪污腐敗一定要懲治。但不能以犧牲學生和沒有腐敗政府官員為前提。小資產階級情調較濃的人容易犯的毛病就是偽善。表面上看起來是在愛護學生，實質上是在支持他們損害自己。」「我不需要您像共產黨員那樣，我只需要您真正的慈愛善良之心愛護學生，從這點出發勸說學生愛護自己的身體，接受治療，回到家中回到母親身旁去，不要在旁邊起著火上加油的作用和效果。」寫到最後，幾乎是譴責了。信的署名是一位不相識的軍隊文職人員，也可能是一個軍事院校的老師罷。冰心以為錯不在自己，而在於他的理解！

　　每天都要收到信，每天都有戒嚴反戒嚴的信息傳來，有的信還希望通過她的影響，讓學生停止絕食，讓政府停止戒嚴。老人只能在心中無力地呻吟，願孩子們平安！

她在煎熬中祈禱，在煎熬中等候，然而，等待來的卻是一個血腥的黎明！

8，依然故我

央視「六・四」之夜的新聞聯播，出黑。播音員杜憲與薛飛，一襲黑衣，滿臉淚光，滿布哀傷。當播到學生運動被鎮壓時，杜憲語速慢極，聲音哽咽，薛飛打著黑色領帶，語調中無法掩飾難過與悲憤，杜憲在新聞聯播留下的最後一句話是，「請大家記住這黑色的日子」，這與魯迅稱「三・一八」慘案是「民國以來最黑暗的日子」多麼驚人的一致，飽經風霜的冰心也和全國人民一樣，落下了眼淚，也產生了深深的迷惑！為什麼要開槍，為什麼要將坦克開進天安門廣場，那些都是孩子，怎麼可以如此野蠻地面對手無寸鐵的學生？這是任何一個朝代、任何一個政府都不能做不敢做的事情。而你們做了，並且做得那樣的「正義」。七十年前的五四運動，被捕學生可以對簿公堂，有律師辯護，冰心極力回憶自己在七十年前聽審的過程與感想，如果現在再寫一篇文章，那就不是「聽審」而是「開槍」的感想了。可是已經沒有了「北京晨報」，也沒有「劉放園」了。北洋政府對請願的學生開了槍，魯迅寫了《紀念劉和珍君》，段祺瑞在得知學生打死後，長跪不起，並且從此素食，那麼，6月4日，該如何稱呼？今日與後人該如何書寫？是的，可以將其定性為「反革命暴亂」，政府公理在握，慶功會上杯觥交錯，但是，政治的定性是要經得起歷史的檢驗，酒杯裡喝下的應該是酒而不是血！

浦麗琳，我的乾女兒，一個以「鄉愁」熱愛著祖國的海外女子，知道她是怎樣看待六・四這一天嗎？

一個多月來，天天在電視上尋找有關中國的消息。我們的心飛向天安門，與年輕的愛國學生同在，希望請願有和平的進展。萬萬想不到在全世界的注視下，天安門血案發生，手無寸鐵的學生與百姓被屠殺，電視上悲慘的鏡頭，使我們淚下震驚！這是歷史的悲劇，中國的悲哀，半夜有時我會被聲音驚醒，像坦克車駛來，槍彈發出的聲音，使我體會到一若上千的遇難者，車從身上壓過，彈如雨般射來，海外的人都悲憤著，

黑暗的時期又將來到；美國各地有不少的人遊行。[69]

　　六・四之後，政府立即展開「雙清」，清查與事件有關的人與事。冰心清楚，自己的所作所為，都是白紙黑字，聽憑發落。作協的黨組書記唐達成辭職，因為他的簽名，因為他主持過作協的會議，其他與六・四有牽連的人都停了職，「但我無官可辭無職可撤」。瑪拉沁夫擢升為黨組副書記，主持作協的「雙清」，這些話都傳到了老太太的耳裡：「瑪拉不來牛拉來，牛拉不來羊拉來，反正瑪拉來了，你們就得按這來，咱們互相配合。咱們大夥都放平靜一點，別有什麼情緒。大家還是應該面對現實，承認現實。咱們還得現實一些。共同配合共同努力吧。」[70]這個在作協全體人員的大會上的「就職演講」，傳得沸沸揚揚，傳遍北京，傳到全國，有人說好像還鄉團似的。瑪拉上任後，吩咐人按照文件進行清查，對號入座，作協要處理的人員達九十九人，再排查核對，也有二十幾個。冰心雖有九十高齡，作為她這樣的作家，沒有退休之說，就是退休，也還可以追究嘛，有人這樣傳話，冰心卻是泰然。外面的追查也來了，就是那句「該死的沒有死，不該死的死了」那句話，查來查去，查到冰心這裡，老太太說，是，我說過，在悼念胡耀邦的文章中說過，但我說的是自己，我是說胡耀邦不該死死了，我自己該死沒有死。你們可以去看文章，白紙黑字呢。

　　一日兒子吳平回家看母親，追查的話題剛過，見兒子回來，讓兒子坐下，又說起天安門有兩座華表，你知道華表在古代是做什麼的嗎？兒子說，不知道，這是古代王朝供平民百姓進京請願時張貼朝文用的，兒子理解，那就等於是貼大字報用的，自己家裡有什麼冤案，對官府有什麼意見，貼到上面，向朝廷反映，那不就是西單民主牆了？兒子還以為母親要寫什麼貼到華表上去，忙勸阻說，娘，那可不能寫，那是不行的。母親笑笑，不是說我，現在不是社會主義嗎？不過，娘告訴你，我不怕什麼。我一不怕離婚，Daddy已經死了；第二個我不怕開除黨籍，因為我不是黨員；第三個，我不怕殺頭，如果把我頭殺了，世界有名。老太太之前說過的「兩不怕」後，再加了一個

---

[69] 浦麗琳致乾媽冰心的信，1989年6月12日。
[70] 陳為人，《唐達成：文壇風雨五十年》，香港：溪流出版社2005年。

不怕，不怕殺頭。兒子望著母親，感覺有股凜然正氣！

　　有了這三個不怕，冰心該說的還是要說，記者來得少了些，朋友來得更多了。老太太在學運前後大放光彩，朋友都關心她、擔心她，甚至素昧平生者也來探望。她總是告訴他們她沒有事，說說你們，詢問她所關心的朋友，劉心武怎麼樣？我的老鄉劉再復呢？與我在同一個版面上發表詩歌的徐剛去哪兒啦？張潔沒有事吧，諶容呢？我的那篇文章可是受到了她的影響！之後她會悄悄的告訴來人，這話可不能對外說。說，我的老鄉當《文藝報》的主編了，鄭孝胥也是我們長樂人。王蒙為什麼不來看我？他的文化部長還能當嗎，她不是趙紫陽請她來當部長的嗎？不當部長也好，可以多寫作品，作家當什麼官呢？還有那個蘇曉康，就是寫《神聖憂思錄》，聽說也出了問題，怎麼都是一些與我有關的人呢，怎麼都是我的朋友，真是擔心。王安憶給我寫信，說她在六·四後經過天安門廣場，她的思想受到極大衝擊，她不僅當不了「雯雯」了，也回不了「小鮑莊」，但讓她更深刻地觀察了我們的社會，也是一個進步，大作家都是經過大風浪的，起碼在感情上，不是個人的感情，是國家與民族的感情。我們這些人，五四、抗日、內戰、反右、文革什麼沒有經歷過？龍旗、五色旗、青天白日旗，還有五星紅旗，都見過了，想想也就坦然，你們年輕，要多想想國家的前途，民族的命運，個人算不了什麼，個人的一點感情，杯水車薪，不要去留戀那些個風花雪月，經過了大風浪，便會覺得那些東西沒有多大意思。

　　韓素音到中國後，剛入北京飯店，首先打電話，詢問近情，冰心回覆老朋友，我很好，文革都過來了，現在還過不去？海外的許多朋友來信詢問，有的通過朋友打聽，冰心笑著說，不會傳我又死了一回吧？吳冰得到富布賴特（Fulbright）基金資助，與李志昌在美國進修，一封又一封信來，老太太平靜的告訴女兒：「如今我寄信告訴你，此間已一切平靜，生活如常，我們也從來沒有什麼驚擾。我們吩咐孩子們不要出去，我自己當然從來不去。親戚家也沒有什麼，老二腰摔了，只在家給特班的學生上課，並已偕陳恕晚上出去散步。丹丹、冰冰有時也不來[吃]晚飯，也不打電話，我們就打電話去。總之，他們都好，冰冰說是功課忙，丹丹有朋友等，反正他們住得遠，你們又不在家，我們鞭長莫及。」並且告訴他們，「外語學院早就放

假了，學生都走了，北京學院除了中小學，無形中都放假了。」老太太一個不漏地給遠方的親人報平安了，其中「老二」吳青的腰摔了是一個極重要的信息，自學運開始，吳青便介入其中，天天騎車跑天安門，就是因為這樣，騎車時被人碰磁摔倒，閃腰了，起不了床，出不了門，這才也就出現在平安的名單之中。「要不，還不知道怎麼樣呢！」一次談及此事，吳青如是說。

吳平向我講述的故事，顯示了六·四之後老太太並未從情緒中走出來：

> 一次是雷潔瓊，民進的主席，老朋友了，來了，老太太從臥室來到客廳接待老朋友，剛落坐，茶都未喝一口，雷潔瓊說：「給您報個喜訊，學生領袖王丹我們已經抓到了！」沒有想到，娘站了起來，臉立馬就拉下，「拂手」離去，丟下了一句，「我不想聽這些事。」扶了助步車進屋了，將老朋友一人晾在了客廳。我當時在，為她們倒茶，娘進屋了，雷姑姑尾隨跟了進去，我不好進去，怕她們吵呀。她們在裡面說了些什麼，我不知道。後來臨走時，娘把我喚進去，說，送一下吧，雷姑姑要走，奶奶拍了一下她的肩膀，說，潔瓊呀，遇到事要動腦子，不是什麼事都跟！不要別人說什麼你就跟著走呀！要動腦，潔瓊！[71]

還有一次，作協的瑪拉沁夫來探望。他們之前也是熟人，一起出訪過蘇聯，瑪拉在說過那一番「馬拉」、「牛拉」的經典「語錄」後，也來探望冰心，大概是想解釋一點什麼，為了套近乎，向冰心求字，老太太半開玩笑說，賣紙去！字就是沒有寫。到了開飯時間，大姐將飯菜端上桌，筷子也擺好了。一般情況下，好客的主人是要留客人吃飯的，沒有想到，老太太說，你看，我們要吃飯了，你走吧。飯上桌了，下起逐客令，這讓剛當上作協黨組副書記的瑪拉大跌面子，只得尷尬地告辭而出。

冰心在情緒平復之後，繼續以六·四之前的風格寫文章，思路

---

[71] 吳平與王炳根的談話，於福州西湖大酒店1210房間，2012年8月28日。

都銜接著。她不是擔心辦不好《民主》雜誌嗎？到了10月，第1、2期的《民主》出刊了，大出她的所料，辦得太好了，閱後用了「狂喜」二字來表達心情。「我為我寫的那篇自卑的祝詞，感到羞愧！我居然發出了『我們辦得好這個刊物嗎？』這種『世事洞明』『人情練達』的疑問！」九十歲的老人什麼事沒有見過，竟然為會一本刊物「狂喜」，因為在她看來，這裡的文章實在太精彩。首先是柯靈的《倖存者的足跡》，題目就很有意思，「倖存者」，什麼時候的倖存者？打開一看，說的原來是夏衍。「夏衍同志是我的老朋友，他也送過我一本《懶尋舊夢錄》，我也細看了，知道了許多本來不知道的事，感觸也很深，但那些舊夢都已過去多年，不尋也罷。我倒是同意柯靈同志所說的：『我們期望能看到舊夢以後的新夢。』我想『新夢』定比『舊夢』難寫多了！」學運前後，每一個事件，冰心的名字總與夏衍聯繫在一起，兩位有著不同「舊夢」的世紀老人，有著相同的「新夢」，舊夢可尋，「新夢」能寫嗎？所以發出了「新夢」比「舊夢」難寫多了的感慨，一般人難以從這句感慨中讀出冰心的心情，但理解他們二位老人的學者，卻是一看便明白，說這個比「夏公」還大幾天的「謝婆」，思想實在犀利而深遂。之後是江北的《黑色的星期六》，紀念胡耀邦的文章，「讀了使我淚下。正像胡耀邦同志夫人李昭所說的那樣，他『為黨為人民操勞了一生』。我自己特別感受到的是他為千百萬個錯劃為右派的知識分子改正了冤假錯案，使這些本來就不被人重視而又打入地獄的臭老九，重見了天日！」其中有這樣一句話，被冰心放大起來，「從天安門到八寶山，十五哩長的街道兩旁，到處擠滿了人，寬闊的十里長街，再一次記錄下一個悲哀的史實。」這是送別胡耀邦悲壯情景，八寶山之後，骨灰便要離京，送到江西德安的共青湖安葬。冰心將「再一次」三個字又放大：「這裡說『再一次』，指的是上一次悲痛的『十里長街』，是1976年千千萬萬的人民，號哭著追送周恩來總理靈車的動人場面。」並且引申道，「這時我想：第三次這樣的『十里長街』，會什麼時候重新出現呢？」這是一個疑問句，也是一個否定句，冰心在此是「借文發問」，引人深思。還有賀宛男的《一個非黨副縣長的心裡話》，「我想請同志們細細地去重讀一遍！為什麼一個『非黨』的副縣長，她要為民主政治爭氣，卻弄到了『欲幹不能，欲罷難休』的痛苦境

地？為什麼中青年非黨從政者中不少發出了『要從政，一定要入黨的聲音』。現在的中國的執政者，當然是共產黨，但是非黨人士不也是中華人民共和國的公民嗎？為什麼只能『該握手時握手，該舉手時舉手，該拍手時拍手』呢？這是我們中國的公民們應該嚴肅地思考的問題。」明白地表達了老太太對非黨領導幹部成為擺設、從政而無實權的情況的不滿。還有金性堯《功臣不可為》，「是讀了故宮博物院印過的汪景祺的《讀書西征堂隨筆》裡談到的一些『功高震主』而不得善終的事實。」這個主自然是古代所說的君王、君主，但冰心打通古今，「使我想到那個『主』，所關心的只是自己的權利，而不是人民的好處，所以『飛鳥盡，良弓藏；狡兔死，走狗烹』，是古來梟『主』心中不易的真理，從近代的世界史看來，又何嘗不是如此！」冰心將這個「不易的真理」的圈子放大至世界，實際上聯繫到她的一篇文章中提到的周恩來、胡耀邦，則可斷定為她是以中國、以文革墊底的。

　　僅在創刊號上便有這麼多精彩的文章，第二期跟上，徐章英《關於教育問題的某些思考》，冰心認為「也值得細讀。」她說引用文章裡一段「老調」，「就是每次領導上做『政治報告』，必有一句：『百年大計，教育為本』，但是在分配『經費』時，卻總是『一工交，二財貿，剩下多少給文教』。這是不是『上有政策，下有對策』呢，中國的公民們也要弄個明白。」還有作家趙麗宏的《友尊》！冰心稱之為「舉發性」的文章：「一個博物館警衛居然變成了博物館革委會主任。他和四人幫時期的康生一樣，『都是抄家物資，凡是有點古氣的，都集中在我這裡了』，『由我一人掌管，旁人不得過問』，驕橫之氣，使人髮指！這使我想到至今還沒有下落的我的被紅衛兵們抄去的郭老、茅公和老舍先生夫婦送我的字、畫、扇子等等……」在民主、教育與文革等問題上，依然是那個戰法，借文發問，借題作文，借力發威，一點也沒有變化，而且讓人感到老太太真是不屈不饒、不忍不讓，並且是老而彌堅。最後還表揚一番編輯，「我佩服你們年輕人的勇氣」，這種勇氣是「既已辦了，就要敢說政言，反正我也無烏紗帽，不怕承擔風險」。冰心接著調侃，說「我也沒有烏紗帽，但是我老了。」並且用毛主席的話作為座右銘鼓勵他們：「世界是你們的，也是我們的，但是歸根結底是你們的。你們青年人朝氣蓬

勃，正在興旺時期，好像早晨八九點鐘的太陽，希望寄托在你們身上。」[72]

　　以後的《民主》成了冰心最愛讀刊物，一次，雜誌主編請冰心寫個「新春寄語」，老太太爽快應承。她沒有泛泛地寫幾句過年的話，而是動真格，一開始便抓住幾年前《我請求》中被刪除的那句話做文章，日本文部省公布，「中小學教師的工資，要在一般公務員之上。」「為什麼要刪？為什麼我們不能和日本比？日本的科技、經濟為什麼這麼發達？正因為他們重視中小學教育，重視教師和人才。日本一個小國，土地和我們的四川省差不多大，人口也只有我們的五分之一，資源也比我們少得多。為什麼今天他們敢和西半球的、強大的美國比高低？只因他們重視教育，人才輩出。名師出高徒，教師們教出來的學生，個個都能當個人才來使，都能創作。只舉一例子，我傷腿後，十年不出門，便有許多朋友來看我，來了一定照個相，我問他們用的是哪一國的照相機？一百個之中，只有兩架是中國的！只從這一點來看，我們的人民幣有多少流到日本去！」她借助刊物上的《「肥」與「瘦」》一文，又做了引申：「我記得我十歲左右，看到那時民辦的報紙上有一副對聯，是：『宰相合肥天下瘦，司農常熟百姓饑』大概當時的宰相是安徽合肥人，司農是江蘇常熟人，這副對聯充分發洩了人民對官『肥』民『瘦』的痛恨！」「我自1980年傷腿後，閉門不出已有十年之久。但我每月都到北京醫院去做一次體檢，在走過天安門廣場時，看見人民大會堂門前停的小轎車，都是『賓士』、『皇冠』等等，從前周總理和胡耀邦同志坐的紅旗車，幾乎沒有了！我想若是用買這麼多的外國車的外匯，去改進『紅旗』的構造，那麼我們的官員們也可以和印度、泰國的官員媲美，因為我知道他們從來不乘坐外國的轎車。」語言潑辣，且指名道姓，褒此貶彼，毫不客氣。最後對民進的期望，更是再現了六‧四之前的風骨：

　　　　我常說，我們有和執政黨「長期共存」的權利，就該盡上「互相監督」的義務。我們要做對他們「促進」的諍友，不應該做一個隻懂得「握手，舉手，拍手」的被人漠視的，無足輕

---

[72] 《喜讀〈民主〉第一、二期》，《冰心全集》第8卷，P421-423。

重的所謂朋友！[73]

　　六・四之前，冰心擔任全國散文與雜文的評委會主任，1989年1月6日至12日評委會在北京召開。另一位評委會主任唐弢，在初評篇目出來後，專門去了冰心家，徵求這次評獎的意見。正事談過，便聊天，講到胡風的事情，冰心突然說：「最近我買了一部《十三經》，讀了以後，才發現有很多深刻的話，古人都講過了。我讀了前幾卷，有的不懂，如《周易》，有的太繁瑣了，如《禮記》之類，只有《毛詩》還看得進去。一直看到第十三卷《孟子》，我心裡忽然感到豁然開朗，沒想到兩千多年以前的古人，就主張『民主』，而且言論精闢深刻！孟子主張『與民同樂』，他處處重視『人民』，把『人民』放在『君主』之上。他說，國人皆曰可用，則用之；國人皆曰可殺，則殺之。這裡的『國人』，就是『老百姓』，就是『人民』。凡事不能由『君王』擅自做主。孟子還主張君臣平等，他說君之視臣如土芥，則臣視君如寇仇。這話說得多麼直接痛快！孟子還說：『富貴不能淫，貧賤不能移，威武不能屈，此謂之大丈夫。』他把『富貴不能淫』放在首位，足見『貧賤不能移，威武不能屈』凡是有操守的人都還容易做到，富貴了而能不被淫是比較困難的。因為富貴了必然有權，有權就有了一切，『一朝權在手，便把令來行』；有了權就可以胡作非為，什麼民意，都可以不顧了！這些都是富貴能淫的人。富貴了而能不被淫的人，從我國幾千年的封建歷史上看，幾乎數不出幾個來！」唐弢當時覺得老太太的思想真是敏銳而犀利，但這些話如果寫成文章，一定會有人認為她在隱喻、影射現實。沒有想到，六・四之後，冰心將與唐弢說的話，真的寫成了文章，並且說得更有條理，民主的氣息更濃，批判的矛頭更銳，文章的題目就叫「談孟子和民主」：

　　　　……我不厭其煩地寫出了《十三經》每一卷的名字，因為我讀了前幾卷，有的不懂，如《周易》，有的太繁瑣了，如《禮記》之類，只有《毛詩》還看得進去。一直看到第十三卷

[73] 《新春寄語——願〈民進〉同人有話就說》，《冰心全集》第8卷，P520-523。

6
0
7

第十二章　愛恨交集

《孟子》，我心裡忽然感到豁然開朗，沒想到兩千多年以前的古人，就主張「民主」，且言論精闢深刻！我希望讀者們都自己去找出這本古書來，細細地讀它一遍！在這裡我只能舉出一些給我印象最深的幾點：

他主張「與民同樂」，他處處重視「人民」，把「人民」放在「君主」之上。

他說，國人皆曰可用，則用之；國人皆曰可殺，則殺之。這裡的「國人」，就是「老百姓」，就是「人民」。凡事不能由「君王」擅自作主。

他主張君臣平等，他說君之視臣如土芥，則臣視君如寇仇。意思是當君王把人民踩在腳下的時候，人民就可以把君王當做敵人。這話說得多麼直接痛快！

他的「大丈夫」的定義，也是極其深刻的。「大丈夫」用現代的話說，就是「堂堂男子漢」，是個極其自豪的名詞。孟子說：「富貴不能淫，貧賤不能移，威武不能屈，此之謂大丈夫。」他把「富貴不能淫」放在首位，足見「貧賤不能移，威武不能屈」凡是有操守的人都還容易做到，富貴了而能不被淫是比較困難的。因為富貴了必然有權，有權就有了一切，「一朝權在手，便把令來行」；有了權就可以胡作非為，什麼民意，都可以不顧了！這些都是富貴能淫的人。富貴了而能不被淫的人，從我國幾千年的封建歷史上看，幾乎數不出幾個來！[74]

從六‧四之前的談話，到六‧四之後的文章，幾乎沒有變化，只是更條理，並且用白話來做注解，比如說到「君之視臣如土芥，則臣視君如寇仇。」冰心解釋道，「意思是當君王把人民踩在腳下的時候，人民就可以把君王當做敵人。」她與唐弢談話自然不需要解釋，文章是給讀者看的，而這一解釋，便更加敏感、銳利了。還推薦大家找來這本古書，細細地讀它一遍！要知道，中國的政界、思想界、文化界等，六‧四是一條線，前後的水色不一樣，頗有涇渭之分，老太

---

[74]《談孟子和民主》，《冰心全集》第8卷，P434。

太似乎不在乎這些，依然說她想說的話，寫她要寫的文章。

繼悼念胡耀邦那句「該死的沒有死、不該死的死了」，不久又說了一遍，那是紀念兒童文學作家劉厚明逝世，題目就用「又走了一位不該走的」，那誰又該走的？這回她不再自嘲自己，留下空白。但她在別處又不停地嘲弄自己，「近十年來常常得到朋友們逝世的訃告，在『驚呼熱中腸』之餘，總會想起至聖先師孔老夫子的一句至理名言，就是『老而不死是為賊』。」她認為自己就是那個「賊」，想請她的老朋友王世襄刻一枚「是為賊」的閒章，時不時地警醒一下自己，但王世襄笑著搖頭，說，我不能為敬愛的人刻這樣不恭敬的印章，在日本的時候，您和吳先生就是我的親人呀。冰心再托人，找到胡絜青，胡絜青開始也不同意，舒乙說老太太好玩呢，胡絜青這才去請一個職業的刻圖章的人，並且付一筆報酬，「王老先生替我刻了，還親自送來。我真是喜出望外。」這才果然有了「是為賊」的閒章，遇上最好的同輩朋友，才會使用，而同輩還有幾人？所以，印章是刻了，用得卻不多，用她的話說，主要是「聊供自警！」

六・四之後，文壇似乎一片沉寂，老太太的家卻是熱鬧，這裡可以說、可以笑，可以說真話、聽真話。老太太像普渡眾生的觀世音，幾句話便可開導你的靈魂。那一段特殊時期，去老太太家的人——眾！快到10月5日，冰心八十九歲的生日，喜愛她的人按捺不住，並且中國也有過九不過十的說法，於是，人口相傳，大張旗鼓，準備為老太太慶賀九十華誕。

到了那一天，真是熱鬧非凡，小小客廳歡聲笑語，壽賀連連。當時在場的周明做了生動的記錄：

> 那天，是金秋10月5日，星期四，一個晴朗的、微暖的、燦爛的秋日。這正是桂子飄香時節，恰逢文壇大師冰心老人九十壽辰。從來不曾有過這麼多人喜氣洋洋地匯聚在她這小小的客廳裡。而且，客廳裡擺滿了祝壽的字畫、賀卡、禮物和鮮豔奪目、多姿多彩的花籃。
>
> 客廳裡淚光融融，熱氣騰騰。前來祝壽的有她的老朋友，老作家，中青年詩人、作家，她的讀者和少年兒童們。還有國家領導人和有關部門負責人。人們川流不息，絡繹不絕。

今天，依然眼明耳聰、思維敏捷的冰心老人高興地身披一條上面繪有福字萬壽圖的紅絲巾，安坐在她客廳的沙發上，同前來拜壽的人們一一握手言歡。有幾位在她作品哺育下成長起來的中年作家，還硬是撲到地上給老人家叩頭。她用手扶起他們，一再婉謝。

已故作家老舍，是冰心的老朋友。今天，老舍夫人、書畫家胡絜青特意為冰心繪製了一幅畫面上九隻鮮挑的「祝壽圖」，並題有「瑤池果熟三千歲，海屋壽添九十春」的詩句。

老舍兒子、作家舒乙送來碩果累累的鮮柿子，這是從老舍生前親手栽植的柿樹上採摘的，其中一隻柿子宛若壽桃。冰心手捧柿子，端詳良久，百感交集。

又幾位冰心的老朋友、詩人臧克家、光未然，書法家趙樸初也分別送來熱情洋溢的賀詩。趙樸初為壽星集李太白句贈書：中間小謝又清發，南極老人應壽昌。臧克家書道：「論年紀你是我大姐，談寫作你是我的老師；你九十，我八五。老了？不老！我們都有顆赤子之心。」光未然在冰心生日前夕，激情滿懷地題寫的一首詩則表達了眾多人的心願，「冰心心腸熱，心花傳世多。預約十年後，再獻祝壽歌」。

當日，臨近中午，詩人艾青在夫人高瑛的陪同下，扶病來到冰心府上祝壽。冰心和在場的人都為之深深感動。冰心請艾青共飲一杯黃酒後，親切地撫著他的膝蓋說：「你身體不好，怎麼還要來。」兩位老人在一起親熱地暢敘友情。

這件件祝壽的信函，字字句句溫暖著老人的心，使冰心沉浸在無限的深情中。

這天，前往冰心家中拜壽的還有各界知名的學者、作家、藝術家夏衍、葛志成、陳荒煤、蕭乾、劉白羽、范榮康、叢維熙、鄧友梅、張鍥、諶容、丁寧、吳泰昌、霍達、王為政等二百多人。作家嚴文井是冰心的老朋友，他最清楚冰心老人一生愛貓，便在這一天，特意送來一隻可愛的黑貓，作為生日的禮物，冰心好歡喜哪！

還有許多在海外和國內各地的朋友、作家發來賀函賀電，

祝福冰心老人健康長壽。[75]

　　周明在文章中還寫道，他發現冰心腳下放著兩盆精緻的松樹盆景，上面的紅綢帶署名是中國作家協會副主席馮牧。還有「著名作家、中國作家協會副主席王蒙和夫人崔瑞芳（幾天後王蒙親往補拜）托秘書送來一籃鮮花，紅色綢帶上寫著：『祝冰心先生萬壽無疆』。冰心關切地問：『王蒙身體好些了嗎？』秘書介紹說：『比過去好些了。不久前他在煙臺養病時還下海游泳呢。』冰心不無欣慰地說：『那就好。請告訴王蒙我非常惦記他。』」王蒙的秘書楊流昌，福建同鄉，也是一位評論家，寫過研究冰心的文章。老太太之所以專門問到王蒙，因為她一直將其視為知己，當得知李鵬在人大常委會上提出，為了尊重王蒙專心從事文學創作和文藝評論的意願，免去文化部長職務的時候，一方面為王蒙高興，一方面也為在這個時候的免職抱不平。王蒙之後，暫無部長，由中宣部副部長賀敬之代替。此時這個代部長也來祝壽，同時還有李鐵映，他們帶來一盆飄香的緬桂。看到桂花，老太太說：「我是庚子年陰曆閏八月十二日出生的，也就是1900年10月5日，正是桂花飄香的時節，我很喜歡這種花。」此時的李鐵映為中央政治局委員、國務委員兼教委主任，冰心呼籲重視教育的文章，多次提到他的名字，據周明的記載，這天冰心沒有談不愉快的教育問題，一任李鐵映說話，「看到你的身體這麼健康，我們的文學事業就有希望了，祝你活到百歲，跨三個世紀，這是我們文學界的一大福。你集『五四』到現在七十年的文化傳統於一身，創作了許多小說、散文、詩和兒童文學作品，又搞翻譯，介紹了外國許多優秀文學作品；是「五四」新文化運動中湧現出來的第一批作家，也是現代女作家中最早的卓有成就者。讀者不會忘記你，我們不會忘記你……」這裡所說的「讀者」與「我們」劃得很清楚，「我們」當然指的是他所代表的官方。賀敬之本是詩人，但他的詩與冰心的詩，可謂是「國統區」與「解放區」的區別，這天賀敬之動情地讚美了冰心，說「冰心老人的作品影響了幾代人，哺育了幾代作家。而且老人的作品在海外也產生了深遠的影響。老人健康長壽就是文學界的

---

[75] 周明，《心花傳世多》，《為霞滿天──冰心》，太白文藝出版社。

福。」當李鐵映關心地問起冰心生活上還有什麼困難時，老人風趣地說：「目前的困難是這屋子裡的花太多了。我現在是『屋小於舟』，『春深似海』啊！」

鄧穎超作為老朋友送來了賀函，費孝通、雷潔瓊自然前來祝壽，冰心對他們表示了衷心的感謝。

冰心的九十華誕，成為文藝界六·四之後最開心、最熱鬧的一天。但是也有不開心、也有怒斥！胡喬木拜壽，提前了兩天，10月3日，胡喬木帶了賀詞與花籃，為謝冰心老師拜壽，送上了親自題寫的「文壇祖母，冰心老人，九十大壽，一片天真。胡喬木敬奉」。「文壇祖母」的評介不謂不高，「一片天真」不謂不純，且學生的身分出面。冰心一般不接受別人稱其為老師，但胡喬木不同，他在參加革命前曾就讀清華，吳文藻、謝冰心都曾在清華任教，所以，接受了胡喬木一直以學生身分稱二位為老師的習慣，有時稱師母，冰心也接受。但這一回，學生不僅是來拜壽，也是來解釋六·四之所以開槍。自然，冰心在六·四前後的表現，胡喬木是清楚的，但他不能像對待其他人那樣發威，他希望通過當面的解釋，消除一些隔閡，但是，作為老師的冰心根本無需聽學生的解釋，一句話斷喝將其擋回去。據說幾乎是怒吼一聲：「不要再說了！」聲音將窗戶的玻璃，震得咔咔作響，令在場者驚呆，隨後便是死寂般的肅靜，咪咪跳上沙發，跳到老太太身上的聲音都可以聽得見。胡喬木完全沒有想到老太太有如此的盛怒與底氣，便也停下了解釋，但他畢竟是中共意識形態上久經沙場之人，即刻化解了僵局，一句「這貓叫咪咪吧，可是大明星啦」，將話題引到了別處，將氣氛緩和下來。冰心也不想在這位「本朝重臣」面前多說什麼，只是胡喬木離開後，屋裡留下家人，老太太對兒子說，「那個花籃拿出去」，她指的是胡喬木送的並非是真花的花籃，九十歲的老太太眼尖、鼻靈，「最不喜歡假花，人是假的，花也是假的！」[76] 胡喬木在鄧小平時代也已成為炙手可熱的人物，在「清污」、「反自由化」時，曾橫掃過周揚、于光遠、胡績偉、秦川、王若水、蘇紹智等人，對冰心算是恭敬、客氣，但老太太並未領情，更無懼怕。[77]

---

[76] 吳平與王炳根的談話，於福州西湖大酒店1210房間，2012年8月28日。

[77]「胡喬木在鄧小平手下的十年達到了權勢的頂峰，不但擴建了他的中共偽史學

吳泰昌詳細的記述了巴金的花籃與玫瑰花的故事：

　　1989年，人們按照「慶九不慶十」的習慣，在積極準備隆重慶賀世紀同齡人冰心老人九十大壽。遠在上海的巴金提前委託我代送給冰心大姐一個由九十朵玫瑰花組成的花籃。能為巴老辦這件事，我極為高興，認真地去做好，讓巴老放心，讓冰心老人高興。自我的散文《她鍾愛帶刺的玫瑰花》文章在《北京晚報》發表後，我直接收到的或由《北京晚報》轉來的京城多家花店的信函，都表示以後若有向冰心送玫瑰花的需要，他們非常樂意提供。我選中了護國寺花店，事先聯繫好，10月5日上午八時三十分去取。花店一再說這些玫瑰是清晨大興一家花圃送來的，非常鮮豔。臨行時，花店的女主人懇切地托我代她們送冰心老人一束玫瑰，她說：我也是冰心老人作品的小讀者，敬祝她老人家長命百歲。

　　冰心看我們抬著一個大花籃前來祝賀，她先楞了一下，還沒來得及看花籃上繫著的佩帶，她就笑著說：準是老巴托你送來的吧，他瞭解我的心意，我高興，他就高興。老人不知從哪裡知道，我幾年前那篇寫她愛玫瑰花的散文，原是北京一家大報的約稿，付印時臨時被「把關者」抽下了，《北京晚報》編輯李輝知道此事後，將文章拿去，在「五色土」副刊頭條全文發了了。冰心說，有人怕玫瑰花上帶的刺。她開玩笑地說，玫瑰花上有刺，不是我謝冰心強加的，玫瑰在西方很早也被叫作「刺花」。我喜歡它，看了高興，有人不喜歡，不高興，這沒有什麼。現實生活中有點不同聲音是好事。

　　巴金在給冰心大姐送了大花籃的同時，還從上海寫來了

派的龐大隊伍，而且專為鄧小平、陳雲尋找『反自由化』、『清除精神污染』的獵殺對象。胡喬木的戰略，是全面、徹底、乾淨的殲滅戰，年老的不放過，年少的也不放過。不但他自稱的『老戰友』，如陸定一、周揚、于光遠，一個個被他以鄧小平的名義，掃進了資產階級自由化的垃圾堆；從胡績偉、秦川、王若水、蘇紹智的新聞與理論，到劉曉慶的電影，李谷一的歌聲，我都在大大小小各種會議上聽到過他那激昂慷慨、聲色俱厲的討伐，甚至宣布要同準備出版《胡適文存》的某出版社「決鬥」。真是所向披靡，偉哉一世之英雄。」
──何方，《黨史筆記──從遵義會議到延安整風》。

誠摯的賀信，信中說：「九十歲！您並不老！您的文章還打動千萬讀者的心。最近我常常想，您好像一盞明亮的燈，看見燈光，我們就心安了……」

　　冰心看後，興奮地說：「巴金最知道我的心思，我最喜歡紅玫瑰，不但顏色好看，有風姿、風度，而且帶刺，有風格、風骨。」[78]

對於這天的生日，冰心自己是這樣說的：

　　今年十月五日前後，把我忙得暈頭轉向，不亦樂乎，我這一輩子就沒過過這麼富足的日子！

　　十月五日，是我八十九歲的生日，真沒想到我這個人能活到這麼悠長的歲月！

　　我今年生日得到的禮物：除了大大小小的蛋糕；大大小小的盆花，青松；大大小小的花籃；還有花瓶，瓷的，陶的，竹根漆的……以及朋友們自己畫的：壽桃，水仙，牡丹……以及他們自己寫的祝壽的詩，文；此外還有許許多多從海內外寄來五彩繽紛的卡片和電報！這一切都使我感激，慚愧！我還只能把送禮的團體的名稱，和個人的名字，都深深地銘刻在我的心底，不敢宣布，免得有人譏笑我「叨光」。[79]

9，現實與夢想

　　六‧四之後，變化最大的是媒體，中央電視臺新聞聯播的主播杜憲再也沒有露面，人民日報、光明日報、文藝報、人民文學等報刊的社長、總編都換了，一些在「清污」、「反自由化」和「學運」中被意識形態主管部門盯住的、活躍的刊物相繼被整頓、被停刊。當袁鷹寫信告訴冰心，《散文世界》等四個刊物停刊的消息時，冰心說，那是意料中事。老太太不僅是這家刊物的顧問，主編袁鷹和編輯人員都是她的老朋友，冰心也不光是刊物的一般作者，而是「想到就寫」

---

[78] 吳泰昌，《冰心的生日》，《我知道的冰心》，三聯書店2010年6月。
[79] 《也有想到不能寫的時候》，《冰心全集》第8卷，P414。

專欄作家，有了好稿便交他們發表，《無士則如何》便是發表在這家
刊物上的。對於這樣一家並非政治、也非世事類，只是有的散文偶有
議政議時的刊物，也不允許其生存，心裡真是寒意頓生。但在晚輩面
前，她還得豁達、放鬆，當袁鷹在信中引用了「無可奈何花落去」表
達無奈的心情時，冰心則接了下句，「總歸還有『似曾相識燕歸來』
的時候，」並且說，「我們落得休養一下」。但這故意「輕鬆」總還
是有些不自在，便又將自己拿出來開玩笑一下，「您祝我健康長壽。
我長壽而並不太健康，長壽就是長受（罪），奈何？」而在巴金的面
前，卻又顯得堅強：「你說『存在就是力量，活下去就是戰鬥』，同
時你要活下去，便得積蓄力量，多吃多睡，否則就不行了。」兩個曾
經南北呼應的老作家，現在又在默默地相互鼓勵，在這裡使用了「活
下去」「存在」「戰鬥」等字眼，令人蕭然起敬，這也讓人理解了她
對袁鷹說的「休養一下」的含意。

　　但現實依然嚴峻。就在一家家刊物撤換主編、更換班底，一家
家刊物被整頓、被停刊之時，冰心的稿子也發不出去了。刪改稿子的
「第一回」剛剛過去，現在又遇到了用不出稿的「第一回」。有篇叫
《神來之筆》的稿子，寫好後本想給《人民文學》，周明拿到稿子不
像之前的興奮，猶豫再三，主編易人，他沒有把握，於是，冰心告訴
他，寄到上海去，給《收穫》雜誌，但這個稿子最終沒有發出來，就
是在「全集」連目錄也不存。不知道這篇寫於1990年初的文章，觸犯
了什麼天條？再就是《文匯月刊》停刊。這是一家在文學、文化、
新聞界和社會上有著廣泛影響的刊物，上級只一紙公文，停刊！便停
刊了。

　　停刊的消息公布後，編輯部的人都很激憤，但也是無可奈何，便
想著來一個有意味的告別，出一本停刊號，也算在中國出版史上留下
一筆。並且設想，停刊號邀請巴金、冰心這樣一些平時十分關心刊物
的重量級作家寫文章，編輯嵇偉主動請纓，向冰心約稿。冰心的稿件
應約而來：

　　　　《文匯月刊》的編輯嵇偉給我來了一封信，大意說我們文
　　匯月刊，奉命在第六期以後停刊了，要我寫一篇散文，算是月
　　刊對讀者的告別紀念……

這樣的信不是第一封了！今年北京也停辦了好幾種散文刊物，編輯們向我慨嘆地說：這是「無可奈何花落去」。我回信說：你忘了這首詞的下一句：「似曾相認燕歸來」。這是多麼樂觀的、充滿了希望的詩句！

說到告別，我覺得中國人的「告別」也比西方人樂觀，來看我的外國朋友走的時候說「拜拜」——別了，而中國朋友卻總是充滿樂觀地說「再見」。

但是，在西方，就說英國吧，詩人雪萊，在他的《西風頌》最末的兩句也是充滿了向前看的樂觀，他從秋天一直寫到冬天，還快樂地說：

如果冬天來了。

春天還會遙遠嗎？

我要引用這兩句詩，作為《文匯月刊》對讀者的告別紀念！

恰如一些刊物編輯的感覺一樣，多麼好的文章，可是細一想，便也覺得「湯手」了。題目就叫《「如果冬天來了」》，將當前的時局比喻為嚴酷的「冬天」，這樣行嗎？文章果真登在「文匯」的停刊號，那才叫絕呢！果然，一送審，便被壓下來了。退稿？這對冰心這樣的大作家是多大的不敬！於是，編輯想出一個辦法，自作主張地將冰心的稿子刪改了一番，變成了一封作者來信，這種改動，編輯出於職業道德，不敢擅自發表，便將刪改後的小樣寄給冰心「過目」，說是「非常時期，只有用這種『非常辦法』，無可奈何。還望先生您諒解。」冰心看過刪改後的小樣，如何諒解呢？這已不是我的文章了！立即回覆，拒絕刊登。

編輯刪改後的小樣如下：

致友人

××：

你的來信收到了。今年我得到這種信不是第一封。朋友向我慨嘆地說：這是「無可奈何花落去」。我回信說：您忘了這首詞的下一句：「似曾相認燕歸來」。這是多麼樂觀的、充滿了希望的詩句！

說到告別，我覺得中國人的「告別」也比西方人樂觀，來看我的外國朋友走的時候說「拜拜」，別了；而中國朋友卻總是充滿樂觀地說「再見」！

　　但是，在西方，就說英國吧，詩人雪萊，在他的《西風頌》最末的兩句也是充滿了向前看的樂觀，他從秋天一直寫到冬天，還快樂地說：

　　如果冬天來了。

　　春天還會遙遠嗎？

　　我要引用這兩句詩，作為對你的告別紀念！

　　「對你的告別紀念」？告別的《文匯月刊》，告別的讀者，怎麼變成了對一個人的告別，用得著嗎？莫名其妙！直到這年9月，收到編輯的道歉信，冰心才在心裡有了原諒。

　　冰心先生：您好！

　　前幾天來北京，組報告文學稿。應該來拜望您的，但一拖再拖，直到回上海，仍未來。實在是有點兒不敢來。

　　我知道您不會為上次的散文稿生氣，甚至不會放在心上的。但我總覺得我們編輯部這次很對不起您。我自從收到您的稿子後，去洛陽，去西安，逢人便說，冰心給我們寫了好東西。我已經能全部背出您的那篇文章了，不知多少次背誦給別人聽。甚至在我們文匯月刊停刊的晚餐會上，也對全體同仁背了一遍。然而，這篇散文我簽了發稿單交上去時，當時就沒有通過，於是我挖空心思把它改了一下，變成後來寄給您的小樣那樣。但那時我就知道，這樣一改，把原作的精華所在改去了，知您也許會不同意發的。果然您不願發。從心裡，我也同意，改成這樣，不如不發。但同時又覺得，其實如果在文匯月刊的最後一期用出原作，也並不會是什麼了不起的大事，反正要停刊了。還瞻前顧後地做什麼呢？

　　這事雖然並不能怪哪一個具體的人，但作為文匯月刊的編輯，並且是我向您約來的稿，結果沒有用，我感到非常不安。況且，如果稿子的質量影響了用出，我還可以安慰自己，但這

是篇那麼精彩的文章，沒有用出，我在不安之外更感到慚愧，為編輯部，也為我自己。

知道您老人家不會怪罪的，但我必須這麼寫。這樣心裡好過些。本應當面向您說的，卻沒敢來，便補上這樣。

望您保重身體，看到春天。祝

健康！

嵇偉　上　90、8、29

上海本是文化重鎮，是開放的大都市，但這一回，不僅是巴金說的他喜歡看的《世界經濟導報》停了，《文匯月刊》停了，《文匯報》也要改版，在這裡，冰心也開有「想到就寫」專欄，編輯的改版來信讓她感覺到「也許不需要那些隨便亂寫的文字了」，便也自動將專欄停了。

之前，冰心曾對自己的「軀殼」有過抱怨、甚至詛咒，抱怨病痛的軀殼拖累了精神，恨不得拋棄那個軀殼，那時，礙於精神無依托，有許多的話要說，有許多的文章要寫，沒有軀殼如何行？便也遷就了軀殼。現在，這個哈姆雷特似的問題又一次嚴峻地提出來了，冰心的文章竟也無處發表？冰心的文章竟會被人任意刪改？這對老太太來說是太嚴峻。她對外國的記者說，我現在依然寫作，因為欠的「文債」太多。但對大事不發表意見了，只就一些小事寫點小文章，應付索稿者。這與前一段為教育、為人才、為民主大聲疾呼的冰心，判若兩人。既然精神不能發力，拋棄軀殼的念頭又冒出來了。她對巴金說：「我坐著寫字，談話，一切和好人一樣，一站起來，就全身都癱了！一點勁兒沒有，我真恨自己的身體……」她給在美國進修的大女兒寫信說：「每月仍赴醫院一次檢查，一切尚好。不過總盼你們回來，兩年多了，我也有些事要同你兄妹安排安排。年紀到了九十的人，總不會太長久，而且我真覺得活得很累。」「說來已經十年，這十年日子不是好過的。坐下還好，站起來就是個廢人。」「有時夜中醒來，真想解脫了去，這樣不但身體拖累了精神，也拖累了別人！」「我羨慕那些得了急病的人，一下子就走了。」「得了一種頭暈心慌全身戰抖的病，總之我近來常想，老而不死，很無聊。身體拖累了精神，身體

又拖累了許多人，不如死了，大家都安頓。」[80]

冰心這裡說的「有些事要同你兄妹安排安排」，指的就是她的後事，就在這一年，她公開說，已經立下了遺囑，對後事有了交待。[81]

然而，九十歲的人主動去結束自己的生命，也不可能。況且家人照顧周全，且都無怨言，外面也會吹進幾陣和煦的春風。當「雙百」方針發表三十五周年的時候，她愛讀的《群言》雜誌向她約稿，精神又振作起來，思想又活躍開來：

> 在我們的想像裡，「百花齊放」是一幅多麼鮮麗的畫圖；「百家爭鳴」是一個何等痛快的場面！但是要「百花齊放」，必須有風和日麗的「天時」，也要有闊大肥美的「地利」。「百家爭鳴」也要有據理力爭（這「理」是對國家對人民有利的理）、暢所欲言的自由激發的論壇。
>
> 提倡雙百方針的領導者，必須布置安排下一個能促成「齊」與「爭」的空氣和環境。

---

[80] 致吳冰、李志昌信，1990年4月30日、

[81] 冰心在與唐達成、袁鷹、周明等前來探望她的人說過此話，唐達成出門時還交代其他各位，你們都是老太太的老朋友，不要說出去。

《我的遺囑》如下：

1，我如果已經昏迷，千萬不要搶救，請醫生打一針安樂針，讓我安靜地死去（像Daddy那樣，7月3日已昏迷，還割了喉管，昏迷到9月24日才逝世，多麼痛苦！）

2，遺體交北京醫院解剖。

3，不要遺體告別，不開追悼會。

4，骨灰放在文藻的骨灰匣內，一同在灑[應為「灑在」]通海的河內。

5，我的存款，大約有拾萬，分給吳平、吳冰、吳青各一萬，其餘都捐給現代文學館、希望工程。以上一切要求在最短最快的時間完成！

6，我牆上的字畫（包括我爺爺子修公的字）和書櫃書架上的書，有上下款的都捐給現代文學館（假如你們留舒伯伯、巴金舅舅、蕭乾舅舅的也可以留下。）

7，我的東西，如空調器、輪椅助步器等等，你們三人可以酌分。其餘的東西如花瓶等等，衣服等等別忘了給謝、吳雨家親人，如小咪、宗英等許多人，春義哥哥等，謝家姐妹大約可以穿我的舊衣。

8，我身後如有稿費寄來，都捐給現代文學館。

9，我的書籍裡面，沒有上下款的（工具書你們可以留下），可以捐給民進圖書館。

90年10月14日

我的手邊正放著一本《龔自珍全集》，隨便翻開，正看到他的一首《咏史》：

金粉東南十五洲，
萬重恩怨屬名流。
牢盆狎客操全算，
團扇才人踞上游。

避席畏聞文字獄，
著書都為稻粱謀。
田橫五百人安在，
難道歸來盡列侯？（重點是引用者加的）
　足見中國歷史上已有了不少的「文字獄」！但詩人還有一首沉痛的呼籲：

九州生氣恃風雷，
萬馬齊喑究可哀！
我勸天公重抖擻，
不拘一格降人才。
　今天，我們不信天公，卻相信人力。只要有「抖擻」起來的人力，那麼，「不拘一格」的「人才」，自然會一群一群地「降」下來的！[82]

　　文章刊出後，中國新聞通訊社播發了全文。香港《明報》在顯著的位置轉載，文前有引言：

　　著名作家冰心最近發表文章，呼籲領導者為中國的政治和文化發展提供「空氣和環境」。她指出，「百花齊放」必須有「天時」和「地利」。而「百家爭鳴」也要有據理力爭、暢所欲言的自由激發的論壇。[83]

　　無獨有偶，這一年春節，嚴文井寫信向冰心索字。熟人求字、索

---

[82] 《關於「百花齊放百家爭鳴」》，《群言》1991年第5期。
[83] 《中國政治文化發展，冰心盼有言論自由》，香港《明報》1991年5月19日。

字已是平常之事，冰心本可以展紙提筆便寫，但這一回卻是十分的隆重，將少女時代在貝滿中齋讀書時集龔的記憶，躍然紙上。一口氣寫了八首絕句，完全憑著記憶。其中有「偶賦凌雲偶倦飛，一燈慧命續如絲，百年心事歸平淡，暮氣頹唐不自知。」「少年哀樂過於人，消息都防父老驚，一事避君君匿笑，欲求縹緲反幽深。」「卓犖全憑弱冠爭，原非感慨為蒼生，仙山樓閣尋常事，閱歷天花悟後身」。[84]這些詩句與她在《關於「百花齊放，百家爭鳴」》中對龔定庵的引用一樣，表示了她那時複雜的心境與情感，少年的志氣，經歷的磨難，百年重重的心事，都集心頭，也即是「世事滄桑心事定，胸中海嶽夢中飛」的心境，但曾任人民文學出版社的社長嚴文井完全被老太太「真正的少作」弄懵了。這些少女時代的集龔，今日和盤端出，表達了一些什麼呢？嚴文井受寵若驚卻又不解其意，急令出版社古典文學功力深厚的林東海來做注釋，並力主《當代》雜誌，發表冰心「真正的處女作」。林東海拿到詩稿，取出《龔自珍全集》逐一查找，「因龔集至今未編索引，查找三十二句龔詩的出處並加以校核，殊非易事。雖說用的是死功夫，卻也弄得眼花繚亂，暈頭轉向。」查找以死功夫還能辦到，但如何解釋詩中的用意，卻也把這位古典文學的專家難住了，也是一頭霧水，不解其意。只得以「同鄉後學」的身分拜訪冰心。誰知老太太輕輕地以一句話，將滿腹的心事都掩蓋過去：「當時只覺得好玩，像玩七巧板似的，沒有什麼用意」，並令「你們也不要推測了。」這個「你們」當然包括了嚴文井的討問在內。因而，林東海的注釋只能局限於龔自珍的原詩，無法進入冰心的「集龔」。嚴文井的文章，到是有了一些思考，冰心說「並無深意」，他則不信：「但我這個穿鑿成性的人有時又禁不住往龔自珍身上想。那個了不起的龔自珍，他反對『衰世』，嘆息『萬馬齊喑』，想挽救被扭曲的『病梅』，頌揚『山中人』，喜歡王安石，支持林則徐，等等等等，是他的哪一種思想吸引了那個剛脫男裝不久的少女呢？」[85]這個拷問已經接近冰心的深意了，但還在邊緣，只是追問到冰心集龔的少女時代，同樣忽略了重示集龔的晚境。實際上，冰心真正是「詩言志」

第十二章　愛恨交集

---

[84] 《絕句八首——集龔自珍句》，《當年》1991年第3期。此詩三號重磅體以「冰心」二字署名，但《冰心全集》依然不收入。
[85] 嚴文井，《一直在玩七巧板的女壽星》，《當代》1991年第3期。

的，她集襲的詩句不下幾十首，挑出八首示人傳世，每一句詩都可以讀出她當時的思想與心情。[86]

這種情緒一直在心間蔓延。在她得知一家新的散文刊物《綠葉》即將創刊時，欣然揮筆題字：「綠葉是第一個給苦度嚴冬的『天下寒士』們，以最初的風和日暖的消息！題綠葉雙月刊，冰心辛未冬」。

「只能寫一些小事小文章」的冰心，此時開闢了另一道寫作的風景，做夢和寫夢。現實忌諱碰，夢想總可寫：

> 六月十五夜，在我兩次醒來之後，大約是清晨五時半吧，我又睡著了，而且做了一個使我永不忘懷的夢。
>
> 我夢見：我彷彿是坐在一輛飛馳著的車裡，這車不知道是火車？是大麵包車？還是小轎車？但這些車的坐墊和四壁都是深紅色的。我伸著左掌，掌上立著一隻極其纖小的翠鳥。
>
> 這隻小翠鳥綠得奪目，綠得醉人！它在我掌上清脆吟唱著極其動聽的調子。那高亢的歌聲和它纖小的身軀，毫不相襯。
>
> 我在夢中自己也知道這是個夢。我對自己說，醒後我一定把這個神奇的夢，和這個永遠銘刻在我心中的小翠鳥寫下來，……這時窗外啼鳥的聲音把我從雙重的夢中喚醒了，而我的眼中還閃爍著那不可逼視、翠綠的光，耳邊還繚繞著那動人的吟唱。
>
> 做夢總有個來由吧？是什麼時候、什麼回憶、什麼所想，使我做了這麼一個翠綠的夢？我想不出來了。[87]

這也正是應了「日有所思，夜有所夢」的諺語，冰心說想不出夢的理由，其實，你只要聯想一下她對「百花齊放、百家爭鳴」的憧憬，便可解夢一二，嚮往著色彩繽紛的世界，這是冰心在大學時代演出梅特林克的《青鳥》時便悟出的，夢中的青鳥是一種幸福的憧

---

[86] 林東海在《校注者附記》中說：「由此我聯想到冰心在少女時代對龔自珍詩詞就下了很大工夫，其國學根基十分深厚。今日從事文學創作的青年，不少人很難望其項背，連治古典文學多年的我輩也自愧弗如，不禁感慨系之！」他們往往注意到了冰心古典文學的根基，卻忽略了「詩言志」的常理。
[87] 《我夢中的小翠鳥》，《冰心文選》（散文卷），P248。

憬，小翠鳥是自由的象徵，這個夢不用弗洛伊德，也是可以解析出含意的。

　　如此解夢，並非我的牽強附會。自從行動不便，「失去自由」之後，「幾乎每夜都做著極其歡快而絢麗的夢。」冰心在夢中遨遊五洲大洋，會見新朋老友，從北京中剪子巷，至美國慰冰湖，從日本東京高樓中間凹進去的靜雅的「福田家」小餐館，到巴黎羅浮宮繁華的臺階上圓圓的大花壇，從羅馬的博物院到飛機弦窗下望茫茫無際的沙漠，滾滾滔滔的尼羅河……夢中的靈魂，飛翔在空曠無際的自由世界，「這是我的軀殼所尋不到的。」冰心描述夢境的時候，也會告訴夢的「源頭」：「這些好夢要歸功於我每天收到的、相識或不相識的海內外朋友的來信和贈書，以及種種的中外日報月刊。這些書信和刊物，內容紛紜繁雜，包羅萬象，於是我腦海中這千百朵飛濺的浪花，在夜裡就交織重疊地呈現出神妙而奇麗的畫面！」現實的色彩造成了夢中的斑斕。她還做過一個夢，夢見自己有間面對太湖碩大的書房，她自己分析，這可能是由另一個現實引發的：文革之中，「老伴被擠到我住的九平方米的小屋子來，和我合用一張書桌。我們像小學生一樣，並排坐著，一男一女，一人一個抽屜。我看書時他也看書，我寫字時他也寫字，我們總是互相干擾。我現在出不去了，只有盼望他出去開個會什麼的，好讓我有個獨在的時間……是否在我的下意識裡，曾希望眼前突兀著一張面湖的自己的書桌呢？真也難說！」[88]冰心從夢的憧憬中得到啟發：

　　　　據說一個人年紀大了，總是在回憶中過日子，想的、說的、寫的，甚至做的夢也都是過去的事。我願意往另一個極端想，就是一個人在小的時候，總在是想望中過日子，想的、說的、寫的，甚至於做的夢也都是未來的事。理想原也是一個夢，一個青少年應該有自己的夢想。夢想自己和國家和人類的未來，把自己認為是美好的許多光景，重疊地構成一幅最新最美的畫圖，然後用你和你的小夥伴們一輩子的努力，來把它實現、完成。那麼，這種開朗喜悅的心情，也不會小於我做的這

---

[88] 《說夢》，《冰心全集》第8卷，P83。

一個好夢！[89]

此話也符合了今日的「中國夢」之說。冰心自己解夢說，「夢，最能『暴露』和『揭發』一個人靈魂深處連自己都沒有意識到的『嚮往』和『眷戀』。夢，就會告訴你，你自己從來沒有想過的地方和人。」也就是說夢最易洩密，夢也有一定的危險性，如果說夢中的小翠鳥還要進行一番分析才能揭示出那個期盼中的祕密，那麼，「我的家在哪裡？」則是直接宣示了那個祕密了：

> 昨天夜裡，我忽然夢見自己在大街旁邊喊「洋車」。有一輛洋車跑過來了，車夫是一個膀大腰圓，臉面很黑的中年人，他放下車把，問我：「你要上哪兒呀」？我感覺到他稱「你」而不稱「您」，我一定還很小，我說：「我要回家，回中剪子巷。」他就把我舉上車去，拉起就走。走穿許多黃土鋪地的大街小巷，街上許多行人，男女老幼，都是「慢條斯理」地互相作揖、請安、問好，一站就站老半天。
>
> 這輛洋車沒有跑，車夫只是慢騰騰地走呵走呵，似乎走遍了北京城，我看他褂子背後都讓汗水濕透了，也還沒有走到中剪子巷！
>
> 這時我忽然醒了，睜開眼，看到牆上掛著的文藻的相片，我迷惑地問我自己：「這是誰呀？剪子巷裡沒有他！」連文藻都不認識了，更不用說睡在我對床的陳大姐和以後進到屋裡來的女兒和外孫了！
>
> 只有住著我的父母和弟弟們的中剪子巷才是我靈魂深處永久的家。連北京的前圓恩寺，在夢中我也沒有去找過，更不用說美國的娜安辟迦樓，北京的燕南園，雲南的默廬，四川的潛廬，日本東京麻布區，以及倫敦、巴黎、柏林、開羅、莫斯科一切我住過的地方，偶然也會在我夢中出現，但都不是我的「家」！
>
> 這時，我在枕上不禁回溯起這九十年所走過的甜、酸、

---
[89] 《夢的啟發》，《冰心全集》第7卷，P929。

苦、辣的生命道路，真是「萬千恩怨集今朝」，我的眼淚湧了
出來……

　　夢中回家，一定與最後的歸去有關。這也是冰心在軀殼得不到自
由，軀殼拖累精神，靈魂格外活躍時常常流露出的情愫，它在夢中出
現，不足為奇，但冰心在寫作夢境時，卻也有了神來之筆：

　　　　前天下午我才對一位年輕朋友戲說，「我這人真是『一無
　　所有』！從我身上是無『權』可『奪』，無『官』可『罷』，
　　無『級』可『降』，無『款』可『罰』，地道的無顧無慮，無
　　牽無掛，抽身便走的人，萬萬沒有想到我還有一個我自己不知
　　道的，牽不斷，割不斷的朝思暮想的『家』！」[90]

　　這段話加入到對夢境的解說，便使得冰心那一片虛幻的夢境，有
了鮮明的現實意味了。「雙清」也好，追查也罷，停刊、文章無處發
表，大事不讓說，處處設禁忌……也好、也罷！對我這個無「權」可
「奪」，無「官」可「罷」，無「級」可「降」，無「款」可「罰」
的「四無九甲老人」而言，意味著什麼呢？都不在乎了，只是那個靈
魂深處的家，令我眷戀！
　　夢境又遇上了現實。這時的冰心還會做起「白日夢」。一次去北
京，我應福建《散文天地》之托，向老人約稿。冰心爽快地答應，讓
我明後日來取，三天過後，我再去時，稿子已就，放在一個小小的
信封裡，說，如果再不來，她就付郵了。出門展開一看，真為老太太
叫絕：

　　　　青年攝影家徐勇送我一本他的攝影冊子，和一本掛曆，在
　　第一頁「胡同印象」上的那一輛「洋車」，就引起了我不盡的
　　回憶。我記得八十年前我家也有一輛洋車，是我家「包」來，
　　專門拉我父親上下班和我上下學的。那輛車很新，車夫名字叫
　　王祥，是個高大雄壯而又可親的漢子，在我上了四年中學和三

90　《我的家在哪裡？》，《冰心文選》（散文卷），P260。

年大學之中，他一直拉著我們。

這一段沒有什麼，在她剛剛發表的《我的家在那裡？》出現過，但接下來的一段話，雖不振聾發聵卻是引入深思：

> 「胡同」這個街巷的名稱，是中國別的省市所沒有的！據說是元朝入主中原，帶來的蒙古名稱，「胡同」是「井」的意思。「胡同」的名字，雅的有「百花深處」，俗的有什麼「狗尾巴」、「羊尾巴」之類，如今都改了。我可總記得「東廠胡同」和後面的「奶子府」即是明末奸險宦官和與他狼狽為奸的皇帝奶媽王氏所居之地。說到這裡就忽然想起清初有位充滿了亡國之思的孤憤詩人的兩句詩，他以「詠紫芍藥」為題，寫：「奪朱非正色，異種亦稱王」；孔夫子說過：「惡紫之奪朱也，惡鄭聲之亂雅樂也」，這詩裡的「奪朱」因為明朝的皇帝是姓「朱」的，「異種亦稱王」因為牡丹是花王，而芍藥是「異種」，居然自己也「稱王」了。我覺得這兩句詩不錯。話說遠了，就此打住。[91]

擱下稿子，想了半天，不得要領，只是覺得這幾句話太有歷史與現實的含量了。冰心描寫夢境的文字，自然也引起了人們的關注，連巴金也羨慕得不行，說，大姐做的都是「美夢」，我怎麼盡是「怪夢」。蕭乾著文稱讚讀了大姐的那個夢：「彷彿握到了一顆使人愛不釋手的水晶，玲瓏剔透，似在素淡的月色或綽綽燈影下看人生。映照出的是一個小而完整的穹蒼：大姐走過的和正在走著的燦爛旅程。」[92]而人民日報原副總編范榮康則將這兩篇文章一同誇了：

> 近讀香港《大公報》，有吾兄《大姐的夢》一文，冰心老人那篇《我的家在哪裡？》確實像「一顆使人愛不釋手的水晶」，堪稱上乘（不知國內發表於何處──如果我還在《人民日報》工作，將以未能發表這樣的佳作為憾）。兄的舉薦文

---

[91] 《牽動了我童心的一文一畫》，《冰心全集》第8卷，P615。
[92] 蕭乾，《大姐的夢》，《羊城晚報》1993年3月28日。

章，由文及人，說的極是。讀了這兩篇也就五六百字的短文，才更知短文之可貴，不是人品文品極佳之老手不能出此。現在有些「老作家」，只因官氣太大，動筆就是幾千、萬字，矯揉造作，全是水貨，見這兩篇短文，恐無容身之地。[93]

　　研究者面對冰心描寫夢境的美文，大讚其錦繡，說是文字爐火純青，感情真摯深沉，但是很少有人深入到夢境中去探討這個夢的現實。時過境遷，如果剝離了那個時代的背景，孤立的夢境確實是美的。

　　1990年對於冰心來說，並非只有夢中才有高興的事，這年年底，有兩件事情給她以精神補償。一是葛翠琳成立的「北京少年兒童圖書研究社」舉辦以「冰心」的名字命名的「兒童圖書獎」，在人民大會堂進行了第一屆「冰心兒童圖書獎」頒獎活動，全國二十八種圖書獲獎。如果以主辦單位的級別而言，它是一個北京市的社會團體，但由於使用了「冰心」的名字，再加上韓素音、雷潔瓊都是評獎的名譽主席和主席，使得這個獎項熠熠生輝，產生很大的影響。同時更由於當時冰心受到某種壓制與不公，所以，將冰心的名字冠之於某個獎項，在某種程度上平衡了社會心理。冰心沒有出席頒獎活動，吳青代表母親宣讀了書面發言，冰心自然認為獎項的目的是為兒童文學創作與出版的繁榮：

　　　　我認為這個評獎是鼓勵兒童文學不斷前進的巨大動力，使兒童文學的作家、畫家和出版社，都有努力的方向和期望，我祝願將來每年一次的「冰心兒童圖書獎」每年都不斷地「更上一層樓」！[94]

　　另一件事是在她的故鄉召開了「冰心文學創作七十年學術討論會」，全國各地幾十名專家學者，雲集福州，探討冰心的文學創作。這個會本應在1989年舉行，但學運來了，完全沖垮了這個安排，後來又是「雙清」，追查、禁言，時有冰心的傳言，也許正因為如此，

93　《冰心與蕭乾》，P23，上海三聯書店2010年。
94　《關於「冰心兒童圖書獎」》，《冰心全集》第8卷，P510。

再次激活了這個原來的計劃。中國現代文學館、福建省文聯和作協出面，主辦了這個學術研討會。實際上，這是冰心從事文學創作七十年以來舉辦的頭一回學術研討會，她自己卻認為沒有這個必要，「您們為了我在幾十年中寫下的幾篇短小的、所謂的『創作』，而舉行了這麼一個消耗了許多精神和物質的大會，請讓我說一句道謝的，引用北京最新的一句歇後語，是『高射炮打蚊子——小題大做』！」[95]研討會到處打了多少「蚊子」，收穫了多少論文，成果幾何，似乎都不重要，唯獨在這個時候研討了這樣的一位既充滿了愛又不泛辛辣的老作家，便意義非凡了。[96]

10，信中情，詞中趣

寫信是作家與外界聯絡的重要渠道，雖然冰心家早有電話，但在家庭電話不普及的時代，電話找人，麻煩，不方便，往往是門房傳達室傳呼，大呼小叫，整個社區都可以聽到，且傳呼的人有時不在，握著話筒白等了半天，冰心在信函中，常有「電話都找不到你」的抱怨，因而有事有話，還是寫信好。

如果將冰心一生中的信函收齊，估計也得一兩百萬字，但這些信函大都散失，包括與吳文藻戀愛時長達六年的通信，在美國留學，幾乎每天都有，周日不收平信便寄快件，回國之後的頭三年，用她的話說，也不是沒有寫東西，僅與吳文藻的通信，便可積下厚厚一大本。這些信函留在燕南園的小樓裡，戰時與其他的珍寶一樣，散失於日軍的占領下。旅居日本的通信，五年時間，與國內與海外的聯絡定也不少。1949年之前，除了有心人如趙清閣等、有史料意識的如巴金、胡適、梁實秋等，其他基本未保留下來。2008年由陳恕、周明編輯的《冰心書信全集》，大概有四十餘萬字，收入的主要是八、九十年代的信函。這一段時間，她足不出戶，會議與外出的平臺撤去後，好交往的冰心除了客人來訪，就是寫信了，那怕居住在同一個城市，也以信件交往。

---

[95] 《給〈福建日報〉副刊編者的信》，《冰心全集》第8卷，P518。

[96] 1990年11月5-7日冰心七十年創作史上的第一次學術研討會，舒乙、吳青、謝冕、方錫德、卓如、郭風等三十餘位專家、學者和作家出席，會期三天，並前往冰心祖籍長樂橫嶺尋根。但研討會最後未出版論文集。

八十年代後，人民文學出版社的周達寶曾動過出版冰心書信的念頭，但冰心告訴她，她的信都不長，且為簡單的說事，出版不易。翻開冰心的書信集看看，似乎大都如此，但是，如果將其與作品、人生、受信人的身分聯繫起來，便會被她那自然流露的情感所感動。

1993年，上海女作家竹林寫過一篇《冰心與蕭乾》的文章，真切地描寫了他們之間那種親切、風趣的「姐弟情誼」。說，走進民族學院這幢簡樸的樓房，年過八旬的蕭乾先生突然變得步履輕鬆，手杖掛在腕上，迅捷地走在前面，再不要人攙扶。走進那間溫馨的書房，握過手後，蕭乾「上身前傾，脖子伸得長長，半是淘氣，半是乞求地把自己右邊的臉頰給過去。於是她在那裡親切地吻了一下。他似乎不滿足，依然猴著不起身。她又親了親，他這才直起身。」

「你現在當了官了，架子大了。」她拍拍他，「說好九點半來的，我都等半天了。」

他歪著腦袋笑，不知是滿不在乎，還是掩藏一份知錯的愧意，像變戲法一樣，取出一包枸杞，一包軟糖──似乎要以此來搪塞自己的遲到。

她竟不領情，並且機智地揶揄：「你又把自己不吃的東西拿來送給我！」

「我吃，我吃的！」他急得連連聲明。

她仍不信：「你不是有腎病不能吃糖嗎？」

「可這糖我吃。」他用一種不容置疑的語氣說，「這糖，不是一般的糖；這糖，咳，這糖……」似乎要數出這糖與眾不同的好處來，但終於詞窮。她便又鋒利地點穿：「難道這糖能治病？」「反正，這糖對身體有好處。」他就大言不慚地接過來了，並且得意洋洋地晃了晃腦袋。

「你什麼時候吃啊？」她忍著笑，終於相信了的樣子。

「我看電視的時候吃。」他認真地解釋，「每次吃一顆。有時兩顆……」

那神情，彷彿隨時準備抓一顆糖扔進嘴裡，她倒勸阻起來：「聽說腎病吃糖不好，你還是別吃了，要聽醫生的話。」

「我最聽醫生的話了，「他忙又表白，「醫生說不吃糖我就不吃糖，醫生說不吃鹽我就不吃鹽，我連喝咖啡都不擱糖，我還常吃生食……」

「你還茹毛飲血嗎？」

「有什麼辦法，只要醫生吩咐。」

她意識到自己受了捉弄，這個淘氣的小弟，總是要以自己的頑劣激起她寬厚的深愛：「看到你，我就想起了我弟弟，小時候，你們盡幹壞事。」……

冰心又想起了什麼：「吳青說，餅乾舅舅可真小氣，信封都是用舊掛曆糊的。」

蕭乾不吭聲，只是笑，調皮而狡點地笑，眼睛瞇成一條線，嘴彎成了月牙。冰心大惑不解，追著問：「到底是怎麼回事？你怎麼這麼窮，用舊掛曆糊信封？」

「嘻——」他終於笑出聲來，一副惡作劇的樣子，「那可是專為你準備的。」

見他的大姐還不明白，他不由得大賣關子：「就是專給您的——給別人，我不用這種信封。」「為什麼？」

「您不是反對用公家的信封嗎？」他俏皮地反問，一改剛才的義憤。

「可也沒讓你用舊掛曆糊呀！」冰心還是那麼認真。

「那我就用文史館的信封給您寫信啦！」這口氣，簡直是一半威脅一半撒賴。

「不行不行！」冰心居然真怕他這麼做，連連阻攔。

「那我還用舊掛曆糊。」這就是全然在撒賴了。

「你不能買點信封嗎？街上去買點。用舊掛曆糊，多麻煩呀，又浪費時間。」冰心低聲細語，那樣耐心，如同在跟一個不肯在飯前洗手的小弟弟講道理，就差沒把那雙小髒手按在水裡打肥皂了。[97]

這是他們見面時的打趣，而在信函中的風趣、幽默和直言處處皆

---

[97] 原載香港《大公報》，《愛心》第2卷第5、6期轉載。

時。1987年，蕭乾在《北京晚報》「五色土」副刊上發表了一篇回憶反右與文革的文章，冰心閱後，直言道：

> 乾弟：
>
>   你的那篇文章，《記憶與啟迪》，太隱諱了。絕不會令人想起五七年和文革的日子，不如我們那兩篇被晚報取銷了的那兩篇序，你認為如何？李輝也不痛快了些日子。反正在這個日子，只能萬馬齊喑。望珍重。
>
> 大姐[98]

　　冰心極少用自己的文字去比較他人的文章，但對蕭乾則可以像姐姐對待弟弟一般，說，你看姐姐如何如何，你這樣做不咋的云云，冰心所謂兩篇序，其中之一便是《〈孩子心中的文革〉序》，是為批判文革、批評時政的鞭辟入裡之作。六·四事件高潮時，境外記者十分關注冰心老人的態度，一次竟有一大批記者登門採訪，蕭乾十分擔心，「前幾天聽說一大批記者登門去訪問您，很是著急。您的門禁還應嚴一些。這麼七嘴八舌地盤問您老人家，太不該了……」。信畢，蕭乾似漫不經心地附上一句：「國務院已正式派我接葉聖陶老人的館長職了，啟功先生任副館長。」這個館長便是中央文史館，是一個正部級的學術機構，職務和榮譽都是很高的。大姐得信，當日便回，用這樣的語氣表揚著：「今年是你『得意年』，出了那麼多的書，又當上了什麼館長，繼葉老之後，名譽不低呀！看你的得意勁兒！」「當大姐的當然也跟著你得意，我面上也有光彩呀。」但隨之轉移話題，說你的幸福是因為有了文潔若，並在信中大褒文潔若：「蕭乾能得到你，太幸福了，他不配！」蕭乾的字一般說來很潦草的，但寫給大姐的信，字個兒大，但還是被調侃：

> 餅乾館長大人：
>
>   大函和《文匯報》文章均拜領。您的字太「龍飛鳳舞」了，大姐老了，實在看不清，是不是該罵？Shadick[謝迪克]九

───────────
[98] 《冰心書信全集》，1987年6月20日，P330。

十還結婚，真是老而不死。即使你不乖，還是願你
新春百吉！[99]

以後，冰心經常用「館長」頭銜開玩笑餅乾弟弟，說真想你們，
你是有車階級，應該多來看看我這布衣老姐，還借了女兒的話說，餅
乾舅舅當了館長，也不理我們了云云。那次見面時說到信封之事，也
是有「典」的，說，看到一封「中央文史館」的信，嚇了一跳。蕭乾
明白准是用了公家信封惹的禍，從此便有手糊信封之舉，專門用來給
大姐寫信。他們就是在這樣的風趣、調侃中，流露著純樸的真情。

當然也有正經說事的。一次，蕭乾來信，正襟危坐地說：「我是
個不大管事的館長。有一位黨員副館長，他非常負責，天天都上班，
到處出差。我去年十月去了趟銀川，今年六月去一趟上海。都是人家
把一切籌備好了，我去點點卯而已。我還是坐在家裡幹我自己的那點
雜活。」之後，告訴大姐一件傷感的事情：

> 凌叔華前天（下午五點）去世了。小瀅來電說下周開追
> 悼會（在石景山），一定要我去。我答應了。上星期二她在彌
> 留中，突然醒過來提出要去北海及史家胡同故居。醫院及家屬
> 商議後，認為應滿足她這一最後願望，就開了輛救護車，由
> 一位大夫及幾位護士陪同。她望著北海說了聲：「白塔──柳
> 樹」，史家胡同那裡現在是座幼兒園。娃娃們還向她獻了花。
> 可是回去兩天都恢復不過來，隨之就逝世了。追悼會由作協主
> 辦，小瀅出錢。說陳西瀅的骨灰也已運來了，以後一道葬在無
> 錫陳家塋地。
>
> 她漂泊半生，總算死在中國。

晚年的凌叔華與冰心常有信件來往，基調是孤寂與思鄉，吳文藻
去世，她在倫敦得到消息，即致函感嘆勸導冰心，「人生本來如夢如
客，希望你在這苟酷無情的日子裡，多想想快樂的往事，目前苦惱，
努力忘記它吧！」但她自己也抑制不住那種天涯憂傷：「我本來想到

---

[99] 《冰心書信全集》，1992年1月31日，P331。

今年十月回國還可以再找一些老友相聚，以了心願，不想只在一二個月內，先是鄭林莊後是文藻，天道是無情的，還說什麼？以前，我每次回國，總是一次比一次朋友少了，好比秋風落葉，一回相見一回稀了。」

凌叔華寫此信已屆八十五歲的高齡，真正是遲暮之年，寫到老友的離去顯得格外淒涼，先前美好回憶與近前哀傷情景，重疊在了一起，真是無奈也無力，天道如此，還能說什麼？這當然是一般人的感嘆，凌叔華卻還多了一重。自從1947年隨丈夫定居英倫之後（陳源出任中國駐聯合國科教文組織常任代表），凌叔華就一直在海外漂泊，期間雖然有過風光，甚至有過輝煌，比如曾經在英國、法國、美國和新加坡等地多次舉辦過畫展，尤其是使她的天才繪畫在有著文藝復興傳統的歐洲顯示出絢麗的色彩，還比如，五十年代初曾由英國荷蓋斯出版社出版過她在吳爾芙的鼓勵下寫作的、又一篇一篇寄給吳爾芙看過的、最後在吳爾芙去世後從她的舊居中找出的自傳《古歌集》（*AncientMelodies* 傅光明譯為《古韻》），這部散發著東方韻味的自傳，曾成了當年英國的暢銷書，並譯成法、德、俄、瑞典等文字出版，但是，正如凌叔華在信中感嘆的那樣，畢竟天道無情，尤其是漸入老境，社會和舞臺得漸漸讓給他人，就在一夜之間，發現原來她的朋友、她的文化、她的心靈之鄉都不在這裡，她有多少話需要訴說，有多少的時間需要打發，有多少的事情要做而又不能，獨處他鄉所造成孤島般的苦惱與煩悶，隨著暮年的逼走，越來越是明顯，而陪伴她的是（陳源先生於1970年3月謝世），位於倫敦亞當森街十四號四層小樓空曠的寓所，陰暗的客廳，客廳中清一色古舊中式陳設、字畫、古玩，以及由此寄托的故國舊情的懷想。所以，凌叔華在信中向她的老朋友坦露：「我在此一肚子苦惱，誰也不要聽，只好憋著氣，過著慘澹的時日！」

過著慘澹生活的凌叔華，尋找一切機會回國，尋老友聊天，她對冰心說：「回到北京後，第一個要見的朋友是你，希望你可以撥冗見我。我倆可以瞎撩[聊]一番，五六十年前的老話、乃至於目前有趣有見解的閒談，都沒有關係吧！」沒有目的，只是瞎聊、回憶、閒談，便知足便是歡樂，便是了卻孤處海外無處訴說無人要聽的寂寞。每次回國，冰心都要用專門的時間，滿足凌叔華的願望，有時也像英國一

樣，在暖陽下喝著下午茶，就著北京的點心，說著「江陰強盜無錫賊」，說著吳文藻、說著陳西瀅、說著吳爾芙，天南海北，盡興而散。

凌叔華最後決心回國定居。英國人以住房大聞名，凌叔華在倫敦住慣了大房子，當然不習慣幾十平米的宿舍，冰心、蕭乾、鄧穎超等人都為她的住房作過努力、有過關照，最後在復興路落實了一套較大的公寓。凌叔華可以回來了，可以結束孤居海外慘澹的時日了，但是，她的歸來真正成了葉落歸根。八十年代的最後幾天，被人用擔架從飛機上抬下來的，凌叔華最後的一封「信」，竟是女兒陳小瀅發出的「訃告」：

> 英籍華人作家、畫家凌叔華（Shu-Hua Ling Chen）教授，落葉歸根，1990年5月22日18時54分病故於故鄉北京，享年90歲。茲訂於六月六日（星期三）上午九時半在石景山醫院舉行儀式，親戚和生前友好向安睡在鮮花叢中和作品中的凌先生作最後的告別。

冰心年事已高，沒有出席告別儀式，蕭乾在信中告知了一切。

與巴金的信體現的是傾心關愛。目前所能搜集到兩人的通信，冰心致巴金七十五件，巴金致冰心五十一件。一般而言，冰心的信短，字少，而巴金的信長，字多，凡收到巴金的長信，冰心既是高興，又要心痛，責備他不應抱病寫這樣長的信；又一般而言，冰心的信一次完成，而巴金的信就很難說，有時得寫好幾次，如1994年元旦的那封信，用了「兩年」來完成，總共一百二十個字，寫到第五十個字的時候，「手指動不了」，只得等到第二天再寫。在那五十個字中，巴金有將希望寄託「明年」的字樣，而在信末的問候語上，則出現了「新年好」。對於巴金的每一封來信，冰心都倍感珍貴，除了回信外，就是珍藏起來，選用了一個精緻的藍色錦盒，將巴金的來信一封封地保存在盒子裡，想念時便找開盒子看看。巴金則說：「這些年，那一代老人留在世上的越發少了，我和她的通信也更多了起來。我的手不聽指揮，寫字很吃力，寫的信比她少一些，她給我的多，最多的時候一周有兩三封，不過每封信都很短。她的筆很勤，我很喜歡她的信」。

巴金和冰心通信多起來，是在1980年訪日之後，1985年4月最後

一次在北京會面，從此南北而居，因老因病不得相見。這時的書信成了主要的牽連，訴說著「能在一起喝杯咖啡，說說話，聊聊天」的美好願望。

「我有什麼事情，總愛和她說。」晚年的冰心成了巴金訴說的對象。「我的身體還是不好，太累了。」（1981年3月30日）「我的瘡好了，當然還得小心。況且手與腦的矛盾仍然屬害，寫字十分吃力。」（1982年7月12日）「我出院一個多月，仍是一個病人。我的情況比您想像的糟多一些。在醫院裡無人管，出院後忙著治療……寫字吃力，不發牢騷了。」（1983年7月初）「寫字困難，手抖，只能像小孩習字那樣一筆一劃地寫下去。」（1983年11月27日）「我又患感冒，昨天屬害起來，服了兩天的藥，今天又好些了，可以坐在樓上書房裡寫這封兩個星期前就打算寫的信，向您問好。您想不到，寫這樣一封短短的信，在我也是十分困難，常常攤開紙拿起筆，一個字還來不及寫，就聽見門鈴響或者樓下呼喚聲，好像總不能讓你安靜地想一陣或者寫一陣。我對這些打擾很有反感。您瞭解我，名利之事我已看得很淡，而且有時甚至感到厭惡。現在想的只是把一點真摯的感情留在人間，因此還想多寫點隨想，因此時間對我是多麼的可貴。」（1985年12月13日）「我一直想念您。收到來信，十分感動。一個月前不小心摔了一跤，至今疼痛不堪，對什麼事都不感興趣，只有我們這個多災多難的國家，緊緊抓住我的心。」（1989年3月2日）「好久沒有給您寫信，只是因為病痛，我說這是我的一生所受到的大處罰……我天天做夢，而且多做怪夢。」（1989年7月27日）「躺在病床上，每天總有四、五小時不能閉眼……反來覆去，好像床上有無數根針，我總是安靜不下來。每天都受到這樣的折磨，我多麼盼望看見遠方的亮光。而屋子裡卻是一片灰暗。」（1989年12月20日）「人老了，來日無多，時間可貴，偏偏有人在這個時候麻煩你，干擾你，讓你做買空賣空的『名人』，我實在是痛苦……我常常不願傷人，結果只有委屈自己。我的生活中充滿矛盾，也充滿煩惱。」（1991年6月20日）等等，等等。

巴金的這些話，只有在冰心大姐的面前才會說出來，真像一個有病痛、受委屈的小弟弟，向大姐傾訴，以解身之痛、心之煩，這比一直壓在身上、埋在心底要好一些。而冰心，面對巴金的訴說，始

終像大姐那樣開導、勸說、叮囑、關懷和鼓勵。「老巴，不要太累了吧！」（1981年4月2日）「聽說你背上的疽好了，夏天來仍要小心，千萬！」（1982年6月30日）並且在「夏天來仍要小心」下面加了重點號。「人活一天，總有一天的事，你不要為此而睡不好覺，也不要著涼，感冒了是很不舒服的。」「聽說你住院了，到底治療得如何？一定要安心調理，病了就不要急躁，我這個人一輩子性急，就是病把我磨練得耐心了。人生幾何，老來總是力不從心，我也常為此苦惱，但『留得青山在』，還可以看點書，寫點東西，也可以看看老朋友，是不是？」（1983年11月9日）「得你信非常高興！不但是因為得到你的親筆信，而且還寫得非常工整，足見你的手不怎麼抖了，『止』字的工夫到了家，可喜可賀！只要這樣繼續忍耐下去，服藥一定更見成效……你不知我年輕時是多麼火爆的性子！我相信你服藥成效一定可達百分之百！」（1983年12月30日）為了給巴金祝壽，也為了讓他身體健康，冰心通過吳青，特地從吉林買來人參，並囑「請小林每天給你蒸上幾片」。（1984年11月20日）巴金收到後即回覆：「謝謝您的紅參，這是貴重藥品，其實我已經用不著它了。我需要的是精神的養料，補藥吃得太多了。您的友情倒是更好的藥物，想到它，我就有更大的勇氣。」（1984年12月28日）冰心乘機鼓勵道：「你說友情是最好的藥物，關於這一點，你有著我全部友情，你一定要勞逸結合！」（1985年1月18日）到了巴金八十五歲生日的時候，冰心送去了一隻花瓶作為賀壽禮品，並深情地用毛筆寫信：「這隻花瓶代表我向你祝壽！她將時刻站在你的座旁。你將從她所供養的四時不斷的繁花密葉中，看到我的微笑！」關於牢騷，冰心勸說道：「我也想向你發發牢騷，但牢騷發了有什麼用處？倒是大家聚一聚，什麼都談，不只是牢騷，談些可笑，可悲，可嘆的事，都可以打發日子。」並激將道：「你總是說擱筆，我相信你生命不息，戰鬥不止！」（1988年10月24日）

冰心的關愛、勸說和鼓勵，確實影響了巴金晚年的情緒，尤其是病中的生活，使他更為堅強，也樂觀了一些。「老實說近一年來我常常想到您……謝謝您，我要聽您的話爭取長壽，多寫點東西，多講幾句真話……」（1988年11月30日）「我感謝您，這幾年來您給了我不少的鼓勵。我還記得您寫下的和講過的那些意義深刻的句子。那

些辣的、有刺的、響亮的正是我現在需要的，能使我頭腦清醒的。」（1989年12月20日）「您回了信，沒有幾句話，您給我鼓勵，你不悲觀，您在年輕人身上看到了希望。我讀了信，我想來想去，您有道理。我相信您。我心定了……我仍然把您看作一盞不滅的燈，燈亮著，我走夜路也不會感到孤獨。」（1990年2月19日）

有一天，冰心望著窗外濃蔭的樹影，想起了南方，想起了巴金，忽然「心血來潮」，揮毫寫下了如下的文字：

　　人生得一知己足矣，斯世當以同懷視之

這是當年魯迅題贈瞿秋白的聯句，冰心取來，題贈給「巴金老弟留念」。時為1990年8月10日。

巴金收到冰心的信與題字，很是激動：「今天您的友情使我的生命放光彩。」並且不足：「『足矣』？生命沒有足的時候，它需要更多的光和熱，也能放更多的光、發更多的熱！」（1990年8月26日）

這是冰心的友情與巴金的生命之間的某種聯繫？

九十年代之後，冰心與巴金已有十幾時間未能見面，這對他們兩個又敬又愛著的人來說，是件痛苦的事情。於是，思念之情，躍然紙上，純潔如「戀人」。「我真是想你，想你和我都是不大能行動的人，能坐在一起聊聊多好。可惜這都是幻想！」（冰心1987年8月18日）「近來真想你！……我想若能把我們倆弄到一處聊聊多好！」（冰心1988年9月27日）巴金也是如此，為想念卻不能想見而焦慮，「想念您，請保重。」「很想念您。」（1985年7月17日）「我一直想念您。」「想念你們，但抱病之身痛苦不堪，尤其是無法寫信吐露我滿腹的感情。」（1989年10月12）當相互知道對方的情況，尤其是病痛的時候，這種渴望相見的情感，更是急迫。「你說你看見我的電視很高興，我恨不能立時到華東醫院去坐在你床邊和你說話。」（冰心1989年5月11日）「你近體怎樣？何時出院？千萬不要多見客人，我恨不能到你身邊看看。」（冰心1989年9月9日）而巴金則將在現實中的不可能，轉移到夢中去實現：「我們不能見面，有話無法暢談，幸而我們能做夢，您還可以製造『寶庫』，我也能等等您給我的高腳綠玉盤。」還希望將他們各自的夢寫成一本書，「我還想，能做

夢就能寫書，要是您我各寫一本小書，那有多好！」（巴金1989年7月27日）並且是「常常做同您相見的夢。」（1994年10月8日）在這一點上，冰心顯得現實一些，雖然也不泛浪漫和詩意：「有時也真到寂寞，而這寂寞又不是隨便什麼人都能解除的。我真願意能和你長談。」（1990年8月8日）「知你不喝酒，但喜飲茶和咖啡，在這點上又與我相同，什麼時候我們能到一起喝點咖啡，談一談，多好！」（1990年9月17日）在1989年夏季之後，巴金間接地滿足了一下自己的願望，兒子李曉因為獲獎，需要上北京領獎，巴金將自己想說的話都托咐給了兒子，「他一定到府上拜見，把該講的話都講出來，還要送本書給您，讓您感到煩悶無聊時翻書笑一笑。」（1989年8月15日）所以巴金說是「李曉救了我」。那一段時間是個特殊時期，有了金堅玉潔般友情的兩位老人，格外地互相關心和惦記，「最近我常常想。您好像一盞明燈。看見燈光，我們就心安了。」（巴金1989年10月12日）知道兩位老人心願的晚輩們，都想製造機會，希望圓圓他們相見的夢。一次是福建家鄉的人邀請冰心回故鄉，冰心邀巴金同行，未果；一次是張鍥精心安排的杭州療養，最後北京的醫生未能准行，冰心只得托張鍥帶上兩盒餐具，一盒是刀叉，送給巴金，一盒是六雙筷子，送給小林和棠棠兩家人，很傷感地說：「請你們家宴，可別忘了我！西湖去不成，悵惘已極！」感嘆著「人生想見，竟是這樣的困難……」（1990年9月22日與27日）這一次，巴金在杭州生活得很愉快，冰心的生日那天，還專門打電話祝賀。在結束療養之時，李小林給冰心姑姑寫了一封長信，報告父親在杭州的一切，巴金也托張鍥給冰心帶去一信：「您在信中說：『別忘了我！』，您想，我們怎麼會忘記您？我永遠敬愛您，記著您，想念您……您是中國知識分子的良心。」（1990年9月30日）

到最後，信也不能寫了。

冰心給巴金的最後一封信是1997年2月22日：

　　巴金老弟：
　　　　我想念你，
　　　　多保重！

　　　　　　　　　　　　　　　　　　　　　　　　　　冰心

巴金回給冰心最後的一封信是1997年6月11日，信的全部內容為：

　　冰心大姊：

　　　　我也很想念您！

巴金

我在一篇文章中，曾用這樣的三句話表述他們之間最後的想念：

　　一種最後的思念與叮嚀！
　　一種長河落日的道別！
　　一種相知相愛的人生揮手！[100]

　　保存冰心信件最多的是趙清閣，當年那個戰火中編輯《彈花》
的小編輯、活躍在抗協的女作家，重慶時便與冰心有了大量的通信，
復員後全部帶回了上海，以後東京──上海、上海──北京，信函
不斷，如果說，趙清閣保留下的冰心早年信札，成為研究冰心珍貴的
文獻，那麼，晚年冰心與趙清閣的通信，則更多體現為相互的「寬
懷」。因為都進入了暮年，因為都有了揮之不去的病痛，但冰心卻總
是安慰趙清閣，甚至還為她寄過治病的費用，當然還會通報民國熟人
的情況，1992年與1993年的兩封信，可視晚年信函的縮影：

　　清閣：

　　　　得你書信十分歡喜，知你身體不好，我近來也不行了，寫什
　　麼都很勉強，知你已安上了空調，那東西真管用，已通開關時要
　　小心！鄧大姐病故，我送了花籃，寫了文章，但那都沒用了！
　　　　雪林也和我通信，她似乎還不錯。冰瑩和我並不太熟。我
　　家過的是陽曆生日（10月5日），你拜壽拜早了，謝謝你惦記
　　著！祝你保重。

冰心
1992年9月10日

---

[100] 王炳根，《冰心與巴金的世紀友情》，《冰心：非文本解讀》（續）。

清閣：

　　您信收到，知道您身體仍是不好，冬季尤應保重。我近來很糟，渾身骨疼，本來就用助步器行走，現在還得有人照應，客人來照例在內室坐談。我也不說身體不好的話，到底年紀到了，好在我不必外出，算來做廢人已做了九十三年，也膩煩了，好在孩子們對我很照顧。大夫對骨疼毫無辦法，生命在於運動，我這九十三年沒有運動的人，能夠存在，已經不錯了，是不是？大家寬懷吧，我們全家人都問您好，附上前年相片一張，向您拜年。

冰心
1993年1月11日[101]

　　感情色彩強烈的信，還體現在冰心與下一代或下二代的通信之中。自從國門打開之後，有著留美背景家庭的孩子，大都通過各種途徑前往美國留學或進修。吳冰最早前往夏威夷大學東西方中心文化學術研究所作訪問學者，以後又去了哈佛大學作富布賴特訪問學者，李志昌取得了波士頓大學國際關係中心的訪問學者名額，和妻子在美國團圓；吳青去了麻省理工學院專修社會學，陳恕先到愛爾蘭都柏林三一學院進修愛爾蘭文學，後也到美國做麻省大學的訪問學者。第三代的陳鋼考入美國哈特福特大學工商管理系，李丹去美國麻州州立大學攻讀NBA，吳江赴澳大利亞留學。對於出國的孩子，無論是第二代還是第三代，是女兒還是女婿，都非常關心，必親自寫信，並且信都很長，與一般工作與朋友的信函大不一樣。這裡除了有對他們的關愛之外，最重要的是坦露了老人生活的感受，尤其是對病痛的感受。在一般人面前，冰心屏蔽了許多，不談病痛帶來的痛苦，所以來訪者都以為老太太的精神好，身體也好，寫信時則會祝她健康長壽。冰心有時一看到這幾個字就生氣，什麼健康？什麼長壽？長壽而不健康，這是受罪！「生不如死」！這些話，在給吳冰的信中說得最多，病痛的連累、心中的苦悶，本來對遠遊的孩子，應多示好，但老太太實在無處訴說，只得在孩子們的面前倒倒苦水。不過這種訴說，還有另一層

---

[101] 趙清閣編，《滄海往事——中國現代著名作家書信集錦》，P154。

意思，就是對在身邊照顧她的孩子，心存感激，也正是因為有了孩子們的愛，尤其是吳青、陳恕一家，包括陳珹大姐的愛，才有了今天。

我在閱讀冰心晚年的信函時，發現請求題字者眾。從未曾謀面的生人到老朋友，從一般讀者到著名人物，這裡固然有聲望、名聲的原因，也因了冰心的字漂亮，進入九十年代，字也如文一般，爐火純青。1980年三進三出北京醫院，病後不能握筆，握筆，字也不成型，到後來恢復到病前的狀態，甚至比之前的字還有進步，雋永、清秀、富有韻味。對於求字者，老人自然無法一一滿足，只得擇人擇事隨心情而為。我作了一個統計，僅是1992年至1993年兩年，請求冰心題字的機構與個人，便達百餘次，得到冰心題字的數量大致是二分之一左右。當然，這裡有一些是老太太主動給身邊的人題寫的，以作紀念。

冰心的題字有一部分是「任務」性的，只得按照指定的內容去寫，屬「命題寫字」。比如給希望工程題字，則是「兒童是祖國的未來和希望。希望工程是一項神聖而偉大的工程！」為《中華少兒海峽兩地書》題詞：「促進同胞友誼，加強兩岸瞭解，敬賀《中華少兒海峽兩地書》出版。」為《老人天地》題詞：寫是「人老心不老」。為「冰心兒童圖書新作獎」題詞：「得獎僅僅是創作的開始，千里之行，始於足下。」為北京166中學題詞：「1994年是166中學建校一百三十周年。166中學的前身，是貝滿中齋，是我最親愛的母校！追憶前情，感激無盡！」為《未來作家》題詞：「『作家』的稱呼，是讀者賜予的，不是自己「封」的。要做一個未來的作家，一定要等有真情實感的時候，才下手動筆，那樣才能得到讀者的理解和同情。祝《未來作家》創刊！」

對於無指定內容的題字，則屬自由發揮，十分有趣，且富有哲理。她為一位海邊的讀者題字是：「我願大家都像海，既虛懷，又廣博。」為兒童題字：「專心地學習，痛快地遊玩」。為《各界》雜誌創刊題詞：「人人關心各界，人人服務各界」。在老朋友羅青長的生日壽卡上題寫「青長長壽」。她為中國文學出版社出版《相片》英文本題寫的是「居住適宜處往昔有德行，置身於正道是為最吉祥。——九二歲 冰心題」。為女婿陳恕的題詞，與對他的厚望與人品溶為一體：「謙卦六爻皆吉，恕字終身可行」。為周明題寫的是「誰把鈿箏移玉柱，穿簾海燕雙飛去」，晏殊《蝶戀花》中的兩句，可是周

明並不會把弄琴弦呀，是否與他從《人民文學》調入中國現代文學館有關？她為浙江浦江仙華山「望松亭」題寫的楹聯詩意昂然：「千仞岩岫連雲碧，一嶺松濤帶露青」，與此聯相對的楹聯「曲經迂迴旋谷口，奇峰突兀插雲天」，則是夏衍所書。冰心未曾遊過此山，夏衍為浙江人氏，此聯是否與夏衍有關？

在臥室，掛有一幅祖父謝鑾恩老先生的字，冰心常以為驕傲。說，祖父的字多好，詩也好。這種對於家族文化的認同，也體現在她的題字之中。「知足知不足，有為有弗為」，「事能知足心常樂，人到無求品自高」，便是先祖子修公的自勉句。而她為吳平、也為我題寫的則是鄉賢林則徐的警句：「海納百川有容乃大，壁立千刃無欲則剛」。包括她敬愛的周恩來的詩句「與有肝膽人共事，從無字句處讀書」。

有時，她題寫自己作品中的詩句或格言，像「童年呵／是夢中的真／是真中的夢／是回憶時含淚的微笑。」「大海呵！／哪一顆星沒有光，／哪一朵花沒有香，／哪一次我的思潮裡，／沒有你波濤的清響？」都曾多次題寫過。1993年她應我之邀，題寫過一段很長的格言：

> 愛在右，同情在左，走在生命路的兩旁，隨時撒種，隨時開花，將這一徑長途，點綴得香花瀰漫，使穿枝拂葉的行人，踏著荊棘，不覺得痛苦，有淚可落，也不是悲涼。

她為湖北《黃岡青年報》的題字，體現了她一生的愛好與為人的風骨：

> 我喜愛玫瑰花，因為她有堅硬的刺，濃豔淡香，都掩不住她獨特的風骨！

11，精神驛站

六‧四之後，儘管鄧小平高調宣布：「原來制定的基本路線、方針、政策，照樣幹下去，堅定不移地幹下去。」「我們要用行動證明，我們的改革開放政策不但不會變，而且會進一步得到貫徹執

行。」同時，新一屆以江澤民為核心的中央高層領導也已建立，並開始運作。一切似乎都恢復正常，但是，凝重氣氛依然，由於經濟發展的速度放慢，失業與物價成了社會問題，知識分子對黨和政府有了明顯的疏遠，經常以「他們」「你們」和「我們」來分界。而這時東歐巨變，推到柏林牆，東西德實現統一，強大的蘇聯也解體了，一個龐大的社會主義陣容，一夜之間在大地上轟然消失。這時的經濟界、思想界都處於混亂狀態，有人以昔日學習蘇聯老大哥的腔調，發出了「蘇聯的今天便是我們的明天」之感嘆。因而，如何重拾信心，像撥亂反正之時，落實知識分子政策那樣，重新贏得知識分子的信任和擁護，是當時中共高層領導在嚴肅思考、認真對待的問題。

自從開始為教育呼籲、為士人請命、為民主吶喊，之後，又是學運、六‧四，冰心的名字再一次風行中華大地。六‧四之後，當有人無行、跟風的時候，巴金曾用堅定的語言讚美冰心：「許多人戰戰兢兢抱頭搖尾的時候，您挺胸直立，這種英雄氣概，這種人格的力量，我永遠忘記不了！」（巴金1990年7月27日）在公開場合，巴金稱冰心大姐的存在就是一種巨大的力量，是一盞心靈的明燈。蕭乾則推崇大姐是知識分子良知的代表，還有夏衍、臧克家等這樣的一些大家，都在文品與人格上推崇冰心。這一切，都將冰心升至無人替代的位置。葉聖陶先生在世時，冰心曾戲言，她是在一人之下，萬人之上，1990年，葉老仙逝，冰心便說她成了萬人之上了。這當然指的是年齡，但實際上，聲望何不如此？因而，在凝重的氣氛下，冰心和她的家被「天下寒士」們稱呼為溫暖的「精神驛站」。

平時的來訪者，記載在幾大本厚厚的簽名本中。我也挑出1992年、1993年兩個年份做過統計，來訪者多達五百多批，人次過千。這裡包括作家、學者、藝人、電視主持人、鄉親、讀者、外賓等等。而每年十月，冰心的生日，更是一個盛大的歡聚，慶生、加油，「精神驛站」熱鬧非凡，成為大家共同的節日。

又一個九十華誕

1989年10月，先後有兩百多人前來祝賀冰心九十華誕，到了1990年呢？還是九十，九十大壽當然可以滿滿的過上兩次！誰曾想，早在半個月前，祝壽的人便絡繹不絕了。有人說，對這樣高齡的老人，完

全不用管九呀十呀，以後年年都慶！既是為冰心，也是為大夥兒。老舍的女兒、人民文學出版社的資深編輯舒濟，專門到北京榮寶齋挑選了只小拇指肚一般大小的「老壽星」，生日那天，送到冰心的手上，老人喜愛得不得了，對著舒濟說，「我忽然覺得我『偉大』了起來！這是我九十年來從來未有過的快感！謝謝你給我的『小』壽翁。」老舍的兒子舒乙則早早交代北京幽州書院，讓他們給冰心送「壽桃」，「這是北京的老規矩，而且最好送九十個。他們照計而行，無奈全北京竟找不到一處地方還會做。費了好大的勁，方找到一位老者，是『稻香村』的老人，答應給做兩『堂』。一堂是九十個帶豆沙餡的，用胭脂點上小紅嘴尖；另一堂是九十個白糖餡的，先蒸後烤，也都點綴著紅『壽』字。這兩堂壽桃得了碰頭好，最討冰心先生的高興。」壽過數日，舒乙去看老太太，一見面就說：「你的主意真好！那天我真怕客人把壽桃全拿跑了，告訴大姐偷偷留起來一二十個，要不然家裡人都差點吃不著。」因為大夫不允許冰心吃油性太大的奶油蛋糕，「壽桃」既對她的口味，又無後顧之憂。冰心決定將祝壽的賀詞、賀聯、字畫一概送給中國現代文學館，還要送舒乙本人《冰心文集》第五卷。僅僅簽字還不算，讓人取出抽屜裡所有的圖章：「都拿出來！都蓋上！」舒乙一邊蓋，她一邊解釋：這是魏建功的藤刻印，這是劉淑度送的，這是于非闇刻的，這也是于非闇的，這兩個都是王世襄刻的……一共十一枚。

「『怎麼樣？特別吧？』她覺得這個主意大概也不錯，看著這些大大小小的紅印，不由得也興奮起來。她還小心地取出一張宣紙夾在書皮和扉頁之間。為的是不讓印泥洇了。」[102]

僅比冰心小三歲的鍾敬文教授，也早早就準備好了祝賀冰心九十華誕的禮物，這個禮物不是別的，而是詩三首：

其一
自然母愛兩縈心，文字澄鮮見性真。
誰意雷霆動地日，女兒曾現健兒身。

---

[102] 舒乙，《冰心先生的生日》，《民主》1991年第2期。

其二

濤翻藝海勢洶洶，一代清才角眾雄。

我是文場跛行客，相隨安得擬雲龍。

其三

繁星璀璨春波媚，哲理詩情濯我魂。

白首回思餘味在，心香一縷祝生辰。

　　三首詩題為《贈冰心女士三絕》。這裡有些人生的典故，比如
「其二」，說的是五四運動的事，鍾敬文小冰心三歲，但也受到五四
的影響，也受到冰心散文的影響，曾說「我是五四的兒子」，二十年
代初，他的散文就以「沖淡靜默，平遠清秀」而著稱，郁達夫就說他
是步「冰心體的後武」。鍾敬文主要從事民俗學方面的研究，是我國
民俗學的奠基人。他曾經與吳文藻多有聯繫，探討民俗學與人類學、
社會學的關係。在說到小詩的時候，冰心「還憶起青年時代的一件往
事：在燕京大學讀書時，周作人先生是北京大學教授，在燕京大學兼
課，教我們國文。有一天，周先生給我們發一篇講義，我一看，正好
是我在報紙上發表的文章，我沒有出聲，心裡不禁暗笑。因為當時我
在學校用的學名是謝婉瑩，這篇報紙上的署名是冰心女士，周先生沒
有料到，他推薦的範文的作者，就是他的一個女學生。鍾敬文聽著冰
心的敘述，禁不住笑了起來。冰心的口角上也浮著笑意。這段故事，
給鍾敬文教授留下了極為深刻的印象，他一直記著，成為這次晤面的
一段佳話。」[103]同樣，冰心將新出版的《冰心文集》第五冊題簽贈送
給鍾敬文，作為回贈的禮物。

　　第二個九十華誕，依然有二百多人來給冰心拜壽、來「精神驛
站」歡聚。令老人意外與感動的是，生日當天，接到了臺灣文學界一
些朋友打來的越洋電話，祝賀她九十歲的生日，還在電話中唱起了
Happy birthday to you 歌，尤其有臺灣的老友孫立人從臺北發來賀電：
「海內存知己，天涯若比鄰，欣逢九十大壽，敬祝福如東海，壽比南
山。弟孫立人拜賀」。孫立人將軍自重慶歌樂山一別，便無聯繫了，
只是到了前兩年，臺灣朋友策劃著邀請冰心赴台訪問，雙方才知道

---

[103] 吳泰昌，《冰心的生日》，《我知道的冰心》，三聯書店2010年6月。

了彼此的信息。1955年8月20日，孫立人被臺灣當局以莫須有的「兵變」事件，以「縱容」部屬武裝叛亂，「窩藏共匪」、「密謀犯上」等罪名，革除了總統府參軍長職務，嗣後，由專門組成的調查委員會徹查，孫立人被判處長期拘禁，直到1988年1月13日蔣經國逝世，李登輝就任總統後，才解除了對孫立人長達三十三年的「監護」。夏初，孫立人在得知冰心的消息，曾馳一封懷舊信函，[104]冰心閱讀時落下了辛酸的淚水。現在又得到老友的賀壽電文，再次感嘆：「孫將軍，軟禁三十三年，這是多麼長的時間哪。此中苦衷可想而知。」也就在說過此話的一個半月，11月21日，香港朋友寄來《明報》剪報一份，展開來看，竟是「因兵變案軟禁三十三年，抗日名將孫立人病逝」的消息，令冰心愕然。隨後，屢次替孫將軍和冰心之間傳遞信息和相片的許迪教授也來信告知：「孫立人將軍的喪禮確是倍極哀榮，自動前往弔唁者一萬餘人，今後在臺灣大概不可能再有同樣的感人場面了……」看到許教授寄來的軟禁後的孫將軍照片，「已是老態龍鍾，當時的飛揚風采已不復留存！本來應是三十三年崢嶸的歲月，卻變成蹉跎的歲月，怎能不使人悲憤？」冰心隨後寫作了《悼念孫立人將軍》一文，同時獻上絕句一首：「風雲才略已消磨，其奈尊前百感何，吟到恩仇心事湧，側身天地我蹉跎」。這是冰心少時集龔留下的，沒有想到，「竟是為孫立人將軍寫照了！哀哉！」[105]

還有一個人為冰心九十華誕填詞，就是與冰心、孫立人同船赴美留學的顧毓琇。九十年代，顧毓琇搬離郊外別墅住進費城老年公寓之後，懷舊之情日濃，回憶前塵往事、填詞作詩譜曲成了日常方式，「瑞雪又來臨／夜半聞吟／高樓人靜聽鳴琴／辭舊迎新冬去也／待報佳音／／客夢空追尋／一片清心／小橋流水別情深／冬去春來懷老友

---

[104] 孫立人將軍信函：

婉瑩嫂夫人大鑒：

　　許迪先生來舍，朗讀手書，其於立人，尤殷殷垂注，聞之至為感篆。回憶同舟東渡，轉瞬遂近七十年。昔日少年，俱各衰邁，而文藻兄且已下世。人事無常真不可把玩也。立人兩三年來，身體狀況大不如前，雖行動尚不需人扶持，而步履遲緩，不復輕快。有時腦內空空，思維難以集中，比來除定時赴醫院作復健運動外，甚少出門矣。故人天末，何時能一造訪，暢話平昔，殆未可必，然亦終期所願之得償也。言不盡意，諸維　珍衛。順候　著安。弟孫立人拜啟　5月15日

[105]《悼念孫立人將軍》，《關於女人和男人》，P286。

／夜已深沉。」這首詞表達了顧毓琇九十年代前後詩意心境。1987年11月4日，顧毓琇在美國得知梁實秋於3日早晨「因心臟病發作，在臺北逝世」時，心情沉重，9日給冰心信，檢討自己，「近日因無聊而填『夢窗』詞消遣時日。曾得句『思故鄉，友朋別久，枉斷愁腸』以為不祥。乃閱報得實秋兄消息，方知應驗。」對於老友的逝去，顧毓琇也以詞悼之，同信寄給了冰心，「即請吟正，並留紀念。」「良宵恨短／填詞情長／客裡天明夢覺／清華水木／八載同窗／往事不堪相約／少年時／曾寫新詞／驚心黃花綠萼／荏苒光陰／忽謝西湖紅藥／／違別江南父老／清淚難招／深秋詩魄／涼風冷露／暮雨朝雲／畫閣暗垂廉幕／念高樓／也無人歸／書案有誰獨酌／但遠望／一片彤雲／長留天角」（澡蘭香　用夢窗韻　悼梁實秋教授）。顧毓琇賀冰心九十華誕的詞也是寄托了往日思緒：

> 臨江仙　壽冰心姊九十
> 風雨同舟周甲子
> 新詩玉潔冰清
> 南溟西蜀弄簫笙
> 抗戰風雷起　凱歌慶太平
>
> 講學燕京桃李盛
> 文章報國豪情
> 元宵圓月壽星明
> 九十康強頌　蟠桃祝百齡[106]

有了愛便有了一切

　　九十二歲的生日，不以熱鬧而以別緻著稱。中國新聞社賈國榮、耿軍等年輕朋友，早早就在謀劃，如何為老太太過一個與眾不同的生日？往年的生日，朋友拜壽，鮮花、賀聯、壽桃……，能不能讓老太太回一「壽禮」，以做永久紀念？這時耿軍從口袋中摸出一張名片，

---

[106] 以上顧毓琇的詩詞，均引自王炳根，《冰心與顧毓琇的文化鏈接》，《冰心：非文本解讀》。

說，就這個，給老太太印些名片，寫上字，簽上名，來者有份。正在一旁的陳鋼補充說，可以讓我姥姥寫一句話，限印一百張，更有意義。別緻的方案就這樣形成了，回家給姥姥一說，同意，說，只受不授、有進無出，非禮也。但那一句話，卻讓冰心費起神來。

這一夜，吃過「速爾眠」的冰心，仍然不能入睡，九十二年的光陰，一幕幕的在眼前略過，龍旗、五色旗、青天白日旗、五星紅旗，從旗下走過的她，辛酸苦辣一齊湧上了心頭。她想到戰爭，想到每一次政治運動，想到一次次的重大變故，想到陰影尚未散去的六·四，是的，從戰爭到和平、從國事到家事、從運動到變故，都有足夠的理由，東京大審判，就是犯下了那麼大罪行的戰爭罪犯，也有他的理由，甚至也認為無罪，美國更有投下原子彈的理由，文革有理由，六·四有理由，但這一切的理由，均出於各自的利益與立場，那麼，有沒有一種超越這些功利的理由呢，從而讓那些功利的理由不能成立，不能實行？文革剛剛結束，她曾經主張要大力提倡「五熱愛」，但這個「五熱愛」是不是還有功利的要求呢？她在黑暗中思索著、尋找著一種超越理由之上的精神，奔騰的思想關不住閘門，也就不關了，任其自由飛翔。尋遍萬水千山，老太太的思想最後像一隻小鳥，落在了一個枝頭上，這個枝頭只有一個點，只有一個字，那就是愛，這個愛是超越一切之上、不要任何附加條件，亦如枝頭那樣單純，但可枝繁葉茂，生出參天大樹，蔭庇天下。她認為，如果有了愛的立場，有了愛心，戰爭與殺戮，縱是不能完全制止，起碼也可少些殺戮。天安門的流血，如果不僅僅是從政黨、政權的利益出發，而在利益之上加上一個愛字，愛民吧，愛學生吧，流血事件是完全可以避免的。六·四之後的文件也好、講話也罷、社論與文章，有一個愛字吧？

不知道什麼時候，老太太終於迷迷糊糊地睡著了，夢中又去中剪子巷、去了慰冰湖、去了箱根，醒來時忽然發現，原來自己轉了一大圈竟是回到了原點，也知道那幾個字的筆劃，那句話如何寫了，晨光中，老太太取出筆，寫下了「有了愛便有了一切」八個字，就在陳鋼上班之前，喚他進來，慎重地將字交給了他。

這是自日本歸來之後，再一次向世人明確她的哲學理念，「有了愛便有了一切」！這句話，在《寄小讀者》中就有了，「有了我的

愛便是有了一切」，從異國他鄉的病中所悟，現在將「我的」二字取下，就不單是個人經驗，而是以九十二年的人生，對人世的呼喚，這八個字也可以讀為「沒有愛便會失去一切」，失去親情、失去信任、失去人心、失去天下……

耿軍、賈國榮都是攝影記者，有很好的構圖感覺，他們將冰心的手跡縮小，在名片的方寸之間排列，用亮麗的粉紅色卡紙，一面印冰心手跡，豎排，「有了愛便有了一切」，一面的右上角印「謝冰心」簽名體，下豎書1992.10.5，中間是一個一寸見方的燙金的大壽字，並有地址、電話和郵編，三色編號印刷，印數一百。

10月初到，拜壽的人便喜氣洋洋地登門了，老太太笑臉相迎，機智、風趣的話語，與鮮花一樣，塞滿那個小小的客廳。合影時，咪咪自然要過來搶鏡頭，離開時，老太太會神祕地告訴你，俗話說有來無往非禮也，今天咱也有禮相送，隨之便從一小盒中取出一張名片，遞到你的手上，隨之引起一陣驚呼，有的要選號，有的要簽字，老太太笑著說，不能選號，一號早早收起，留給巴金，其餘的號碼打亂，拿到多少號就多少號，童叟無欺，一律平等。簽字則有可能，吳泰昌得到的是18號，不但數字吉祥，老太太格外厚愛，在名片下面還親筆寫著：「泰昌留念　冰心」。「她在遞給我這份珍貴禮品時說，你們每年來替我賀壽、添壽，希望我多活幾年，活到百歲，我心裡明白，這是你們的好意，但人都要老，都要壽終正寢，這是不可抗拒的自然規律，別說普通人，偉人也逃脫不了這個規律。活一天，高高興興地活一天，就多做點事，高高興興地做點事。」冰心在這裡說的是多做點好事，沒有將她的思考都說出來，馮驥才則在感慨：「使我一直不解的是，您歷經那麼多時代的不幸，對人間的詭詐與醜惡的體驗較我深切得多，然而，您為何從不厭世，不避世，不警惕世人，卻對人們依然始終緊擁不棄，痴信您那句常常會使自己陷入被動的無限美好的格言『有了愛便有了一切』？這到底是為了一種信念，還是一種天性使然？」馮驥才得到那張編號七十七號名片也頗是有趣：

第十二章　愛恨交集

再說那天，老太太！您怎麼那麼高興。您把我妻子叫到跟前，您親親她，還叫我也親親她。大家全笑了。您把天堂的畫面搬到大家眼前，融融的愛意使每一個人的心情都充滿美好。

於是在場朋友們說，馮驥才總說給冰心磕頭拜壽，卻沒見過其的磕過頭。您笑嘻嘻地說：「他是個口頭革命派！」

我聽罷，立即趴在地上給您磕了三個頭。您坐在輪椅上無法阻攔我，但我聽見您的聲音：「你怎麼說來就來。」等我起身，見您被逗得正在止不住地笑，同時還第一次看到您挺不好意思的表情。我可不願意叫您發窘。我說：「照老規矩，晚輩磕頭，得給紅包。」

您想了想，邊拉開抽屜，邊說：「我還真的有件獎品給你。今年過生日時，有人給我印了一種壽卡，凡是朋友們來拜壽，我就送一張給他做紀念。我還剩點，獎給你一張吧！」

粉紅色的卡片鮮美雅致，名片大小，上邊印著金色的壽字，還有您的名字與生日的日子。卡片的背面是您手書自己的那句座右銘：「有了愛便有了一切。」

您說，這壽卡是編號的，限數一百。您還說，這是他們為了叫您長命百歲。

我接過壽卡一看，編號七十七，順口說：「看來我既活不到您這分量，也活不到您這歲數了。」

您說：「胡說。你又高又大，比我分量大多了。再說你怎麼知道自己不長壽？」

我說：「編號一百是百歲，我這是七十七號，這說明我活七十七歲。」

您嗔怪地說：「更胡說了。拿來──」您要過我手中的壽卡，好像想也沒想拿起桌上的圓珠筆在編號每個七字橫筆的下邊，勾了半個小圈兒，馬上變成九十九號了！您又寫上一句：「驥才萬壽，冰心」。

大家看了大笑，同時無不驚奇。您的智慧、幽默、機敏，令人折服。您的朋友們都常常為此驚嘆不已！儘管您坐在輪椅上，您的思維之神速卻敢和世界上任何人賽跑。但對於我，從中更深深的感動則來自一種既是長者又是摯友的愛意。[107]

---

[107] 馮驥才，《致大海》，《收穫》1999年第2期。

陳荒煤得到的是八十六號。他當時慶幸自己還不是最後得到這張名片的人——「後來又莫名其妙地產生一個可笑的念頭：這也許預示著我這個小弟弟至少還可寫到八十六歲。」雖然最後他駕鶴西去離這個數字還有三年，雖然他是一個革命者＋作家的身分，解讀著冰心：

> 我反覆讀到這句話，我才覺得有一點領悟：
> 冰心大姐之所以「從來不覺得老」，就是因為給她始終保持著一顆愛心，愛祖國、愛人民、愛那永遠耕耘不息的文學園地，愛朋友以至一代又一代正在成長的孩子們！因而她也有了一切：祖國和人民對她的信賴、尊敬，永遠有待開拓的文學事業對她不盡的期待。朋友和孩子們對她的熱愛和敬愛！
> 我也真誠地期望文學界的朋友們都以這樣一顆愛心，和冰心、夏衍、巴金這些老人一樣，永不停筆地講真話、抒真情，去迎接、擁抱一個新世紀的到來！[108]

遠在臺灣的蘇雪林，以她畢生為之付出的屈賦研究作為獻給冰心的生日禮物：《屈賦論叢》《楚辭新詁》《屈原與九歌》《天問正簡》四種及《我研究屈賦的經歷及所遵循的途徑》一文。書是托人送來的，信是蘇雪林自臺北寄出的，除了賀壽，便是談書：「囑成功大學寄上拙著屈賦新探四冊收到沒有。我對這個研究，費了三十多年的心力，書出版，無人屑於閱讀，只說是野狐外道，並非正法眼藏，所以毫無銷路。前數年成大為我舉行九十五歲壽誕盛典，各界都有捐款，慶典舉行後尚有餘款若干萬元，我囑印屈賦研究前兩冊，後二冊因已售版權無法翻印，只好購買湊成全套，故版本不一。／你若有暇請寵賜披覽，贊成或反對，能把意見告我，一律歡迎。」[109]這裡說的三十多年，指的是到臺灣之後，其實，1943年她在武漢大學任教時，開始研究屈賦，她到臺灣，除了與魯迅結怨之外，還有一個原因就是要去那兒研究屈賦。五十年代，胡適在臺灣任「中央研究院院長」，為了解決大學教授研究問題，設立了「長期發展科學委員會」，給教

---

[108] 荒煤，《有了愛便了一切——記冰心老人》，《文藝報》1993年10月8日。
[109] 蘇雪林的信寫於1993年8月12日，冰心生日農曆為8月12日。

授以專項的研究津貼。蘇雪林便以屈賦研究作為申報項目，但蘇雪林的屈賦研究，比如八萬字的《河伯與水主》、二十五萬字的《天問疏正》等，思維奇特，視野獨具，艱深而廣闊，資料使用也是另闢蹊徑，古今中外，無不涉略，被人「指為野狐外道，非正法眼藏。即連胡適之先生也不贊成。」但胡適畢竟是大家，也知道改變不了蘇雪林，所以，就請兩位同情者審閱她的論文，於是，儘管常有微詞，但蘇雪林還是能得到「長科會」經費，屈賦研究得以艱難進行。《屈賦新探》以卓然不羈的一家之言，在臺灣分兩次出版，但發行量不大，其中有一批書被林海音接過來，連純文學出版社也銷不出去，只得送給各圖書館和學校。現在她收齊全書，隆重地送給冰心，自然是希望尋得知音。冰心在收到這套書與蘇雪林的信後，回信道：

> 雪林大姐：
> 　　《屈賦新探》四卷拜領，我讀了好幾天，真是深入！我不是個學問家，不會研究，尤其是深奧的屈賦，您真是教育了我！病了一個月，肺炎，剛剛出院，心亂腕弱不能多看書。老了只有多保重！親您！

　　冰心還真讀了，且評價甚高，「真是深入」，並說是教育了她。蘇雪林得此知音，簡直有些欣喜若狂，即回長信一封，說「拙著屈賦新探知已收到，且蒙寵賜披覽，不勝欣感。我這個研究在此間都視為野狐外道，不屑寓目，出版後並無銷路，前兩本托一書店代賣，不久那主病逝，書店關門，其孀妻將店中書籍可盤給其他書店則盤之，我的前兩本屈賦沒人肯要就當作廢紙論斤賣作還魂紙了。這次托文津書店攝影重印，字尚清晰，不知何紙印得那樣厚。後兩本是國立編譯館出版的，倒是原版。／你說你不是做學問的人，太自謙了，你的天才高朗，誰人不知，既說拙著尚為『深入』，請寵賜批評，不敢要求你多寫，幾句話即可，若蒙垂允，是我莫大的榮幸。」蘇雪林提出了進一步的要求，希望有一短文在臺灣發表。此時冰心雖可著文，但要對一部百萬言的皇皇巨著說幾句話，那還真是要斟酌再三的。

高層的花籃

自從胡喬木1989年九十華誕拜壽後，冰心那聲「不要再說了」的斷喝，大概也會在中共的高層傳開。此後三年，除了既是民主黨派領導（人大副委員長）、更是老朋友雷潔瓊、費孝通等人外，黨和國家的領導人基本敬其三分，其後幾年的10月5日，真正成了「天下寒士」歡聚的節日，文人學士之間的無拘無束、自由、歡樂，風趣、幽默，盡情發揮、盡情釋放。精神驛站的信息，自然通過媒體、口口相傳等不同渠道，在社會上傳播開來。於是，這個精神驛站也引起了官方的興趣和關注，冰心生日的日曆牌也在中南海的辦公桌上打上了記號。

六·四之後官方與民間、上層與下層、中共領導與知識分子，掌握主動權的一方，也就是前者，從各個方面想方設法消除隔閡、拉近疏遠、博取人心，取得信任，在對待知識分子的問題上，沒有退回五六十年代的「改造」和「利用」上，也沒有實行大面積的打壓，包括對方勵之也採取了放逐的方式。這時對知識分子的政策，似乎變成了「收買」與「利用」，以學術職稱評定、碩士、博士點的建立、學科領頭人的榮譽、科研項目（經費）的設立與申報等為主要實施方式。在這個過程中，將對知識分子、尤其是有重要影響的高級知識分子，包括作家、藝術家、科學家的尊重、尊敬、關心、愛護，則可體現執政黨的真誠。冰心，這個在五四時期就成了名的、六·四前後又多有言論的老作家，通過對這麼一個「國寶級」形象的關懷與敬重，不是可以傳達出執政黨對知識分子的誠意與新政麼？

與「天下寒士」歡聚一樣，執政黨也是選擇冰心的生日作為傳達的方式，那些自高層來的賀壽花籃，從1993年開始出現，並且是「年年高」。10月5日這一天，冰心在北京醫院，本是「躲生」之道，但中宣部部長丁關根、統戰部部長王兆國也有探望病人的特權，帶了隨從與花籃，徑直去了醫院，在病房為冰心賀壽。「上午，黨和國家領導人丁關根、趙樸初、費孝通及王兆國等同志，先後到達醫院，向冰心熱烈祝賀生日並囑老人家安心靜養，祝福她早日康復。」這個信息，通過各種媒體迅速傳達出去。1994年10月5日，冰心九十四歲生日，與九十華誕一樣，提前一年便賀九十五華誕，這回不僅僅是民

間，不僅是朋友，中央政治局常委、國務院副總理李嵐清，剛開完會就風塵僕僕地趕來，送來花籃。當時已是十一時三十分，冰心正在用餐，聽說李嵐清來，老人示意陳恕把輪椅調轉過來，李嵐清迎上去握著冰心的手，謙恭地祝她生日愉快，說，「我們都是您的學生，小時候都讀您的書，您經常不斷地關心教育，我們非常感謝您。」冰心回了八個字，「百年大計，教育為本。」李嵐清說，「對，您身體好了以後，我再來聽取您對教育工作的意見，祝您早日完全康復。」由於中央高調為冰心賀壽，下屬機構更是來勁，作協新任黨組書記翟泰豐和張鍥分別代表作協和中華文學基金會送來花籃，翟泰豐與冰心並沒有多少交情，但張鍥是熟悉的，老太太很高興。更令她高興的是巴金送來九十五朵玫瑰組成的花籃，本想親自打電話祝壽，但冰心住在醫院，不方便，隨後巴金托人帶來信函，說，「沒有想到五日那天您到醫院躲生日去了。不能讓您聽到我的聲音，也沒能聽到您那風趣的講話，不用說，有點失望，但也可以說抱著更大的希望：明年想個法給您拜生、給您祝壽吧。」

當冰心第二個九十五華誕到來之時，無論是民間還是官方、是天下寒士還是中共高層，祝壽活動達到了高潮。既為老太太的年齡、也為老太太的聲望，同時通過與老太太接近與親近，各有所得，各顯張力，心靈的、友誼的、聲望的、信任的、權益的等等，真是皆大歡喜。

北京醫院北樓，屬部以上高級幹部病房，一些有著重要影響的作家、藝術家、科學家也住在這裡，冰心每回住院，均在北樓，與夏衍、陽翰笙、趙丹、趙樸初、曹禺、雷潔瓊、蕭乾、陳光毅、項南等曾為病友。為了病人的靜養與治療，平時管理甚嚴，雖然地處鬧市，但院內靜謐，連樓道上、庭院中的腳步聲，靜夜裡都聽得清清楚楚，所以醫務人員著軟底鞋，以保持步履輕盈。但是，1995年10月5日這一天，醫院被冰心的生日打破了平靜。當秋日的陽光照在病房綠藤掩映的窗口，老人還在沉睡，丁關根和中宣部有關領導便來了，給老人祝壽。他們倒是沒有「擾人清夢」，在窗臺留下九十五朵玫瑰組成的花籃，留下了叮嚀與祝福便走了。老人醒來，望見窗臺上的玫瑰花籃，幸福地笑了，陪伴的吳青告訴母親，花籃是丁關根部長送來的，老太太說，他真早啊，我怎麼就睡著了？還做了一個夢，夢見Deddy

坐在身邊，但不是來祝賀生日，問我，他的右派帽子是誰給戴上的？怎麼不見了？正說著，統戰部長王兆國和副部長劉延東來了，他們給老人送來了別緻的禮物，一件玫瑰紅的羊絨衣，說是希望老人永遠年輕。老人一生喜歡紅玫瑰，也喜愛玫瑰紅顏色。吳青立即將羊絨衣給娘穿上，老人風趣地說，「這輩子我第一次穿紅衣服，結婚時都是穿白的。」顯然，玫瑰紅給老人帶來了喜悅，給壽辰增添了喜慶。王兆國還向老人轉達了中共中央政治局常委、全國政協主席李瑞環對她的祝福與慰問，老人就說，「謝謝！謝謝！」並將剛剛做出的決定告訴他們：「中國有句古話，叫做有來無往非禮也，我也要向大家贈送一件禮物，把《冰心全集》的十萬元稿費捐贈給中國農村婦女教育發展事業。」吳青補充說道，「媽媽一向重視教育事業，特別是婦女教育，希望在有生之年，為中國農村婦女教育事業發展盡點力量。」王兆國高度讚揚了老人愛國愛民之心，並祝她健康長壽。老人就說，活著看香港回歸祖國沒有問題，前陣子侄子從香港回來看我，我還告訴他1997年我要去香港看一看，香港回歸祖國，大家高興，我也高興。王兆國稱讚老人是位偉大的女性，老人謙虛地說，「過獎了！」到了下午，統戰部劉延東又來了，這回不是統戰部，而代表中共的最高領導人——中共中央總書記、國家主席江澤民，送來了一隻大花籃，代表總書記向老人致以親切問候，並祝她生日快樂，健康長壽。還告訴老人，江總書記高度讚賞老人將《冰心全集》全部稿費捐給中國農村婦女教育發展事業，對老人為中華文化所做的傑出貢獻，人們是不會忘記的。

　　與冰心有著六十多年友誼的雷潔瓊也已九十高齡了，但她仍然來了，同老人在房裡整整相伴了兩個多小時，分享生日的快樂；遠在上海的巴金，請人專門送來了由九十五朵玫瑰編成的花籃；同住北京醫院的曹禺和夫人李玉菇前來祝賀，曹禺說，「從中學起，我就是冰心大姐的小讀者，她的文字之美是少見的。」正在新疆出差的中宣部副部長、中國作協黨組書記翟泰豐委托中國作協黨組、書記處的陳昌本、王巨才、張鍥、陳建功、高洪波前來為老人祝壽；錢鍾書、蕭乾等也專程到醫院拜壽，平日清靜的北京醫院北樓，人來人往，鮮花如雲，芳香四溢。福建會館的鄉親，給老人進來了一條繡有大壽字的織錦，上面織有「八仙過海」，於是，有人打趣道，「是九仙！」立即

惹來了歡聲笑語。我未在場，正在福州出席剛剛出版的《冰心全集》研討會，會後，起草了一份向老人祝壽的賀電：「在您九十五華誕之際，我們在您的故鄉榕城，學習您的著作，研討您的作品，感受您對祖國對人民對家鄉對少年兒童的深愛之情，如沐春風，如浴春水，衷心祝願您生日快樂，健康長壽！」

第二天，新華通訊社向全世界播發了電訊：

走過世紀風雨　依然一片冰心

──江澤民主席祝賀冰心九十五華誕

新華社北京10月5日電　今天是著名作家冰心女士九十五華誕。中共中央總書記、國家主席江澤民委託中央統戰部代他向冰心老人致以親切的問候，並祝她生日快樂，健康長壽。

下午，中央統戰部負責人帶著江澤民總書記送給冰心的生日禮物──一隻鮮花怒放的大花籃來到老人身邊。

中央統戰部負責同志告訴冰心老人，江澤民總書記讚賞她把《冰心全集》的稿費全部捐贈給農村婦女教育發展事業！江總書記還表示，冰心老人作為世紀同齡人，對中華文化所作出的貢獻人們是不會忘記的。冰心老人十分高興，對江總書記的祝賀表示感謝。她祝願國家安定發展，更加富強，在二十一世紀變得更加美好。

所有的中央媒體、世界不同語言的報刊、全國各地的報紙，都刊登了這一消息，《光明日報》還刊登記者朱冬菊採寫的通訊《九十五朵玫瑰獻給冰心》。

也許是冥冥之中吧，1998年10月5日，竟然提前為老太太過起了九十九華誕。冰心依然在北京醫院，丁關根這回不僅是代表中宣部，還受江澤民委託，向冰心贈送花籃和生日蛋糕。丁關根說，江總書記非常關心您，要我前來看望，向您問好，祝您生日快樂，健康長壽。還說，冰心先生是二十世紀同齡人，是傑出的中國現代兒童文學的開拓者。幾十年來，冰心先生辛勤筆耕，把畢生精力奉獻給她所摯愛的文學事業，用優秀的作品和高尚的人品贏得了文藝界的尊敬，贏得了國際文壇的讚譽，贏得了一代又一代讀者的愛戴。同樣，王兆國不僅

代表統戰部,還受李瑞環委托,將九十九朵芬芳的紅玫瑰送給冰心,為冰心賀壽,並說,李瑞環主席十分關心您,我們大家也都很掛念您。願您健康長壽、生日快樂!

此時的冰心生命脆弱,除家人外,其他人均被告知,不要前往拜壽。

12,精神家園

說一點我的事

我本人也是出入於那個精神驛站的人之一,1992年10月5日,雖然我未在生日的那天前去拜壽,但還是得到了編號為九十二的壽卡。那一刻,我不僅是高興,並且認為有著寓意。就在這一年,我正在她的故鄉福建省籌備成立冰心研究會。

粉碎四人幫後,軍旅生活、學術訓練與文學執著,使我得以軍事文學評論家的身分進入文壇,參加軍方和全國一些重要的文學研討會、文學評獎等活動。1985年由解放軍文藝出版社出版的軍事文學評論集《特性與魅力》,收集了我進入文壇後寫作、發表的評論文章,成為新時期出版的第一本軍事文學評論集。雖然那時我供職福州軍區文化部,但很多的時間卻在北京,八十年代的文學活動很多,一個接一個,我經常是從這個活動又進入下一個活動之中。這樣,我不僅與軍隊的作家熟悉了,也和地方作家、北京文藝界的許多人都成了朋友,那時的《文藝報》馮牧當主編,在文學界一言九鼎,有很高的權威性,我則是這家報紙培養起來的作者。1985年,鄧小平向全世界宣布裁軍一百萬,同時為了向臺灣示和,一直稱之為福建前線的福州軍區與南京軍區合併,我就是在這個時候,一夜之間決定脫下了軍裝,來到省文聯協助主持當時一本新銳的文藝理論刊物《當代文藝探索》,這就讓我有更多的機會接觸全國一線作家和重要的專家、學者。學運開始後,我也是熱血沸騰,直到北京宣布戒嚴後,我還曾上街到省政府門口參加請願遊行。

我清楚地記得6月4日,星期六,一早,打開收音機聽到那個令人滴血的聲音,我淚流滿面,久久沒有起床。6月2日是我結婚十周年的紀念日,已經約好朋友準備周末慶賀一番,結果,那天的話題沉重,

最後沉默不語，就在這個凝重的氣氛下度過了我們第一個十年婚慶紀念日。

也就是在1988年反對資產階級自由化的鬥爭中，兩個文藝評論上的前衛刊物《當作文藝評論》（蘭州）與《當代文藝探索》（福州），受到中宣部的批評，我所在的「探索」停刊的理由是沒有發表探討馬克思主義、毛澤東思想文論的文章，專門探索西方的所謂新方法、新思維、新思潮。當時被集中在省委大院內的一座小樓，重閱刊物發表的所有文章，做出統計。事實確實如此，無一篇探討馬列文論的文章，無言以辯。且當時《當代文藝探索》在北京有一批號稱「閩派」的文藝評論家、學者與教授，其如劉再復、謝冕、張炯、曾鎮南、何鎮邦、陳駿濤等，加上省內的孫紹振、劉登翰、林興宅、南帆、王光明等，都被聘請為刊物的編委，僅僅是這個陣容，連中央一級的刊物也望塵莫及，他們不僅自己寫文章，而且組織同道為《當代文藝探索》供稿，使得刊物有鮮明的前衛色彩，有很濃的離經叛道的味道。所以，停刊也就成了必然。

《當代文藝探索》停刊後，我被安排到《福建文學》編輯部任副主編。正是在這裡，我走近了冰心。我當然知道冰心在六‧四前後的表現，當然明白冰心在五四新文化運動中的地位，當然聽說冰心六‧四之後種種不公與禮遇，於是，我提出了一個計劃，為慶賀冰心從事創作七十周年，在《福建文學》出版專號或專輯，既是紀念，更是對當下的冰心示以敬意。1990年早春三月，我與《警壇風雲》的編輯林斌敲開了民院教授樓三十四單元貼有「醫囑謝客」的門，第一次為敬愛的冰心先生送上了鮮花，第一次坐在了她的對面說話，第一次站在她的身旁合影留念。老太太當時給我的印象是「慈祥」與「睿智」，講到家鄉，她惦記的是榕樹與小河，那些流經街道、房舍的閩江水是否清澈，院子裡的水井是不是還在？再就是文藝界，有誰受到影響？我說了福建清查的情況，沒有處分什麼人，老太太說這就好。說北京的情況不一樣，好些刊物都換人了，她說現在《文藝報》主編是福建人，福建人也不一定，有林則徐、嚴復，也有鄭孝胥，說嚴復與祖父相好，還有林琴南，小時候在祖父的書房看林譯茶花女，是林琴南送給祖父的。說是劉心武不當《人民文學》的主編了，《人民日報》也換人，這些我都不給他們稿子了。有的報紙我看都不看了。但是我

說，您的文章還是滿天飛啊，老太太似乎有些高興了，現在選刊多文摘報多，不管你在哪兒登文章，他們都能找得出來，於是就轉來轉去。我說，還是您的文章好，影響大。講到紀念七十周年專刊，她沒有表示反對，只是說你們去做，我不反對，並且答應寫一篇稿子，這讓我非常知足了。這一年第8期，「紀念冰心從事創作七十周年」專輯隆重推出，文章有冰心的《故鄉的風采》、郭風的《記冰心》、謝冕的《最初的啟迪──以此慶祝冰心先生創作七十周年》等，封二與封三，刊登了冰心的照片，我撰寫了「冰心生平與創作簡介」。這也是我第一次完整地面對冰心。

　　這一年的11月，「冰心文學創作七十年學術討論會」在福州舉行。我隨與會代表，第一次走進了冰心先生的故鄉──長樂橫嶺的那片土地。

成立冰心研究會

　　我在《福建文學》待的時間並不長，1992年初夏，我被告知重回當年主辦《當代文藝探索》的理論研究室，停刊後，為了不讓一個地方的正式刊號消失，出版管理部門同意保留刊號，但必須改換刊名與辦刊宗旨，於是變出了一家叫《文化春秋》的雜誌。刊物與社會一樣，在遠離政治之後，便會向經濟靠近，「一切向錢看」也就成了必然，文化類刊物是有可能賺錢的。我回到理論室當主任，但刊物由省作協主辦，於是，理論研究室空空蕩蕩，無人更無錢。也好，白手起家，給了我一個千載難逢的機會。我當時有兩個選擇，發起組織成立散文學會、發起組織冰心研究會。這兩項可謂福建在全國意義上最大的特色，散文當然也包括了冰心，本土的則有郭風、何為等一批在全國叫得響的散文作家，但最終我選擇了冰心。一次和我在福州軍區時的朋友朱蘇進聊天，談及此事，他以一貫的幽默說了一句話，那可是福建最大的「名、優、土、特」呀！

　　現在想來，我的選擇，恰恰是契合了為紓解凝重氣氛，將冰心視為「精神驛站」的社會與政治心理。既是對名望、影響的禮讚，也是對溫暖、真情的尋求，延續了《福建文學》「冰心文學創作七十年」紀念專輯、福建與北京聯合召開的學術討論會、北京以冰心名字命名的兒童讀物獎等活動，放大、延長了一年一度的慶生歡聚。但是，當

我提出這個構想之時，首先受到了吳青的阻擊，她在電話中對我說，她媽媽不會同意的。說過，擱下電話，說要去上課了。

那時，我正在北京參加一個由公安部《啄木鳥》雜誌主辦的「公安題材文學創作討論會」，我在文壇行走多年結下的人脈開始起作用。我在會上對吳泰昌、對周明說及此事，我說，僅僅把冰心局限在一個兒童文學作家上是不公平的，冰心對文學和社會的貢獻，遠大於目前的論定。周明非常贊同我的觀點，並且說，在目前的氣氛裡，成立冰心研究會尤為重要，更有意義，還主動答應親自出面，說服老太太。果然，在會議行將結束時，神通廣大的周明悄悄對說我，你可以去了，老太太答應了！我問你是如何取得她的同意的，周明說用毛主席語錄說服的，開始她不同意，說，不行，我死了以後，有人會罵我的。周明回老太太話，老太太，您是一個純潔的人、一個高尚的人、一個脫離了低級趣味的人，有人罵您，那個人便是壞蛋！一席話將老太太逗樂了，是這樣的嗎？周明嚴肅地回答，是這樣的！老太太放話了，那我就不管了。周明說完，叮囑我，見到老太太不要說成立不成立的事，就說你的具體想法，首先在那兒開會，她會給個意見的。

1992年3月19日午後，魏公村槐花飛揚，我在解放軍藝術學院與劉愛民、高今、劉學慶等在劉毅然家小聚之後，也是與林斌一道，步行前往中央民族學院教授樓。陳璵大姐開門，先讓我們在客廳小坐，三分鐘後，請我們進到冰心的臥室兼書房，老太太已經端坐在寫字臺前。這一回是先要求簽上名，我說兩年前也是這個時候，也是我們兩人來拜訪過您，老太太說，不記得，來的人太多。送上給老太太的禮物，她最愛的茉莉花茶和花巷肉鬆，老太太連連說好，臺灣人來也給帶肉鬆，但沒有家鄉的好，油放得太多。坐定後直入主題，我說，周明和您說過了，我們希望將這件事做起來。我說，先生您是家鄉的驕傲，我們成立冰心研究會，是一個長遠的設想，近期則是收集資料，並適當的組織一些活動……老太太謙遜、不接受驕傲之類的話，說，不，原告那個故居，要搞成我的故居，我想，中國都愛搞故居，將要占去多少房子？我沒有同意，如果要搞，就搞成林覺民的故居吧，房子是我祖父從林覺民那兒買下的。說到長樂，老太太說，我沒有去過，我說，但您對家鄉的感情可是很深呀，老太太說，那是，家鄉

嘛，我出生在那兒，許多事情還記得清楚。我說，您那年給我的《故鄉的風采》就是記載了您曾經在故鄉的生活，十分動情。老太太說，家鄉的東西好，臺灣人送的肉鬆不好吃，去年，家鄉來人帶了一箱福橘，好甜。家鄉的水果多，又好。於是，我們說到了莆田的枇杷、荔枝，漳州的蘆苷、龍眼，在濃濃的鄉情中，「冰心研究會」得到了老太太的默許。

這個晚上，我和《警壇風雲》的另一位編輯吳勵生前往北河沿，拜訪張鍥。在作協，張鍥當時是一位炙手可熱的人物，不僅是作協書記處常務書記，著名的報告文學作家，同時是中華文學基金會的主事人，活動能量相當大。這個基金會由他一手發起並卓有成效，舉辦了許多的為作家服務的活動，資金在當時算是相當雄厚，在寸土寸金的平安大道上有一座屬他們的「文采閣」，當時作家在「文采閣」舉行活動便是一種規格。因而，當我說到下午見到冰心，談到在福建成立冰心研究會的事，本來顯得疲憊的張鍥，立時活躍和興奮起來。他從書架上取下一本剛剛由巴金簽送的《巴金書信集》，說，有四十多封是寫給冰心大姐的，我都打上了道道，打開書給我看，繼爾念了起來：「您這個五四文學運動最後一位元老，一直到今天還不肯放下筆，為著國家民族的前途不停地奉獻您的心血。您這個與本世紀同齡的人，您的頭腦比好些青年人的更清醒，思想更敏銳，對祖國和人民有更深的感情。您請求，您呼籲，您不是為著自己。過了將近一個世紀，今天您還要求講『真話』，還用自己做榜樣要求人講『真話』，寫『真話』。我聽說還有人不理解您那用寶貴的心血寫成的文章，隨意加以刪削，還有人不喜歡您講的那些真話。但是大多數讀者瞭解您，大多數作家敬愛您，您是那麼坦率，那麼純真，那麼堅定，那麼勇敢，更難得的是那麼年輕。現在我還想說一句：『永遠年輕！』」「思想不老的人永遠年輕，您就是一個這樣的人。」「老實說近一年來我常常想到您，我因為有您這樣一位大姊感到驕傲，因為您給中國知識分子爭了光，我也覺得有了光彩。近九十歲的人了，您還寫出叫人感到『燙手』的文章，使人嘗到『辣味』的作品，您為什麼？還不是為了我們國家的繁榮昌盛……還不是替受苦受難的人爭取較公平的待遇……還不是……總之，謝謝您，我要聽您的話爭取長壽，多寫點東西，多講幾句真話……」張鍥念到這裡，停了一下，接著說，1989

年後，巴金對冰心的評價更高了，你們聽聽，有一次，他問小林，冰心怎樣？擔心她會有麻煩，「因為有好些國家的朋友關心您這位德高望重的老太太。」他寫信對冰心說：「更難得的是七十幾年來您一直不曾放下您的筆，您一直是年輕學生的老師和朋友。九十歲！您並不老！您的文章還打動千萬讀者的心。最近我常常想，您好像一盞明亮的燈，看見燈光，我們就心安了。」「我仍然把您看作一盞不滅的燈，燈亮著，我走夜路也不會感到孤獨。」[110]張鍥的朗讀有著明顯的安徽口音，但動情之極，幾乎是一氣將上述的內容念完。念完後又說，這個研究會成立太重要了，作協要支持你們，基金會要支持你們，不僅僅是你們福建省的，要提高規格，要有氣魄，架子搭起來要大，不要小氣，不要從省的立場考慮問題，要搞成一個全國性，世界級的，這樣才與冰心的身分與地位相稱。說這樣好活動，以冰心的名聲，完全可以在海內外開展一系列的活動。有著豐富組織經驗的張鍥如是說，並且主動提出，這個會應該請巴老當會長，王蒙、張潔和我這些人都只能當個副會長，我們都是老太太的崇拜者，並且指定說，炳根你就當秘書長，實際的事情都由你來做，來主持，就像我現在主持的中華文學基金會。同時將國際上的一些知名人物也邀請進到研究會中來，包括斯諾夫人、韓素音等。張鍥的夫人魯景超是吳勵生北京廣播學院的同學，看到先生如此激動，便說，他已經累了一天，回家一句話不說，一談到冰心便興奮成這個樣子，也是一種緣分。我們的孩子出生時，老太太專門題了字，「有女萬事足」！太合我們的心意了，還說，她就是重女輕男。[111]

那一夜，北京刮起了沙塵暴，但在我的心中卻是星光燦爛。

回到福州後，便緊鑼密鼓地開始了冰心研究會的籌備工作。我動用了在文壇十餘年的人脈、聯絡了冰心重要的人脉網，不僅得到文藝界、學界的支持，而且得到政界的支持。在我的感覺中，成立冰心研究會似乎是眾望所歸、水到渠成，順應文心和人心，每一位被邀請

---

[110] 以上內容見1988年7月6日、11月30日，1989年7月27日、10月12日，1990年2月19日巴金致冰心信，《巴金書信集》，人民文學出版社1991年8月。

[111] 2014年1月13日，張鍥在北京逝世，我從《文藝報》上看到那則簡短的消息，心情黯然，想起他對冰心研究會所起的作用，想寫一篇紀念文章，恰行文至此，鑲嵌其間，算是我的懷念。

擔任冰心研究會職務的人，沒有一人拒絕。巴金早已宣布不擔任任何的社會職務，但對冰心大姐網開一面，早早地寄來了「我願意擔任冰心研究會會長」的承諾書，蕭乾認為讓他當副會長是給他「最高的榮譽」，雷潔瓊、費孝通、趙樸初、葉飛將軍等都同意擔任顧問，還有韓素音、斯諾夫人等名字均在列。福建省委常委、宣傳部長何少川，副部長許懷中、財政廳長潘心城（兩年後擢升副省長）都答應在研究會中擔任職務。那時尚未有電腦，沒有EMAIL，長途電話費用支付不起，只得用電報與書信往來，從4月忙到11月，用了長達八個月的時間，完成了圍繞「冰心」二字進行的環球聯絡，同時籌措經費，中間也多次前往北京，最後一次是與老太太商議研究會成立大會事。有兩個方案：一是北京，在人民大會堂；二是在福建。老太太說，不要在北京，巴金的會都在家鄉開，在福建比較好。

　　1992年12月24日至25日，經過登記註冊的「冰心研究會」成立大會在福州市召開，看看組織機構，這是一個什麼樣的陣容啊！葉飛、葉至善、何少川、陽翰笙、趙樸初、胡絜青、夏衍、韓素音（瑞士）、海倫・福斯特・斯諾（美國）、雷潔瓊、楚圖南擔任顧問；巴金出任會長；王蒙、許懷中（常務）、蕭乾、張潔、張鍈（常務）、張賢華（常務）、吳泰昌、卓如、周明、林愛枝、俞元桂、郭風、舒乙、葛翠琳、潘心城出任副會長；王炳根任秘書長（法人代表）；吳勵生、陳毅達任副秘書長；丁仃、王光明、孫紹振、劉登翰、南帆等四十五人任常務理事。為一個作家成立一個研究會，如此高的規格，不僅是福建省，在全國也是獨一無二！冰心的威望，可見一斑。

　　24日上午，藍頂的福建畫院，淋浴在金色的暖陽下，一百多位專家、學者、福建省的領導、福建師大的師生聚集一堂，出席了「冰心研究會成立大會」。吳青、陳恕、陳鋼專程前來，為每一位與會人員帶來了人民文學出版社趕印的《關於女人與男人》；先前為成立冰心研究會鼓與呼、也是研究會的領導組成人員張鍈、舒乙、吳泰昌、周明、李幸等也專程前來出席成立大會，我向大會報告了成立冰心研究會的意義、價值、籌備與工作情況。從大會的講話、到給大會發來的賀電賀函來看，冰心研究會的成立大會，所指向的並非僅是這個機構成立的必要性，更多的是對這個機構主體——冰心的讚美與頌揚。

　　巴金說，「冰心大姐是五四新文學運動的最後一位元老，她寫作了將近一個世紀，把自己全部的愛奉獻給一代一代的青年，她以她的一生嘔心瀝血，為中國的文學事業做出了巨大的貢獻，她是中國知識界的良知。我敬重她的人品文品並以她為榜樣。」張鍈說，「凡是有泉水的地方，凡是有炊煙的地方，凡是有機器轟鳴的地方，凡是有車船行走的地方，就有人知道冰心的名字，就有人讀過冰心的著作，就有人瞭解冰心的事蹟。在中國，冰心是個家喻戶曉的名字；在世界，冰心是個被人爭相傳頌的名字。冰心屬於中國，屬於全人類，但首先屬於福建。」稱冰心「是一位偉大的作家」、「一個偉大的愛國者」、「一座雄偉的大廈，是一片浩瀚的海洋」。許懷中說，「對於我們每一個中國人，無論是老人還是小孩，無論是男人還是女人，無論是領導幹部、知識分子還是平民百姓，只要提到冰心，可說是無人不知無人不曉。我們都讀過她的作品，我們都受到過她的教育和影響，我們都從她的作品裡得到了人世間最寶貴的溫暖。」舒乙說，「在今天這樣一個場面，我感到有許多話要說，因為我們要研究一位偉人。她最正直、最無私、最透明、最遠見、也最坦誠。她拿出所有的東西，包括她靠勤勞賺來的為數不多的稿費，全部奉獻給了這個國家。她為我們這個社會，樹立了一個摸得著、看得見、實實在在的道德典範，成為無數中國男女效仿的榜樣和崇拜的對象。我之所以感到有許多話要說，完全是因為我們當今發展的社會，是多麼需要像冰心先生這樣一種強大的、健康的、崇高的精神支柱呀！」

　　讚美來自學界，來自文學界，也來自政界，中國作家協會稱「冰心是文壇泰斗，是我國現代文學史上最有影響的文學前輩之一。她的作品文筆清麗、意蘊雋永，顯示了女作家特有的思想情感和審美意識，具有獨特的藝術風格和很高的藝術表現力，在新文學史上寫下了輝煌的一頁，對中國現當代文學做出了卓越的貢獻。」中共福建省委書記陳光毅說：「冰心先生是本世紀我國享有盛名的作家，為中國的文學事業作出了不可磨滅的貢獻，在海外作家和讀者中也產生了很大的影響。冰心先生是中華民族和福建人民的優秀女兒，人品與文品一樣為世人所稱道。」中共福建省委常委、宣傳部長何少川說，「冰心先生是受人尊重和愛戴的老作家。自『五四』運動以來，她一直潛心創作，勤奮筆耕，直到現在，雖已九十三歲高齡，仍然孜孜不倦地為

人民寫作。她在小說、散文、詩歌、兒童文學、翻譯以及文學理論等諸多領域的重要建樹，豐富了我國民族文化的寶庫，她的作品，以清新優雅、玉潔冰清的風格和深邃高遠的內涵獨樹一幟，在中國現代文學殿堂中閃爍著令人注目的光輝。」中共福州市委書記習近平說，「我們福州出的名人很多，像民族英雄林則徐、思想家嚴復、第一個翻譯家林紓、『二七』烈士林祥謙等，科技界現在還有陳景潤、侯德榜，文學藝術界象鄧拓、胡也頻等，都是我們福州人。在這麼多的人才中，冰心老人以她在文學史上這麼一個大的跨度、長時間裡占有重要的位置和她的愛國愛鄉這麼一種精神，在福州人盡皆知，引以驕傲。」說，「冰心的作品時間跨度大，真實、藝術地表現了時代，反映了紛繁的社會生活和人民群眾的思想情感，影響深遠、流傳廣泛，教育、薰陶了幾代人的思想，是冰心給予我們寶貴的精神財富。冰心研究會的成立對於充分發掘這一財富，研究冰心及其在中國、世界文學中的地位等都具有十分重要的意義。」福建省委宣傳部副部長陳俊杰說，「冰心先生是五四新文學的開拓者和奠基者，……對中國現代文學的發展作出了不可磨滅的貢獻。冰心先生是卓越的語言大師，她的作品清新優雅，雋美明麗，有著永久的藝術魁力，感染著一代又一代的讀者；冰心先生的文學藝術風格，在中國現代文學藝術殿堂上閃爍著令人注目的光輝。」福建政協副主席、林則徐後裔凌青說，「冰心先生是我國五四運動以來現代文學的巨匠」，「我們這一輩人小時候都受到過冰心作品的影響。」

海外的讚美也十分動情。美國的斯諾夫人說，「那時[指認識冰心時的三十年代]，冰心被認為是中國女性最優秀的作家，有著獨特的文學抒情風格。她很美麗，很有魅力，他們夫婦堪稱中國青年婚姻的楷模。」英籍華人作家韓素音說，「冰心的偉大天才，卓越的創作成果，將成為中國文學的重要部分。可以說，她是中國兒童文學最早的開拓者和奠基人，她優美的作品同時也使許多婦女感到，她是把靈魂向大家真實地展示。」並從她與世界文學的見多識廣，肯定「冰心，她已不單是中國作家，她是國際作家，多才多藝的天才！」香港作家聯會稱「冰心老人自『五四』迄今，一直是新文學運動一面旗幟，她在文學上的卓越成就，舉世同欽；她的傑出作品，滋潤著一代又一代；她對祖國的熱愛，對兒童的愛心，也成為我們學習的榜

樣。」[112]

一次性的將這麼多讚美之詞獻給一位老人，獻給一個作家，伴隨著滿堂的鮮花與掌聲，這是一個哪怕在中國文學史與世界文學史上的重要性遠超冰心的作家都難以得到的，這個情景的出現，完全超出了我的預想。細加分析，這裡有作品的因素，有人品的因素，但也與歷史與環境密切相關，政界與學界，舉旗與樹旗，也都在一定的意義上，尋找和表達了各自的心理需求。

然而，當人們將鮮花、掌聲、讚美之詞堆積在她身上的時候，這位老人卻在遠處清醒觀望，她輕輕地撥開那些身外之物，說了這麼一番讓所有的人都驚愕的話：

> 研究是一個科學的名詞。科學的態度是：嚴肅的、客觀的、細緻的、深入的，容不得半點私情。研究者像一位握著尖利的手術刀的生物學家，對於他手底的待剖的生物，冷靜沉著地將健全的部分和殘廢的部分，分割了出來，放在解剖桌上，對學生詳細解說，讓他們好好學習。
>
> 我將以待剖者的身分靜待解剖的結果來改正自己！

吳青代表母親字正腔圓地宣讀了這個「上冰心研究會同仁書」，全場肅然，之後又是長時間的掌聲。

是夜，舉行了「繁星之夜朗誦晚會」：

> 上午開成立大會時的花籃與花排，已經變換了位置重新排列，燈光下的鮮花更加鮮豔奪目。布景上的《繁星之夜》四個大字，被那無數流動的星星環繞，藍絲絨布在燈光、在星光的閃爍照射下，伸展出無限的遠方。
>
> 夜空遼闊，深邃而悠遠。
>
> 福建電視臺的張喬、海峽之聲的錢峰是這台晚會的主持人。參加朗誦的有專業演員、有播音員、有大學生、有冰心先生一生熱愛的孩子，而所有參加晚會的人，手裡都有一份請

---

[112] 以上內容均來自給冰心研究會成立大會的賀電、賀信、發言和講話，選自《愛心》創刊號（1993年）。

束，請束上都附有冰心的《繁星》詩選。吳青則用流利的英語
朗誦了紀伯倫的詩，這是冰心先生翻譯過的作品，現在，由陳
恕現場口譯出來，舒乙則講了一段關於冰心與吳文藻的愛情故
事。王璐、楊熙黎等五位小朋友，朗誦了《繁星》中的「致父
親」，省話劇團的鄧瑩是第二次上場，她動情地說，她從小失
去了母愛，是冰心的作品溫暖了她幼小的心靈，是冰心使她得
到了失去的母愛，今晚，儘管冰心先生的女兒吳青在場，但我
還是要喊一聲：冰心——媽媽！鄧瑩的眼框，閃動著淚珠，在
場的每一個人，都被此情此景深深感動，晚會一結束，吳青便
奔過去，兩個女兒緊緊地擁抱在一起。

繁星之夜，永不忘卻的夜晚。走出大廳，果然是滿天閃
爍的繁星。今晚，還有一個日子，12月24日，聖誕節前的夜晚
——平安夜。這個經過多方商定的、不經意的日子，竟然是選
定冰心精神世界的支點上。[113]

研究會成立後，本應組織開展研究，但是，當我面對冰心研究會
創辦出版的《愛心》時，有些猶豫了。《愛心》雜誌的創刊號，刊登
成立大會時所有的發言、講話、賀信、賀電，封底是冰心「上冰心研
究會全體同仁書」的手跡，這是兩個相悖的「陣營」呀，一方是「讚
美」的人群，一方是「求是」的冰心，僅就成立大會而言，還能有各
自的理由，也能夠各自成立，但是接下去的研究呢？說多了好話，讚
美太多，老太太未必高興；老太太想聽的話，這在當下的環境裡、在
一個慈愛的老太太面前，如何說得出口？這時既沒有二三十年代批評
的自由，也缺乏八十年代探索的激情，這就可能使得甫一成立的研究
會陷入兩難境地。

建造冰心文學館

這個動議將冰心研究會帶出了兩難境地。為冰心建造一座作家
博物館，搜集有關冰心的一切，盡入其中，讓廣大讀者通過這個通道

---

[113] 厚薄，《文壇的盛事，福建的驕傲——冰心研究會成立記略》，《愛心》創
刊號。

走近真實的冰心，為專家學者深入展開研究保留豐富的資料，將暫存於世的「精神驛站」打造成永久的「精神堡壘」。為此，我們在福州曾試探性地舉辦兩次大的活動，一次是「冰心生平與創作展覽」，一次是「冰心作品書法與繪畫大展」，前一個展覽參觀者眾，連展一周，觀眾逾萬，直到撤展的那一天，仍然有學校安排前來參觀撤下的展板；後一個展覽擁有全國各地的學者、作家、畫家、書家的參與，他們因為「冰心」二字，而專門創作書法、繪畫作品，無償提供。這兩次活動，僅相隔一年時間，讓我信心大增。打了報告，向省政府申請建築立項。但是，真正要為一個健在的作家建造一個博物館，不僅前無古人，簡直就是現實浪漫主義。儘管有冰心的影響與聲望，但影響與聲望並不等同金錢與土地。首先在選擇館址上，遇到了極大的困難，甚至有可能使這個現實的構想成為浪漫的泡影。在福州，我幾乎是跑遍了每一片空置的土地。此時，鄧小平的南巡講話，加快了中國改革開放的步伐，「發展才是硬道理」成了國人的口頭禪，「一切向錢看」成了人們的唯一追求。當每一寸土地都必須買出一個好價錢的時候，沒有多少錢要尋得一塊用於文化建設的土地，真是比登天還難。一年多的奔跑，耗盡了心血，銷蝕了信心，幾乎讓我放棄。只是這樣的一個理念令我前行：在整整的一個世紀中，冰心是獨一無二的，因為有了這樣的一個作家，才使得這個世紀的文學色彩多了一層色調，當所有的作家都在塑造為生存、為正義、反壓迫、行抗爭的形象時，只有從高空飄來一朵祥雲，飛來一個安祺兒，告訴人間有一種愛與同情，也可消解衝突，化解矛盾，將社會與人心引向光明。作為一個受壓迫的民族，需要抗爭，但作為一個民族的生存，同樣需要一種博愛，前一種的形象幾乎占滿文學的畫廊，後一種形象，微弱得僅存冰心一人，我們需要保存和光大這種微弱的精神之光，才可以造成一個健全的民族，才可以造就一個健全的國家與國民。僅以鬥爭示人，僅以鬥爭哲學召告天下與後人，而缺少愛的哲學，將會影響民族與國民健全的肌體，扭曲人們的心靈。我希望建造冰心的博物館，讓今人與後人，走近這麼一位作家，走到這麼一位充滿了愛心的作家身邊，感受與分享一個世紀中的另一種色彩與文學精神，在靈魂中增添溫暖與亮色，也從社會教育的角度，不為後代留下缺陷。僅僅是這樣理念支撐了我的努力，最困難的時候，我曾言，如果我為之努力的這

位作家是別人，那麼，我一定放棄，因為她是冰心，我們的民族、社會、精神、心靈，都需要這份遺產。

恰如冰心，為了一個純靜的天地而逃離北平艱難向滇池一樣，堅持是有效的，堅持可達目的地。當福州這座她出生的古老的城市無立足之地時，選址的視野開闊至她的祖籍地，這退出的一步，立時海闊天空，長樂縣的政府和人民，以熱情的胸懷，以肥沃的土地，擁抱了呼之欲出的冰心文學館。奠基、打樁、起架、立柱、封頂、裝修，全部的過程僅僅用了一年半的時間，我在這個過程中同時完成了用於陳列展覽的圖片、實物、版本、手稿、信函等資料的收集，展覽的腳本也在我的手中完成，林灼銘、李清、劉東方、陸廣星等工作人員，緊鑼密鼓地加班加點，布展完成之後，就等著落成開館了。

1997年8月25日，冰心處女作《二十一日聽審的感想》發表的日子，一個建築面積達四千五百平方米、占地十三畝、且有一個七十畝的愛心公園作為配套的冰心文學館，在閩江之濱的長樂城關鎮落成。當年鄭和七下西洋的港灣，滄海桑田，如今立起的是「冰心」的旗幟。這天午後四時，驕陽似火，人們從四面八方趕來參加、見證冰心文學館的落成典禮，就在開館的那一刻，從西天飄來一團彩雲，將熾熱的太陽遮住，清風徐來，水波蕩漾，涼爽如秋。清風與祥雲，就這樣伴隨了前後一個多小時的開館儀式。

已是中共福建省委副書記的何少川，代表省委、省政府提出，建成後的冰心文學館，要成為全國宣傳與研究冰心的中心、對外文學交流的中心、愛國主義教育基地、精神文明的窗口和旅遊休閒的景點。他和副省長潘心城向我與林德冠授牌。冰心有個書面發言，由陳恕教授宣讀，她先是表示祝賀與感謝，因年邁體弱不能親自參觀開館的慶典，讓她的女兒吳青、女婿陳恕代表她與大家一同分享「這一喜慶的歡樂。」在表達了冰心文學館的建立是對她的厚愛、是對她的文學創作的肯定與表彰之後，說：「在文學創作的海洋裡，我僅是匯入文學海洋中一股涓涓的細流，還有不少像我這樣的作家，如巴金等都為祖國的文學事業做出了傑出的貢獻，在福建就有不少享譽全國的作家如鄭振鐸等，特別是那些出類拔萃的中青年作家，他們是我國文學的中堅和未來。」最後，老人家得出的結論是：「這所『文學館』是文學欣欣向榮的標誌，它也將成為祖國新文學繼往開來一座新的里

程碑。」這個「賀詞」與先生平日為人與行文的風格一致，平靜、謙讓、簡潔而又周到。

專程從北京前來祝賀冰心文學館開館的舒乙館長的致辭，充滿了激情、洋溢著詩意。他手上捏了一張小紙頭，站在麥克風前，先是用詩一樣的語言，表達了對眼前這座精緻而漂亮的文學館的讚美與落成開館的祝賀，之後，便給它來了一連串理性的定位：

> 它是全世界第一座為依然健在的一位大作家建立的文學館；
> 它不是在舊居或故居基礎上建立的，而是專門擇地特別建築的文學館；
> 它是頭一個純粹為作家建立的專業館，館主不是兼有思想家、革命者的身分，也不是共產黨員，而純粹以自己文學成就贏得人們的尊敬和愛戴的；
> 它是第一個以個人命名的文學館；
> 所有這些都使得冰心文學館非同凡響，它的建立格外引人矚目，成為中國文壇上的一件大事。[114]

巴金的題詞，由我宣讀，道出了冰心文學館的全部價值與意義：

> 願冰心大姐的一片愛心，感動更多的人！

當冰心逝去、當「精神驛站」消失之後，冰心文學館便是「朝聖」之地，這座「精神堡壘」，成為地球上的一個新座標，將永存人間、永駐大地！

13，最後的榮譽

冰心最後一次住進北京醫院，是在1994年9月24日，從此再未出院。住院期間，還有些應邀的題字，寫得最多的是「有了愛就有了一切」，與兩年題寫這句話有了一字之差，將「有了愛便有了一切」，

---

[114] 舒乙，《我們都愛您——在冰心文學館開館典禮上的祝詞》，《愛心》總第21期（2003年2月）。

改為「有了愛就有了一切」，由「便」改為「就」，加重了肯定的分量，沒有試探、沒有猶豫，她認為就是如此！這個肯定句延續了基督的「博愛」，也延續了孔子的「仁愛」，向著世人表達了堅定的信念！冰心最後的絕筆也是這句話，字型不分、字體不辯、橫豎不准、排列不清，卻是頑強地呈示著老人的世紀警言。

冰心最後手書的作品應為：《我家的精品》（1994年3月6日）、《〈雷潔瓊文集〉序》（4月11日）、《紀念葉老誕辰一百周年》（7月15日）。其他在醫院中的幾個書面發言，均為口授之作，由陳恕記錄下來，並再念給她聽，加以修改、確認。此時的冰心，更多的時間是休養、是治療、是病痛、是神遊四方。北京醫院總是那麼的安靜，窗口綠藤掩映，盛夏室內也很清涼，不用空調，不用風扇，老人就靜靜地躺在床上，望著室內的高窗，高窗口翠綠的藤蔓，八十年代初她曾寫過一篇很美的散文《綠的歌》，寫她坐汽車回到南方的故鄉，對綠的驚喜和感悟，綠是希望，綠是春光，綠也能帶來恬靜，病榻上的冰心，也常常想起這些，但更多的時候，是望著室內高高的天棚，數著天棚上鑲嵌著細花圖案的天花板，從一數到十，數到三十，再從四十五倒至一……有一段時間，老人換到新裝修的病房，天花板不一樣，橫的九塊，豎的十三塊，但每次數似乎都不一樣，一天問陪護小汪，三九是多少，小汪故意逗她，說，姥姥，三九二十一。老人聽後，說不對，說三九二十七、二加九是十一，一共是一百一十七塊。小汪就說，姥姥，你是對的，真了不起，要爭取活到這個歲數。老人說，一百一十七？太長了，只要活一百歲，可還有兩年！那是多少天？她向陪護小汪發問。

不僅是無聊，更是痛苦。1997年8月，也就是冰心文學館開館的那幾天，因進食被噎、肺部感染引起發燒，醫院決定給她插上鼻飼管，從那以後，她的進食都必須是流質，通過管道直接進入胃中，從此也就失去用餐時品味鹹淡酸甜的人生樂趣，而飼管插上後，有了依賴，再也不能拔下，鼻孔裡始終有條管道。老人覺得極不舒服，為此展開過好多次「鬥爭」，趁著護理人員不注意，將鼻飼管拔掉。「有一天，姥姥趁我不注意把管子拔了，見了我，就像孩子做錯了事情一樣，說，我錯了，我不對，我不再拔了。後來她睡了，我出去一下，她又拔了，見我進來就連忙認錯。我說，姥姥，您剛才是不是假睡？

承認了，我就說，姥姥還拔我就走了，我沒有盡到責任，醫院會批評我的。姥姥聽說我要走，連忙抓住我的手，說，她不再拔了。你不能走。」看護她的小汪如是說。自從插上鼻飼管後，老人不再會客，不再接受探視，更不接待任何媒體的訪問。深知母親的吳青說，媽媽活得太累太痛苦了。曾經陪護過冰心的小輝說，姥姥常常會半夜把她叫醒，說難受，有時則是要和她說話，說說家裡的事情，說說讀了姥姥的什麼書，背上一段她更高興。此時的冰心，白天與黑夜常常顛倒，白天睡多了，晚上就不睡，就要說話，就說難受，很像哭夜的孩子，喊個不停。

除了有專門人員陪護，每日，家人輪流值班。三個孩子三家人，輪流來醫院照看，一家一天，每周如此，每月如此，每年如此，風霜雨雪，從無間斷。無論是兒子還是兒媳，是女兒還是女婿，是孫兒還是外孫，對老人都好，都親熱，只有家人走進病房，感覺有了依靠，心情就平靜許多。孩子告訴老人外面發生的一些事情，社會上的信息，邊說邊為老人作撫摸或按摩，讓一直臥床的肌肉活動起來，鬆弛下來，有時，還讓老人坐上小推車，在醫院的走廊上來回「散步」。陳恕說，老人有時對新近的事情記不住，但對以前的事情、尤其是童年生活，記得相當清楚，甚至連一些兒歌童謠都能背出來。為了讓老人的大腦處於活動狀態，陳恕說，他們總是儘量地和老人多說話，每天的新聞都講給她聽，這樣雖然躺在病床上，還能和時代一道前進。比如朱鎔基當總理，老人很關心，多次詢問新任總理的情況。鄧小平去世時，她也清醒，聽有人說鄧小平如何偉大，老人會不經意地問一聲，那周總理呢？香港回歸那天，她一定要坐起來看電視，並寫下了「香港回歸，我心痛快！」

最令老人高興的是小女兒前來陪伴，吳青一來，安靜的病房便充滿了生氣，吳青總會帶來許多新鮮的話題，總會逗娘樂，「小老鼠」──吳青開個頭，老人接上──「上鍋臺」──「偷油吃」──「下不來」、「嘰裡咕嚕滾下來。」老人在念完後一句時，還會雙手張開，做了一個滾的動作，「五星紅旗迎風飄揚，勝利歌聲多麼響亮……」吳青打著拍子，老人和她合唱，一直唱到「歌唱我們親愛的祖國，從今走向繁榮富強。」一直唱到老人的眼角有了淚花。吳青說，媽媽就愛唱這首歌。老人說過，我就喜歡我的小女兒，總會設法

給娘帶來歡樂。有一回輪到吳青一家值班，老人希望是吳青來，小汪則認為是陳恕來，兩人為此打賭。後來，陳恕來了，老人算是輸家了，小汪就問，姥姥，剛才我們打賭，是您輸了吧。沒想到老人神祕一笑，說，不記得了。一般而言，老人興奮的情緒不會持續太久，有時，她需要休息，閉上眼睛，小憩一會，如有客人在場，則會堅持睜開眼睛，以保持應有的禮貌。老人一生總是念念不忘為社會為國家做事，只要不是躺在病床上，只要還能握筆，哪怕是為人題個字，在贈送的著作上簽個名……此時的老人，所能做到的就是堅持將眼睛睜開，和愛她的人說說話。但就是這樣也不容易，老人有時會表現出莫名的煩躁，「怎麼辦呢？」「怎麼辦呢？」老人常常被這四個字糾纏不休，似在問天，又像天問！躺在病床上的老人，似乎有許多的事情要辦，有許多的事件又不辦好，卻也無能為力，只能以「問天」的方式，表示最後的不安。於是，大夫安慰她，家人安慰她，說，沒有什麼怎麼辦，慢慢來，就會好的。但有時，則會出現更加的情緒，「我要死了！」「該死了！」「早該死了！」蒼涼的聲音在空闊的病房迴響。常常無法清楚地表達她的痛苦，只是直呼難受，這時，家人總是安慰老人，說，不難受，捏捏，按摩按摩就好了。老人有時就在這種安慰聲中，在家人的捏拉按摩中，平靜下來。有時則不行，得要大夫來，或數脈搏，或聽心跳，或量血壓，或做心電圖，等這一切做過，大夫確診沒有異常，便告訴老人，說，謝老，沒有什麼問題，好好休息吧。老人就聽大夫的，但懼怕護士，見到那隻白色的托盤，知道又來採血樣，本能地側過頭去，將那邊的耳朵藏在枕頭裡，像是要躲那一針。護士過來，哄她，謝老，你看這是什麼？待老人注意力轉移時，採血的針已在耳垂上扎下了，老人一驚，護士連說，好了好了，並已輕巧地取下了血樣。有一次護士走後，我坐到老人的身旁，只見兩隻手背扎滿了針眼，皮膚都變黑了，只有兩隻大耳，可用扎針取血樣了。

　　依然穿過醫院樓道靜靜的長廊，綠藤掩映、室內安靜，先生依然躺在病床上，見到我們走近，微微地側過她的頭來。陳恕說，娘，我來了，還有福建的王炳根，來看您了。我靠近先生，向她老人家問好。她點頭示意，表示謝謝。隨即便轉向陳

恕，很清楚地說出了「冰淇淋」三個字。陳恕會意，說，娘，帶來了，馬上給您餵。我在陳恕餵冰淇淋的時候，坐到先生的床前，先生一口一口地吃著，咽食的速度很快，陳恕說，老人不怕冰，但怕燙，熱的東西不愛吃，特別愛吃的是冰淇淋。陳恕告訴我，一般的冰淇淋糖分較高，而老人糖吃多了容易脹氣，這是專門為老人準備的無糖冰淇淋。全北京也就那麼一家廠家，生產這種無糖冰淇淋。很快，一杯冰淇淋餵完，陳恕問，娘，還要嗎？先生點頭，示意還要。陳恕說，好，剛才是巧克力的，這回換吃香芋的。吃過冰淇淋的先生，精神顯得很好，臉色有些紅嫩，我再近前，發現先生的頭髮細而柔軟，倍有光澤，並且，在細嫩的白髮間，生出了不少黑黑的毛髮，猶如新生之嬰兒，或許，真是一種生命的奇蹟，出現在先生的身上？

大夫來了，大夫站在床前，問，謝老，還認識我嗎？先生先是搖頭，說，不認得，繼而又說，您是大夫。大夫說，這就對了，我姓什麼，這回先生毫不猶豫地說，姓趙，趙大夫。我看了一眼大夫胸前的名牌，果然姓趙。大夫說，最近謝老的情況不錯，認識人，前不久，她對所有的人都叫小輝（小輝是以前的小保姆，照顧了老人兩年）。大夫轉而問道，「謝老，您剛才吃了什麼？」先生說，「冰淇淋。」「什麼冰淇淋？」「巧克力的。」「好吃嗎？」「好吃！」大夫對我說，謝老有時會用英語回答，chocolate ice cream，好聽極了，有時，她的英語的發音比漢語的發音還清楚。

這時，我簡單地介紹了在福建長樂建立冰心文學館的情況，許多人前來參觀，從七八歲的小學生到七八十歲的老人，還有海外的專家和學者，他們都非常敬慕冰心，一些高層領導和著名學者，都稱自己是冰心的「小讀者」。趙大夫聽後，風趣地說，謝老，您真是了不起啊，可以說是很偉大。先生卻不停地搖頭，說，「不偉大。」……「也許有吧……有的人偉大。」大夫又問，「這個偉大的人是誰呀？」先生先是說，不知道，停頓了一下，繼而說出一個人的名字：「周總理。」

趙大夫在作過例行的檢查後，俯身對先生說，謝老，您老要好好保重，您是我們國家的國寶。先生在聽了大夫的話後，

我忽然發現，她的臉上露出了羞澀的紅暈，像謙虛的孩子那樣，先是搖了搖頭，繼而輕聲地而卻是清楚地說：「最多只能算個家寶。」先生說過此話，含笑瞄了一眼坐在一旁的陳恕。真是沒有想到，先生還是這樣的清醒和幽默。等到大家都領會出了先生的意思之後，為老人的睿智與幽默樂了。[115]

此時的冰心，說不上患了什麼病，這架運轉了將近一百年的機器，機件都已老化，腎臟、心肝、胃腸、血管、排泄……身體的每一個部位，只有在藥物的強力推動下，才肯緩慢地運轉，隔一段時間，老人的身上便要多出一條管道。十年前，老人在遺囑中曾言，「我如果已經昏迷，千萬不要搶救，請醫生打一針安樂針，讓我安靜地死去」。別說尚未完全昏迷，就是徹底進入昏迷，只要那口氣還在，就還得艱難地活著，此時上升為國寶級的人物，她已無權選擇死亡。

無論歡樂與痛苦，活著，都是一種榮譽！

住在北京醫院的冰心，還真連獲了五項榮譽：一是在作協第六次全國代表大會上，被推舉為中國作家協會名譽主席，主席為巴金，這是中國作協歷史上，首次設立名譽主席的位置，以後也只有名譽副主席而無名譽主席了；二是獲得總部設在日本的「內藤壽七郎國際兒童獎」；三是由馬來西亞拿督、世界著名華人傳媒人張曉卿提議，由「世界福州十邑同鄉總會」設立的意在鼓勵全球華文文學創作的「冰心文學獎」；[116]四是《冰心全集》出版；五是被黎巴嫩總統授予國家級雪松騎士勳章。

《冰心全集》是在《冰心文集》的基礎上，增加了1992年之後的作品及部分信件等內容，由「文集」的6卷本，擴為「全集」的8卷本，由海峽文藝出版社出版。編者仍為卓如女士。這是冰心繼三十年代之後的第二個「全集」版本，全集採用了編年體的形式，是一個供研究者使用的版本。8卷本的《冰心全集》一次性推出，並在北京高調亮相，在人民大會堂舉行出版座談會，邀請了中共福建籍、民主黨

第十二章 愛恨交集

---

[115] 王炳根，《綠藤掩映的窗口》，《文學報》1998年10月15日。
[116] 「冰心文學獎」每兩年舉行一屆，每一屆獎勵一種文學體裁的優秀作品，第一屆為原創散文，頭獎一名，獎金一萬美金。以後分別獎勵了短篇小說、中篇小說、報告文學、兒童文學等體裁的優秀作品。

派等高層領導，邀請了中國重量級的作家、學者出席。中國新聞社記者耿軍、黃少華以這樣的語氣播發了消息：「中國文學界近百位傑出代表此刻切身體會到『德高望重』四個字的份量：包括費孝通、雷潔瓊、盧嘉錫、趙樸初、葉飛、楊成武、項南等與會者，比預定時間提前半小時就靜靜地坐進了《冰心全集》出版座談會所在的人民大會堂的浙江廳。」新聞稿這種寫法，當是出手不凡。實際情況也是如此，正在北京訪問的韓素音出席座談會，蕭乾、王蒙、張鍥、謝冕、嚴家炎等都坐在普通的座位上，除了翟泰豐以中宣部、中國作協的名義講話外，其他的均以朋友與讀者的身分發言。嚴家炎教授說，「我從十一、二歲就接觸冰心的作品，我感激冰心先生對本世紀中國文學的貢獻。在這裡我再一次表示最大的崇敬。」趙樸初說，「我和謝大姐都是經歷過兩位皇帝的人，但她的作品我讀了七十多年。她的作品猶如冬天的太陽。她是舉重若輕的作家，以輕鬆的筆調寫深刻的歷史。」不在場的冰心，在她的序言和書面發言中，除了感謝的話，便是再一次強調了「批評」二字，說是臨老有點東西獻給廣大的讀者，讓他們能更全面的認識自己，看看一個在中國北方長大的福建人到底有什麼特色？有些什麼長處，有些什麼短處，也讓她認識自己，並全文引用了「上冰心研究會同人書」，表示「我要活到老，學到老，要不斷地改正自己，才能寫出較好的作品來。」這套《冰心全集》第一版印刷了六千套，並很快售罄，再版重印。

　　授予黎巴嫩國家級雪松騎士勳章的儀式，為了讓冰心本人能夠出席，國家文化部、外交部在北京醫院專門布置了一個房間。因為翻譯黎巴嫩作家紀伯倫的作品，使得這位生活在東西方交匯點上詩人的作品，在中國廣袤大地上流傳，「多虧了這位偉大的女士，紀伯倫的聲音和他的人文思想才能得以不僅在黎巴嫩和美國而且在中國傳播。」法利德‧薩瑪哈大使如是說。冰心從三十年代便翻譯了紀伯倫的《先知》，以後又有《沙與沫》，以她優美的語言、精確的理解，將紀伯倫的詩情與哲理，傳遞給了中國的廣大讀者，成為外國文學中的經典。冰心對紀伯倫的選擇，與對玫瑰的喜愛，有著相同的審美取向，美而帶刺，不畏強暴，「特別喜愛他的人生哲學，對愛的追求，他說：『愛不占有，也不被占有。』『真正偉大的人是不壓制人也不受壓制的人。』」這些深刻的真理名言，在他的作品中比比皆是，他的作

品深深地感染了幾代人。」而冰心對紀伯倫作品的喜愛和翻譯，在相當長的時間內，黎巴嫩無人知曉，包括這個國家的作家。[117]直到八十年代之後，法利德・薩瑪哈出任大使，他才關注到紀伯倫在中國的流行，源頭就在中國一位著名女作家對《先知》的翻譯。於是，他開始讀冰心的作品，深感這位作家文字的優美，並且將她與中華民族源遠流長的文化和兩國的友誼聯繫在一起。在授勳儀式上，他說道：「提起黎巴嫩和中國，我指的是一個依然忠實於她真正純潔的天命的黎巴嫩，也指的是這個寬容大度慷慨無私的中國，這個我學著去深入瞭解和去愛的千年古國，這個擁有睿智博學的人民的華夏神州，這個與我們儘管語言不同卻能建立聯繫的國家，這個對我夫人和我具有極大吸引力的國家。我們倆都當眾稱讚中國，是因為她具有被各國人民理解和熱愛的全部品質。」他認為黎巴嫩與中國關係是多方面的，「其中之一在今天這場樸素而又極其富有意義的儀式上得到展示。這就是向一位偉大的中國女士，著名的作家，天才的女性謝冰心女士授予黎巴嫩勳章的儀式。」[118]他代表的是黎巴嫩總統埃利亞斯・赫拉維，向冰心宣讀總統親自簽署的第6146號命令，授予「黎巴嫩國家雪松騎士勳章」。「勳章上銀色的太陽中長出雪松樹，綠色的雪松象徵永恆，它是黎巴嫩的國徽，太陽中還露出黎巴嫩白雪覆蓋的高聳山峰。人使按阿拉伯人的習俗，彎腰輕吻了冰心的手，冰心面帶慈祥的笑意，全場響起了熱烈的掌聲。」[119]

吳青代表母親，宣讀了冰心的致謝信：

> 黎巴嫩政府經總統親自批准授予我國家雪松騎士勳章，我感到十分榮幸。這個榮譽不僅是給予我的，也是給予十二億中國人民的，對此我深表感謝。[120]

---

[117] 冰心1931年由新月出版社出版的《先知》，黎巴嫩屬敘利亞，所以稱紀伯倫是敘利亞詩人。黎巴嫩1943年宣布獨立。紀伯倫早逝於《先知》在中國出版的那一年。2001年，黎巴嫩作家代表團訪問冰心文學館，見到《先知》的中譯本，紀伯倫原來如此早被介紹到了中國，十分驚奇和興奮。

[118]《我們為中華民族的優秀品質加冕》，《愛心》第3卷第9、10期合刊（1995年6月）。

[119] 吳泰昌，《榮獲雪松騎士勳章》，《我知道的冰心》，三聯書店2010年6月。

[120] 冰心，《這是中國人民的榮譽》，《愛心》第3卷第9、10期合刊（1995年6月）。

這是冰心最後一次出席公開活動，她坐在輪椅車上，接受了這個榮譽，接受了雷潔瓊、趙樸初、翟泰豐、劉延東、張光年、陳荒煤、王蒙、蕭乾、楚莊、鄧友梅等人的祝賀。

輪椅車緩緩地推離會場，冰心盡可能睜大眼睛，以慈祥的目光，向在場的朋友做最後的致謝！

14，世紀的告別

離去的情景

1999年2月16日，中國已卯年春節。已卯為兔年，前一天則為戊寅年，虎年。民間的說法是，病重的老人難以度過虎年，冰心在虎年的最後幾天，醫院再次發出病危通知，又有老虎尾巴最後一掃的說法。她的餅乾小弟在2月11日已先她而去。此時的冰心自然不知，並且度過了這個難關。這次病危通知發出後，朱鎔基總理在除夕的前夜，到北京醫院看望冰心，說，我來看望老人家，表達我的心意，並在探視本上寫下了：「祝冰心老人健康長壽。」之後，胡錦濤、溫家寶也到醫院看望，胡錦濤同時代了江澤民。當冰心避開了老虎尾巴之後，吳平陪伴母親度過除夕，迎來新年的春節。當大年初一的陽光照進病房，老人又開始清醒，兒子帶來了鮮花，祝賀母親的百歲大壽。因為按照民間的習慣，過年後即是百齡了，但就在親人、朋友、讀者，準備在這年的10月5日，隆重慶賀老太太的百歲華誕之時，死神再次叩門。2月24日，由主治醫生張永強簽置的「病危通知單」，再次發出：

> 肺部感染
> 心力衰竭
> 腎功能不全
> 目前病情變化：
> 急性心力衰竭，腎功能衰竭，休克，酸鹼平衡紊亂。
> 我院醫護人員正在努力搶救，特此通知家屬。

我在這次得知冰心病危通知後，與之前的幾次不一樣，有種不祥

的預感，我相信老人頑強的生命力，但感覺這一次恐難挺過。由於尚處春運期間，連續三天沒有買到飛機票，直到28日的下午，才登上了廈門航空公司的8115航班，直飛北京，選擇了離中央民族大學最近的萬年青賓館住下，打了電話，告知我已到北京，吳青說，我媽媽的情況很不好！

　　下午五時，我來到教授樓三十四單元，吳青正在做衛生，說，明天姑姑要來，她已在杭州等車，要趕來見媽媽一面，她說，媽媽很痛苦，呼吸都很困難，走了也是解脫，她在遺囑中說，希望能打一針安樂針，讓她平靜地死去，但這不可能了。她很頑強，但也確實痛苦……儘管知道媽媽走了是一種解脫，可在感情上又接受不了，媽媽走了，我就沒有媽媽了……吳青說到這裡，傷心地哭了……之後，便將我帶到老人的臥室兼書房，在衣櫥上，有一張放大了的披著白色紗巾的彩色照片，吳青說，就用這一張照片，這是鋼鋼為姥姥拍的，照片就放在這裡，讓愛她的人來家時，在這裡向媽媽告別，吳青說，到時，將父親的骨灰從八寶山請來，讓他們回到這屋裡，與媽媽同住一段時間，他們已經很久沒有在一起了。我又一次環顧了這間普通的臥房兼書房，幾架書櫥依然靠牆而立，先生住院前的書桌整潔如昨，兩張木板鐵架床上，鋪上了乾淨的藍格子床單。冰心最後的作品《我家的精品》便是寫這個房間：

　　　　我的書桌後面，有兩架書櫃，上層是兩扇玻璃的可以推開的門，裡面擺著幾十本寫有上下款，都是作者惠贈的，有葉聖陶、老舍、郭沫若、茅盾、廖承志、張天翼、李季、秦牧、沙汀、金近、高士其……都是遺作了！此外還有趙樸初、巴金、蕭乾、葉君健、袁鷹、王蒙、劉心武……。女作家有蘇雪林、茹志鵑、諶容、張潔、鐵凝……，簡直抄不完，這都是我的珍寶，價值連城。

　　　　在這些作品的前面是小朋友們送我的玩具，贈品的主人歲數從六七歲至十一二歲不等，贈品從玉器、瓷器、銅器、木器不等，多半是小貓，也有小狗，也有人像、神像、物像、花鳥蟲魚，五光十色，璀璨極了。

　　　　總之，這書櫃裡充滿了「情」字，我一打開櫃門，濃情便

撲面而來……。[121]

　　老人留在手跡上最後的文字，依然是一個「情」字。我走近這書櫃，望著那一排排的書與小擺件，想起她離開最後的燕南園的心情，她也曾寫過一篇《丟不掉的珍寶》，說的也是包括魯迅在內的作家贈書。走過一個世紀的風雨人生之後，她在即將離開這個世界的時候，珍惜與留戀的仍然是友人的作品與友情。冰心確實是獨特的，是世俗社會的「另類」，她從不收藏，包括吳文藻因為愛好留下的字畫，都被她送出去了，她家裡沒有一件像樣的家具，書桌是膠合板的、椅子是仿皮的，就是收藏珍寶的書櫃，也是膠木壁板、鑲嵌玻璃拉門，普通得不能再普通了。[122]冰心也不是沒有錢購置像樣一樣的家具，但她認為兩者並沒有什麼區別，因而，她總是將錢捐出去了，用到了自己為之呼籲的教育事業或更加需要錢的災區，[123]自己過著最簡樸、最普通的生活。

　　回到客廳，陳恕將老人的遺囑給我看，並且有一封陳鋼當天從美國發來的傳真，陳鋼說，他在異國他鄉為姥姥祝福為姥姥祈禱，他堅信姥姥的生命力的頑強，他期待著金秋十月為姥姥百歲華誕舉行盛大的生日聚會，但他也深知自然規律的力量，如果那個時刻到來的時候，他希望全家人的心情是一種平和，是姥姥貫穿生命中的那麼一種樂觀與平和，她留給每一個活下來的人的是一種活生生的樂觀、平和的榜樣，是那種曾經滄海難為水的豁達，是「世事滄桑心事定，胸中海嶽夢中飛」的胸懷。陳鋼雖然這樣說，但他這封密密麻麻長達四頁紙的信，卻是和著淚水寫完的，讀著這封對姥姥每一項後事都有精細的考慮與安排的信，我感受到了陳鋼那種銘心刻骨、痛苦而又豁達

---

[121] 《我家的精品》，《冰心全集》第8卷，P674。

[122] 這些家具與房間的所有用品，在冰心逝世五年周年之際，吳平、吳冰、吳青三家人隆重做出決定，全部捐獻給冰心文學館。

[123] 粗略統計，冰心的捐款情況如下：1986年向「宋慶齡基金會」捐款壹萬元；1990年，長樂遭受颱風襲擊，校舍受損嚴重，捐款2000元；1991年為安徽災區捐款1萬元，糧票200斤；1992年為長樂橫嶺小學捐款2萬元，為希望工程捐款1萬元，之前還捐款3000元；1993年為希望工程捐款1萬元；1994年為農村婦女教育捐款10萬元；1998年為長江遭受特大洪災捐款12000元，為四川樂山婦聯資助師範學校學生捐款3萬元。

的愛！

晚餐後，我和陳恕商量著明天什麼時間去北京醫院看望老人，陳恕說，他全天在那兒值班，什麼時候去都行，我說那就上午吧，希望早點見到先生，然而，就在這時，老人平日最喜愛的貓，開始在屋裡煩躁不安，從窗臺跳下又跳上，並且驚叫著，吳青說，不好，咪咪不正常！是不是媽媽不好？急忙打了電話去醫院，吳冰在醫院值班，回答說，還好，吳青說，這是奇怪，只要媽媽不好，咪咪就驚叫，好像他們之間有感應。這就是與老人相處了十五年的貓！

吳青在接過幾個電話後，回到她的書房備課，明天3月1日，她說上午有四節課，陳恕也到隔壁房間打電話，為他領導的教研室年輕教師安排課程。按說，此時我應該回到酒店休息了，但卻沒有走，一人呆在客廳看電視，咪咪望著我輕聲地叫著，似是無力的衰鳴，我喚它上來！咪咪這才跳上沙發，用它濁黃的眼睛看著我，隨後蜷曲著躺在我的腿上。我用手輕輕的撫摸著陪伴了先生十五年也已蒼老的貓，感受到了一種溫暖與蒼涼。

陳恕在安排好課程之後來到客廳，應我的要求，複印幾份資料，其中有老人的遺囑。就在這時，電話鈴響了，我急忙奔到客廳，提來話機的子機交與陳恕，還好，是一個熟人詢問老人情況的電話，也就在陳恕通話的同時，另一個電話又衝進來了，由於設置了呼叫等待，陳恕在得到信號後，立即中斷了與對方的通話，接進了呼叫，也就在那一刻，我明顯地感到陳恕語音與語調的變化，他只是低聲地應著，在他說了一聲「我們馬上就去」之後，便放下電話，說，謝先生不好，立即去醫院！

陳恕關閉複印機後，急忙進到書房，吳青在那兒備課，陳恕說，吳冰來電話，娘不好，讓我們快去！陳恕邊說，邊收拾照相機和小錄像機，吳青則立即給吳平打電話，給中國作家協會聯絡人吳殿熙打電話，告訴他們直接去醫院，我在客廳等候，手足無措，我當然明白情況的嚴重性，也許這是先生向她的親人發出的最後一個信號！

我的留下也許就是預感，如果回到賓館，一時恐難找到我。在徵得同意之後，我與吳青陳恕同去醫院。我們下到樓下，二月最後的一個早春之夜，風，依然寒冷，我穿上大衣，陳恕裹緊風衣，吳青將方形圍巾扎在頭上，我們從大院中走出，來到門口等候李志昌開來的

車，有幾輛車經過，都不是，等待，很短的時間，此時卻是那樣的漫長，我說要不要打個電話，陳恕說，他們肯定出來了，打電話家裡也沒人接，又有幾輛車停在門口，終於聽到了叫聲，我們上到最後的那輛車上，李志昌自駕車，副駕駛的位置上，是李冰，我們三人擠進後座，車不能調頭，直行左拐上西三環，李志昌開得很快也很穩，他說，只要三十分鐘，吳青心急，對路上不按車道行駛的施工車多次出言，我望著車外閃過的路面，來回川流的車輛，在見到霓虹燈街景的時候，我知道，北京醫院就要到了。

北京醫院的大門已經關閉，陳恕眼尖，說，那不是哥哥嘛，他也到了。吳平從家直接打車過來，他已從大門旁的小門閃進，我們的車停在路邊，吳青拿了通行車證找警衛交涉，很快，大門開啟，車可以直接開進去，經過一個彎道，就是北樓了，誰也沒有說話，下了車就直衝樓道，當我們進入三〇四號病房時，吳青直奔床前，只聽見醫生說，別太激動，別太激動，老人走的時候，沒有痛苦，吳青過去抱住了媽媽，我不相信先生就這樣走了，病房的一切都像往常，不知道見過多少次吳青這樣抱著母親說話，唱兒歌，我以為，吳青還是在與她的媽媽說話，先生也一定是能聽得清楚的，但是我的耳邊聽到的卻又是醫生的聲音，謝老是九時走的。九時整。醫務人員已經開始在一件一件地收拾、推開原先圍滿了病床的各種儀器，老人身上的氧氣管與鼻飼管也已撥下，吳冰站到病床的另一側，以手帕擦著她的眼淚，吳冰說的也是這句話，媽媽走的時候，沒有痛苦……此時的先生平靜地側身躺著，眼睛微閉，安詳而平和，就像以往進到這間病房，見到先生側臥於病床上一樣。

陳恕過去與母親話別，陳恕貼著先生的臉，吳青從被子下握著娘的手，說，鋼鋼上午還發來傳真，陳恕說，我們也代表他來送姥姥；之後是吳冰李志昌與李冰三人，他們先是貼著，繼爾是俯身凝視著那張平時給過他們多少歡樂與微笑的臉；再就是吳平，孫子吳山也趕到了，吳平吳山在告別時，還代表了遠在澳大利亞的陳凌霞與吳江，告別時，我一一為他們拍下了珍貴的鏡頭。最後是我，就我一人，我向先生話別，我俯下身，貼著先生的臉，仍然感受到她殘留的體溫，我說，我今天下午才從福州飛來，我來向先生告別，為先生送行，我還說了一句，我代表家鄉的人民向先生告別！

按醫院的規定，醫務人員需做必要的護理和清理，在離開病房時，吳青將靠著陽臺的門窗打開，說，媽媽喜愛清新的空氣。我們來到北樓三層中間的會議室，開始向外界報告老人離世的消息，先是用手機撥通了陳鋼的電話，28日晚十時，陳鋼所在的舊金山當為早晨，陳恕告訴了姥姥剛走的消息，電話那頭是平靜的沉默，儘管陳鋼在傳真中說了許多，但當「那個時刻」果真到來的時候，卻是說不出一句話來。陳恕簡言安慰了兒子，便掛斷了電話，全然不知鋼鋼收線那一刻的心情。

中國作家協會的有關人員和領導先後趕到醫院，最先到的是吳殿熙，之後是吉里馬加和李榮勝，金堅範也來了，張鍥來的時候，北京醫院的院長在場，張鍥感謝北京醫院對冰心先生長達四年多的精心醫療和護理，在講到病情時，吳平將最後一次的病危通知單給我看，顯示的是身體各部位器官嚴重衰竭！吳冰說，中午的時候，母親的體溫還有低燒，三十八度左右，後來逐漸下來了，就再沒有上去，吳青六點多鐘打電話還基本正常，吳青說，但是咪咪有感應。吳平對我說，你與老太太真是有緣份，就像是從福建趕來為老人送終。

不知道醫務人員護理的情況如何，我想去看看，當我推門進去的時候，被眼前的情景深深感動：經過護理的先生，正面仰臥，依舊平和的臉，四周被一圈用白色床單折疊出的波浪花案環繞，兩邊的床頭櫃上，擺著兩盆粉紅的西洋杜鵑，兩個潔白的花瓶中，供養著陪伴先生度過最後時刻的紅玫瑰與康乃馨，守在先生身旁的是吳山，我看到的是與先生身上覆蓋著的潔白的床單形成鮮明反差的黑色的大衣和黑色的頭髮，吳山兩手支撐著下巴，像是低頭與奶奶細語。

這時，翟泰豐來了，劉延東來了，他們先後在先生的病床前鞠躬，劉延東久久地站在先生的面前，默念著先生會永遠活在人們心中之類的話。此時陳恕趕回家為先生取假牙，我便擔當起照相與攝像的任務，儘管我們都有心理準備，但都準備不足，我的相機中僅有的十三張膠片和陳恕相機中的一卷膠片很快用完，小攝像機的電池也沒有了，這就意味著，接下來的場景，無法作圖像的紀錄了，我為自己的匆忙和疏忽而遺憾！

也就是在這時，吳山忽然發現，仰臥著的奶奶，像是有了呼吸，薄薄的床單有些波動，這一發現令在場所有的人都屏住了呼吸，側過

頭去，從平視的角度仔細觀察，床單果真微動，有的位置還明顯，我望了先生的面容，再一次想到她只是睡著了，並不是離開了我們。這些情況，驚動了值班醫生，經過仔細的觀察，說，這是殘留在內藏器官中氣體的流動，而我們，卻是祈盼奇蹟的出現！

陳恕趕來了，醫務人員細心地為先生裝上了假牙。先生離開她住了長達四年多的病房，是晚間十一時十五分，在家人的幫助下，抬上了推車，離開三〇四病房，緩緩地通過長廊，長長的廊道上，沒有一點聲響，先生就這樣悄悄地走了。我和陳恕從樓道衝下，站在電梯口迎候先生。

出到北樓的門外，深夜十一時二十五分，二月最後的三十五分鐘，寒氣襲人，想到先生蓋著單薄的床單，行走在夜深的寒風中，不是夜涼如水，而是夜寒如冰，先生卻要單獨遠行！送行的人不由自主地圍過來，護在先生的身邊，先生一生都給他人溫暖，現在我們這些得到過她無限之愛的人，也是深愛著她的人，祈望能在先生遠行的第一站給她些許的溫暖！先生曾說：愛在右，同情在左，走在生命路的兩旁，隨時撒種，隨時開花，將這一徑長途，點綴得香花迷漫，使穿枝拂葉的行人，踏著荊棘不覺得痛苦，有淚可落，也不是悲涼。

繁星下圍護在先生身旁的人是：吳平、吳冰、吳青、吳山、李志昌、陳恕、李冰、翟泰豐、劉延東、張鍈、金堅范、吉裡馬加、李榮勝、吳殿熙等，再就是我，一個七個小時前才從福州趕來為先生送行的家鄉人。我們圍護在先生的身邊，伴著小推車在冷風中緩緩而行……忽然之間，我似乎感到天空一片燦爛，抬頭望去，萬里夜空，滿天的繁星閃爍，一時，我為這燦爛的繁星而震驚！

滿天繁星，你是來為先生送行的麼？

　　繁星閃爍著——
　　　深藍的太空，
　　　何曾聽得見它們的對語？
　　沉默中，
　　　微光裡，
　　　它們深深的互相頌讚了。

這是先生七十八年前出版的《繁星》第一首小詩，它曾經迷倒過多少人！它曾經產生過怎樣的影響！它曾給過多少人的溫暖與希望！這在中國現代文學史上都是一個奇蹟，在您遠行的夜晚，我將它獻給您，連同滿天的繁星。

　　星空下的太平間，是間低矮的小平房，這也是周恩來總理遠行時停歇過的地方，人們都知道，先生敬愛總理，在這遠行的第一站，竟然是跟隨了敬愛之人，這對生者是一種安慰！在家人的幫助下，緩緩地向總理走近，那口綠色的櫃子，可是總理停歇過的「驛站」？吳冰為媽媽整好了最後的行裝，潔白的被單與枕套，吳青說，媽媽一生都是愛乾淨愛整潔，儘管醫務人員讓我們放心，但當那綠色的小鐵門關合之時，真是有一股濃重的寒意與悲傷襲上心頭！

　　我們都走了，先生一個人留下？

　　再次上到三〇四號病房，房內猶存先生的氣息，家人開始收拾先生使用過的衣物，還有那件黃色的披巾，就是多少次在照片中出現過、披在先生肩上的黃色披巾，實際上，它只不過是一塊普通的浴巾！我帶走的是那個花瓶和最後陪伴先生的紅玫瑰。

　　回到萬年青賓館，已是3月1日的凌晨了，我在離開賓館時怎麼也不會意識到帶回的竟是最後陪伴先生的六支玫瑰，這個現實實在不能接受！人生竟是這樣的麼？除了提這個問題，我幾乎是沒有思考的力量，眼前一直浮現先生最後的遺容，她好像就在賓館房間的窗前，我關了燈，一點也不感到害怕，好像在與窗前的先生默默對語。快到天明，迷糊了一陣，醒來時，想到人生，想到每一個人都將有的孤單遠行，不免生出了一種悲涼與哀傷。

　　我擰亮了燈，坐了起來，翻開先生住院期間的探視記錄本。這是一本深藍封面的記事本，裡面記錄了近幾年探望先生的簽名和留言，開列出來，每個名字都有很重的分量。打開電視，中央電視臺早間新聞，女播音員以平和的聲音，播發了新華社昨晚發出的消息，備受人們尊敬和愛戴的文壇世紀老人冰心，昨天晚上九時在京與世長辭，享年九十九歲⋯⋯

　　直到這時，淚水從我的眼裡湧出。

玫瑰花籃

3月1日上午，我來到先生家，獻上了第一個玫瑰花籃，一百支玫瑰，寓以冰心百年玫瑰人生。昨晚在北京醫院，新華社記者到現場，在冰心的壽數上，希望報導為一百歲，但今日早間新聞，報導的是九十九歲。據說，老人年齡的計算，以中央組織部規定為准。冰心被舉薦為中國作家協會名譽主席時，便是由中央組織部來「考察」與「談話」的，這在許多人看來是求之不得的好事，但冰心淡淡一笑，說，她只不過會寫幾篇文章。1983年政協全會上，巴金當選為全國政協副主席，按照中共的規矩，可稱「國家領導人」了。根據這個級別，立即為他配備了3.0奧迪專車，上海市委領導說，巴老以後出去，可以掛節專列。巴金聽後汗顏，說，那我就那兒也不去了。我是個作家，應該和大家一樣，搞特殊化，興師動眾，還算什麼作家。冰心沒有到這個份上，但可以隨時向中國作協派小車，北京醫院住院也是一個規格，醫療費用基本由國家支付，只是極少數昂貴的進口藥品等，由作協或由本人支付。謝文秋曾到北京醫院探望過冰心，她那時是美國西北航空公司的名譽董事，但她羨慕冰心的住院條件，說她在美國也做不到。

從3月1日至4日，我基本在先生的家裡，或接電話，或接待來訪記者。母親的離去並未打亂吳青正常安排，1日上午，授課四節，直到中午十二時才回家，也就是這幾天，她作為北京市人民代表，一直在為北京外國語大學門前那個地下人行道出口處行車的問題，與有關部門交涉，母親去世的悲痛，沒有讓她忘記作為人民代表的責任。當學校傳達室通知她有一個快件時，擱下電話之前，也沒有忘記問上一聲，那地下人行道出口處還有沒有車輛通過？吳青說，那多不安全，尤其是老人和孩子剛從地下人行道上出來，路面通過的車速那麼快，多不安全！當收發人員說他沒有注意時，吳青放下電話生氣地說，他的孩子大了，當然就不關心！

陳恕在家，電話已經是不離手了，一個接一個的電話，中央電視臺在早間新聞，中央人民廣播電臺的新聞聯播，還有昨晚中國新聞社向全世界播發的新聞，將冰心去世消息傳向了海內外。同時，昨天晚間十時，香港鳳凰衛視就播了，美國之音早間也播了，新華社昨

晚最後一條通稿，十時便有重要消息的預告，全國重要的報紙、電臺和電視臺都採用了這條消息。我是九點多到先生家的，桌上有兩份傳真，都是從美國來的，一份是陳鋼的，另一份是劉再復的，上書：「中國偉大的現代散文之母冰心永垂不朽，您的名字永遠代表著愛與光明！」敬輓於美國科羅拉多大學。而最早在那本悼念簿上寫下了「這個世紀的孩子讀著您，下個世紀的孩子望著您，全中國的孩子都永遠懷念您」的是中國青年雜誌的楊浪與中國婦女報的謝小華，到了十時，中央電視臺的記者趕來拍攝午間新聞三十分鐘需要使用的圖像。

　　先生的遺像，原先安放在臥室兼書房，我送的那個花籃，便將像前的位置占滿了，隨後中國新聞社攝影部的任晨鳴送來了一個大花籃，任晨鳴與陳鋼是好朋友，先生許多照片就是他拍攝的，這次還帶來一張先生九十華誕肩著大紅披巾舉杯祝賀的彩照，放大後裝在鏡框裡。任晨鳴提議，將先生的遺像安放到客廳原先一直掛總理像的位置，總理則暫請到先生的書房，這樣，讓來人有個鞠躬的地方，有個放花籃的地方。於是，我們將兩位老人的照片，互相換了一個位置，吳青下課回來，又一遍細心地擦去遺像前的書櫃上那怕一丁點兒的灰塵。

　　到了晚間，屋裡已經擺滿了花籃，其中有張兆和率子女沈龍朱、沈虎雛送來的插滿金黃色玫瑰的精緻花籃，有馬來西亞《明報》《星洲日報》張曉卿托人送來的高大而華麗的花籃，有北京出版社、《十月》編輯部等出版單位送來的體現文人色彩的花籃，有先生曾經寫過「我們的孩子」周同山、周同慶、周同來、周同賀、周同義送來的精緻的小花籃……《中國青年報》很是別緻，他們已是第二次登門了，第一回來採訪，見到滿屋的花籃，但先生的書桌上卻是空著的，先生晚年呆得最多的地方，就在她的書桌，她在這兒寫出了一篇又一篇漂亮的、犀利的文章……先生走了，書桌依在，第二回來時，年輕的女記者，帶了一百支玫瑰，不是花籃，不插花瓶，也沒有挽聯，就那麼清清爽爽地插在花泥上，說，這一百支玫瑰象徵著冰心在書桌寫出的無數作品。

　　巴金送來的花籃，擺在遺像的面前，一百支紅玫瑰，上面寫著「冰心大姐安息」。昨天下午，吳青告訴我，與小林通電話，巴金舅

舅的身體也不好，小林說，她不能來看姑姑了，說著說著，就在電話的那頭哭了，吳青說到此時也泣不成聲。為了不讓病中的巴金受刺激，先生走後，沒有告訴巴老，這些天，以醫囑的名義，不讓聽廣播、看電視，讀給他聽的報紙，絕對不能涉及先生的有關消息，這個一百支的紅玫瑰花籃，是李小林托中國作協送來的。

傍晚時分，夕陽從窗口照進，照在先生前面那一大片的花籃上，點燃在先生面前的「小橘燈」越來越亮，先生就在花叢中燭光裡……忽然，我想起先生寫過的一首小詩：

> 松枝上的蠟燭，
> 　依舊照著罷！
> 反覆的調兒，
> 　再彈一闋罷！
> 等候著，
> 　遠別的弟弟，
> 　　從夜色裡來到門前了。

尋找告別方式

吳文藻的遺囑由冰心執行，冰心的遺囑自然由子女來執行。但是，如何執行這個遺囑，並非是子女說了算的。遺囑中的安樂死沒有執行，「遺體交北京醫院解剖」，可以執行，但是「不要遺體告別，不開追悼會；骨灰放在文藻的骨灰匣內，一同灑在通海的河內」，如何？遺囑說，「以上一切要在最短最快的時間完成！」

3月1日下午，就是冰心先生去世後的第一天，中央統戰部召開了專門的會議。全國政協、中央統戰部、中國作家協會、國家安全部、民進中央等單位的負責人，吳平、吳冰、吳青、李志昌、陳恕等出席，就冰心後事安排進行協商。劉延東主持，說，冰心大姐去了，但她的精神永遠留在人間。張鍥代表中國作協提了一個大致的方案，他說，悼念冰心大姐總的原則是：適度規模，規格要高。由今天參加會議的五家組織治喪辦公室，地點設在中國作協，中國作協成立一個工作班子，同時，就送別的時間和人員、新聞宣傳等問題提出了建議。之後，翟泰豐作了說明，他說，所謂適度規模，規格要高，指的

是我們既要尊重冰心大姐的遺願，但又要考慮到方方面面的感情，冰心大姐是你們的母親，但她也是全國人民的，是千千萬萬讀者心目中的慈母，我們既不能違了冰心大姐的願望，搞大型的悼念活動，但也要照顧到各方面人員對她老人家的感情，翟泰豐還談到了關於告別人員、告別方式、生平稿寫作等問題。吳青對於規格的問題提出自己的看法，不是說誰來了規格就高了，她認為朋友們都來了，親戚們也來了，就是高規格，同時明確提出，告別時不用紙的花圈，全部用玫瑰，鮮豔而又帶刺，也不用哀樂，是大海與軍號的聲音，陳鋼在美國選好的。她認為這就是高規格。吳平也就告別的方式，使用鮮花和橫幅等，表達了他們曾經商量過的意見。吳冰對告別的地點，發表了意見，她說她不喜歡八寶山，每回去都一樣，亂哄哄的，媽媽說她悄悄地來到這個世界，也希望悄悄地離去。

在各方人員都充分發表意見之後，最後歸納為：1，統一的說法，不叫「追悼會」，也不叫「遺體告別」，而稱「送別冰心」，這樣即沒有違背冰心先生的願望，也滿足了方方面面人員的感情；2，地點在八寶山第一告別室，為了解決人員雜亂的問題，半天的時間全部訂下，這樣就沒有外人了；3，時間暫定3月19日上午十時，報告中央後確定；4，橫幅可以用兩條，門前一條寫上「送別冰心」，紅底白字，室內一條則為「有了愛就有了一切」，藍底白字，字體為先生的手書體；5，用鮮花，不用紙花，不用輓聯輓幛等，所有參加送別的人，手持一支紅玫瑰，獻給先生，以此向先生作最後的告別！而關於墓地等問題，由於還不十分緊迫，故簡議而過。最後，劉延東就送別人員和規格再次說明，所謂適度規模，人員多少為適度？各方面提出方案，最後確定，適度規模就是要照顧到各方面人員的感情，讓想來向冰心大姐告別的人都能來，滿足他們的感情；而規格，自然也指的是大姐的朋友，包括許多黨和國家的領導人，都是大姐的朋友和讀者，他們都很敬重冰心大姐。

一個與所有的追悼會、告別會不一樣的告別方式，一個顛覆性的世紀葬禮，在中共中央中樞神經的中南海府佑街聯席會上產生了。這是一種體現冰心一生為人與為文精神，符合冰心作為世紀同齡、文壇祖母、五四運動最後一位元老等多重身分的老人的獨特送別方式！這個告別的方式，基本出自陳鋼的最初構想。

永遠的冰心

3月2日，各地發來的唁電真如雪片般的飛來，一大早，桌子上就擺起了一大堆，我最先翻到的是湖南愛心書屋的唁電：「今晨，我們從電視裡獲悉，冰心奶奶因老歸去，不勝悲痛，世上任何事物都會老去，唯有愛心永遠年輕，冰心奶奶的愛心將永遠活在我們的心裡……」《冰心文集》的責任編輯宮璽在唁電中出一楹聯：「文壇痛失老祖母，學界爭燃小橘燈」。女作家鐵凝寫道：「驚悉冰心先生辭世，特別悲痛。先生留給世界的至真至善至美的文字，先生對文壇晚輩廣博深厚的愛心讓我一生銘記。」之後，女作家忽然改變了稱呼和位置，發自內心地喊道：「冰心姥姥，我很想您！」廣州的「紅線女」在唁電中說：「痛惜冰心大姐遠行不勝哀悼，願冰心大姐安息，她對人民的愛心永存！」《台港文學選刊》全體同仁出一輓聯，上聯：「百年熱望，執金筆，點點繁星閃耀中華文學天空；一朝臨永訣，文壇上下共驚，巨痛中，追雋永詩意，宜將明燈高擎。」下聯為：「一片冰心，傾玉壺，綿綿春水滋潤讀者心靈大地；幾番夢魂歸，海內海外諧振，長懷時，承博大愛心，還把香澤廣播。」雲南作家張昆華則以「世紀玫瑰，盛開千秋」哀悼先生的逝世。大多數的唁電行文很長，像一些出版社、雜誌社、報社等單位，他們在沉痛悼先生時，對先生的文學成就、人格力量等都作了高度的評價，並且多憶及先生對各自的出版社、雜誌社、報社的關心和支持等。

江蘇文藝出版社的張昌華，生前與先生有多次交往，他也是《冰心自傳》和「雙葉叢書」冰心吳文藻《有了愛就有了一切》的責任編輯，在他得知先生遠去時，連夜寫了一篇懷念先生的文章《馨愛百世》，其中談到，「1996年我請她[蘇雪林女士──引者注]編造自傳時，她先婉拒後又勸我：『你為我印自傳，不如為謝冰心、黃廬隱先生出版自傳，冰心在大陸確可稱文壇老祖母，她名氣比我大，出名比我早，』她『現臥病北京醫院，未知已痊愈否？』她『今年九十五歲，再遲恐不及了』。」1998年，蘇雪林以一百零一歲的高齡，回到她的故鄉黃山屯溪，當記者問及她在大陸最想見的人時，她首先想到了冰心，那時，先生住院已有經年，兩位海峽兩岸的文壇祖母終未能相見……張昌華卻是實現了他編輯出版《冰心自傳》的願望，如今，

先生駕鶴西去，張昌華憶及在編輯先生兩本時的情景，傷感而欣慰！在國內的唁電中，有一部分是普通的讀者，安徽的一位教師寫道：「冰清玉潔，愛在海嶽，紅了櫻桃，綠了芭蕉。」上海的一位小讀者發來唁電：「哲人其萎，師表長存」。從行文中可見這位小讀者也不是人們一般概念中的小讀者了。冰心文學館的設計者、齊康院士在唁電中說：「驚悉冰心先生逝世深表悲痛。冰心先生一生正直果敢受人尊敬愛戴，她的作品感動了幾代人並將永世長存。我們將永遠懷念她，在為人民和社會服務的事業中作出貢獻。」

九十二歲高齡的趙樸初老人從北京醫院的病榻上起身，眼含淚花，情凝筆端，揮毫寫下：

> 冰心大姐千古
> 萬口誦嘉言愛就是一切
> 四方傳妙筆文可耀千秋
>
> 趙樸初敬輓

也有來自海外的唁電，像美國、泰國、新加坡、日本、香港、臺灣等，新加坡詩人原甸，1996年在冰心文學獎的評獎期間，我曾陪他來到北京醫院，先生那次還很精神地坐在輪椅上，等待客人的到來，至今我還留有原甸與先生的合影。當時原甸就和我說，他感到他與冰心先生在心靈中有相通之處，這回原甸在唁電中說：「驚悉冰心老謝世，至感哀慟！冰心老人一生所篤信的愛，與我所信靠的基督並無二致。我當在此天涯為冰心老人祈禱！」遠在美國舊金山的詩人王性初，他的外婆謝婉珠與先生是同輩份的姐妹，其唁電為：「冰心姨婆那盞心靈之燈，將永遠閃亮在全世界善良人們的心中！」後來，我曾將我的那篇記述先生離去當晚情景的文章《繁星相伴送冰心》，用Email發給了王性初，他說他是「含淚讀完」，「隔著遙遠的時空，似乎回到了姨婆的身邊，默默地重現了那一幕刻骨銘心的悲哀。」美國耶魯大學中國論壇、全美中國作家聯誼會會長冰凌則稱冰心先生「百歲人生，一世輝煌！」泰國華文作家協會會長司馬攻高度評價先生對中華文化作出的傑出貢獻：「冰心先生對中華文化，尤其文學方面，做出了重大的貢獻，泰國華文作家永遠緬懷她。」正在美國佛蒙

特州度假的陳永齡與夫人，在得知先生仙逝後，「悲慟莫名。憶昔去年10月4日去北京醫院探視老人病情並賀壽辰，老人久病臥床，但精神尚佳，且能在耳邊輕語『I love you!』原擬今冬返京還可謁見老人，再聽她一次I love you!，誰知這是永遠不能實現的夢！回想冰心師對我們的愛護和教導，親切慈靄，一如慈母，她老人家將永遠活在我們的心中……」為了撰寫《世紀情緣》，我曾訪問過這倆位老人，他們對冰心和吳文藻的敬重溢於言表。當先生辭世的消息傳到日本，「內藤壽七郎國際兒童獎金」理事長葛西健藏先生髮來很長的一個電報，稱「冰心女士不僅是一位享譽海內外的女作家，更是一位愛兒童、以身作則獻身兒童事業的楷模……向冰心女士頒發首屆內藤壽七郎國際育兒獎，以弘揚冰心女士的愛心精神。」他說：「冰心女士的逝世，對全世界從事培育愛心、溫暖心靈的人來說，無疑是一個重大的損失……讓我們繼承冰心女士遺志，繼續倡導培育愛心的精神，以使地球上每一個人的心靈都充滿溫暖，為創造一個幸福和平的世界而作出貢獻。」有兩位日本友人將唁電直接發給了我本人。日本株式會社佐藤國際機構總裁佐藤明雄、夫人佐藤明子唁電中說：「從今日的日本報紙驚悉冰心女士仙逝，謹表衷心的哀悼。冰心女士的仙逝，是中國文壇的巨大損失，她為日中文化交流，留下了偉大的業績。其九十八歲生涯令人敬佩，也使我們獲益匪淺。冰心女士親自揮毫為我們書寫的『人到無求，心自安寧』，是我們的家藏珍寶。」日本東海租賃株式會社社長塚本幸司唁電說：「去年3月拜訪位於福州長樂市的冰心紀念館時，還曾聽福建省文聯王炳根介紹說先生相當精神，今天突然接到這意想不到的沉痛消息，令人幾疑耳朵有誤。事出突然，想必先生的各位親屬亦是悲痛不已，唯願節哀順變，多加保重。冰心先生，安息吧！」

連日來的電話、電報、傳真、E-mail，一切與外界聯繫的通訊工具，全都為先生而忙碌，同時，客廳的花籃在不斷地增加，有時到了腳也插不進的地步，為了讓後面來的人有表達感情的地方，每天，都得請走一部分的花籃，有的送到中國作協的會議室，有的則暫時放到門口的樓道上，還有一部分的紅玫瑰，吳青則一支支的將花瓣摘下，將其晾乾，做成乾花瓣，集成一小框一小框，吳青說，這樣可作長時間的保留，媽媽以前也是這麼做的，所以無論什麼時候，媽媽都有玫

瑰相伴。

冰心逝世時，正遇北京召開一年一度的人大與政協「兩會」。前來參會的福建的省、市領導，甫下飛機，直接前來獻花，表達家鄉人民的悼念。福建省委書記陳明義、省長賀國強曾到北京醫院探望過先生，陳明義動情地說，沒有想到那竟是與先生的永訣，家鄉的人民都希望先生能再跨一個世紀，我們還在籌備先生百歲華誕的慶賀活動，先生走了，但她的愛心精神，將會永遠溫暖和教育家鄉人民！賀國強省長說，冰心先生是我們福建的驕傲，她的文學成就與人格力量，都是非常偉大的，為此，我們在長樂建立了冰心文學館，讓她的精神與作品，永遠留在故鄉的土地上。福建省委副書記何少川，是冰心研究會的顧問，對先生格外的敬重和熱愛，先生第一次送書給他，幽默地寫道：「少川小友留念」。那時，何少川已是省委常委、宣傳部長，也已五十多歲，但在先生的面前，五十多歲的人能不是小友？這次，何少川也是一下飛機就要來的，但由於航班到達北京已是晚間，只得改到第二天。一連幾日，都有福建家鄉的人到先生的像前獻花默哀，中國作家協會的值班人員說，你們福建人真是重情義，上至省委書記，下到鎮裡村村的人，都來了。福建省委常委、組織部長陳營官也到北京開另一個會，專門抽了晚上的時間，來到先生遺像前，在獻上花籃的同時，還替先生的母校福州師範學校兩百多名學生，獻上了他們簽過名的紅領巾，那紅領巾上寫著：冰心奶奶，我們都愛您！

文潔若先生是和她的弟弟文學朴同來的，文先生剛剛失去老伴蕭乾，現在又失去了冰心大姐，「蕭乾走後，大姐也走了，真是沒有想到的」，文先生這樣說。我扶著這位《尤里西斯》的譯者，這位略顯單薄而堅強的老人，問候她的身體，文先生說，還好！她告訴我，蕭乾住院二年，她沒有請過人，都是自己親自照顧。文先生望瞭望先生的遺像，說，也算是盡到了我的責任！林耀華被人扶著來向師母告別，1985年老師吳文藻西去時，他曾有過反思，現在，師母也又西行，林耀華來到師母面前，再次默默的反思、致哀，我從他那無聲的哀容中，似乎讀出了這一點。魏巍一個人艱難地上到二樓，他的家住在北京軍區的八大處，自己要了車，一個人上了樓，他要在這裡向先生話別。魏巍沒有帶來花籃，他以自己的方式表達對先生的懷念：

「一顆善良美麗的星辰殞落了，而她的光芒，將永遠留在幾代中國人的心裡！」魏巍在宣紙上寫下了他對先生的理解，工作人員將他的墨寶獻在先生的面前，魏巍在鞠過躬後，便默坐於沙發，陳恕過來問候他的身體，前一段時候，他也曾得過一場重病，是腦溢血，總算挺過來了，我與魏巍交談，從他的氣色中從他的話語裡，感受到他還是一個軍人，一位曾經寫過朝鮮戰場上「誰是最可愛的人」的老軍人！李連杰教授是與他的夫人同時來的，這位平時善於演講的人，來到先生面前，卻是黯然，好像有許多的話要說，可一時又無法表達，我們讓他坐下，坐在先生的面前，這時，他才平靜了一些，他說，第一次見到先生的時候，是1947年，那時，他在北京二中讀書，先生應貝滿女中邀請到校作演講，一部分的育英中學和二中的同學也參加了，李連杰說，那時，他們的手上都有《繁星》《春水》和《寄小讀者》，他們是帶著書來聽先生演講的，但先生卻沒有講她的創作，她講了在日本的見聞。臨走時，他寫下了：「詩之心，國之魂，詩如其人──冰心」！

不斷有人來，不斷有人向先生獻花，大紅的簽名本也一本一本的簽滿了，人們從自己的角度，談論著先生，回味著先生曾給予他們的愛與溫暖，信念與力量！無言者也有，個頭很高，高得必須低頭彎腰進門，我見到他站在先生面前，許久許久，一句話未說，忽然，撲通一聲跪在地上，跪在了先生的像前，連連叩了三個頭，每一個響頭都可以聽見額頭擊地沉重的聲音，每一個響頭都震憾著在場的人的心靈！

從3月1日至19日，許多媒體都給了懷念冰心足夠的版面和時段。《人民日報》（海外版）開闢了「永遠的冰心」專欄，每日發表兩三篇悼念文章，《文匯報》《光明日報》《中國青年周刊》《北京晚報》《北京青年報》《文藝報》《人民文學》《福建日報》《福州晚報》《海峽》《散文天地》《散文》《愛心》《海內外文學家企業家報》《深圳特區報》等，香港《大公報》《明報》等報刊，都開闢了專欄或者出版了專刊，一些受過冰心影響的作家，紛紛在報刊上發文，表達對冰心的思念。冰心逝世之後在報刊上發表悼念文章的作家可以列出這樣的一大串的名單：王蒙、趙清閣、馮驥才、吳泰昌、周明、彥火、祝勇、李耀宗、趙國青、何鎮邦、航鷹、王炳根、

閔捷、林谷、江荒、陳瑞統、楚楚、盧新寧、黃安榕、寧寶柱、賈國榮、袁旦慶、白天文、高洪波、張正恒、顧宜凡、許懷中、郭風、章武、張賢華、[泰國]夢莉、[美國]王性初、李鎮、孫紹振、劉登翰、鄭頤壽、張鍥、臧克家、于川、王明波、耿軍、楊浪、舒乙、傅光明、楊永輝、黃小瑜、任晨鳴、費在山、袁力、王洪斌、曲志紅、雷潔瓊、許嘉路、霍達、張潔、阮章競、應紅、[美]宗鷹・展我、[美]趙浩生、涂光群、黃嫣梨、鄧偉志、朱以撒、譚談、謝冕、何亮亮、曾敏之、張詩劍等等。

同時，開明出版社出版了楚莊主編的《永遠的冰心》，團結出版社出版了張鍥、陳恕任名譽主編，李朝全、凌瑋清任主編的紀念冰心逝世厚達五百七十四頁《世紀之愛：冰心》，香港明窗出版社出版了《冰心溫暖人間──一個世紀的影集》等專集。

玫瑰送別

3月18日下午，在送別先生之前，全家人相約到了最後的送別地，為了完美地實現玫瑰方式，需要考慮到每一個細節，「任何的一個細節都應該是完美的」。從音樂的試聽，花籃的擺放，大門前的橫幅一一都考慮到了，但是，改變不了的事實還是有的。八寶山第一告別室，多用於重要人物的追悼會，黨和國家領導人等送的花圈，固定在四周，每送別一個人，只要將橫幅上的名字換去、將紙扎花圈的輓聯，落款換成另一個人的名字，重新一場的追悼會布置便算完成。根據在中央統戰部達成的送別方式，對現存的布置顯然具有顛覆性與破壞性。要將全部的紙扎花圈換成鮮花，不僅工程浩大，而這些紙扎花圈因為固定在牆壁上，就是取了下來，鮮花也無處擺放，況且江澤民等中央政治局常委、人大、政協、中央統戰部、國家安全部、中國作協等都要贈送花圈，全部改為花籃，再大的告別室，也陳列不下。雖然已經從廣州、昆明等地空運了大量的玫瑰到現場，但那只夠送別的人使用，要將紙花圈改為鮮花籃，鮮花便成了大問題。因而，花圈此項只得妥協，依照傳統行事。橫幅必須換下，將「×××同志追悼會」撤去，升上了藍底白字冰心手書的世紀遺言「有了愛就有了一切」，下方是大幅的彩色照片。不佩白花、不戴黑紗，手持玫瑰鮮花送別，可以做到。方小寧從廣州帶來的玫瑰，陳于化從昆明空運來的

玫瑰，還有耿軍準備兩百支特殊玫瑰[124]，19日早晨七時，便陸續運抵第一告別室。

家人在八時前抵達北京醫院。先生的遺體經過解剖，遺容經過馬燕龍師傅精心打理、化妝，已經停在了北京醫院的告別室。吳文藻走時，也是馬燕龍師傅整容，毛澤東、周恩來、朱德、鄧小平等都是馬師傅整的容，他雖已退休，但當知冰心即將遠行時，說，他也算是先生的小讀者，他要親自為先生梳理。經過馬師傅梳理後的遺容，如生前般的端莊慈祥。劉延東、翟泰豐、高占祥等趕到醫院為先生啟程送行，北京醫院的吳蔚然教授與病區的醫務人員都來送別。

八時十分，先生從北京醫院啟程西行，最後一次從天安門前經過。這是最初影響先生走上文學之路的廣場，五四運動的發祥地，先生也是那場轟轟烈烈運動中的一員。1999年是五四運動八十周年，為了紀念給中國帶來科學與民主的偉大運動，已有不少的報刊從年初就已開始向先生邀稿，向這位世紀老人，五四運動最後的一位元老邀稿，那時，人們都相信先生生命力的頑強，都盼望先生能再跨入下一個世紀，然而，先生卻在今天，默默地向她的廣場作最後的告別。

人們不能留下先生，只能留下先生的五四精神！

九時許，先生來到她漫長人生的最後一站，就在這裡，人們將以玫瑰送別先生。門前大紅的簽名本上，早早就有人在簽名、留言，在「送別冰心」的第一告別室的門前，人們陸續的來到。今天北京的氣溫只有五度，陳鋼設計的向姥姥告別的背景音樂在寒風中低回，那是大海的聲音，那是廣博的心境，當悠揚的小號在遠方吹響，太陽正從海面上升起，觀壯、溫暖。我在號聲的召喚下，來到先生的身旁，先生就熟睡在玫瑰花中，聽著枕邊陣陣濤聲，我看到的先生，就像我在1990年見到她時的情景，她的嘴角微微的張開，劃出了一個永恆的留在人間的微笑，她對所有與她告別的人微笑，她笑得是那樣的慈祥和優美。先生漫長一生的一百年，風風雨雨的一個世紀，她在風雨中跋涉，在世紀中行走，為了心中的愛，為了一生的追求，她保持高貴的步伐和高尚的品格，縱是在苦難之中也保持了她的尊嚴和優雅，這回，先生在長睡二十天之後，又對每一個向她走近的人露出了微笑。

---

[124] 所謂特殊玫瑰，是指中新社的耿軍從境外一家專供白宮使用的玫瑰花公司調來了兩百支紅玫瑰。

先生身上潔白的床單，布滿萬千的玫瑰花瓣，尤如先生平日愛穿的旗袍，白底玫瑰色的素潔、高雅而華貴的旗袍！先生一生愛穿旗袍，各種款式與花色的旗袍，吳青說，媽媽對旗袍有極高的鑒賞力，儘管她的個兒不高，但穿上經過她自己挑選的旗袍，立時亭亭而立啊，我理解此時的先生，便是身著深紅玫瑰花瓣綴成的旗袍，亭亭立於大海的岸邊，聽著濤聲，沐著陽光，親切地與每一位向她走近的人道別！

家人與巴金贈送的花籃，擺放在先生的兩旁。

大海的濤聲、德彪西的鋼琴，波動著的淡藍的幛簾，「有了愛就有了一切」的世紀遺言。先生的大幅彩色照片似乎立於大海的波浪之中，每一位前來送別的人，將手持的玫瑰輕放在先生的身旁，鞠躬，經過先生的身旁，做最後一次的道別。來到她面前送行的人有：李瑞環、李嵐清、丁關根、王光英、程思遠、吳階平、何魯麗、許嘉璐、王兆國、趙樸初、雷潔瓊、羅青長、錢偉長、陳俊生、陳孚凌、經叔平、羅豪才、張克輝、王文元等，有出席中國作家協會和中國文聯全委會的委員、主席團成員，幾百位重量級的作家和藝術家，有從福建家鄉專程前來的潘心城、陳奮武、儲榕霖、林灼銘等，有從日本專程而來的女作家岡田祥子，有美國母校威爾斯利女子大學的柯瑪凱教授，有美國公使威廉‧麥克希爾（Bill Machill）的夫人，有黎巴嫩大使派來的代表，有北京166中學的學生，有先生多年的老朋友，有許多與先生不曾謀面的小讀者，他們從遙遠的地方來，他們從寒風中來，他們來到先生的面前，再一次沐浴愛的溫暖，聽聽大海的聲音。江澤民、李鵬、朱鎔基、胡錦濤、尉建行、李鐵映、賈慶林、溫家寶、曾慶紅、萬里、喬石、榮毅仁、丁石孫、成思危、葉選平、盧嘉錫、習仲勳、彭沖、費孝通、孫起猛、楊靜仁等送了花圈。

一列一列的人走過，從先生的面前走過，一列一列的人又走近了先生，他們為先生獻的紅玫瑰，一層一層地覆蓋著，先時的玫瑰花瓣綴成的旗袍，又綴上了一支支玫瑰，形成深紅厚實的錦面，成為玫瑰鮮豔的披肩，一時，先生成了花中人、花之精靈，深愛先生的人為先生完成了最後的一個造像，這是先生一生以愛換來的殊榮！

一百支玫瑰獻上了，五百支玫瑰獻上了，一千支玫瑰獻上了，更多的玫瑰還要獻上，寒風裡，有人在路上匆匆趕來，縱還有萬千玫瑰，豈能回報先生一個世紀對人類的不盡的愛！

　　十一時四十五分，已近午時，先生啟程了。靈車汽笛的長鳴，似是來自水兵的軍艦？先生在汽笛的長鳴聲裡，在大海的濤聲之中離去；巨幅的彩色照片，從車窗探出頭來，似向世人揮手告別……

　　正當汽笛鳴起，先生啟程之時，忽然遠天的寒流，凝成的萬千雪粒，一時自天穹紛紛灑下，潔白晶瑩，落地有聲，如雪之瑩冰之心，送行的人感到十分驚訝，或許這就是冰之心，溶入大地，歸為自然！

　　紛雜的人群肅靜，任潔白晶瑩的雪粒，灑落大地，灑在枝頭，灑在自己的身上！

　　也就在冰心靈車啟動的那一刻，正在上海華東醫院的巴金，似有某種心靈感應，忽然問起陪護人員，冰心怎麼樣？陪護人員仍然沒有說出實情，但這回巴金不依，要和冰心通電話。李小林答應父親，回家就打，但父親不依不饒，說現在就打，他有話要和冰心說。

　　所有參加送別的人，帶回了兩件東西，一件是小畫冊，印有冰心各個時期的照片，由家人自費印製，套在一個精緻的封套中，以作紀念；一件是官方印製的《冰心先生生平》。這個生平，亦如追悼會上的悼詞，算是蓋棺定論吧。「生平」中給冰心四個定性的頭銜：

　　　　二十世紀中國傑出的文學大師，忠誠的愛國主義者，著名的社會活動家，中國共產黨的親密朋友。

　　新華社記者曲志紅，以「今天首都各界人士在八寶山革命公墓，送別世紀老人冰心先生」，中國新聞社耿軍以通訊《濤聲作伴送冰心》，隨同《冰心先生生平》向海內外播發。上海《文學報》記者劉穎的通訊標題是《玫瑰的芬芳和海濤的聲音伴隨著冰心先生遠行》，她以這樣的文字開頭，描寫送別的情景：

　　　　3月19日上午八寶山革命公墓，沒有凄涼的白花，沒有沉重的哀樂，嫣紅的玫瑰與蔚藍的大海，讓老人走得美麗而聖潔。

　　陳鋼一人始終守在焚燒爐旁。待陪同送行的家人與親朋用過餐後，我們再回到八寶山的焚燒爐前，此時，老人的火化全部完成，所有的骨灰都收殮在一個布口袋，裹上紅綢布後，護送到旅行車。陳鋼

一直默然無聲地緊緊擁抱著姥姥，回到民院宿舍，冰心生活了十六年的單元房。吳文藻的骨灰盒已從八寶山請回，就在那張書桌上，家人將冰心的骨灰攤開在書桌的紅綢布上，骨灰呈小塊狀，純潔、雪白！

冰心吳文藻的骨灰最後合在了一起，他們將在天堂相逢，永遠生活在一起。骨灰安葬兩處，一處在八達嶺長城腳下中華名人文化園的駝峰之上，一處在中國現代文學館內，墓碑經過精心設計，碑石上刻著趙樸初手書字體：

謝冰心（1900-1999）
之墓
吳文藻（1901-1985）

遵照冰心修改過的遺囑，骨灰盒內寫上了：

長樂　謝婉瑩
江陰　吳文藻

長城腳下的墓碑前，雕塑家使用了《寄小讀者》初版封面的意象，冰心吳文藻相偎的頭像，碑下黃銅鑄造的小讀者，席地而坐，膝上攤開一本正在閱讀的書。中國現代文學館內，墓碑並不明顯，坐標是錢紹武的雕塑，年輕的冰心，手不離卷，托腮凝思。

從此，這裡四季由玫瑰環繞，縱是冰天雪地；春天裡，日本作家專程種下的八重櫻盛開，繁花似錦！

2008年06月04日星期三，開筆
2014年02月12日星期三，完稿
2014年05月28日星期三，改定
寫作的地點分別為：閩侯根葉綠營、北京八大處、長樂冰心文學館、日本京都酒店、美國威爾斯利女子大學、臺灣天成酒店、上海白天鵝賓館、南昌嘉萊特和平國際酒店、北戴河中國作家之家等

幸福的寫作（後記）

　　朋友知道我在《玫瑰的盛開與凋謝——冰心與吳文藻》《冰心吳文藻年譜長編》寫作的長路上跋涉，均以辛苦與保重慰我，我在致謝之餘告之，不是辛苦是幸福，希望慢慢品味這種幸福。

　　幸福不是一句虛言，而是實實在在的享受。當我每天凌晨五六時開始，在安靜的燈光下，在晨曦的微光裡，與冰心吳文藻這一大批民國文人細語交談，我便穿越那漫長的時空隧道，進入到了自由廣闊的天地，從福州的三坊七巷到煙臺的海隅山陬，從揚子江到清華園，從五四運動的呼喊到慰冰湖畔的細語，從燕園的旖旎風光到邊陲雲南陪都重慶，再到戰後一片瓦礫的日本，沿著他們的生活道路，走進了一個世紀的文學界、學術界、思想界與政界，感覺就像和其間的人物生活在一起，為他們的文學創造、學術追求而興奮，為他們的落難與苦難而心酸，為他們的良知與正義而感動，為他們的認真、執著、精緻、詼諧的生活情調而感嘆。由於我所寫的冰心吳文藻，並非是一主一從、一前一後，而是文學與社會學兩個領域並立的雙峰，他們既有交匯更有分開，各自的領域名流雲集，我要在文學上為冰心言，要在社會學、人類學與民族學上為吳文藻言，這對我的知識結構、智慧、學識、才情、人品都是一個嚴峻的考驗，我喜歡面對新的領地，我在文學與學術之間游來游去，我以文學的心情與筆墨，以學者的嚴謹與求實，盡情的描述展示他們的文學精神、學術品格、人物性格、社會與歷史的影響與地位，每回停歇，望著窗外的春花秋月，油然而生滿滿的幸福感。

　　為了獲得進入這一自由而空闊天地的資格，首先必須重返時光隧道，並在隧道的每一個節點停駐，看看他們生活的場景，聞聞生命的氣息，理清他們文學作品的創造、學術流派的建構，身臨其境，從而也讓自己沾了一點世紀的色彩與風霜，優雅的、甜美的、悲憤的、酸楚的，以便當你走入其間，不會讓他們感到你是外來者、不會感到隔膜與陌生，甚至將你視為其中的一員，同意你在他們的客廳、書房，

甚至在一張餐桌上用餐，和你說話，與你做心靈的交談。為此，我閱讀了冰心與吳文藻發表的全部作品、論文與學術著作，發掘了沉睡在故紙堆裡的佚文，研究過所能找到的作品與論著的手稿與手跡；閱讀、整理、主編了自冰心登上文壇、吳文藻走進清華園後所有的對他們評論與研究的論文、論著；主編了《愛心》雜誌，發表文學界、學術界最新的研究成果；走訪了他們在世界上生活過的每一個地方，福州、上海、煙臺、北京、昆明、重慶、東京，那怕是他們訪學、訪問的所經之處、短暫停留之地，尤其是對吳謝在美國留學的威爾斯利、康奈爾、達特默思、哥倫比亞的校園、宿舍與圖書館，對旅居東京的麻布使館區的大街小巷，進行過仔細的考察，每每都是留戀忘返，總是希望有可能多的時間浸泡其間；我未親見吳文藻教授，彌補的辦法是盡可能多地訪問他的同事與學生，包括雷潔瓊、費孝通以及他們的子女；自1991年之後，我與晚年的冰心有長達十年的接觸與交談，雖不能時常陪侍一旁，但每年必有二三次的面見，每一回，都曾做詳細的現場記錄；尤其是我閱讀了記錄他們心路歷程的筆記、日記、書信、檔案以至家庭帳本、碎紙頭的塗鴉等等，一次次為現場與心靈的點滴而深思、而沉醉、而震撼。這一切，在這兩本中都得到了充分的體現。無疑，這種獲得「資格證」的道路是漫長的，大致是四年本科、三年讀研、三年讀博、十年的博士後，如此漫長的求學之路，並非一般人所能承受。與此同時，我還必須取得供養這種漫長的「求學之路」所需的一切，為此，我投入了我的全部智慧、才華與感情。我曾說，這兩本書是我動用了「二十年積累、六載耕耘、一生才華」的成果。

　　作為年譜，自然只有記錄，我能做到的是盡可能保持歷史的細部、文化的細節，敘述從生活的角落、塵封的檔案、遺忘的佚文、久違的話語中發現的每一個細節，追求一種主桿下毛茸茸的質感。而對於傳記，則不然，我將傳主作為速描的對象，將歷史、現實、政治、文化作為人物生存的環境，人物與事件，一旦進入我的描寫視野，它就不是純客觀的，而是我的主觀精神投射下的文學敘述。不諱言，我有我的思想與觀念，現實的、歷史的、政治的、文學的、學術與道德的，我的主觀精神，在傳主一個世紀的風雨人生中，得到了淋漓盡致的揮發，也可以說，再也找不到兩個這樣真實的人物載體，來表達我

的思想與觀念了。為此，我深感榮幸！

在我「求學」的漫漫長旅中，我同時還做了一生中引以自豪的事情，發起和主持建設冰心文學館，在地球的空白處，落下了一個永久的標誌，點燃了一盞溫暖的明燈。也可以說，建造與管理冰心文學館的過程，與我的「求學」過程，交織並行，我追求冰心文學館的溫暖明燈與《玫瑰的盛開與凋謝》中的藝術形象，相輝相映，永存大地！

當我在傳記最後一行敲下最後一個句子時，我請我的家人與朋友來到我的書房分享，合影留念。二十餘年來，我的妻子周建業一直與我同行，付出青春，也分享幸福，我要特別地感謝她，再說一遍，沒有她就沒有我的一切。冰心的家人，尤其是女婿陳恕、女兒吳青，總是有求必應，冰心研究會、冰心文學館的同仁，先後加入到我的同行行列，他們在各自的位置上支持著我，沒有他們，獨行無伴，漫漫長旅，無以想像，因而，我要再說一遍，我感謝你們，我愛你們！

2014年6月24日於北戴河中國作協創作之家

Do人物18　PC0431

玫瑰的盛開與凋謝
——冰心與吳文藻（一九五一～一九九九）

作　　者／王炳根
主　　編／蔡登山
責任編輯／段松秀
圖文排版／楊家齊
封面設計／蔡瑋筠

出版策劃／獨立作家
發 行 人／宋政坤
法律顧問／毛國樑　律師
製作發行／秀威資訊科技股份有限公司
　　　　　地址：114 台北市內湖區瑞光路76巷65號1樓
　　　　　電話：+886-2-2796-3638　傳真：+886-2-2796-1377
　　　　　服務信箱：service@showwe.com.tw
展售門市／國家書店【松江門市】
　　　　　地址：104 台北市中山區松江路209號1樓
　　　　　電話：+886-2-2518-0207　傳真：+886-2-2518-0778
網路訂購／秀威網路書店：https://store.showwe.tw
　　　　　國家網路書店：https://www.govbooks.com.tw

出版日期／2014年11月　BOD一版　定價／800元

獨立|作家|
Independent Author

寫自己的故事，唱自己的歌

玫瑰的盛開與凋謝：冰心與吳文藻 (一九五一-一九九九) /
王炳根著. -- 一版. -- 臺北市：獨立作家, 2014.11
　　面；　公分. -- (Do人物；PC0431)
　BOD版
　ISBN 978-986-5729-42-4 (平裝)

　1. 謝婉瑩　2. 吳文藻　3. 傳記

782.18　　　　　　　　　　　　　　　　103020182

國家圖書館出版品預行編目

讀者回函卡

感謝您購買本書，為提升服務品質，請填妥以下資料，將讀者回函卡直接寄回或傳真本公司，收到您的寶貴意見後，我們會收藏記錄及檢討，謝謝！如您需要了解本公司最新出版書目、購書優惠或企劃活動，歡迎您上網查詢或下載相關資料：http:// www.showwe.com.tw

您購買的書名：＿＿＿＿＿＿＿＿＿＿＿＿＿＿＿＿＿＿＿＿＿＿＿＿

出生日期：＿＿＿＿＿年＿＿＿＿＿月＿＿＿＿＿日

學歷：□高中 (含) 以下　　□大專　　□研究所 (含) 以上

職業：□製造業　□金融業　□資訊業　□軍警　□傳播業　□自由業
　　　□服務業　□公務員　□教職　　□學生　□家管　□其它＿＿＿

購書地點：□網路書店　□實體書店　□書展　□郵購　□贈閱　□其他

您從何得知本書的消息？

　□網路書店　□實體書店　□網路搜尋　□電子報　□書訊　□雜誌

　□傳播媒體　□親友推薦　□網站推薦　□部落格　□其他＿＿＿＿＿

您對本書的評價：（請填代號　1.非常滿意　2.滿意　3.尚可　4.再改進）

　封面設計＿＿＿　版面編排＿＿＿　內容＿＿＿　文／譯筆＿＿＿　價格＿＿＿

讀完書後您覺得：

　□很有收穫　□有收穫　□收穫不多　□沒收穫

對我們的建議：＿＿＿＿＿＿＿＿＿＿＿＿＿＿＿＿＿＿＿＿＿＿＿＿

＿＿＿＿＿＿＿＿＿＿＿＿＿＿＿＿＿＿＿＿＿＿＿＿＿＿＿＿＿＿＿＿

＿＿＿＿＿＿＿＿＿＿＿＿＿＿＿＿＿＿＿＿＿＿＿＿＿＿＿＿＿＿＿＿

＿＿＿＿＿＿＿＿＿＿＿＿＿＿＿＿＿＿＿＿＿＿＿＿＿＿＿＿＿＿＿＿

11466
台北市內湖區瑞光路 76 巷 65 號 1 樓

獨立作家讀者服務部　　　收

....

（請沿線對折寄回，謝謝！）

姓　　名：＿＿＿＿＿＿＿＿＿　　年齡：＿＿＿＿　　性別：□女　□男

郵遞區號：□□□□□

地　　址：＿＿＿＿＿＿＿＿＿＿＿＿＿＿＿＿＿＿＿＿＿＿

聯絡電話：(日) ＿＿＿＿＿＿＿＿＿＿　(夜) ＿＿＿＿＿＿＿＿＿＿＿

E-mail：＿＿＿＿＿＿＿＿＿＿＿＿＿＿＿＿＿＿＿＿＿